DRC 国务院发展研究中心学术指导
中国发展出版社编辑出版

中国智库 CHINA THINK TANK 专辑

2015 PERFORMANCE EVALUATION REPORT OF CHINESE LISTED COMPANIES

中国上市公司业绩评价报告

中国上市公司业绩评价课题组 著

中国发展出版社
CHINA DEVELOPMENT PRESS

图书在版编目（CIP）数据

2015中国上市公司业绩评价报告 / 中国上市公司业绩评价课题组著.
北京：中国发展出版社，2015.6

ISBN 978-7-5177-0348-8

Ⅰ.①2… Ⅱ.①中… Ⅲ.①上市公司—经济评价—中国—2015 Ⅳ.①F279.246

中国版本图书馆CIP数据核字（2015）第123577号

书　　　名：2015中国上市公司业绩评价报告
著作责任者：中国上市公司业绩评价课题组
出 版 发 行：中国发展出版社
（北京市西城区百万庄大街16号8层　100037）
标 准 书 号：ISBN 978-7-5177-0348-8
经　销　者：各地新华书店
印　刷　者：北京盛通印刷股份有限公司
开　　　本：889mm × 1194mm　1/16
印　　　张：27.5
字　　　数：650千字
版　　　次：2015 年 6 月第 1 版
印　　　次：2015 年 6 月第 1 次印刷
定　　　价：480.00元
联 系 电 话：（010）68990646　68990692
购 书 热 线：（010）68990682　68990686
网 络 订 购：http：//zgfzcbs.tmall.com
网 购 电 话：（010）68990639　88333349
本 社 网 址：http://www. develpress. com. cn
电 子 邮 件：cheerfulreading@sina. com

2015 中国上市公司业绩评价报告

中国上市公司业绩评价课题组

顾　　问：孟建民　国务院国有资产监督管理委员会副主任
　　　　　隆国强　国务院发展研究中心副主任

组　　长：包月阳　中国发展出版社社长
　　　　　王子林　中联控股集团董事局主席
　　　　　邬红兵　国务院国资委财务监督与考核评价局局长
副 组 长：孙庆红　国务院国有重点大型企业监事会副局级专职监事
　　　　　刘绍娓　国务院国资委财务监督与考核评价局副巡视员
　　　　　张文魁　国务院发展研究中心企业研究所副所长
　　　　　李佐军　国务院发展研究中心资源与环境政策研究所副所长
　　　　　车海刚　中国发展出版社副总编辑
　　　　　张诗雨　中国发展出版社社委会成员兼中国发展观察杂志社副社长
　　　　　范树奎　中联资产评估集团有限公司董事长
　　　　　穆东升　中联财务顾问有限公司总裁
　　　　　潘　明　中联资本管理有限公司合伙人
　　　　　姚庚春　中兴财光华会计师事务所首席合伙人
　　　　　邓艳芳　中联税务所事务所有限公司总裁
　　　　　严晓健　中联造价咨询有限公司董事长
　　　　　金　阳　中联集团征信有限公司合伙人
成　　员：吴庆、韩荣、杜嘉、陈志红、周良、鲁杰钢、刘松、陶涛、吴晓光、蒋卫峰、卢秋屹、刘艳伟

目　　录

第一部分　中国上市公司业绩评价总报告

3　第一章　中国上市公司业绩评价宏观经济背景
22　第二章　中国上市公司业绩评价结果综述
37　第三章　2014年度“中联百强”上市公司

第二部分　中国上市公司业绩评价各行业分析报告

51　第四章　煤炭行业
64　第五章　钢铁行业
79　第六章　有色金属行业
96　第七章　石油石化行业
120　第八章　机械行业
152　第九章　汽车行业
189　第十章　信息技术行业
190　第十一章　电力行业
207　第十二章　建筑行业
221　第十三章　银行业
232　第十四章　证券业
242　第十五章　医药生物业
265　第十六章　农林牧渔行业
249　第十七章　房地产行业
297　第十八章　环保行业

附　录

313　附录一　中国上市公司业绩评价体系说明
329　附录二　2014年度中国上市公司业绩评价排序
358　附录三　2014年度中国上市公司分类财务指标及评价得分

361　附录四　新三板
380　附录五　区域经济
398　附录六　中国上市公司年度税收负担率分析

433　后　记

第一部分
中国上市公司业绩评价总报告

第一章　中国上市公司业绩评价宏观经济背景

2014年世界经济复苏形势基本得以巩固，劳动力市场持续改善，物价稳中有降，公共债务水平总体稳定。与此同时，各经济体经济增速分化加剧，国际贸易与对外直接投资仍处于低速增长通道，大宗商品价格波动显著。中国经济在世界经济表现中可谓一枝独秀。

一、2014年中国宏观经济形势

（一）经济运行总体平稳，继续处于合理区间

从经济总量来看，2014年，中国国内生产总值突破60万亿元，达到63.65万亿元，全年增长7.4%。整体运行平稳的同时受工业、房地产投资等的影响短期内经济存在较大下行压力。

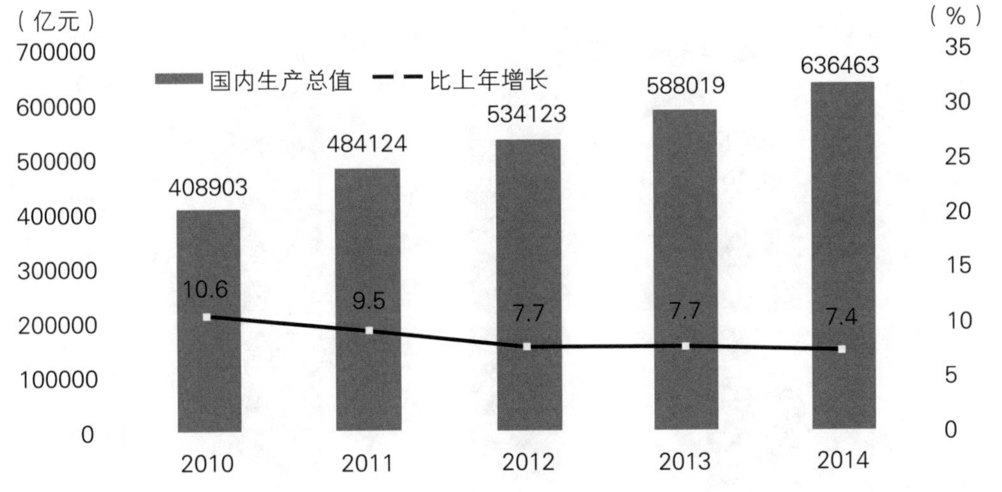

数据来源：Wind资讯

图1－1　2010 ~ 2014国内生产总值及其增长速度

从产业来看，第一产业增加值5.8332万亿元，增长4.1%；第二产业增加值27.1392万亿元，增长7.3%；第三产业增加值30.6739万亿元，增长8.1%。第一产业增加值占国内生产总值的比重为9.2%，第二产业增加值比重为42.6%，第三产业增加值比重为48.2%。

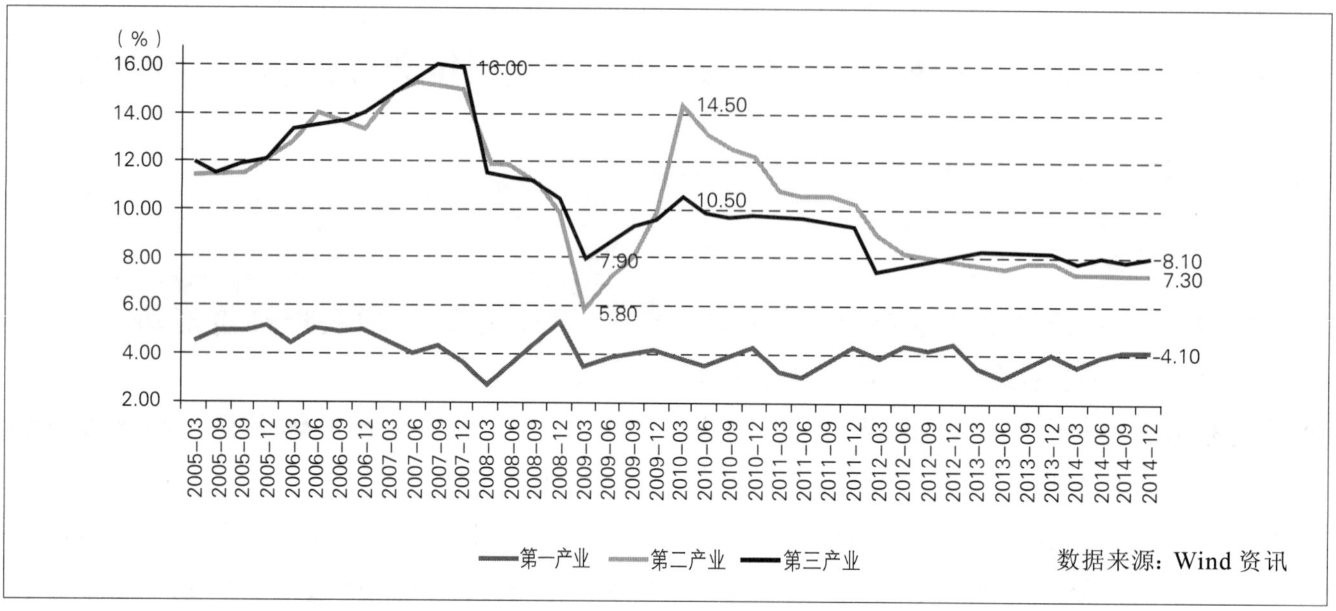

图1-2 三次产业增长速度变化

从需求来看，消费、投资和净出口增速均有不同程度下降。2014年，社会消费品零售总额累计26.24万亿元，同比增长12%，增速同比下降1.1个百分点。

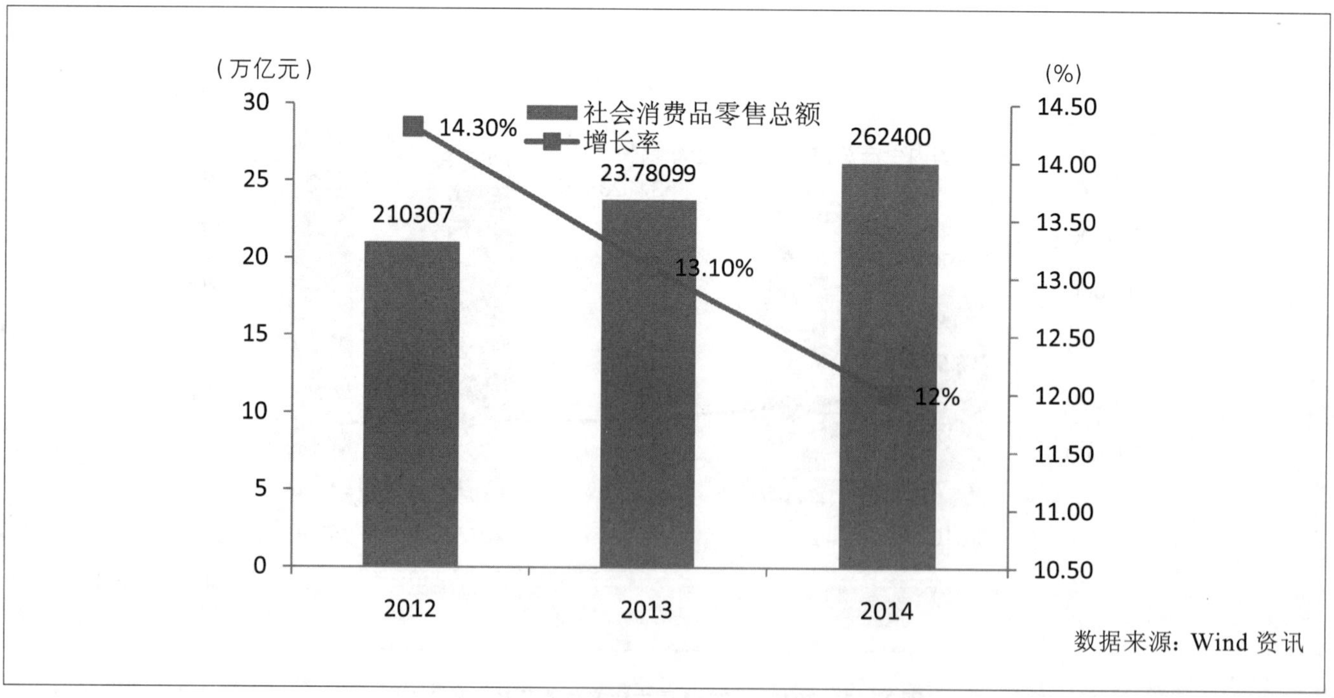

图1-3 2012～2014社会消费品零售总额及速度变化

2014年，全社会固定资产投资51.2761万亿元，比上年增长15.3%，实际增长14.7%，其中房地产开发投资增速下滑过快，成为经济下行的主要原因。其中，国有及国有控股投资16.1629万亿元，增长13.0%；民间投资32.1576万亿元，增长18.1%，占全部投资的比重为64.1%。分地区看，东部地区投资比上年增长14.6%，中部地区增长17.2%，西部地区增长17.5%。分产业看，第一产业投资1.1983万亿元，比上年增长33.9%；第二产业投资20.8107万亿元，增长13.2%；第三产业投资28.1915万亿元，增长16.8%。从到位资金情况看，全年到位资金53.0833万亿元，比上年增长10.6%。

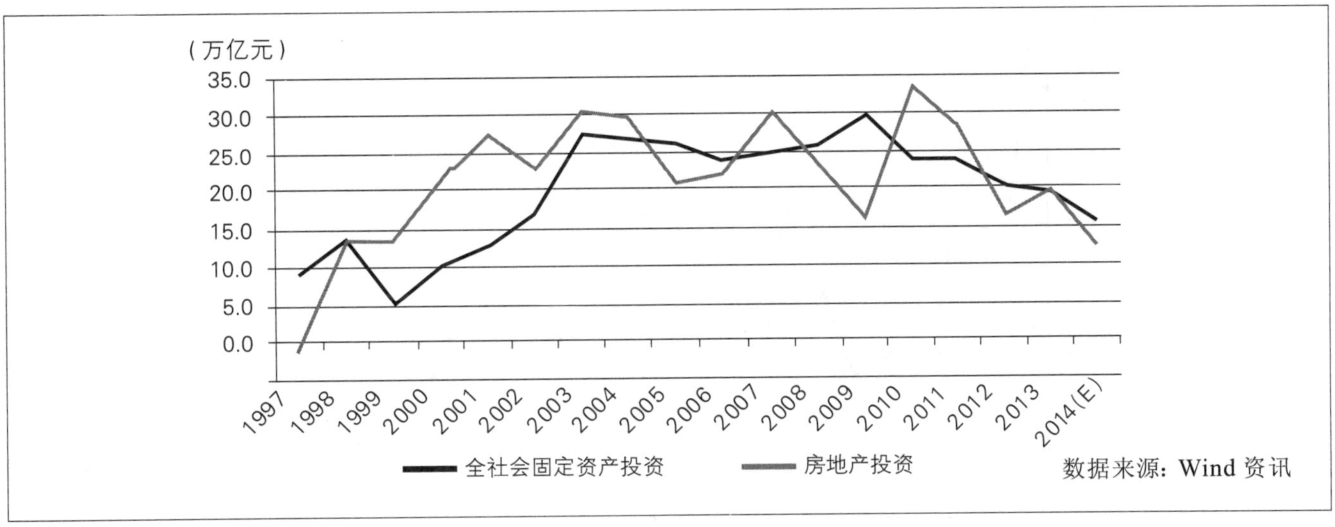

图1－4　全社会固定资产投资和房地产投资增速变化

2014年，我国进出口总值4.3万亿美元，同比增长3.4%。其中，出口2.3亿美元，同比增长6.1%；进口1.96亿美元，同比增长0.4%；贸易顺差3824.6亿美元，同比增长47.7%。相比2013年，进出口、出口和进口增速分别下降4.15、1.72和6.84个百分点。

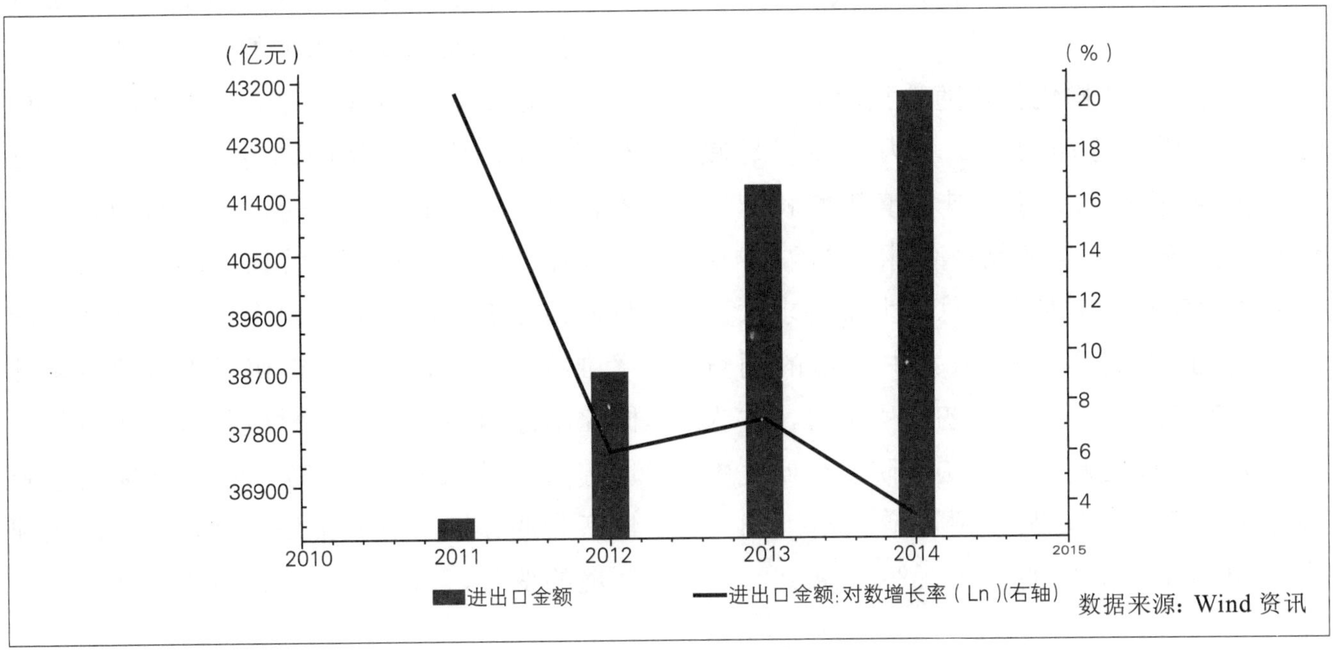

图1－5　2011～2014进出口总额同比增速

从价格指数来看，物价涨幅低位徘徊，出现轻微通货紧缩。2014 年，中国消费价格指数（CPI）累计同比增速从 1 月份的 2.49% 下跌至 12 月的 2.0%。物价下跌的原因有四个，一是国际大宗商品价格急剧下跌，二是电子商务的快速发展压缩了流通环节成本，这两个方面都是利好；三是产能过剩，四是需求不足。因此，针对当前的通货紧缩，要对症下药，采取综合治理措施，既要适度放松货币，又要加大结构调整和改革的力度。

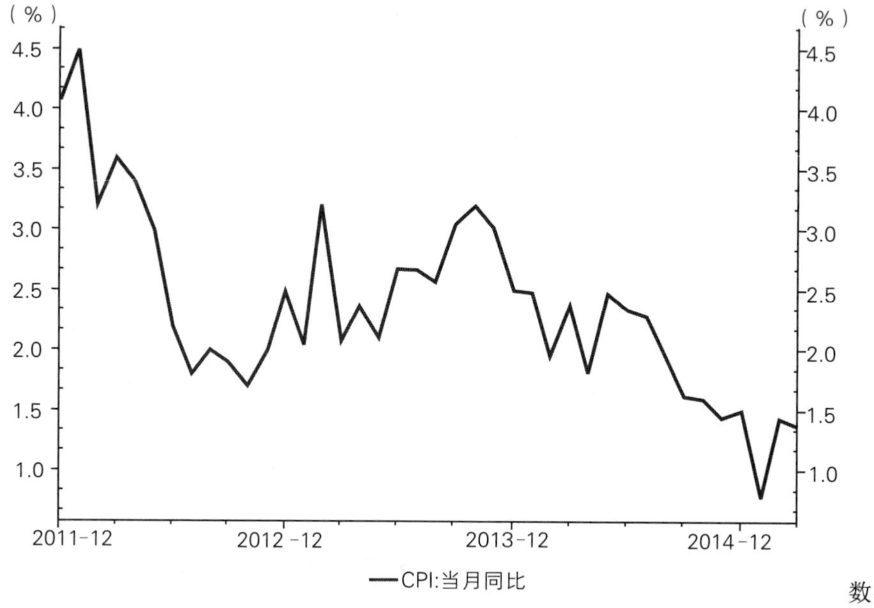

数据来源：Wind 资讯

图 1－6　CPI 当月环比涨幅波动情况

（二）经济结构进一步优化，稳中有优

一是人口结构优化。随着我国人口结构的变化，新增劳动力总量压力已经明显减弱。2014 年 1～9 月全国城镇新增就业达到 973 万人。从全国就业供求分析看，求人倍率稳定在 1.1 左右，总体上维持求大于供的格局。8 月份，31 个大中城市的调查失业率为 5% 左右，较年初有所下降，并未随经济下行而走高。根据国务院发展研究中心近期调查显示，明年预计增加招工的企业占 30.3%，持平的占 57.3%，减少的占 12.4%。服务业劳动力就业增长较快，成为推动经济增长和就业增加的主导因素。

二是工业经济运行平稳。2014 年以来，在工业生产明显放缓的同时，效益指标也基本保持稳定。1～8 月份，全国规模以上工业企业利润总额同比增长 10%，比 1～7 月回落 1.7 个百分点，但企业主营业务利润率维持在 5.5% 左右；年初以来亏损额累计同比增速呈下降趋势；财政收入和税收累计增速分别为 8.3% 和 8%。效益指标由强弹性变为弱弹性，表明市场主体逐步适应宏观环境的变化，盈利模式开始发生转变。

三是产业结构优化。2013 年我国第三产业增加值占 GDP 比重首次超过第二产业，2014 年上半年占比继续提高，达到 46.6%，服务业成为经济增长的最大来源。消费对经济增长的贡献稳步上升，超过投资成为经济增长第一动力。上半年消费拉动 GDP 增长 4 个百分点，比去年同期提高 0.6 个百分点。近两年呈现出重化工业去产能、房地产挤泡沫、融资平台去杠杆、消费领域挤浪费等态势，总体有利于加快产业结构调整。

四是消费需求结构优化。全年最终消费支出对国内生产总值增长的贡献率为 51.2%，比上年提高 3.0 个百分点。全年社会消费品零售总额 26.2394 万亿元，比上年名义增长 12.0%（扣除价格因素后实际增长 10.9%），其中限额以上单位消费品零售额 13.3179 万亿元，增长 9.3%。

资料链接：

2014 年中国经济十件大事

1. 国务院批准《注册资本登记制度改革方案》。
2. 财税体制改革方案审议通过。
3. 央行证监会联合下发沪港通试点通知。
4. 审议了《关于农村土地征收、集体经营性建设用地入市、宅基地制度改革试点工作的意见》。
5. 国务院批准在广东天津福建三地设自贸区。
6. CPI 指数重回 1。
7. 房产限购限贷松绑。
8. 2014 年 11 月 22 日起下调金融机构人民币贷款和存款基准利率。
9. 国务院会议决定削减前置审批推行投资项目网上核准。
10. 提出了一带一路的“推动共建丝绸之路经济带和 21 世纪海上丝绸之路的愿景与行动”。

二、2014 年中国行业经济形势

（一）农业

2014 年我国农业农村经济运行的主要有如下特征。

第一产业在国民经济总产值当中的比重继续下降，2014 年，第一产业增加值实际增长 4.1%，连续第六年保持 4% ～ 4.5% 的实际增长区间；农业产业产值在国民生产总值当中的比重为 9.2%，比 2013 年下降 0.8 个百分点。

受国家惠农政策、农产品价格形成机制改革的影响，全年农产品净出口总额达到 1945 亿美元，比上年增长 4.2%，增速进一步回落。农产品进口增长 3.1%，出口增长 6.1%，农产品进出口贸易利差 505.8 亿美元，减少了 0.9%。农产品进口额增速低于出口额，贸易利差缩小，主要是由于农产品进口结构的变化，以及价格发生下降引起的。

农业生产形势较好。全年粮食种植面积11274万公顷，比上年增加78万公顷。棉花种植面积422万公顷，减少13万公顷。油料种植面积1408万公顷，增加6万公顷。糖料种植面积191万公顷，减少9万公顷。粮食再获丰收，全年粮食产量60710万吨，比上年增加516万吨，增产0.9%。其中，夏粮产量13660万吨，增产3.6%；早稻产量3401万吨，减产0.4%；秋粮产量43649万吨，增产0.1%。全年谷物产量55727万吨，比上年增产0.8%。其中，稻谷产量20643万吨，增产1.4%；小麦产量12617万吨，增产3.5%；玉米产量21567万吨，减产1.3%。

2014年是农村土地制度改革取得突破性进展的一年。《关于引导农村土地经营权有序流转发展农业适度规模经营的意见》等重要文件出炉，所有权、承包权、经营权“三权分置”的土地制度改革方向确立。2015年，随着土地改革政策逐步开始落地，将释放出巨大的改革红利。其核心是破解“城市土地国有，农村土地集体所有”的城乡二元土地制度，加快农村土地的流转，推进农村土地交易市场化，改变土地增值收益分配不公的格局。

（二）工业

工业生产运行在合理区间。2014年，全国规模以上工业增加值同比增长8.3%，增速同比回落1.4个百分点。其中，制造业累计同比增长9.4%，高于采矿业的4.5%。在增加值累计同比增速较高的行业中，高技术产业、装备制造及运输设备制造等产业名列前茅，显示出产业结构优化的成果。但是企业经营困难增加。2014年，工业企业利润总额同比增长3.3%，同比回落8.9个百分点；工业企业亏损达4.3万家，累计同比增加12.2%，同比上升7.9个百分点；亏损金额累计同比增加22.5%，同比上升27.9个百分点。

分经济类型看，国有及国有控股企业增加值比上年增长4.9%，集体企业增长1.7%，股份制企业增长9.7%，外商及港澳台商投资企业增长6.3%。分三大门类看，采矿业增加值比上年增长4.5%，制造业增长9.4%，电力、热力、燃气及水生产和供应业增长3.2%。分地区看，东部地区增加值比上年增长7.6%，中部地区增长8.4%，西部地区增长10.6%。分产品看，464种产品中有329种产品产量比上年增长。全年规模以上工业企业产销率达到97.8%。规模以上工业企业实现出口交货值12.0933万亿元，比上年增长6.4%。2014年12月份，规模以上工业增加值同比增长7.9%，环比增长0.75%。

建筑业增速明显放缓。2014年全国建筑业房屋建筑施工面积125亿平方米，比上年增长10.4%，新开工项目41.5482万个，比上年增加53199个。从固定资产投资数据来看，2014年固定资产投资及房地产开发投资增速放缓，明显拖累了建筑业总产值的增速。

2014年全年全国房地产开发投资95036亿元，比上年名义增长10.5%（扣除价格因素后实际增长9.9%），其中住宅投资增长9.2%。房屋新开工面积17.9592亿平方米，比上年下降10.7%，其中住宅新开工面积下降14.4%。全国商品房销售面积12.0649亿平方米，比上年下降7.6%，其中住宅销售面积下降9.1%。全国商品房销售额76292亿元，比上年下降6.3%，其中住宅销售额下降7.8%。房地产开发企业土地购置面积33383万平方米，比上年下降14.0%。12月末，全国商品房待售面积62169万平方米，比上年增长26.1%。全年房地产开发企业到位资金12.1991万亿元，比上年下降0.1%。

装备制造业出口优势增强。2014年我国装备制造业出口额达2.1万亿元，占全部产品出口收入的17%，电力、通信、石化、航空等大型成套设备出口呈快速增长势头。我国铁路装备已出口到80多个国家和地区，2014年铁路机车出口额约40亿美元，占全球市场份额的10%。中国企业在境外参与修建的铁路线路总长超过1万公里，主要分布在亚洲、非洲和拉美等地区。

生物医药产业被重点关注。国家大力支持生物医药产业发展，国家发展改革委员会安排新增中央投资4.42亿元，支持生物医药、生物育种、生物医学工程高技术产业化专项以及国家生物产业基地公共服务条件建设专项的建设。统计数据显示，2014年上半年117家生物医药上市公司上半年实现营业利润189.35亿元，同比增长16.38%；实现净利润平均增幅达28.12%，远高于全部A股上市公司的平均增幅。

新能源产业持续复苏。光伏行业景气复苏延续。2014年光伏制造业实现营业收入576.98亿元，同比增长21.45%；毛利率19.25%，同比增长1.22个百分点；净利润14.42亿元，同比增长18.38%；净利润率2.50%。风电景气周期延续，盈利能力持续上升。2014年风电行业实现营业收入390.82亿元，同比增长25.01%；毛利率23.16%，同比增长4.23个百分点。2014年锂电池营业收入同比增长13.17%，净利润同比增长4.67%；由于受下游数码产品行业增速拖累，以及动力电池并未大量达产，锂电池行业2014年复苏并不明显，有所滞后，锂电池净利润增长227%。铅酸电池2014年维持稳定增长，收入增速13%，净利润增速26%，但其毛利率14.81%、净利率4.38%，同比环比均下降。

（三）服务业

服务业快速发展。2014年，中国服务业实现增加值30.7万亿元，同比增长8.1%；增加值占GDP比重达到48.2%，同比提高2.1个百分点。前三季度，批发和零售业累计同比增长7.0%，增速同比下滑0.2个百分点；交通运输、仓储和邮政业累计同比增长9.7%，增速同比下滑0.7个百分点；住宿和餐饮业累计同比增长6.2%，增速同比提高1.1个百分点；金融业累计同比增长9.1%，增速同比提高2.3个百分点；房地产业累计同比增长2.3%，增速同比下滑5个百分点；其他服务业累计同比增长7.6%，增速同比下滑1.4个百分点。

金融市场运行总体平稳。年末广义货币供应量（M2）余额为122.8万亿元，比上年末增长12.2%；狭义货币供应量（M1）余额为34.8万亿元，增长3.2%；流通中货币（M0）余额为6.0万亿元，增长2.9%。

全年社会融资规模为16.5万亿元，按可比口径计算，比上年少8598亿元。年末全部金融机构本外币各项存款余额117.4万亿元，比年初增加10.2万亿元，其中人民币各项存款余额113.9万亿元，增加9.5万亿元。全部金融机构本外币各项贷款余额86.8万亿元，增加10.2万亿元，其中人民币各项贷款余额81.7万亿元，增加9.8万亿元。

表1－1　2014年末全部金融机构本外币存贷款余额及其增长速度

指标	年末数（亿元）	比上年末增长（%）
各项存款余额	1173735	9.6
其中：住户存款	506890	8.9
其中：人民币	502504	8.9
非金融企业存款	400420	5.4
各项贷款余额	867868	13.3
其中：境内短期贷款	336371	7.9
境内中长期贷款	471818	15.0

2014年金融业以25.8万元的人均薪酬高居榜首，比第二名的交通运输业人均薪酬16.14万元高出59.85%。金融行业员工数量也是行业第一，2014年达275.59万人，占整个A股上市公司总雇员的16%，其中银行业员工212.46万人，非银金融业员工63.13万人。

交通运输业平稳增长。全年货物运输总量439亿吨，比上年增长7.1%。货物运输周转量18.4619万亿吨公里，增长9.9%。全年规模以上港口完成货物吞吐量111.6亿吨，比上年增长4.8%，其中外贸货物吞吐量35.2亿吨，增长5.9%。规模以上港口集装箱吞吐量20093万标准箱，增长6.1%。

三、2014年我国宏观经济运行特点

2013年我国国民经济是稳中有进，稳中向好的一年，给2014年开了一个好局，2014年我国宏观经济运行呈现如下特点。

（一）三驾马车的表现各异，投资和出口略显乏力，消费相对稳定

全社会固定资产投资51.2761万亿元，扣除价格因素，比上年实际增长14.7%。其中民间固定资产投资32.1576万亿元，增长18.1%，占固定资产投资（不含农户）的比重为64.1%。货物进出口总额26.4334万亿元，比上年增长2.3%，其中出口14.3912万亿元，增长4.9%；进口12.0423万亿元，下降0.6%。

投资乏力的原因主要是：一是受制造业持续产能过剩、需求不足影响，民间投资意愿减弱，民间投资增长18%，虽高于整体投资增速，但比上年低了5个百分点，降幅大于整体投资。二是房地产市场深度调整带动房地产投资持续下行。2014年全年房地产开发投资增长10.5%，比上年末回落了近10个百分点。三是受制于税制改革，营业税改征增值税和土地出让收入减少，使得地方政府投资能力受限，基础设施投资增长难度加大，与去年相比，中央投资项目增速提高了2.3个百分点，而地方投资项目增速下降了近5个百分点。四是受预期以及其他各种因素影响，国有大中型企业和外商企业投资步伐放慢。五是新开工项目减少，目前新开工项目增速低于近10年20%左右的平均水平约5个百分点。

相比于投资与出口的小幅增长，消费在经济发展中的作用则逐渐增强。全年社会消费品零售总额同比增长12.0%。居民消费结构持续改善，发展型和享受型消费占比提高。在全国居民人均消费支出中，交通通

信和医疗保健支出占比分别比上年提高 0.6 和 0.3 个百分点。旅游消费增长较快，全年国内游客人次比上年增长 10.7%，国内居民出境人次增长 18.7%。全年网上零售额 27898 亿元，比上年增长 49.7%，其中限额以上单位网上零售额 4400 亿元，增长 56.2%。初步测算，最终消费对经济增长的贡献率超过 50%，比资本形成总额贡献率高 2.6 个百分点，成为经济增长的重要驱动力，消费驱动型经济模式初步显现。

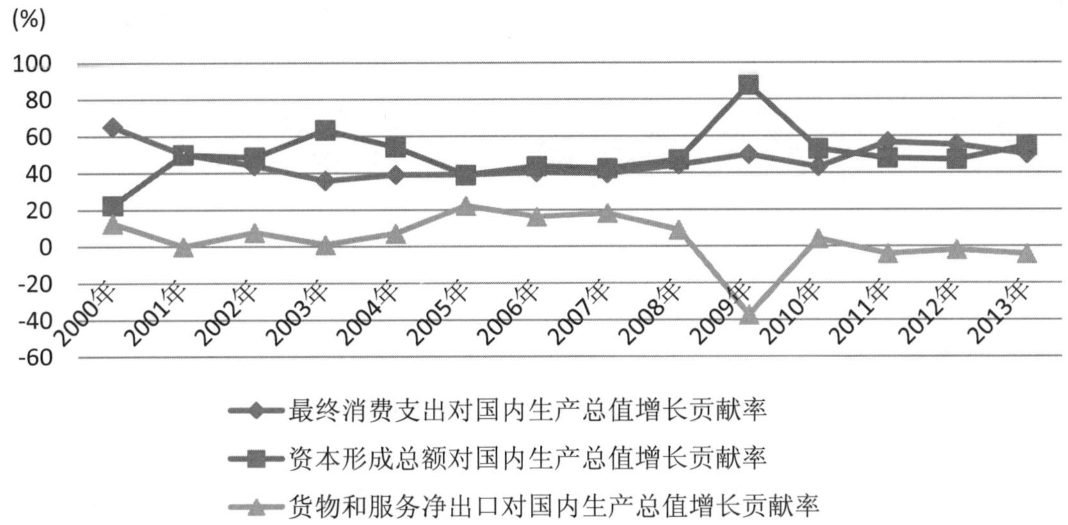

数据来源：Wind 资讯

图 1－7　三大需求对 GDP 增长贡献率趋势图

（二）产业结构优化，服务业保持较高增速

2014 年全年国内生产总值 63.6463 万亿元，比上年增长 7.4%。其中，第一产业增加值 58332 亿元，增长 4.1%；第二产业增加值 27.1392 万亿元，增长 7.3%；第三产业增加值 30.6739 万亿元，增长 8.1%。第一产业增加值占国内生产总值的比重为 9.2%，第二产业增加值比重为 42.6%，第三产业增加值比重为 48.2%。

早在 10 多年前，美国经济学家保罗·克鲁格曼（Krugman）等就认为，东亚投入驱动型的增长（input-driven growth）有损于经济增长效率的提高，从长期看将会导致经济增长的缓慢并最终导致崩溃。1997 年的亚洲金融危机就是例证之一。我国很快意识到这个问题，于是在十七大报告提出了转变经济发展方式的概念，从 2000 年到 2014 年末三大产业在国民生产总值中的比重就可以看出“转变”的过程及目前的结果。

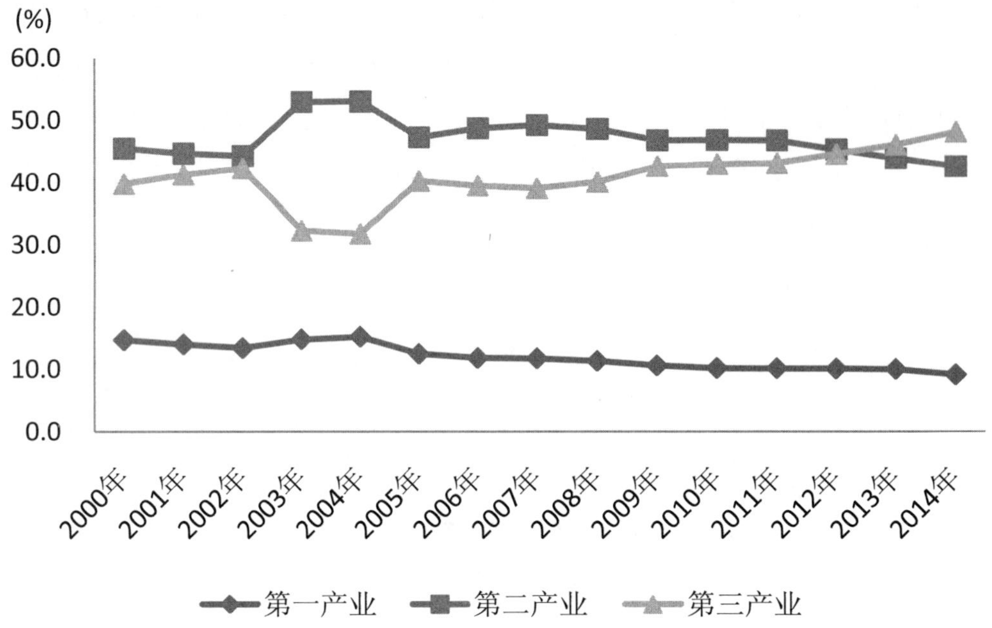

数据来源：Wind 资讯

图 1－8 三大产业在 GDP 中比重变化图

从 2000 年到 2014 年第三产业在 GDP 中的比重从 39.8% 提高到 48.2%，增加了近 10 个百分点。产业结构优化，转型升级态势明显。工业向高端化转型演变。高技术产业、装备制造业增加值比上年分别增长 12.3%、10.5%，增速分别比规模以上工业快 4.0 和 2.2 个百分点。在工业化、信息化以及居民消费升级的多重因素推动下，服务业增长强劲。第三产业增加值同比增长 8.1%，增速比第二产业高 0.8 个百分点，占国内生产总值的比重比第二产业高 5.6 个百分点。高端制造业和现代服务业的快速发展表明，我国经济正处在向中高端演化的过程，并将持续这一过程。

（三）就业状况稳定，劳动生产率提高

截至 2014 年年末全国就业人员 7.7253 亿人，其中城镇就业人员 3.9310 万人，全年城镇新增就业 1322 万人，年末城镇登记失业率为 4.09%，为 2002 年以来十二年最低值。2014 年美国的失业率为 6.2%，尽管比上年度有所下降，但是依然比我国城镇登记失业率高。

2014 年，政府工作报告首次将年度新增城镇就业目标，由过去的 900 万人以上提升至 1000 万人以上，这届政府高度重视就业问题。自 2009 年以来，每年新增就业人员逐年提高，每年新增城镇就业人数也在逐年增加：2009 年 1102 万人，2010 年 1168 万人，2011 年 1221 万人，2012 年 1266 万人，2013 年 1310 万人。

在劳动力素质提高、科技进步等因素共同作用下，稳定的就业状况铸就了劳动生产率的提高。2014 年我国劳动生产率为 72313 元 / 人，比上年提高 7%。有研究表明，我国经济的增长在很大程度上依靠了劳动生产率的贡献，平均每年的贡献约 30%

（1978 ～ 1995）。也就是说每年 8% 的增长有 2.4% 来自劳动生产率的增长。

中国的技术进步实际上是在改革开放的大环境中由政府主导的产业及技术政策推动的，其中包括引进外资和先进设备，对重点部门实行重点投入等。技术效率的提高则是在市场竞争的前提下由乡镇企业所引发的并加之以国企的改革措施。而规模效益恐怕是与政府为开发大国经济对基础工业和基础设施的重视与投入分不开的。总体上来说，中国劳动生产率在改革时期的增长是与政府的政策紧密相关的。

（四）能源消耗降低，节能减排取得成效

加强节能减排，实现低碳发展，是生态文明建设的重要内容，是促进经济提质增效升级的必由之路。“十二五”规划纲要明确提出了单位国内生产总值（GDP）能耗和二氧化碳排放量降低、主要污染物排放总量减少的约束性目标，2011 ～ 2013 年部分指标完成情况落后于时间进度要求，因此，2014 年 5 月国务院办公厅下发了《2014 ～ 2015 年节能减排低碳发展行动方案》（国办发〔2014〕23 号），要求“2014 ～ 2015 年，单位 GDP 能耗、化学需氧量、二氧化硫、氨氮、氮氧化物排放量分别逐年下降 3.9%、2%、2%、2%、5% 以上，单位 GDP 二氧化碳排放量两年分别下降 4%、3.5% 以上。”随后，各部委也提出了多项节能环保工作的政策和措施。国家发改委在 2014 年年初印发实施了《2014 ～ 2015 年节能减排降碳行动计划》，科技部、工业和信息化部也在年初联合印发了《2014 ～ 2015 年节能减排科技专项行动方案》。随后，《燃煤发电机组环保电价及环保设施运行监管办法》、《2014 ～ 2015 年节能减排低碳发展行动方案》、《大气污染防治行动计划实施情况考核办法（试行）》、《关于进一步推进排污权有偿使用和交易试点工作的指导意见》等一系列政策和措施的出台成为了我国在 2014 年超额完成节能减排工作的“推进器”。在化解产能过剩方面，通过扩大国内市场等方式，一度严重过剩的光伏等行业供需已趋正常。钢铁等行业淘汰落后产能工作也在有序推进，如河北省削减钢铁产能达数千万吨。在节能减排方面，我国工业经济增长有所放缓，工业能源消费增速回落，单位工业增加值能耗下降较快，2014 年全年单位 GDP 能耗大体上将下降 4.6% 到 4.7%，高于今年的预定目标。

四、2014 年中国证券市场运行特点

截至 2014 年，我国共有上市公司 2592 家，A 股市值总规模首次突破 35 万亿元，达到 37.11 万亿元，我国的证券化率达到了 58.3%，而 2013 年国内生产总值为 59.26 万亿元，A 股股票市值为 23.79 万亿元，证券化率仅为 40.1%。仅仅一年，中国的证券化率提高了 18.2 个百分点。由于 A 股市值的超高速增长，证券化率的提高速度远远超过经济增长速度。

2014 年全年上市公司通过境内市场累计筹资 8397 亿元，比上年增加 1512 亿元。其中，首次公开发行 A 股 125 只，筹资 669 亿元；A 股再筹资（包括配股、公开增发、非公开增发、认股权证）4165 亿元，增加 1362 亿元；上市公司通过发行可转债、可分离债、公司债、中小企业私募债筹资 3563 亿元，减少 519 亿元。全年公开发行创业板股票 51 只，筹资 159 亿元。

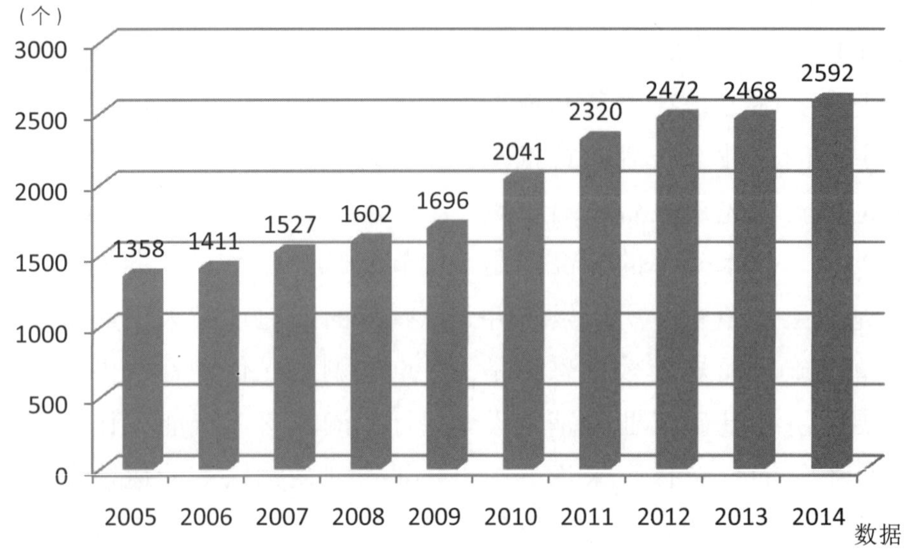

数据来源：Wind 资讯

图 1－9　2005 ~ 2014 年我国 A 股上市公司数量比较图

（一）股市从熊市转为牛市

2014 年中国股市是从低沉到狂躁，牛冠全球。

2014 年的 A 股市值增长大户中，增幅超过 100% 的上市公司多达 350 家，其中，从事无线通信技术、产品和服务的信威集团增长了 4359%，在一年时间里从 28 亿跃增到 1267 亿，成为 A 股市值涨幅之最。

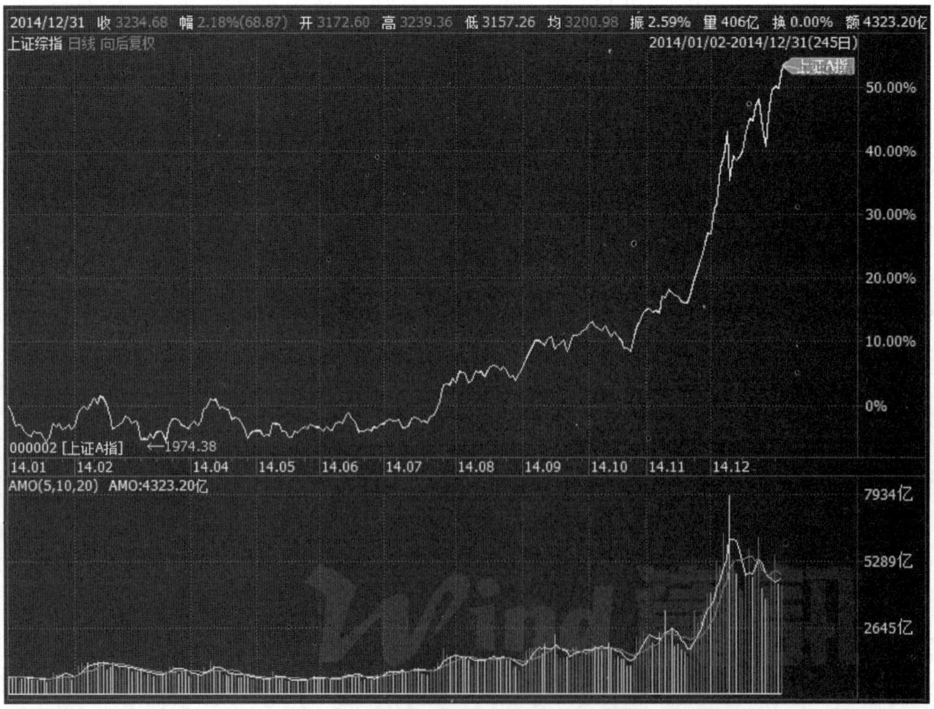

数据来源：Wind 资讯

图 1－10　2014 年上证综指趋势线

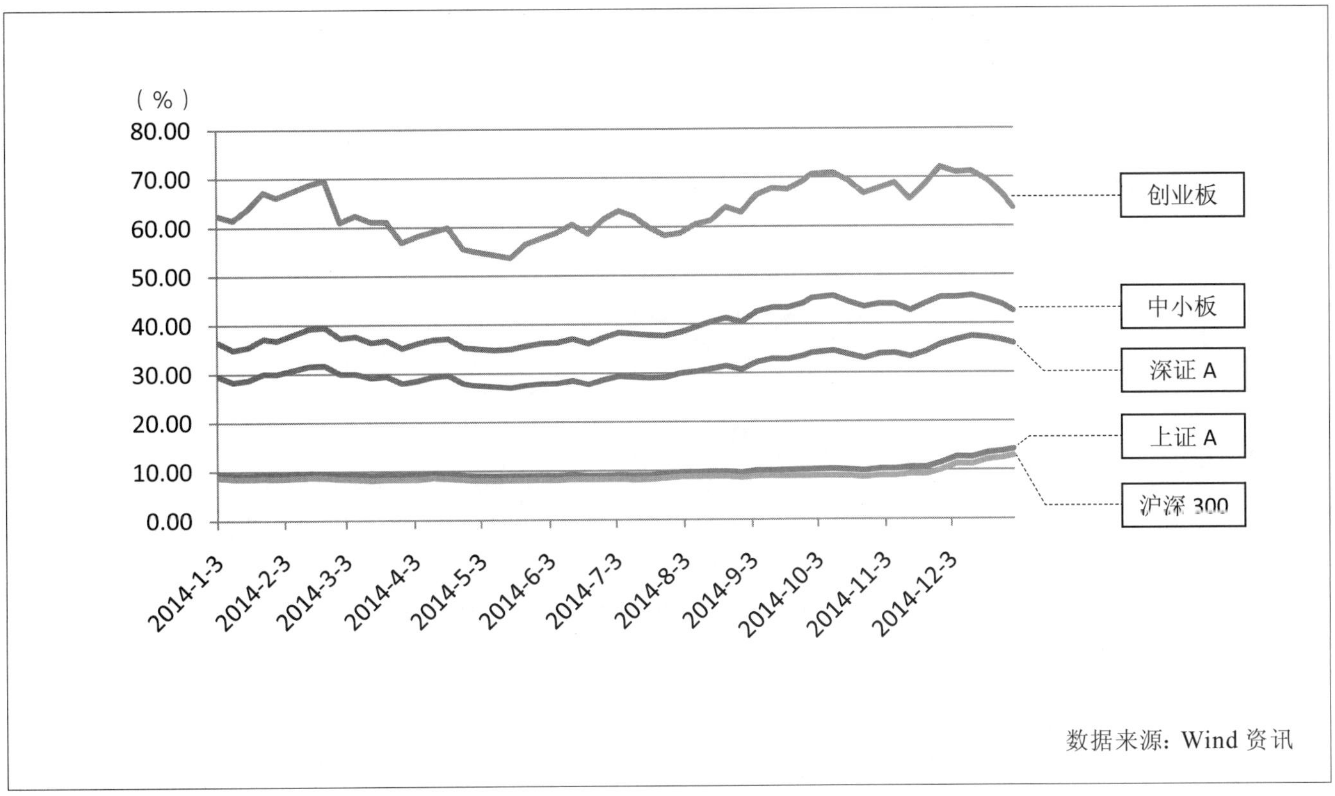

图 1－11　市盈率比较图

标普 500 指数，自 2009 年 676.53 低点后虽然每年涨幅均不算大，2013 年涨幅最高也不过 29.60%，但贵在持续，至 2013 年终收关 1848.36 点，不仅收复次贷危机失地更屡创历史新高，四年多的时间累计涨幅近两倍。而 A 股仅在 2009 年有大幅的报复性反弹，此后连续四年萎靡不振，几乎要回到 2009 年的起点。

2014 年的股市冲天，与股市改革有重要关系。7 月 4 日，证监会就《关于改革完善并严格实施上市公司退市制度的若干意见（征求意见稿）》向社会公开征求意见，这标志着新一轮退市制度改革启动。上交所 10 月 19 日对《股票上市规则》涉及退市制度的相关内容进行了修改和完善，并发布修订后的《上市规则》；十八届三中全会公报出炉当晚，各大券商便连夜召开电话会议，超预期的军工板块被一致看好，随后的走势也反映了市场的认可；11 月 17 日，沪港股票市场交易互联互通机制试点（沪港通）开通仪式在上海、香港同时举行。伴随沪港通试点启动，沪港两地证券市场成功实现联通，中国资本市场国际化进程取得重大进展。这些改革都使得中国股市在 2014 年不断被推高，超过预期。

（二）上市公司重组

2014 年证券市场共发生 190 起上市公司重大资产重组事件（2014 年 1 月 1 日开始首次信息披露），涉及标的资产价值 4413.83 亿元，其中，当年完成的上市公司重大资产重组 135 宗，占 71%，失败案例 31 宗，占 16%。

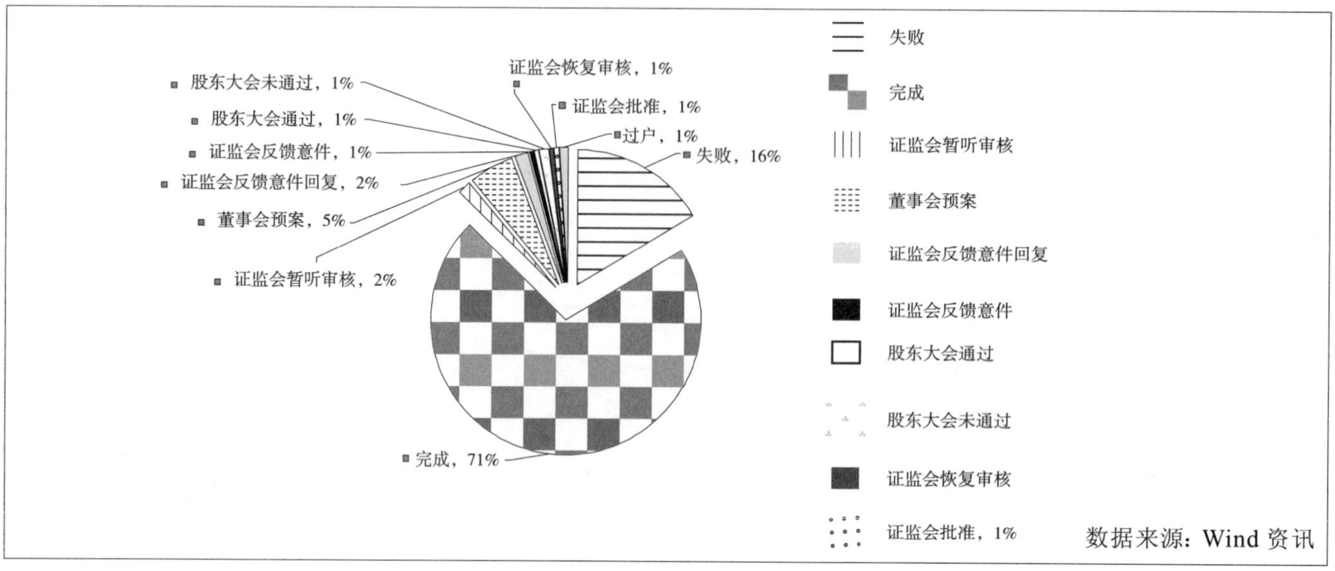

图 1－12　2014 年上市公司重大资产重组进度比较图

（三）资产证券化

2014 年是我国资产证券化大发展的一年，全年发行项目数量和募资总额都实现了极大地增长，城商行、农商行、金融租赁公司首次加入资产证券化产品发行行列，基础资产类型进一步丰富，已发行项目信用表现良好。同时，为提高产品的发行效率、简化流程，银监会正式推行备案制，不再针对证券化产品发行进行逐笔审批，发起机构在取得业务资格后即可开展资产证券化业务，这将大幅提升市场参与机构积极性，从而更有效盘活其资产，提高其资产流动性。

资产证券化是以特定资产组合或特定现金流为支持，发行可交易证券的一种融资形式。自首笔资产证券化交易以来，资产证券化逐渐成为一种被广泛采用的金融创新工具而得到了迅猛发展。2014 年共发行 66 单信贷资产证券化项目，发行总额达到 2819.81 亿元，超过了 2005 ～ 2013 年全部发行额的总和。

2014 年资产证券化的特点是：参与机构丰富，除政策性银行、国有银行、股份制银行、汽车金融公司、资产管理公司等资产证券化常客以外，城商行、农商行、金融租赁公司成为推动资产证券化发展的生力军。2014 年全年，成功发行（按招标成功为统计口径）资产支持证券的银行为 35 家，汽车金融公司 7 家，资产管理公司 3 家，金融租赁公司 2 家，发行数量和发行规模较以往均有大幅增加。基础资产类型多元化，2014 年新增了融资租赁资产证券化。与此同时，部分参与机构也在探索信用卡应收款证券化、商业住房抵押贷款证券化等新产品。信用状况良好，从各产品的信用表现情况来看，基础资产信用表现良好，虽然有一定的提前还款，但均未触发信用事件，全部资产支持证券均为正常兑付状态。

（四）期货市场

2014 年全国期货市场累计成交量为 25.05 亿手，累计成交额为 291.986659 万亿元，同比分别增长 21.54% 和 9.16%，两项指标双双创下了中国期货市场有史以来的最高纪录。

就具体期货品种而言，金融期货的成交

规模在 2014 年的增长最为突出，全年沪深 300 股指期货成交量为 2.16 亿手，成交额为 163 万亿元，远远超过 2013 年的 1.9 亿手和 140 万亿元，同比分别增长 12.1% 和 15.9%。其次，黄金、白银期货成交量的增长也较为明显，两个品种的成交量为 2.17 亿手，同比增长 12.4%，其中白银期货已经成为全球最大的贵金属期货品种，全年成交量超过 1.93 亿手，同比增长 11.56%。此外，PTA、菜粕、豆粕、三大油脂等品种全年的成交量也都超过了 1 亿手。

（五）股转系统

《新三板挂牌公司股票发行研究报告》显示，2014 年新三板市场共完成 259 次股票发行，募集资金 116.14 亿元，分别为 2013 年全年数据的 4 倍和 11 倍以上。新三板新增挂牌接近 1200 家，据 Wind 数据显示，近 70 家新三板挂牌企业股价涨幅超过 10 倍，九鼎投资以 900 倍的涨幅位居第一，英富森、沃捷传媒、哇棒传媒、新天药业、仁会生物、天松医疗等企业的股价涨幅均超过 30 倍。

（六）基金市场

受基础市场影响，2014 年（截至 2014 年 12 月 30 日）只有少数主动偏股型基金下跌，608 只主动偏股型平均上涨 22.25%，35 只基金涨幅超过 50%、2 只基金跌幅超过 10%；其中，371 只主动股票型平均上涨 23.60%，237 只混合型平均上涨 20.13%。

虽然在大盘蓝筹股大幅领先的 2014 年，由于多数基金未能及时从成长股思路中抽离，导致业绩多未跑赢沪深 300 指数，但更值得注意的是，2014 年主动股票型、混合型的平均收益率皆是近五年以来最高，共有 35 只基金涨幅超过 50%、164 只基金涨幅超过 30%、314 只基金涨幅超过 20%。总体来说，主动偏股型基金在 2014 年为投资者创造了比较丰厚的回报。

资料链接：

2014 年中国证券市场十件大事

1. 股票发行注册制改革方案上报国务院。
2.《股票上市规则》涉及退市制度的相关内容进行了修改和完善。
3. IPO 年内两次重启。
4. 证监会发布《关于上市公司实施员工持股计划试点的指导意见》。
5. 证监会发布《优先股试点管理办法》。
6. 全国中小企业股份转让系统试点扩至全国范围。
7. 创业板 IPO 和再融资办法发布。
8. 新“国九条”绘就资本市场顶层设计蓝图。
9. 改革红利催生 A 股火爆行情。
10. 沪港股票市场交易互联互通机制试点（沪港通）。

五、2015 年中国宏观经济展望

（一）2015 年世界经济热点

随着美国货币政策逐步回归常态，一旦通胀抬头，美联储在 2015 年上半年加息的概率便会加大。在美国银根收紧的同时，欧日却在继续加大刺激力度，这种反向的宏观政策将产生多种效应，其中最显性的是汇率波动。美元升值对欧日出口复苏有利，但同时会引起资本向美国汇聚，从而抵消欧日的宽松货币政策效果。美元汇率大幅振荡还将引起全球资产价格和资本大规模异动。

由于系统性风险已经率先出清，美国经济基本面在发达国家中最优。长远来看，不排除美国经济逐步进入新一轮强劲增长周期的可能性，但 2015 年美国经济强劲增长的可能性不高。受政府高负债“绑架”，美联储的“低利率倾向”仍会延续，但美联储直接购买国债或 MBS 的必要性已经下降。美股已实现“超长线突破”，未来很可能继续表现出相对强势。

2015 年欧元区单一监管机制正式运行、单一清算机制就位，消除了欧元区金融体系监管的碎片状态。2015 年 3 月 9 日，欧洲央行正式开始购买区域内各国国债，全面开启量化宽松货币政策。在欧洲央行终极量化宽松措施的刺激下，欧元区大多数国家宏观经济形势出现好转，短期效应明显。但从长期看，大规模货币宽松可能会导致长期通货膨胀率升高，且欧元区经济的根本问题是结构性问题，如劳动力市场僵化、社会福利制度过高、失业率高等，货币政策并不能解决这些问题，欧央行推动的量化宽松政策存在局限性和风险性。欧元区由于成员国差异的影响，结构改革推进缓慢，2015 年存在系统性风险进一步升级的可能性。

日本方面，安倍政府上台以后始终坚持压低日元汇率的相关政策，致使日元兑美元的汇率直线下跌，受其影响，日本国内的消费市场受到一定程度的挤压，消费倾向呈现衰减趋势。2014 年 4 月日本政府提高消费税后，日本经济骤然失速，并在第三季度陷入技术性衰退，2014 年全年日本 GDP 实际增长率为 0.04%。根据 2015 年 5 月 8 日最新公布的日央行会议纪要传递出来的最新消息，将继续坚持之前实施的量化质化宽松（QQE）政策。由于日本全线工资率上涨仍需较长一段时期，才能成为日央行的通胀目标实现的基础，而油价的下降又提高了日元贬值的压力，所以日本核心通胀率 2015 年仍将疲软。日本在安倍经济学的刺激下短期内发挥出激励作用，然而在实施一年后，安倍经济学三支箭都已告罄的背景下，2015 年日本政府将延后提高消费税并推行新的财政刺激措施，日本经济可能艰难走向缓慢复苏。

2015 年新兴经济体依然面临较大的调整压力，将继续处于两难境地：一方面需要降息来刺激国内经济增长；另一方面又需要升息来减少资金外流，部分国家还要应对高通胀、货币快速贬值等不利影响。另外，目前全球贸易保护主义正在抬头，受本币汇率高企、贸易赤字扩大影响，美国重新挥起汇率武器的大棒。这意味着对出口依赖程度较高的新兴市场经济体增长前景不容乐观。最重要的是新兴经济体大国目前均面临不同问题的困扰，拉动全球经济增长的潜力有限：俄罗斯与巴西的经济增长受制于全球能源与大宗商品价格的熊市。南非的失业问题高企、国际收支状况脆弱。相比之下，似乎印度的情况稍好，但基础设施薄弱与行政效率缓慢仍是印度经济增长的瓶颈。综合而言，新兴经济体国家2015年经济前景不容乐观。

因此全球范围内的避险资金将为美国国债和金融市场提供充裕的资金支持。

（二）2015年中国宏观经济展望

展望2015年全球区域经济热点，“一带一路”即“丝绸之路经济带”和“21世纪海上丝绸之路”，必然备受瞩目。中国出资400亿美元成立丝路基金，预计今年将有重大进展。“一带一路”战略和亚洲基础设施投资银行的设立，将使我国更加深入地参与到区域合作进程中，推动亚洲发展和安全相互促进、相得益彰。

1. 经济运行的不利因素

预计2015年中国经济受到结构性、周期性和机制性三重因素的叠加制约，从短期调控政策来看，既与前期政策力度不够有关，也与政策传导机制不畅、执行不力导致政策效应难以发挥作用有关。

（1）短期需求减弱与中期结构调整叠加

从短期因素来看，世界经济复苏缓慢，我国外部需求明显不足，固定资产投资大幅减速，房地产市场继续调整，以及工业企业去库存化等因素，使得我国经济将延续减速下行态势。从中期因素来看，当前我国经济发展新常态特征更加明显，经济增速换挡的压力和结构调整的阵痛相互交织，新兴产业增长难以弥补传统产业下降的影响。要素投入支撑作用减弱、结构升级要求提高、化解前期过剩产能、强化生态环境保护等都会影响经济增速。

（2）宏观政策协调性不足加剧经济下行趋势

从财政政策来看，去年底以来国家出台的减税降费措施，对支持小微企业发展和创业起到了一定作用，保持了就业稳定，促进了服务业发展。但是，财政支出政策总体上偏紧，2014下半年财政支出仅增长2.5%，较上半年大幅放缓了13.3个百分点，其中四季度财政支出下跌1.4%。2014年实际财政赤字率仅为1.8%，低于2.1%的预算目标。虽然今年初财政支出较去年四季度明显加快，一季度财政支出增长7.8%，但增幅同比放缓4.8个百分点，国家预算投资到位资金增长11%，同比放缓7.2个百分点。财政支出减缓通过乘数作用对经济增长具有较强的紧缩效应。由于财政支出传导到经济增长一般需要一个季度左右的时间，去年四季度的财政支出紧缩对当前经济增长带来不利影响。

从从货币政策来看，2014年央行两次定向降准后，又推出了共计8000亿元规模的中期借贷便利和短期借贷便利，再加上提供给国家开发银行的1万亿元抵押补充贷款和对保障房建设、三农和小微企业等领域给予的定向支持，这些措施保持了金融市场的适度流动性，稳定了市场预期。但由于大量资金持续进入股市，部分僵尸企业和地方政府平台占用大量资金，央行释放的流动性难以进入实体经济，实体经济融资成本居高不下。据数据显示，2014年社会融资规模下降了4.8%，直接融资比重下降，货币政策总体上处于偏紧状态。这也是今年初制造业投资降幅较大的重要原因之一。货币政策对经济增长的滞后影响一般需要半年以上时间，去年偏紧的货币政策还会继续影响2015年经济的增长。

从房地产政策来看，2014年下半年以来限贷限购放松以及降息等政策措施，推动了房地产市场在2014年四季度短暂复苏。今年以来房地产政策继续松绑，二套房首付降低、二手房营业税免征期缩短至两年等政策，在一定程度上刺激了改善性需求，稳定了市场信心，促进房地产市场有所回暖。但是，投资投机性住房需求已基本退出楼市，在部分住房刚性需求得到释放后，仍然偏高的房价需要合理回归，房地产市场主要指标全面下跌，延续了深度调整的基本趋势。一季度，土地购置面积、房屋新开工面积、商品房销售面积分别同比下跌32.4%、18.4%和9.2%，房地产开发企业到位资金下跌了2.9%，其中国内贷款和定金及预收款分别下降6.1%和8.4%。

（3）稳增长政策执行不到位落地难

地方政府过去拿手的靠优惠政策招商引资、靠土地财政解决资金来源、靠投融资平台支撑重大项目等方式受到制约，部分地方政府部门对新常态下如何稳增长感到无措，部分国家出台的稳增长措施难以落地。据调研，年初以来部分地方没有拿到一个招商项目，具体工作中往往无所适从。尽管国家已经大力推进简政放权，但是改革尚未到位，各部门、各地方会签审批环节仍较多，行政效率较低影响政策落实。

2. 经济运行的目标

经济处于跨越“中等收入陷阱”、面临转型发展的关键阶段。

从2012年以来，经济运行在一个相对狭窄的范围内波动。在连续十个季度中，GDP当季增速最高值（7.9%）与最低值（7.4%）仅差0.5个百分点。回望2014年全年，经济增长为7.4%。在下行趋势中避免了大起大落，为各类市场主体有序转型创造了较好的宏观环境。更为重要的是，伴随这一调整过程，经济效益没有大幅滑坡。目前工业增长值增速仅略高于金融危机时的水平，而企业效益、财政收入、就业状况则明显好于当时，这是判定当前我国经济调整总体健康，方向需要坚持的关键依据。转型难免阵痛，但必须做出取舍。正如近期房地产调整幅度虽较大，加大经济下行的压力，但必须看到这种调整是必经的阶段，总体是利大于弊的，是以“短痛”代替“长痛”的现实选择。

从国际经验看，经历较长时期高速增长的国家，在转型期容易形成速度依赖，不能接受增速下降的事实，从而采取强力刺激，导致矛盾进一步积累和拖延，最终引发危机。在转型过程中，利用宏观调控手段，平抑经济波动、防止短期过快下滑是必要的，但应坚持速度服从质量的原则，只要守住企业可盈利、就业总体稳定、不发生系统性风险的底线，经济增速低一点并不会引发严重的社会冲击，反而更有利于借助市场力量推动资产重组、结构调整和培育增长新动力。

3. 经济运行的有利因素

世界经济将持续复苏但难以有大的改善。虽然2014年上半年世界经济复苏的态势弱于预期，但是下半年以来发达经济体持续复苏，虽然欧元区和日本经济有所回落，但是美国经济增长强劲。各机构普遍预计2015年全球经济增长将继续保持复苏态势，增速较今年有所提高。国际货币基金组织（IMF）预测2015年全球经济增长3.8%，较2014年提高0.5个百分点。但同时也要看到，发达经济体经济增长总体仍较为疲软，短期内难以真正走出低谷，一些主要新兴市场经济体，供给方面的制约因素和金融条件的收紧对经济增长造成的不利影响可能持续更长时间，因而明年世界经济仍只是边际上的改善。

政策效应逐步释放。一方面，为应对今年经济下行的压力，中央出台了一系列定向调控政策措施，内容涵盖定向降准、结构性减税、棚户区改造、中西部铁路建设、稳定外贸、扩大信息体育消费，以及在近期实施的全面降息和基础设施领域推出的一批鼓励社会资本参与的项目（PPP）等。这些政策多需跨年度操作，政策效应将在明年继续释放。另一方面，在我国当前的财政状况和通胀形势下，明年积极的财政政策和稳健的货币政策还具备较大的运用空间，政府可能继续围绕促进就业、提高居民收入、加强公共（基础）设施建设等方面出台力度更大的新政策，政策效应也将会集中体现为通过扩大内需拉动经济增长。

我国经济发展的基础条件依然较好。我国经济的基本面仍然良好，内需增长具备有利条件。供给方面，虽然我国面临劳动力人口绝对量减少、储蓄率下降等趋势性变化，但是人力资本、资本存量等要素供给的质量在提高，一些新的增长拉动因素正在形成。消费方面，目前就业形势良好，居民收入增速超过了经济增速，为消费持续增长和提升消费占比创造了有利条件。投资方面，“十二五”规划即将收官，一些规划尚未完工的在建工程和尚未动工的大项目，建设进度将有所加快，出口回暖也将带动相关的固定资产投资增长，这些都有利于促进明年投资增长。

改革红利将逐步显现。2014 年政府推出一系列改革措施，包括加大简政放权的力度，允许民间资本创办金融机构，放宽市场主体准入，以及以充分发挥市场决定性作用为核心的价格改革等。2015 年还将实施一批重大改革，这些改革对经济增长潜力的提高作用将在未来一段时期逐步显现出来，对 2015 年的经济增长具有正面作用。

第二章　中国上市公司业绩评价结果综述

2014年是改革形成突破的重要一年。这一年，经济增速切入换挡期，结构调整面临阵痛期，前期刺激政策进入消化期，需求减弱、产能过剩，全年GDP增速进一步放缓。我国政府坚持深化体制改革的主线，宏观经济政策趋于宽松，货币政策趋于灵活，产业结构得到进一步优化、就业形势得到进一步改善。2014年，IPO重启、沪港通开闸，改革红利下的A股市场一片欣欣向荣，上证综指以3234.68点收官，创4年以来新高，较2013年底增幅达52.87%。而受经济下行影响，A股业绩却不容乐观，增速下滑至5.8%；相比之下，体量较小、并购转型效果明显的中小板和创业板业绩却十分抢眼，增速分别高达12.10%和26.60%。分行业看，传统行业业绩增速放缓，而新兴行业及消费板块复苏势头明显。

一、上市公司业绩评价结果

按照中国上市公司业绩评价体系，本书以统一测算的评价标准为基准，运用功效系数法，同时考虑到上市公司的市场表现后，对2014年度中国上市公司业绩进行了评价，从整体综合评价得分情况来看2548户上市公司（不包括金融和B股，本书以下如无特指按此口径）的经营业绩在2014年整体有所下降。2014年综合得分61.27分，与2013年综合得分61.82分相比有小幅降低。

2014年上市公司的期末总资产为33.933822万亿元，同比增长13.10%，而当年的GDP为63.6463万亿元，占当年GDP的53.32%。2014年上市公司共实现营业收入24.03578万亿元，同比增长4.34%，占当年GDP的37.76%。2014年实现净利润1.149469万亿元，同比增长1.99%，占当年GDP的1.81%。

下面分别从财务效益状况、资产质量状况、偿债风险状况、发展能力状况和市场表现状况五个方面对评价结果逐一说明。

（一）财务效益状况

2014年上市公司的财务效益状况平均得分为21.87分，相较2013年的21.98分有所下降。评价财务效益状况的指标包括两个基本指标（扣除非经常性损益净资产收益率和总资产报酬率）和三个修正指标（营业利润率、盈利现金保障倍数、股本收益率）。财务效益状况各项指标年度变化情况详见表2-1。

表 2－1　财务效益状况指标年度对比表

分析指标		2014 年上市公司平均值	2013 年上市公司平均值	增长率（%）
基本指标	净资产收益率（%）	7.81	8.69	−10.13
	总资产报酬率（%）	5.74	6.11	−6.06
修正指标	营业利润率（%）	5.55	5.70	−2.63
	盈利现金保障倍数	1.61	1.39	15.83
	股本收益率（%）	39.84	42.86	−7.05
综合得分		21.87	21.98	−0.50

由以上财务效益状况指标年度对比表可见，除了盈利现金保障倍数，2014 年上市公司各项财务效益基本指标及修正指标都较 2013 年度有不同程度的下降。结合财务效益状况综合得分来看，2014 年度整体财务效益状况较 2013 年略微逊色，从盈利现金保障倍数指标来看，盈利质量较 2013 年有一定提升。

1. 行业分析

从 2014 年各行业上市公司财务效益指标评分看来，非银金融行业以 28.80 分位列各行业榜首，较上市公司平均财务效益指标评分高出 6.93 分，此外食品饮料、公用事业和家用电器行业也分别以 28.37 分、28.34 分、27.17 分远超上市公司平均水平。2014 年度，非银金融行业 9 家上市公司实现净利润 71.93 亿元，较 2013 年的 81.57 亿元下降 11.82%。从各项财务效益基本指标和修正指标看，非银金融行业主要凭借其远远高于其他行业的 42.11% 的营业利润率一举夺冠，其他指标基本略高于上市公司平均水平。排在非银金融行业之后的是食品饮料行业。2014 年度，食品饮料行业上市公司实现利润总额 600.28 亿元，占上市公司全部实现利润总额的 4.18%，较 2013 年的 670.25 亿元下降 10.44%。从各项财务效益基本指标和修正指标情况看，食品饮料行业除盈利现金保障倍数以外的其他各项指标都优于上市公司平均水平，其中：扣除非经常性损益后的净资产收益率为 15.26%，高于上市公司平均水平的 2 倍；总资产报酬率为 14.80%，超过上市公司平均水平的 2 倍；营业利润率为 17.08%，超过上市公司平均水平的 3 倍；总股本收益率为 99.63%，超过上市公司平均水平的 2 倍；权益资本回报率为 30.71%，超过上市公司平均水平的 3 倍。可见，食品饮料行业的盈利状况远远超出上市公司平均水平。家用电器行业各项财务效益指标与食品饮料行业相近，公用事业行业各项财务效益指标较以上两个行业略低，但均高于上市公司平均水平。

此外，采掘、建筑材料、传媒、建筑装饰、汽车、纺织服装、医药生物、计算机、房地产等行业财务效益状况评分均高于上市公司平均评分。从各项财务效益状况指标来看，除房地产行业的盈利现金保障倍数指标以外，其他各行业财务状况指标基本优于上市公司平均水平或与其相当。而就房地产行业而言，虽然其营业利润率远高于平均水平的 2 倍，但其现金保障情况不佳，盈余质量没有表现出来的乐观。究其原因，除了受国家宏观调控政策影响外，还因房地产行业的特性所致。房地产采用预售制度，预售使房地产项目的现金能够及早回流，用于下一个或多个项目的启动。但过度的扩张，使得所有的项目都被资金紧密的联系在了一起，导致经营性现金流降低甚至为负。尽管与上市公司平均水平相比以上各行业的财务效益状况较好，但是各项指标较2013年度都有所回落。仍以房地产行业为例，其扣除非经常性损益后的净资产收益率较2013年降低1.72 %，总资产报酬率较低0.55 %，营业利润率降低1.34%，总股本收益率降低1.71%。从国家的行业政策引导来看，2014年国家对房地产行业实施“分类调控”，房地产市场政策环境相对宽松，从各项财务指标来看，房地产行业财务效益状况未有较大程度波动，相对稳定。

化工、电气设备、轻工制造、休闲服务、电子、通信、交通运输等行业财务效益状况评分与上市公司平均水平基本持平。从各项财务效益状况指标来看，以上各行业指标均较上市公司平均水平略高或略低，盈利能力处于市场平均水平。

农林牧渔、钢铁、有色金属、机械设备、国防军工等行业财务效益状况评分显著低于上市公司平均水平。其中，有色金属以10.92分成为财务效益状况评分最低的行业，可谓经营惨淡。2014年有色金属行业上市公司完成营业收入1.051267万亿元，较上年增加6.90%；净利润-0.32亿元，行业整体未实现盈利。从各财务效益指标来看，有色金属行业扣除非经常性损益后的净资产收益率为-1.50 %，总资产报酬率为2.47 %，营业利润率为0.21 %，总股本收益率为-0.35 %，各项指标均显著低于上市公司平均水平。究其原因，在中国经济增速放缓、大宗商品需求疲软的内部环境，以及美元持续走强的外部因素的共同影响下，有色金属价格整体呈现震荡走低态势。

2. 规模分析

100亿以上规模企业实现利润总额1.199603万亿元，占上市公司全部实现利润总额的81.13%，实现净利润9262.51亿元，占上市公司全部实现净利润的80.58%；2014年财务效益得分为21.54分，高于上市公司平均值3.41%，扣除非经常性损益后的净资产收益率、盈利现金保障倍数和股本收益率都高于上市公司平均值，而总资产报酬率和营业利润率略与上市公司平均水平基本持平。

50亿～100亿规模企业实现利润总额1086.69亿元，占上市公司全部实现利润总额的7.35%，实现净利润862.80亿元，占上市公司全部实现净利润的7.51%；2014年财务效益得分为20.29分，低于上市公司平均值7.22%，扣除非经常性损益后的净资产收益率、营业利润率、盈利现金保障倍数和股本收益率都低于上市公司平均值，而总资产报酬率略高于上市公司平均水平。

10亿～50亿规模企业实现利润总额1604.07亿元，占上市公司全部实现利润总额的10.85%，实现净利润1290.44亿元，占上市公司全部实现净利润的11.23%；2014年财务效益得分为19.85分，低于上市公司平均值9.24%，扣除非经常性损益后的净资产收益率、盈利现金保障倍数和股本收益率都低于上市公司平均值，而总资产报酬率和营业利润率略高于上市公司平均水平。

10亿以下规模企业实现利润总额99.61

亿元，占上市公司全部实现利润总额的0.67%，实现净利润78.93亿元，占上市公司全部实现净利润的0.69%；2014年财务效益得分为17.05分，低于上市公司平均值22.04%，扣除非经常性损益净资产收益率、总资产报酬率、营业利润率、盈利现金保障倍数和股本收益率都低于上市公司平均值。

3. 中联五强

从上市公司的财务效益指标来看，排在前五家的情况详见表2-2。

表2－2　　2014年度中国上市公司财务效益中联五强排行榜

名次	股票代码	股票简称	财务效益得分
1	600585	海螺水泥	35.00
2	000333	美的集团	35.00
3	601006	大秦铁路	35.00
4	600900	长江电力	35.00
5	601808	中海油服	35.00

2014年度中联上市公司业绩评价中财务效益得分并列第一名的上市公司共有10家，财务效益中联五强排行榜中列示的5家为财务效益得分相同情况下综合得分较高的上市公司。除上述5家外，还包括粤电力A、国投电力、华电国际、华能国际、中国神华。9家财务效益得分并列第一的上市公司企业规模均在100亿元以上，其中：5家来自于电力行业、2家来自于采掘行业、其余3家分别来自于建筑材料、家用电器、交通运输行业。

尽管交通运输、建筑材料行业整体财务效益状况并不突出，大秦铁路、海螺水泥、中海油服、粤电力A、国投电力、中国神华、华电国际、华能国际凭借其一贯稳健的经营再度上榜。以大秦铁路为例，在经济整体增速放缓、上市公司业绩走低的大趋势下，大秦铁路2014年度净利润较上年增长11.77%，增速超过上一年度，主要得益于物流近年来快速发展的良好势头和铁路货运改革红利。

（二）资产质量状况

2014年度上市公司的资产质量状况平均得分为9.20分，较2013年度的9.23分略有下降。评价资产质量状况的指标包括两个基本指标（总资产周转率和流动资产周转率）和两个修正指标（存货周转率和应收账款周转率）。资产质量状况各项指标年度变化情况见表2-3。

表2－3　　资产质量状况指标年度对比表

分析指标		2014年上市公司平均值	2013年上市公司平均值	增长率（%）
基本指标	总资产周转率（次）	0.75	0.81	−7.41
	流动资产周转率（次）	1.52	1.65	−7.88
修正指标	存货周转率（次）	3.21	3.49	−8.02
	应收账款周转率（次）	9.69	10.96	−11.59
综合得分		9.20	9.23	−0.33

从表2-3可以清晰地看出，2014年上市公司总资产质量略低于2013年的水平，各项资产质量状况基本指标和修正指标都较2013年有不同幅度的下降。

1. 行业分析

2014年资产质量状况表现突出的行业为农林牧渔、化工行业，资产质量状况得分分别为15.00分、13.13分，此外钢铁、交通运输、公用事业等行业亦远远超出上市公司资产质量状况平均得分。就农林牧渔、化工和钢铁行业而言，其各项指标都高于上市公司平均水平，而应收账款周转率最是突出，分别为20.95次、22.98次和32.86次，高于上市公司平均水平的两倍。交通运输和公用事业行业因为其庞大的资产规模，总资产周转率低于上市公司平均水平，其余指标均显著高于上市公司平均水平。由于交通运输和公用事业行业属于重资产的行业，因此总资产周转率远远低于其他行业属于正常现象，再者这两个行业存货本身较少，因此存货周转率远远高于其他行业也属于正常现象。因此流动资产周转率和应收账款周转率最能反映以上两个行业的资产质量。从指标来看，交通运输行业对资产的使用更加充分，投资的回收速度更快，资金回收能力强；公共事业的应收账款周转情况略微逊色。

此外采掘、有色金属、汽车、家用电器、食品饮料、休闲服务等行业的资产质量状况得分都高于上市公司平均水平。从各项资产质量状况指标来看，以上各行业均高于上市公司平均水平或与其相当。采掘、有色金属、汽车、食品饮料行业因其应收账款率较小的行业特点而具备较高的应收账款周转率。

轻工制造、医药生物、计算机、传媒、通信等行业资产质量状况得分与上市公司平均水平相近，各项指标在上市公司平均水平上下波动不大。建筑材料、建筑装饰、电气设备、机械设备、国防军工、纺织服装、电子、房地产等行业资产质量状况指标均低于上市公司平均水平。其中，除房地产行业以外的其他行业都只是略微低于上市公司平均水平。房地产行业资产质量状况得分为3.82分，远低于上市公司平均得分。这主要因为房地产的行业特性所致。房地产企业所经营的项目之间进度相差很大。每个项目的建设周期一般都大于1年，所以一年内确认的收入和成本实质上对应的是若干年的资金占用。房地产企业把土地的储备、未出售的成品房、施工阶段的房屋等等都归入存货。鉴于此，较低的存货周转率并不能从实际层面代表资金的使用效率不佳。同样，由于房地产行业大量使用分期付款的结算方式，使得应收账款周转率的准确性受到一定影响。在计算应收账款周转率时，由于会计信息通常不标明赊销净额，所以在实际计算中，往往用销售总额取代赊销净额进行计算，使得结果被高估，应收账款的回收天数被低估。综上所述，房地产行业的经营模式决定了其重资产、低周转的财务特性，致使其资产质量指标明显低于上市公司平均水平。

2. 规模分析

100亿以上规模企业2014年资产质量得分为9.53分，高于上市公司平均值的3.59%，总资产周转率、流动资产周转率略高于上市公司平均值，存货周转率略低于上市公司平均值，应收账款周转率为11.03次，远高于上市公司平均值9.69次。

50亿～100亿规模企业2014年资产质量得分为8.92分，低于上市公司平均值的3.04%，总资产周转率与存货周转率略高于上市公司平均水平，流动资产周转率略低于上市公司平均水平，应收账款周转率显著低于上市公司平均水平。

10 亿～ 50 亿规模企业 2014 年资产质量得分为 8.11 分，低于上市公司平均值的 11.85%；各项资产质量指标都低于上市公司平均值，尤其应收账款周转率为 5.23 次，显著低于上市公司平均水平 9.69 次。

10 亿以下规模企业 2014 年资产质量得分为 7.84 分，低于上市公司平均值的 14.78%，为各种规模上市公司中资产质量得分最低。就各项资产质量指标而言，总资产周转率、流动资产周转率、应收账款周转率都低于上市公司平均值，尤其应收账款周转率为 4.39，显著低于上市公司平均水平 9.69 次。存货周转率略高于上市公司平均值。

3. 中联五强

从 2014 年上市公司质量状况得分来看，有 83 家公司质量指标得分为满分，占上市公司总数的 3.26%。资产质量中联五强排行榜中列示的 5 家为资产质量得分相同情况下综合得分较高的上市公司。

表 2－4　　2014 年度中国上市公司资产质量中联五强排行榜

名次	股票代码	股票简称	资产状况得分
1	601006	大秦铁路	15.00
2	600271	航天信息	15.00
3	601888	中国国旅	15.00
4	300015	爱尔眼科	15.00
5	600763	通策医疗	15.00

航天信息、中国国旅在 2013 年就位列上市公司资产质量中联五强，2014 年又以满分跻身前列。双汇发展在 2012 ～ 2013 连续两年跻身五强行列之后，首次未获满分，跌出五强的行列。中国国旅的优势既得益于政策支撑，又与其不遗余力改善硬件条件密不可分。2012 年 11 月起海南离岛免税政策调整更是进一步促进了中国国旅免税业务的长足发展，零售终端的物流配送硬件改造及信息系统升级都极大的提高了中国国旅的资产运营效率，未来预付卡业务的推进也将进一步提升中国国旅的资产质量状况。

（三）偿债风险状况

2014 年度上市公司的偿债风险状况平均得分为 9.01 分，略低于 2013 年的 9.10 分。评价偿债风险状况的指标包括两个基本指标（资产负债率、获利倍数）和三个修正指标（现金流动负债比率、速动比率和带息负债比率）。偿债风险状况各项指标年度变化情况见表 2-5。

表 2－5　　偿债风险状况比较表

分析指标		2014 年上市公司平均值	2013 年上市公司平均值	增长率 (%)
基本指标	资产负债率 (%)	60.75	60.95	−0.33
	获利倍数	5.06	5.99	−15.53
修正指标	速动比率 (%)	69.66	67.90	2.59
	现金流动负债比率 (%)	12.65	11.94	5.95
	带息负债比率 (%)	45.45	46.06	−1.32
综合得分		9.01	9.10	−0.99

从表 2-5 可以看出，2014 年资产负债率出现小幅下降，上市公司整体举债比例微降。带息负债占总负债比例小幅下降，利息成本有所降低，使得上市公司偿债压力并不是很大。但是，2014 年度上市公司整体盈利能力的下降使得获利倍数指标下降明显，同比下降 15.53%。因此，尽管其他各项指标似乎都有所改善，偿债能力综合得分仍然较上年度有所降低。速动比率和现金流动负债比率都较上年度有增加。影响速动比率可信性的重要因素是应收账款的变现能力，账面上的应收账款不一定都能变成现金，实际坏账可能比计提的准备要更多，因此，比较而言，现金流动负债比率更能真实的反映企业的短期偿债能力。因为一方面它克服了可偿债资产未考虑未来变化及变现能力等问题，另一方面，实际用以支付债务的通常是现金而非其他可偿债资产。从 2014 年现金流动负债比率来看，较 2013 年增长 5.95%，偿还短期债务的能力有小幅提高。

1. 行业分析

在偿债风险控制方面，表现较好的行业有传媒、食品饮料、家用电器、休闲服务、计算机等。其中，上述除家用电器行业以外，其他行业均凭借其行业特点以较低的资产负债率和较高的速动比率名列前茅。家用电器行业资产负债率为 62.08%，略高于上市公司平均水平。但是因其在 2014 年度相对出色的盈利表现以及远低于上市公司平均水平的带息负债比率，已获利息倍数较高。因此，以上行业反映出较强的偿债能力。此外，采掘、电气设备、机械设备、汽车、纺织服装、医药生物、电子等行业的偿债风险得分也高于上市公司平均得分。

农林牧渔、化工、钢铁、有色金属、建筑材料、建筑装饰、国防军工、轻工制造、通信、交通运输、房地产、商业贸易、公用事业、非银金融、综合等行业偿债风险得分低于上市公司平均水平。其中，尤以建筑装饰和钢铁行业得分最低。整体来看，钢铁上市公司自 2009 年以来销售毛利率、销售净利率、总资产净利率和净资产收益率 4 个指标均处于上下游行业最低，其盈利能力明显弱于上下游其他板块，但三项费用 / 营业总收入较低是明显优势。此外，钢铁行业的流动比率和速动比率均远远落后于其他板块，并且资产负债率较高且呈现上升趋势，反映出偿债能力趋弱的发展态势。

2. 规模分析

100 亿以上规模企业 2014 年偿债风险得分为 8.33 分，相比上市公司平均值低约 7.55%。资产负债率、现金流动负债比率和带息负债比率均高于上市公司平均水平；已获利息倍数、速动比率低于上市公司平均水平，其中速动比率为 62.79%，较上市公司平均水平 69.66% 低约 9.86%。

50 亿～100 亿规模企业 2014 年偿债风险得分为 9.13 分，较上市公司平均值高约 1.33%。速动比率和带息负债比率均高于上市公司平均水平，其中速动比率为 88.29%，较上市公司平均水平 69.66% 高约 26.74%；资产负债率、已获利息倍数、现金流动负债比率低于上市公司平均水平，其中现金流动负债比率较上市公司平均水平低约 14.78%。

10 亿～50 亿规模企业 2014 年偿债风险得分为 9.97 分，较上市公司平均值高约 10.65%。其已获利息倍数、速动比率均远高于上市公司平均水平；资产负债率、带息负债比率、现金流动负债比率低于上市公司平均水平。

10 亿以下规模企业 2014 年偿债风险得分为 11.25 分，为各种规模上市公司中偿债能力最强的，资产负债率、现金流动负债比率和带息负债比率均远低于上市公司平均水平，其中已获利息倍数和速动比率均高于上市公司平均水平。

从资产规模可以看出，伴随着资产规模的增加，资产负债率上升，其偿债能力得分逐渐降低。

3. 中联五强

从上市公司的偿债风险指标来看，偿债风险得分并列最高分 15.00 分的共有 8 家。偿债风险状况中联五强排行榜中列示的 5 家为偿债风险得分相同情况下综合得分较高的上市公司。排在前五家的情况见表 2-6。

表 2－6　**2014 年度中国上市公司偿债风险状况中联五强排行榜**

名次	股票代码	股票简称	偿债风险得分
1	002195	海隆软件	15.00
2	300124	汇川技术	15.00
3	002561	徐家汇	15.00
4	300180	华峰超纤	15.00
5	002681	奋达科技	15.00

偿债能力名列前茅的 8 家上市公司具备的共性在于资产负债率普遍较低，最高为 21.95%。由于低负债导致的速动比率和现金流动负债比率普遍较高，而由于没有付息债务，已获利息倍数和带息负债比率几乎为零。由此以上上市公司具备优良的偿债能力。

（四）发展能力状况

2014 年度上市公司的发展能力状况平均得分为 12.12 分，较 2013 年的 12.45 分降低 2.65%。评价发展能力状况的指标包括两个基本指标（营业收入增长率和资本扩张率）和四个修正指标（累计保留盈余率、三年营业收入增长率、营业利润增长率和总资产增长率）。2014 年发展能力各项指标年度变化情况见表 2-7。

表 2－7　**发展能力状况比较表**

分析指标		2014 年上市公司平均值	2013 年上市公司平均值	增长率 (%)
基本指标	营业收入增长率 (%)	4.34	9.16	–52.62
	资本扩张率 (%)	12.45	10.28	21.11
修正指标	累计保留盈余率 (%)	43.83	43.06	1.79
	三年主营业务平均增长率 (%)	7.12	13.45	–47.06
	总资产增长率 (%)	12.15	12.64	–3.88
	营业利润增长率 (%)	0.17	14.13	–98.80
综合得分		12.12	12.45	–2.65

上市公司的发展能力是公司能否持续稳定经营的一个重要方面，2013年营业收入增长率为9.16%，上市公司业绩略有回暖，2014年又骤降至4.34%。与此同时，2013年上市公司营业利润为14.13%，在2014年度勉强未降。资本扩张率和累计保留盈余率在2014年度有所增加，一方面由于盈利不佳，另一方面也是蓄势待发。

受2012年盈利零增长的影响，2013年度三年主营业务平均增长率遭到大幅下降至13.45%，降幅达40.20%。2013年上市公司业绩刚刚回暖，2014年又遇寒冬，三年主营业务平均增长率继续下降。

1. 行业分析

2013年发展能力评分最高的行业有传媒、医药生物、电子、计算机、房地产、非银金融等，以上行业发展能力评分都在14.00分以上。传媒行业以高于上市公司平均水平31.11%的15.89分名列发展能力第一名：平均营业收入增长率为29.70%，为上市公司平均水平7倍多；平均资本扩张率为30.00%，为上市公司平均水平2倍多；三年营业收入平均增长率为26.11%，为上市公司平均水平3倍多；总资产增长率和营业利润增长率也都远远高于上市公司平均水平。以上行业各项指标均远远超出上市公司平均水平。此外，汽车、家用电器、纺织服装、休闲服务、综合等行业也高于上市公司平均水平。

农林牧渔、采掘、化工、钢铁、有色金属、商业贸易等行业的发展能力指标得分低于上市公司平均水平。2014年度，农林牧渔不再是表现最差的行业，钢铁和有色金属行业分别以8.82分和9.65分落在最后。这两个行业营业收入和营业利润分别处于微弱增长和负增长的状态。采掘业各项发展能力指标也不尽人意，营业收入增长率、资本扩张率、总资产增长率及营业利润增长率都远远低于上市公司平均水平，2014年采掘业的发展持续上年状态，处于下行调整期。

2. 规模分析

100亿以上规模企业2014年发展能力得分为12.25分，相比上市公司平均值高约1.07%，营业收入增长率、资本扩张率、三年营业收入平均增长率、总资产增长率、营业利润增长率均低于上市公司平均水平，累积保留盈余率略高于上市公司平均水平。

50亿～100亿规模企业2014年发展能力得分为12.30分，高于上市公司平均值1.49%，资本扩张率、三年营业收入增长率、总资产增长率、营业利润增长率均远高于上市公司平均水平，营业收入增长率、累积保留盈余率低于上市公司平均水平。

10亿～50亿规模企业2014年发展能力得分为12.84分，高于上市公司平均值5.94%，除累计保留盈余率显著低于上市公司平均水平以外，其他各项指标均高于上市公司平均水平。

10亿以下规模企业2013年发展能力得分为10.04分，低于上市公司平均值17.16%，各项指标均显著低于上市公司平均水平，营业收入增长率和累计保留盈余率甚至为负数。

从各种规模上市公司发展能力得分来看，2014年度10亿～50亿规模的上市公司摘得桂冠，而在2013年度，50亿～100亿规模的上市公司得分最高。10亿元以下上市公司发展能力得分最低，远远低于上市公司平均水平。除了累计保留盈余率，各项指标与上市公司平均水平的比较，基本与得分规律相符。累计保留盈余率随着上市公司的规模增加而逐渐增大。

3. 中联五强

从上市公司的发展能力指标来看，共有5家上市公司以20分的满分获得上市公司发展能力最高分。排在前五家的情况见表2-8。

表2－8　2014年度中国上市公司发展能力状况中联五强排行榜

名次	股票代码	股票简称	发展能力得分
1	000625	长安汽车	20.00
2	002415	海康威视	20.00
3	600340	华夏幸福	20.00
4	000671	阳光城	20.00
5	600398	海澜之家	20.00

作为中国领先的产业新城运营商，华夏幸福再次以满分连续上榜。秉承“以产兴城、以城带产、产城融合、城乡一体”的开发理念，契合我国城镇化建设的趋势导向，华夏幸福连年保持较高的营业收入增长率和总资产增长率、营业利润增长率。

（五）市场表现状况

上市公司业绩评价的主旨在于倡导“业绩市”，从连续几年的研究中可以看出股价与上市公司业绩之间的正相关关系趋于增强。上市公司业绩增长会明显推升股市，特别在景气周期的初期和中期阶段。如2006年开始出现明显的经济上升，GDP增幅超过12%，直到2008年才开始下降；股市则在2005年四季度开始起步，一路上涨直到2008年三季度才结束。2013年却有不同，在A股上市公司业绩升温的情况下，年底A股市场以2115.98点收盘，较2012年底跌幅达6.57%，市场表现沿袭了上一年的低迷。2014年行情又有翻转，在经济增速换挡期经济整体下行之际，上市公司业绩平平，大盘却逆势猛涨。

2014年度上市公司的市场表现状况平均得分为9.07分，高于2012年的9.06分，市场表现突然高涨。恰逢IPO重启、沪港通开闸，改革红利下的A股市场一片欣欣向荣。评价市场表现状况的指标包括市场投资回报率和股价波动率。

2011～2013年上市公司股价波动率分别为96.03%、84.98%、96.86%，均体现了当年股价的大幅波动，2014年更是陡然升至124.99%，其震荡至今余波未平。2014年市场投资回报率为44.68%，较2013年市场投资回报率27.74%有相当大的提高。2014年虽然上市公司业绩低迷，但是出于留住中小投资者的初衷，上市公司派发红利的积极性未减，市场投资回报率更是大幅提升。长期来看有利于市场树立价值投资、长期投资的理念。而短期内，分红将激活蓝筹股的投资价值，有利于股市走强。

1. 行业分析

2014年，市场表现得分较高的行业包括钢铁、交通运输、非银金融。从指标来看，各个行业股价波动率都比较大，和上市公司平均股价波动率差距不大。以上行业的良好表现主要源于远远高于上市公司的市场投资回报率。2014年度，以上行业市场投资回报率分别高达82.60 %、70.37 %、78.18 %。

2014年，市场表现得分较低的行业包括农林牧渔、采掘、电子等行业。这些行业市场投资回报率明显低于上市公司平均水平。2014年度，以上行业市场投资回报率分别为25.35 %、30.17 %、31.00 %。

2. 规模分析

100亿以上规模企业2014年市场表现得分为9.85分，较上市公司平均水平得分高约8.60%，投资回报率为58.17 %，远远高于上市公司平均水平44.68%。

50亿～100亿规模企业2014年市场表现得分为8.78分，较上市公司平均水平得分低约3.20%，投资回报率为37.95 %，为各规模上市公司最低水平。

10亿～50亿规模企业2014年市场表现得分为8.85分，较上市公司平均水平低约2.43%，投资回报率为40.35 %，与上市公司平均水平相近。

10亿以下规模企业2014年市场表现得分为9.04分，较上市公司平均水平低约0.33%，投资回报率为48.57%，较上市公司平均水平略高。

从不同规模上市公司的市场表现来看，2014年，100亿元以上规模的上市公司市场投资回报率最高，市场表现得分最高；50亿～100亿元规模的上市公司市场表现最差。

3. 中联五强

从上市公司的市场表现指标来看，市场表现较好的前五位如表2-9所示。

表2－9　2014年度中国上市公司市场表现状况中联五强排行榜

名次	股票代码	股票简称	市场表现得分
1	002304	洋河股份	13.03
2	000023	深天地A	12.92
3	600227	赤天化	12.81
4	002195	海隆软件	12.72
5	002432	九安医疗	12.68

从2014年上市公司市场表现中联五强名单可以看出，排在第一位的洋河股份和排在第四、五位的海隆软件和九安医疗都是在中小板上市的公司，这与中小板在2014年出色的市场表现密不可分。市场表现五强上市公司市场投资回报率均远远高于上市公司平均水平，最高为海隆软件171.11%，最低为深天地A 100.05 %。

资料链接：

2014年中国证券市场十大新闻

1. IPO重启，近百家新股发行。
2. 沪港通开闸，沪港双向投资开启，拉开牛市大幕。
3. 优先股试点，缓解融资压力。
4. “新国九条”颁布，激发资本市场创新活力。
5. 央行持续降息、降准。
6. 混合所有制改革为相关个股注入活力。
7. 创业板首发上市降低盈利门槛，发行条件简化、行业扩容。
8. 新三板结算系统独立上线，做市商制度引进，新三板进一步壮大。
9.《证券法》正在修订，IPO开始向注册制过渡。
10. 融资融券交易破万亿大关，助推股指大涨。

资料来源：金融时报

二、上市公司业绩评价结果分析

（一）“换挡期”A 股“牛市”收盘，业绩平平

2014 年 7 月以来，在宽松货币政策及改革预期深化的不断推动下，场外资金持续加大进入股市的力度。伴着 2014 年 11 月下旬沪港通的启动及“融资融券”杠杆力度的作用，上证综指一举攀升至 3234.68 点，较 2013 年底增幅达 52.87%，彻底翻转延续了几年的“熊市”行情。相形之下，A 股上市公司披露的年报业绩却躲不过“需求不足、产能过剩”的经济增速“换挡期”大势影响，业绩平平。Wind 数据显示，2014 年 A 股 2692 家上市公司实现营业收入 28.96 万亿元，较 2013 年增长 6.13%；实现净利润 2.58 万亿元，较 2013 年增长 5.90%。与 2013 年相比，A 股上市公司营业收入和净利润的增速下滑明显。

从沪市来看，2014 年度，沪市 1032 家 A 股上市公司实现营业收入 22.68 万亿元，同比增长 5.18%；实现净利润 2.18 万亿元，同比增长 4.98%。从深市来看，2014 年度，深市 1660 家 A 股上市公司实现营业收入 6.28 万亿元，同比增长 9.69%；实现净利润 0.40 万亿元，同比增长 11.19%。

从业绩贡献度来看，截至 2014 年底沪市 A 股上市公司数量占全部 A 股的 38.34%，营业收入合计占全部 A 股的 78.31%，净利润合计占全部 A 股的 84.51%，优于深市。从增速来看，深市 A 股上市公司业绩增速高于 A 股整体水平，优于沪市。

2014 年，有 1623 家上市公司经营业绩同比上一年度有所增长，占比达 59.82%。其中，业绩增幅超过 10 倍的上市公司有 10 家，业绩翻番的上市公司有 340 家，业绩增幅超过 50% 的上市公司有 533 家。2014 年，有 1090 家上市公司业绩下滑。

部分公司仍存在较大的经营风险。2014 年，共计 219 家上市公司向投资者交出了亏损的成绩单。就沪市而言，2014 年，沪市共有 113 家公司经营业绩出现亏损，占 2014 年报公司总数的 10.95%，比 2013 年的亏损比例 9.20% 有所上升。其中，23 家公司因连续两年亏损被实施退市风险警示，1 家公司因重大违法违规将被暂停上市，1 家公司选择主动退市。就深市而言，2014 年，深市逾 92% 上市公司实现盈利。

（二）中小板、创业板“换挡期”逆势增长，业绩“抢眼”

2014 年，738 家中小企业板上市公司实现营业收入 2.05 万亿元，同比增长 12.65%；实现净利润 0.13 万亿元，同比增长 15.01%。446 家创业板上市公司实现营业收入 0.37 万亿元，同比增长 25.69%；实现净利润 0.04 万亿元，同比增长 16.84%。与 A 股上市公司平平业绩相比，体量较小、并购转型效果明显的中小板和创业板在疲弱的经济环境中却逆势增长，业绩表现十分抢眼，充分表现出创新小企业旺盛的生命力和蓬勃的发展势头。

截至 2014 年末，中小板成立已有十年。立足于中小企业群体，中小板上市公司业绩表现出持续稳定增长态势。十年中，中小板行业覆盖范围不断拓宽，在分布广泛的竞争行行业里吸收和涌现了一批颇具规模、富有特色、带动效应明显的领军企业。2014 年，中小板共有 34 家公司营业收入超过 100 亿元，较上年增加 4 家；有 18 家公司净利润

超过10亿元，较上年增加7家。深市市值排名前20的公司中，6家来自中小板。

截至2014年末，创业板成立已有五年。承载着落实创新驱动发展战略和培育新兴产业的历史使命，致力于在经济结构转型的大背景下打造围绕创新配置资金的市场化引擎，创业板公司集中分布于电子信息技术、环保、新材料、新能源、高端制造、生物医药等战略性新兴产业，涌现了一批A股市场此前没有的商业模式和新业态，已经成为新经济的晴雨表。创业板高新技术企业占比82.51%，战略性新兴产业公司占比71.08%，平均研发投入占收入比例达5.38%，均居三个板块之首。

（三）上市公司业绩表现行业分化明显，阵痛期动力不足

以申万行业二级分类统计，共计27种行业分类统计，2014年整体营业收入增长的行业共22个，仅3个行业营业收入增长率超过20%，有9个行业营业收入增长率不到5%，有4个行业营业收入增长率不足1%。采掘、纺织服装、钢铁、商业贸易、综合等5个传统行业营业收入负增长。在2013年，整体营业收入增长的行业共26个，6个行业营业收入增长率超过20%，仅有1个行业营业收入负增长。

从2014年度各行业盈利增长表现来看，传媒行业遥遥领先，营业收入同比增长29.85%，净利润同比增长27.94%；其次是国防军工和电子行业，营业收入同比增长分别为27.89%、27.24%，但其成本增长也很显著，从净利润增长看，国防军工行业净利润增长率为-27.72%，仅在有色金属之上，电子行业净利润增长率为8.73%。非银金融行业整体营业收入增长率在2013年高达31.95%，在2014年度增长率为0.47%，勉强未降。此外，建筑材料、轻工制造等行业增长率也较上年有较大幅度的下滑，从2013年的21.26%、11.05%降为2014年的3.65%、1.29%。房地产行业营业收入同比增长13.88%，为2013年增速的一半；净利润同比增长率为-0.13%，微降，房地产行业全面降温，在2014年度持续低迷，投资增幅也创过去十几年新低。化工行业、商业贸易等行业整体业绩在2013年“止跌回升”，但在2014年增幅微弱，利润下滑明显。采掘、纺织服装、机械设备、农林牧渔等行业一如既往持续低迷。有色金属行业利润表现最差，净利润增长率为-103.24%。

（四）七成上市公司慷慨分红，业绩不佳但“高送转”风行

2014年上市公司年报显示，沪深两市共有1969家上市公司发布了分红送转方案，从分红状态来看，有260家公司表示已经实施完毕，3家公司取消分配利润，530家公司获得股东大会通过，3家公司股东大会否决，1069家公司获得董事会决议通过，104家等待实施（含股权等级当天）。可见近年来上市公司多愿意通过分红的方式吸引中小投资者，稳定投资者群体。

在宣布分红的1969家上市公司中，共有1914家上市公司涉及现金分红（部分公司也包含股票送转），有55家公司只送转股票。其中，拟每10股派发现金红利超过10元的上市公司一共有15家，拟每10股派发现金红利超过1元的公司有1042家，另外有857家公司现金分红不足1元。

2014年参与现金分红的上市公司要多于往年的数量。数据显示，2013年，沪深两市共有1908家公司宣布分红方案，其中，现金分红的公司仅有1868家。而2012年，沪深两市仅有1809家公司宣布分红方案，而现金分红的公司仅有1778家。从派发现金红利金额来看，2014年度拟派发现金红利（含已派现）合计约7391.79亿元，同比微增4.11%；而2013年度，上市公司派发的现金红利合计为7099.80亿元，同比增幅为13.33%。上市公司现金分红增速出现下滑。

同时，在上市公司2014年度的分红预案中，“高送转”已蔚然成风。数据显示，年报分配预案（含已实施）不低于“10送转10”的公司高达304家，同比上年度高于这一比例的公司仅170家；而“10送转20”的土豪式分配预案就有11份，而上年度仅有2份。值得关注的是，不少“高送转”上市公司在公布分配预案后股价大涨，大股东套现减持现象不在少数。

在所有公布分红预案的上市公司中，格力电器凭借其“每10股转增10股派30元”的分红预案成为A股最“土豪”的上市公司。格力电器2014年度营业总收入为1400.05亿元，较上年同期增长16.63%；实现归属于上市公司股东的净利润141.55亿元，较上年同期增长30.22%。公司派发现金红利约90.24亿元，占全年净利润的63.75%。格力电器在年报中表示，“产品结构升级与原材料价格下跌是公司业绩增长的主要原因”。也正是营业收入和净利润的大幅增长让上市公司有底气推出A股最牛的现金分红方案。

（五）转型期上市公司并购火爆，明显向新兴行业聚集

2014年度，A股上市公司公告的并购交易数量超过4450起，披露交易规模1.56万亿元，较2013年的0.50万亿元增长210.57%。在2014年的A股并购井喷行情中，新兴行业都是以中小企业为主，而传统行业均是重资产属性。从并购资金规模看，在2014年并购行情中，排名居于首位的是专用设备行业，涉及64家上市公司，涉及金额2762亿元；居于第二位的是房地产行业，共计110家上市公司，涉及资金1692亿元；化学制品行业以813亿元的资金总额排名第三，涉及上市公司88家；电力行业668亿元排名第四，涉及上市公司43家；中药行业以576亿元居于第五，涉及上市公司34家；航空运输行业388亿元，涉及5家上市公司。计算机应用375亿元，涉及72家上市公司；石油化工367亿元，涉及11家上市公司；化纤行业340亿元，涉及上市公司19家；文化传媒行业332亿元，涉及25家上市公司；零售行业300亿，涉及33家上市公司。

在2013年，并购排名靠前的是钢铁、煤炭开采、航运、纺织制造等行业，而在2014年的并购中均跌出了10名之外。相反，2013年并购行业排名靠后的专用设备、电力、中药、计算机应用、文化传媒等新兴行业，则在2014年并购中均跻身前十。这些变化都是经济结构转型的结果，一些传统行业也在向新兴经济转型，从而使新兴经济成为并购的热点。与此同时，钢铁、煤炭、航运等传统行业面临产能过剩，而过剩产能去化不是短期能完成的，因此目前并购都在向新兴行业聚集。

火爆的并购行情催生了多只翻倍的大牛股：中纺投资182.7亿元收购安信证券100%股权，年内最高涨幅370%；华泽钴镍借壳*ST聚友，年内涨幅303%；旋极信息重大资产重组，年内最高涨幅288%；北生药业重组借壳斐讯通信技术，转型智慧城市，年内最高涨幅291%；而证券业最大并购案——申银万国换股合并宏源证券，年内最高涨幅275%；朗玛信息6.5亿收购启生信息100%股权，年内最高涨幅276%；闽福发A定增募资26亿元收购南京长峰100%股权，年内最高涨幅240%；松辽汽车定增募资近40亿收购影视及游戏资产，年内最高涨幅230%。

（六）转型之年，上市公司利润增长不敌税负

Wind数据显示，2014年A股2692家上市公司实现利润总额3.34445万亿元，较2013年的3.134527万亿元增长6.71%；上市公司共支付各项税费2.5438万亿元，较2013年的2.3507万亿元增长8.21%。上市公司税负增速高于利润增速。

沪深两市上市公司中赋税较高的是中石油、中石化、工行、建行等蓝筹股。3月25日晚间，中国石油发布2014年年报，报告期内，公司实现营业额2.282962万亿元，同比增长1.1%。归属于母公司股东的净利润为1071.72亿元，同比下降17.3%。虽然中石油净利润超过了千亿元，但中石油税费达到了4080亿元，排在A股首位，该数据是净利润的3.8倍。排在中石油后面的是中石化，税费为2922亿元。

“支付的各项税费/营业总收入”结果总结出沪深两市高税负排行榜，其中荣丰控股高达241%居榜首，除此之外，超过100%的上市公司有6家，分别为广东明珠、S前锋、多伦股份、华联控股、铁岭新城、九龙山。

第三章　2014 年度“中联百强”上市公司

一、2014 年度“中联百强”上市公司

按照中国上市公司业绩评价体系，我们以统一测算的评价标准为基准，运用功效系数法，对截至 2014 年 4 月 30 日公布年报的 A 股上市公司（不包括 B 股上市公司）业绩进行了评价排序，最终得出了 2014 年度中联上市公司价值百强排行榜（以下简称“中联百强”）。其中，中信证券以综合得分 89.82 分获得冠军，格力电器连续两年跻身十强，建投能源、长安汽车、格力电器、海螺水泥、上汽集团、广发证券、中国人寿、美的集团、贵州茅台分列排行榜的第 2 ～ 10 名。

表 3 – 1　中联百强排行榜表

名次	股票代码	股票简称	综合得分	名次	股票代码	股票简称	综合得分
1	600030	中信证券	89.82	51	601808	中海油服	78.83
2	000600	建投能源	89.65	52	002238	天威视讯	78.79
3	000625	长安汽车	85.87	53	600383	金地集团	78.76
4	000651	格力电器	85.58	54	000024	招商地产	78.38
5	600585	海螺水泥	85.50	55	000539	粤电力 A	78.30
6	600104	上汽集团	85.46	56	002233	塔牌集团	78.29
7	000776	广发证券	85.23	57	600426	华鲁恒升	78.21
8	601628	中国人寿	85.03	58	600886	国投电力	77.99
9	000333	美的集团	84.95	59	000418	小天鹅 A	77.96
10	600519	贵州茅台	84.83	60	601988	中国银行	77.94
11	600999	招商证券	84.79	61	600369	西南证券	77.93
12	000550	江铃汽车	84.68	62	601788	光大证券	77.93
13	600837	海通证券	84.40	63	000538	云南白药	77.77
14	601006	大秦铁路	84.37	64	600276	恒瑞医药	77.43
15	600271	航天信息	84.36	65	600027	华电国际	77.42

续表

名次	股票代码	股票简称	综合得分	名次	股票代码	股票简称	综合得分
16	600583	海油工程	84.29	66	600011	华能国际	77.25
17	000719	大地传媒	83.68	67	601901	方正证券	77.18
18	600578	京能电力	83.51	68	601166	兴业银行	77.16
19	600066	宇通客车	83.51	69	600173	卧龙地产	77.13
20	601939	建设银行	83.10	70	000540	中天城投	76.92
21	601888	中国国旅	82.83	71	600660	福耀玻璃	76.90
22	000543	皖能电力	82.67	72	601288	农业银行	76.86
23	000002	万科 A	81.88	73	002142	宁波银行	76.86
24	601099	太平洋	81.83	74	601009	南京银行	76.80
25	601398	工商银行	81.68	75	000783	长江证券	76.76
26	601098	中南传媒	81.24	76	600612	老凤祥	76.55
27	601377	兴业证券	80.85	77	601000	唐山港	76.47
28	002415	海康威视	80.79	78	600717	天津港	76.47
29	600741	华域汽车	80.58	79	600582	天地科技	76.36
30	600048	保利地产	80.56	80	600009	上海机场	76.32
31	002146	荣盛发展	80.49	81	601877	正泰电器	76.31
32	601318	中国平安	80.47	82	601668	中国建筑	76.28
33	600004	白云机场	80.46	83	000728	国元证券	76.26
34	300015	爱尔眼科	80.45	84	000895	双汇发展	76.26
35	601688	华泰证券	80.37	85	600309	万华化学	76.07
36	000156	华数传媒	80.16	86	601088	中国神华	76.02
37	600690	青岛海尔	80.11	87	002437	誉衡药业	75.94
38	601633	长城汽车	80.00	88	601857	中国石油	75.93
39	000338	潍柴动力	79.99	89	600016	民生银行	75.88
40	600887	伊利股份	79.86	90	002572	索菲亚	75.82
41	600109	国金证券	79.81	91	002039	黔源电力	75.61
42	600763	通策医疗	79.67	92	600801	华新水泥	75.56
43	600352	浙江龙盛	79.58	93	600201	金宇集团	75.43
44	300017	网宿科技	79.42	94	002048	宁波华翔	75.41
45	600036	招商银行	79.39	95	600742	一汽富维	75.36
46	601601	中国太保	79.28	96	600637	百视通	75.35
47	000786	北新建材	79.13	97	600098	广州发展	75.29
48	600340	华夏幸福	79.12	98	600780	通宝能源	75.19
49	002304	洋河股份	79.08	99	000686	东北证券	75.12
50	600900	长江电力	78.94	100	000069	华侨城 A	75.12

资料链接：

中信证券：龙头地位稳固 国际化提升盈利能力

中信证券2014年实现营业收入291.98亿元，同比增长81%，实现归属于母公司股东的净利润113.37亿元，同比增长116%，每股收益1.03元；实现归属于母公司综合收益133.84亿元，同比增加189.76%。公司期末净资产990.99亿元，对应BVPS（每股账面净值）9.0元。

龙头地位明确，传统业务发展均衡，自营、资管收入大增带来业绩增量，主要受益于：①市场情绪高涨成交量增加带动经纪业务增长，IPO开闸投行业务优势得以施展；②公司并表里昂证券、华夏基金，带动公司经纪业务、资管业务增速大幅上升；③股市债市双双回暖带来投资收益增量。截至2014年末，经纪、投行、资管、自营、利息收入占比分别为30%、12%、15%、35%、3%。

创新业务扩展和盈利能力亦处于行业领先。收购里昂证券一方面并表带来业绩增量，另一方面推动国际业务迅速发展，公司在亚洲股权类项目承销金额位列第六，较2013年的第二十七位有了显著提升。

据金融界股票报道中信证券布局“一带一路”，中信证券国际资本市场的足迹遍布大中华地区、东盟及印度，并在澳大利亚与欧洲组建了新团队，为消费品与综合，能源、采矿与设备，金融机构，房地产与基建，以及电信媒体科技与医疗等行业企业提供债务、股权和并购领域的专业服务。整合海外投行业务中信证券国际资本市场的直投及企业融资业务分布于香港、曼谷、科伦坡、雅加达、马尼拉、吉隆坡、孟买、新加坡，悉尼以及伦敦等城市，拥有100名员工，将与中信证券在北京、深圳、上海等地的团队携手合作，为中国企业和投资者提供投全方位的服务。

中信证券发布的2015年一季报显示，该公司一季度实现营业收入99.3亿元，同比增长109.50%；实现净利润38.2亿元，同比增长191.30%；基本每股收益0.35元。

资料来源：海通证券和金融界股票

二、2014年度中联百强上市公司概述

纵观2014年，世界经济复苏疲弱的“亚健康”状态依然持续，经济金融风险上升，大国博弈和地缘政治风险加剧，发达经济体经济运行分化加剧，发展中经济体增长放缓，国际大宗商品价格持续走低。国内经济仍处在“三期”叠加的阵痛期，产能过剩矛盾突出，工业生产价格持续下降，企业生产经营困难等问题比较严峻，面对空前复杂的国内外环境，我国从容应对各种挑战，顶住巨大的下行压力，通过调结构产业升级初见成效，2014年全年国内生产总值63.65万亿元，比上年增长7.4%。作为中国经济主力军上市公司业绩与中国经济发展状况同步，同比业绩增长放缓，实现营业收入约28.9万亿元，同比增长5.09%，与2013年7.94%的增速相比略有降低。中联百强作为

中国经济强中强，作为证券市场大舞台的绝对的主角，实现了强势增长。从评价结果来看，2014年中联百强整体表现优异，平均综合得分为79.51分，比全部上市公司平均水平53.10分高出26.41分，高于平均水平49.73%。从财务数据来看，中联百强具有超越上市公司平均水平的业绩和成长性，业绩上，中联百强2014年度实现营业总收入10.001151万亿元，占上市公司营业总收入34.76%；净利润1.687987万亿元，占上市公司净利润总额的66.04%。规模上，中联百强2014年度资产总额100.377415万亿元，占上市公司资产总额的67.09%；所有者权益总额10.713902万亿元，占上市公司所有者权益总额的48.66%。

（一）结构调整产业升级机制显现，中联百强行业分化明显

2014年，"转方式、调结构"对不同行业景气度的不同影响，在中联百强得到持续体现。高端制造业、金融等行业发展势头良好。2014年度中联百强中，百强分布于12个行业，其中：制造业坐拥35个席位，比2013年少19家企业，表明制造业仍是我国优势产业；金融业（包括证券、银行和保险）占据26席，比2013年增加21家，表明金融行业产业发展政策和资本市场发展，推动了金融产业尤其是证券行业的发展；电力、煤气及水生产行业增加3家。农林牧副渔等行业缺席中联百强。

表3－2 2013～2014年中联百强行业分布

行业	2014年	2013年
制造业	35	54
电力、煤气及水生产	11	9
文化体育与娱乐	3	6
房地产	8	5
信息传输、软件与信息技术服务	3	5
金融	26	5
采矿业	4	4
交通运输仓储业邮政	5	4
建筑业	1	2
农林牧副渔		1
水利环境与公共设施	1	
卫生和社会工作	2	
租赁与商务服务业	1	1

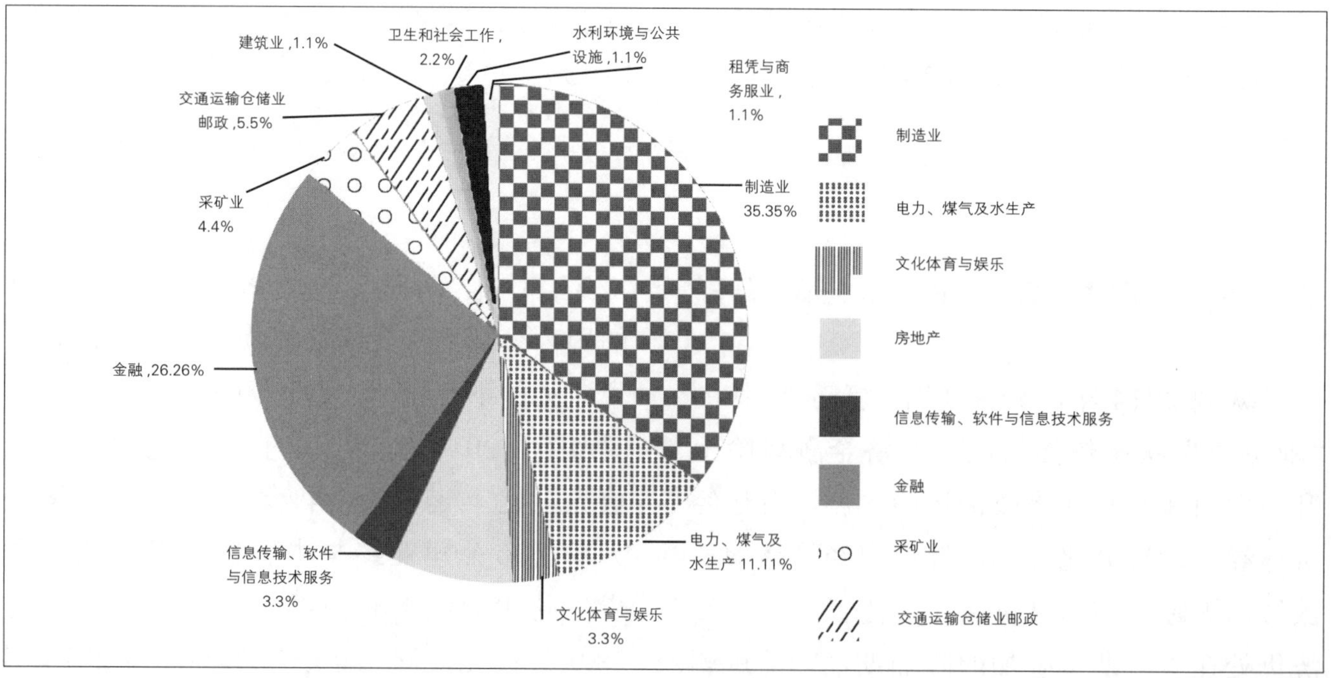

图3－1 2014年中联百强行业分布

（二）战略重组增强企业的实力和发展力

一些企业通过战略重组，实现自我积累与外延扩张的紧密结合，做优做强，挺进中联百强，如建投能源通过横向重组，跻身中联百强之10强；天威视讯进行了横向整合提升了竞争力；大地传媒通过实施多元化战略重组，实现利润高速增长。

（三）大型企业中联百强唱主角，主板百强家数剧增

2014年受益于“一带一路”战略重大利好，自贸区等政策的支持，资本和证券市场繁荣，我国大型企业发展势头良好，证券和保险行业发展强劲。2014年中联百强大型企业唱主角，主板百强家数剧增，各板企业家数变化较大，上海主板百强增加11家，深证主板增加3家，中小板减少12家，创业板减少5家。

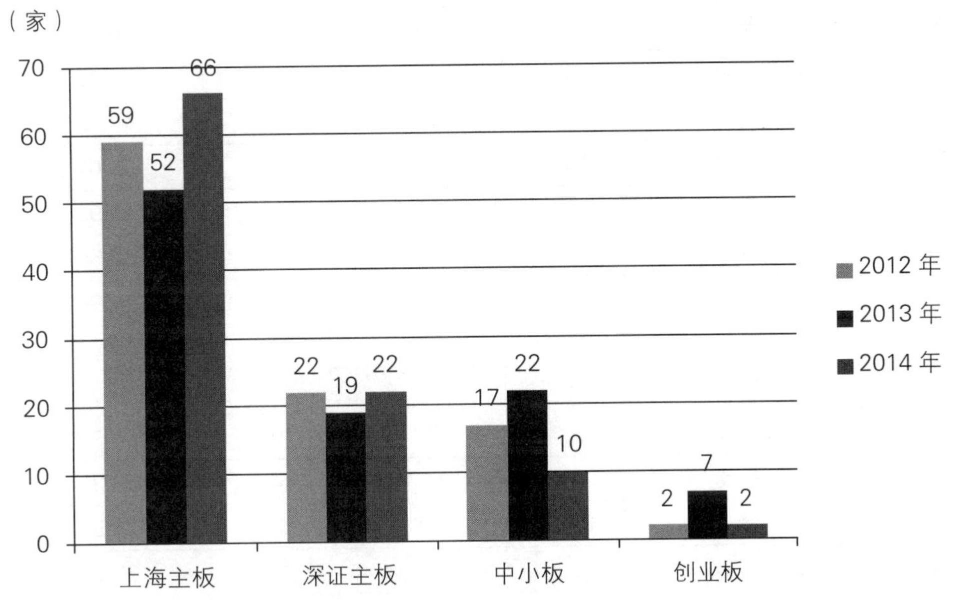

图3－2　中联百强近三年分布图

（四）国有资本占据中联百强主导地位

在2014年度中联百强中，国企59家入驻百强，比2013年增加15家。近年，我国国有企业通过产业战略整合和转型升级，形成一批具有综合实力和核心竞争力的大型国企，并通过上市再融资获得资本的支持，发展实力不断增强，业绩增长较快，证券市场表现良好，强势跻身中联百强，造就了一批推动中国经济持续发展的国家队。

（五）2014年度中联百强榜中榜

1. 连续三年登榜公司

表3-3显示2012、2013、2014年连续三年荣登“中联百强”共28家公司，比2011、2012、2013年连续三年荣登“中联百强”的家数增加了2家。表明在中国经济增长发展放缓过程中，一些上市公司通过结构调整、产业升级和产业整合，建立高效持续持续发展经营模式。

2. 中联百强名次三年连续提升的公司

航天信息、海螺水泥、华夏幸福、白云机场、北新建材、宇通客车6家公司，说明公司持续高速发展的能力较强。

3. 中联百强发展速度最快的公司

在百强公司排名中航天信息由2012年的96名到2014年的15名，提升了81名；

4. 中联百强最具送红股和分红实力的公司

2014年末，贵州茅台每股留存收益44.50元。

表3－3　　连续三年荣登百强公司

排名	证券代码	股票简称	各年排名			近三年累计分红占比(%)	2014年每股留存收益(元/股)
			2014	2013	2012		
1	000651.SZ	格力电器	4	4	2	28.99	12.57
2	600585.SH	海螺水泥	5	14	65	8.31	9.38
3	600104.SH	上汽集团	6	17	13	30.61	8.88
4	600519.SH	贵州茅台	10	54	7	30.49	44.50
5	601006.SH	大秦铁路	14	12	29	40.72	3.04
6	600271.SH	航天信息	15	18	96	35.07	6.04
7	600066.SH	宇通客车	19	32	30	24.92	4.95
8	601939.SH	建设银行	20	9	16	30.56	2.76
9	601888.SH	中国国旅	21	7	12	21.86	4.51
10	000002.SZ	万科A	23	36	34	18.50	6.17
11	601398.SH	工商银行	25	39	9	34.31	2.27
12	002415.SZ	海康威视	28	6	19	54.09	2.42
13	600004.SH	白云机场	33	51	84	28.31	3.50
14	600690.SH	青岛海尔	37	13	4	23.84	4.89
15	601633.SH	长城汽车	38	1	1	23.65	8.56
16	600887.SH	伊利股份	40	3	70	38.60	2.96
17	600763.SH	通策医疗	42	35	60	0.00	1.69
18	300017.SZ	网宿科技	44	34	71	24.40	2.77
19	600036.SH	招商银行	45	21	6	26.21	6.63
20	000786.SZ	北新建材	47	72	72	15.31	5.69
21	600340.SH	华夏幸福	48	52	94	29.83	6.39
22	601808.SH	中海油服	51	48	64	14.95	6.49
23	000539.SZ	粤电力A	55	64	42	26.12	2.69
24	000538.SZ	云南白药	63	23	38	10.21	8.54
25	600276.SH	恒瑞医药	64	43	59	5.41	3.94
26	000895.SZ	双汇发展	84	2	21	57.34	4.83
27	002572.SZ	索菲亚	90	26	78	72.60	1.67
28	600637.SH	百视通	96	45	77	14.45	2.03

注：分红和留存收益数据来自Wind

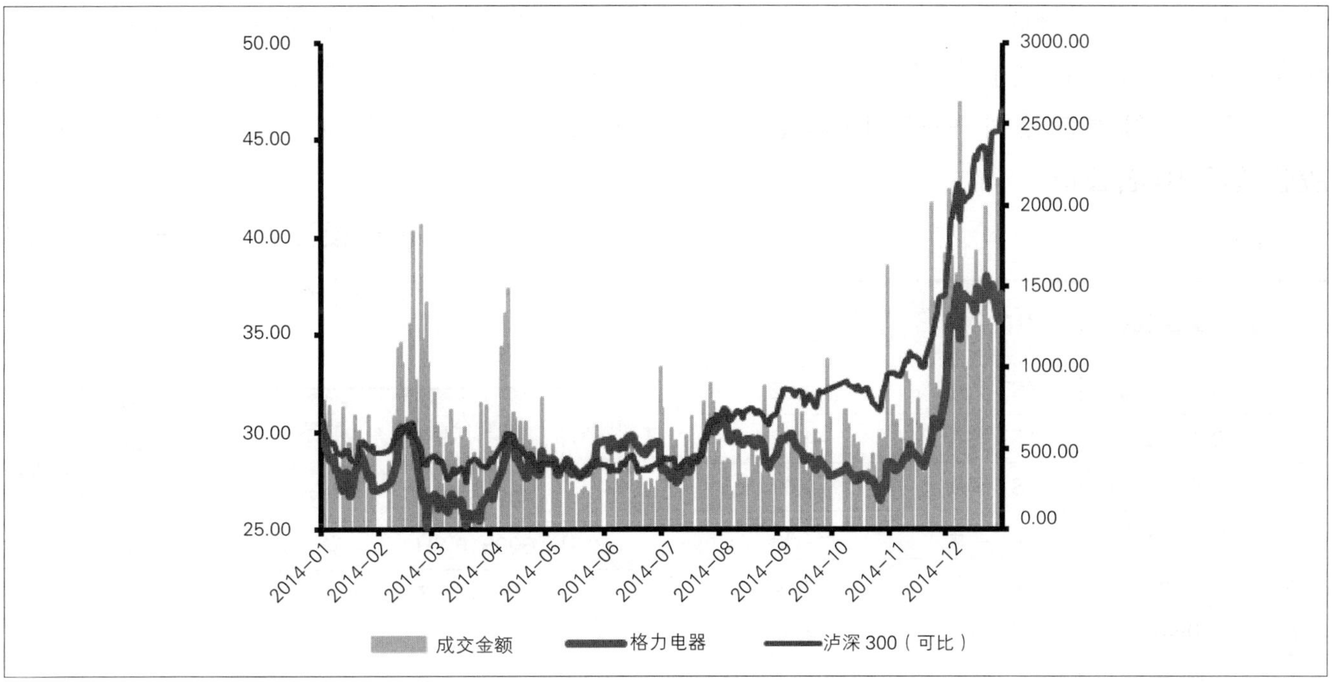

图 3－3　格力电器走势图与沪深 300 指数比较

三、全部上市公司分类榜单

（一）最给力的公司——2014 年现金分红前 10 名公司

表 3－4

排名	股票代码	股票名称	2014 年度现金分红预案（含税）
1	600519.SH	贵州茅台	10 送 1 股派 43.74 元
2	000651.SZ	格力电器	10 转 10 股派 30 元
3	002304.SZ	洋河股份	10 转 4 股派 20 元
4	300382.SZ	斯莱克	10 转 12 股派 15 元
5	000895.SZ	双汇发展	10 转 5 股派 14.20 元
6	600104.SH	上汽集团	10 派 13 元
7	600694.SH	大商股份	10 派 12.6 元
8	002293.SZ	罗莱家纺	10 转 15 股派 10 元
9	600066.SH	宇通客车	10 转 5 股派 10 元
10	600519.SH	贵州茅台	10 派 10 元

来源：Wind 数据

本榜单为截至报告期分红预案前 10 名的公司。现金分红较高说明公司 2014 年经营净现金流比较好，公司营运资金较为宽裕，取得良好的收益不忘对投资者的回报；资本公积转增股本说明公司具有丰厚的资本公积扩张股本，增加了注册资本。

（二）业绩最牛公司——2014 年基本每股收益前 10 名公司

表 3－5

排名	股票代码	股票名称	2014 年每股收益（元/股）
1	600519.SH	贵州茅台	13.44
2	601318.SH	中国平安	4.93
3	000651.SZ	格力电器	4.71
4	002304.SZ	洋河股份	4.19
5	600694.SH	大商股份	4.18
6	300386.SZ	飞天诚信	3.11
7	002737.SZ	葵花药业	2.75
8	600436.SH	片仔癀	2.73
9	603188.SH	亚邦股份	2.67
10	600340.SH	华夏幸福	2.67

来源：Wind 数据，于 2014 年 12 月 31 日已上市的公司，以及剔除 ST 公司和当年重大重组的公司

本榜单为基本每股收益前 10 名的公司，说明公司 2014 年盈利能力较强。

（三）业绩最差公司——2014 年基本每股收益后 10 名公司

表 3－6

排名	股票代码	股票名称	2014 年每股收益（元/股）
1	002608.SZ	*ST 舜船	−4.82
2	002015.SZ	*ST 霞客	−4.32
3	600145.SH	*ST 国创	−4.07
4	601268.SH	*ST 二重	−3.44
5	000155.SZ	ST 川化	−3.33
6	600644.SH	*ST 乐电	−3.00
7	600581.SH	八一钢铁	−2.65
8	600096.SH	云天化	−2.29
9	000815.SZ	*ST 美利	−2.05
10	300143.SZ	星河生物	−1.99

来源：Wind 数据

本榜单为每股收益后 10 名的公司。有些公司为近 2~3 年连续亏损，存在着退市风险。2014 年，这些公司盈利能力很差。

（四）最让投资者踏实公司——2014 年股息率前 10 名公司

表 3－7

排名	股票代码	股票名称	2014 年股息率（%）
1	600660.SH	福耀玻璃	4.74
2	600882.SH	华联矿业	4.52
3	002563.SZ	森马服饰	3.86
4	002622.SZ	永大集团	3.64
5	000012.SZ	南玻 A	3.23
6	002615.SZ	哈尔斯	2.95
7	002249.SZ	大洋电机	2.85
8	300134.SZ	大富科技	2.80
9	000333.SZ	美的集团	2.77
10	000690.SZ	宝新能源	2.66

来源：Wind 数据

本榜单为股息率前 10 名的公司。股息率是已分股息与股票价格之间的比率。2014 年，公司的股息率较高，说明公司具有较高的投资价值。

（五）长线价值投资公司——2014 年加权净资产收益率前 10 名公司

表 3－8

排名	股票代码	股票名称	加权净资产收益率（%）
1	600550.SH	保变电气	77.44
2	600816.SH	安信信托	76.89
3	002174.SZ	游族网络	67.07
4	300436.SZ	广生堂	59.07
5	002354.SZ	天神娱乐	56.99
6	002280.SZ	联络互动	55.26
7	000017.SZ	深中华 A	51.72
8	600421.SH	仰帆控股	49.63
9	000034.SZ	深信泰丰	44.93
10	600654.SH	中安消	44.13

来源：Wind 数据 截止 2014 年 12 月 31 日已上市的公司，以及剔除 ST 公司和当年重大重组的公司

本榜单为加权净资产收益率前 10 名的公司。说明 2014 年公司经营业绩良好，净资产回报率较高，盈利能力较强。

四、2014 年度创业板“特征榜”

（一）2014 年创业板骏马奔腾，亮丽钜现

1. 高速增长，彰显创业板特性

2014 年在 GDP 等宏观参数回落的大背景下，上市公司群体的整体经营面临调整转型的压力，整体业绩增速下滑至 5.8%，远低于 2013 年超过一成的业绩增长水平。但是，体量相对较小，并购转型效果更为明显的创业板群体，依然保持了两位数的业绩增长水平，在当前的“换挡期”可称一枝

独秀。深市上市公司实现营业总收入 63115 亿元，同比增长 8.43%，其中主板、中小板和创业板增长率分别为 5.25%、12.09% 和 25.57%。2014 年，深市上市公司归属母公司股东净利润合计 3782 亿元，同比增长 11.65%，其中主板、中小板和创业板分别增长 7.27%、17.71% 和 16.57%。

2. 企业发展显瓶颈，生态整合构发展

创业板一些企业主要是各行业细分行业创新企业，经过几年的发展，面临主营业务发展天花板，为了延续企业持续高速发展，通过产业整合、产业升级、并购重组构建生态型企业成为企业发展的重要途径，从并购重组标的看，新兴行业受到青睐，“互联网+”成为热点之一。创业板全年完成 52 起重大资产重组，较上年增长 271.43%，并购重组交易金额 344.5 亿元，较上年增加 418.59%，呈现爆发增长态势。

3. 研发投入显潜力，毛利上升动能强

在国内外产业分工格局发生调整的过程中，为把握发展机遇和应对日益激烈的市场竞争，更多上市公司加大研发投入，积极寻求向产业中高端迈进的技术能力支点。据深交所统计显示，2014 年深市已披露年度研发数据的上市公司研发投入金额合计 1488 亿元，平均每家 8926 万元，较上年增加 13.27%，其中，创业板增长 22.84%。以高新技术企业以及战略性新兴产业企业为主的创业板，公司平均研发强度达到 5.38%，居三板块之首。投入与产出是正相关，2014 年主板、中小板、创业板平均毛利率分别为 19.37%、21.44% 和 33.12%，轻资产结构的创业板公司凸显高投入高产出的特性，独占鳌头。

4. 创业板创新发展，业绩增长显辉煌

2014 年是创业板成立五周年。创业板成立伊始即承载着落实创新驱动发展战略和培育新兴产业的历史使命，致力于在经济结构转型的大背景下打造围绕创新配置资金的市场化引擎。创业板服务新产业和新经济，主要集中分布于电子信息技术、环保、新材料、新能源、高端制造、生物医药等战略性新兴产业，涌现了一批 A 股市场此前没有的商业模式和新业态，已经成为新经济的晴雨表。创业板高新技术企业占比 82.51%。2014 年一批创新型企业在竞争中脱颖而出，快速发展，创业板公司收入超过 10 亿元的公司 99 家，较上年增加 25 家，净利润超过 2 亿元的公司 41 家，较上年增加 8 家，其中蓝思科技、东方财富、碧水源、华谊兄弟、汇川技术等已经成为具有较强影响力和创新力的企业。2012-2014 年，创业板 3 年净利润复合增长率超过 30% 的公司共 68 家，占该板块公司总数的 15.25%，其中 13 家复合增长率超过 50%。

5. 创业板战略性新兴产业蓬勃发展

截至 2015 年 4 月 30 日，深市共有战略性新兴产业上市公司 626 家，占公司总数的 37.44%，其中创业板 317 家，占创业板公司的 71.08%。此外，深市文化产业上市公司 73 家，其中，创业板分别为 28 家。创业板战略性新兴产业蓬勃发展，提升了创业板的影响力。

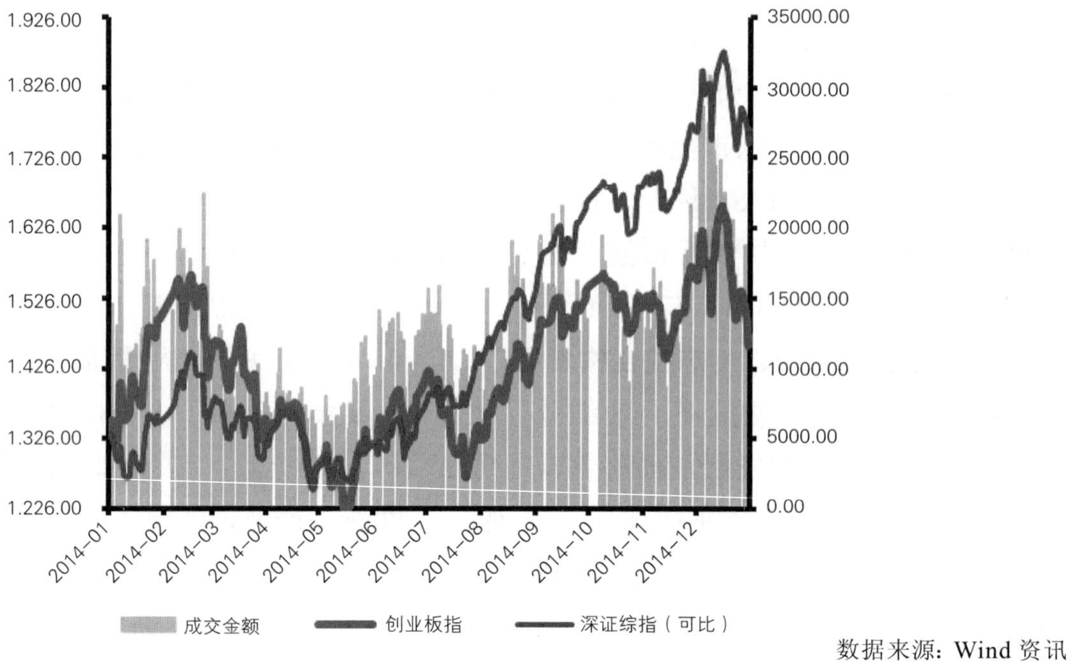

图 3－4 创业板指数和深圳综指比较

（二）创业板上市公司分类榜单

1. 最给力的公司——2014 年现金分红前 5 名公司

表 3－9

排名	股票代码	股票名称	现金分红预案（含税）
1	300382.SZ	斯莱克	10 转 12 派 15
2	300386.SZ	飞天诚信	10 转 12 派 7.6
3	300408.SZ	三环集团	10 转 10 派 5
4	300409.SZ	道氏技术	10 转 5 派 5
5	300171.SZ	东富龙	10 转 10 派 5

来源：Wind 数据统计

2. 最让投资者踏实公司——2014 年股息率前 5 名公司

表 3－10

排名	股票代码	股票名称	2014 年股息率（%）
1	300134.SZ	大富科技	2.80
2	300195.SZ	长荣股份	1.57
3	300039.SZ	上海凯宝	1.44
4	300146.SZ	汤臣倍健	1.20
5	300283.SZ	温州宏丰	1.17

来源：Wind 数据统计，截至 2014 年已上市，2014 年 12 月 31 日已实施分红的公司

3. 长线价值投资公司——2014 年加权净资产收益率前 5 名公司

表 3－11

排名	股票代码	股票名称	加权净资产收益率（%）
1	300384.SZ	三联虹普	37.58
2	300017.SZ	网宿科技	35.30
3	300406.SZ	九强生物	33.35
4	300389.SZ	艾比森	31.17
5	300408.SZ	三环集团	30.57

来源：Wind 数据统计，截止 2014 年 12 月 31 日已上市的公司

4. 业绩最牛公司——2014 年基本每股收益前 5 名公司

表 3－12

排名	股票代码	股票名称	2014 年每股收益（元/股）
1	300386.SZ	飞天诚信	3.11
2	300384.SZ	三联虹普	2.39
3	300389.SZ	艾比森	2.28
4	300396.SZ	迪瑞医疗	2.03
5	300406.SZ	九强生物	2.02

来源：Wind 数据统计，截止 2014 年 12 月 31 日已上市的公司

5. 业绩最差公司——2014 年基本每股收益后 5 名公司

表 3－13

排名	股票代码	股票名称	2014 年每股收益（元/股）
1	300143.SZ	星河生物	−1.99
2	300022.SZ	吉峰农机	−1.08
3	300340.SZ	科恒股份	−0.48
4	300307.SZ	慈星股份	−0.43
5	300277.SZ	海联讯	−0.38

来源：Wind 数据，截止 2014 年 12 月 31 日已上市的公司

第二部分

中国上市公司业绩评价各行业分析报告

第四章　煤炭行业

煤炭工业是关系国家经济命脉和能源安全的重要基础产业。煤炭作为能源的主体地位短期内难以改变，仍将占据能源消费总量60%以上的比例。未来煤炭的需求总量将保持低速增长，煤炭作为能源的主体地位短期内将难以改变。

煤炭行业在2014年经历了非常艰难的一年，受经济下行压力加大、需求乏力、产能过剩和环保倒逼等因素影响，煤炭供大于求问题依然十分突出，市场价格再次出现了下跌趋势，煤炭行业经济效益大幅下降，企业亏损面扩大，煤炭企业经营困难的问题仍然十分突出。

造成这种局面的原因，既有宏观经济增速放缓、下游市场煤炭消费疲软的影响，也有近年来超前投资导致行业衰退、产能严重过剩的问题；既有企业生产经营成本高企的困扰、优质低价进口煤炭的冲击，也有我国能源结构优化、非化石能源比重不断提升带来的压力；既有各地煤炭库存维持高位，煤炭转化、转运、输送能力大幅提升的原因，也有国家推动降低碳排放、加强大气污染治理，控制煤炭消费总量等因素的制约。

一、煤炭行业上市公司业绩评价结果

截止2014年末，煤炭行业A股上市公司共计为42家：沪市为30家，深市为12家，比2013年增加1家。其中盈利33家，亏损9家，即有78.57%的公司实现盈利，这一比例与2013年末的92.68%相比有明显的下降。

煤炭行业42家上市公司营业总收入7627.59亿元，同比下降13.35%；实现净利润513.38亿元，归属母公司股东的净利润400.31亿元，与2013年实现净利润713.12亿元，归属于母公司净利润610.15亿元相比，净利润同比下降28.01%，归属母公司股东的净利润同比下降34.39%。

2014年煤炭行业上市公司价值得分为58.4分，较2013年的58.5分基本持平，这说明由于煤炭行业形势依然严峻，行业上市公司总体价值表现不佳。2014年42家煤炭行业上市公司业绩评价结果无一家类型为优秀，业绩为良好的仅有中国神华1家，与上年一致；业绩为中的有远兴能源、露天煤业、兖州煤业、靖远煤电等12家，比上年增加两家；业绩为低的有阳泉煤业等17家，比上年增加3家；业绩为差的有兰花科创等

12 家，比上年减少 4 家。

2014 年综合评价结果显示，煤炭行业上市公司中仅有一家进入 2014 年上市公司业绩评价综合得分百强名单，行业排名前三分别为中国神华、远兴能源和露天煤业。

表 4－1　　2014 年度煤炭行业十强排行榜

名次	评价单位代码	单位名称	综合得分	在全部上市公司中排名
1	601088	中国神华	76.02	62
2	000683	远兴能源	67.67	346
3	002128	露天煤业	64.57	523
4	600188	兖州煤业	62.23	654
5	000552	靖远煤电	55.67	1127
6	600395	盘江股份	52.33	1331
7	600121	郑州煤电	51.28	1393
8	601699	潞安环能	51.23	1397
9	600792	云煤能源	51.18	1404
10	000780	平庄能源	50.63	1431

基于对煤炭行业上市公司的整体评价，下面分别从财务效益状况、资产质量状况、偿债风险状况、发展能力状况、市场表现状况五个方面对煤炭行业上市公司进行具体分析。

（一）财务效益

表 4-2 列示了 2014 年煤炭行业上市公司财务效益评价结果（满分 35 分）。从基本指标来看，煤炭行业上市公司财务效益状况得分 19.72 分，低于全国上市公司平均水平 20.83 分，较 2013 年下降了 17.63%。扣除非经常性损益净资产收益率、总资产报酬率两项基本指标均出现较大幅度下滑，降幅分别是 37.72% 和 29.11%。从修正指标来看，煤炭行业的营业利润率和总股本收益率分别下降 21.26% 和 43.56%，只有盈利现金保障倍数一项指标增加了 40.65%，该指标越大，表明企业经营活动产生的净利润对现金的贡献越大。

财务效益指标综合得分高于上市公司平均水平 21.87 分的仅有 3 家，其中中国神华该指标获得了满分，比获得第二名的露天煤业高了 10.36 分，在煤炭行业上市公司中表现不俗。

中国神华在该指标上的优秀表现得益于其在煤炭、发电、运输和煤化工业务领域的布局合理，业务均衡，综合实力突出，抗风险能力优于同行，有效抵御了煤价下降的风险。中国神华在复杂严峻的形势下，完成了董事会既定的 2014 年生产及经营目标，2014 年实现营收 2484 亿元，实现营业利润 589.99 亿元，归属母公司股东的净利润 368.07 亿元。

同上年相比，2014 年行业整体延续了 2013 年的不景气，煤价一段时期内将维持弱势，受供给充足、库存较高和宏观经济增速放缓等因素影响，煤炭行业供需矛盾突出，企业财务效益将会进一步恶化。

表 4－2　　煤炭行业财务效益状况比较

评价指标		2014 年上市公司平均值	2014 年行业值	2013 年行业值	增长率 (%)
基本指标	扣除非经常性损益净资产收益率 (%)	7.81	5.96	9.57	–37.72
	总资产报酬率 (%)	5.74	5.6	7.9	–29.11
	基本得分	20.83	19.72	23.94	–17.63
修正指标	营业利润率 (%)	5.55	8.74	11.1	–21.26
	盈利现金保障倍数	1.61	1.73	1.23	40.65
	总股本收益率 (%)	39.84	42.05	74.5	–43.56
综合得分		21.87	22.34	26.76	–16.52

（二）资产质量

表 4-3 列示了煤炭行业上市公司资产质量状况评价结果（满分 15 分）。基本指标与修正指标变化趋势基本一致，各项指标均出现负增长，2014 年煤炭行业上市公司资产质量状况综合得分为 10.55 分，与上一年度 11.27 分相比降幅较小，但比上市公司平均水平 9.20 分有略微的优势。基本指标中总资产周转率为 0.48 次，与上市公司平均值 0.75 次有一定差距，比 2013 年降低 20.00%，此外，降幅较大的还有应收账款周转率 9.95 次，比 2013 年降低 21.16%。从该指标的综合得分来看，与 2013 年相比，2014 年煤炭行业上市公司四项周转率指标均不同程度减小，说明总资产周转速度变慢，反映出煤炭企业销售困难，资金周转不畅。

煤炭行业上市公司中没有资产质量综合得分为满分的公司，最高分为郑州煤电，得分为 13.79 分。大部分煤炭企业该项得分较低，甚至为零，这表明 2014 年延续了 2013 年煤炭价格下滑的走势。煤炭企业销售收入减少，回款缓慢，库存增大等因素是导致资产质量下降的主要原因。

表 4－3　　煤炭行业资产质量状况比较

评价指标		2014 年上市公司平均值	2014 年行业值	2013 年行业值	增长率 (%)
基本指标	总资产周转率（次）	0.75	0.48	0.60	–20.00
	流动资产周转率（次）	1.52	1.75	2.06	–15.05
	基本得分	9.55	8.94	9.68	–7.64
修正指标	应收账款周转率（次）	9.69	9.95	12.62	–21.16
	存货周转率（次）	3.21	11.01	12.95	–14.98
综合得分		9.20	10.55	11.27	–6.39

（三）偿债风险

从综合得分来看，2014 年煤炭行业上市公司偿债风险状况略低于全国上市公司平均水平 9.01，比上一年度小幅下滑 4.69% 至 8.94。

表 4-4 列示了煤炭行业上市公司偿债风险状况评价结果（满分为 15 分）。从基本指标来看，已获利息倍数有较大幅度下降，降幅为 36.44%，说明行业企业偿债能力减弱；从修正指标来看，速动比率、现金流动负债比率、带息负债比率三项指标与上一年度对比均变化不大。

表 4－4　煤炭行业偿债风险状况比较

评价指标		2014 年上市公司平均值	2014 年行业值	2013 年行业值	增长率 (%)
基本指标	资产负债率 (%)	60.75	51.65	49.87	3.57
	已获利息倍数	5.06	4.5	7.08	-36.44
	得分	9.24	9.58	10.22	-6.26
修正指标	速动比率 (%)	69.66	82.67	77.62	6.51
	现金流动负债比率 (%)	12.65	18.46	19.64	-6.01
	带息负债比率（%）	45.45	54.37	53.28	2.05
综合得分		9.01	8.94	9.38	-4.69

在综合得分上，煤炭上市公司在该项指标上仅有平庄能源一家获得 14.99 分，接近满分，共有 9 家煤炭上市公司得分超过行业平均水平，大部分煤炭企业负债较重，偿债能力不容乐观。行业整体销售量下降，价格走低，收入减少，货款拖欠增多，现金流紧张，是导致该项指标下降的主要原因。

（四）发展能力

表 4-5 列示了煤炭行业上市公司发展能力状况评价结果（满分 20 分），2014 年煤炭上市公司中没有企业该指标获得满分，且与上市公司平均水平 12.12 分差距较大，仅为 7.96 分，与 2013 年度 8.93 分相比下降了 10.86%，体现出 2014 年行业不景气给行业发展带来了一些较为不利的影响。

各项指标中，资本扩张率、累计保留盈余率及总资产增长率三项指标表现较为稳定。而营业收入增长率、三年营业收入增长率和营业利润增长率三项指标降幅较大，其中营业收入增长率、营业利润增长率指标连续两年为负值，三年营业收入增长率也于 2014 年末降至负值，说明煤炭市场目前供求不平衡状况严重、市场前景并不看好。

从综合得分来看，2014 年煤炭行业上市公司发展能力水平低于全国上市公司的平均水平。远兴能源在煤炭行业中排名第一，发展能力综合评分 19.98，在行业中遥遥领先，这与公司的多元化发展战略密不可分。由此可见，在目前煤炭行业不景气的背景下，要保持可持续性发展，向煤炭行业的下游延伸、积极推进资本运营和产业升级、加大推行制度建设与管理创新将是重要的发展手段。

表 4 – 5　煤炭行业发展能力状况

评价指标		2014 年上市公司平均值	2014 年行业值	2013 年行业值	增长率 (%)
基本指标	营业收入增长率 (%)	4.34	−13.35	−6.95	−92.09
	资本扩张率 (%)	12.45	5.05	3.42	47.66
	得分	12.14	7.15	7.50	−4.67
修正指标	累计保留盈余率 (%)	43.83	48.86	48.99	−0.27
	三年营业收入增长率 (%)	7.12	−2.49	14.66	−116.98
	总资产增长率 (%)	12.15	8.49	8.92	−4.82
	营业利润增长率 (%)	0.17	−33.22	−23.27	−42.76
综合得分		12.12	7.96	8.93	−10.86

（五）市场表现

截至 2014 年 12 月 19 日，上证指数从 1 月 2 日的 2109 点涨到 3108 点，涨幅达 47.3%。煤炭行业作为国民经济的重要支柱，煤炭指数的走势与市场行情趋势是基本相同的，受到大盘走势影响，煤炭板块的股票也迎来一波上涨行情。但是受煤炭行业上市公司业绩下滑的影响，煤炭指数上涨的幅度要小于整体市场行情。具体情况见图 4-1。

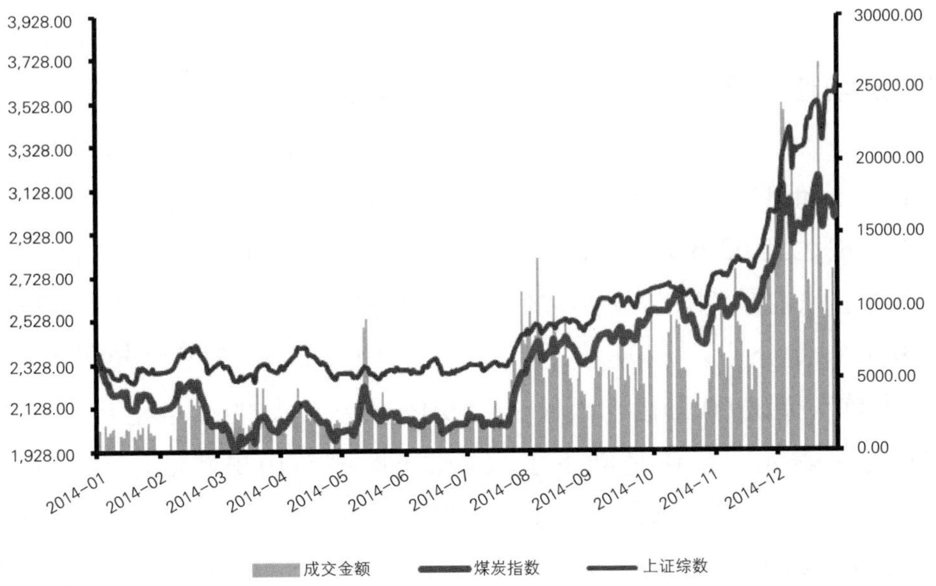

数据来源：Wind 资讯

图 4 – 1　煤炭指数与大盘指数波动

表4-6列示了煤炭行业上市公司市场表现状况评价结果（满分15分）。其中市场投资回报率指标2014年行业值为34.69%，与2013年-32.08%相比有较大改观，增长率为208.14%。从综合得分来看，煤炭行业上市公司市场表现状况总体上比2013年有大幅度提升，增幅为299.07%，综合得分为8.58分，接近上市公司平均值9.07分。

表4－6　　煤炭行业公司市场表现比较

评价指标	2014年上市公司平均值	2014年行业值	2013年行业值	增长率(%)
市场投资回报率(%)	44.68	34.69	–32.08	208.14
股价波动率(%)	124.99	116.1	124.38	–6.66
综合得分	9.07	8.58	2.15	299.07

在大盘大幅上涨的背景下，政府出台清费立税、打非治违、调关税等一系列政策，多管齐下，煤炭行业公司的市场表现有了较大改观，但是产能过剩依然严重，行业整体表现仍然低迷，市场对煤炭行业上市公司不看好。

二、2014年度影响煤炭行业业绩因素分析

（一）宏观经济增速新低，煤炭产量同比下滑

根据国家统计局公布的经济数据，2014年国内全年GDP总量达到63.6万亿元，同比增长7.4%，略高于此前预期的7.3%，相比2013年下滑9.3个百分点。从规模看，去年GDP总量史上首次突破60万亿元大关，也是首次超越10万亿美元，但还是创下了24年来的增速新低。与此同时，国内制造业基本停止扩张，人口红利也在逐步减少，实体经济则处于调整阶段，这一切都给经济增长带来了下行压力。

煤炭行业高成本产能不断被淘汰，加之2014年下半年限产政策密集出台，行业自2013年进入下行周期后第一次出现同比减产，全年原煤产出量为38.7亿吨，同比下降2.5%，2013年产量为39.7亿吨。其中，2014年8月神华中煤相继宣布较原计划减产10%，8月以后神华中煤商品煤产量持续负增长，神华全年商品煤产量30660万吨，同比下降3.6%，超出计划120万吨，中煤2014年商品煤产量11440万吨，同比下降3.6%。

2014年以来，煤炭价格一路走低，从第一季度开始，环渤海动力煤价格指数接连下滑，山西、陕西、内蒙古有大量中小煤企处于停产、半停产状态，榆林、鄂尔多斯等的中小煤矿停工率超过80%，甚至高达90%。从指数的价格走势上看，全年煤炭价格不断刷新历史新低，大体上可分为急速下跌、缓慢爬升、深度探底及阶梯型攀升四个阶段，截至2014年12月24日，环渤海动力煤价格指数5500K价格报收525元/吨，与年初610元/吨下跌85元/吨。

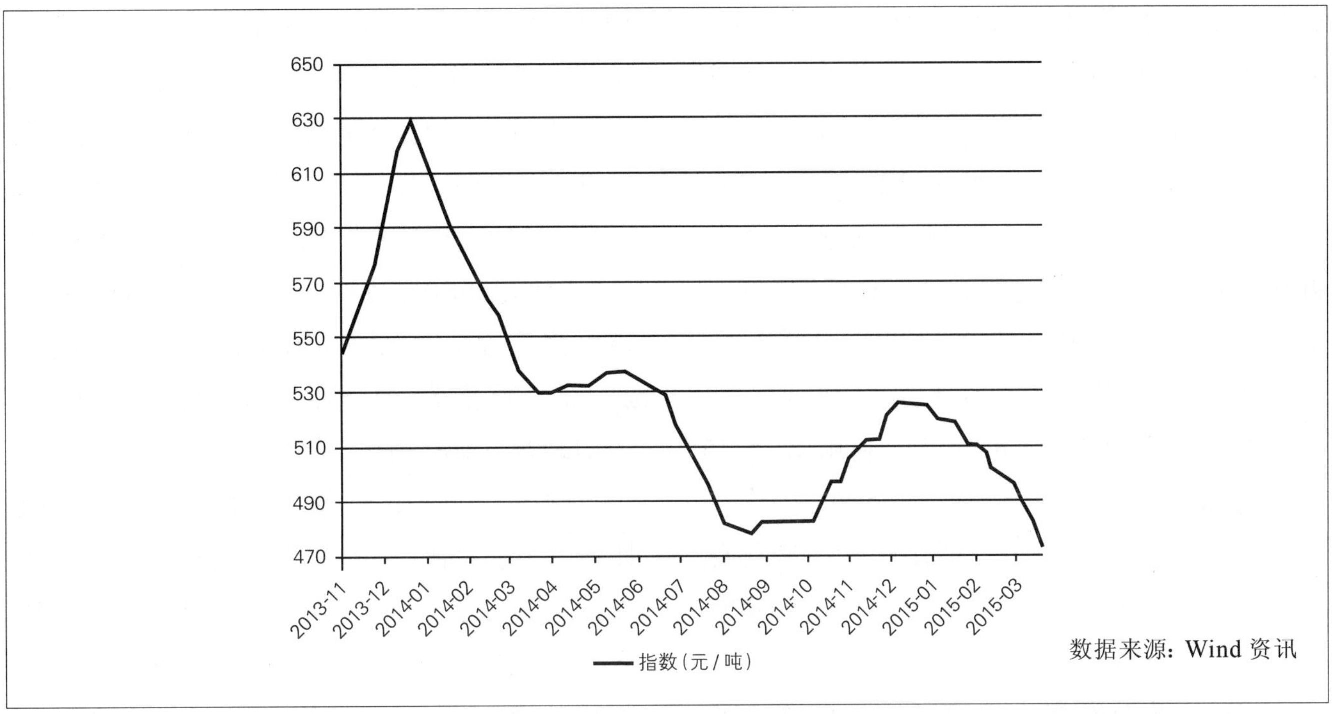

图 4－2　2013 ~ 2015 年环渤海动力煤价格指数走势图

2014 年以来，我国煤炭产能严重过剩的局面未得到有效缓解，煤炭需求低迷，煤炭价格下降，与此同时，企业超核准产能生产也非常普遍，最终导致煤炭市场供求严重失衡。

（二）煤炭消费负增长，下游行业需求弱

煤炭消费增速自 2013 年以来出现显著下降，从 2007 至 2011 年平均 6.1% 的增速下降到 2013 至 2014 年不到的 1%，而同期 GDP 增速仅由 10.6% 放缓到 7.8%。2014 年中国 GDP 增速达到 7.4% 的情况下，煤炭消费量出现负增长预示着中国经济增长与煤炭消费增长的进一步脱钩。

受制于宏观经济增速放缓、经济结构调整加速、下游去库存能力较弱等不利因素，2014 年煤炭需求整体较为疲弱。根据国家统计局公布的《2014 年国民经济和社会发展统计公报》显示，中国煤炭消费总量出现本世纪的首次同比下降，2014 年煤炭消费量比 2013 年下降 2.9%。据此推算，2014 年中国煤炭消费量约为 35.1 亿吨。

来自中国煤炭工业协会的数据显示，2014 年我国经济增速放缓，主要耗煤行业产品产量增幅下降。其中，电力、钢铁、建材三个行业耗煤同比下降 3.4%、1.4% 和 1.1%。同时随着科技进步，国家大气环境治理力度加大，全国单位 GDP 能耗在 2013 年下降 3.7% 的基础上，2014 年又下降 4.8%。在 2014 年，水泥、火电、合成氨、粗钢四大下游行业累计同比均呈现下降态势。

2014 年 11 月公布的《能源发展战略行动计划》明确，我国将坚持发展非化石能源与化石能源高效清洁利用并举，逐步降低煤炭消费比重。到 2020 年，非化石能源消费比重达到 15%，煤炭消费比重控制在 62% 以内。

2014 年，我国加快发展清洁能源，能

源结构进一步优化。水电新增装机约 2000 万千瓦，总装机约 3 亿千瓦，提前一年实现“十二五”规划目标；新投产核电机组 5 台，全国在运核电机组达 22 台，总装机容量达 2010 万千瓦；风电并网装机超过 9000 万千瓦，年发电量达 1500 亿千瓦时。页岩气、煤层气和深海油气勘探开发取得重大进展，页岩气产量达 12 亿立方米，煤层气抽采量达 171 亿立方米、利用量达 75 亿立方米。

耗煤行业消费下降、能源结构不断优化等因素将有效推动煤炭消费控制，企业销售压力将持续增大。

（三）煤炭库存维持高位，运营成本高企不下

受制于需求疲弱及低成本产能的不断释放，2014 年整年供需宽松，煤矿库存整体呈现上行趋势，分月来看上半年下游去库存致使煤矿库存持续上升至 6 月高点，下半年一方面需求有所改善，另一方面受益于限产政策出台，煤矿库存小幅下滑，但仍高于 2013 年同期。

中国煤炭工业协会数据显示，2014 年 12 月底，全社会煤炭库存居高不下，数据显示，北方主要下水港秦皇岛、曹妃甸、京唐、天津、黄骅五港存煤量 2359 万吨，比年初增长 53.7%，增幅超过五成。其中秦皇岛存煤 684 万吨，比年初增加 100 万吨；曹妃甸港 680 万吨，比年初增加 300 万吨。煤炭企业存煤 8700 万吨，比年初增长 2.6%；重点发电企业存煤 9455 万吨，比年初增加 1409 万吨，增长 17.1%。

国家能源结构调整不仅降低了煤炭的消耗量，与此同时，为减少大气污染、保护环境，我国对煤炭的使用提出了更高的要求，增加了煤炭使用成本。此外，由于煤矿开采深度增加，地质条件日趋复杂，瓦斯、顶底板和水害威胁增大，导致安全投入持续增加。再加上材料费、电费、工资等刚性支出增长，吨煤生产成本不断提高，尽管各煤炭企业已经采取内部挖潜、节能降耗、降低工资薪酬等措施来控制煤炭生产成本，但吨煤成本仍然偏高，甚至部分煤炭企业生产成本和销售价格处于倒挂状态，毫无竞争优势可言。

表 4－7　　煤炭行业公司 2008 ~ 2014 年成本 / 收入统计表

年份	2008 年	2009 年	2010 年	2011 年	2012 年	2013 年	2014 年
销售毛利率（%）	40.89	34.93	33.38	29.50	25.23	24.68	24.14
营业总成本 / 营业总收入（%）	74.70	78.95	79.32	82.42	86.83	89.16	75.86

数据来源：Wind 资讯

表 4-7 中的数据也表明了整个煤炭行业运营成本继续维持高位，毛利率不断下降。煤炭价格走低，而煤炭生产成本反而有增无减，这又进一步降低煤炭需求量，从而推动了当前煤炭市场的持续下行。

（四）进口煤削减目标仍有距离

海关总署近日发布的进出口数据显示，2014 年 1 ～ 12 月份我国煤炭累计进口量为 29122 万吨，较 2013 年同期减少 10.9%。这是自 2009 年以来我国煤炭进口量连续 5

年增长后首度出现下滑。2014年10月15日起，进口零关税取消，并且根据2015年1月起执行的《商品煤质量管理暂行办法》规定，劣质煤进口将受到限制，进口煤对国内煤炭市场的冲击将有所减缓，部分需求将重新转向国内市场。

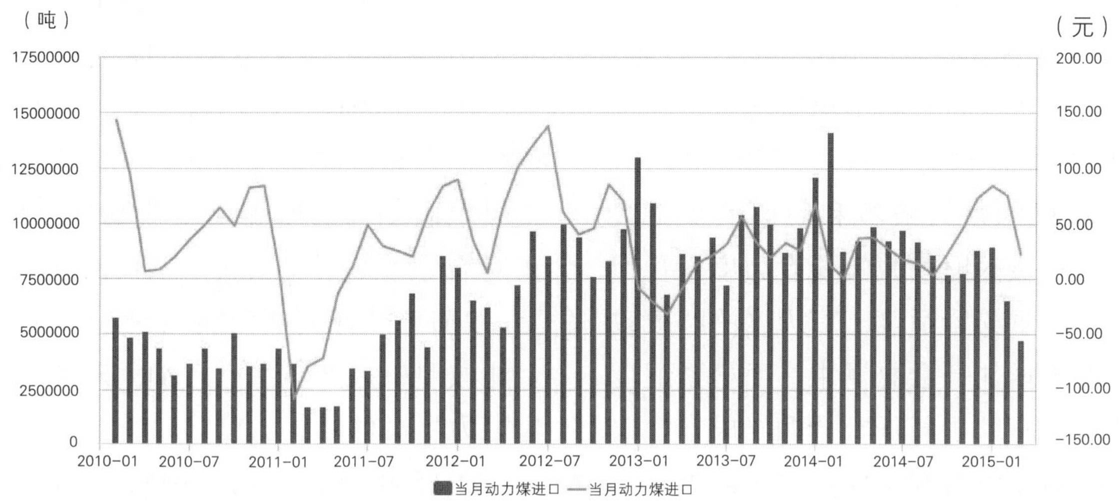

数据来源：Wind资讯

图4-3 2010～2014年全国煤炭进口情况图

2014年我国煤炭进口来源国较为集中，共计从35个国家和地区进口，其中排名前十位的国家和地区分别是印尼、澳大利亚、俄罗斯、蒙古、朝鲜、加拿大、越南、南非、菲律宾和美国，进口量合计占同期我国煤炭进口总量的99.6%。其中印尼和澳大利亚进口量合计占近七成，进口量分别为10605.8万吨和9441.6万吨，同比分别下降15.6%和增长7.1%。

受经济增速放缓、能源结构调整等因素影响，我国煤炭消费持续下降，产能的大量集中释放，将进一步加剧市场供大于求的压力，价格持续处于低位运行，煤炭行业的过剩产能导致煤炭货源充足，需求疲软，进口量下滑将成为常态。

2014年全年煤炭进口量萎缩11%左右，降幅较预期中的低，离发改委提出的削减进口煤5000万吨目标还存在一定距离。并且，由于国内产煤地与需求地相背离、煤炭的内外价格差、电力公司的煤炭采购地多样化战略等客观因素的存在，进口煤对沿海市场仍存在较大影响。随着我国优质煤炭资源储量的不断衰减和运输成本的高企，高品质进口煤炭在沿海市场依然可以抢占较大份额，对内贸煤炭需求产生抑制作用，导致国内沿海地区煤炭市场的活跃性降低，并对后期内贸煤炭供求产生了无形的压力，成为导致国内煤价格难以上涨的主要原因之一。

三、2015年度煤炭行业展望

2015年，国内经济增长仍将面临较大压力，世界经济整体复苏乏力以及我国劳动力比较优势的下降将使我国出口增长继续面临压力；2014年底至2015年初的房地产市场虽然政策从“过紧”回归常态，但是像2008年那种强刺激政策不会再现，对上游煤炭市场影响有限；产能过剩再加上需求不足或将导致第二产业投资增速进一步放缓。因此，2015年煤炭需求整体仍然不容乐观。

2014年12月召开的中央经济工作会议指出，2015年要努力保持经济稳定增长，继续实施积极的财政政策和稳健的货币政策。并指出积极的财政政策要有力度，货币政策要更加注重松紧适度。有力度的财政政策或将有助于增加社会总需求，而松紧适度的货币政策则有助于降低社会融资成本，宏观政策环境最终将有利于稳定煤炭需求。

（一）政策继续帮助行业脱困

作为基础能源行业，煤炭行业的困境始终牵动着有关部门的神经。2014年，发改委联合能源局等部门，出台了限制产能、规范煤炭进口、建立小煤矿退出机制、加大金融支持、关税调整等37项相关对策和措施。

地方上先是内蒙古自治区建立东部区煤炭销售联动机制，坚持同区域、同煤种、同市场、同价格。随后，山西省也下发《关于印发进一步落实“煤炭20条”若干措施的通知》，与此同时，陕西省下发了《关于进一步规范煤企税费征收工作的通知》，此外，四川省下发了《关于印发促进当前经济稳增长的十六条措施的通知》等等。这些措施的出台，一定程度上减轻了煤炭企业的负担，缓解了煤炭企业的困难局面。

2015年，政策继续在帮助煤炭行业脱困的道路上发挥作用。2015年1月1日起，《商品煤质量管理暂行办法》将正式施行，不达标的商品煤将被禁止进入市场，部分进口煤或将因此被挤出市场。各种煤炭的出口暂定税率由执行了6年的10%统一下调至3%。煤炭出口成本相对下降，部分优质、优势煤种出口量或将有所增加。

往年有关产运需衔接的通知中往往都会强调推进煤电联动。但是，2014年12月下发的有关通知却未再提及煤电联动，而且2013年和2014年的两次电价调整均没有按既定方案调整到位，这或许是为了有意淡化煤电联动，帮助煤炭企业减轻市场压力。在对合法煤炭产能进行了详细统计的基础上，2015年有关部门将会进一步要求煤炭企业按照核定产能生产，加大对违法违规和超能力生产的监管力度。

2015年两会之后，中央及地方政府响应政府工作报告中的相关指示，纷纷出台一系列的救市政策，2015年的房地产政策还将进一步宽松，进而可能带动上游大宗商品消费需求，这对低迷的煤炭市场也是一个利好消息。

对煤炭行业问题的化解，不可能一蹴而就，光靠几个救市政策很难达到立竿见影的效果。因此2015年多数煤炭企业的生存状况仍将在低谷徘徊，企业生产经营会更加困难，煤炭企业必须做好进一步迎接严峻考验的准备。

（二）煤炭需求增长依然乏力

2014年，煤炭需求之所以整体疲软，房地产和第二产业投资增速回落，出口增长进一步放缓是主要原因。其中，1～11月，房地产开发投资同比增长11.9%，创下2000年以来新低，较上年同期回落7.6个百分点；进出口总额同比增长3.4%，较上年同期回落4.3个百分点，出口总额同比增长5.7%，较上年同期回落2.6个百分点，如不考虑受金融危机影响较严重的2009年，进出口总额和出口总额增速均创下1999年以来新低。

另外，1～11月，水电发电量大幅增长1746亿千瓦时，增长22.4%，较上年同期提高19个百分点，水电增加相当于减少电煤消耗8000万吨左右。不过从历史情况来看，水电发电量连续两年大幅增长的情况并不多见。由于2014年新增水电装机容量已经明显低于2013年，如果2015年降水量再有所减少，水电发电量增速或将出现明显回落，火电和发电用煤需求将相应增加。

（三）煤炭资源税改革初见成效

自2014年12月1日起，我国煤炭资源税由从量计征改为从价计征，同时全面清理涉煤收费基金。改革实施以来，运行平稳，成效初显。从税务机关前两个月纳税期的情况看，煤炭企业总体负担率下降。

国家税务总局针对全国25个产煤省区的统计数据显示，全国煤炭企业共申报入库税款65.9亿元，比实行从量定额方式征收增加48.2亿元，25个产煤省区合计减少涉煤收费和基金70.5亿元，煤炭资源税费总体负担减少22.3亿元。

分区域看，在25个产煤省区中，有22个省区煤炭企业负担总体减轻。负担率下降最多的是青海，下降了17.4%。山西、陕西、内蒙古三大重点产煤省区由于资源禀赋较好，实行从价计征之后，缴纳资源税从去年同期的16.9亿元增加到今年的50亿元，占全国资源税的比例从66%上升到75.7%；同期清理收费基金分别为30亿元、14亿元和11亿元，共计清理55亿元，占全国清理涉煤收费的77.9%。

实施煤炭资源税改革，从量计征改为从价计征促进了资源节约集约利用和环境保护，推动转变经济发展方式。该政策的落地实施有效地清理涉煤收费基金，停止征收煤炭价格调节基金，取消原生矿产品生态补偿费、煤炭资源地方经济发展费等，取缔省以下地方政府违规设立的涉煤收费基金，切实减轻了煤炭企业的负担。

（四）2015年煤炭行业供需前景

进入2015年，煤炭行业走进了更严苛的生存环境：1月14日，国家发改委等部门印发了《重点地区煤炭消费减量替代管理暂行办法》，提出到2017年，京津冀鲁4省市累计煤炭消费量减少8300万吨；1月20日，产煤大省山西决定，2020年前原则上不再新配置煤炭资源，除关小上大、减量置换外，不再审批建设新的煤矿项目，严格控制煤炭产能。对于整个煤炭市场，2015年供大于求态势难以根本改变，企业经营压力仍然较大，行业运行形势依然严峻。

对煤炭行业来说，依靠数量、速度的粗放发展方式已经宣告结束，上项目、铺摊子、扩规模的模式已经不能适应可持续发展的需要，靠产量增加、价格上涨来提升效益的阶段已经不符合市场经济的规律。面对经济新常态、适应能源革命的新要求，煤炭行业必须坚持推进转型，比如推进煤炭科技创新发展，促进行业由劳动密集型向两化融合、人才技术密集型转变；促进行业发展由生产、销售原煤向销售商品煤、洁净煤转变；推进现代煤化工产业化发展，促进煤炭产品由燃料向原料与燃料并重转变等。煤炭作为我国能源的主体地位短期内不可能改变，经过转型调整，中国煤炭工业发展前景依然广阔。

附表

2014 年煤炭行业上市公司业绩评价结果排序表

行业排名	全部上市公司排名	股票代码	股票简称	综合得分（100 分）	每股收益（元）	总资产报酬率(%)	净资产收益率（%）	总资产周转率（次）	流动资产周转率（次）	资产负债率(%)	已获利息倍数	营业收入增长率(%)	资本扩张率(%)	市场投资回报率(%)	股价波动率(%)	年末资产总额（万元）	营业收入净额（万元）	净利润（万元）
1	62	601088	中国神华	76.02	1.85	12.05	13.47	0.48	2.07	33.23	18.12	−12.49	7.92	40.66	85.63	53259600.00	24836000.00	4637300.00
2	346	000683	远兴能源	67.67	0.15	5.51	−0.11	0.46	2.37	56.22	2.29	111.80	104.18	28.82	100.19	1953003.12	719972.55	27670.01
3	523	002128	露天煤业	64.57	0.38	8.35	5.58	0.53	1.90	39.50	4.07	0.53	33.08	23.15	90.81	1393577.11	625388.41	62216.33
4	654	600188	兖州煤业	62.23	0.46	3.69	2.07	0.50	1.87	66.72	3.45	8.85	2.54	52.12	169.13	13113519.80	6392273.80	185844.80
5	1127	000552	靖远煤电	55.67	0.46	7.29	12.09	0.55	1.28	57.01	6.04	−11.30	3.93	4.96	63.08	630190.80	330348.60	33200.58
6	1331	600395	盘江股份	52.33	0.19	3.44	4.26	0.42	1.21	41.82	6.23	−10.53	−17.55	79.72	175.01	1093560.25	517483.76	30721.40
7	1393	600121	郑州煤电	51.28	0.06	5.01	−1.98	1.74	5.21	53.62	2.09	−5.14	10.55	15.18	82.56	1136503.94	1949455.31	16258.33
8	1397	601699	潞安环能	51.23	0.43	3.34	4.17	0.33	0.84	64.07	3.43	−16.51	6.84	13.13	95.85	5150617.91	1603031.76	74735.62
9	1404	600792	云煤能源	51.18	0.04	2.00	0.76	0.77	2.35	47.57	1.34	−24.52	7.75	86.74	165.17	652578.49	488610.25	3789.30
10	1431	000780	平庄能源	50.63	0.03	0.99	0.64	0.45	0.68	17.04	–	−14.79	0.54	40.04	114.93	563133.74	255449.24	2738.25
11	1468	601101	昊华能源	50.10	0.15	2.02	2.25	0.51	2.21	41.37	2.95	−5.70	−0.13	25.93	102.51	1425434.57	685984.58	19508.97
12	1536	600348	阳泉煤业	49.01	0.33	3.89	4.60	0.72	2.02	55.33	5.36	−20.81	−4.44	33.39	102.43	3009407.84	2072267.85	64050.98
13	1548	000159	国际实业	48.79	0.27	7.68	−2.73	0.40	0.60	26.45	7.34	10.12	5.20	46.64	108.92	296825.85	117660.28	13257.88
14	1574	601898	中煤能源	48.39	0.06	1.52	0.66	0.31	1.37	57.68	1.78	−14.16	0.03	51.16	115.01	24270630.20	7066384.00	122205.10
15	1575	600997	开滦股份	48.38	0.08	3.03	1.82	0.68	1.98	59.38	1.58	−16.77	0.65	37.63	125.95	2181968.16	1429616.55	15989.99
16	1603	600740	山西焦化	47.86	0.03	2.11	1.07	0.51	1.21	68.24	1.12	−15.48	20.58	14.10	56.64	1072414.75	496515.12	2143.96
17	1689	600508	上海能源	46.31	0.07	0.64	0.33	0.47	2.63	39.17	1.45	−24.93	2.06	20.28	81.35	1403557.09	635164.67	1577.62
18	1712	000983	西山煤电	45.93	0.09	3.23	1.77	0.52	1.93	61.18	1.44	−17.32	−0.58	20.77	96.00	4819695.23	2439091.95	34999.55
19	1726	000571	新大洲 A	45.65	0.10	3.35	3.47	0.24	1.11	35.49	26.71	−7.59	24.36	37.30	118.46	446638.80	95195.48	9644.67
20	1744	601666	平煤股份	45.29	0.08	1.96	1.36	0.56	1.80	61.46	2.10	−15.83	0.44	22.36	96.31	3145238.00	1611944.66	22575.38
21	1831	600971	恒源煤电	43.81	0.02	1.18	−0.34	0.47	1.68	49.37	1.27	−20.83	−2.18	30.76	110.31	1381375.17	644466.37	3000.10
22	1841	600397	安源煤业	43.48	0.10	3.71	0.78	1.15	2.45	61.82	1.69	−38.91	−10.56	48.41	168.73	922149.04	1065164.40	7021.81

续表

行业排名	全部上市公司排名	股票代码	股票简称	综合得分（100分）	每股收益（元）	总资产报酬率(%)	净资产收益率（%）	总资产周转率（次）	流动资产周转率（次）	资产负债率(%)	已获利息倍数	营业收入增长率(%)	资本扩张率(%)	市场投资回报率(%)	股价波动率(%)	年末资产总额（万元）	营业收入净额（万元）	净利润（万元）
23	1869	000937	冀中能源	42.73	0.01	1.65	−0.96	0.44	1.29	50.24	0.90	−29.33	14.85	18.70	89.69	4172354.09	1825684.67	−16365.08
24	1875	600157	永泰能源	42.56	0.11	5.88	1.42	0.16	0.56	73.80	1.28	−19.62	1.74	66.76	263.25	5210945.63	791205.99	48432.69
25	1876	601001	大同煤业	42.53	0.09	5.65	−6.17	0.39	1.11	50.30	6.85	−19.99	12.46	56.01	174.50	2465524.99	867626.03	66414.68
26	1883	601011	宝泰隆	42.14	0.18	4.17	0.60	0.34	1.24	47.33	1.66	0.32	2.58	−3.32	114.23	566702.25	189809.07	6649.37
27	1893	000835	四川圣达	41.89	0.02	2.47	−8.21	0.90	1.19	8.41	2.58	−54.31	−2.11	74.37	140.80	45121.61	44886.36	597.10
28	1914	000723	美锦能源	41.10	0.03	2.16	1.93	1.16	1.45	40.14	6.98	−21.00	1.63	24.92	97.33	83679.40	99810.70	999.47
29	1980	600123	兰花科创	39.12	0.06	1.15	2.00	0.25	0.76	53.22	1.68	−20.70	−2.53	3.27	74.44	2183310.97	521590.03	−1693.91
30	2003	600714	金瑞矿业	38.67	0.03	3.35	0.03	0.34	0.96	63.75	1.80	−25.08	3.96	44.03	102.42	129124.73	42701.43	901.62
31	2007	600652	爱使股份	38.56	−0.23	−4.37	−10.44	0.44	2.01	40.32	−3.19	−9.83	55.38	55.77	168.60	447527.57	167523.82	−21215.05
32	2042	600403	大有能源	37.10	0.05	1.05	1.74	0.47	1.28	37.31	15.39	−33.00	−5.15	−8.82	67.24	1618327.56	748084.13	9709.89
33	2177	000933	神火股份	31.61	−0.19	2.62	−4.18	0.51	1.81	79.62	0.84	−6.70	−6.89	28.32	111.36	5113554.85	2396711.56	−41243.35
34	2231	600381	*ST 贤成	27.72	0.40	4.36	−75.71	0.02	0.05	78.51	22.56	617.52	516.46	30.17	101.51	143521.96	2990.25	6075.43
35	2354	601918	国投新集	17.89	−0.76	−4.50	−24.64	0.24	1.99	75.86	−1.75	−16.00	−20.07	50.52	171.39	2889403.29	656249.96	−197124.42
36	2359	600408	安泰集团	17.50	−0.68	−6.73	−36.46	0.44	0.76	74.41	−1.53	−25.12	−30.04	37.83	114.05	776082.81	335724.93	−85711.49
37	2361	600179	黑化股份	17.37	−0.78	−14.11	−183.15	0.56	0.97	99.61	−7.46	−34.21	−98.04	59.46	165.11	156398.63	108018.07	−30779.43
38	2369	600721	百花村	16.16	−0.87	−4.33	−31.56	0.26	1.42	76.06	−1.17	−6.16	−26.24	20.25	124.40	416574.70	110887.01	−35345.70
39	2374	600546	山煤国际	15.73	−0.87	−0.15	−15.69	1.35	2.50	80.62	−0.05	−22.24	−14.37	18.74	109.49	4779748.58	6323767.06	−159056.51
40	2388	000968	煤气化	12.74	−1.94	−6.34	−34.87	0.13	0.50	81.39	−2.94	−17.36	−19.03	14.84	56.78	1543115.67	172357.95	−112544.04
41	2520	601015	陕西黑猫		0.37	4.91	6.10	0.65	1.37	60.02	2.03	−10.04	75.85	46.02	51.38	1200318.68	677835.79	23454.01
42	2527	601225	陕西煤业		0.10	4.83	6.84	0.48	2.32	51.83	6.51	−4.79	8.69	46.02	153.09	9002145.73	4115015.06	281210.60

第五章　钢铁行业

钢铁工业曾经是世界工业化进程中最具成长性的产业之一，在过去的100多年中，钢铁工业得到了飞速的发展，无论在产值、产品结构，还是工业技术方面都有了前所未有的提高。进入21世纪，钢铁仍然是人类不可替代的原材料，是衡量一个国家综合国力和工业水平的重要指标。中国的钢铁工业经过几十年的发展，取得了举世瞩目的成绩，我国钢铁生产不仅在数量上，而且在质量上都有了极大提高。然而，当前我国钢铁生产从总量上看，供求基本平衡，从钢铁产品结构上来看，矛盾十分突出，传统产品过剩，高附加值产品供不应求。因此，钢铁产品的竞争力同发达国家相比，还存在一定的差距。

一、钢铁行业上市公司业绩评价结果

截至2014年末，钢铁行业A股上市公司共计33家，其中盈利28家，亏损5家，即有84.85%的公司实现盈利，与2013年持平，钢铁行业上市公司总资产共计14，923.27亿元，占上市公司总资产的1.00%。

2014年全国2586家上市公司共计完成营业收入28.769839万亿元，33家钢铁行业上市公司完成营业收入1.264023万亿元，占上市公司全部营业收入的4.39%；全部上市公司共计实现净利润2.555918万亿元，钢铁行业上市公司实现净利润79.97亿元，占上市公司全部实现净利润的0.31%。

2014年钢铁行业整体评价结果较为一般，行业业绩综合得分50.77分，低于全市场的60.83分，33家钢铁行业上市公司均未进入2014年上市公司业绩评价综合得分的百强名单。业绩评价综合得分全部未达到70分；全行业60分至70分的有7家；60分以下的有26家。

基于对钢铁行业上市公司的整体评价，下面分别从财务效益状况、资产质量状况、偿债风险状况、发展能力状况、市场表现状况五个方面对钢铁行业上市公司进行具体分析。

（一）财务效益

从综合得分来看，2014年钢铁行业上市公司财务效益状况平均得分为16.26分，低于上市公司平均得分21.87分。

表5-1列示了2014年钢铁行业上市公司财务效益状况评价结果。在钢铁行业上市公司财务效益状况指标中，得分排名前五位的行业综合评价得分亦在前五名之列，

其中方大特钢财务效益排名第一。方大特钢 2014 年实现营业收入 115.09 亿元，比 2013 年减少 2.91%；实现营业利润 7.80 亿元，比上年增长 3.94%，归属母公司所有者的净利润 5.69 亿元。

表 5－1　　钢铁行业财务效益状况比较表

分析指标		2014 年上市公司平均值	2014 年行业值	2013 年行业值	增长率（%）
基本指标	扣除非经常性损益净资产收益率 (%)	7.81	0.39	0.61	–36.07
	总资产报酬率 (%)	5.74	2.61	2.03	28.57
	得分	20.83	13.63	13.11	3.97
修正指标	营业利润率 (%)	5.55	0.48	0.45	6.67
	盈利现金保障倍数	1.61	13.92	11.78	18.17
	股本收益率 (%)	39.84	6.38	5.47	16.64
综合得分		21.87	16.26	15.72	3.44

与 2013 年的情况相比较，2014 年钢铁行业上市公司总体上财务效益状况略有好转，除扣除非经常性损益净资产收益率以外的其他指标均高于 2013 年行业值，但低于 2014 年全部上市公司平均值。

（二）资产质量

从综合得分来看，钢铁行业上市公司资产质量状况平均得分为 12.63 分，高于上市公司平均得分 9.2 分。

表 5-2 列示了钢铁行业上市公司资产质量状况评价结果。在钢铁行业上市公司资产质量状况指标中，排名前五的为三钢闽光、酒钢宏兴、山东钢铁、方大特钢和新兴铸管，其中三钢闽光和酒钢宏兴资产质量状况得分均超过了 14 分，远高于 2014 年上市公司平均值。

表 5－2　　钢铁行业资产质量状况比较表

分析指标		2014 年上市公司平均值	2014 年行业值	2013 年行业值	增长率（%）
基本指标	总资产周转率（次）	0.75	0.87	0.97	–10.31
	流动资产周转率（次）	1.52	2.47	2.69	–8.18
	得分	9.55	12.04	13.11	–8.16
修正指标	应收账款周转率（次）	9.69	32.86	41.75	–21.29
	存货周转率（次）	3.21	5.46	5.90	–7.46
综合得分		9.2	12.63	12.65	–0.16

与 2013 年比较可知，2014 年钢铁行业上市公司总体上资产质量略有下降，但总体远高于 2014 年上市公司平均值。钢铁行业上市公司 2014 年平均应收账款周转率 32.86 次，比 2013 年低 21.29%。但远高于上市公司平均应收账款周转率，这主要与钢

铁行业公司一贯坚持“款到发货”有关。

（三）偿债风险

从综合得分来看，2014 年钢铁行业上市公司偿债风险状况平均得分为 5.74 分，低于上市公司平均得分 9.01 分。

表 5-3 列示了钢铁行业上市公司偿债风险状况评价结果。在钢铁行业上市公司偿债风险状况指标中，常宝股份排名第一，得分为 14.14 分，远高于 2014 年上市公司平均值 9.01 分，以及 2014 年行业值 5.74 分。

表 5－3　　钢铁行业偿债风险状况比较表

分析指标		2014 年上市公司平均值	2014 年行业值	2013 年行业值	增长率（%）
基本指标	资产负债率 (%)	60.75	66.06	65.94	0.18
	获利倍数	5.06	1.51	1.5	0.67
	得分	9.24	5.88	6.05	−2.81
修正指标	速动比率 (%)	69.66	37.01	36.56	1.23
	现金流动负债比率 (%)	12.65	13.48	9.75	38.26
	带息负债比率（%）	45.45	50.93	53.06	−4.01
综合得分		9.01	5.74	5.75	−0.17

与 2013 年相比较，2014 年钢铁行业上市公司偿债风险状况平均得分基本持平。

（四）发展能力

从综合得分来看，2014 年钢铁行业上市公司发展能力状况平均得分为 8.82 分，低于 2014 年上市公司的平均得分 12.12 分。

表 5-4 列示了钢铁行业上市公司发展能力状况评价结果。在钢铁行业上市公司发展能力状况指标中，首钢股份排名第一，得分为 19.64 分，其中三年营业收入平均增长率得分 24.21，远高于 2014 年上市公司平均值。

表 5－4　　钢铁行业发展能力状况比较表

分析指标		2014 年上市公司平均值	2014 年行业值	2013 年行业值	增长率（%）
基本指标	营业收入增长率 (%)	4.34	−5.54	1.4	−495.71
	资本扩张率 (%)	12.45	4.37	5.38	−18.77
	得分	12.14	8.4	9.48	−11.39
修正指标	累计保留盈余率 (%)	43.83	31.36	32.12	−2.37
	三年营业收入增长率 (%)	7.12	−3.82	2.81	−235.94
	总资产增长率 (%)	12.15	4.73	7.54	−37.27
	营业利润增长率 (%)	0.17	2.19	0	−
综合得分		12.12	8.82	9.78	−9.82

2014 年钢铁行业上市公司营业收入增长率从 2013 年的 1.4% 降至 -5.54%，营业收入转为负增长。随着国内外经济形势的趋于稳定，2014 年钢铁行业上市公司业绩有所下降，整个钢铁行业的进入稳定发展时期。

（五）市场表现

2014 年，大盘在经济刺激政策频出、货币宽松政策、注册制改革、一带一路的带动下，上证综指全年上涨 1118.7 点，涨幅为 52.87%，钢铁行业作为国民经济的重要支柱，其与整体经济走势高度相关，因而钢铁指数跟随市场行情同步上涨。具体情况见图 5-1。

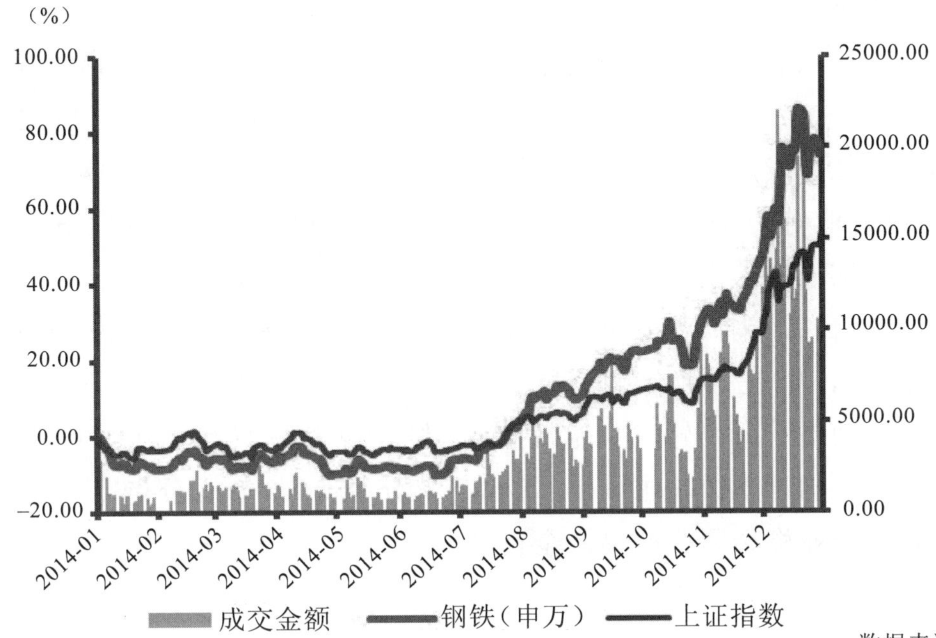

数据来源：Wind 资讯

图 5－1　钢铁指数与大盘指数波动

从综合得分来看，钢铁行业上市公司市场表现状况平均得分为 10.82 分，高于全国上市公司 9.07 分的平均水平。

表 5-5 列示了钢铁行业上市公司市场表现状况评价结果。在钢铁行业上市公司市场表现状况指标中，攀钢钒钛名列第一，得分为 12.86 分，其相对较好的表现主要是由于 2014 年实施重大资产置换受到投资者的追捧。

表 5－5　钢铁行业公司市场表现状况比较表

分析指标	2014 年上市公司平均值	2014 年行业值	2013 年行业值	增长率（%）
市场投资回报率（%）	44.68	82.6	–12.73	748.86
股价波动率 (%)	124.99	167.73	79.43	111.17
得分	9.07	10.82	6.65	62.71

2014 年上市公司市场投资回报率为 82.60%，远高于 2013 年 -12.73% 的回报率，得分最高的为抚顺特钢，得分 12.63 分。

二、2014 年钢铁行业业绩的影响因素分析

钢铁行业是国民经济的重要支柱产业，在国民经济中具有举足轻重地位，从国民经济上下游产业链的关系看，钢铁行业处于承上启下的位置，是经济发展的重要原材料工业，在经济建设、社会发展、财政税收、国防建设以及稳定就业等方面发挥着重要作用。当前，我国经济已进入由高速增长向中高速增长转换的新常态，钢铁行业也随之发生新变化。2014 年，钢铁行业化解产能过剩初见成效，企业效益有所好转，节能减排取得新进展。同时，由于下游需求减弱，钢材价格大幅下跌，企业资金紧张凸显，全行业仍处于转型升级的“阵痛期”，企业面临的生产经营形势依然严峻。

（一）粗钢产量小幅增长，国内表观消费同比下降。

2014 年前 10 个月，中国钢材市场月平均水平库存维持在 3000 万吨以上，11、12 月份分别下降到 2500 万吨、2300 万吨左右。

2014 年，全国粗钢产量 8.2 亿吨，同比增长 0.9%，增幅同比下降 6.6 个百分点；钢材（含重复材）产量 11.3 亿吨，同比增长 4.5%，增幅下降 6.9 个百分点。国内粗钢表观消费 7.4 亿吨，同比下降 3.4%；钢材表观消费 10.5 亿吨，同比增长 1.7%，增幅下降 10.6 个百分点。

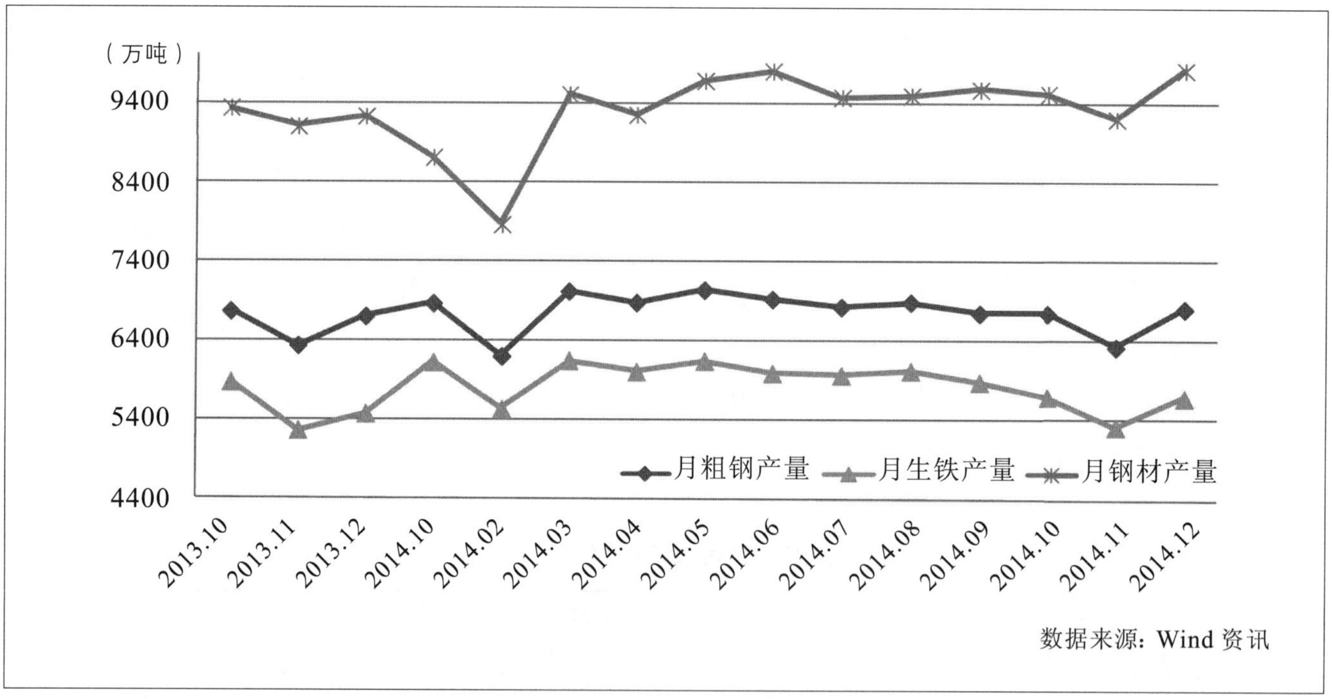

图 5－2　全国粗钢、生铁、钢材产量情况

从日产情况看，全年日均产量 225.4 万吨 / 日，其中 6 月份达到 231.0 万吨，为年内最高点，11 月份 211.0 万吨，为年内最低点。

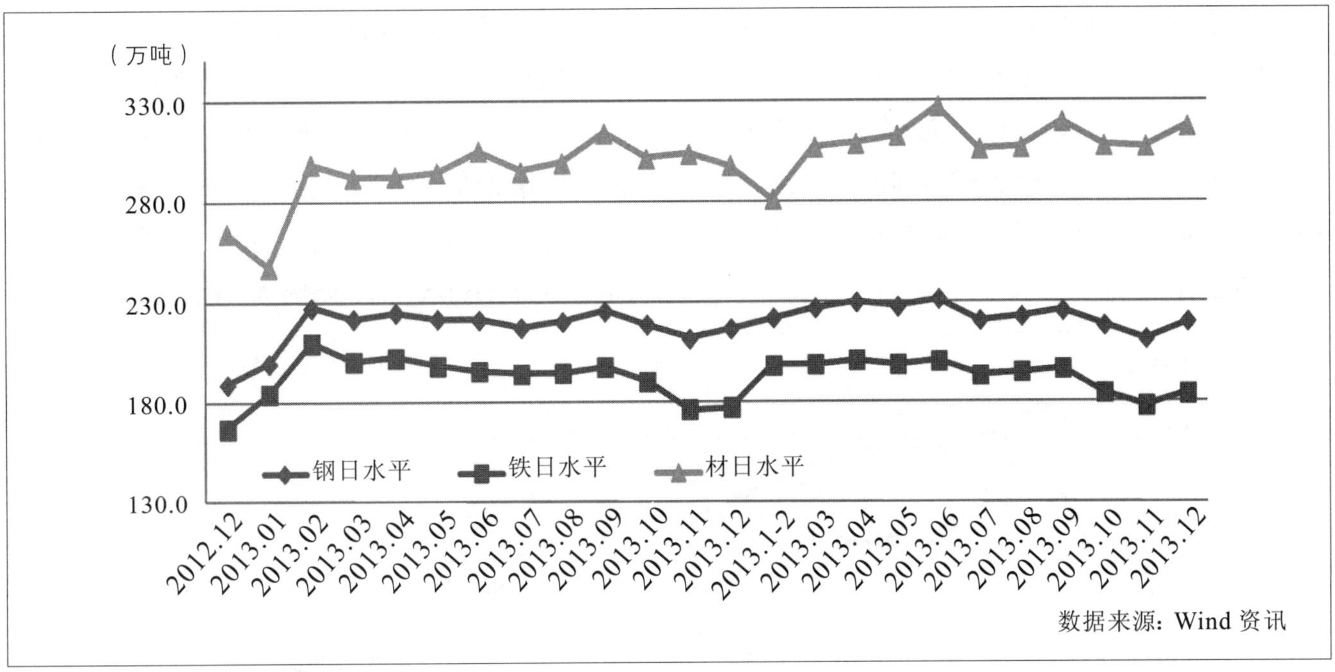

图 5－3 全国粗钢、生铁、钢材日量情况

（二）钢材库存仍处高位

2014 年前 10 个月，中国钢材市场月平均水平库存维持在 3000 万吨以上，11 月份下降到 2500 万吨左右、12 月份下降到 2300 万吨左右。其中企业库存方面，纳入《中国钢铁工业统计月报》统计的 83 家中国钢铁工业协会会员 2014 年前 11 个月各月钢材库存总量基本维持在 1400 万吨上下（12 月降至 1250 万吨左右），比 2013 年底增加 155 万吨、增长 11 % 左右。

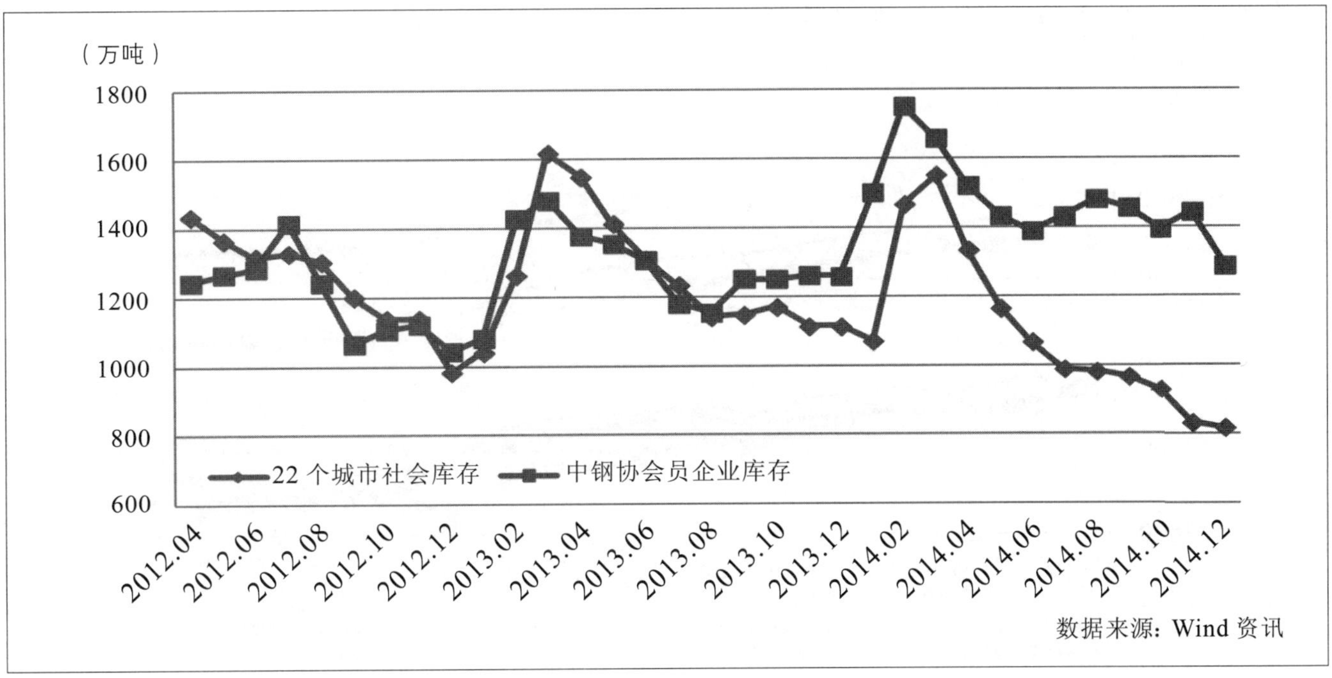

图 5－4 国内市场钢材库存情况

社会库存方面，上半年各月维持在1000万吨以上，下半年呈现出一定程度的去库存趋势。到12月底，22个城市5大品种钢材社会库存为819.83万吨，环比下降14.16万吨，连续9个月保持下降，为近4年来最低水平。

（三）钢材价格持续下行

2014年，国内钢材市场价格水平不断走低。截至12月末，中国钢铁协会CSPI钢材综合价格指数为83.09点，环比下降2.20点，降幅为2.58%，较上月加大1.30个百分点；同比下降16.05点，降幅为16.19%。

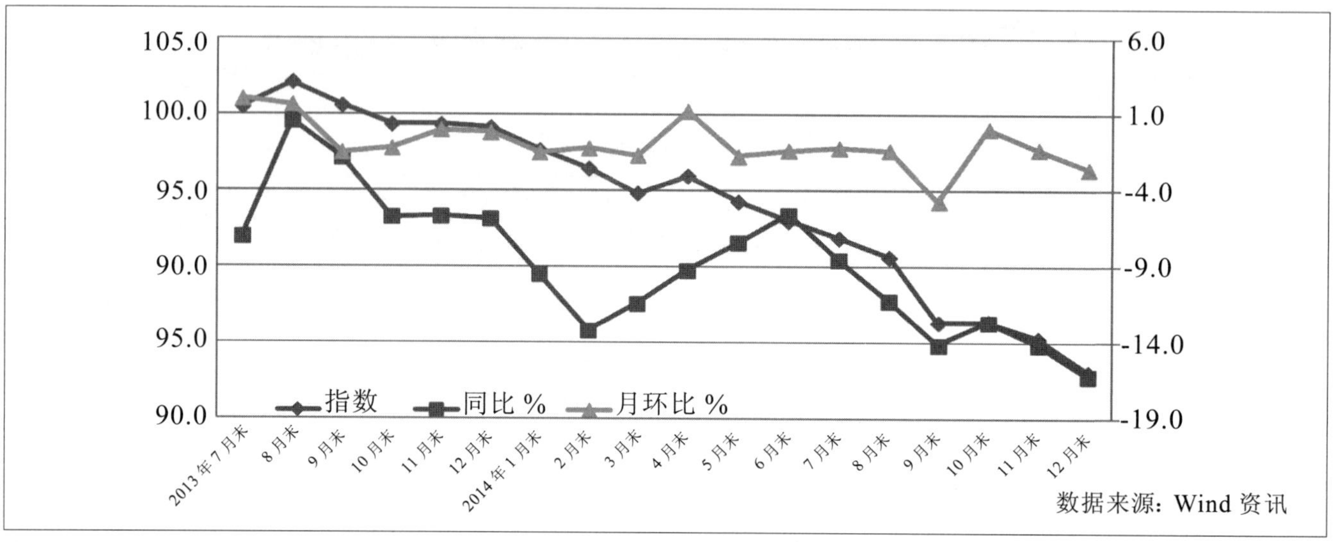

图5－5 国内钢材综合价格指数趋势

中钢协会员钢铁企业2011年至2014年钢材全年平均销售结算价格分别为4468元/吨、3750元/吨、3442元/吨、3074元/吨，呈不断下滑趋势。品种钢材中，三级螺纹钢跌至2791元/吨，较2014年年初下降785元/吨；热轧卷板跌至3131元/吨，较2014年年初下降528元/吨。

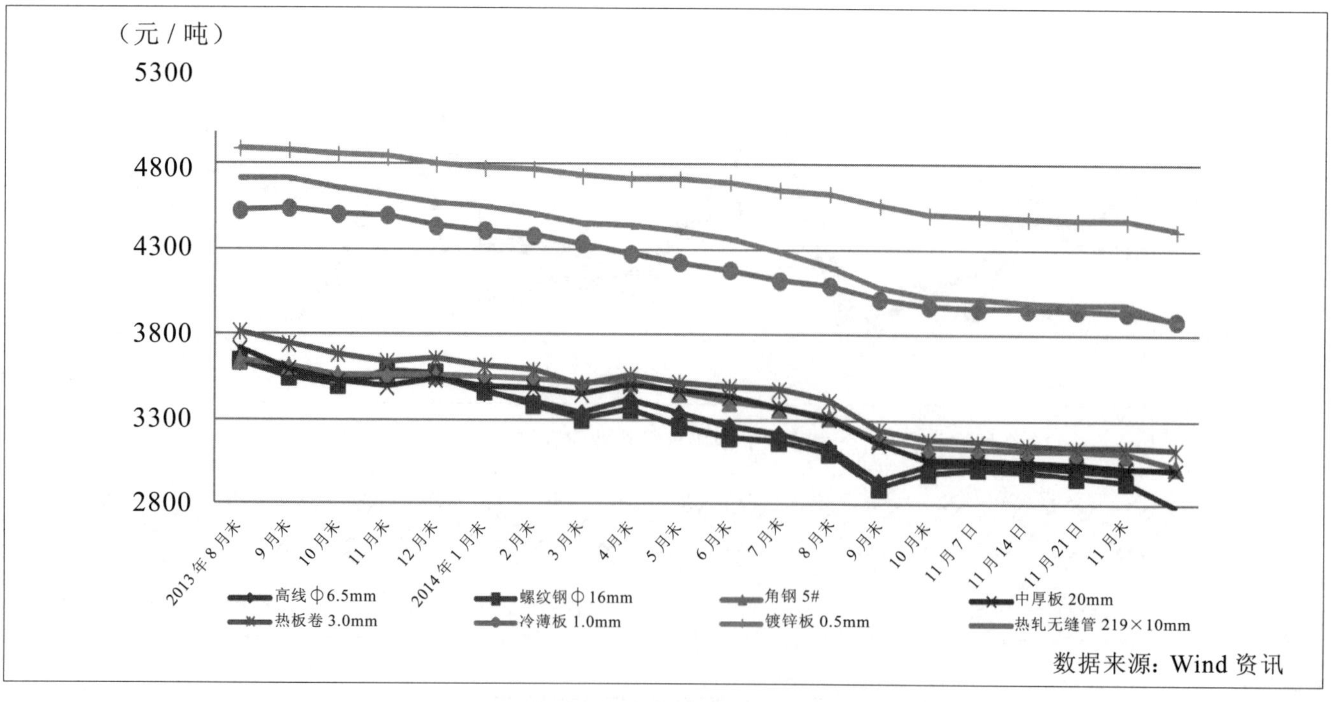

图5－6 国内市场上八大品种钢材价格走势

（四）钢材出口大幅增长，但出口单价下降明显

2014 年我国出口钢材 9378 万吨，同比增长 50.5%；进口钢材 1443 万吨，增长 2.5%，折合净出口粗钢 8153 万吨，占我国粗钢总产量的 10.2%。

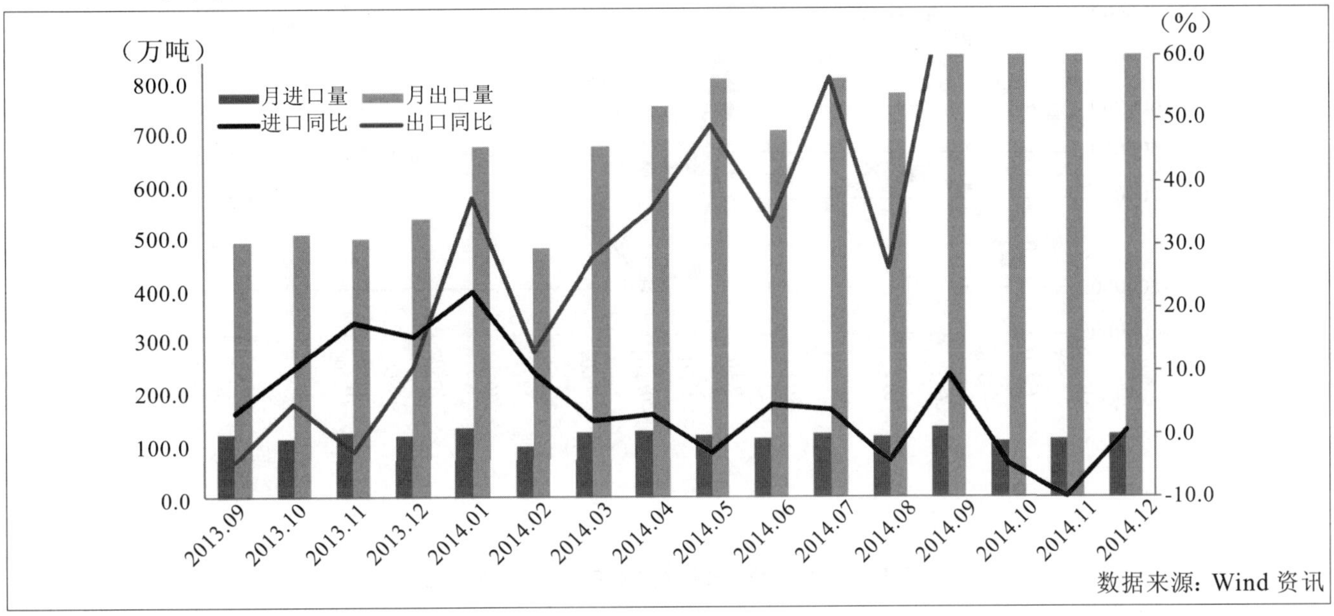

图 5－7　全国钢材进出口及同比情况

需要引起注意的是，尽管 2014 年钢材出口增长迅猛，但出口单价却比 2013 年下降明显，且钢材进、出口价格之间的“剪刀差”也越来越大。2014 年全国钢材出口平均价格约为 755.3 美元 / 吨，而 2013 年的平均价格在 854.0 美元 / 吨，每吨下降了 98.7 美元，下降幅度为 11.6 个百分点；与此同时，2014 年全国钢材进口平均价格约为 1241.3 美元 / 吨，而 2013 年的价格为 1211.1 美元 / 吨，每吨增长了 30.2 美元，增长幅度为 2.5 个百分点；进、出口钢材的平均价格差达到了 486.0 美元 / 吨，比 2013 年的 357.1 美元 / 吨放大了 128.9 美元 / 吨，放大幅度高达 36.1%

（五）铁矿石等原燃料供需格局逆转

受国际主要原燃料生产企业生产能力大幅提高及我国钢铁产量增幅下滑影响，2014 年钢铁原燃料供需格局逆转，价格大幅下降。62% 品位的进口铁矿石到岸价由年初的 133.1 美元 / 吨降至年末的 68.7 美元 / 吨，下降 48%；焦炭由 1425 元 / 吨降至 893 元 / 吨，下降 37%。废钢由 2445 元 / 吨降至 1928 元 / 吨，下降 21%。

（六）生产成本大幅降低，钢铁企业盈利有所好转，但分化明显、融资困难

2014 年，铁矿石、煤炭等大宗原材料价格降幅大于钢材价格，钢铁企业总体经济效益有所起色。纳入中国钢铁工业协会财务指标统计的会员钢铁企业，全年实现销售收入 35882.07 亿元，同比下降 2.98%；实现利税 1090.92 亿元，同比增长 12.15%；实现利润 304.44 亿元，同比增加 87.54 亿元，增长 40.36%。累计亏损面 14.77%，同比下降 4.55 个百分点；亏损额 117.47 亿元，同比下降 8.02%；盈亏相抵后实现利润 304 亿元，增长 40.4%。销售利润率为 0.85%，同比提高 0.26 个百分点，但仍处于工业行业最低水平。

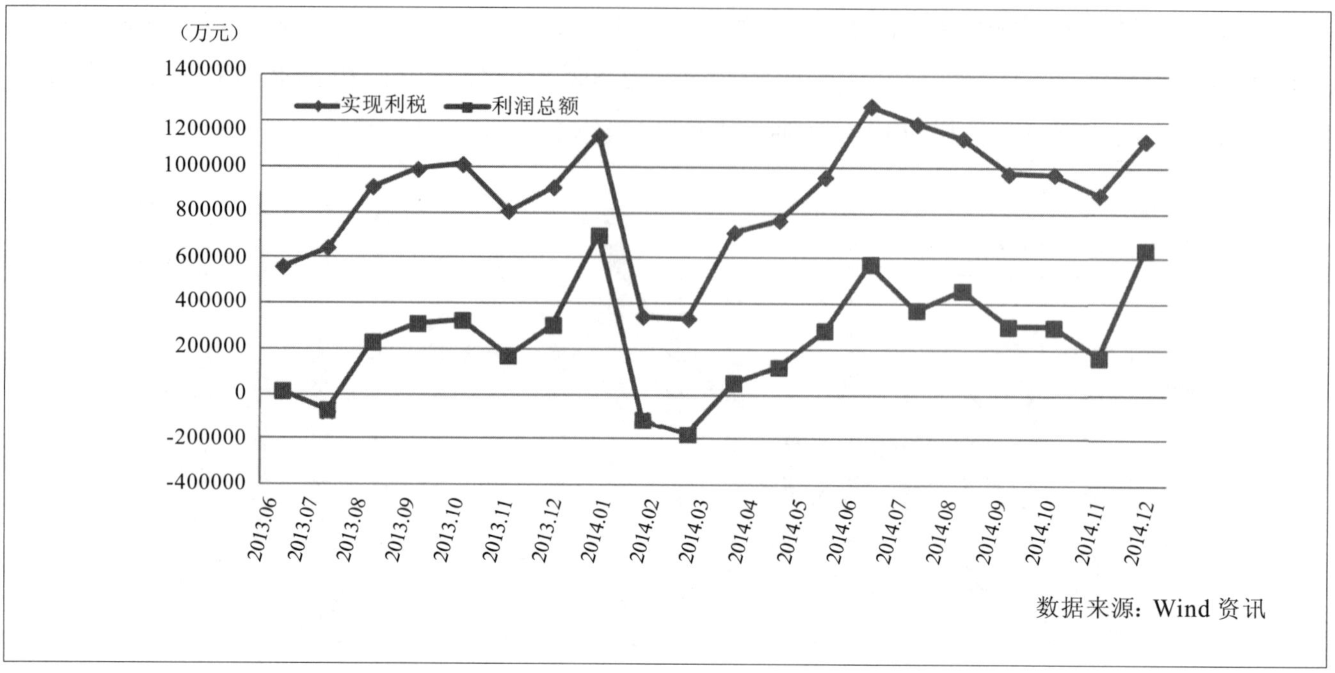

图 5-8　中钢协会员钢铁企业各月利税、利润情况

在行业效益整体好转的背后，存在着明显的企业效益分化现象。从 12 月的情况看，纳入中国钢铁工业协会财务指标统计的 88 家企业集团，盈利企业 71 家，盈利额为 63.92 亿元，同比下降 8.80%。其中盈利在 5 亿元以上的企业只有 3 家，合计盈利额 38.27 亿元，占盈利额的 59.87%；其中盈利最多的重钢集团实现利润 11.21 亿元，占盈利额的 33.30%。亏损企业 17 家，亏损额 21.299 亿元，同比增加 9.16%。其中亏损在 5 亿元以上的企业有 2 家，合计亏损额为 18.87 亿元，占亏损额的 54.72%。

另外，行业还存在企业融资难、融资成本高的困难。2014 年，纳入中国钢铁工业协会财务指标统计的会员钢铁企业期间费用同比增长 5.62%，其中管理费用同比下降 7.02%，财务费用同比增长 20.58%，销售费用同比增长 16.51%。12 月末，会员钢铁企业存货占用资金同比下降 5.83%，其中产成品资金占用同比增长 9.31%；企业银行借款同比增长 0.28%，其中短期借款同比增长 0.91%，长期借款同比下降 1.43%；应收账款同比增长 16.06%，应付账款同比增长 5.97%。

（七）固定资产投资下降，化解产能过剩矛盾初见成效

2014 年，我国钢铁行业固定资产投资 6479 亿元，同比下降 3.8%。其中黑色金属冶炼及压延业投资 4789 亿元，下降 5.9%；黑色金属矿采选业投资 1690 亿元，增长 2.6%。从工序投资增长情况看，炼铁、炼钢和钢压延加工完成投资分别下降 40.4%、10.5% 和 4.8%。从新开工项目情况看，2014 年新开工项目 2037 个，同比减少 215 个。其中炼铁项目 169 个，减少 51 个；炼钢项目 287 个，减少 71 个；钢加工项目 1581 个，减少 93 个。

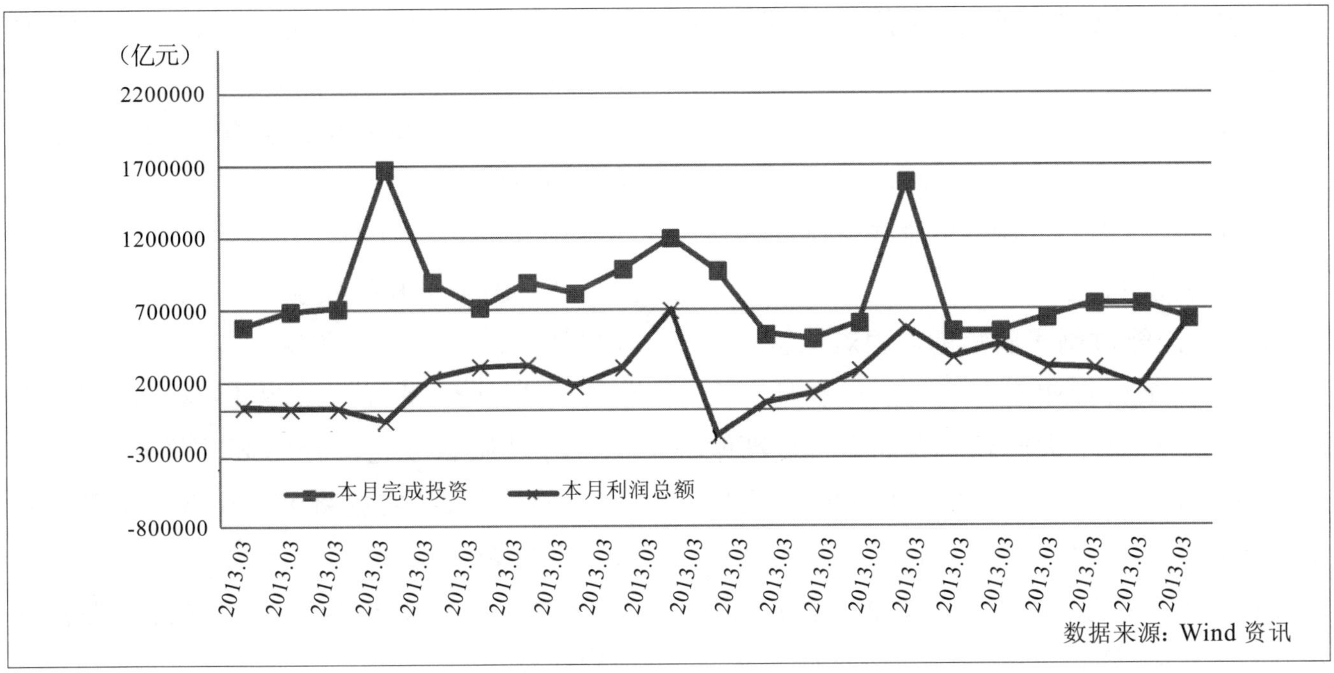

图 5－9　中钢协会员钢铁企业投资及利润情况

2014 年，纳入中国钢铁工业协会统计的会员钢铁企业累计完成投资 811.14 亿元，较上年同期降低 19.43%。

（八）产业集中度有较大程度下降

2014 年以来，钢铁行业的产业集中度表现出下降趋势。其中，粗钢产量前 10 名（20 名）企业的产业集中度下降趋势较为明显。12 月份，前 10 大钢铁企业粗钢产量占全国总量份额约为 36.59%，与 2013 年 12 月的 42.36% 相比，下降了 5.77 个百分点；前 20 大钢铁企业产量所占的份额从 2013 年 12 月的 58.82% 跌落到目前的 52.24%——产业集中度下降了 6.58 个百分点。

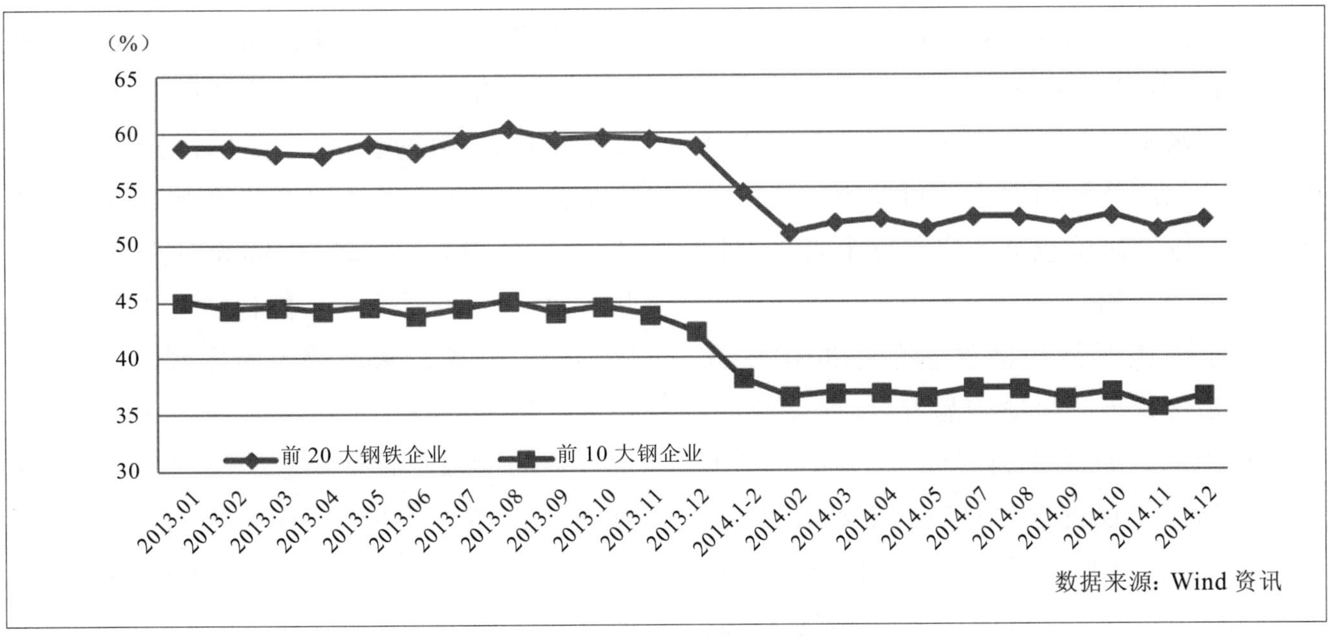

图 5－10　中钢钢铁工业产业集中度情况

三、2015 年钢铁行业业绩前景分析

整体看来，2015 年钢材供过于求的现状难以好转，出口将略有降低，钢材价格仍将低位徘徊，钢厂盈利状况难言乐观，钢材市场将依然弱势运行。

（一）产能过剩矛盾短期内很难化解

对国内钢铁行业而言，产能过剩是个大问题。但相比这个大问题本身而言，更严峻的是钢铁企业的扩展行动和相互间的比拼生产还在继续，其中 2014 年新开工项目就达 2037 个；在建产能大于计划关闭的产能，在建项目要陆续投产；一个地区削减产能，别的地区借机大量生产、“弯道超车”现象却在滋生。如此种种，造成了产能的严重过剩，消化过剩产能的工作十分艰巨，过剩矛盾短期内很难化解。

（二）钢材出口有望下降，但间接出口有可能提高

2015 年，国家取消含硼钢出口退税将在一定程度上抑制低附加值钢材产品出口，但与日、韩、德等发达国家相比，我国钢材具有价格优势，国内过剩产能会积极寻求出口，预计 2015 年我国钢材出口总量仍将维持在较高水平。此外，在国内钢铁行业通过出口来消化产能的道路上，日益增加的贸易摩擦和反倾销风险也会一定程度上阻止钢材出口总量的增加。

由于中国经济经济结构的不断优化升级，金属含量高的机电产品占出口产品的比重逐年上升。有关资料显示，1978 年我国机电产品出口仅占出口总额的 6.8%，1990 年机电产品出口比重上升到 17.9%；到 2013 年，机电产品出口比重已达到 57%，连续 5 年保持全球第一大机电产品出口国地位。金属含量更高的机电产品出口增加，意味着间接出口的钢材也将增加。

（三）新环境保护法实施，钢铁企业环保压力将加大

新颁布的《中华人民共和国环境保护法》于 2015 年开始实施。根据钢铁工业实际投资情况，要达到国家新排放标准，初步估算吨钢环保投资需增加 13%，吨钢运营费用约增加 200 元，较实施前增加 40% 左右。新环保法的实施将督促企业加大环保投入，促进企业技术创新。

（四）钢铁需求难有大幅提升，但需求规模依然庞大

目前来看，全球经济复苏仍艰难曲折，经济增速明显弱于预期，国内经济增速换挡期和结构调整阵痛期叠加共振，下行压力持续存在。在此背景下，钢铁需求难有大幅提升。但也应该看到，“一带一路”、京津冀协同发展、长江经济带等国家重点战略将对钢材需求起到一定的拉动作用。不过从当前中央和地方公布的主要项目来看，投资主要还是集中在交通、水利和基础设施方面，尤其是机场、铁路、高速公路、城市轨道交通等。这样的投资方向，固然会在一定程度上提振国内市场的钢材需求，但也会在一定程度上改变钢材需求结构。必须指出的是，虽然中国经济增速放缓，但因为对比基数的不断提高，其体量规模依然巨大。同样道理，尽管中国钢铁需求增幅由两位数回落至 5% 左右，但其绝对数量依然惊人，现在每 1 个百分点的增幅，就意味着增加粗钢需求 900 万吨，相当于上世纪 90 年代初期 10 个百分点的增长水平。对比基数不断提高、经济增速回落触底，将使得新一年中国粗钢需求体量依然规模巨大。初步测算，2015 年中

国粗钢实际需求数量（含直接出口与未纳入统计的产量，下同）将跃上9亿吨，雄踞全球需求的半壁河山。以下分别对钢铁下游各行业的发展来分析未来钢铁行业的需求。

1. 房地产行业

2015年3月5日，国务院总理李克强在十二届全国人大三次会议上做政府工作报告中指出，要刺激六大消费，其中特别强调了稳定房地产市场。

在房地产政策层面讲了三方面的举措，一个是保障房的建设。二是把把稳定住房消费作为2015年六大消费里面的一个重点。三是对房地产政策的表述已经和过去完全不一样了，“要鼓励和支持居民的住宿需求和改善需求，确保房地产市场稳定发展”。这些表述基本上是和2008年表述差不多，换句话说，经过前几年的调控以后，整个房地产政策都回到了救市模式。无论是稳定住房消费还是鼓励居民购房，目的只有一个，就是房地产市场必须稳定。

可以认为，2015年房地产市场将出现重大变局，在信贷、财政、税收政策等层面进行支持的力度肯定会加大。因为房地产市场如果不稳定的话，2015中国经济要稳定的难度就会相当大的。所以说房地产市场2015年又启动了真正的救市模式。

但由于房地产市场的基本面已经与2008年的时候不一样了，即使政策回到2008年，房价也不定会出现迅速反弹行情。尤其是目前商品房库存量巨大、进入房地产行业的资金量在减少，2014年进入房地产行业的资金增速比2008年还低，预计2015年仍将低速增长

（1）房屋新开工面积将拉动8900万吨~11.1830亿吨用钢需求

统计显示，2014年，全国房地产开发投资95036亿元，比上年名义增长10.5%（扣除价格因素实际增长9.9%），增速比2013年回落9.3个百分点。其中，住宅投资64352亿元，增长9.2%。房屋新开工面积17.9592亿平方米，下降10.7%，降幅扩大1.7个百分点。其中，住宅新开工面积12.4877亿平方米，下降14.4%。房屋竣工面积10.7459亿平方米，增长5.9%，增速回落2.2个百分点。

预计2015年全国房地产开发投资为10.6万亿元～10.7万亿元，同比增长9.55%～11%；商品房销售面积达到12.4亿平方米～12.7亿平方米，同比增长0.5%～2.5%，止跌回升；房屋新开工面积为17.8亿平方米～18.2亿平方米，比2014年微幅下降2%左右。如果按照房屋单位面积用钢量0.05吨~0.065吨保守计算，预计2015年房屋新开工面积将拉动8900万吨~11.1830亿吨的建筑用钢需求。

（2）保障房建设将带动钢材需求约4000万

政府工作报告指出，2015年要加大城镇棚户区和城乡危房改造力度。保障性安居工程新安排740万套，其中棚户区改造580万套，增加110万套，把城市危房改造纳入棚改政策范围。农村危房改造366万户，增加100万户。

740万套保障性住房，根据用钢需求参数计算（一般的楼房建设用钢量50～80公斤，保障房建设基本上是60平米），按照最低的标准50公斤用钢量来计算，能够带动钢材需求约2200万吨；366万户农村危房改造，按每户100平米计算，能够带动钢材需求约1800万吨。则保障房建设将

能拉动钢材需求约4000万吨。由于房地产用钢中的90%为螺纹和线材，所以带动建筑钢材的需求约有3600万吨。

保障性住房的建设，对于建筑钢材的需求是一个长期的利好，其需求带动也是长期的，持续性的，但是不可能在短期内刺激钢价的涨跌。而房屋建设基本上是从三月份之后动工，所以对于保障房建设的钢材需求从二季度开始发生作用。

2. 汽车行业

汽车制造业是我国重点用钢行业之一，近年来每年用于汽车制造的钢材约占我国钢材消费总量的6%，远低于发达国家10%以上的平均水平和全世界15%左右的平均水平。目前，钢铁在国内整车重量中的比例约为65%～70%。业内认为，即使考虑非钢轻量化材料的替代作用，钢材在相当长的时间内仍将是我国汽车生产最主要的材料，并将长期稳定在60%～70%的使用比例。

汽车用钢的品种规格多、质量要求高。据统计，汽车钢材品种规格多达500余种，且都有较高的质量要求，主要包括钢板、优质钢、型钢、带钢、钢管、金属制品等。其中，板材是汽车最主要的材料，制造一辆乘用车约需要薄钢板600～800kg，占全部用钢的50%以上，其次是优质钢（包括碳素结构钢、合金结构钢、弹簧钢、易切钢、冷镦钢、耐热钢等，其中齿轮钢用量最多）占30%、带钢占6.5%、型钢占6%、钢管占3%、金属制品及其他占4.5%。

1月23日，工信部发布2014年全年汽车工业经济运行情况。数据显示，去年我国累计生产汽车2372.29万辆，同比增长7.3%，销售汽车2349.19万辆，同比增长6.9%。其中，乘用车产销分别为1992万辆和1970万辆，同比增长10.2%和9.9%；商用车产销分别为380万辆和379万辆，同比下降分别为5.7%和6.5%。

乘用车分车型看：轿车销售1238万辆，同比增长3.1%；SUV销量为408万辆，同比增长36.4%；MPV销量为191万辆，同比增长46.8%；交叉型乘用车销量为133万辆，同比下降18.1%。商用车分车型看，其中货车销售318万辆，同比下降8.9%，客车销售61万辆，同比增长8.4%。

受GDP增速缓中趋稳的影响，汽车市场随之也进入到了一个相对稳定的增长阶段，在今后不出现影响较大的刺激政策前提下，我国汽车市场预计会维持平稳的增长水平。但由于环保和城市拥堵压力，在深圳成为全国第8个汽车限购城市后，预计会有更多大中型城市选择限购政策，这在一定程度上会压缩汽车需求。

3. 交通设施建设

2014年，国家发改委共下达中央预算内投资340亿元人民币用于交通基础设施建设，2015年将积极推进重大基础设施项目建设，重点包括中西部铁路、城际铁路、国家高速公路“断头路”和普通国道“瓶颈路段”、内河高等级航道、新建干线机场等新开工重大项目相关工作。

（1）铁路

按照政府工作报告和铁总计划，2015年，全国铁路投资要保持在8000亿元以上，新投产里程8000公里以上。由于并未具体公布铁路基本建设投资额，预计全年基本建设投资额将在6500亿元左右。

据近几年的测算，每亿元铁路基本建设投资约拉动钢材需求0.333万吨。据此估算，2015年铁路建设钢材需求量在2100

万吨左右，其中钢轨用量在400万吨左右。

（2）机场

按照计划，“十二五”期间，中国民航将新建70个机场，迁建15个机场，改扩建101个机场，民航业基础建设投资将达到4250亿元人民币。按此计划，“十二五”期间民航业每年的基础建设投资约为800亿元人民币。但在过去的4年，这个计划并没有按照原定步骤推进。从掌握数据看，2012年全国建成了17个地方机场，机场建设投入达1585亿元；2013年全国新建成机场10个。可以看出，计划的相当一部分被留在了2015年。其中，仅新疆就将同时新建和改扩建7个机场建设项目，云南将新建4个民用机场。

从公开信息估算，2015年全国新建、在建机场约25个，预计机场建设投入3000亿元。按照业内人士的测算，通常机场建设每投资10亿元将消耗1万多吨钢材。如此，则2015年机场建设将消耗300多万吨钢材。

（3）城市轨道交通

截至2014年末，全国城市轨交运营里程超过3100公里，提前一年实现“十二五”规划的3000公里运营里程目标。此前，住房和城乡建设部发布的《2013年城乡建设统计公报》显示，2013年末，全国有16个城市建成轨道交通线路长度2213公里，全国有35个城市在建轨道交通线路长度2760公里。据此估算，2014年全国完成城市轨道交通线路建设88公里。

预计2015年全国将有40个城市建设轨道交通，总在建里程近4000公里，当年预计完成线路建设1000公里。轨道交通用钢包括钢轨、车站、隧道、桥梁、机电设备及轨道车辆等。据推算，城市轨道交通平均新建一公里预计总投资在3.2亿元左右（包括车站、设备等），按2015年城市轨道交通建设1000公里来算，2015年我国城市轨道交通投资将达到3200亿元。而根据发改委的笼统计算，城市轨道交通建设每投资1亿元，将拉动钢材消费1万吨左右（包括车站、设备等）。也就是说，2015年，我国城市轨道交通广义用钢消费或将达到3200万吨。

（4）公路

作为“十二五规划”最后一年，2015年全国公路还需建设5万公里的规模，其中高速公路2.33万公里（含地方高速）。

目前，我国每公里高速公路耗钢量约为400～500吨，以中间值450吨测算，预计2015年全年，我国高速公路用钢量约为1000万吨。而我国公路建设除了高速公路还包括一级公路、二级公路等路网建设。这些公路建设用钢量约为高速公路用钢量的一半，由此推断，预计2015年全年我国公路建设用钢量约为1600万吨左右。

4. 机械制造业

（1）工程机械

挖掘机、装载机等代表性产品已连续两年进入深度调整状态，由于社会保有量大且开工率低，因此多数产品订货形势短期内难以回升，预计2015年仍难实现明显增长。

（2）重型矿山机械

受国内冶金矿山产能过剩影响，加之国际需求低迷，近几年一直比较困难，预计2015年仍将比较困难，并会小幅减产。

（3）农机行业

得益于国家财政购机补贴刺激，农机尤其是中小型普通农机产品产销量持续多年高速增长，保有量已很大。如无明显技术进步，需求量难以明显提升，但在土地流转、家庭农庄等政策和模式带动下，大型农机和高档产品仍有成长空间，预计 2015 年增速仍将保持在个位数的较低水平。

综上可知，机械制造业增长动力趋弱，对钢铁等原材料采购将进一步放缓。据此预测，2015 年机械工业用钢量将保持 2014 年水平或小幅回落。根据冶金工业规划研究院此前的估算，2014 年机械行业的用钢消费量为 1.4 亿吨，同比增长 5.3%。如此，则 2015 年机械工业用钢量大体还是 1.4 亿吨水平。

5. 造船行业

2014 年，全国造船完工 3629 万载重吨，同比下降 16.3%; 承接新船订单 5102 万载重吨，同比下降 25.9%。2014 年底手持订单量 14972 万载重吨，同比增长 15.1%。

随着全球经济保持温和增长，航运业新造船市场有一定程度恢复。2014 年，受需求拉动的影响，我国船用钢材采购量比 2013 年有较大幅度增长，约为 1300 万吨，同比增长 18.2%。其中，造船板需求为 1000 万吨，同比增长 11% 左右。随着新接订单量的大幅增长，开工船舶逐步增多，我国船舶企业造船用钢需求量也在同步增长。根据 2014 年年底船企手持订单的统计数据，我国未来几年的造船完工量和开工船舶量将保持在 4500 万～ 5000 万载重吨。因此，造船用钢消耗量将在 1300 万～ 1400 万吨低位运行，并保持常态。

6. 家电行业

近几年国家统计局发布的家电产品生产数据显示，2014 年部分产品产量出现下降，但全年产量仍处在历史高水平。2014 年大家电中，家用电冰箱 9337.1 万台、下降 1.0%，家用冷柜 1800.7 万台、下降 3.4%，家用洗衣机 7114.4 万台、下降 3.35%；微波炉的产量实现 8% 的增长；彩色电视机 1.5542 亿台、增长 6.2%，空调器 15716. 万台、增长 11.5%。除此之外，厨卫及小家电市场增长稳健，而与健康息息相关的两净产品——空气净化器、净水设备，2014 年市场更加呈旺盛态势。根据中怡康推总数据，2014 年净水设备零售量 706 万台，同比增长 56.4%。奥维云网（AVC）数据显示，空气净化器（含车载产品）2014 年销量为 760 万台，同比增长 95.4%。

在房地产市场没有明显提升背景下，结合中国家用电器协会对 2015 年中国家电业的基本判断，预计 2015 年彩电、冰箱、洗衣机等大家电的国内市场需求规模将大致保持在 2014 年的水平；具体数量上，预计 2015 年我国洗衣机、空调、电冰箱（含冷柜）产量分别为 7200 万台、1.6 亿台、1.2 亿台。净水器、空气净化器等创新性的产品将继续为小家电开辟更为广阔的市场。

按照平均每台洗衣机用 21 千克钢、每台冰箱用 34 千克钢、每台空调 30 千克钢来计算（这 3 种主力产品耗钢量约占整个家电行业耗钢量的 80%），预计 2015 年我国电器行业总用钢量约为 1300 万吨；随着小家电市场的蓬勃发展，2016 年有可能增长到 1500 万吨。

附表

2014年钢铁行业上市公司业绩评价结果排序表

行业排名	全部上市公司排名	股票代码	股票简称	综合得分（100分）	每股收益（元）	总资产报酬率(%)	净资产收益率（%）	总资产周转率（次）	流动资产周转率（次）	资产负债率(%)	已获利息倍数	营业收入增长率(%)	资本扩张率(%)	市场投资回报率(%)	股价波动率(%)	年末资产总额（万元）	营业收入净额（万元）	净利润（万元）
1	405	600507	方大特钢	66.60	0.43	10.20	20.04	1.19	2.58	65.51	5.28	−12.91	15.60	56.46	129.50	928745.33	1150930.34	59867.87
2	480	600019	宝钢股份	65.20	0.35	3.79	4.99	0.82	2.46	45.68	17.97	−1.20	3.45	79.17	141.21	22865251.40	18741364.01	609069.22
3	488	002478	常宝股份	65.13	0.61	7.72	9.52	0.98	1.63	23.01	–	−5.30	6.57	18.15	98.11	398031.46	377657.19	28270.98
4	583	000708	大冶特钢	63.63	0.60	6.39	8.30	1.54	3.35	34.01	25.54	−1.15	5.68	83.28	202.27	502750.23	735254.36	26805.70
5	586	002318	久立特材	63.57	0.61	7.53	8.60	0.88	1.75	29.15	8.92	1.87	34.25	64.82	159.33	352091.79	290182.29	18721.90
6	774	600005	武钢股份	60.30	0.13	3.79	3.51	1.04	3.37	61.92	1.71	10.93	−1.48	69.73	134.23	9606350.92	9937308.94	129259.73
7	786	000959	首钢股份	60.20	0.01	1.00	−0.18	0.62	3.98	61.16	0.80	159.29	220.57	105.53	199.98	6154632.52	2398525.07	−2856.15
8	822	000898	鞍钢股份	59.74	0.13	3.13	1.94	0.80	2.65	47.21	2.24	−1.70	2.35	96.11	185.35	9129100.00	7404600.00	92400.00
9	909	600782	新钢股份	58.59	0.29	2.77	5.14	1.04	1.94	71.97	2.04	−3.98	5.19	106.83	191.04	3049536.94	3237029.40	42813.62
10	1124	002075	沙钢股份	55.73	0.02	2.68	1.66	1.33	3.01	41.01	2.80	−4.44	1.66	42.37	103.73	713741.27	1030806.69	6948.32
11	1201	600569	安阳钢铁	54.54	0.01	3.19	0.45	0.84	2.15	76.26	1.04	2.73	3.30	95.76	156.48	3214656.70	2685175.97	3342.26
12	1208	600282	*ST 南钢	54.45	0.08	3.14	3.47	0.73	2.34	78.32	1.43	3.96	3.52	66.90	149.87	3953769.36	2788548.08	29227.78
13	1213	601003	柳钢股份	54.36	0.07	3.03	2.98	1.46	2.70	77.20	1.30	−3.34	1.61	95.35	183.48	2500007.40	3561858.08	16872.58
14	1218	000761	本钢板材	54.28	0.07	2.27	2.00	0.90	1.78	67.79	1.49	2.71	1.01	76.33	228.68	4917060.30	4142208.80	31487.32
15	1257	600307	酒钢宏兴	53.58	0.01	2.49	0.13	1.73	3.97	68.84	1.03	1.25	−0.26	65.36	166.42	5314566.40	9575319.61	2230.39
16	1268	000709	河北钢铁	53.48	0.07	2.37	1.59	0.58	1.70	73.44	1.24	−10.88	1.02	96.60	191.38	17036820.53	9825744.71	71729.10
17	1378	000932	华菱钢铁	51.47	0.02	2.64	1.06	0.77	2.37	79.89	1.09	−6.79	13.64	102.50	201.17	7309099.06	5559973.68	14655.52
18	1475	000906	物产中拓	50.06	0.22	3.71	5.44	4.50	5.48	73.69	2.30	−6.94	1.07	119.74	139.47	546424.98	2209146.14	7786.08
19	1531	600808	马钢股份	49.09	0.03	2.43	1.02	0.86	2.26	62.21	1.41	−19.00	0.74	138.83	244.34	6851117.48	5982093.83	26404.75
20	1545	002110	三钢闽光	48.89	0.06	3.32	1.19	2.17	5.49	67.73	1.14	−6.61	−7.11	35.34	123.86	803685.95	1802231.86	3195.27
21	1550	000825	太钢不锈	48.75	0.08	1.82	1.07	1.14	4.17	65.99	1.28	−17.38	−0.71	106.73	216.42	7630584.71	8676644.15	27761.94

续表

行业排名	全部上市公司排名	股票代码	股票简称	综合得分（100分）	每股收益（元）	总资产报酬率(%)	净资产收益率（%）	总资产周转率（次）	流动资产周转率（次）	资产负债率(%)	已获利息倍数	营业收入增长率(%)	资本扩张率(%)	市场投资回报率(%)	股价波动率(%)	年末资产总额（万元）	营业收入净额（万元）	净利润（万元）
22	1560	000778	新兴铸管	48.52	0.23	3.55	3.18	1.16	2.33	66.77	2.09	-3.52	2.56	53.34	116.99	5327544.56	6079327.34	55671.98
23	1576	600399	抚顺特钢	48.38	0.09	4.29	2.71	0.47	0.84	84.99	1.16	-0.13	2.14	401.03	410.41	1165261.00	545258.89	4696.02
24	1623	002443	金洲管道	47.44	0.15	3.96	3.47	1.16	1.78	21.75	5.92	-13.05	1.37	1.28	42.96	263935.62	304271.74	7120.67
25	1640	600126	杭钢股份	47.08	0.01	2.53	0.67	1.85	2.63	48.33	1.29	-15.91	0.29	67.95	178.69	702852.40	1444905.28	2413.31
26	1737	600117	西宁特钢	45.43	0.06	3.87	2.04	0.36	1.75	84.58	1.35	4.01	-2.41	40.70	150.01	2268725.37	731438.75	7217.57
27	1851	600784	鲁银投资	43.27	0.07	2.79	2.98	0.62	0.80	70.07	1.90	-40.98	35.21	76.75	159.17	536251.47	343699.49	4153.95
28	1970	600010	包钢股份	39.41	0.01	1.47	1.05	0.31	0.94	81.52	1.41	-21.12	0.19	57.32	205.69	10366616.34	2979189.36	20130.87
29	2194	601005	重庆钢铁	30.83	0.01	2.88	0.52	0.26	0.94	78.81	1.04	-30.28	0.57	36.72	116.06	4715243.30	1224505.70	5164.30
30	2223	000717	韶钢松山	28.62	-0.57	-4.48	-38.12	0.97	3.55	84.19	-1.48	1.70	-32.44	76.88	164.97	1857037.77	1949661.68	-138827.18
31	2244	600231	凌钢股份	26.95	-0.89	-4.13	-20.62	1.01	2.68	78.45	-1.66	-8.16	-19.36	67.56	157.18	1432157.89	1437296.43	-71258.27
32	2277	600022	山东钢铁	24.73	-0.22	-0.89	-11.27	1.05	4.75	75.16	-0.47	-26.40	-10.68	88.01	184.22	4696273.10	5186521.74	-139357.42
33	2279	600581	八一钢铁	24.65	-2.65	-6.99	-77.57	0.94	3.56	92.46	-2.80	-11.03	-56.10	36.45	102.32	2122825.54	2063634.05	-203466.27

第六章　有色金属行业

有色金属行业是国民经济的重要支柱产业，在国民经济中具有举足轻重地位，从国民经济上下游产业链的关系看，有色金属行业处于承上启下的位置，是经济发展的重要原材料工业，在经济建设、社会发展、财政税收、国防建设以及稳定就业等方面发挥着重要作用。

当前，我国经济已进入由高速增长向中高速增长转换的新常态，有色金属行业也随之发生新变化。2014 年，有色金属行业产能过剩问题依然突出，企业效益进一步恶化，但是自主创新能力不断加强，环保核查工作升级，节能减排取得新进展。同时，由于下游需求减弱，有色金属价格震荡走低，企业资金紧张凸显，全行业仍处于转型升级的“阵痛期”，企业面临的生产经营形势依然严峻。

一、有色金属行业上市公司价值分析结果

截至 2014 年末，有色金属行业（含铜、钨、稀土、黄金等采掘、制造子行业）的 A 股上市公司共 90 家，其中盈利 73 家，占 81.11%；亏损 17 家，占 18.89%。按生产环节划分，以采掘为主的公司 20 家，占 22.22%；以制造为主的公司 70 家，占 77.78%。按上市地点划分，沪市 46 家，占 51.11%；深市 44 家，占 48.89%。90 家有色金属行业上市公司资产总额 10859.47 亿元，归属母公司的所有者权益 3851.14 亿元，资产负债率为 58.82%。2014 年有色金属行业上市公司完成营业收入 10512.67 亿元，比上年增加 6.90%；实现净利润 -0.32 亿元，比上年增长 -100.15%。与全国 A 股上市公司相比，有色金属行业在总资产、营业收入、净利润所占比例分别为 3.26%、4.37%、-0.003%。

根据综合评价结果，2014 年有色金属行业没有公司进入上市公司 100 强。有色金属行业综合评价得分排名第一的为利源精制，其主业为铝型材及深加工产品的研发、生产与销售。在有色金属行业 90 家上市公司中，业绩评价良好的有 2 家，业绩中等的有 48 家，业绩低的有 17 家，业绩差的有 23 家。

表 6-1 2014 年有色金属行业中联十强排行榜

名次	股票代码	股票简称	在全部上市公司中排名
1	002501	利源精制	133
2	603993	洛阳钼业	152
3	601899	紫金矿业	276
4	002466	天齐锂业	303
5	002203	海亮股份	311
6	601677	明泰铝业	320
7	002171	精诚铜业	328
8	600547	山东黄金	344
9	000688	建新矿业	355
10	600362	江西铜业	429

按照中国上市公司业绩评价指标体系，有色金属行业综合评价结果为 49.28 分，比全国上市公司综合评价结果 61.27 低 11.99 分。其中：盈利能力状况得分 10.92 分，资产质量状况得分 12.09 分，偿债风险状况得分 7.46 分，发展能力状况得分 9.65 分，市场表现得分 9.16 分。在有色金属行业的 90 家上市公司中，业绩评价综合得分 70 分以上的有 2 家，分别是利源精制和洛阳钼业；60 分至 70 分的有 25 家；50 分至 60 分的有 23 家；50 分以下的有 40 家。由此可见，2014 年有色金属行业上市公司的综合表现较 2013 年有所下降，业绩评价结果得分普遍降低。

基于对有色金属行业上市公司的整体评价，下面分别从财务效益状况、资产质量状况、偿债风险状况、发展能力状况、市场表现状况五个方面对有色金属行业上市公司进行具体分析。

（一）财务效益状况

从综合得分来看，2014 年有色金属行业上市公司财务效益状况相比去年有所下滑，低于全国 A 股上市公司平均水平。

表 6-2 有色金属行业财务效益状况表

评价指标		2014 年上市公司平均值	2014 年行业值	2013 年行业值	增长率（%）
基本指标	扣除非经常性损益净资产收益率（%）	7.81	-1.5	0.92	-263.04
	总资产报酬率（%）	5.74	2.47	4.58	-46.07
	得分	20.83	11.14	16.09	-30.76
修正指标	营业利润率（%）	5.55	0.21	1.8	-88.33
	盈利现金保障倍数	1.61	0	2.36	-100.00
	股本收益率（%）	39.84	-0.35	25.01	-101.40
综合得分		21.87	10.92	18.26	-40.20

表 6-2 列示了有色金属行业上市公司财务效益状况评价结果。从综合得分来看，有色金属行业上市公司财务效益平均得分为 10.92 分，比全国 A 股上市公司平均分 21.87 分低 10.95 分。其中，利源精制、洛阳钼业等 16 家公司超过全国 A 股上市公司平均水平。

从具体指标看，各项指标较 2013 年都有一定程度的下滑，其中扣除非经常性损益净资产收益率降低了 263.04 个百分点，降幅最大；营业利润率、盈利现金保障倍数、股本收益率等的降幅也较大，从而导致有色金属行业的整体财务效益状况不佳。值得注意的是，在2013年有色金属行业财务效益排名靠前的黄金类企业今年依旧表现突出，得分排名前十的企业有3家是黄金类企业，分别是紫金矿业（第3名）、山东黄金（第6名）、赤峰黄金（第9名）。但是，受制于美元走强，金价下跌等因素，山东黄金、资金矿业、赤峰矿业的排名均有所下降。

（二）资产质量状况

从综合得分来看，2014年有色金属行业上市公司资产质量状况与去年基本持平，高于全国A股上市公司平均水平。

从表6-3可以看出，2014年有色金属行业上市公司资产质量状况（满分为15分）基本指标平均得分12.59分，高于全国A股上市公司9.55分的平均水平；其中有36家企业超过全国上市公司平均水平，海亮股份、精诚铜业、云南铜业等13家企业获得满分。

表6－3　有色金属行业资产质量状况表

评价指标		2014年上市公司平均值	2014年行业值	2013年行业值	增长率（%）
基本指标	总资产周转率（次）	0.75	1.01	1.04	−2.88
	流动资产周转率（次）	1.52	2.33	2.38	−2.10
	得分	9.55	12.59	12.12	3.88
修正指标	应收账款周转率（次）	9.69	22.33	26.54	−15.86
	存货周转率（次）	3.21	6.39	6	6.50
综合得分		9.2	12.09	12	0.75

从修正指标来看，2014年有色金属行业上市公司资产质量状况（满分为15分）平均得分12.09分，高于全国A股上市公司9.2分的平均水平；应收账款周转率为22.33次，远远高于市场平均值9.69次，反映出有色金属行业应收账款回收时间较短；存货周转率为6.39次，同比去年提高6.5%，远高于市场平均值3.18次。

从个股来看，大元股份、西部资源、园城黄金、吉恩镍业的基本指标和修正指标得分较低，资产质量状况较差；西藏珠峰、精诚铜业、中金岭南等3家企业的资产质量状况基本指标和修正指标得分均为满分，资产质量较好。其中，西藏珠峰在2011～2014年的资产质量状况评分中连续四年获得满分。

（三）偿债风险状况

从综合得分来看，2014年有色金属行业上市公司偿债风险状况较2013年略有下降，低于全国上市公司平均水平。

从表6-4可以看出，2014年有色金属行业上市公司偿债风险状况（满分为2分）基本指标平均得分7.36分，低于全国A股上市公司9.24分的平均水平；其中有44家企业超过全国上市公司平均水平，银泰资源、银河磁体等9家企业获得满分。基本指标得分同比下降11.11个百分点，受制于利润的大幅下滑，获利倍数指标同比大幅下降50.37个百分点。

表 6－4　　有色金属行业偿债风险状况表

评价指标		2014 年上市公司平均值	2014 年行业值	2013 年行业值	增长率（%）
基本指标	资产负债率（%）	60.75	58.82	58.13	1.19
	获利倍数	5.02	1.34	2.7	-50.37
	得分	9.24	7.36	8.28	-11.11
修正指标	速动比率（%）	69.66	70.01	66.8	4.81
	现金流动负债比率（%）	12.65	12.73	12.18	4.52
	带息负债比率（%）	45.45	62.08	66.58	-6.76
综合得分		9.01	7.46	7.79	-4.24

从修正指标来看，2014 年有色金属行业上市公司偿债风险状况（满分为 15 分）平均得分 7.46 分，低于全国 A 股上市公司 9.01 分的平均水平；速动比率、现金流动负债比率相比去年均有提高；带息负债比率下降 6.76 个百分点，但是仍然高达 62.08%，远高于全国 A 股上市公司 45.45% 的平均水平，反映出有色金属行业未来的偿债压力仍然较大。

（四）发展能力状况

从综合得分来看，2014 年有色金属行业上市公司发展能力状况低于全国上市公司平均水平。

从表 6-5 可以看出，有色金属行业上市公司发展能力状况（满分为 20 分）基本指标平均得分为 11.34 分，低于全国上市公司平均水平 12.14 分；其中有 37 家公司高于全国上市公司平均水平，中钢国际、吉恩镍业等 4 家企业获得满分。

表 6－5　　有色金属行业发展能力状况表

评价指标		2014 年上市公司平均值	2014 年行业值	2013 年行业值	增长率（%）
基本指标	营业收入增长率（%）	4.34	6.9	9.55	-27.75
	资本扩张率（%）	12.45	6.26	9.46	-33.83
	得分	12.14	11.34	12.01	-5.58
修正指标	累计保留盈余率（%）	43.83	31.11	35.18	-11.57
	三年营业收入增长率（%）	7.12	9.28	17.73	-47.66
	总资产增长率（%）	12.15	8.14	12.18	-33.17
	营业利润增长率（%）	0.17	-87.43	-16.55	-428.28
综合得分		12.12	9.65	11.73	-17.73

从修正指标来看，2014 年有色金属行业上市公司发展能力状况（满分为 20 分）平均得分 9.65 分，低于全国 A 股上市公司 12.12 分的平均水平，同比去年降低 17.73%；各项修正指标均出现了不同程度的下降，受制于价格的不断下挫，营业利润增长率持续出现负增长，并且出现了 428.28 个百分点的大幅下降。

（五）市场表现状况

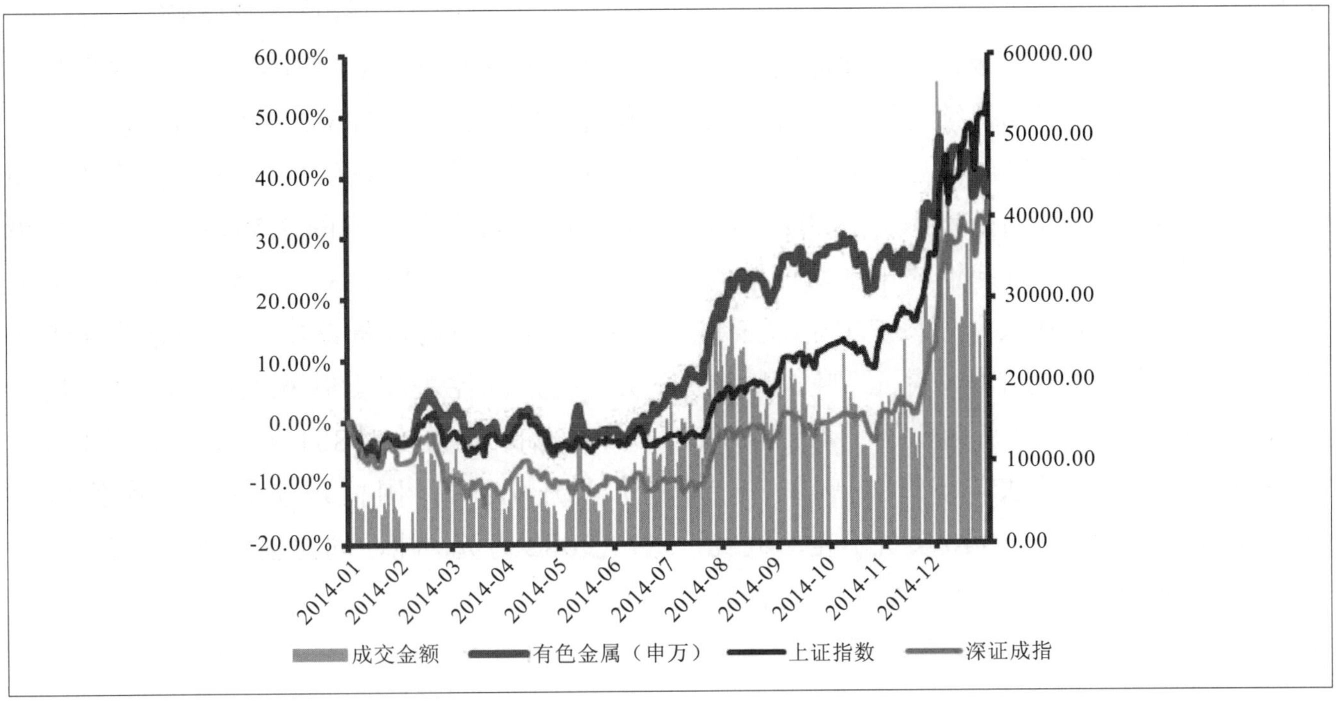

图 6－1　2014 年有色金属行业指数与大盘指数走势图

如图 6-1 所示，2014 年有色金属行业上市公司股价总体震荡走高，走势与大盘走势接近。从评价指标来看，2014 年有色金属行业上市公司的平均市场回报率为 44.68%，同比去年大幅上升 59.71%，增长率 505.16%，高于全国 A 股上市公司 44.68% 的平均水平。刚泰控股、盛屯矿业、碳素新材、利源精制的市场投资回报率均超过 100%。利源精制以 12.38 分的市场表现状况评价得分位列有色金属行业第一。

表 6–6　有色金属行业公司市场表现表

评价指标	2014 年上市公司平均值	2014 年行业值	2013 年行业值	增长率（%）
市场投资回报率（%）	44.68	47.89	–11.82	505.16
股价波动率（%）	124.99	130.5	91.15	43.17
得分	9.07	9.16	6.45	42.02

二、有色金属行业上市公司业绩影响因素分析

2014 年，我国 8646 家规模以上有色金属工业企业（含黄金、稀土）实现工业增加值同比增长 11.4%，实现主营业务收入 57025 亿元，同比增长 8.6%。受需求不旺以及美元走强等因素影响，铜、铝、铅现货年均价分别为 49207 元 / 吨、13546 元 / 吨、13860 元 / 吨，同比分别下降 7.8%、6.9%、2.7%。行业实现利润 2053 亿元，同比下降 1.5%。其中，常用有色金属采选、冶炼分别实现利润 266 亿元和 217 亿元，同比分别下降 12.4% 和 13.7%，铝冶炼亏损 79.7 亿元，但有色金属压延加工实现利润 894 亿元，同比增加 11.6%。2014 年，影响有色金属行业业绩的因素主要有以下几方面。

（一）美元持续走强，有色金属价格震荡下行

在中国经济增速放缓、大宗商品需求疲软的内部环境以及美元持续走强的外部因素的共同影响下，2014 年有色金属价格整体继续呈现出震荡下行的基本态势。2014 年，伦敦金属交易所三个月期铜的年平均价格为 7352 美元 / 吨，同比去年下降 7.1%；三个月期铝的平均价格为 1888 美元 / 吨，同比去年上升 0.3%；三个月期铅的平均价格为 2158 美元 / 吨，同比去年下降 2.1%；三个月期锌的平均价格为 1940 美元 / 吨，同比去年上升 11.7%；三个月期镍的平均价格为 16935 美元 / 吨，同比去年上升 12.4%；三个月期锡的平均价格为 21887 美元 / 吨，同比去年下降 1.9%。2014 年，国内现货铜年平均价格为 49133 元 / 吨，同比去年下降 8.3%；国内现货铝年平均价格为 13476 元 / 吨，同比去年下降 7.5%；国内现货铅年平均价格为 13843 元 / 吨，同比去年下降 2.6%；国内现货锌年平均价格为 15925 元 / 吨，同比去年上升 6.4%；国内现货镍年平均价格为 11.5831 万元 / 吨，同比去年上升 9.2%；国内现货锡年平均价格为 13.9082 万元 / 吨，同比去年下降 5.8%。

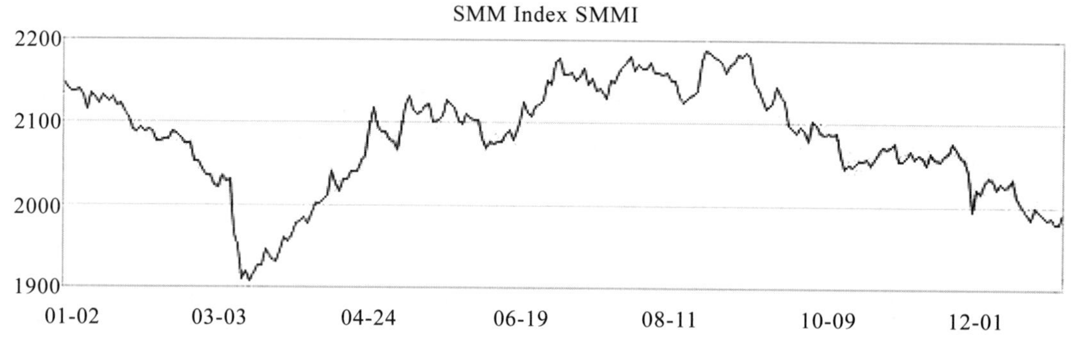

图 6－2　2014 年上海有色金属价格指数走势图

受制于价格的下降，有色金属行业上市公司盈利能力降低，财务效益状况评分下降，同时由于收益的减少，偿债风险方面也有加大的可能。

（二）工业生产平稳增长，投资结构进一步优化

2014 年，我国十种有色金属年产量 4417 万吨，同比去年增长 7.2%，增幅同比下降 2.7 个百分点。其中，精炼铜产量 796 万吨，同比去年增长 13.8%，增幅回落 0.2 个百分点；原铝产量 2438 万吨，同比去年增长 7.7%，增幅回落 2 个百分点；铅产量 422 万吨，同比去年下降 5.5%，增幅回落 11 个百分点；锌产量 583 万吨，同比去年增长 7%，增幅回落 4.1 个百分点。六种精矿金属产量 1074.1 万吨，同比去年增长 9.6%。氧化铝产量 4437.6 万吨，同比去年增长 14.6%。铜材和铝材产量分别为 1784 万吨和 4846 万吨，分别增长 13.3% 和 18.6%，增幅分别回落 11.7 个和 5.4 个百分点。

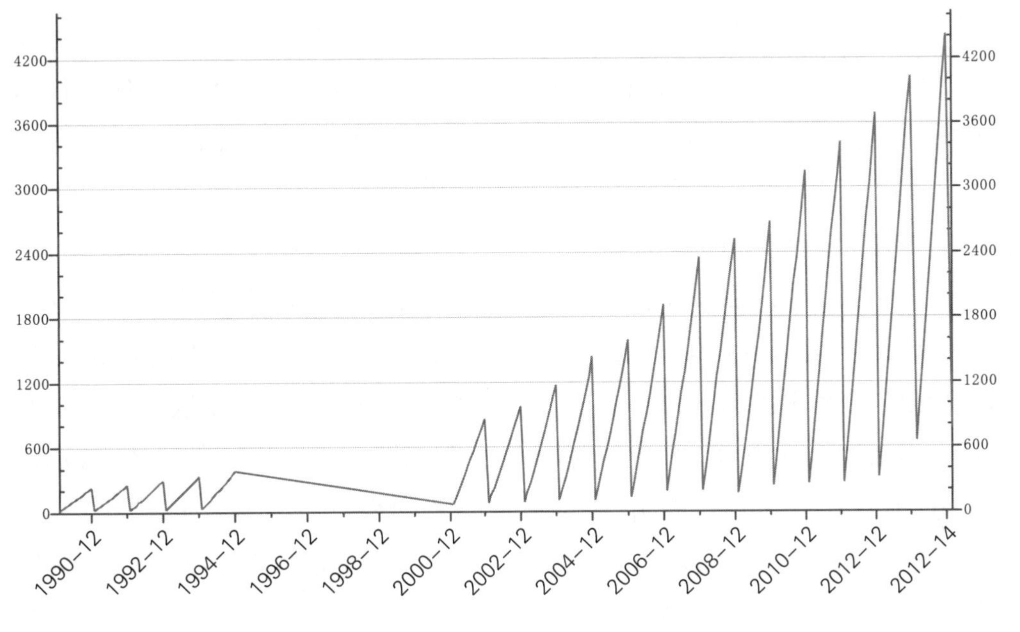

图 6－3　2014 年十种有色金属产量统计

根据国家统计局公布的统计数据显示，2014 年我国有色金属工业（不含农户）完成固定资产投资 7406.3 亿元，同比去年增长 4.0 %，增幅回落 15.5 个百分比。其中，有色金属矿采选完成固定资产投资 1636.4 亿元，同比去年下降 1.3%；有色金属冶炼及压延完成固定资产投资 5770 亿元，同比去年上升 5.6%。其中，铝冶炼固定资产投资 618.6 亿元，下降 17.8%；有色加工完成固定资产投资 3810.7 亿元，同比增长 15.4%。由此可见，2014 年有色金属工业的投资特点是：矿山采选项目投资增幅略有降低，冶炼项目投资热度有所缓解，加工项目投资大幅上升，投资结构进一步改善。

在投资结构进一步优化的背景下，有色金属行业上市公司的资产质量状况持续保持较高水平，其业绩评价得分明显高于全国上市公司平均水平，得到 12.09 分的高分。

（三）进出口贸易总额稳定增长，铝、铜等矿产资源对外依存度高

2014 年，我国有色金属进出口总额 1771.6 亿美元，同比增长 12.1%，增幅回升 11 个百分点。其中进口额 1000.2 亿美元，同比下降 3.2%；出口额 771.6 亿美元，同比增长 40.9%。进出口贸易逆差 228.6 亿美元，同比去年下降 59.4%。其中，铜产品进口额达到 682.2 亿美元，同比去年下降 0.9%；出口额为 61.3 亿美元，同比去年下降 5%；铜产品贸易逆差 620.9 亿美元，同比去年下降 0.5%。铝产品进口额为 91.5 亿美元，同比去年增长 4.2%；出口额为 134.9 亿美元，同比去年增长 4.3%。值得关注的是，如果扣除黄金首饰及零件出口额 470.9 亿美元之后，2014 年我国主要有色金属的出口额仅为 300.7 亿美元，同比去年上升 10.1%。

2014 年，我国稀土出口 2.8 万吨，同

比去年上升23.5%；稀土出口金额为37.5亿美元，同比去年下降34.9%；稀土及稀土制品出口5.8万吨，同比去年上升22%；稀土及稀土制品出口金额19.9亿美元，同比去年下降7.5%。值得关注的是，我国出口的单位稀土价格为13.5万美元/吨，同比去年下降47.3%；我国出口的单位稀土及稀土制品价格为3.45万美元/吨，同比去年下降24.2%，跌幅较大。

受印尼限制原矿出口政策调整影响，铝土矿进口3628万吨，同比去年下降48.7%；红土镍矿进口4775.8万吨，同比下降33%，氧化铝进口527.6万吨，同比增幅为37.7%。同时，贸易摩擦有所上升，国外针对我国出口的铝材、铝合金轮毂等反倾销诉讼时有发生。这些有色金属矿山原料及初级产品进口量的较大波动，说明我国铝、铜等重要有色金属矿产资源的对外依存度仍然很高。

（四）自主创新能力加强，环保核查升级

2014年有色金属行业荣膺7项国家科学技术大奖，其中获得国家科技进步奖二等奖5项，国家技术发明奖二等奖2项。《新型阴极结构铝电解槽重大节能技术的开发应用》具有自主知识产权，达到了世界领先技术水平，可适用于各种不同类型的大型电解槽，吨铝直流电耗居世界领先水平。在节能降耗领域有很多关键技术取得了新突破、新成果：自主研发的低温低电压铝电解技术投入运行，铝锭综合交流电耗达到世界先进水平；具有自主知识产权的“氧气底吹”炼铅技术与装备的产业化应用及自主开发的短流程精密铜管生产工艺均达到世界领先水平；多机架铝板带热连轧和冷连轧装备的引进和消化，万吨级大型铝挤压机的研制，全面提升了我国铝加工装备的技术水平，使我国铝加工技术进入世界先进行列。随着新技术的应用和推广，有色金属行业在节能降耗方面取得显著成效。2014年，节能降耗水平进一步提高。随着节能减排技术的广泛应用，全国铝锭综合交流电耗降为13596千瓦时/吨，同比下降144千瓦时/吨，节电35亿千瓦时；铜、铅、电解锌冶炼综合能耗分别为251.8千克标准煤/吨、430.1千克标准煤/吨、896.6千克标准煤/吨，同比分别下降16.2%、6%、1%。

2014年，有色行业更加重视节能环保，绿色矿山建设稳步推进，112家企业通过国家级绿色矿山试点单位验收。为规范废铅酸蓄电池再生利用产业发展，加快再生铅产业结构调整升级，环境保护部启动了再生铅企业环保核查工作。截至2014年底，共发布3批符合环保法律法规要求的再生铅企业名单公告，涉及5家再生铅企业；2家再生铅企业入选工业和信息化部联合环境保护部发布的第一批符合《再生铅行业准入条件》公告名单。

（五）产能过剩压力较大，兼并重组助力转型升级

2014年，有色金属行业化解产能过剩力度进一步加大，全年淘汰电解铝产能42万吨。国家继续推进“以铝代钢”、“以铝节铜”。因地方政府在投资拉动经济增长的传统思维下，为了追求GDP的增长，通过各种优惠条件吸引鼓励电解铝企业投资，导致产能盲目扩张。另一方面，当电解铝企业面临亏损时，地方政府为了防止企业停产或者外迁，对电解铝企业实行补贴，比如采取电价补贴、开展大用户直供电等手段，使不少铝厂得以维持运营，阻碍了电解铝企业的退出，加重了行业供需失衡。缺乏竞争力企业关停过程中涉及地方税收、人员安置、债务化解、上下游产业等一系列问题，产能退出渠道不畅，电解铝产能过剩压力仍较大。同时其它品种冶炼产能及中低档加工产能过剩也比较严重。我国铜冶炼产能增长过快，目前电解铜产量约占全球产量的 1/3 以上。铜产能过剩，价格不断下挫，铜冶炼企业盈利甚微。

为解决产能过剩的压力，工信部印发的《有色金属工业“十二五”发展规划》对提升行业集中度方面进行了明确规划，要求到 2015 年，铜、铝、铅、锌排名前 10 位企业产量占全国总产量比例分别达到 90%、90%、70%、70%。

同时，工业和信息化部在结合《废铝再生利用行业准入条件》（征求意见稿）、《废铜再生利用行业准入条件（征求意见稿》有关内容基础上，相继发布了《铝行业准入规范条件》、《铜冶炼行业规范条件》，将企业布局及规模和外部条件要求、工艺和装备、能源消耗、资源消耗及综合利用、环境保护和土地复垦、安全生产与职业危害等相关再生铝、再生铜的要求和内容都包含在内。截至目前，共有 9 家再生铝企业入选两批符合《铝行业准入规范条件》公告名单，《铜冶炼行业规范条件》公告名单发布工作正在实施中。与此同时，工业和信息化部还发布《铅锌行业规范条件》（征求意见稿），对含锌二次资源利用方面做了相应规定。

2014 年，我国的有色金属行业仍然面临着行业集中化程度不高等问题。为解决这一问题，有色金属行业内进行了一系列的兼并重组行动。

政策方面，2014 年 3 月，国务院印发了《国务院关于进一步优化企业兼并重组市场环境的意见》（国发 [2014]14 号），要求加快推进审批制度改革，改善金融服务，落实和完善财税政策，完善土地管理和职工安置政策，加强产业政策引导，健全企业兼并重组的体制机制，切实抓好组织实施。

证监会自并购重组审核实施分道制以来。电解铝、稀土产业化龙头企业等九个推进兼并重组重点行业，交易类型属于同行业或上下游并购、不构成借壳上市的，将进入快速（豁免 / 快速）审核通道。

2014 年 8 月，包钢稀土、厦门钨业、中铝公司组建稀土集团的方案获得工信部备案通过，2014 年 12 月，五矿集团、广晟有色、赣州稀土组建大型稀土企业集团实施方案获批。至此，中国稀土产业重组后的“1+5”格局形成，宣告着我国稀土行业整合的基本工作已经完成。稀土产业完成整合后，我国稀土行业将迎来新的发展机遇。2014 年 4 月 1 日，中国铝业股份有限公司与民营企业杭州锦江集团就贵阳清镇氧化铝项目签订战略合作协议，进一步扩大了央企与民企的广泛合作；实现了国有企业在现代企业制度框架内的自主拓展、自主决策、自主经营。2014 年 8 月 25 日，以市场化、国际化为改革方向的国企改革试点工作在江西铜业集团公司正式启动，以此为标志，有色国企改革逐步推进。

据统计，目前国内电解铝行业前 10 名企业的集中度不足 40%，锌为 50%，铅为 45%，铜 70% 左右。可见，电解铝行业的集中度与《规划》的目标相差甚远，也说明了解决行业产能过剩问题不是一日之功，未来还需要通过兼并重组等多种方式共同努力才能完成。

综上可以看出，有色金属行业业绩首先受有色金属产品市场行情的影响最大，其直接影响到上市公司的盈利能力及偿债能力的评分，其次，有色金属行业的投资结构特点，创新、环保等影响到上市公司的资产质量状况和发展能力的评分。此外，我国有色金属对外依存度高、产能过剩的客观条件，也制约着行业发展。

三、2015 年有色金属行业前景分析

（一）有色金属价格回升动力不足，下行压力依然存在

从国际环境来看，2015 年世界经济将延续缓慢复苏的基本态势，主要有色金属产能增加、产量增长、供应充裕，而消费增速相对滞后，继续呈现供大于求的格局，有色金属价格回升动力不足，预计仍将以低位震荡为主。2015 年全球范围，铜产品的供应将保持较低的增长态势，需求增幅放缓，供需矛盾将促使铜价继续走低；随着我国西部低电价的电解铝产能陆续投产，化解电解铝产能过剩及扩大消费的效应滞后，供大于求的格局短期内难以改变，预计铝价震荡下行的可能性仍然较大；由于国外发达国家的铅锌矿山及冶炼产能关闭，新兴市场国家的新增产能不足以抵消发达国家减少的产能，世界铅、锌供应预计将处于紧平衡状态，铅价格仍将呈现区间震荡的格局，并不排除有小幅回升的可能性，锌价则可能出现持续缓慢回升的走势。随着美联储退出货币宽松政策，流动性收紧，美元走强，贵金属避险功能减退，金融属性弱化，贵金属有可能会继续震荡走低，预计 2015 年贵金属将呈现弱势调整的格局。航天军工、新材料等战略新兴产业的快速发展将刺激稀有稀土金属材料需求增加，预计部分稀土产品价格将会有所回升。

（二）产能过剩矛盾短期内难以化解，淘汰落后产能力度不断加大

我国有色金属行业的产能过剩问题由来已久，虽然近年来政府针对该问题采取了一系列积极举措，但是产能过剩的局面仍未得到有效改善。工信部在《2014 年我国有色金属工业运行情况分析和 2015 年形势展望及重点工作》中指出，我国有色金属冶炼产能过剩、矿山保障能力不足、高附加值产品短缺的“中间大、两头小”的产业链格局在短期内难以解决。2014 年，按照《国务院关于进一步加强淘汰落后产能工作的通知》（国发〔2010〕7 号）、《国务院关于化解产能严重过剩矛盾的指导意见》（国发〔2013〕41 号）要求，依据《工业和信息化部关于下达 2014 年工业行业淘汰落后和过剩产能目标任务的通知》（工信部产业〔2014〕148 号）的要求，工信部先后公布了三批工业行业淘汰落后产能的企业名单，其中就包括电解铝、铜（含再生铜）冶炼、铅（含再生铅）冶炼、锌（含再生锌）冶炼等有色金属行业的企业。工信部要求，有关省（区、市）要采取有效措施，按照《关于印发淘汰落后产能工作考核实施方案的通知》（工信部联产业〔2011〕46 号）要求，做好对淘汰落后产能企业的现场检查验收和发布任务完成公告工作。2014 年，有色行业化解产能过剩力度进一步加大，全年淘汰电解铝产能 42 万吨。

2013 年 10 月，国务院出台《关于化解产能严重过剩矛盾的指导意见》，把化解产能严重过剩矛盾作为当前和今后一个时期推进产业结构调整的工作重点，强调要加快建

立和完善以市场为主导的化解产能严重过剩矛盾长效机制。对于有色金属中的电解铝行业，《指导意见》要求：在2015年底前淘汰电解铝行业16万安培以下预焙槽，对吨铝液电解交流电耗大于13700千瓦时，以及2015年底后达不到规范条件的产能，用电价格在标准价格基础上上浮10%。严禁各地自行出台优惠电价措施，采取综合措施推动缺乏电价优势的产能逐步退出，有序向具有能源竞争优势特别是水电丰富地区转移。支持电解铝企业与电力企业签订直购电长期合同，推广交通车辆轻量化用铝材产品的开发和应用。鼓励国内企业在境外能源丰富地区建设电解铝生产基地。

根据发改委、工信部出台的《关于电解铝企业用电实行阶梯电价政策的通知》，自2014年1月1日起对电解铝企业用电实行阶梯电价政策。《通知》明确，根据电解铝企业上年用电实际水平，分档确定电价。铝液电解交流电耗不高于每吨13700千瓦时的，执行正常的电价；高于每吨13700千瓦时但不高于13800千瓦时的，电价每千瓦时加价0.02元；高于每吨13800千瓦时的，电价每千瓦时加价0.08元。对电解铝企业实行阶梯电价，目的是运用价格杠杆加快淘汰落后电解铝产能，减少资源过度消耗，促进电解铝行业结构调整。

国家政策的密集出台预示着未来淘汰落后产能的力度会进一步加大，长期将有利于供求矛盾的改善。然而建立和完善以市场为主导的化解产能过剩矛盾长效机制不是一两年就能够到位的，短期内仍无法有效缓解有色金属行业供给端的压力，去产能化将是一个漫长而艰巨的过程。

（三）专项整治、清费立税，稀土资源整合进行时

为了推动有色金属工业转型升级，提高资源配置效率，优化产业结构，有色金属行业开展了针对性的稀土专项整治行动，并且积极推进和完善铝、铜、铅、锌等有色金属行业的准入和规范管理工作。

2014年10月11日，工业和信息化部、公安部、国土资源部、环境保护部、海关总署、税务总局、工商总局、安全监管总局八部委联合发布了《打击稀土违法违规行为专项行动方案》，方案明确专项行动时间为2014年10月10日至2015年3月31日，八部委联合开展打击稀土开采、生产、流通环节违法违规行为专项行动。

2014年8月7日，世界贸易组织上诉机构裁定，中国实行的稀土出口管理措施不符合相关世贸规则和中国加入WTO时的承诺。

根据工信部印发的《2015年原材料工业转型发展工作要点》，工信部将抓紧出台稀土、钨、钼资源税改革方案。加快出台《稀有金属管理条例》，同步制定实施细则。修订《稀土指令性生产计划管理办法》、《稀土行业准入条件》。调整规范稀有金属、萤石等生产计划下达方式，探索下达仲钨酸铵冶炼生产指标。

2015年4月23日，国务院关税税则委员会下发《国务院关税税则委员会关于调整部分产品出口关税的通知》（税委会〔2015〕3号），自2015年5月1日起，取消钢铁颗粒粉末、稀土、钨、钼等产品的出口关税。

2015年4月30日，国家税务总局和财政部联合下发《关于实施稀土、钨、钼资

源税从价计征改革的通知》(财税〔2015〕52号)、《关于清理涉及稀土、钨、钼收费基金有关问题的通知》(财税〔2015〕53号),自2015年5月1日起实施稀土、钨、钼矿产资源补偿费费率降为零,停止征收稀土、钨、钼价格调节基金,资源税从价计征改革。

相应政策的出台,将促进稀土、钨、钼等行业由国家行政调控为主,转为市场调控为主。提高我国在稀土、钨、钼等战略资源在全球市场的话语权和定价权。另外对稀土行业的监管重点将转向国内生产环节,通过采取控制总量开采的方法提升稀土价格。

随着六大稀土集团在工信部备案完毕,以及目前整合范围的划分,六大集团最早可能在2015年开始在各自范围内进行大量的兼并重组。从六大集团整合资源划分板块来看,四家地方稀土集团整合对应省内资源(包钢集团整合内蒙、甘肃;厦钨整合福建;赣州稀土整合江西;广晟有色整合广东),因为四家地方企业已经控制了当地大部分的稀土资源。两家央企的整合面较大,五矿集团可能会整合湖南、以及福建和云南的部分资源;中国铝业则可能会对广西、四川和山东的稀土矿产资源进行整合。

(四)"三期叠加",有色金属新常态下的"十三五"

目前,我国经济进入增长速度换挡期、结构调整阵痛期、前期刺激政策消化期三期叠加的新常态。同时,2015年是"十二五"收官之年,全球经济仍处于金融危机后的调整期,尽管美国经济有所复苏,但其他发达国家经济复苏疲软,主要新兴工业体经济增速下滑,新常态下我国经济下行压力依然较大。新《环保法》的实施以及资源、环境、人工等要素成本的提高迫使有色金属工业需尽快从规模扩张向创新驱动转变。与此同时,"一带一路"、京津冀协同发展、长江经济带等国家战略的实施,也为行业发展提供了新的增长动力。预计,2015年十种有色金属生产、消费、投资将进一步缓慢增长,产品价格将延续弱势震荡态势,企业经营难度依然很大。

有关部门将总结"十二五"有色金属、黄金等行业发展取得的成就,分析面临的形势及存在的问题,结合国家新的发展战略和目标,研究起草《有色金属行业"十三五"发展规划》、《黄金行业"十三五"发展规划》和《铝工业发展指导意见》。

同时,预计2015年有关部门将继续完善行业规范管理。修订发布《铅锌行业规范条件》及《钨锡行业规范条件》,研究制定《黄金行业规范条件》,加强规范准入管理与金融、环保、能源等政策衔接,研究建立行业规范后续管理工作制度,强化已公告企业的动态监管。

(五)有色金属再利用加速推进,构建循环经济产业链

根据《国家发展改革委印发的<2015年循环经济推进计划>的通知》(发改环资〔2015〕769号),2015年循环经济建设将以资源高效循环利用为核心,着力构建循环型产业体系,推动区域和社会层面循环经济发展;以推广循环经济典型模式为抓手,提升重点领域循环经济发展水平;大力传播循环经济理念,推行绿色生活方式;加强政策和制度供给,营造公开公平公正的政策和市场环境,进一步发挥循环经济在经济转型升级中的作用,努力完成"十二五"规划纲要提出的循环经济各项目标,以及《循环经济发展战略及近期行动计划》提出的目标任务。根据《2015年循环经济推进计划》，涉及有色金属行业循环经济建设的主要目标任务有三点：①推行绿色开采：制定煤炭、铁矿石、有色、稀土等矿产绿色开采行动计划，提高矿产资源开采回采率、选矿回收率和综合利用率；②推动资源集约利用：推进高耗水行业节水改造，加快建设非常规水源利用示范项目，深入实施雨水收集利用和再生水利用示范工程。发布高耗水工艺、技术和装备淘汰目录，推行定点集中利用，构建煤—电—铝—建材产业链；③推进资源综合利用：实施资源综合利用“双百工程”，重点开展赤泥、磷石膏、尾矿、冶炼和化工废渣等产业废物综合利用，培育一批示范基地和骨干企业，开展大宗固体废物综合利用基地建 设评估和验收，进一步推进战略性稀贵金属回收利用试点工作。

推进废有色金属再生利用。淘汰再生金属落后产能，抑制低水平重复建设。推进再生铜、再生铝等再生金属利用，提高在有色金属产量中的比重。支持从废铅酸蓄电池提取废酸和铅等，从废镀锌钢板提取锌，从废感光材料提取银，从废催化剂提取铂族元素和稀土材料等，从废弃电子产品提取贵金属。支持利用境外可用作原料的废有色金属资源。

构建有色金属行业循环经济产业链。构建采选—尾矿—有价组分—冶炼—有色金属，冶炼—废渣—有色金属，冶炼—炉渣—建材，冶炼—尾气—磷、硫—化工产品，冶炼—余热—发电，冶炼—有色金属—再生金属—冶炼等产业链。

工业和信息化部在结合《废铝再生利用行业准入条件》（征求意见稿）、《废铜再生利用行业准入条件（征求意见稿》有关内容基础上，相继发布了《铝行业准入规范条件》、《铜冶炼行业规范条件》，将企业布局及规模和外部条件要求、工艺和装备、能源消耗、资源消耗及综合利用、环境保护和土地复垦、安全生产与职业危害等相关再生铝、再生铜的要求和内容都包含在内。截至目前，共有9家再生铝企业入选两批符合《铝行业准入规范条件》公告名单，《铜冶炼行业规范条件》公告名单发布工作正在实施中。与此同时，工业和信息化部还发布《铅锌行业规范条件》（征求意见稿），对含锌二次资源利用方面做了相应规定。

同时，我国再生有色金属行业科技创新平台建设逐步完善。2014年12月30日，首批全国再生有色金属领域重点实验室及工程研究中心认定名单正式发布。城市矿产重点实验室包括：依托北京工业大学组建城市矿产综合评价重点实验室，依托北京矿冶研究总院组建城市矿产资源化重点实验室，依托江苏理工学院组建电子废弃物再生利用重点实验室，依托超威电源有限公司与北京化工大学组建铅酸蓄电池循环利用重点实验室。工程研究中心包括：依托湖北金洋冶金股份有限公司组建废铅酸蓄电池再生利用工程研究中心，依托徐州北矿金属循环利用研究院组建稀贵金属再生利用工程研究中心，依托宁波长振铜业有限公司组建再生黄铜工程研究中心，依托南通大学与南通曼特威金属材料有限公司组建再生铸造铝合金工程研究中心，依托浙江天能电源材料有限公司与浙江工业大学组建再生铅工程研究中心。

附表

2013 年度有色金属行业上市公司业绩评价结果排序表

行业排名	全部上市公司排名	股票代码	股票简称	综合得分（100 分）	每股收益（元）	总资产报酬率（%）	净资产收益率（%）	总资产周转率（次）	流动资产周转率（次）	资产负债率（%）	获利倍数	营业收入增长率（%）	资本扩张率（%）	市场投资回报率（%）	股价波动率（%）	年末资产总额（万元）	营业收入（万元）	净利润（万元）
133	0025012014	002501	利源精制	73.16	0.85	0.34	11.86	0.34	0.87	48.72	4.7	2.9	11.12	108.21	149.75	670130.61	193242.69	39783.47
152	6039932014	603993	洛阳钼业	72.61	0.36	0.27	9.51	0.27	0.61	46.02	12.82	20.34	17.47	43.01	118.9	2805487.64	666238.21	180020.18
276	6018992014	601899	紫金矿业	69.24	0.11	0.83	8.37	0.83	3.13	55.2	5.33	18.06	1.76	52.71	104.1	7515958.76	5876053.39	263544.2
303	0024662014	002466	天齐锂业	68.66	0.54	0.36	9.16	0.36	1.47	22.58	18.08	242.76	448.18	33.14	114.88	612855.45	142238.4	28151.87
311	0022032014	002203	海亮股份	68.53	0.29	1.55	14.21	1.55	2.82	60.54	4.64	−7.89	12.4	60.99	113.65	821646.22	1206144.77	45189.69
320	6016772014	601677	明泰铝业	68.33	0.44	1.51	5.98	1.51	2.21	43.85	27.85	14.85	9.43	61.74	148.63	522822.03	649216.49	19071.69
328	0021712014	002171	精诚铜业	68.09	0.13	4.76	4.41	4.76	7.73	46.02	2.65	113.78	78.74	78.31	179.3	210927.43	822264.3	5594.59
344	6005472014	600547	山东黄金	67.79	0.58	2.06	8.73	2.06	22.18	56.3	3.92	−0.81	6.78	10.62	56.15	2259901.24	4579427.17	85302.65
355	0006882014	000688	建新矿业	67.55	0.28	0.71	29.57	0.71	1.88	26.57	72.38	47.37	24.19	17.76	113.79	164263.3	98692.19	32260.59
429	6003622014	600362	江西铜业	66.14	0.82	2.16	3.74	2.16	3.12	50.67	0	13.04	3.04	33.27	95.79	9532237.49	19883348.6	284955.63
432	6006872014	600687	刚泰控股	66.08	0.51	1.67	14.17	1.67	2.2	55.78	9.5	236.78	16.14	126.69	206.51	363410.16	474179.74	25117.46
441	6005492014	600549	厦门钨业	65.94	0.65	0.62	10.8	0.62	1.15	47.5	6.3	2.71	49.93	40.32	106.5	1731820.25	1014273.15	93330.65
482	6003922014	600392	盛和资源	65.19	0.51	0.97	16.24	0.97	1.17	29.54	16.91	10.17	17.44	44.08	97.54	184108.44	151450.07	19566.11
499	0025402014	002540	亚太科技	64.98	0.53	0.86	6.96	0.86	1.25	9.9	61.1	9.39	5.92	78.19	189.3	273633.05	224206.79	22017.78
512	0006122014	000612	焦作万方	64.76	0.31	0.64	6.95	0.64	3.6	48.31	4.2	−6.52	9.28	68.06	190.12	914689.35	524964.86	35645
544	0006032014	000603	盛达矿业	64.22	0.47	0.78	56.51	0.78	1.45	27.94	0	−12.07	53.82	−4.44	115.09	112501.58	74121.62	37821.46
577	6001142014	600114	东睦股份	63.71	0.35	0.65	10.3	0.65	1.67	27.13	8.21	7.93	87.98	35.81	117.36	209110.87	123066.54	13112.05
610	0000602014	000060	中金岭南	63.05	0.23	1.71	5.29	1.71	5.82	54.08	3.15	16.37	3.01	51.91	143.75	1421578.54	2457411.71	55073
624	6007112014	600711	盛屯矿业	62.78	0.11	0.68	4.23	0.68	2.8	38.13	3.95	64.31	47.47	113.54	290.42	594356.83	334795.78	15027.34
644	6009882014	600988	赤峰黄金	62.40	0.54	0.58	32.25	0.58	2.33	44.84	14.23	46.42	37.83	51.67	182.36	149188.74	85158.19	22887.22
671	0021302014	002130	沃尔核材	61.97	0.24	0.72	11.47	0.72	1.78	54.91	4.39	22.27	14.24	92.52	156.73	265858.58	162918.71	13613.31
674	0006972014	000697	炼石有色	61.91	0.15	0.21	7.55	0.21	0.35	9.41	0	7.75	149.52	96.06	191.98	157309.04	24374.02	8311.45
708	0022372014	002237	恒邦股份	61.27	0.55	1.41	3.06	1.41	2.07	65.89	1.92	29.91	5.82	16.95	63.29	1051508.7	1538493.3	23807.9

续表

行业排名	全部上市公司排名	股票代码	股票简称	综合得分(100分)	每股收益(元)	总资产报酬率(%)	净资产收益率(%)	总资产周转率(次)	流动资产周转率(次)	资产负债率(%)	获利倍数	营业收入增长率(%)	资本扩张率(%)	市场投资回报率(%)	股价波动率(%)	年末资产总额(万元)	营业收入(万元)	净利润(万元)
710	0006302014	000630	铜陵有色	61.27	0.19	2.05	1.13	2.05	3.77	66.61	1.6	16.61	31.04	60.63	129.87	4692718.7	8881848.58	33732.39
712	0009752014	000975	银泰资源	61.22	0.25	0.15	6.84	0.15	0.46	5.86	0	22.3	1.92	89.15	194.57	494357.21	72612.17	35280.06
796	6002192014	600219	南山铝业	60.09	0.47	0.46	5.06	0.46	1.21	37.48	15.63	−3.23	4.75	81.17	158.86	3171403.02	1405602.7	99493.22
798	0021552014	002155	辰州矿业	60.06	0.13	1.21	3.58	1.21	3.3	34.39	4.13	10.94	2.87	28.1	75.99	490288.56	568062.29	12008.95
917	6004592014	600459	贵研铂业	58.37	0.33	2.61	3.54	2.61	3.61	36.35	4.93	26.8	3.66	19.73	85.35	287320.26	688070.53	9148.4
923	0025782014	002578	闽发铝业	58.34	0.21	1.04	3.8	1.04	2.27	23.77	0	13.89	3.66	60.64	162.74	130779.42	131686.56	3499.36
924	3001272014	300127	银河磁体	58.33	0.22	0.35	6.81	0.35	0.45	8.47	0	7.1	2.46	35.12	105.9	110309.7	37903.82	7271.93
935	0009702014	000970	中科三环	58.19	0.28	0.72	7.34	0.72	0.95	18.88	42.81	6.77	4.88	15.12	94.95	538639.13	388511.56	34524.89
949	6006732014	600673	东阳光科	58.03	0.17	0.48	3.45	0.48	1.27	62.34	1.98	5.31	24.86	54.86	123.08	1111055.76	511235.41	18790.31
975	6004892014	600489	中金黄金	57.75	0.03	1.31	2.17	1.31	4.8	56.42	2.8	10.04	2.32	24.87	68.36	2764050.52	3355115.64	29175.82
1013	0007582014	000758	中色股份	57.33	0.27	1.01	4.03	1.01	1.68	66.3	2.11	2	3.44	38.08	94.24	1928425.02	1822380.05	32000.61
1029	0023402014	002340	格林美	57.05	0.25	0.4	4.48	0.4	0.94	59.11	2.25	12.13	78.6	25.57	82.19	1158681.6	390885.63	25887.61
1049	6011682014	601168	西部矿业	56.69	0.12	0.9	2.31	0.9	2.32	53.37	2.73	−4.05	0.39	74	139.8	2582875.39	2424708.54	34044.04
1069	3002242014	300224	正海磁材	56.39	0.47	0.39	7.46	0.39	0.52	24.63	0	40.44	7.12	61.32	152.28	203626.69	76904.39	11299.68
1093	0008782014	000878	云南铜业	56.17	0.05	2.43	1.27	2.43	4.67	72.62	1.28	24.56	1.73	70.6	174.94	2487079.9	6240446.09	12920.62
1161	6002552014	600255	鑫科材料	55.22	0.02	1.73	−1.35	1.73	3.02	39.94	1.98	34.56	1.13	73.66	189.6	348087.89	589186.53	3553.06
1199	6004902014	600490	鹏欣资源	54.57	0.05	0.51	6.9	0.51	1.35	20.41	18.8	−1.55	9.14	55.34	302.26	412758.25	218436.73	21497.87
1204	0009602014	000960	锡业股份	54.52	0.03	1.16	−1.1	1.16	2.58	68.47	1.06	19.21	0.46	65.72	144.23	2258173.16	2613364.99	3736.19
1253	6004972014	600497	驰宏锌锗	53.61	0.1	0.6	0.95	0.6	4.65	65.18	1.3	4.54	−1.86	31.75	82.18	3283980.22	1889758.7	13328.98
1282	0024602014	002460	赣锋锂业	53.19	0.24	0.46	5.3	0.46	0.78	28.99	16.02	26.7	3.51	30.13	113.41	195445.18	86948.01	8439.96
1358	6011372014	601137	博威合金	51.78	0.32	1.06	3.27	1.06	2.05	28.25	4.33	17.17	1.91	31.88	83.47	277769.45	285349.43	6934.61
1361	6003662014	600366	宁波韵升	51.75	0.38	0.36	4.52	0.36	0.58	18.77	0	−32.88	3.73	20.12	76.96	393811.92	143537.67	21960.84
1368	0023782014	002378	章源钨业	51.70	0.15	0.66	3.31	0.66	1.4	34.71	2.33	4.42	45.26	28.88	93.5	316512.31	203882.95	6511.67

续表

行业排名	全部上市公司排名	股票代码	股票简称	综合得分(100分)	每股收益(元)	总资产报酬率(%)	净资产收益率(%)	总资产周转率(次)	流动资产周转率(次)	资产负债率(%)	获利倍数	营业收入增长率(%)	资本扩张率(%)	市场投资回报率(%)	股价波动率(%)	年末资产总额(万元)	营业收入(万元)	净利润(万元)
1389	0021602014	002160	*ST 常铝	51.39	0.06	0.85	2.48	0.85	1.73	68.38	1.32	17.8	70.86	34.58	119.3	285197.98	216388.71	2139.73
1400	6005162014	600516	方大炭素	51.20	0.16	0.35	3.6	0.35	0.51	37.2	4.46	2.24	3.25	33.48	133.69	958348.5	344900.89	26352.09
1438	0004262014	000426	兴业矿业	50.50	0.27	0.28	1.01	0.28	1.37	29.95	6.8	40.21	0.91	58.83	145.81	393294.21	115938.73	15868.83
1441	6033992014	603399	新华龙	50.46	0.16	0.97	2.29	0.97	1.36	54	2.08	3.94	4.97	35.73	101.65	244461.7	228423.92	5288.92
1498	6019582014	601958	金钼股份	49.69	0.06	0.54	0.85	0.54	1.17	16.88	0	-1.04	0.62	33.66	114.62	1617076.09	852637.18	20162.59
1519	0020572014	002057	中钢天源	49.30	0.1	0.59	1.42	0.59	0.92	18.35	575.57	10.27	3.57	96.87	191.91	60838.85	35024.52	1943.27
1558	0007512014	000751	锌业股份	48.53	0.06	1.24	2.41	1.24	3.08	42.43	6.4	4.11	4.68	46.02	34.9	332869.53	435889.23	8887.49
1696	0024282014	002428	云南锗业	46.24	0.19	0.27	6.27	0.27	0.8	20.26	16.24	-32.54	2.74	7.43	62.69	203832.62	55591.11	12528.47
1723	6007662014	600766	园城黄金	45.68	0.06	0.18	44.49	0.18	0.25	84.6	4.07	286.79	37.69	17.96	44.29	22637.73	4698.07	1393.26
1725	0021142014	002114	罗平锌电	45.67	0.1	0.4	2.73	0.4	1.57	48.31	2.32	-22.3	3.26	86.43	285.08	156125	66470.84	2332.54
1749	6002592014	600259	广晟有色	45.26	0.07	0.81	-2.69	0.81	1.21	71.66	1.55	63.78	45.67	43.32	112.05	372719.63	262113.42	1838.17
1761	6004562014	600456	宝钛股份	45.05	0.03	0.37	0.16	0.37	0.72	43.33	1.16	4.58	-0.1	40.28	133.67	693637.05	248122.76	1764.02
1775	6003382014	600338	西藏珠峰	44.76	0.05	2.98	-114.07	2.98	5.47	87.64	2.23	-1.75	15.93	47.76	184.72	49930.86	154160.33	1037.11
1785	0021822014	002182	云海金属	44.68	0.1	1.18	1.46	1.18	2.41	59.33	1.2	-13.56	-2.1	56.15	167.74	271940.36	321568.33	1817.24
1808	6001112014	600111	包钢稀土	44.21	0.27	0.33	2.29	0.33	0.46	40.6	2.42	-31.09	-1.37	14.69	61.63	1708620.08	583782.64	26345.79
1833	6009612014	600961	株冶集团	43.72	0.08	2.56	-17.27	2.56	6.3	87.53	1.22	-6.6	5.71	69.57	166.78	593532.93	1510224.47	3983.18
1837	0026002014	002600	江粉磁材	43.62	0.01	0.83	-2.29	0.83	1.45	49.03	1.03	46.62	1.81	22.19	80.24	275200.91	206028.87	-350.24
1874	6013882014	601388	怡球资源	42.56	0.06	1.15	-1.49	1.15	1.43	42.36	4.89	-11.55	-1.43	34.38	101.02	381090.73	431395.37	3007.73
1885	6001392014	600139	西部资源	42.08	0.02	0.1	-0.82	0.1	0.25	66.18	2.3	9.34	53.67	62.71	184.08	646820.92	46254.2	1267.04
1898	0021492014	002149	西部材料	41.73	0.03	0.43	1.26	0.43	1.02	62.71	1.55	6.98	2.33	15.3	152.66	289686.92	122466.81	3911.96
1936	3003372014	300337	银邦股份	40.49	0.15	0.59	2.89	0.59	1.07	33.56	18.52	-9.01	2.17	6.67	117.43	260048.76	142870.93	5553.72
2009	0006572014	000657	中钨高新	38.53	0.04	0.96	-3.05	0.96	1.63	49.85	1.64	-25.43	-0.08	43.71	126.14	781816.81	837978.87	4674.17
2010	0021672014	002167	东方锆业	38.47	0.01	0.28	-3.28	0.28	0.87	53.66	1.06	46.05	-1.53	21.33	103.1	295652.27	84449.53	592.26

续表

行业排名	全部上市公司排名	股票代码	股票简称	综合得分（100分）	每股收益（元）	总资产报酬率（%）	净资产收益率（%）	总资产周转率（次）	流动资产周转率（次）	资产负债率（%）	获利倍数	营业收入增长率（%）	资本扩张率（%）	市场投资回报率（%）	股价波动率（%）	年末资产总额（万元）	营业收入（万元）	净利润（万元）
2014	0007952014	000795	太原刚玉	38.26	0.04	0.46	-28.67	0.46	0.66	57.21	1.2	-12.31	251.01	23.68	113.68	182520.75	77941.54	1077.89
2080	6007682014	600768	宁波富邦	35.85	0.02	1.18	-51.28	1.18	2.17	86.2	1.14	-5.94	-1.03	59.97	172.66	71626.91	84253.16	260.06
2095	6005312014	600531	豫光金铅	35.18	0.08	1.05	-4.63	1.05	1.51	83.65	1.07	-21.36	1.09	53.09	147.41	877189.26	887917.48	2704.44
2109	6005952014	600595	中孚实业	34.61	0.02	0.37	-7.63	0.37	1.49	75.5	0.8	-9.33	-0.67	63.61	168.54	2516812.42	967284.99	-17897.59
2115	6003302014	600330	天通股份	34.32	0.02	0.43	-4.91	0.43	1.16	46.8	1.43	-7	29.59	1.3	59.28	286118.64	116822.91	1303.47
2134	6008882014	600888	新疆众和	33.58	-0.83	0.63	-16.23	0.63	1.55	63.66	-1.77	43.18	-14.33	42	115.45	880390.26	532875.03	-52918.68
2136	6003312014	600331	宏达股份	33.50	-0.25	0.42	-6.89	0.42	1.06	51.37	0	7.06	232.47	48.08	112.04	1018111.23	375912.36	-33954.95
2137	6003112014	600311	荣华实业	33.41	-0.04	0.22	-3.33	0.22	0.44	9.23	0	2.37	-2.66	23.13	75.9	97899.22	21531.45	-2505.76
2139	6003902014	600390	金瑞科技	33.32	-0.07	0.68	-3.84	0.68	1.48	54.87	0.37	23.85	-3.4	40.57	123.29	215865.75	130388.92	-2381.25
2174	6004322014	600432	吉恩镍业	31.79	-0.53	0.15	-11.46	0.15	0.34	70.07	-0.41	49.29	187.85	89.64	159.97	2645408.84	353727.68	-60702.74
2178	0008072014	000807	云铝股份	31.59	-0.3	0.81	-15.15	0.81	3.25	80.75	-0.02	27.9	-13.26	64.3	170.31	2440502.38	1909280.05	-72144.87
2186	0005112014	000511	烯碳新材	31.21	-0.23	0.47	-17.27	0.47	0.71	61.46	-2.75	159.14	-16.42	106.28	220.21	362753.91	165027.18	-27135.79
2211	0009692014	000969	安泰科技	29.65	-0.22	0.55	-4.54	0.55	1.13	43.23	-1.59	7.98	-4.46	25.38	85.19	773308.55	415569.84	-18602.8
2215	6009802014	600980	北矿磁材	29.16	-0.22	0.73	-18.39	0.73	1.39	27.39	-55.39	-9.56	-16.72	29.32	129.04	31004.45	22806.18	-2833.55
2217	0022952014	002295	精艺股份	29.08	-0.26	1.75	-7.16	1.75	2.43	39.74	-0.58	-10.18	-6.66	55.2	129.12	130338.53	235964.49	-5600.31
2219	0008312014	000831	五矿稀土	28.74	-0.06	0.26	-2.77	0.26	0.31	1.56	0	-58.84	-2.74	35.34	97.48	261482.47	70190.16	-6302.45
2276	6001462014	600146	大元股份	24.73	0.07	0.07	-17.94	0.07	0.26	27.96	3.44	-47.26	-3.67	74.9	186.67	29574.28	2162.12	512.56
2288	6016002014	601600	中国铝业	23.88	-1.2	0.72	-38.95	0.72	2.24	79.43	-1.76	-18.07	-26.21	84.64	146.43	19263197.1	14177229.2	-1704943.3
2298	0009622014	000962	东方钽业	22.64	-0.76	0.55	-15.58	0.55	1.03	49.22	-2.97	-14.65	-14.34	19.77	99.34	411126.09	245259.59	-33671.35
2300	6004782014	600478	科力远	22.60	-0.1	0.38	-7.47	0.38	1.09	55	-1.1	-24.41	-3.13	12.82	135.67	259089.98	85470.67	-4428.29
2327	0023792014	002379	鲁丰环保	20.13	-0.37	0.34	-27.59	0.34	0.75	74.06	-0.84	-15.49	-21.64	30.64	113.03	505140.94	203906.22	-34661.83

第七章　石油石化行业

石油石化行业在中国国民经济的发展中具有重要作用，是中国的支柱产业部门之一。石油石化行业与其他行业的关联度高，石油、煤、天然气等作为一种基础原料，国民经济各部门的许多产品都是石油的衍生物。

2014 年，我国 GDP 总额达到 63.65 万亿元人民币，增速达 7.4%，随着国家大力推进产业结构升级，提高产品技术和节能减排的政策要求，在克服经济下行的压力下，基本实现了稳中有进的总体目标，业务运行质量进一步提高。

一、石油石化行业上市公司业绩评价结果

截至 2014 年末，石油石化行业包括石油、化工、塑胶、塑料等企业的 A 股上市公司共 254 家，其中 214 家盈利。

石油石化行业的综合评价分值为 65.84 分，高于同年全部上市公司的综合评价分值 64.37 分；有 6 家石油石化行业上市公司进入 2014 年上市公司业绩评价综合得分的百强名单。在 254 家石油石化上市公司中（在业绩排名时，剔除了其中 9 家当年上市或借壳上市的公司），业绩为良好的有 21 家；业绩为中的有 128 家；业绩为低的有 39 家；业绩为差的有 57 家。

2014 年全部上市公司为 2548 家，其资产总额总计为 33.93 万亿元，石油石化行业全部上市公司资产总额合计为 5.46 万亿元，占上市公司资产总额的 16.09 %；全年实现主营业务收入 24.04 万亿元，石油石化行业 254 家上市公司实现主营业务收入 6.32 万亿元，占上市公司营业收入的 26.29%；全部上市公司共计实现利润总额 1.33 万亿元，石油石化行业上市公司实现利润总额 0.26 万亿元，占上市公司全部实现利润总额的 19.55%，全部上市公司共计实现净利润 1.15 万亿元，石油石化行业上市公司实现净利润 0.20 万亿元，占上市公司全部实现净利润的 17.39%；该行业上市公司 2014 年度市场投资回报率 39.09%，低于全部上市公司 44.68% 的市场投资回报率；石油石化行业上市公司股价波动率为 120.54%，低于全部上市公司 124.99% 的股价波动率。

石油石化行业扣除非经常性损益净资产收益率的平均值为 7.41%，低于上市公

司 7.81% 的平均水平；营业利润率平均值为 4.10%，低于上市公司 5.55% 的平均水平；总资产报酬率 6.31%，高于上市公司的 5.74%，说明 2014 年石油石化行业上市公司资产收益水平高于 A 股全部上市公司水平，经营收益水平低于 A 股全部上市公司水平。2014 年，石油化工行业按评价体系，行业综合排名十强见表 7-1。

表 7－1　2014 年度石油石化行业中联十强排行榜

名次	股票代码	股票简称	全部上市公司排名
1	600583	海油工程	16
2	600352	浙江龙盛	43
3	601808	中海油服	51
4	600426	华鲁恒升	57
5	600309	万华化学	85
6	601857	中国石油	88
7	002470	金正大	106
8	002440	闰土股份	108
9	002588	史丹利	111
10	601216	内蒙君正	135

下面分别从财务效益、资产质量、偿债风险、发展能力及市场表现等五个方面对石油石化行业上市公司进行具体分析。

（一）财务效益

表 7-2 列示了石油石化行业上市公司财务效益状况评价结果。从指标来看，石油石化行业上市公司财务效益状况平均得分高于全国所有上市公司的平均水平。其中中海油服、万华化学、海油工程、浙江龙盛和中国石油分别排在前五名。该行业除营业利润率外，其余净资产收益率、总资产报酬率、盈利现金保障倍数及股本收益率等财务效益指标都高于上市公司平均水平。

与上年的财务效益情况相比较，2014 年行业财务效益下降 4.59%。除盈利现金保障倍数外的其他财务效益指标都低于 2013 年，其中净资产收益率较为突出，降低 22.08%；该行业实现净利润为 2039.82 亿元，比 2013 年的 2494.16 亿元减少 454.34 亿元，减少了 18.22%。

石油石化行业上市公司财务效益各指标除营业利润率外，都高于上市公司的各平均值。与全体上市公司横向比较，石油石化行业财务收益下降，主要为国内经济增速下降，油价下降，石化产品价格下跌，致使石化行业收益下降。行业主要财务指标见表 7-2。

表 7－2　石油石化行业财务效益状况比较表

评价指标		2014 年上市公司平均值	2014 年行业值	2013 年行业值	增长率 (%)
基本指标	净资产收益率 (%)	7.18	7.41	9.51	–22.08
	总资产报酬率 (%)	5.74	6.31	7.64	–17.41
	得分	20.83	21.26	23.59	–9.88
修正指标	营业利润率 (%)	5.55	4.1	4.55	–9.89
	盈利现金保障倍数	1.61	2.94	1.99	47.74
	股本收益率 (%)	38.84	41.72	54.38	–23.28
综合得分		21.87	23.68	24.82	–4.59

（二）资产质量

从表 7-3 可以看出，石油石化行业上市公司资产质量状况指标平均得分高于全国所有上市公司的平均水平，2014 年，总资产周转率、流动资产周转率、存货周转率、应收账款周转率都高于全部上市公司平均值。2014 年石油石化行业在国内经济增速放缓，下半年国际油价断崖式暴跌一半的形势下，以中国石化、中国石油为行业代表的企业进一步的产业结构调整改革，业务进行合理化整合、加强经营管理成效渐显，其总体资产质量优于 2014 年上市公司各行业平均值。

与 2013 年相比较，石油石化行业 2014 年资产质量指标除了存货周转率上升以外，其余指标都略低于去年。上市公司资产质量最佳排名前五名的为滨化股份、茂化实华、桐昆股份、岳阳兴长和大庆华科，这五家公司在资产质量上得分表现优良，共同点是都保持很高的流动资产周转率以及应收账款周转率。

表 7－3　　石油石化行业资产质量状况比较表

评价指标		2014 年上市公司平均值	2014 年行业值	2013 年行业值	增长率 (%)
基本指标	总资产周转率（次）	0.75	1.2	1.29	−6.98
	流动资产周转率（次）	1.52	4.68	4.85	−3.51
	得分	15	15	14.92	0.54
修正指标	应收账款周转率（次）	9.69	25.65	29.10	−11.58
	存货周转率（次）	3.21	9.46	8.88	6.53
综合得分		9.20	13.26	13.06	1.53

（三）偿债风险

从表 7-4 中石油石化行业指标的分析可知，2014 年该行业上市公司偿债风险状况平均得分低于全国所有上市公司的平均水平。虽然石油石化行业的资产负债率、获利倍数及现金流动负债优于上市公司的均值，由于石油石化行业的速动比率 45.21% 远低于上市公司平均值 69.66%，整体上使得石油石化上市公司的偿债保障低于全部上市公司平均水平。

2014 年石油石化行业的偿债风险能力略低于 2013 年水平，偿债风险各指标除了获利倍数低于去年外，其他指标相差不大，获利倍数低是由于行业收益下降的原因所致。从基本指标看，偿债风险得分排在前五名的分别是华峰超纤、新宙邦、万昌科技、建新股份和高盟新材。

表 7－4 石油石化行业偿债风险状况比较表

评价指标		2014 年上市公司平均值	2014 年行业值	2013 年行业值	增长率 (%)
基本指标	资产负债率 (%)	60.75	52.17	51.55	1.20
	获利倍数	5.06	5.39	7.48	−27.94
	得分	9.24	9.82	10.24	−4.10
修正指标	速动比率 (%)	69.66	45.21	41.97	7.72
	现金流动负债比率 (%)	12.65	31.97	28.09	13.81
	带息负债比率（％）	45.45	49.65	48.94	1.45
综合得分		9.01	8.62	8.72	−1.15

（四）发展能力

从表 7-5 可知，石油石化行业上市公司发展能力状况指标平均得分低于全国所有上市公司的平均水平。行业营业增长率、资本扩张率、总资产增长率和营业利润增长率和三年营业收入增长率均低于全国所有上市公司，行业的累计保留盈余率 60.10% 高于上市公司的平均值 43.83%。

2014 年行业发展能力低于 2013 年，其中营业增长率、资本扩张率、三年营业收入增长率、总资产增长率、营业利润增长率分别为 1.14%、5.77%、5.35%、-9.49%，分别远低于 2013 年的 5.37%、9.49%、15.48%、10.44% 和 1.13%，究其原因 2014 年国际油价总体下半年的暴跌，国内宏观经济增速下降压力，石化行业供需增幅减缓致使行业发展增速放缓，盈利下降。该行业发展能力排名前五名为 ST 仪化、康得新、广汇能源、赛轮股份和三聚环保。

表 7－5 石油石化行业发展能力状况比较表

评价指标		2014 年上市公司平均值	2014 年行业值	2013 年行业值	增长率 (%)
基本指标	营业增长率 (%)	4.34	1.14	5.37	−78.77
	资本扩张率 (%)	12.45	5.77	9.49	−39.20
	得分	12.14	10.21	11.17	−8.59
修正指标	累计保留盈余率 (%)	43.83	60.10	60.8	−1.15
	三年营业收入增长率 (%)	7.12	5.35	15.48	−65.44
	总资产增长率 (%)	12.15	7.2	10.44	−31.03
	营业利润增长率 (%)	0.17	−9.49	1.13	−
综合得分		12.12	11.49	12.77	−10.02

（五）市场表现

图 7-1 列示了石油石化行业上市公司市场表现评价结果。2014 年 A 股市场表现股价上半年震荡，下半年急速上行，2014 年石油石化行业上市公司投资回报率为 39.09%，低于同期所有上市公司 44.68% 的投资回报率。

2014 年前 11 个月石油石化的股指整体略高于上证 A 股指数，12 月份上证 A 股大幅超过该行业（见图 7-1）。2014 年石油石化行业的股价波动率为 120.54%，低于所有上市公司 124.99% 的平均值水平，但高于行业 2013 年的 88.35%。

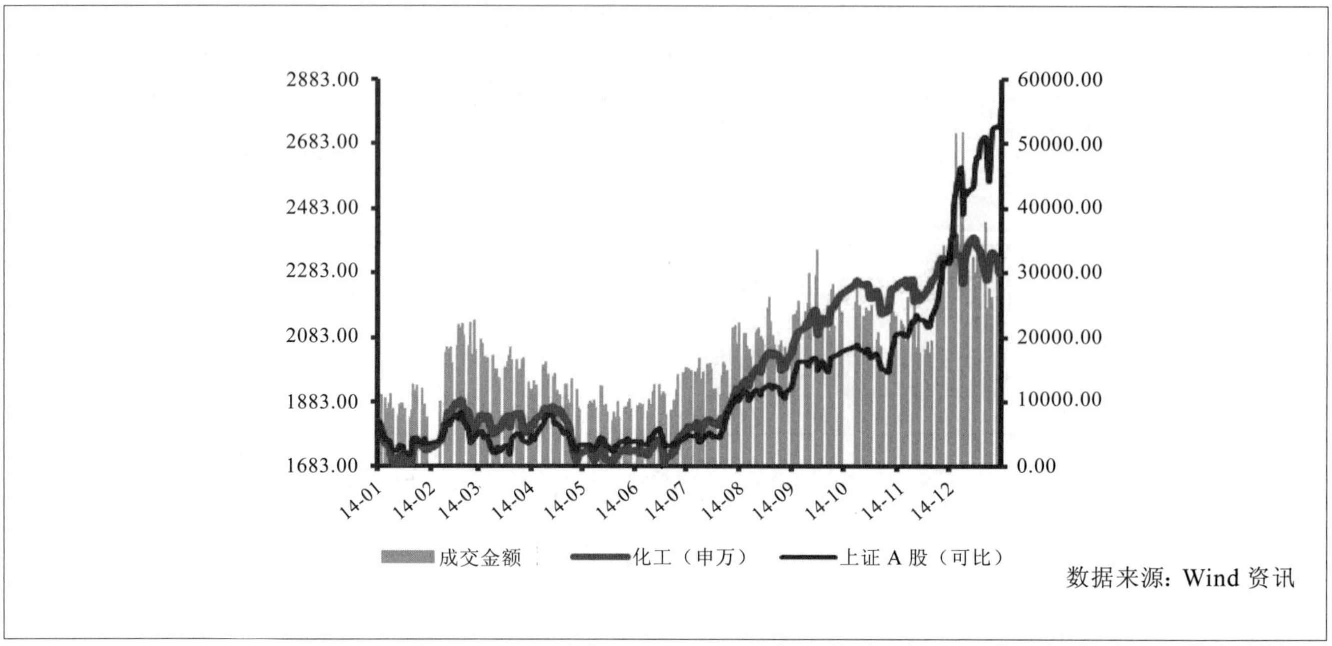

图 7－1　2014 年石油石化行业指数与上证 A 股指数比较

从表 7-6 可知，2014 年石油石化市场表现的得分略低于同年上市公司平均值。行业的市场回报率、股价波动率比 2013 年有较大的增长。该行业市场表现排名前五位的是赤天化、龙宇燃油、ST 合泰、双龙股份和美达股份。

表 7－6　　石油石化行业公司市场表现状况比较表

评价指标	2014 年上市公司平均值	2014 年行业值	2013 年行业值	增长率 %
市场投资回报率 (%)	44.68	39.09	20.87	87.30
股价波动率 (%)	124.99	120.54	88.35	36.43
得分	9.07	8.79	8.89	–1.12

二、2014 年度石油石化行业上市公司影响因素分析

2014 年，石油石化行业经济运行基本保持平稳增长，经济效益受国际油价影响，明显下降，在石油化工行业 A 股上市公司 254 家中，中国石油、中国石化的超然地位不但决定上市公司石油石化板块的整体业绩，也代表和引领着我国整个石油石化行业的发展，从石油石化行业经营实体影响力角度来看，这两家上市公司经营业绩的变化是石油石化上市公司业绩的决定性因素，相比较而言，其他规模小的在细分行业处于龙头地位的化工行业上市公司业绩也有较好表现。

2014 上市公司石油石化板块格局仍然是中国石化、中国石油占绝对市场地位为主，如表 7-7 数据中所列，中国石化、中国石油两家上市公司的资产总额、营业收入、净利润、总市值分别占石化行业上市公司相关总额的 70.79%、80.85%、82.33% 和 61.94%，这两大行业巨头占据了石油石化行业上市公司绝大部分资产、收益和市值。

表 7－7　　2014 年中国石油、中国石化与石化行业上市公司指标表

企业名称	资产总额		营业收入		净利润（亿元）		总市值	
	数额（万亿元）	比例（%）	数额（万亿元）	比例（%）	数额（万亿元）	比例（%）	数额（万亿元）	比例（%）
中国石化	1.45	26.56	2.83	44.78	489.10	23.98	0.77	17.34
中国石油	2.41	44.14	2.28	36.08	1190.28	58.35	1.98	44.59
小计	3.86	70.70	5.11	80.85	1679.38	82.33	2.75	61.94
石化行业上市公司	5.46	100.00	6.32	100.00	2039.82	100.00	4.44	100.00

在 2014 年度中，影响石油石化行业业绩的主要因素表现为以下几点：

（一）国际油价断崖下跌增大石化行业增长压力，供需关系主导油价走势

油价的波动是影响石化行业景气与否的决定性因素之一。2014 年国际油价整体呈现从高位震荡到断崖式下跌的态势。上半年 Brent 油价基本在 110 美元震荡，下半年大幅下挫，截至 2014 年 12 月 31 日，Brent 油价从每桶 115.06 美元高位跌至每桶 57.33 美元，WTI 油价从每桶 107.26 美元跌至每桶 53.27 美元较最高点跌幅分别达到了下跌了 50.3%和 50.2%。

影响 2014 年国际油价波动主要三大因素：一是供需关系因素，2014 年世界石油市场上半年供需基本平衡，下半年供大于求，主要是受美国、欧佩克等原油供应迅速增长，但是需求未得到提升，致使石油库存剧增，石油需求增量持续下降；二是地缘政治因素，主要是乌克兰危机、委内瑞拉经济恶化和不稳定的国内局势及中东地区冲突等事件引发的地缘政治因素；三是金融因素，主要是 10 月份美元量化宽松政策的退出和投机机构看空等金融因素。

2014 年，中国石化的营业额及为人民币 28，259 亿元，与 2013 年的 22，581.24 亿元相比降低 1.9%；经营收益为人民币 735 亿元，同比降低 24.1%。主要归因于石油、石化产品价格下跌。2014 年中国石油的营业额为人民币 22，829.62 亿元，比 2013 年的人民币 22，581.24 亿元增长 1.1%。主要原因是原油、成品油价格下降，天然气价格上升以及原油、天然气、汽油等主要产品销售量增加综合影响。

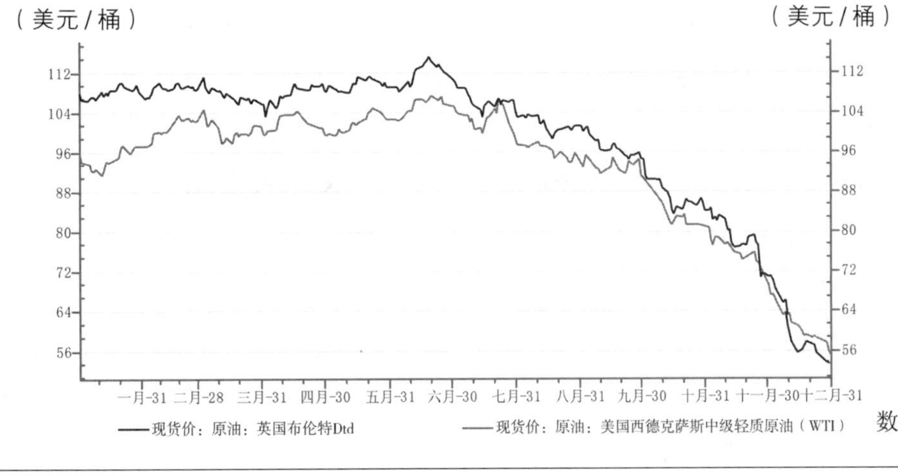

数据来源：Wind 资讯

图 7－2　2014 年国际油价走势图

（二）世界石油供给大于需求，我国原油进口增长，成品油出口减少

2014年上半年世界石油需求疲软，油价基本稳定，下半年，需求无改变，原油供给增大。据有关统计，在需求方面，2014年世界原油需求增速伴随世界经济增速放缓而下降。国际能源署（IEA）对2014年原油需求增长的估值为67万桶/日，低于2013年122万桶/日的增长幅度。其中，非经合组织的国家原油需求增长111万桶/日，主要来自亚太、中东和拉美地区；经合组织国家原油需求同比下降43万桶/日，其中，除美国略增长4万桶/日外，欧洲国家原油需求下降18万桶/日，日本下降23万桶/日。在供应方面，2014年世界原油供应9320万桶/日，比2013年增长184万桶/日，供大于需76万桶/日，供需相对宽松。其中，欧佩克国家原油产量3667万桶/日，同比略减5万桶/日，在世界原油供应中的占比降至40%左右，主导地位受到一定程度的冲击；非欧佩克国家原油供应量5653万桶/日，同比增长189万桶/日。增量主要来自于非常规资源，其中美国页岩油增产贡献最大，增幅达147万桶/日；其他非欧佩克国家和地区（例如俄罗斯、非洲等）的地位也逐渐凸显出来。

2014年，原油国际贸易规模保持增长，现货贸易总量超过20亿吨。据海关总署公布的数据，2014年我国原油进口量比2013年增长9.5%；但进口金额为1.4万亿元人民币，仅比2013年增长2.5%，原油进口平均价格下跌6.1%。成品油出口467.5万吨，下降32.8%。根据世界银行估算，油价下跌10%，对中国经济增长率的拉动在0.1%～0.2%之间。

2014年中国石油国际业务，汽油、煤油、柴油销量为16087.8万吨，比2013年的15913.3万吨增长1.1%。

（三）石化行业总体平稳运行，我国原油供需增幅放缓，汽油需求增幅较大

1. 原油、成品油市场

2014年，在原油市场相关方面，成品油市场需求呈中低速增长态势，汽油需求保持较快增长，柴油需求自2009年以来首现萎缩。国内炼油能力继续增长，市场资源总体宽松，成品油净出口进一步增加。据有关资料显示，2014年国内原油加工量4.5642亿吨，增长2.8%，成品油产量2.8491亿吨，增长4.4%；成品油表观消费量26.928亿吨，增长2.0%，其中汽油增长8.3%，柴油下降1.5%。国内成品油价格走势与国际市场油价变化趋势基本保持一致。

2. 化工市场

2014年，全球经济复苏缓慢导致消费动力不足，原油价格大幅下跌，加之全球化工产能释放明显，化工市场持续低迷；中国国内经济结构调整，以及低价进口产品增加，化工产品价格保持低位运行，化工市场仍然处于供过于求的状态。2014年，化工产品价格持续下跌。下半年化工产品原料价格下降幅度大于化工产品价格下降幅度，化工毛利有所改善。

3. 天然气市场

2014年，国内天然气产量稳定增长，进口气量增速减缓，天然气需求量增速放缓，消费结构不断优化，市场供需处于基本平衡状态。据有关资料统计，2014年国内天然气产量1279亿立方米，比上年同期增长5.7%；天然气进口量578亿立方米，比上年同期增长 8.2%；天然气表观消费量 1786 亿立方米，比上年同期增长 5.6%。

2014 年，中国石油原油总产量 945.5 百万桶，比上年同期增长 1.4%；可销售天然气产量 30288 亿立方英尺，比上年同期增长 8.1%，油气当量产量 1450.4 百万桶，比上年同期增长 3.6%；加工原油 1，010.6 百万桶，比上年同期增长 1.8%；生产成品油 9267.1 万吨，比上年同期增长 2.6%。中国石化全年油气当量产量为 480.22 百万桶，同比增长 8.44%；其中境内原油产量保持稳定，同时去年底部分海外上游资产完成交割，海外原油产量大幅增长；生产天然气 7164，同比增长 8.5%；全年加工原油 2.35 亿吨，同比增长 1.5%；生产成品油 1.46 亿吨，同比增长 4.2%。

（四）产业结构产业布局调整促进行业结构改观明显，产品技术向高端领域延伸

数据显示，产业链长、技术含量和附加值较高、市场前景看好的产品产量增长较快，在行业中所占比重大幅上升。主要表现在以下两个方面，一是精细化学品在产业效益增长中贡献率上升例如专用化学品、涂（颜）料等，2014 年专用化学品对化学工业利润增长的贡献率最高，达到 110%，比上年大幅提高 75 个百分点；涂（颜）料等制造贡献率为 42%，比上年上升 30 个百分点，说明行业利润重心逐渐向终端市场、差异化产品方向调整；二是消费结构出现新变化。化学工业中，有机化学原料、合成树脂等消费比重增加。数据显示，2014 年，有机化学原料表观消费量比上年增幅达 13.5%，比上年加快 6.6 个百分点；合成树脂表观消费量增幅约 8%，提高 2.5 个百分点。其中，甲醇表观消费量增速逾 21%；聚乙烯达到 10.2%。

2014 年，石油和化工行业出现一批核心技术取得突破的良好局面。在传统行业技术升级加快，如化肥行业的煤气化技术装备的发展，染料生产工艺的突破与创新；页岩气的开发也取得技术和产量的突破；在化工装备领域，国产化装备取代了国外进口设备等。例如中国石化在化工板块着力结构调整，着力降本减费，着力产销衔接，坚持低库存运行控制经营风险，全年乙烯产量比上年增加 72 万吨，吨乙烯原料成本比上年降低 105 元，化工吨产品完全费用比年度预算低 129 元，合成树脂专用料比例提高 2.1 个百分点，高附加值橡胶比例提高 1.6 个百分点，化纤产品差别化率增加 5.9 个百分点。

（五）产业结构仍需进一步优化，石化行业创新能力弱

我国石化产业虽然在产业结构调整上有所进步，但未有实质性转变，距离实际需求仍有较大的差距。主要表现在两个方面，一方面我国石化行业大部分大宗品种的产能利用率不高，存在产能过剩的现象。例如，2013 年我国炼油一次加工能力的产能利用率为 67.5%，其中部分地方炼油企业受原料供应和装置匹配能力限制平均产能利用率只有 33%，而发达国家的产能利用率通常为 85% 左右。另一方面石化市场高端市场供需总体存在较大缺口。海关数据显示，1 ～ 11 月，我国进口有机化学品达 3664 万吨，同比增长 5.3%；进口合成树脂 2929 万吨，增幅 4.0%。从具体品种上看，进口对二甲苯（PX）880 万吨，同比增长 6.3%；进口芳烃混合物 426.1 万吨，增速高达 49.1%；进口聚乙烯 830.3 万吨，增长 4.6%。究其原因，主要是我们石化产业创新能力弱，表现出在低值化、同质化的中低端市场，存在供给严重过剩、竞争激烈；同时，在个性化、差异化的高端市场，又不能满足现实需求，只能进口，如高端合成树脂产品、乙烯下游高附加值的聚乙烯专用料、聚乙烯醋酸乙烯脂（EVA）、乙丙橡胶等高端产品供应不足，市场开发重视不够。

（六）资源环境约束进一步强化，环保责任压力较大

石化行业是典型的资源环境约束性产业，90% 以上的产品原料来自于矿产资源。2014 年原油进口依存度达到 59%；硫黄进口依存度超过 48%；钾肥进口依存度约 42%；天然橡胶进口依存度超过 80%。石化行业的“三废”排放量也一直位居工业行业前列，重大安全环保事故时有发生，公众对行业的信任程度有待提高，行业形象亟待改善。在自然环境承载能力已经达到或接近上限的情况下，我国石化行业必须清醒认识，加快发展循环经济，大力推进清洁生产，深入实施责任关怀，促进绿色低碳循环发展，不断提高行业可持续发展能力。

资料链接：

1. 生物航空煤油首获适航许可

2 月 12 日，中国第一张生物航煤生产许可证落户中国石化。中国成为继美国、法国、芬兰之后第四个拥有生物航煤自主研发生产技术的国家，中国石化成为国内首家拥有生物航煤自主研发生产技术的企业。国际航空运输协会预测，2020 年生物航煤将达到航油总量的 30%。

2. 中俄天然气合作项目落地

5 月 21 日，经过 10 年谈判，中俄两国政府签署了《中俄东线天然气合作项目备忘录》，两国企业签署了《中俄东线供气购销合同》。合同期 30 年，总价值将达 4000 亿美元。这是中俄能源战略合作中一个里程碑式的成果。

3. 国务院出台《石化产业规划布局方案》

6 月 4 日，国务院常务会议原则通过了《石化产业规划布局方案》，从国家层面推进科学合理规划，调整优化产业布局，从源头上推动石化产业绿色、高效发展。

4. 油价大跌使石化产品价格跳水

6 月开始，受需求低迷影响，国际原油价格一路下跌，半年跌幅超过 40%。石油和化工产业链的产品因失去原料价格支撑，大多数产品价格持续下跌。国内炼油行业全面亏损，亏损总额甚至达到上万亿元。苯乙烯、丙烯、纯苯、甲苯、二甲苯等油头化工产品价格跌幅巨大，有的品种一周就跌去 20% 以上。

资料来源：金融时报

三、2015 年石油石化行业前景分析

2015 年世界宏观经济开始复苏受压，经济新兴国家经济仍增长减速，国际石油石化行业将同比减速增长。我国经济仍处于中高速成长发展阶段时期，宏观经济增长对石油和化工产品的需求增长仍构成有效支撑，国内消费结构升级带动的旺盛需求，在推进国家产业结构升级、落实经济增长方式转变、执行《石化产业规划布局方案》等政策下，随着市场环境的进一步改善，预计 2015 年，我国石油和化工行业呈现总体稳增长，各子行业尤其是高技术高附加值产品的子行业的发展将更加显著，行业的环保问题将得到改善，运行质量将有所提高。

（一）国际油价略升且低位运行震幅低于 2014 年，供需基本面因素影响加大

展望 2015 年，预计国际油价略有回升，整体处于低位运行，且振幅低于 2014 年，影响油价的主要因素以供需基本面因素影响最大，其他如地缘政治、原油库存、美元走强、世界经济增速等其他因素也将影响国际油价走势。除美国外，其余发达体经济表现不佳，包括中国在内的其他发展中国家增速放缓，导致石油需求增速减弱，另一方面，由于美国页岩油技术突破，美国经济复苏，全球原油将呈现总体供大于求的态势，据 EIA 预测，2015 年世界原油总消费量为 92.32 百万桶 / 日，增速下滑 0.2%，总供给量预计为 92.75 百万桶 / 日；另有世界原油库存高企，美元指数走强，也将起到抑制油价的作用；再有地缘政治危机局面趋于好转，但乌克兰问题和委内瑞拉依然存在较大风险，若油价下跌低于页岩有开采成本，主要产油区的经济危机爆发导致石油减产，油价将向上做宽幅震荡的态势。

预计 2015 年世界经济增长为 3.6% 的低速增长，Brent、WTI 原油价格将低位运行，全年油价波动幅度小于 2014 年，预计 Brent 原油均价为 45 ～ 70 美元 / 桶，WTI 原油均价为 40 ～ 65 美元。

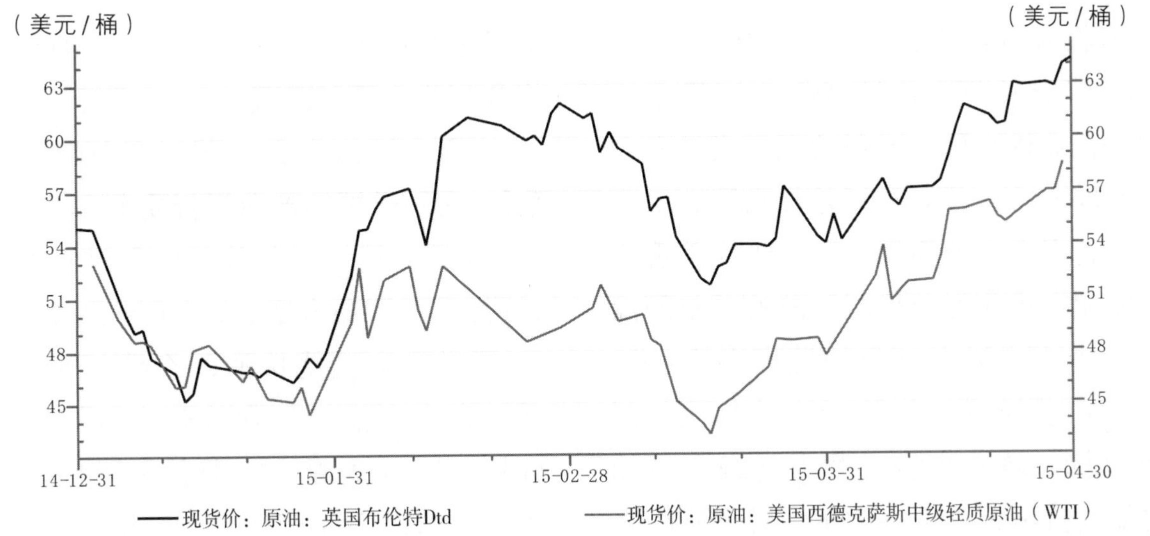

图 7 – 3　2015 年 1 ～ 4 月国际石油价格走势图

（二）石油供需均衡持续增长，增速放缓，石化行业从供需角度平稳增长

预计2015年石化产业供需将保持平稳增长，需求同比略有增长。原油产量维持在2亿吨左右，原油加工量维持在5亿吨左右，成品油产量增速将放缓，约2.9亿吨，乙烯产量略有增长，约1800万吨。预计原油表观消费量约5.4亿吨，比上年增长5.0%；天然气表观消费量约1990亿立方米，增长10%；成品油表观消费量约3.1亿吨，增长4%，其中柴油表观消费量约1.74亿吨，增长2%；化肥表观消费量6100万吨左右，增长约2%，其中尿素表观消费量约为2100万吨，增长1%；合成树脂表观消费量约1.04亿吨，增长9%；乙烯表观消费量约2000万吨，增长7%；烧碱表观消费量约3180万吨，增长约8%。

（三）全面深化改革将给行业经济运行注入新的市场动力

2015年一系列改革重大举措将陆续出台，是我国全面深化改革的关键之年。首先，国资国企改革将向纵深推进，对行业影响举足轻重。目前，在全行业中，主要国企主营收入占比50%左右，利润总额超过50%，税金总额占比近75%。国资委等有关部门正在进行国企改革的顶层设计和制定具体实施方案，核心目标是提高国有资本运营效率和国有企业活力，进一步完善现代企业制度和市场化经营机制。随着改革的深入，必将进一步激发国企的发展潜力和活力，为行业发展增添新的动力。其次，围绕简政放权，政府职能改革力度进一步加大。比如，持续推进价格改革。国家发改委1月4日对外宣布，放开24项商品和服务价格，下放1项定价权限，今年还将推出电力、天然气等能源领域的价格改革重大举措。此外，政府有关部门还出台了扶持中小企业、优化企业兼并重组市场环境等政策措施。随着这些改革措施的逐一落实，市场环境将进一步改善，企业市场竞争能力将进一步增强。

（四）“三大战略”带来的行业发展机遇

我国全面实施的“一带一路”、京津冀协同发展、长江经济带等三大战略，给石油石化行业发展带来一系列新的发展机遇。“一带一路”沿线总人口约44亿，占全球总人口60%以上，大多数国家是新兴经济体和发展中国家，经济总量约21万亿美元，占全球经济总量的比重接近30%。实施“一带一路”战略，需要开展铁路、通信等大量的基础设施建设，可以带动数万亿元的资金投入。实施京津冀协同发展、长江经济带战略，有助于促进国内经济结构平衡，构建区域统一市场，将在基础设施建设、新型城镇化发展、现代服务业等方面产生大量新的需求。三大战略的实施为石化行业发展创造了新的重大机遇，为石化产品创造新的巨大需求，对于行业稳增长、调结构，特别是促进企业“走出去”形成竞争新优势，都具有十分重要的意义。

（五）国家出台《石化产业规划布局方案》，有利于提高产业运行质量

6月4日，国务院常务会议原则通过了《石化产业布局方案》（以下简称《方案》）。

《方案》围绕炼油、乙烯、芳烃三方面展开。坚持安全环保优先、坚持科学合理规划、坚持资源优化配置和坚持提高产业效益是未来石化产业规划布局的四大原则。主要内容包括：抓好现有优势企业挖掘改造，提升产业效益；加快建设能源进口通道配套石化工程建设，充分发挥能源战略通道作用；优化提升石化产业基地，推动产业集聚高效发展；稳步开展现代煤化工升级示范，提高原料多元化水平。根据《方案》，预计到2020年全国炼油综合加工能力7.9亿吨，乙烯、芳烃生产能力分别为3350万吨、3065万吨，2025年炼油、乙烯、芳烃生产加工能力分别为8.5亿吨、5000万吨和4000万吨。集聚建设上海漕泾、浙江宁波、广东惠州、福建古雷、大连长兴岛、河北曹妃甸、江苏连云港七大基地，其炼油、乙烯、芳烃产能分别占全国比重的40%、50%和60%。

从国家层面推进科学合理规划，调整优化产业布局，从源头上推动石化产业绿色、高效发展。石化产业规划布局方案，要求行业必须严格执行；要以现有产业基地和优势企业挖潜改造为重点，促进石化产业提质增效升级；要严格环评、科学论证，做好项目选址，避免盲目违规乱上。切实加强安全环保监管，落实企业主体责任，及时排查隐患；从严查处环境违法事件。要加强信息公开、科普宣传和解疑释惑，保障公众知情权，推动石化产业绿色、安全、高效发展。

资料链接：

1. 中亚油气管道助力“丝绸之路经济带”

9月13日，中国—中亚天然气管道D线塔吉克斯坦段开工仪式在塔国首都杜尚别隆重举行。中国国家主席习近平和塔吉克斯坦总统拉赫蒙共同出席开工仪式，致辞并为工程揭幕。中亚天然气管道D线全长1000千米，西起土库曼斯坦和乌兹别克斯坦边境的乌国首站，经乌兹别克斯坦、塔吉克斯坦、吉尔吉斯斯坦，最后进入中国境内的新疆乌恰末站，并与国内西气东输五线贯通。

2. 石油企业“混改”步入快车道

9月12日，中国石化销售公司与25家境内外投资者签署增资协议，拟由全体投资者以1070.94亿元人民币认购销售公司29.99%的股权。此举标志着中国石化混合所有制改革迈出实质性的一步。中国石油的混合所有制改革发力点在于“一揽子计划”，主要以上市公司的资产为主进行“混改”，油田、管道、销售主要板块都将进行混合所有制改革试点。

3. 南海油气勘探获重大突破

8月30日，“海洋石油981”钻井平台在南海北部深水作业区陵水17-2气田首次测获高产油气流，测试日产天然气56.5百万立方英尺（相当于9400桶油当量）。该气田是我国海域自营深水勘探第一个重大油气发现，引起国际社会广泛关注。

资料来源：中化新网

附表

2014年石油石化行业上市公司业绩评价结果排序表

行业排名	全部上市公司排名	股票代码	股票简称	综合得分（100分）	每股收益（元）	总资产报酬率（次）	净资产收益率（%）	总资产周转率（次）	流动资产周转率（次）	资产负债率(%)	已获利息倍数	营业收入增长率(%)	资本扩张率(%)	市场投资回报率(%)	股价波动率(%)	年末资产总额（万元）	营业收入（万元）	净利润（万元）
1	11	600583	海油工程	84.29	0.97	17.65	21.35	0.74	1.65	33.95	44.57	8.32	23.98	43.69	73.82	3114777.11	2203137.52	427187.21
2	31	600352	浙江龙盛	79.58	1.66	16.97	22.34	0.72	1.22	46.93	15.37	7.55	22.91	52.5	84.29	2302455.66	1514998.6	280773.35
3	37	601808	中海油服	78.83	1.57	10.79	17.12	0.41	1.49	45.53	20.45	20.61	27.01	3.64	64.21	8687430.71	3372018.53	752018.26
4	43	600426	华鲁恒升	78.21	0.84	9.99	12.88	0.76	3.72	49.33	4.03	14.65	12.68	70.8	138.49	1304996.45	971012.19	80442.8
5	61	600309	万华化学	76.07	1.12	12.66	25.97	0.61	2.46	68.06	10.6	9.14	12.77	14.59	72.26	4159208.56	2208836.85	321754.71
6	64	601857	中国石油	75.93	0.59	7.65	9.42	0.96	5.55	45.22	7.3	1.1	3.77	47.74	76	240537600	228296200	11903400
7	79	002470	金正大	75.02	1.23	10.99	15.5	1.38	2.6	36.52	32.92	13.03	68.42	27.08	109.08	1101129.44	1355444.22	88008.87
8	81	002440	闰土股份	74.89	1.68	24.11	24.11	0.75	1.25	22.23	58.47	11.32	19.66	10.62	63.1	779583.49	534522.21	138579.6
9	84	002588	史丹利	74.78	1.73	11.56	16.77	1.2	1.97	39.96	0	5.77	14.42	47.63	139.54	509271.12	565399.88	49513.04
10	106	601216	内蒙君正	73.87	0.37	9.35	12.04	0.44	2.05	46.82	6.39	38.2	10.49	42.55	109.68	1224402.72	478380.43	75492.28
11	109	000553	沙隆达A	73.79	0.83	24.66	27.56	1.11	3.19	31.59	25.62	1.71	29.81	19.14	53.41	293429.97	313118.63	49128.39
12	119	002064	华峰氨纶	73.53	0.53	13.81	15.97	0.66	1.48	29.12	21.13	–0.46	68.93	22.82	53.96	443268.42	236153.75	41067.02
13	128	600803	威远生化	73.31	0.82	14.04	18.77	0.54	2.01	46.52	7.35	3.42	20.89	2.86	47.12	946195.24	486870.55	92068.2
14	141	600486	扬农化工	72.91	1.76	13.04	16.75	0.71	0.96	35.11	0	–6.13	18.58	32.78	85.28	430776.54	282049.03	46897.49
15	145	002250	联化科技	72.83	0.69	13.15	18.23	0.77	2.06	39.84	24.98	18.46	28.88	13.1	61.69	579711.54	399026.61	55880.51
16	151	600315	上海家化	72.69	1.34	22.23	24.63	1.06	1.41	31.23	0	19.38	13.07	–22.86	47.36	553363.37	533465.93	90753.28
17	189	002450	康得新	71.56	1.06	15.39	22.91	0.55	0.96	55.62	5.52	63.12	27.08	15.67	135.48	1087650.37	520809.18	100021.63
18	191	601678	滨化股份	71.54	0.55	8.48	8.06	0.73	2.99	35.69	6.43	19.23	7.45	40.53	94.6	704092.95	488881.11	35565.04
19	222	600028	中国石化	70.53	0.41	5.37	7.04	1.99	7.71	55.41	7.91	–1.89	3.82	55.2	72.19	145136800	282591400	4891000
20	235	300196	长海股份	70.27	0.77	12.17	12.67	0.75	2.49	25.81	23.84	20.97	12.41	41.08	97.69	153531.6	111261.26	14875.25
21	246	300072	三聚环保	70	0.79	14.4	22.33	0.7	0.96	60.4	4.87	150.65	34.29	43.21	119.11	528082.09	300991.45	41117.14
22	282	002224	三力士	69.13	0.3	17.56	16.71	0.75	1.08	8.31	0	2.66	19.03	41.03	153.66	139561.26	96965.12	19824.88

续表

行业排名	全部上市公司排名	股票代码	股票简称	综合得分（100分）	每股收益（元）	总资产报酬率（次）	净资产收益率（%）	总资产周转率（次）	流动资产周转率（次）	资产负债率(%)	已获利息倍数	营业收入增长率(%)	资本扩张率(%)	市场投资回报率(%)	股价波动率(%)	年末资产总额（万元）	营业收入（万元）	净利润（万元）
23	301	300180	华峰超纤	68.79	0.73	8.12	8.11	0.61	1.48	19.74	0	33.55	7.32	41.33	129.24	176811.02	97031.31	11549.37
24	329	601058	赛轮股份	68.06	0.74	6.74	8.11	1	2.02	68.53	2.81	38.72	53.2	17.17	91.4	1386795.55	1112823.49	34402.85
25	366	002360	同德化工	67.3	0.32	14.85	14	0.69	1.48	25.38	50.81	8.43	13.5	30.48	162.46	136613.65	89679.96	13751.94
26	370	002669	康达新材	67.22	0.35	11.91	11.82	0.74	1.08	19.78	42.43	64.17	10.26	66.96	190.25	77560.18	52718.97	6990.83
27	386	002254	泰和新材	66.89	0.3	8.48	8.16	0.73	1.61	21.53	32.06	0.34	9.26	46.49	107.63	259702.12	177604.5	16781
28	394	300037	新宙邦	66.7	0.78	9.52	9.76	0.49	0.75	17.24	0	10.58	7.94	55.3	158.32	163267.92	75678.2	13527.78
29	417	300067	安诺其	66.4	0.31	13.55	11.93	0.78	1.24	12.8	0	47.29	11.88	71.75	130.84	102693.35	74636.23	10503.36
30	440	600176	中国玻纤	65.95	0.54	7.2	11.8	0.33	1.02	78.82	1.78	20.32	8.07	106.86	188.21	1932512.51	626815.35	47338.26
31	453	002581	万昌科技	65.74	0.58	11.13	10.78	0.41	0.56	2.61	0	0.59	1.5	151.81	341.22	76948.69	31913.99	8147.87
32	460	000637	茂化实华	65.66	0.14	14.2	12.64	3.57	6.29	26.15	11.56	23.74	3.74	38.52	151.12	121234.37	401469.24	11245.71
33	487	300320	海达股份	65.14	0.62	11.99	11.79	0.91	1.39	29.28	26.71	30.17	11.2	54.69	134.04	103642.11	83697.37	8553.73
34	490	002324	普利特	65.11	0.73	11.69	11.73	0.95	1.4	29.58	14.21	18.47	9.47	17.59	113.68	224688.04	202576.68	19604.5
35	492	600469	风神股份	65.06	0.88	7.68	12.36	1.15	2.48	60.01	3.89	−4.35	13.07	55.83	137.95	698955.89	816683.68	33179.77
36	508	002004	华邦颖泰	64.85	0.67	6.5	8.9	0.46	1.09	57.75	3.58	9.03	42.86	13.52	65.63	1356814.8	486668.88	44599.92
37	514	600985	雷鸣科化	64.7	0.56	9.55	9.02	0.71	1.78	20.28	120353.91	5.09	8.62	32.68	139.12	145536.39	98776.66	10359.61
38	525	300054	鼎龙股份	64.46	0.31	12.24	11.93	0.62	1.18	16.75	0	87.27	16.62	1.74	92.55	156301.62	91863.78	15722.77
39	526	002497	雅化集团	64.45	0.47	10.94	10.4	0.51	1.7	18.79	42.13	13.28	5.29	42.27	125.37	291093.92	145486.76	24893.7
40	530	600141	兴发集团	64.37	1.04	6.99	1.59	0.66	3.05	69.07	1.93	4.18	42.32	23.4	94.15	1966181.96	1139197.65	53932.22
41	535	300225	金力泰	64.3	0.34	9.6	10.36	0.69	1.13	21.73	0	9.51	6.52	37.45	101	102395.11	69335.61	8776.64
42	537	002597	金禾实业	64.28	0.59	6.55	5.97	1	2	36.66	6.43	7.98	5.36	38.43	150.2	337113.6	321471.06	13794.64
43	541	600182	S 佳通	64.23	0.62	18.18	20.66	1.14	1.77	35.84	8.63	−14.23	3.27	29.32	117.26	315985.51	398813.53	41808.76
44	545	002361	神剑股份	64.21	0.27	8.28	9.09	0.82	1.12	35.33	4.95	27.19	90.23	44.25	121.12	182661.29	124958.47	8664.06

续表

行业排名	全部上市公司排名	股票代码	股票简称	综合得分（100分）	每股收益（元）	总资产报酬率（次）	净资产收益率（%）	总资产周转率（次）	流动资产周转率（次）	资产负债率(%)	已获利息倍数	营业收入增长率(%)	资本扩张率(%)	市场投资回报率(%)	股价波动率(%)	年末资产总额（万元）	营业收入（万元）	净利润（万元）
45	546	300019	硅宝科技	64.2	0.49	11.36	12.46	0.74	1.38	25.66	0	18.26	8.75	24.97	129.88	81440.48	54949.96	7958.87
46	570	002408	齐翔腾达	63.76	0.53	7.55	8.2	0.88	2.57	43.14	6.34	37.9	12.94	17.75	73.45	654079.32	520042.93	31038.8
47	578	002108	沧州明珠	63.71	0.49	11.46	11.57	0.9	1.47	35.41	6.54	5.39	35.6	58.57	171.84	251911.34	208995.87	16928.79
48	585	002427	尤夫股份	63.57	0.4	6.76	9.5	0.98	2.13	56.1	2.59	40.96	10.18	98.58	207.18	253175.81	247924.12	10267.9
49	602	000830	鲁西化工	63.2	0.25	5.48	5.61	0.69	4.43	69.92	1.91	17.84	6.48	35.34	92.5	1986187.87	1302937.7	36106.66
50	607	002002	鸿达兴业	63.11	0.41	6.82	12.52	0.4	1.48	70.94	3.99	37.39	14.31	25.52	116.59	974901.98	332001.01	34693.82
51	613	002215	诺普信	62.97	0.28	9.45	11.42	0.86	1.51	37.97	92.9	26.92	4.48	15.75	118.73	252623.46	220272.44	19396.63
52	615	002391	长青股份	62.94	0.74	10.57	10.99	0.67	1.52	26.93	23.15	15.32	16.01	−2.69	63.38	310979.64	180898.08	23219.65
53	617	300109	新开源	62.88	0.26	7.91	7.7	0.56	1.84	15.67	91.11	20.99	6.15	118.51	252.88	47462.93	25334.35	3011.79
54	632	000985	大庆华科	62.63	0.11	2.24	2.83	2.28	9.94	20.97	0	21.05	1.42	52.48	143.4	63507.64	142284.34	1391.76
55	643	000818	方大化工	62.42	0.13	4.99	4.77	1.09	5.31	23.83	3.49	11.4	4.52	52.81	139.1	266879.48	295596.07	8823.81
56	651	002010	传化股份	62.26	0.44	10.79	12.85	1.26	1.93	50.56	6.69	22.82	4.94	−9.05	49.1	437628.96	502995.87	28782.1
57	657	600063	皖维高新	62.22	0.12	5.88	4	0.61	2.78	49.41	2.48	15.48	44.55	127.06	224.42	729236.8	412609.25	18401.76
58	675	601233	桐昆股份	61.9	0.12	3.27	0.76	1.72	4.64	49.97	1.64	13.36	−2.49	78.45	128.11	1375696.52	2509491.66	12977.16
59	684	002170	芭田股份	61.68	0.22	7.68	11.97	0.84	1.85	48.89	31.48	10.72	9.28	43.36	153.15	313339.03	236120.93	18740.88
60	691	002539	新都化工	61.5	0.34	6.24	6.88	0.76	2.32	62.51	2.86	21.26	4.34	107.15	199.4	667557.72	466704.32	18701.58
61	693	002326	永太科技	61.49	0.33	5.76	5.23	0.48	1.16	31.32	3.45	37.92	65.35	60.41	108.84	251818.58	106144.93	8300.05
62	694	300108	双龙股份	61.48	0.31	6.16	5.02	0.26	0.65	29.88	7.52	108.27	281.92	88.3	144.09	216790.64	34326.26	5748.89
63	701	300230	永利带业	61.36	0.35	9.78	9.68	0.58	0.84	15.19	0	12.03	6.52	16.13	81.52	70530.86	39919.65	6030.43
64	714	300041	回天新材	61.2	0.65	9.91	9.3	0.69	1.31	20.41	0	31.4	8.43	26.6	131.24	133383.44	84372.5	10956.53
65	718	000822	*ST 海化	61.18	0.18	6.56	1.87	1.05	2.77	44.48	2.63	12.54	2.87	52.22	134.36	385928.29	485637.39	14653.12
66	723	002343	禾欣股份	61.12	0.27	4.6	4.76	0.91	1.46	20.4	0	10.58	0.12	67.74	86.25	174700.01	161320.77	6878.7

续表

行业排名	全部上市公司排名	股票代码	股票简称	综合得分（100分）	每股收益（元）	总资产报酬率（次）	净资产收益率（%）	总资产周转率（次）	流动资产周转率（次）	资产负债率(%)	已获利息倍数	营业收入增长率(%)	资本扩张率(%)	市场投资回报率(%)	股价波动率(%)	年末资产总额（万元）	营业收入（万元）	净利润（万元）
67	724	600409	三友化工	61.11	0.26	6.04	7.64	0.65	2.56	67.13	2.21	7.71	6.83	39.62	122.97	2002594.17	1269535.07	48504.87
68	727	002683	宏大爆破	61.1	0.73	10.06	11.08	1	1.53	37.89	6.09	15.08	53.22	−17.31	73.27	382063	339948.76	22915.59
69	744	600871	*ST 仪化	60.79	0.08	6.56	−18	2.06	3.77	77	3.74	434.48	163.46	106.89	187.06	8129570.8	9448104.1	123196.7
70	754	002092	中泰化学	60.69	0.25	4.19	3.45	0.39	2.09	67.69	1.55	−7.21	18.32	48.81	119.96	3167217.69	1117695.3	35531.31
71	759	002165	红宝丽	60.5	0.17	8.67	9.48	1.18	2.18	41.97	5.86	11.18	4.24	18.69	74.4	178516.03	213039.95	10005.14
72	763	002381	双箭股份	60.44	0.57	10.96	11.06	0.76	1.12	21.05	0	−2.69	7.55	1.38	69.91	151072.38	110209.68	13396.83
73	764	603077	和邦股份	60.42	0.69	11.1	0.93	0.3	1.12	47.96	5.95	36.38	44.43	35.49	157.9	913218.81	218569.86	67176.3
74	765	600256	广汇能源	60.41	0.31	6.98	7.65	0.2	1.3	66.56	5.68	39.79	23.79	−5.54	62.66	3763626.43	671726.88	168387.7
75	785	002554	惠博普	60.21	0.34	10.1	12.05	0.6	1.1	45.08	12.66	45.2	10.8	−19.56	59.56	275008.95	138141.71	17581.21
76	791	002538	司尔特	60.13	0.49	7.09	7.32	0.79	1.31	47.72	4.8	6.95	6.93	59.1	171.99	337941.63	237836.21	14406.85
77	799	000525	红太阳	60.06	0.84	6.97	10.55	0.65	1.28	63.17	3.1	−5.92	10.84	4.85	46.45	1069432.39	681249.95	40542.46
78	810	300192	科斯伍德	59.86	0.16	5.49	5.21	0.67	1.05	20.11	0	6.62	4.52	72.97	127.67	81415.4	52102.17	3952.47
79	812	300107	建新股份	59.84	0.15	5	4.76	0.53	1.3	5.46	0	13.38	4.43	16.32	102.9	91376.17	46635.11	4057.92
80	827	002496	辉丰股份	59.68	0.63	6.94	8.81	0.58	1.23	49.78	6.08	16.45	13.79	73.37	205.64	462354.43	242906.91	19585.28
81	838	600160	巨化股份	59.44	0.09	2.69	1.37	1.05	2.69	18.69	7.72	0.28	−2.62	32.48	100.37	895736.97	976354.69	16387.5
82	848	600378	天科股份	59.32	0.26	7.35	11	0.54	0.77	34.92	0	−11.2	7.25	35.68	65.19	112932.76	60768.58	7759.76
83	853	600389	江山股份	59.29	1.02	9.5	15.74	0.91	3.1	59.44	6.14	−5.9	10.16	−30.86	68.76	328678.29	297591.67	20175.93
84	880	002096	南岭民爆	58.96	0.53	10	9.03	0.6	1.79	32.05	9.75	7.26	8.26	−4.3	61.51	309478.21	179116.85	21938.76
85	887	000792	盐湖股份	58.91	0.82	4.02	7.15	0.17	0.93	71.61	3.37	29.4	7.08	32.37	110.22	6789930.62	1047436.32	133138.21
86	892	002643	烟台万润	58.84	0.35	6.73	6.34	0.68	1.43	12.99	0	10.71	3.54	15.51	91.66	159971.89	106879.62	9685.89
87	894	300321	同大股份	58.78	0.66	5.28	5.39	0.68	1.63	26.09	7.29	12.35	3.76	40.82	199.74	72132.21	49074.49	2911.74
88	895	002584	西陇化工	58.77	0.39	6.84	6.84	1.36	2.15	31.5	9.58	−1.87	10.47	49.66	137.23	166131.6	219793.58	8144.21

续表

行业排名	全部上市公司排名	股票代码	股票简称	综合得分（100分）	每股收益（元）	总资产报酬率（次）	净资产收益率（%）	总资产周转率（次）	流动资产周转率（次）	资产负债率(%)	已获利息倍数	营业收入增长率(%)	资本扩张率(%)	市场投资回报率(%)	股价波动率(%)	年末资产总额（万元）	营业收入（万元）	净利润（万元）
89	897	002377	国创高新	58.75	0.14	5.16	5.49	0.97	1.34	61.51	2.19	65.07	18.41	93.24	190.64	231763.5	193421.26	4640.12
90	904	002206	海利得	58.67	0.32	6.03	6.3	0.69	1.49	38.74	9.55	6.4	2.58	47.75	102.64	333776	228608.66	14477.4
91	913	300200	高盟新材	58.5	0.23	6.08	6.36	0.62	0.82	8.53	0	3.2	0.82	39.75	112.72	82853.3	51774.95	4890.5
92	915	300084	海默科技	58.43	0.31	5.27	4.29	0.25	0.53	34.05	6.33	35.12	61.49	78.62	116.86	162426.07	31556.39	4275.87
93	919	002246	北化股份	58.36	0.18	5.52	4.27	1.22	2.25	29.7	52.18	1.16	7.3	75.59	185.83	165374.65	203603.28	8053.13
94	921	002409	雅克科技	58.35	0.36	5.66	3.01	0.86	1.14	24.32	7.41	1.04	2.44	23.54	75.33	168915.15	132306.51	6027.54
95	938	601208	东材科技	58.15	0.27	7.4	7.23	0.53	1.32	24.8	30.03	31.69	6.24	24.28	86.36	297178.2	143701.19	16681.25
96	957	002037	久联发展	57.96	0.67	7.26	12.01	0.56	1.06	70.85	3.21	14.69	10.86	61.4	188.2	777806.7	390692.61	26742.31
97	971	002455	百川股份	57.8	0.23	5.81	6.14	1.41	2.79	61.54	2.11	15.99	3.64	41.59	153.61	210988.16	290455.72	5482.28
98	977	600143	金发科技	57.74	0.19	5.84	4.86	1.19	1.78	40.52	3.79	11.56	1.64	25.01	92.44	1373811.38	1609362.91	48245.41
99	980	002018	华星化工	57.71	0.09	3.86	3.86	1.79	2.71	10.38	0	37	3.92	77.3	160.14	303665.71	541759.95	10557.05
100	987	000819	岳阳兴长	57.64	0.17	5.46	5.21	1.94	3.3	13.54	0	−24.09	4	3.7	54.74	77604.93	146086.83	3648.6
101	989	002666	德联集团	57.56	0.5	10.97	10.3	0.91	1.25	19.14	29.26	5.66	7.62	32.39	168.54	200202.5	172251.84	16258.85
102	1001	300031	宝通带业	57.45	0.25	8.2	8.66	0.51	0.78	16.36	0	−10.44	3.91	36.58	117.75	98757.95	50245.06	7359.71
103	1015	600810	神马股份	57.32	0.14	4.52	2.65	2.05	4.71	67.36	1.39	1.31	11.21	18.01	102.26	791503.27	1488614.35	8609.57
104	1027	300163	先锋新材	57.09	0.2	5.32	4.15	0.54	1.4	29.96	8.19	102.08	4.07	5.82	117.96	97707.06	44788.92	3117.35
105	1028	000545	金浦钛业	57.08	0.13	2.85	1.17	0.45	0.93	23.2	25.78	−12.73	115.38	40.54	133.35	211450.02	73494.38	4169.75
106	1030	002221	东华能源	57.05	0.22	3.56	4.61	1.4	2.46	70.52	2.17	41.68	67.08	60.36	104.35	1129914.29	1331425.57	13773.77
107	1043	300325	德威新材	56.8	0.18	6.3	7.83	0.85	1.16	56.3	3.5	22.6	7.18	42.54	151.34	180910.47	137851.11	6100.63
108	1044	300214	日科化学	56.78	0.13	5.1	4.05	0.94	1.67	11.11	0	30.23	4.48	17.64	99.27	138986.12	130484.97	5294.36
109	1051	300236	上海新阳	56.68	0.6	7.65	7.91	0.38	0.71	17.65	0	80.14	7.76	−25.35	99.59	104087.13	37617.03	6746.85
110	1054	300305	裕兴股份	56.61	0.46	4.45	5.17	0.46	0.7	3.98	0	2.27	4.41	19.69	113.49	130066.29	58277.3	6689.53

续表

行业排名	全部上市公司排名	股票代码	股票简称	综合得分（100分）	每股收益（元）	总资产报酬率（次）	净资产收益率（%）	总资产周转率（次）	流动资产周转率（次）	资产负债率（%）	已获利息倍数	营业收入增长率（%）	资本扩张率（%）	市场投资回报率（%）	股价波动率（%）	年末资产总额（万元）	营业收入（万元）	净利润（万元）
111	1062	300285	国瓷材料	56.48	0.5	10.07	9.21	0.45	0.9	14.73	0	40.71	19.99	-8.2	97.22	91810.84	37488.44	7238.38
112	1066	002080	中材科技	56.45	0.38	4.3	5.95	0.61	1.03	65.91	3.7	28.5	5.34	5.9	82.49	805525.98	442445.24	17275.68
113	1084	002226	江南化工	56.27	0.41	8.4	7.63	0.45	1.28	24.73	8.77	-7.4	2.93	-5.38	55.33	402521.89	179255.09	23319.79
114	1095	603003	龙宇燃油	56.14	0.04	2	1.25	3.61	4.18	52.6	1.55	17.27	3.1	119.22	150.68	170634.48	527880.9	1040.39
115	1104	600623	双钱股份	56.04	0.39	7.47	-0.81	1.14	2.33	65.54	2.73	2.78	20.35	56.77	118.43	1441588.48	1473056.49	44946.72
116	1110	002382	蓝帆医疗	55.95	0.26	5.01	5.52	0.87	1.92	34.76	5.66	14.97	6.24	43.02	170.38	160307.75	153508.74	6167.36
117	1131	002637	赞宇科技	55.62	0.34	5.63	4.67	1.48	2.81	37.17	3.33	12.5	3.32	6.89	95.74	176658.5	249527.04	5818.64
118	1135	002054	德美化工	55.52	0.3	7	5.45	0.51	1.22	30.79	5.65	3.74	4.48	26.54	98.45	259618.58	122850.45	11402.43
119	1140	002068	黑猫股份	55.45	0.2	5.07	6.38	0.9	1.73	77.92	1.58	3.02	7.3	103.55	189.44	678632.14	616790.77	10198.14
120	1144	002632	道明光学	55.37	0.2	2.79	2.72	0.44	1.12	14.01	0	13.91	1.76	25.89	117.18	106686.93	46277.85	2765.36
121	1147	603002	宏昌电子	55.34	0.16	5.02	4.46	0.87	0.95	35.53	0	0.73	4.7	19.67	71.47	309714.24	193264.54	5229.45
122	1149	000635	英力特	55.34	0.17	2.77	1.62	0.58	3.15	10.63	5.39	-29.46	0.87	39.33	98.38	145016.73	121625.68	6272.34
123	1170	000589	黔轮胎 A	55.05	0.24	4.13	4.12	0.64	1.19	61.21	2.21	-14.11	58.32	32.12	83.24	973039.24	556348.2	16698.19
124	1200	000407	胜利股份	54.56	0.05	3.18	0.95	0.76	1.65	50.63	1.55	28.64	51.06	13.04	66.01	410280.37	287231.02	5298.9
125	1209	000949	新乡化纤	54.45	0.1	5.01	4.12	0.65	1.7	46.09	1.75	-13.11	39.06	54.84	140.41	446852.94	284080.4	9055.82
126	1228	000755	*ST 三维	54.03	0.12	4.2	0.71	0.94	3.89	70.28	1.23	5.7	18.38	50.22	154.83	590473.49	592656.63	4768.33
127	1230	300243	瑞丰高材	53.95	0.17	8.1	8.19	1.06	1.66	50.67	3.76	11.44	7.63	42.7	102.94	85807.55	84552	3493.31
128	1251	002053	云南盐化	53.63	0.3	4.06	3.32	0.51	3	74.29	1.5	2.6	5.49	111.81	249.66	383738.65	187745.12	3378.34
129	1256	300132	青松股份	53.6	0.14	8.02	8.2	0.72	1.27	43.05	3.73	20.73	7.28	30.14	95.62	105464.94	76321.6	5221.04
130	1258	300218	安利股份	53.58	0.25	4.92	4.92	0.8	1.88	44.08	4	12.61	9	-17.69	59.25	175685.78	133219.45	5893.73
131	1263	000523	广州浪奇	53.55	0.1	2.88	3.53	1.96	2.9	64.26	2.55	32.34	3.13	9.58	62.93	301142.71	540882.62	3996.58
132	1274	000565	渝三峡 A	53.39	0.26	6.51	5.17	0.58	1.12	33.11	5.09	0.41	6.7	74.3	191.41	95322.18	55282.54	4458.68

续表

行业排名	全部上市公司排名	股票代码	股票简称	综合得分（100分）	每股收益（元）	总资产报酬率（次）	净资产收益率（%）	总资产周转率（次）	流动资产周转率（次）	资产负债率(%)	已获利息倍数	营业收入增长率(%)	资本扩张率(%)	市场投资回报率(%)	股价波动率(%)	年末资产总额（万元）	营业收入（万元）	净利润（万元）
133	1280	600746	江苏索普	53.19	0.03	2.49	2.33	1.11	5.45	21.76	8.89	−10.89	0.45	23.64	99.83	55909.77	65608.96	1046.66
134	1292	002258	利尔化学	53.06	0.46	6.36	7.03	0.69	1.74	31.2	14.2	−8.54	5.49	2.89	77.97	204213.1	131738.96	9519.38
135	1314	000096	广聚能源	52.59	0.08	1.78	1.01	0.49	1.08	7.04	0	16.08	0.92	50.47	82.14	203306.06	100788.2	4360.41
136	1330	600251	冠农股份	52.36	0.43	6.94	9.24	0.36	0.84	44.1	6.09	−9.82	45.6	25.55	82.8	365555.07	115359.78	17907.91
137	1340	000599	青岛双星	52.26	0.11	3.19	1.66	0.8	1.45	50.45	2	−24.54	60.52	44.52	114.09	505144.63	397799.07	5816.99
138	1346	002562	兄弟科技	52.14	0.19	3.8	4.04	0.68	1.21	31.31	0	2.13	4.83	16.2	118.12	122074.93	80092.3	3895.29
139	1350	002549	凯美特气	52.04	0.08	3.4	3.46	0.23	0.55	29.65	10.36	12.73	5.67	37.02	91.38	119520.23	26199.33	3141.2
140	1356	600229	青岛碱业	51.84	0.19	4.32	0.55	0.61	1.49	59.36	3.05	0.94	7.87	45.86	107.07	316142.72	183336.63	7671.16
141	1371	600527	江南高纤	51.67	0.04	1.94	1.56	0.87	1.77	3.51	0	0.62	−2.23	−27.02	65.33	185241.94	164382.61	3092.51
142	1384	000615	湖北金环	51.44	0.07	3.11	−2.32	0.52	1.37	47.63	1.94	7.92	28.66	48.64	109.19	149160.72	69488.58	1574.91
143	1385	002145	中核钛白	51.43	0.07	4.2	2.33	0.5	1.41	59.24	1.74	9.41	33.13	56.17	156.26	388509.29	173441.51	3455.41
144	1434	002601	佰利联	50.58	0.33	2.84	2.48	0.5	1.19	51.21	2.69	19.09	4.49	19.36	103.98	464236.15	205129.59	6433.34
145	1442	600061	中纺投资	50.45	0.01	2.67	−0.74	2.49	3.06	64.42	1.13	8.28	3.62	293.2	470.71	174071.99	471684.32	488.52
146	1457	002256	彩虹精化	50.25	0.13	5.56	8.46	0.56	1.05	54.18	0	−10.39	8.92	19.62	133.53	122606.88	52802.87	4563.52
147	1467	600596	新安股份	50.17	0.07	2.07	1.54	1.01	2.75	41.43	1.8	14.05	−2	−2	78.57	797355.53	771583.17	6141.13
148	1470	300169	天晟新材	50.08	0.08	3.79	−1.13	0.45	0.89	34.01	1.84	25.62	39.23	29.8	146.43	347817.28	206622.3	6651.61
149	1472	000936	华西股份	50.08	0.08	3.38	2.98	0.65	1.48	32.07	3.28	−6.65	19.89	68.39	173.06	184808.33	76105.55	2417.78
150	1481	600500	中化国际	49.97	0.41	5.64	0.35	1.31	3.33	52.19	3.74	−17.53	1.75	43.56	103.8	3011118.33	3860519.67	88265.43
151	1483	600844	丹化科技	49.94	0.02	3.73	0.79	0.3	1.77	51.12	1.96	38.08	2.92	1.87	74	326731.25	102700.23	4535.25
152	1490	002556	辉隆股份	49.82	0.29	5.07	2.71	1.65	2.35	63.51	2.58	−6.66	4.85	32.8	138.92	597327.07	943572.39	13575.11
153	1522	300221	银禧科技	49.23	0.12	4.21	0.78	0.97	1.4	42.1	2.41	14.31	4.37	114.46	267.66	122651.95	110695.7	2332.55
154	1527	300082	奥克股份	49.13	0.27	2.91	2.48	0.63	1.28	40.27	7.28	15.6	1.75	10.43	92.47	519570.89	288309.52	9236.34
155	1549	600636	三爱富	48.77	0.02	3.66	−1.86	1.09	2.22	45.65	3.02	19.88	0.75	22.18	90.73	388130.26	393993.31	4913.76

续表

行业排名	全部上市公司排名	股票代码	股票简称	综合得分(100分)	每股收益(元)	总资产报酬率(次)	净资产收益率(%)	总资产周转率(次)	流动资产周转率(次)	资产负债率(%)	已获利息倍数	营业收入增长率(%)	资本扩张率(%)	市场投资回报率(%)	股价波动率(%)	年末资产总额(万元)	营业收入(万元)	净利润(万元)
156	1557	300157	恒泰艾普	48.54	0.14	5.34	5.2	0.25	0.55	20.68	19.67	23.99	5.58	−36.56	112.52	303393.18	72325.16	12444.02
157	1573	000973	佛塑科技	48.4	0.08	4.45	2.03	0.53	1.24	57.03	2.38	−9.53	−2.12	53.92	125.9	521423.77	273148.32	11161.66
158	1594	000584	友利控股	48.07	0.27	6.98	7.42	0.57	0.9	40.29	47.37	−27.19	−7.24	10.3	90.12	349083.94	201379.19	16342.73
159	1630	600078	澄星股份	47.32	0.03	3.5	1.4	0.52	1.15	62	1.42	5.5	2.41	19.62	141.99	512132.62	259556.13	4039.3
160	1641	300121	阳谷华泰	47.08	0.1	5.83	3.21	0.65	1.22	61.35	1.96	17.61	3.9	23.46	158.87	121808.45	74535.73	2696.45
161	1649	002136	安纳达	46.97	0.02	2.06	−1.04	0.72	2.22	42.8	1.21	54.34	0.54	45.43	163.69	104571.62	76497.48	319.12
162	1661	002442	龙星化工	46.72	0.03	3.2	0.37	0.78	1.5	64.02	1.09	4.01	−0.21	100.8	202.76	316095.16	243832.19	1500.29
163	1668	000422	湖北宜化	46.66	0.04	4.16	0.04	0.5	1.48	79.88	1.08	−5.7	0.73	21.83	84.01	3737461.83	1818191.31	7899.6
164	1676	300174	元力股份	46.55	0.06	0.99	0.74	0.67	1.69	17.73	11.23	6.7	0.26	10.27	107.85	60633.91	39830.34	810.84
165	1685	002453	天马精化	46.36	0.06	3.49	2.16	0.55	1.1	36.91	3.19	−7.27	1.71	42.68	112.95	196560.21	104017.78	3542.53
166	1707	000554	泰山石油	45.98	0.01	1.36	1.3	3.52	18.9	16.1	3.92	2.27	0.62	76.11	153.8	109464.05	391181.03	641.88
167	1711	600458	时代新材	45.94	0.07	−0.2	0.6	0.76	1.24	71.28	0	44.25	−5.65	25.8	96.7	1027959.48	600777.69	4231.2
168	1721	600367	红星发展	45.78	0.09	2.58	1.06	0.61	0.94	26.28	18.33	3.77	1.78	34.95	93.75	180468.27	109278.39	2904.72
169	1733	600589	广东榕泰	45.47	0.05	3.14	1.51	0.33	0.59	45.25	1.38	0.31	0.84	13.45	77.87	372055.89	118979.54	3083.18
170	1734	300063	天龙集团	45.45	0.01	2.2	0.34	0.84	1.46	39.34	1.71	37.94	2.96	210.44	332.2	120001.49	90528.97	356.03
171	1740	002411	九九久	45.39	0.08	3.95	2.49	0.74	1.66	43.04	2.59	18.51	2.31	4.98	90.1	156160.53	106027.36	3004.66
172	1757	002201	九鼎新材	45.14	0.05	3.09	1.18	0.51	1.12	73.9	1.34	18.75	1.92	47.41	167.08	164473.24	74381.6	1073.5
173	1760	002407	多氟多	45.07	0.02	1.64	−0.3	0.73	1.64	47.68	1.08	36.7	1.15	26.91	134.53	316386.18	213189.72	769.75
174	1765	300343	联创节能	44.96	0.08	3.14	1.91	1.04	2.24	40.63	2.96	67.1	7.9	−24.11	96.19	91329.2	83261.61	1172.34
175	1770	600731	湖南海利	44.86	0.03	3.62	1.31	0.66	1.37	52.42	1.78	2.96	−5.53	15.65	57.96	167526.49	113639.76	1897.45
176	1780	600423	柳化股份	44.72	0.02	4.27	−1.19	0.64	1.91	75.58	1.1	19.85	−5.02	42.02	132.55	533525.12	310013.32	860.85
177	1784	002476	宝莫股份	44.68	0.08	4.82	3.06	0.54	0.88	16.85	0	−2.54	13.25	−14	63.95	136584.93	66760.67	4833.19

续表

行业排名	全部上市公司排名	股票代码	股票简称	综合得分（100分）	每股收益（元）	总资产报酬率（次）	净资产收益率（%）	总资产周转率（次）	流动资产周转率（次）	资产负债率(%)	已获利息倍数	营业收入增长率(%)	资本扩张率(%)	市场投资回报率(%)	股价波动率(%)	年末资产总额（万元）	营业收入（万元）	净利润（万元）
178	1790	002319	乐通股份	44.58	0.03	2.33	1.45	0.6	1.24	38.09	1.83	5.91	0.4	34.76	122.15	95458.98	59757.99	890.93
179	1791	600727	鲁北化工	44.55	0.02	−0.31	0.05	0.4	1.14	24.33	0	6.76	0.65	22.23	100.88	136123.42	52914.76	755.23
180	1793	000698	沈阳化工	44.52	0.03	3	−7.64	1.45	5.85	58.84	1.2	0.03	0.53	31.96	95.84	754078.64	1053439.34	1648.68
181	1802	600889	南京化纤	44.3	0.02	3.27	2.73	0.55	1.15	63.89	2.97	−13.67	−4.5	58.59	138.32	292616.38	177178.05	3728.23
182	1812	002207	准油股份	44.16	0.04	1.33	1.09	0.44	0.65	42.49	31.08	3.42	0.37	105.69	183.02	102363.42	41083.06	989.8
183	1835	300135	宝利沥青	43.69	0.12	5.91	3.28	0.76	1.08	50.42	2.34	−16.28	3.29	−3	98.43	236567.94	176956.41	6310.02
184	1844	002386	天原集团	43.42	0.13	2.34	−5.69	0.63	2.04	70.97	1.72	0.35	0.36	31.04	87.97	1509729.17	918398.46	3890.77
185	1858	002648	卫星石化	43.12	0.04	2.03	0.5	0.62	1.89	53.39	1.7	29.85	−2.72	−18.77	61.59	761444.26	430576.81	3255.51
186	1906	600299	*ST 新材	41.47	0.47	3.96	−114.7	0.5	1.69	94.33	1.23	15.51	14.59	85.94	281.1	1820236.55	954443.74	14375.03
187	1909	000859	国风塑业	41.32	0.01	1.03	−3.78	0.78	1.72	27.52	1.58	−3.59	56.01	64.03	165	191663.46	131177.25	624.54
188	1945	600228	*ST 昌九	40.2	0.14	12.31	−55.03	1.12	2.81	74.33	2.05	0.85	0	−5.89	72.54	62206.14	72581.99	4038.53
189	1952	600281	太化股份	39.87	0.04	2.32	−5.02	1.34	2.69	71.97	1.86	6.32	2.84	37.04	137.4	126489.91	77378.6	1404.51
190	1954	002211	宏达新材	39.87	0.03	2.28	−3.39	0.52	1.33	32.58	1.8	−3.64	1.59	119.52	203.81	253958.49	337014.42	2120.01
191	1956	002395	双象股份	39.82	0.04	0.46	0.06	0.71	1.16	24.08	11.93	46.28	−0.82	28.93	125.07	114351.04	80327.31	178.32
192	1976	600075	*ST 新业	39.21	0.09	2.44	−4.49	1.05	1.92	44.94	2.28	8.35	2.07	−1.21	85.98	366830.32	427004.29	4037.02
193	2002	000782	美达股份	38.68	−0.52	−6.22	−19.95	1.3	2.35	49.68	−2.12	−9.09	17.73	97.43	172.69	254337.24	336360.99	−23737.48
194	2012	000627	天茂集团	38.3	0.06	6.47	−11.22	0.38	1.94	29.35	4.75	−16.69	3.72	58.31	145.75	210849.78	80644.27	8411.64
195	2021	000687	恒天天鹅	37.92	0.02	1.08	−8.56	0.28	0.63	36.65	1.69	−7.94	9.61	53.42	139.51	254434.71	72256.67	1448.26
196	2028	300164	通源石油	37.7	0.03	1.95	2.16	0.24	0.38	22.95	0	7.46	10.92	−14.98	81.58	170105.72	39414.94	2965.89
197	2030	000662	索芙特	37.59	0.03	2.68	−9.69	0.58	1	30.79	1.61	−1.4	−3.35	15.03	70.6	82993.21	49943.2	624.54
198	2054	000737	南风化工	36.8	0.06	6.07	−73.24	0.8	1.57	88.75	1.42	−8.27	16.51	5.32	69.34	305540.66	251891.48	4985.11
199	2055	300191	潜能恒信	36.69	0.08	1.04	2.01	0.06	0.08	2.08	0	−53.97	1.29	−44.21	90.8	124279.9	7755.29	2446.84

续表

行业排名	全部上市公司排名	股票代码	股票简称	综合得分（100分）	每股收益（元）	总资产报酬率（次）	净资产收益率（%）	总资产周转率（次）	流动资产周转率（次）	资产负债率(%)	已获利息倍数	营业收入增长率(%)	资本扩张率(%)	市场投资回报率(%)	股价波动率(%)	年末资产总额（万元）	营业收入（万元）	净利润（万元）
200	2059	600249	两面针	36.56	0.05	1.11	-10.88	0.32	1	44.35	0.99	0.29	16.25	34.03	117.66	410896.72	118698.92	-3238.18
201	2058	600387	海越股份	36.56	0.29	2.19	-2.43	0.37	1.82	80.37	2.7	-32.92	6.81	-34.85	84.87	938526.18	304041.8	7641.28
202	2070	002629	仁智油服	36.19	0.02	1.14	0.64	0.45	0.56	24.66	3.27	-20.73	-0.2	1.09	108.13	100195.52	48029.2	650.98
203	2078	002127	*ST 新民	35.89	0.02	5.52	-49.89	0.84	1.74	49.48	1.15	-61.95	-0.33	32.06	117.57	92314.17	157334.23	1192.63
204	2087	600618	氯碱化工	35.51	-0.51	-7.86	-9.9	1.19	3.95	60.79	-3.8	0.59	-23.3	54.51	92.98	575471.76	701540.93	-58759.07
205	2099	000059	华锦股份	34.96	-1.32	-2.49	-20.01	1.22	3.87	71.9	-0.8	-13.18	19.48	105.18	288.42	3074667.26	3608203.56	-158288.49
206	2105	000707	双环科技	34.77	0.02	2.59	-4.08	0.42	0.83	85.31	1.06	7.48	-0.23	34.8	112.44	1004587.84	400061.04	334.96
207	2107	600688	上海石化	34.65	-0.07	-1.54	-4.52	3	8.52	45.93	-1.33	-11.56	-6.9	50.05	87.23	3114598.3	10218286.1	-69996.5
208	2117	600301	ST 南化	34.29	-1.03	-15.42	256.5	0.36	2.18	115.25	-6.8	-5.18	0	34.09	156.6	141516.47	64290.66	-31786.43
209	2121	000420	吉林化纤	34.16	0.05	2.88	-34.24	0.28	0.92	69.21	0.99	-25.66	492.8	62.46	169.22	330859.45	103701.11	-175.63
210	2126	600328	兰太实业	33.94	0.04	2.79	-7.48	0.39	1.85	79.56	0.65	34.98	-9.16	30.1	101.29	682270.63	271687.8	-9333.59
211	2130	002493	荣盛石化	33.82	-0.31	-0.57	-6.5	1.08	3.19	71.63	-0.33	8.36	-7.65	44.59	130.73	3066843.24	3181084.62	-59989.99
212	2138	002464	金利科技	33.41	-0.89	-13.53	-16.6	0.55	1.01	16.49	0	15.53	-16.11	21.63	58.7	90485.02	52820.85	-12944.89
213	2141	002061	江山化工	33.31	-0.35	-2.32	-14.09	0.87	2.81	61.68	-0.7	56.28	-14.14	8.87	100.56	277629.16	237853.88	-15833.14
214	2150	000155	川化股份	32.82	-3.33	-67.23	2739.37	0.39	1.14	164.99	-10.71	-53.5	-215.99	115.02	193.75	134994.87	84214.71	-164678.23
215	2156	300073	当升科技	32.63	-0.16	-2.74	-4.55	0.62	1.13	19.7	-23.02	-0.79	-3.31	55.05	136.95	101812.73	62499.8	-2559.27
216	2162	600538	国发股份	32.38	-0.13	-6.57	-13.76	0.49	0.92	26.39	-5.95	-8.18	554.16	40.48	178.85	99115.83	41541.22	-6479.35
217	2165	002274	华昌化工	32.29	-0.25	-0.22	-8.09	0.74	2.46	70.25	-0.09	-0.08	-0.2	42.62	129.76	629247.14	423958.12	-12373.47
218	2167	002015	*ST 霞客	32.15	-4.32	-67.89	991.15	0.75	1.36	239.4	-7.35	-44.41	-263.96	54.05	130.92	47133.09	115556.7	-120427.98
219	2172	000510	金路集团	31.86	-0.24	-5.63	-21.02	1.13	4.23	55.92	-2.35	2.33	-15.58	6.4	113.4	180377.44	205218.65	-14625.91
220	2190	600230	沧州大化	30.98	-0.69	-1.51	-11.63	0.67	2.67	58.8	-0.52	-10.74	5.23	-0.06	36.71	470178.19	311603.33	-21735.06
221	2196	000703	恒逸石化	30.62	-0.31	0.32	-4.37	1.11	2.56	73.76	0.16	-8.74	-4.86	23.02	69.07	2673250.07	2806254.29	-39645.95

续表

行业排名	全部上市公司排名	股票代码	股票简称	综合得分（100分）	每股收益（元）	总资产报酬率（次）	净资产收益率（%）	总资产周转率（次）	流动资产周转率（次）	资产负债率(%)	已获利息倍数	营业收入增长率(%)	资本扩张率(%)	市场投资回报率(%)	股价波动率(%)	年末资产总额（万元）	营业收入（万元）	净利润（万元）
222	2202	600444	国通管业	30.19	−0.27	−4.96	96.24	0.78	1.46	110.85	−2.65	−10.46	0	17.03	130.12	46210.76	37742.09	−3207.09
223	2203	600691	阳煤化工	30.04	−0.02	2.64	−5.51	0.67	1.99	82.06	1.15	−20.57	−1.67	−12.22	85.2	3470900.1	1992907.49	−1555.32
224	2206	002591	恒大高新	29.85	0.02	1.14	0.27	0.27	0.39	16.78	2.89	−25.25	2.39	37.24	175.62	92988.88	24879.31	539.28
225	2212	002172	澳洋科技	29.3	−0.19	−2.26	−18.01	1.12	3.24	71.61	−0.82	−10.57	−18.65	62.76	112.06	239184.45	293116.44	−13169.25
226	2228	000976	春晖股份	28.22	−0.36	−21.98	−64.77	1.28	3.1	67.51	−5.55	−15.12	−48.67	10.85	43.81	68876.75	104638.43	−21218.94
227	2233	601113	华鼎股份	27.58	−0.12	−0.52	−5.37	0.5	1.02	55.93	−0.3	0.37	−6.02	47.81	106.99	375680.26	170239.52	−7399.23
228	2238	600227	赤天化	27.37	−0.6	−4.88	−19.23	0.43	1.93	58.19	−2.04	−20.8	−14.89	125.99	131.82	722992.42	328670.03	−56429.17
229	2240	002109	兴化股份	27.27	−0.42	−7.26	−11.91	0.5	2.03	39.78	−10.94	−15.26	−11.47	19.67	86.18	193960.74	94827.19	−15062.52
230	2242	600470	六国化工	27.12	−0.4	−2.87	−16.27	0.82	2.57	67.09	−1.19	−7.76	−13.24	4.58	54.46	643048.15	527174.8	−33406.07
231	2257	600339	天利高新	26.26	−0.29	−1.23	−18.81	0.67	4.97	72.92	−0.38	−14.09	−15.57	33.29	98.28	393385.05	262640.25	−19595.16
232	2258	002513	蓝丰生化	26.18	−0.18	0.4	−4.46	0.48	1.57	56	0.19	−8.75	−3.15	8.65	90.26	261116.39	125206.22	−3746.44
233	2268	000953	河池化工	25.43	0.06	4.48	−89.94	0.29	0.63	84.96	1.27	−29.9	−55.75	53	178.66	159360.13	55528.84	1783.43
234	2269	000950	建峰化工	25.37	−0.6	−4.09	−16.46	0.44	1.91	69.63	−3.15	−13.63	−14.89	38.22	149.82	683093.17	296871.33	−36062.68
235	2271	600096	云天化	25.23	−2.29	−0.38	−34.9	0.81	1.78	90.1	−0.11	−2.51	−29.99	37.66	103.36	6850913.83	5449227.81	−275647.52
236	2273	000677	恒天海龙	24.93	−0.5	−10.32	−79.41	0.57	2.03	81.15	−3.25	−23.56	8.9	120.6	224.58	301283.83	180342.86	−42961.36
237	2284	000731	四川美丰	24.22	−0.41	−4.29	−8.49	1.02	2.77	38.92	−5.4	−17.32	−8.98	−8.62	91.25	452513.3	476901.06	−24538.1
238	2289	600319	亚星化学	23.85	−0.57	−4.38	−61.28	0.67	1.89	90.6	−0.97	−8.55	−50.45	47.13	149.57	228934.88	148902.44	−19686.77
239	2294	000912	泸天化	23.23	−1.95	−7.47	−61.05	0.3	1.42	90.79	−2.4	−1.66	−57.36	42.8	128.85	1264340.96	400354.32	−134855.98
240	2304	600155	宝硕股份	22.27	−0.36	−4.34	−115.64	0.22	0.24	92.16	−1.12	471.08	41.25	207.21	211.88	189445.13	40946.73	−15179.02
241	2344	002125	湘潭电化	18.89	−0.44	−1.1	−21.05	0.48	1.13	79.68	−0.35	−5.4	−17.65	21.08	119.56	154475.14	66984.31	−6027.9
242	2351	600722	金牛化工	18.13	−0.46	−7.25	−26.25	0.45	1.57	75.38	−3.16	−27.26	−26.97	4.54	88.04	333099.68	140782.54	−30058.63
243	2358	600725	云维股份	17.63	−1.7	−5.15	−108.92	0.51	1.39	95.23	−1.01	−21.84	−66.46	37.16	138.02	1263487.22	662346.36	−129305.76

续表

行业排名	全部上市公司排名	股票代码	股票简称	综合得分（100 分）	每股收益（元）	总资产报酬率（次）	净资产收益率（%）	总资产周转率（次）	流动资产周转率（次）	资产负债率(%)	已获利息倍数	营业收入增长率(%)	资本扩张率(%)	市场投资回报率(%)	股价波动率(%)	年末资产总额(万元)	营业收入（万元）	净利润（万元）
244	2360	002192	路翔股份	17.48	-0.58	-5.98	-25.46	0.46	0.99	65.16	-1.45	-41.23	-15.83	27.74	187.15	89978.17	47566.89	-7778.35
245	2396	600091	ST 明科	9.27	-0.48	-7.97	-49.14	0.02	0.05	76.38	-1.65	-16.41	-35.99	54.27	144.16	121529.41	2134.01	-16145.92
246	2487	002217	*ST 合泰		0.15	9.86	8.65	1.31	3.18	43.3	5.66	155.95	119.48	96.42	158.06	321028.7	305343.79	14722.41
247	2416	603188	亚邦股份		2.68	29.75	34.31	0.83	1.47	20.81	16.53	21.07	185.13	46.02	32.39	342559.06	231355.48	62647.77
248	2454	300409	道氏技术		1.44	14.69	17.49	0.71	0.9	30.78	10.37	39.94	122.26	46.02	36.11	81540.86	44679.26	7228.11
249	2430	300398	飞凯材料		1.39	17.48	20.02	0.64	0.96	22.75	24.54	24.5	168.19	46.02	70.31	68226.88	74694.23	4205.6
250	2515	300370	安控科技		0.58	10.96	16.08	0.58	0.68	50.8	5.36	26.82	78.2	46.02	133.5	62022	30344.92	4598.22
251	2489	002709	天赐材料		0.52	7.99	7.86	0.77	1.59	17.44	0	18.39	49.85	46.02	122.71	83411.82	40241.76	9008.1
252	2524	300405	科隆精化		0.71	7.52	6.8	0.96	1.31	55.58	2.13	13.29	86.2	46.02	72.78	140649.28	113730.78	3818.49
253	2509	300387	富邦股份		0.85	10.3	8.87	0.62	0.83	8.26	0	0.38	93.67	46.02	47.88	102596.77	70568.69	6393.6
254	2483	603010	万盛股份		0.52	9.92	10.99	1.21	2.13	25.01	5.8	15.79	99.58	46.02	51.91	89766.95	42839.18	5691.25

第八章　机械行业

2014 年，经济增长持续滑坡、固定资产投资增速继续下滑导致机械行业景气度不足。外需方面，欧美需求减弱、新兴市场需求分化，海外需求的增加受到抑制。国内物价水平回落，原材料成本压力减轻，财政政策中性，货币政策宽松，有利于机械行业的整体复苏。2014 年机械行业上市公司业绩数据表明，机械行业上市公司有可能结束了低迷期。展望 2015 年，结构调整逐步显现效果。经济转型逐渐淘汰高污染、高耗能、产能严重过剩的部分传统行业，对新兴产业构成长期支撑，机械行业适逢“一带一路”产生的海外需求与“工业 4.0”带来的产业调整的机遇和挑战，有望重新进入恢复性发展阶段。

一、机械行业上市公司业绩评价结果

截至 2014 年末，机械行业 A 股上市公司共计 399 家，其中盈利 360 家，亏损 39 家，即有 90.77% 的公司实现盈利，比 2013 年降低了 0.59%。

2014 年末，机械行业上市公司总资产共计 2.86 万亿元，占上市公司总资产的 8.50%；归属于母公司的所有者权益 1.13 万亿元，占上市公司归属于母公司的所有者权益的 9.56%。

2014 年，全部上市公司共完成营业收入 24.04 万亿元，机械行业上市公司完成营业收入 1.49 万亿元，占上市公司全部营业收入的 6.20%；全部上市公司共实现净利润 1.15 万亿元，机械行业上市公司实现净利润 691.25 亿元，占上市公司全部实现净利润的 6.01%。

2014 年，机械行业整体评价结果较为中，行业业绩综合得分 55.1 分，比全市场的 61.3 分低 10.11%。机械行业上市公司中有两家进入 2014 年上市公司业绩评价综合得分的百强名单，行业排名第一为天地科技。业绩为良的有 22 家，业绩为中的有 195 家，业绩为低的有 100 家，业绩为差的有 82 家。

表 8－1　2014 年度机械行业十强排行榜

名次	股票代码	股票简称	在全部上市公司中排名
1	600582	天地科技	56
2	601877	正泰电器	58
3	002367	康力电梯	105
4	002595	豪迈科技	114
5	601299	中国北车	140
6	600312	平高电气	143
7	603766	隆鑫通用	146
8	300011	鼎汉技术	147
9	601766	中国南车	162
10	600761	安徽合力	167

资料链接：

天地科技股份有限公司隶属中国煤炭科工集团有限公司，是2000年3月由煤炭科学研究总院作为主发起人设立的股份有限公司，2002年5月15日在上海证券交易所挂牌上市。中国煤炭科工集团有限公司是经国务院批准，由中煤国际工程设计研究总院、煤炭科学研究总院于2008年6月合并组建，是国务院国有资产监督管理委员会直接监管的中央科技型企业。2008年12月31日，经国务院国资委批准，煤炭科学研究总院所持天地公司股份无偿划转到中国煤炭科工集团有限公司。

公司主营业务包括：矿山生产过程自动化、机械化、信息化设备开发、制造和系统集成；煤炭洗选设备开发、制造和选煤厂工程总承包；储装运快速定量装车成套装备及工程总承包；地下特殊施工技术开发和地下特殊工程施工承包；煤炭高效生产的技术服务、技术咨询和煤矿经营。

公司自2000年成立以来，共取得科技成果325项，获得国家及省部级以上科技进步奖122项，专利195项（其中发明专利14项），软件著作权39项及专有技术500余项。

资料来源：Wind 资讯

基于对机械行业上市公司的整体评价，下面分别从财务效益状况、资产质量状况、偿债风险状况、发展能力状况、市场表现状况五个方面对机械行业上市公司进行具体分析。

（一）财务效益

从综合得分来看，2014年机械行业上市公司财务效益状况明显低于全国上市公司平均水平，与同行业上年相比也有很大程度的降低。表8-2列示了2014年机械行业上市公司财务效益状况评价结果。

与2013年的情况相比较，2014年机械行业上市公司财务效益状况全面下降，营业利润率从2013年的4.44%下降至2014年的4.24%，呈现下降趋势。原因主要有以下几方面，一是由于前几年机械行业整体行业状况很好，往年同期的形成的基数较高。二是机械行业的企业自身的基础研发和创新环节还较为薄弱，国内市场低价竞争情况普遍存在，社会及企业的库存较大导致企业应收款居高不下、资金紧张。三是国内宏观经济形势的下滑对机械行业的经营业绩产生了影响。

在机械行业上市公司财务效益状况指标中，正泰电器财务效益排名第一。2014年，正泰电器实现收入127.67亿，同比增长6.78%，实现利润总额23.09亿元，同比增长16.58%，净利润同比增长18.88%，每股收益达1.82元。2014年，正泰电器毛利率同比提升了1.59%达到33.19%。主要产品毛利率一致回升，主要得益于大宗商品价格2014年稳中有降、公司持续增加新产品的销售、生产和管理效率持续提升，也说明公司产品议价能力在增强。铜、银、钢材、塑料等原材料在正泰电器营业成本中占比为40%～50%，2014年伦铜由2014年初的7421美元/吨，降至年底的6300美元/吨，原材料成本的降低对毛利率的提升也起到了很大作用。

表 8－2　机械行业财务效益状况比较表

分析指标		2014 年上市公司平均值	2014 年行业值	2013 年行业值	增长率（%）
基本指标	扣除非经常性损益净资产收益率 (%)	7.81	4.26	4.49	-5.12
	总资产报酬率 (%)	5.74	3.95	3.8	3.95
	得分	20.83	17.18	17.02	0.94
修正指标	总资产利润率 (%)	5.55	4.24	4.44	-4.50
	盈利现金保障倍数	1.61	0.87	0.91	-4.40
	总股本收益率 (%)	39.84	22.41	21.85	2.56
综合得分		21.87	17.9	21.98	-18.56

（二）资产质量

从综合得分来看，2014 年机械行业上市公司资产质量状况明显低于全国上市公司平均水平，与同行业上年相比略有增长。

表 8－3　机械行业资产质量状况比较表

分析指标		2014 年上市公司平均值	2014 年行业值	2013 年行业值	增长率（%）
基本指标	总资产周转率（次）	0.75	0.55	0.57	-3.51
	流动资产周转率（次）	1.52	0.82	0.84	-2.38
	得分	9.55	7.5	7.39	1.49
修正指标	应收账款周转率（次）	9.69	2.74	2.89	-5.19
	存货周转率（次）	3.21	2.53	2.67	-5.24
综合得分		9.2	6.87	6.75	1.78

表 8-3 列示了机械行业上市公司资产质量状况评价结果。机械行业上市公司 2014 年存货周转率 2.53 次，比 2013 年低 5.24%。在 2014 年整个宏观经济环境不利的背景下，机械上市公司销售速度迟缓在所难免。机械上市公司应收账款周转率远远低于上市公司平均水平，这主要与机械行业公司交易结算方式有关。

在机械行业上市公司资产质量状况指标中，天地科技资产质量排名第一。面对下游煤炭行业不景气，天地科技 2014 年通过完成重大资产重组，公司业务由煤机装备和示范工程业务拓展了煤矿安全技术与装备以及煤炭清洁高效利用业务领域。2014 年天地科技实施转型升级战略，一方面，公司通过收购集团优质资产，增加了安全板块业务、采掘工程勘察设计及煤炭洗选工程设计单元，提升了公司整体集成能力；另一方面，成立了天地融资租赁有限公司，第一年新签合同约 3.8 亿元，促进了产品销售，转型升级初见成效。

（三）偿债风险

从综合得分来看，2014 年机械行业上市公司偿债风险状况好于全国上市公司平均水平，与同行业上年相比略有降低。表 8-4 列示了机械行业上市公司偿债风险状况评价结果。与 2013 年相比较，2014 年机械行业上市公司偿债风险状况平均得分略有降低，但仍高于上市公司平均水平，说明在机械行业公司在宏观环境不利的情况下，为维系业务回款周期加长、银行短期信贷相应增多，合营运资金的需求相应增加，相应偿债风险也随之有所加大。尤其是一些大型设备制造企业，生产周期长、运输时间长、设备安装复杂、产品投入运转时间长，并且存在大量的租赁、分期情况，因此应收账款的总体规模极大，应收账款周转率明显低于其他上市公司。

在机械行业上市公司偿债风险状况指标中，汇川技术得分排名第一，资产负债率、获利倍数、速动比率等指标均好于上市公司及行业平均水平，这与其产品优势、经营状况有很大关系。

表 8－4　　机械行业偿债风险状况比较表

分析指标		2014 年上市公司平均值	2014 年行业值	2013 年行业值	增长率（%）
基本指标	资产负债率 (%)	60.75	58.1	57.49	1.06
	获利倍数	5.06	4.69	5.78	–18.86
	得分	9.24	9.3	9.48	–1.90
修正指标	速动比率 (%)	69.66	103.92	108.11	–3.88
	现金流动负债比率 (%)	12.65	4.41	4.73	–6.77
	带息负债比率（%）	45.45	34.85	35.42	–1.61
综合得分		9.01	9.2	9.37	–1.81

（四）发展能力

从综合得分来看，2014 年机械行业上市公司发展能力状况略低于全国上市公司的平均水平，与同行业上年相比有明显上升。

表 8-5 列示了机械行业上市公司发展能力状况评价结果。2014 年机械行业上市公司营业收入增长率从 2012 年的 5.48% 升至 7.28%，但三年营业收入增长率从 2013 年的 9.11% 降低至 4.29%，营业收入呈现恢复性增长的态势。说明随着国内外经济环境的变化，机械行业上市公司有可能结束了低迷期，重新进入恢复性发展阶段。

在机械行业上市公司发展能力状况指标中，中航动力得分排名第一。中航动力（600893）是国内大型航空发动机制造基地企业，参与国内多个新型航空发动机的科研、制造任务，如“秦岭”发动机和“太行”发动机等。公司 2014 年 6 月完成重大资产重组，增加了黎明、南方、黎阳动力三家拥有发动机整机业务的公司，产品范围从大型发动机扩展为大中小型发动机，从涡喷、涡扇发动机扩展到涡喷、涡扇、涡轴、涡桨、航模发动机，集成了我国航空动力装置主机业务的几乎全部型谱，将成为中航工业集团航空发动机整机业务的龙头。目前我国大飞机项目直接采购的是 GE 持股的

CFM 公司 LEAP-X1C 发动机。随着千亿航空发动机重大专项资金的逐步落地，未来大飞机发动机国产化替代是必然的路径。据预测，2014 ～ 2033 年我国航空发动机和燃气轮机市场总需求合计超 2 万亿元。中航动力的发动机整机业务主要为国产军用机型配套，短期看，军用方面老机型的换发和新机型的投产将支撑公司业务的持续快速增长；长期看，为 C919 等民机配套的商用航空发动机将成为公司业绩最大增量。

表 8 – 5　　机械行业发展能力状况比较表

分析指标		2014 年上市公司平均值	2014 年行业值	2013 年行业值	增长率（%）
基本指标	营业收入增长率 (%)	4.34	7.28	5.48	32.85
	资本扩张率 (%)	12.45	13.18	8.13	62.12
	得分	12.14	12.65	10.91	15.95
修正指标	累计保留盈余率 (%)	43.83	32.69	32.52	0.52
	三年营业收入增长率 (%)	7.12	4.29	9.11	–52.91
	总资产增长率 (%)	12.15	14.79	8.98	64.70
	营业利润增长率 (%)	0.17	5.45	–7.92	–168.81
综合得分		12.12	12.06	9.42	28.03

（五）市场表现

2014 年，在宏观经济刺激政策、房地产调控等因素影响下，上证 A 指全年涨幅为 52.87%。机械行业作为国民经济的重要支柱，其与整体经济走势高度相关，上半年机械指数跟随市场行情同步运行，但下半年涨幅低于上证 A 指，全年幅达到 46.76%。具体情况见图 8-1。

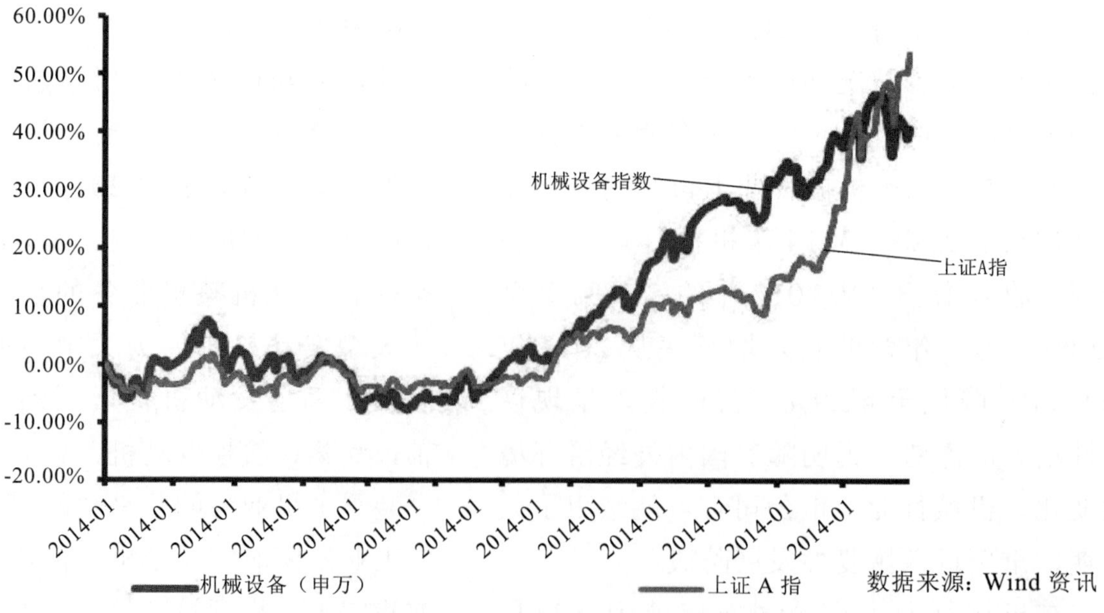

图 8 – 1　机械指数与大盘指数波动

从综合得分来看，机械行业上市公司市场表现状况略低于全国上市公司的平均水平。表 8-6 列示了机械行业上市公司市场表现状况评价结果。2014 年机械行业上市公司市场投资回报率为 46.76%，高于全部上市公司 44.68% 的水平，比 2013 年机械行业 30.34% 的水平大幅改善。机械行业上市公司有 362 家市场投资回报率为正值，其中最高的为太原重工，市场投资回报率达到 203.67%，远高于行业及上市公司平均水平。

市场表现得分最高的通光线缆，通光线缆是国内特种线缆行业的龙头企业。自成立以来，公司把”以技术成熟满足产品的需求，以服务速度满足客户的需求，以技术领先引领行业的需求”作为企业运营理念，专注于特种线缆的研究和开发。公司参与电线电缆行业部分 IEC 标准、国家标准、行业标准的起草制定工作，拥有 37 项专利，正在申请 8 项发明专利、4 项实用新型专利，技术处于国内领先水平。公司 OPGW 产品市场占有率近三年均排名第二、通信用高频电缆系列拥有的市场份额进入前三。公司是国内最早从事节能型导线生产的企业之一，是航空航天用耐高温电缆军方产品的五家国内供应商之一。

表 8 – 6 机械行业公司市场表现状况比较表

分析指标	2014 年上市公司平均值	2014 年行业值	2013 年行业值	增长率（%）
市场投资回报率（%）	44.68	46.76	30.34	54.12
股价波动率(%)	124.99	132.6	90.16	47.07
得分	9.07	9.03	9.42	–4.14

二、2014 年度影响机械行业因素分析

2014 年，由于经济增长持续滑坡，固定资产投资增速继续下滑导致机械行业景气度不足。外需方面，由于欧美需求减弱、新兴市场需求分化，海外需求的增加受到抑制。国内物价水平回落，原材料成本压力减轻，财政政策中性，货币政策宽松，有利于机械行业的整体复苏。从全年看，机械行业上市公司完成营业收入 1.49 万亿元，较 2013 年增长 9.56%；营业收入增长率为 7.28%；较 2013 年增长 32.85%；三年营业收入增长率 4.29%，较 2013 年降幅达 52.91%。虽然国内宏观经济形势仍未摆脱下降趋势，但 2014 年机械行业上市公司业绩数据表明，机械行业上市公司有可能结束了低迷期，重新进入恢复性发展阶段。影响机械板块盈利状况的主要原因如下：

（1）基础建设投资及制造业固定资产投资维持一定增速水平是机械行业上市公司收入增长的主要因素

机械行业作为典型的周期性行业，其行业景气度与实体经济增长密不可分，其中固定资产投资是决定机械行业发展的主要因素。

2015 年 1 月 20 日，国家统计局公布数据显示，初步核算，2014 年全年国内生产总值 63.65 万亿元，按可比价格计算，比上年增长 7.4%，增速较 2013 年下降 0.3 个百分点，为 1990 年以来新低。

从三大产业来看，第一产业投资增速上升，第二产业与第三产业增速回落。三大产业中，除了第一产业以外，第二、第三产业均下滑 4.2 个百分点，换一种说法就是除了农业其他所有产业的投资均大幅下滑，这种

下滑反应了全社会需求不足，企业对于经营前景的悲观看法导致产能扩张上大幅放缓。2014年投资的放缓已经从工业建筑业向全行业扩散。

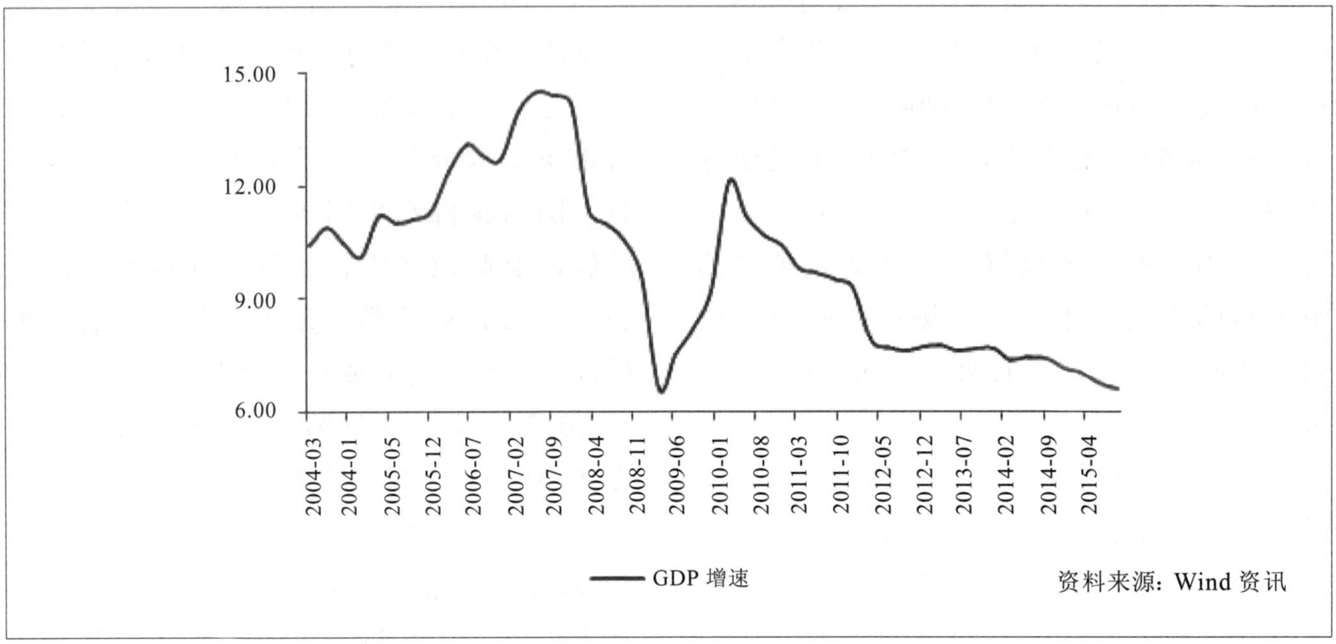

图 8－2　GDP 增速（%）

2014年1～12月，固定资产投资完成额累计50.2万亿元，累计同比增长15.7%，增速较2013年下降3.9个百分点，创2002年2月以来的新低。

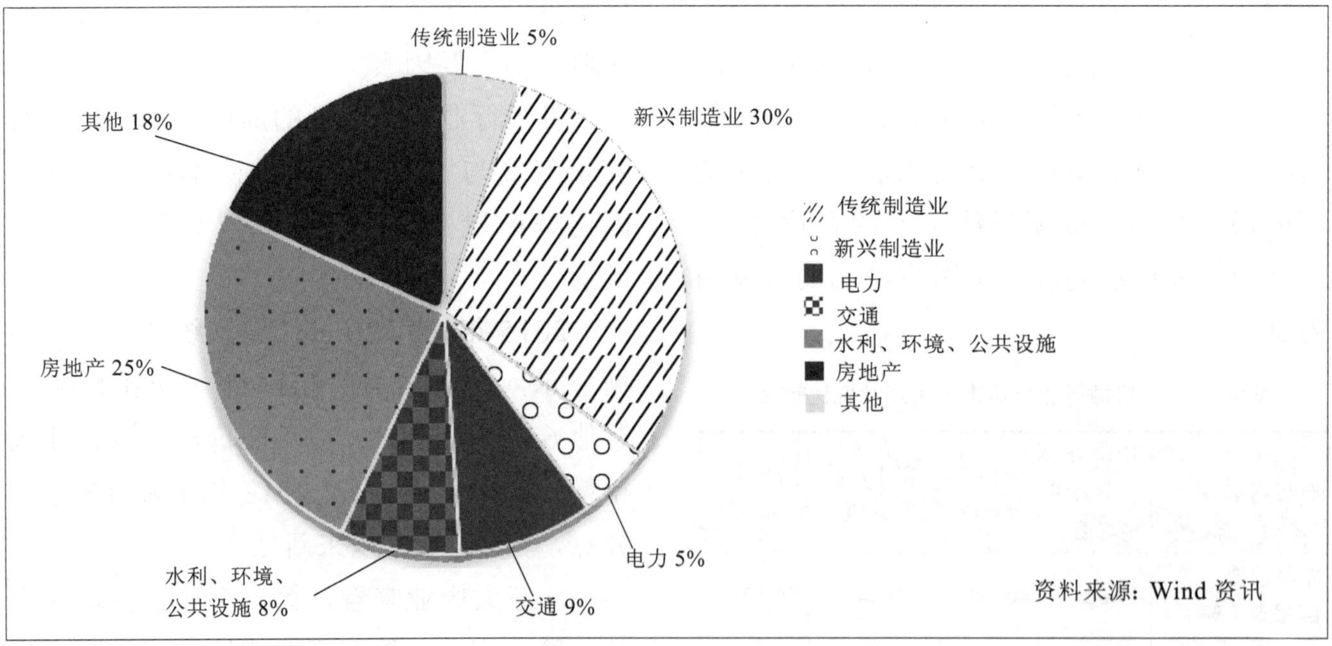

图 8－3　资产结构

固定资产投资中制造业占 35%、基础设施投资占 22%、房地产投资占 25%。2014 年基础建设投资累计同比增长 20.29%，增速较 2013 年下滑 0.89 个百分点。制造业固定资产投资增速累计同比增长 13.5%，增速较 2013 年下滑 4.94 个百分点。从年度的数据来看，最明显的变化就是 制造业投资增速在 4 季度停止了下滑，制造业投资累计同比增速连续三个月保持在 13.5%。基础建设投资及制造业固定资产投资增速维持一定的增长速度是机械行业收入恢复增长的主要因素。从全年看，机械行业上市公司完成营业收入 1.49 万亿元，较 2013 年增长 9.56%，营业收入增长率为 7.28%，较 2013 年增长 32.85%，三年营业收入增长率 4.29%，较 2013 年降幅达 52.91%。虽然国内宏观经济形势仍未摆脱下降趋势，但从机械行业上述数据说明，机械行业上市公司有可能结束了低迷期，重新进入恢复性发展阶段。

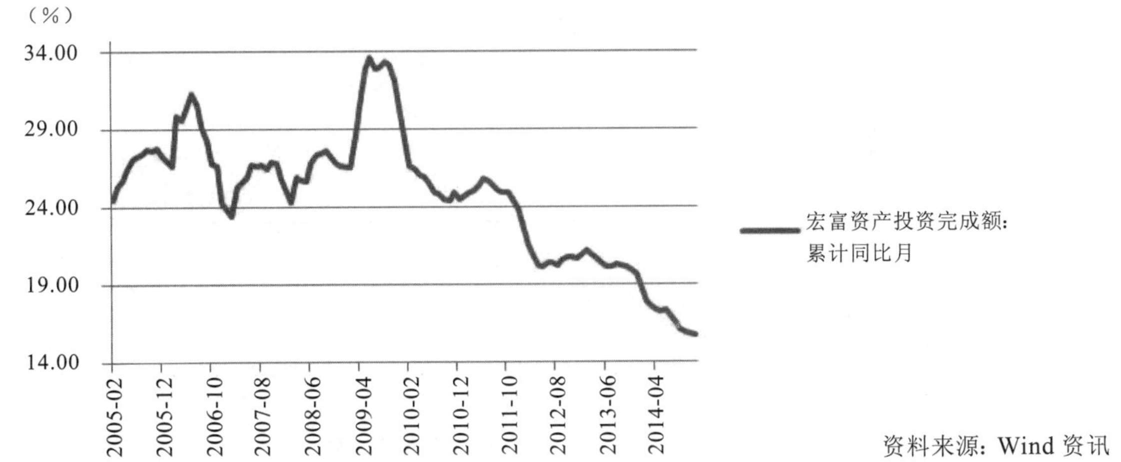

资料来源：Wind 资讯

图 8－4　固定资产投资完成额

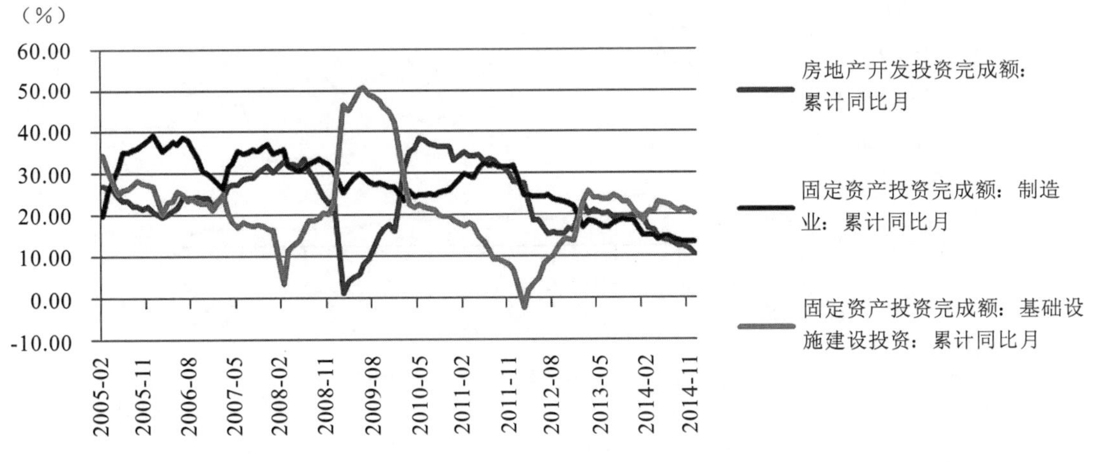

资料来源：Wind 资讯

图 8－5　固定资产投资完成额：制造业、基础设施建设、房地产

（2）受益于原材料价格普遍下降，机械行业成本有所降低，毛利率维持较好水平

机械行业影响成本的主要因素有钢铁、有色金属价格、劳动力成本、贷款利率水平。2014 年食品、能源、消费品、服务、居住价格水平均出现了不同程度的下跌，全年 PPI 累计同比下降 2.5%，跌幅较 2013 年扩大 0.2 个百分点。分项来看，生产资料跌幅扩大是 PPI 跌幅扩大的主要原因。另外原油主导的能源价格下跌也是 PPI 下跌因素之一。得益于原材料价格的普遍下跌，2014 年机械行业上市公司的毛利率保持在 20.18%，相比全部上市公司 18.29% 的平均水平高出 10.33%，与 2013 年机械行业 19.76% 相比也有 2.13% 的提高。机械行业业绩受成本因素的影响非常显著。

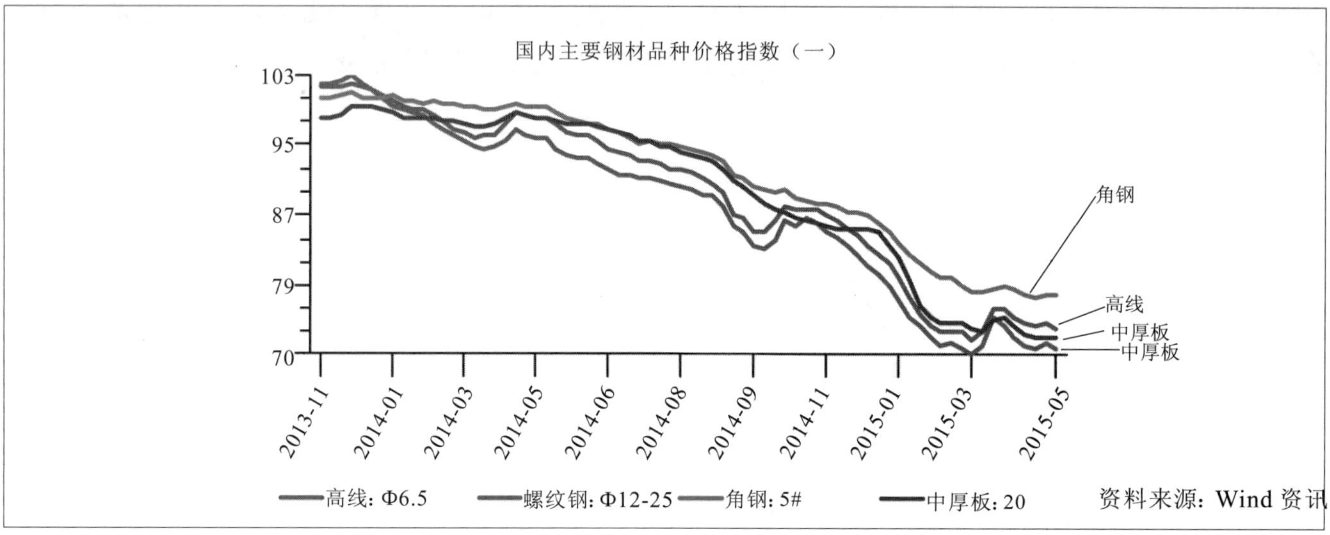

图 8-6　国内主要钢材品种价格指数

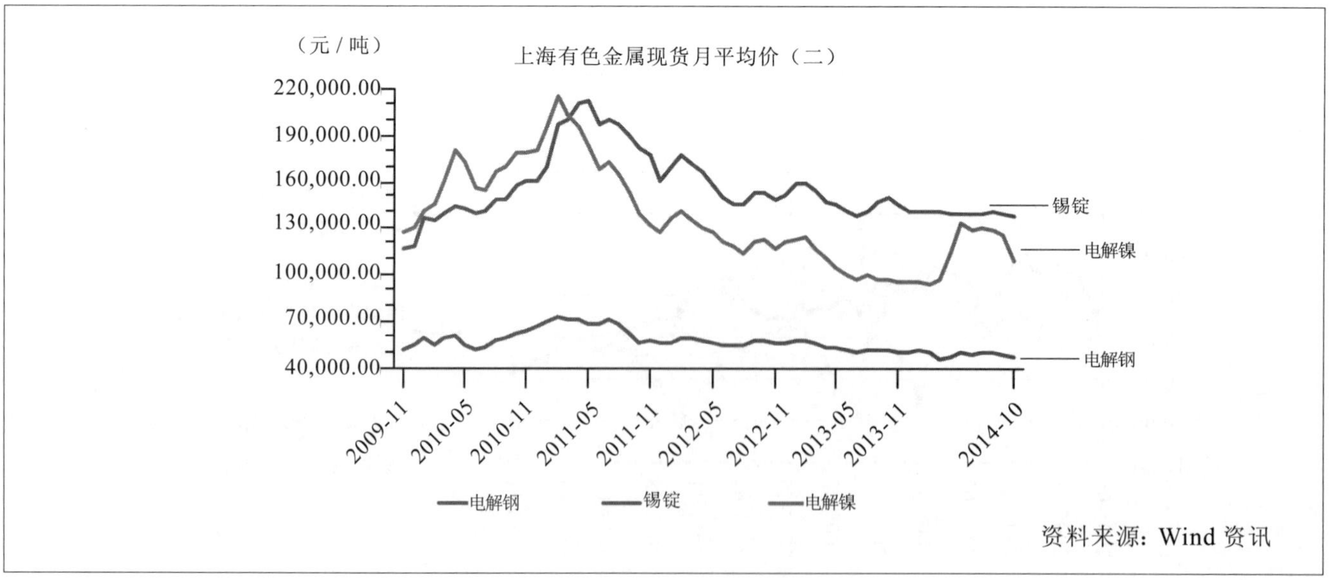

图 8-7　上海有色金属现货月平均价

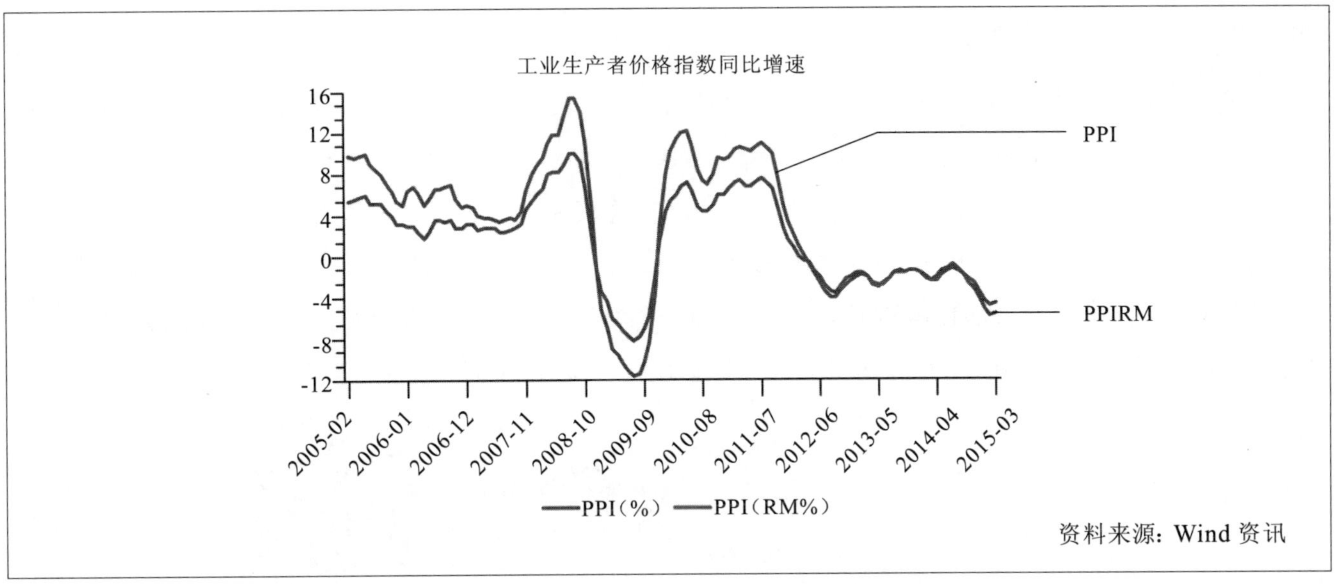

图 8－8　工业生产者价格指数

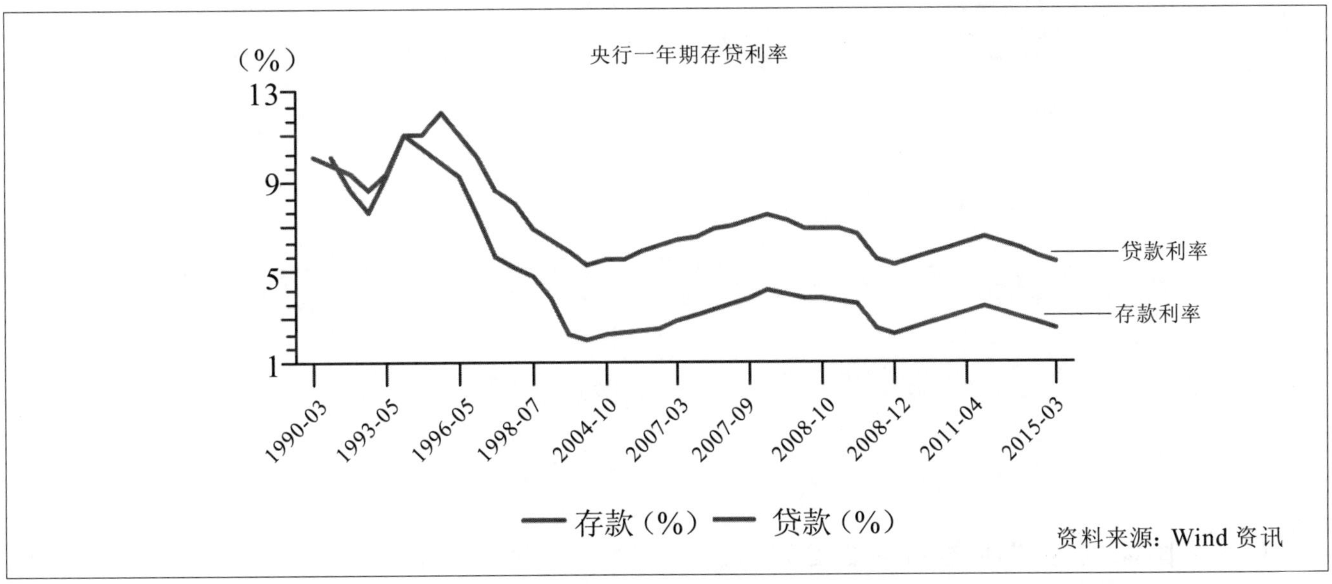

图 8－9　央行一年期存贷利率

三、2015 年机械行业前景展望

展望 2015 年，宏观经济步入新常态，结构调整逐步显现效果。经济转型的逐渐淘汰高污染、高耗能、产能严重过剩的部分传统行业，但对新兴产业构成长期支撑，机械行业同时面临“一带一路”产生的海外需求与“工业 4.0”带来的产业调整的机遇和挑战。2015 年在宏观经济温和复苏、新政策发布频率加快的背景下，与经济渐进转型相关的子行业将迎来良好的发展机会。

资料链接：

所谓的第四次工业革命，即“工业 4.0”，最早是由德国政府《高技术战略 2020》确定的十大未来项目之一，并且已经上升为德国国家战略。工业 4.0 的主要目的是支持工业领域新一代革命性技术的研发和创新。从未来的发展来看，“工业 4.0”包括了集中式控制向分散式增强型控制的基本模式转变。其最核心的目的是由高度灵活的个性化和数字化的产品和服务来取代现有的产物。革新的模式下，行业的划分将会逐渐模糊并最终消失，多元化的合作以及不同行业的联合将会形成全新的价值创造和生产链。

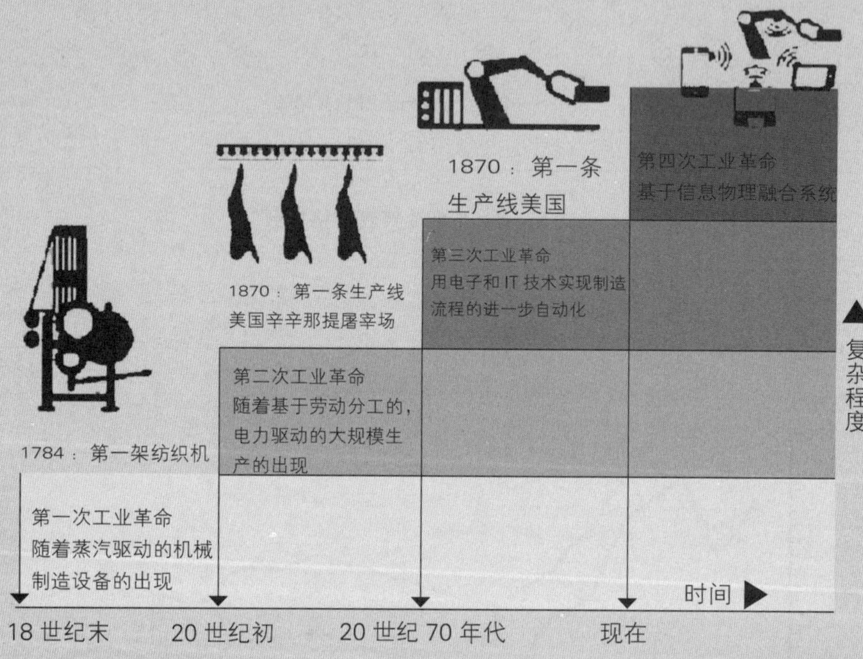

资料来源：金融时报

（一）国家战略“中国制造 2025”，机械行业迎来历史发展新机遇

总理李克强作政府工作报告时提到，制造业是我们的优势产业，要实施“中国制造 2025”，坚持创新驱动、智能转型、强化基础、绿色发展，加快从制造大国转向制造强国。

根据国务院的要求，工信部将弱化以往规划中“五年”的时间限制，规划年限扩展到 2025 年，更注重中长期规划。据悉，此次规划的关键词与“向工业强国转型”相关，并将形成注重顶层设计的《中国制造 2025》，再加上重点行业、领域和区域规划的“1+x”模式。此外，规划将借鉴德国版工业 4.0 计划，围绕在我国工业有待加强的领域进行强化，力争在 2025 年从工业大国转型为工业强国。

“中国制造 2025”是升级版的中国制造，体现为四大转变、一条主线和八大对策。四大转变：一是由要素驱动向创新驱动转变；二是由低成本竞争优势向质量效益竞争优势转变；三是由资源消耗大、污染物排放多的粗放制造向绿色制造转变；四是由生产型制造向服务型制造转变。一条主线，是以体现信息技术与制造技术深度融合的数字化网络化智能化制造为主线。八项战略对策，即：推行数字化网络化智能化制造；提升产品设计能力；完善制造业技术创新体系；强化制造基础；提升产品质量；推行绿色制造；培养具有全球竞争力的企业群体和优势产业；发展现代制造服务业。2025 年前，大力支持对国民经济、国防建设和人民生活休戚相关的数控机床与基础制造装备、航空装备、海洋工程装备与船舶、汽车、节能环保等战略必争产业优先发展；选择与国际先进水平已较为接近的航天装备、通信网络装备、发电与输变电装备、轨道交通装备等优势产业，进行重点突破，在此背景下中国机械行业将迎来历史发展新机遇。

（二）“一带一路”打开高端装备行业成长新空间

“一带一路”战略的核心优势就在于，可以同时解决投资和出口两大难题。由于“一带一路”沿线大多数国家为发展中国家，经济发展水平不高，因此，战略实施的第一步必然是通过投资帮助这些国家完成基础设施建设，基建投资完成以后就可以打通贸易通道，实现出口增长。

基础设施建设投资率先受益的必然是从事基础设施建设类的公司，包括修路造桥等。作为基础设施建设实施的主力军，工程机械产品的销量与基础设施建设的热度也有高度的相关性。因此，对“一带一路”的投资，可以同步带动工程机械产品的需求。

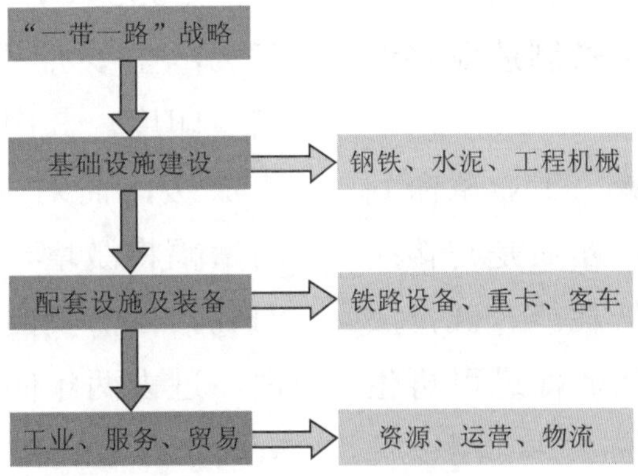

图 8－10　“一带一路”各行业收益顺序

据不完全统计，“一带一路”沿线覆盖总人口约 44 亿，经济总量约 21 万亿美元，分别约占全球的 63% 和 29%，分别是中国的 3.4 倍和 2.1 倍。这些国家普遍处于亟需基础设施建设的阶段，它们在未来十年对工程机械产品的需求，与中国过去十年工程机械行业的高速发展将非常相似。目前这些国家和地区工程机械销售额约为 270 亿美元，占全球的比例不足 30%，预计未来 5~10 年占全球的比重会不断增加到 50% 以上。参考中国在基础建设高潮时期连续 5 年年均复合增长率 37% 的辉煌，预计这些国家 2015~2020 年的年均复合增长率也将在 30% 以上，假设 2015~2019 年的增长率分别为 5%、8%、20%、40%、60%，则相应的工程机械销售额分别为 284 亿美元、306 亿美元、367 亿美元、514 亿美元、823 亿美元。

铁路设备行业目前出口战果已经显现，并陆续打入欧美市场。考虑到“一带一路”政策的刺激作用，预测未来铁路设备出口额的增长率为 30%，以中国企业 2014 年国内外市场销售额分别为 320 亿美元、60 亿美元为基数预测见图 8-11。预计 2019 年铁路设备出口额将达 223 亿美元。

年份	出口额增长率（%）	出口额（亿美元）	国内市场增长率（%）	国内市场销售额（亿美元）	收入总和（亿美元）	收入增长率（%）	海外收入点（%）
2015	30	78	7	342	420	10.5	18.6
2016	30	101	7	366	467	11.2	21.6
2017	30	132	6	388	520	11.3	25.4
2018	30	171	5	407	578	11.1	29.6
2019	30	223	5	427	650	12.4	34.3

图 8－11 “一带一路”带动铁路设备出口增速预测

（三）迎接“工业 4.0”时代，信息技术与制造技术深度融合，高端设备制造业将迎来黄金时期

工业 4.0 的到来意味着绿色工业革命到来，第四次工业革命的到来，实质是与传统的黑色能源脱钩。这包括了低耗能、低排放的使用让污染强度下降；其次，促进可再生能源、绿色能源使用率的大幅上升，用以替代传统能源并与最终使二氧化碳等温室气体排放值下降。

绿色工业的来临将会使得经济转型的步伐加速。而实现这一目标的前提是需要在技术、制度、物质资本投入上创新提高以促进产能与资源利用率双维度提升。

当下，世界各国都在增加对二氧化碳减排的力度，特别是美英等发达国家，纷纷制定了 2050 年电力 80% 以上来自可再生能源的目标。根据世界能源局的统计，2014 年至 2035 年，全球一次性能源需求将增长 33%，主要推手来自发展中国家，例如中国、印度。其中，煤炭、石油类的消耗增速将放缓，而对天然气、核电和可再生能源的增幅将激增，增速分别为 74%、134% 和 81%。目前我国在节能减排方面已经加大治理，过去两年间我国碳排放总量已经减少了 9 亿立方米。但是由于我国新能源和可再生能源基在我国能源结构中的基数较低，处于供不应求的局面，而炭需求仍然年率增速依旧维持在 35% 以上。因此，以核电和可再生能源替代煤炭将成为未来我国治理环保的重中之重。因此，核电投资的重新启动将会有利于核电铸锻件、核电主设备、核级阀门和核电 HVAC 设备等细分行业的快速发展。可以预见的是未来核电主设备行业下游需求将会非常旺盛，行业年均销售额预计可达 450 亿元。而其他核电设备细分行业的销售

规模也将会有明显上升。

自2010年起，我国机器人市场出现突飞猛进的发展。据统计，2011年全国共销售工业生产所需的机器人2.26万台，2013年成为世界第二大机器人生产国。进入2014年后，中国已经巩固了全球第二大机器人生产过的地位，年增长率达到50%以上。从产业分布来看，虽然受经济不景气的影响，机床类机器人需求量将出现增速放缓的局面，但是受到我国经济转型的政策影响，建筑施工、石化、食品、军工、水下、高空及微加工行业的需求将明显增长，一般工业机器人的需求量将继续上升，特别是工业4.0的到来，势必推动机床类和仓储自动化方面表现的更为亮丽。

（四）“互联网+”助推传统制造业的升级换代

今年的政府工作报告中提出：“制定‘互联网+’行动计划，推动移动互联网、云计算、大数据、物联网等与现代制造业结合，促进电子商务、工业互联网和互联网金融健康发展，引导互联网企业拓展国际市场。”，这意味着“互联网+”正式确立为国家战略。“互联网+”即在各个行业更多地普遍应用互联网，包括互联网金融、互联网教育、互联网医疗、互联网交通、工业互联网等等。

目前互联网已开始从消费、零售、娱乐、金融等领域逐渐渗透到制造业。我们看到过去制造业的信息化可能只涉及单一环节，而随着互联网在产业的渗透，它将从产品的各个环节，在设计、研发、采购、生产制造、营销、售后服务等各个环节都与工业开始融合，革命性的提高工业的运营效率。同时，个性化定制等新的模式也在不断出现，互联网有望彻底改变工业各环节的运营模式。在此领域会诞生很多机会。

目前互联网在设计、研发、采购、生产制造、营销、售后服务等各个环节都与工业开始融合，提高工业的运营效率。互联网首先在外部，如采购和营销等环节得到应用，比如在供应链环节，企业通过B2B适用互联网。其次，互联网向上游设计环节渗透，这是目前正在发生的趋势。互联网可以帮助企业收集消费者对产品的需求，并融合到设计和制造环节。此外，制造业服务化、个性化定制、外包设计、外包融资等新模式也已出现。值得关注的是，通过网络协同制造、工业云已出现，互联网正在改变工业制造业，大幅提高生产效率。

随着互联网的快速发展，很多新的模式正不断诞生，给工业制造行业带来了新变化。目前主要包括如下主要特点。

工厂运作化。比如青岛海宋建立了创新平台，实现了协同研发、融资、设计、网络化制造的新模式，在这种模式下，海尔通过此平台收集了全球的设计资源和用户需求，来不断完善自身的制造体系。

制造资源云化。与传统制造业的设计和制造环节不同，在互联网时代，数码化的工业云平台，融合了设计、供应链管理、采购、制造、3D打印、零部件库等资源。通过此方法，企业可以缩短产品上市周期，提供盈利效率。

未来的互联网与工业的融合是趋势，是新一轮工业革命的一个重要推动力，在此领域会诞生很多机会。除了大数据与云服务外，在机械行业一些垂直领域将会出现优秀的特色企业。

资料链接：

“一带一路”（One Belt And One Road）即建设“新丝绸之路经济带”和“21世纪海上丝绸之路”的战略构想，由国家主席习近平于2013年9月和10月分别提出，旨在发展与沿线国家的经济合作，通过“互联互通”达到共赢。一带一路发展战略的提出具有深刻的国内外背景。改革开放以来我国凭借劳动力及资源成本的相对优势取得举世瞩目的经济发展，GDP增速一度在10%以上，成为世界上经济增长最快的国家。然而近年来国内外形势均发生了深刻变化。国内方面，长期以来拉动经济增长的投资与出口逐渐失去增长动力，国内投资需求逐渐趋于饱和，制造业产能过剩严重，人口红利逐渐丧失，劳动力成本上升，资源逐渐枯竭化。国外方面，2008年国际金融危机后全球经济陷入僵局，依赖外需的新兴市场国家增速普遍下一个台阶，欧元区深陷债务危机，难以实现复苏，日本深陷通缩陷阱，无法实现实质增长，美国凭借成功的推出及退出量化宽松终于在2014年下半年企稳复苏，但仍难以一枝独秀独挑大梁，其强劲复苏的可持续性有待观察。在传统外需极度疲弱的情况下，我国一方面要加速产业结构升级，一方面要寻找新的贸易合作伙伴和产业对接国。一带一路战略思想正是在这种情况下应运而生。一带一路覆盖了中亚、西亚、东南亚、中东、非洲东部以及欧洲部分地区，面积庞大人口众多，涉及近60个国家，对于加强世界经济合作尤其是欧亚经济合作关系重大。2015年一带一路战略将进入全面执行阶段，也将给我国宏微观经济及资本市场带来重大机遇。

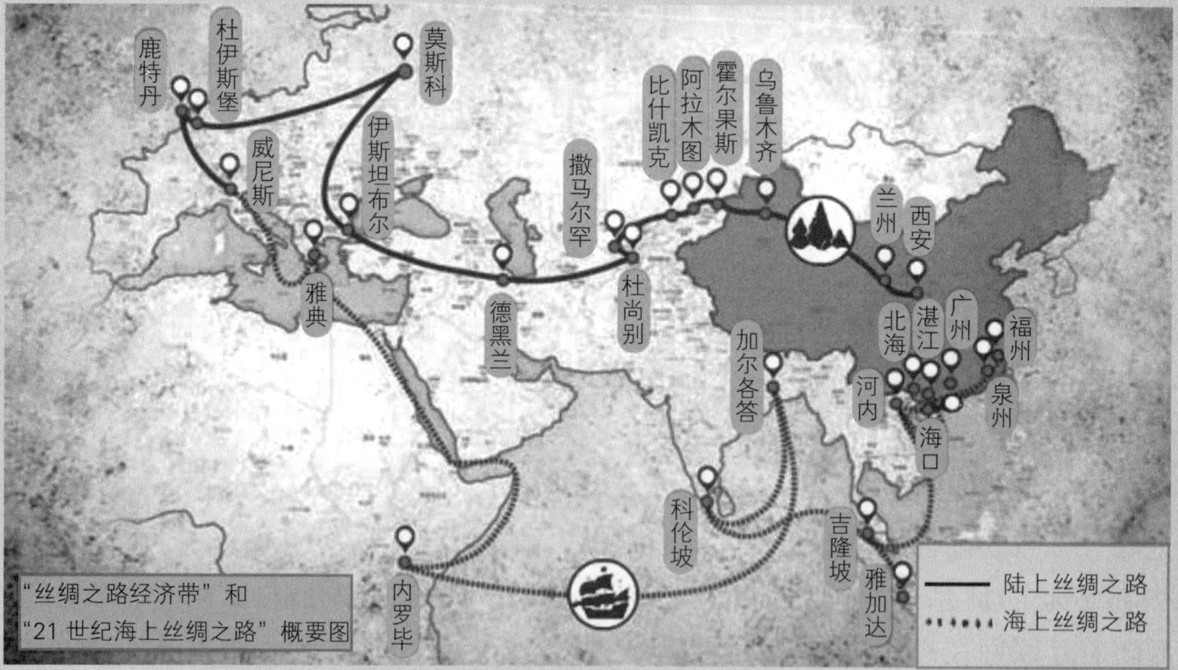

资料来源：Wind资讯

附表

2014 年度机械行业上市公司业绩评价结果排序表

行业排名	全部上市公司排名	股票代码	股票简称	综合得分（100 分）	每股收益（元）	总资产报酬率（%）	净资产收益率（%）	总资产周转率（次）	流动资产周转率（次）	资产负债率（%）	获利倍数	营业收入增长率（%）	资本扩张率（%）	市场投资回报率（%）	股价波动率（%）	年末资产总额（万元）	营业收入（万元）	净利润（万元）
1	56	600582	天地科技	76.36	0.84	10.05	7.22	0.7	0.98	47.32	18.98	30.81	50.01	84.25	127.86	2815568.7	1657863.24	186208.5
2	58	601877	正泰电器	76.31	1.82	21.03	31.11	1.1	1.47	47.2	20.87	6.78	14.25	31.71	84.21	1220217.29	1276723	196718.23
3	105	002367	康力电梯	73.89	0.54	13.52	19.56	0.84	1.29	45.65	0	26.61	17.42	70.71	151.76	377824.5	282128.2	40462.22
4	114	002595	豪迈科技	73.61	1.26	21.9	20.44	0.67	1.07	12.13	0	59.92	13.84	31.59	103.45	291430.69	181464.62	50164.26
5	140	601299	中国北车	72.94	0.48	5.89	12.23	0.77	1.24	66.04	6.01	7.25	28.01	55.79	128.25	14915228	10429049.2	568996.1
6	143	600312	平高电气	72.9	0.66	10.17	14.15	0.57	0.88	38.57	45.07	20.62	88.47	45.57	73.34	991154.13	460582.65	70339.46
7	146	603766	隆鑫通用	72.82	0.76	12.31	14.77	1.14	1.9	31.56	0	2.13	14.75	51.79	193.3	615085.7	664383.57	63748.83
8	147	300011	鼎汉技术	72.81	0.39	13.44	12.88	0.52	0.86	14.48	53.51	76.14	133.79	100.47	197.77	212759.12	79572.3	17470.82
9	162	601766	中国南车	72.32	0.39	6.13	12.04	0.88	1.28	65.78	17.33	22.31	11.63	31.84	97.09	15056500.98	11972426.88	663158.23
10	167	600761	安徽合力	72.28	0.92	13.68	12.46	1.27	2.08	27.4	627	2.25	11.77	61.09	101.6	549627.89	670095.04	60687.63
11	176	002202	金风科技	71.98	0.68	6.56	12.11	0.44	0.75	66.74	5.04	43.84	10.4	67.16	105.76	4577732.57	1770421.8	185351.32
12	211	300124	汇川技术	70.96	0.85	16.68	19.23	0.53	0.62	21.95	0	29.94	12.75	2.86	80.24	467129.21	224255.01	69006.26
13	224	600893	航空动力	70.51	0.5	8.33	6.57	1.01	1.71	64.48	2.15	237.62	240.54	55.02	104.49	4397599.02	2676440.17	100152.4
14	238	601567	三星电气	70.18	0.93	9.88	15.79	0.62	1.15	56.56	44.56	27.91	8.08	98.84	182.61	557009.89	287383.1	37296.83
15	247	600835	上海机电	69.98	0.84	6.68	21.99	0.73	0.89	71.07	0	4.38	6.76	15.36	77.19	2976909.47	2077893.32	179979.2
16	251	300351	永贵电器	69.81	0.74	11.35	11.32	0.36	0.44	11.02	0	70.96	13.14	101.08	225.84	115202.08	38406.74	11311.06
17	292	002158	汉钟精机	68.94	0.69	17.59	18.48	0.82	1.17	23.5	376.57	16.51	11.44	6.58	58.68	126403.41	98973.82	18334.76
18	297	300208	恒顺电气	68.84	0.38	12.35	15.22	0.51	1.53	43.79	6.84	296.56	16.41	129.51	198.32	143700.49	67044.26	11721.08
19	302	600885	宏发股份	68.77	0.81	16.34	17.44	0.89	1.3	26.33	16.97	18.61	18.8	5.58	64.8	474260.89	406283.01	59158.07
20	304	000400	许继电气	68.66	1.06	15.12	25.8	0.88	1.01	42.23	30.57	16.84	63.33	–3.48	58.3	1079219.58	835919.36	128926.67
21	322	002527	新时达	68.24	0.55	10.36	10.49	0.61	0.98	17.52	0	30.43	31.37	50.36	99.91	247471.32	130507.56	20323.49
22	326	002353	杰瑞股份	68.14	1.26	15.72	19.59	0.49	0.64	27.18	0	20.55	101.7	–42.22	110.08	1118181.89	446060.21	121878.08
23	330	300145	南方泵业	68.06	0.76	11.68	12.83	0.82	1.46	26.37	0	16.88	13.72	8.6	78.9	205200.97	157148.54	19616.52
24	336	300349	金卡股份	67.99	0.76	13.62	16.77	0.54	0.84	19.47	0	18.68	16.92	3.65	79.63	115612.68	58886.95	14385.67

续表

行业排名	全部上市公司排名	股票代码	股票简称	综合得分（100分）	每股收益（元）	总资产报酬率（%）	净资产收益率（%）	总资产周转率（次）	流动资产周转率（次）	资产负债率（%）	获利倍数	营业收入增长率（%）	资本扩张率（%）	市场投资回报率（%）	股价波动率（%）	年末资产总额（万元）	营业收入（万元）	净利润（万元）
25	341	002690	美亚光电	67.83	0.74	15.98	13.76	0.37	0.44	9.49	0	16.5	11.74	17.24	88.69	188219.81	66117.51	25077.47
26	343	300024	机器人	67.81	0.5	14.03	14.5	0.54	0.79	38.7	38.11	15.5	19.59	75.49	156.26	324262.23	152353.51	33207.97
27	350	601313	江南嘉捷	67.62	0.58	10.31	15.56	1.03	1.27	44.53	0	12.83	11.03	16.6	102.71	282422.77	273392.16	24281.89
28	353	002658	雪迪龙	67.59	0.72	15.32	15.47	0.5	0.59	16.48	0	25.88	14.86	21.2	82.95	162295.99	74143.03	19883.13
29	357	600894	广日股份	67.52	0.81	12.49	18.08	0.72	1.46	37.01	27.29	11.33	44.88	2.08	73.95	707983.03	454166.45	69141.39
30	378	002249	大洋电机	67.07	0.39	6.93	9.57	0.82	1.19	39.31	0	35.75	38.28	14.96	84.09	629514.41	444331.35	33820.06
31	392	002444	巨星科技	66.77	0.5	13.32	12.63	0.57	0.94	27.13	42.21	8.3	9.88	34.92	116.92	544914.93	286606.77	50764.8
32	420	300066	三川股份	66.37	0.5	12.12	10.68	0.53	0.85	13.41	0	3.21	10.76	21.98	100.77	141604.78	69793.34	14399.4
33	424	002611	东方精工	66.21	0.24	10.51	11.86	0.81	1.37	47.8	0	225.78	27.84	160.7	259.03	196536.02	119026.97	10954.29
34	426	300222	科大智能	66.16	0.53	6.82	7.72	0.48	0.74	24.42	0	84.51	107.95	83.8	167.34	175327.05	61472.38	8180.82
35	438	300286	安科瑞	65.98	0.51	13.34	14.09	0.5	0.65	20.02	0	34.13	8.24	-17.41	98.48	62129.65	28347.85	7146.81
36	476	601012	隆基股份	65.3	0.55	7.15	8.76	0.66	1.34	49.41	5.05	61.38	9.03	35.66	115.38	644933.78	368016.85	29859.93
37	478	600406	国电南瑞	65.25	0.53	10.48	19.18	0.63	0.69	51.21	146.05	-6.98	17.78	-0.48	66.1	1479667.13	890700.19	130135.75
38	497	002335	科华恒盛	64.99	0.58	8.62	10.8	0.81	1.18	41.55	60.93	46.57	18.15	50.31	100.43	211429.72	148566.47	13726.59
39	500	600843	上工申贝	64.95	0.38	12.67	8.83	0.82	1.2	40.12	26.58	8.67	75.97	36.27	82.88	273257.45	197124.48	23675.18
40	502	002028	思源电气	64.94	0.74	10.72	9.57	0.7	0.87	30.67	0	8.44	9.58	12.87	66.42	543455.55	367130.48	50389.41
41	533	002131	利欧股份	64.35	0.48	7.64	6.98	0.82	1.43	50.4	16.04	56.1	33.93	64.99	114.45	420140.8	287426.96	21312.59
42	534	600089	特变电工	64.33	0.52	4.9	8.3	0.66	1.15	64.55	4.19	23.65	31.78	15.16	77.4	5929171.12	3607475.63	181141.85
43	548	002276	万马股份	64.16	0.25	7.2	8.68	1.34	1.8	41.68	6.12	20.42	8.18	79.01	144.86	467796.94	584695.02	23677.23
44	560	300114	中航电测	63.88	0.45	8.12	5.54	0.65	1.04	24.54	0	9.87	39.14	91.64	201.89	165536.11	91690.39	10192.94
45	561	002546	新联电子	63.88	0.61	10.33	9.9	0.37	0.47	20.03	0	6.86	12.81	19.44	83.58	174133.79	58036.11	15597.47
46	574	002334	英威腾	63.73	0.45	10	9.51	0.62	0.83	15.28	0	13.99	11.95	2.84	59.03	182273.68	105788.43	15999.77
47	575	601222	林洋电子	63.72	1.15	12.04	14.33	0.58	0.79	31.29	0	10.79	15.68	4.35	104.52	439722.65	220641.37	40960.33
48	590	600580	卧龙电气	63.49	0.4	6.29	9.09	0.74	1.34	57.72	4.5	20.34	6.67	65.72	120.15	979362.71	689256.22	47596.97

续表

行业排名	全部上市公司排名	股票代码	股票简称	综合得分（100分）	每股收益（元）	总资产报酬率（%）	净资产收益率（%）	总资产周转率（次）	流动资产周转率（次）	资产负债率（%）	获利倍数	营业收入增长率（%）	资本扩张率（%）	市场投资回报率（%）	股价波动率（%）	年末资产总额（万元）	营业收入（万元）	净利润（万元）
49	609	002364	中恒电气	63.08	0.49	12.88	13.52	0.55	0.75	20.29	0	39.14	11.69	23.46	105.39	120631.64	60090.65	12570.93
50	612	600388	龙净环保	62.98	1.08	6.15	12.56	0.6	0.73	71.65	9.36	8.23	13.38	8.78	91.12	1144141.02	602666.36	46698.77
51	640	002689	博林特	62.54	0.36	8.52	13.25	0.73	1.19	50.26	93.95	18.49	5.6	66.07	199.35	278185.59	195799	18889.27
52	642	002518	科士达	62.42	0.51	8.23	9.68	0.66	0.86	27.33	0	18.45	9.92	12.77	98.75	216995.68	138787.81	15136.78
53	666	601727	上海电气	62.01	0.2	4.19	9.81	0.56	0.72	68.36	63.05	−3.07	6.36	131.52	210.7	14355056.4	7678451.6	472578.6
54	667	300001	特锐德	62.01	0.4	8.62	11.05	0.72	0.99	48.3	12.13	42.77	10.21	63.1	196.33	303016.54	193205.42	17855.56
55	669	300034	钢研高纳	62	0.35	8.91	9.04	0.45	0.75	21.47	0	18.63	9.56	66.59	155.95	144103.32	61658.32	10958.38
56	676	600525	长园集团	61.84	0.42	9.93	10.78	0.61	1.05	51.86	5.79	18.68	12.42	33.69	92.82	627743.3	334864.03	38698.2
57	678	300259	新天科技	61.83	0.38	12.22	12.67	0.42	0.58	16.49	0	16.11	11.85	−0.84	105.17	96476.31	38032.6	10682.15
58	688	000811	烟台冰轮	61.59	0.53	9.8	8.24	0.62	1.48	41.3	27.79	10.66	11.33	22.15	78.53	291657.22	169068.84	22765.48
59	697	600517	置信电气	61.45	0.23	9.17	12.19	0.87	1.17	52.37	10.91	28.53	10.49	29.55	89.03	524480.34	420137.38	30557.62
60	698	002509	天广消防	61.42	0.28	10.02	9.41	0.49	0.83	17.18	141.87	21.2	66.09	38.17	86.83	181977.91	69373	12018.18
61	721	002686	亿利达	61.15	0.3	10.78	11.19	0.65	1.11	27.46	29.92	4.14	12.18	46.94	161.16	116604.24	69021.79	9109.89
62	760	300101	振芯科技	60.48	0.19	6.92	7.61	0.38	0.5	31.9	0	56.13	6.61	4.02	87.38	117388.69	40719.74	6622.83
63	762	002533	金杯电工	60.44	0.24	5.19	5.85	1.16	1.6	25.4	0	5.85	7.02	68.51	140.05	286625.98	317712.82	13295.64
64	771	300257	开山股份	60.32	0.76	8.45	9.62	0.49	0.69	21.61	0	2.36	5.51	−11.88	70.05	434582.9	199530.14	33301.52
65	778	300203	聚光科技	60.24	0.43	8.26	7.75	0.46	0.68	27.45	0	30.76	10	14.87	94.89	290649.32	123060.44	19662.9
66	779	002227	奥特迅	60.24	0.37	9.65	11.01	0.51	0.65	21.07	0	31.61	13.99	26.65	132.76	96884.32	45795.63	8117.15
67	781	600499	科达洁能	60.23	0.65	7.66	11.12	0.64	1.19	49.28	22.2	17.16	23.15	−13.21	63.08	757676.84	446587.59	42820.59
68	807	002090	金智科技	59.95	0.52	9.23	9.25	0.74	0.97	51.5	7.06	12.04	21.48	34.13	101.71	164940.19	117908.13	11552.23
69	817	600990	四创电子	59.78	0.59	4.62	6.51	0.71	0.97	64.83	6.79	50.85	8.98	115.09	247.96	263647.39	168452.83	8237.3
70	823	002426	胜利精密	59.71	0.16	4.41	7.65	0.85	1.24	40.93	0	53.47	108.88	38.74	102.36	513766.23	325581.53	14782.91
71	826	300004	南风股份	59.68	0.5	5.69	5.31	0.33	0.72	20.03	8.57	100.84	236.78	11.7	68.63	377400.48	81836.29	10769.79
72	842	002510	天汽模	59.4	0.4	6.66	9.84	0.46	0.75	52.08	15.15	27.65	8.31	60.75	155.7	350815.61	148912.59	16566.95

续表

行业排名	全部上市公司排名	股票代码	股票简称	综合得分(100分)	每股收益(元)	总资产报酬率(%)	净资产收益率(%)	总资产周转率(次)	流动资产周转率(次)	资产负债率(%)	获利倍数	营业收入增长率(%)	资本扩张率(%)	市场投资回报率(%)	股价波动率(%)	年末资产总额(万元)	营业收入(万元)	净利润(万元)
73	847	300341	麦迪电气	59.33	0.2	6.27	6.95	0.51	0.69	11.44	0	−3.01	5.5	29.79	64.54	61863.26	30594.66	3760.51
74	850	300008	上海佳豪	59.31	0.18	5.78	4.49	0.86	1.5	36.13	0	257.34	56.77	9.84	95.36	131863.69	84666.94	4114.59
75	854	002531	天顺风能	59.29	0.42	7.97	7.44	0.48	0.77	32.12	7.1	8.65	6.85	55.77	87.56	297214.22	140231.89	17483.95
76	856	002441	众业达	59.26	0.91	9.23	9.52	1.96	2.27	40.14	7.7	9.16	7.64	55.77	187.04	379266.61	718290.99	21668.59
77	857	600118	中国卫星	59.22	0.3	4.61	7.96	0.56	0.67	43.62	0	−2.9	8.25	57.84	129.87	877646.79	466410.38	41014.77
78	867	002300	太阳电缆	59.09	0.37	11.53	8.76	1.25	2.35	54.34	4.24	−0.19	5.55	43.49	101.03	277792.4	335354.25	17505.28
79	881	002026	山东威达	58.95	0.34	7.7	4.93	0.53	0.83	20.82	55.12	12.26	122.38	26.77	115.44	198481.18	80629.79	9900.76
80	886	300274	阳光电源	58.91	0.43	7.35	11.07	0.7	0.77	51.5	0	44.42	15.54	−4.81	91.28	487935.09	306224.74	28328.65
81	891	002339	积成电子	58.85	0.34	8.52	9.76	0.61	0.8	28.97	0	25.17	9.01	17.86	103.22	199276.04	110875.17	14112.33
82	907	000967	上风高科	58.63	0.22	6.04	3.26	1.21	1.94	42.5	2.21	11.6	54.7	80.44	169.63	253831.63	301907.06	6867.53
83	922	600468	百利电气	58.34	0.11	4.79	3.46	0.64	1.24	51.68	21.21	20.4	7.15	33.47	98.02	152706.83	91052.94	5582.47
84	930	002452	长高集团	58.25	0.35	7.11	7.19	0.35	0.45	15.77	0	−3.61	7.66	95.83	223.51	140041.8	47836.57	8807.81
85	941	300159	新研股份	58.11	0.31	9.68	9.76	0.46	0.58	11.3	0	−2	9.71	97.8	220.74	127467.27	56091.14	11204.63
86	943	300195	长荣股份	58.08	1.1	10.13	9.07	0.44	0.7	16.58	0	55.4	70.1	−6.69	78.91	283951.89	95678.34	18724.27
87	948	300126	锐奇股份	58.04	0.2	4.7	5.19	0.56	0.75	15.32	0	12.23	5.56	97.63	214.31	123819.86	67387.36	6220.18
88	950	600382	广东明珠	58.03	2.47	52.44	7.36	0.06	0.27	4.01	673.81	148	52.01	108.76	188.14	270494.96	13525.68	92534.98
89	952	000920	南方汇通	58.03	0.43	13.42	4.63	1.02	2.18	30.57	90.71	−9.74	−18.67	102.8	159.76	157210.39	206211.89	24146.91
90	955	600172	黄河旋风	57.97	0.42	7.7	9.5	0.35	1.13	51.51	3.37	6.79	8.9	19.8	80.44	496840.24	166206.2	22359.94
91	956	002338	奥普光电	57.97	0.49	8.22	6.8	0.41	0.58	14.48	0	31.57	4.7	75.83	237.26	96404.64	38870.12	6846.5
92	959	300151	昌红科技	57.95	0.26	5.17	6.58	0.61	0.82	18.41	0	−6.27	5.76	79.02	190.83	95308.83	57866.18	5086.74
93	961	002665	首航节能	57.94	0.8	8.89	8.36	0.4	0.52	33.92	0	14.39	10.03	46.79	161.5	301798.51	111601.51	21014.23
94	969	002350	北京科锐	57.82	0.34	5.59	6.89	0.85	1.15	34.18	0	35.67	8.19	26.72	94.4	171265.59	134777.45	7697.9
95	994	601700	风范股份	57.52	0.44	6.6	6.7	0.63	0.86	31.54	19.37	28.59	2.34	6.57	75.61	412087.14	235351.85	19772.8
96	996	002532	新界泵业	57.49	0.27	7.18	7.79	0.78	1.99	23.44	0	1.69	7.61	−13.3	77.49	150431.01	114531.17	9338.62

续表

行业排名	全部上市公司排名	股票代码	股票简称	综合得分（100分）	每股收益（元）	总资产报酬率(%)	净资产收益率(%)	总资产周转率（次）	流动资产周转率（次）	资产负债率(%)	获利倍数	营业收入增长率(%)	资本扩张率(%)	市场投资回报率(%)	股价波动率(%)	年末资产总额（万元）	营业收入（万元）	净利润（万元）
97	997	300154	瑞凌股份	57.47	0.5	5.51	7.07	0.4	0.44	14.27	0	−0.68	4.54	20.25	91.86	175893.41	68144.41	11019.12
98	1004	300129	泰胜风能	57.41	0.3	5.04	5.61	0.56	0.91	38.18	0	33.26	4.6	21.72	111.81	277105.66	143818.64	9652.22
99	1007	002651	利君股份	57.4	0.65	11.19	13.14	0.3	0.35	19.45	0	−16.29	−0.64	55.65	171.95	232765.58	73976.03	26078.04
100	1023	002031	巨轮股份	57.2	0.32	7.23	6.18	0.31	0.5	27.5	3.68	18.42	62.99	59.83	223.01	398325.88	106714.88	15352.36
101	1026	300007	汉威电子	57.15	0.47	5.24	4.14	0.29	0.68	31.54	12.55	32.01	82.21	79.99	191.77	182037.98	39930.68	5837.35
102	1034	000880	潍柴重机	56.95	0.17	1.22	3.4	0.96	2.63	64.39	0	32.39	4.31	51.05	156.7	353316.97	307647.13	4663.67
103	1035	300018	中元华电	56.94	0.26	5.21	6.38	0.27	0.31	8.8	0	9.69	5.01	70.04	145.53	85410.97	22510.68	4999.12
104	1045	002598	山东章鼓	56.77	0.24	7.99	9.97	0.56	0.84	26.38	0	−2.25	1.9	29.93	95.91	99337.67	55462.78	7604.74
105	1056	002610	爱康科技	56.6	0.29	4.32	4.55	0.47	1.25	71.71	1.66	55.5	81.68	61.84	170.16	842374.26	300278.35	9863.69
106	1058	300137	先河环保	56.54	0.22	6.74	5.73	0.38	0.49	12.98	0	31.61	7.45	26.1	91.13	119529.4	44061.57	7183.37
107	1059	002184	海得控制	56.54	0.25	6.28	5.86	1.09	1.43	42.84	7.2	7.87	3.27	181.22	206.97	154835.58	154409.21	6546.74
108	1068	002111	威海广泰	56.4	0.36	6.56	8.61	0.44	0.67	49.95	6.02	14.66	7.41	56.61	142.38	250577.21	101510.75	11111.73
109	1074	600372	中航电子	56.36	0.34	6.42	9.01	0.48	0.69	62.75	5.29	10.14	5.5	19.99	101.15	1448754.11	660665.94	61317.74
110	1081	600879	航天电子	56.29	0.24	4.25	4.36	0.53	0.79	45.23	4.3	19.37	4.84	70.13	146.87	982061.05	490179.83	25812.51
111	1091	601002	晋亿实业	56.18	0.17	5.71	4.96	0.72	1.18	36.47	5.01	10.08	2.45	132.99	270.95	401136.54	300810.12	13491.13
112	1096	002121	科陆电子	56.14	0.32	5.4	6.88	0.51	0.9	68.42	3.45	38.74	8.84	57.73	144.98	467483.63	195460.89	12898.95
113	1098	002175	广陆数测	56.12	0.16	3.39	2.92	0.27	0.51	28.26	5.6	37.4	52.01	113.43	192.92	111901.87	24283.87	2174.51
114	1102	002520	日发精机	56.07	0.22	6.07	6.94	0.48	0.76	48.23	7.5	122.95	11.23	51.05	138.34	135081.06	55163.87	5062.69
115	1103	300263	隆华节能	56.05	0.38	7.41	9.54	0.53	0.82	41.71	127.18	70.76	9.02	21.92	108.03	267777.37	124501.61	14787.33
116	1107	601179	中国西电	55.97	0.13	2.41	3.33	0.44	0.59	39.14	0	6.27	2.08	144.82	205.6	3090515.49	1386968.01	66146.77
117	1111	002358	森源电气	55.93	0.66	10.46	7.19	0.34	0.45	45.4	13.1	−13.15	11.33	60.29	139.8	387628.5	114574.06	27117.81
118	1112	600875	东方电气	55.92	0.64	1.62	6.17	0.48	0.57	75.98	0	−7.91	10.09	73.8	130.83	8523016.95	3903616.48	132061.67
119	1114	002559	亚威股份	55.9	0.48	5.02	6.14	0.53	0.76	25.79	0	4.96	4.88	7.78	99.86	175626.98	89356.74	8396.11
120	1130	300281	金明精机	55.63	0.5	8.25	8.2	0.38	0.73	30.36	8.84	30.93	9.94	45.13	207.98	100171.7	36146.83	6029.24

续表

行业排名	全部上市公司排名	股票代码	股票简称	综合得分（100分）	每股收益（元）	总资产报酬率（%）	净资产收益率（%）	总资产周转率（次）	流动资产周转率（次）	资产负债率（%）	获利倍数	营业收入增长率（%）	资本扩张率（%）	市场投资回报率（%）	股价波动率（%）	年末资产总额（万元）	营业收入（万元）	净利润（万元）
121	1136	002013	中航机电	55.49	0.53	4.82	5.93	0.48	0.73	68.05	2.57	12.37	8.05	53.5	148.57	1673727.17	756219.33	38181.54
122	1165	000682	东方电子	55.2	0.05	4.56	5.6	0.64	0.91	43.54	27.68	10.53	6.33	74.87	176.83	310594.11	184059.52	10886.36
123	1171	600379	宝光股份	55.01	0.09	4.72	4.29	0.94	1.6	34.01	4.57	0.33	3.65	55.61	65.51	61970.96	59214.33	2041.15
124	1172	002282	博深工具	55.01	0.14	3.96	3.39	0.52	0.98	21.27	4.46	-3.11	2.32	105.7	165.3	101363.07	54845.81	3059.44
125	1173	600184	光电股份	55	0.3	3.35	6.17	0.67	0.97	65.72	3.78	5.34	6.91	70.57	177.67	292748.76	183604.49	6205.3
126	1179	601126	四方股份	54.96	0.84	7.82	9.52	0.67	0.85	32.15	274.09	6.93	7.71	-8.57	80.55	507536.41	326411.13	33567.62
127	1181	002498	汉缆股份	54.93	0.22	5.89	6.3	0.85	1.06	28.39	9.68	-3.53	2.26	9.33	73.83	589142.86	463761.04	23807.54
128	1182	300338	开元仪器	54.89	0.39	5.98	5.8	0.36	0.51	12.91	0	8.86	2.75	20.03	123.13	87878.39	30739.05	4788.5
129	1187	601218	吉鑫科技	54.81	0.09	3.7	4.16	0.43	0.59	38.17	4.3	17.14	5.89	76.68	194.84	386925.37	164003.22	9326.14
130	1194	002023	海特高新	54.66	0.47	7.87	8.51	0.19	0.45	41.69	6.53	16.32	6.93	32.08	144.35	295201.36	50180.15	14869.18
131	1195	601989	中国重工	54.65	0.13	0.89	3.2	0.32	0.44	69.78	0	18.93	23.82	68.34	164.61	20650520.18	6097204.88	204991.76
132	1196	600973	宝胜股份	54.62	0.31	5.02	5.91	1.58	2.07	75.07	1.71	24.01	3.75	39.28	120.57	857070.5	1216237.64	12937.11
133	1198	300278	华昌达	54.6	0.24	4.63	4.6	0.31	0.51	30.3	6.41	106.04	151.78	123.53	225.41	197694.66	43685.85	4914.32
134	1220	000901	航天科技	54.26	0.12	3.49	2.38	0.81	1.08	31.6	3.95	14.37	61.26	172.5	297.9	212741.77	151668.18	3841.9
135	1224	600353	旭光股份	54.16	0.23	6.55	1.39	0.45	0.6	20.73	0	22.95	3.93	28.25	113.32	126143.31	54539.23	6559.23
136	1229	300306	远方光电	54	0.75	6.91	7.71	0.19	0.23	6.12	0	6.14	6.98	12.01	93.9	111213.19	20897.5	9035.17
137	1233	300105	龙源技术	53.93	0.33	6.21	7.74	0.53	0.59	31.76	0	18.65	6.27	7.4	69.77	318073.61	163794.8	17073.67
138	1234	000519	江南红箭	53.93	0.54	10.15	10.22	0.41	0.78	18.77	23.37	-2.14	10.55	6.63	90.49	490908.52	203573.32	39654.38
139	1235	300210	森远股份	53.92	0.45	8.93	9.89	0.36	0.57	39.98	19.06	6.13	13.13	15.9	118.84	143431.89	48310.69	10917.22
140	1239	600869	智慧能源	53.8	0.18	4.28	4.58	1.02	1.42	73.02	2.01	-1.92	6.44	22.3	98.56	1224306.88	1135176.4	19934.31
141	1241	600481	双良节能	53.79	0.36	7.01	12.31	0.9	1.85	68.85	3.58	3.79	-8.47	-4.3	41.6	776136.75	680769.69	31340.15
142	1245	600960	渤海活塞	53.72	0.34	6.05	2.48	0.46	0.7	30.12	3.57	-7.89	111.24	48.39	121.87	298068.29	117880.25	9809.87
143	1259	300118	东方日升	53.58	0.11	5.76	3.96	0.59	0.96	52.44	1.51	36.44	36.21	19.47	76.1	587062.77	295219.23	7774.15
144	1262	300141	和顺电气	53.55	0.31	6.78	7.06	0.4	0.5	16.03	0	-5.22	7.65	36.89	152.1	81894.99	32497.2	5195.76

续表

行业排名	全部上市公司排名	股票代码	股票简称	综合得分（100 分）	每股收益（元）	总资产报酬率（%）	净资产收益率（%）	总资产周转率（次）	流动资产周转率（次）	资产负债率（%）	获利倍数	营业收入增长率（%）	资本扩张率（%）	市场投资回报率（%）	股价波动率（%）	年末资产总额（万元）	营业收入（万元）	净利润（万元）
145	1265	600038	哈飞股份	53.54	0.56	1.96	5.02	0.61	0.74	69.64	43.36	15	4.77	32.02	126.64	2038615.39	1245543.61	33186.46
146	1266	300095	华伍股份	53.54	0.2	6.06	5.4	0.62	0.93	23.7	6.03	60.37	6.24	39.5	154.44	113333.33	67790.33	4643.27
147	1267	600495	晋西车轴	53.51	0.21	3.68	0.6	0.61	0.92	24.51	0	−11.57	4.66	190.45	366.07	426757.32	250259.01	14037.19
148	1279	002435	长江润发	53.21	0.24	5.59	5.55	0.95	1.68	37.42	4.66	6.32	3.42	18.58	92.79	136977.93	122788.22	4812.7
149	1298	300316	晶盛机电	52.98	0.16	2.35	3.43	0.13	0.17	6.82	0	40.17	3.99	96.32	195.04	189384.3	24532.04	6431.39
150	1299	600435	北方导航	52.97	0.04	3.81	1.86	0.41	0.72	40.87	8.02	52.73	−1.56	90.22	270.3	410249.94	160626.73	11315.85
151	1303	002506	*ST 超日	52.95	1.07	60.49	583.8	0.58	1.1	89.58	7.73	361.83	0	0	51.64	310761.32	269927.85	268225.05
152	1312	000768	中航飞机	52.6	0.13	1.99	2.23	0.64	0.79	62.06	3.7	22.63	4.73	99.37	212.72	3404691.9	2119808.45	37564.34
153	1318	000777	中核科技	52.56	0.19	4.76	4.58	0.57	0.94	39.06	9.67	10.52	4.7	195.77	330.56	182207.11	104066.64	7109.92
154	1319	002074	东源电器	52.55	0.15	6.36	6.52	0.7	1.09	58.73	3.62	19.91	−1.24	155.71	335.43	127397.67	88550.62	4746.12
155	1323	300112	万讯自控	52.49	0.09	5.1	5.2	0.57	1.13	16.35	0	1.85	1.61	8.92	94.03	60666.11	33697.31	2712.84
156	1324	002196	方正电机	52.48	0.07	1.83	0.13	0.57	0.94	35.75	2.65	27.76	32.46	72.98	199.26	127156.55	62247.71	1018.68
157	1325	002309	中利科技	52.47	0.52	5.96	3.36	0.57	0.77	69.7	1.61	14.5	61.39	6.38	54.77	1711489.54	924607.16	24969.71
158	1334	300276	三丰智能	52.32	0.12	3.77	4.36	0.43	0.52	26.82	0	16.38	5.02	60.89	181.49	79295.26	33394.45	2891.43
159	1337	600967	北方创业	52.29	0.24	5.77	7.91	0.86	1.22	28.73	0	−6.86	1.71	43.37	149.57	343101.88	298364.09	20318.68
160	1339	002630	华西能源	52.26	0.41	4.21	6.19	0.53	0.73	61.72	2.83	4.2	55.44	19.61	102.28	716450.53	326858.54	14910.35
161	1341	002176	江特电机	52.25	0.08	3.42	2.17	0.41	0.77	12.53	5.1	−7.26	109.01	35.41	100.85	229229.59	79329.91	4376.68
162	1343	002438	江苏神通	52.24	0.26	4.54	5.2	0.37	0.5	25.8	0	−8.9	4.85	58.23	122.41	126373.41	46560.64	5381.65
163	1347	002430	杭氧股份	52.13	0.16	4.04	2.46	0.61	1.28	58.06	2.63	7.83	7.18	20.45	71.02	940175.31	593382.4	16294.73
164	1359	002451	摩恩电气	51.78	0.06	4.42	4.67	0.46	1.11	56.93	2.48	46.09	6.32	49.84	148.16	158022.94	64665.13	3078.25
165	1363	300116	坚瑞消防	51.73	0.04	1.69	−0.11	0.33	0.52	35.72	6.45	30.29	93.69	78.38	167.44	144747.18	35107.41	987.74
166	1366	002552	宝鼎重工	51.72	0.05	1.8	1.15	0.36	0.93	10.95	949.33	49.96	0.84	84.07	186.09	90935.07	32443.19	1425.33
167	1367	002151	北斗星通	51.72	0.13	3.66	3.13	0.53	0.97	29.5	13.32	22.57	57.14	15.37	167.12	189314.87	95405.35	5091.2
168	1373	000530	大冷股份	51.63	0.33	3.92	5.13	0.47	1.08	32.43	0	−7.16	2.72	19.62	64.52	305393.02	142571.56	11451.93

续表

行业排名	全部上市公司排名	股票代码	股票简称	综合得分（100分）	每股收益（元）	总资产报酬率（%）	净资产收益率（%）	总资产周转率（次）	流动资产周转率（次）	资产负债率（%）	获利倍数	营业收入增长率（%）	资本扩张率（%）	市场投资回报率（%）	股价波动率（%）	年末资产总额（万元）	营业收入（万元）	净利润（万元）
169	1377	002356	浩宁达	51.48	0.5	3.66	0.27	0.41	0.57	37.2	3.6	26.51	54.28	76.45	138.4	235770.91	77412.06	4013.52
170	1380	300153	科泰电源	51.45	0.2	2.08	3.03	0.57	0.76	18.46	0	36.2	1.72	46.98	152.62	115143.74	63453.53	3132.72
171	1382	000837	秦川机床	51.45	0.03	2.77	−1.06	0.81	1.34	44.59	1.57	2.63	215.17	57.91	129.84	640787.97	350102.66	3811.93
172	1386	000738	中航动控	51.41	0.16	3.76	3.87	0.4	0.62	28.19	10.07	−1.39	3.62	38.12	125.02	651408.34	257588.23	18917.41
173	1403	600475	华光股份	51.19	0.33	3	6.09	0.69	0.87	66.06	0	−5.43	6.26	21.79	85.7	450815.51	314434.48	12189.75
174	1413	002169	智光电气	51	0.16	5.53	6.41	0.4	0.7	56.95	2.66	7.75	6.14	63.94	161.28	159005.81	60741.04	4996.3
175	1414	600501	航天晨光	50.99	0.22	4.33	6.44	0.89	1.43	64.61	2.7	−3.74	5.78	52.72	159.81	411080.35	362527.1	10088.47
176	1419	002698	博实股份	50.92	0.47	10.51	10.7	0.31	0.36	19.56	0	−20.42	11.49	−17.58	72.02	204204.26	60767.46	18577.4
177	1420	300283	温州宏丰	50.89	0.17	4.42	2.92	0.85	1.25	35.88	3.62	0.87	6.24	64.32	171.76	88943.63	66849.64	2307.32
178	1423	300068	南都电源	50.81	0.18	4.02	3.07	0.83	1.31	39.09	4.49	7.95	−2.03	24.5	81.59	486786.44	378636.13	10284.94
179	1425	002073	软控股份	50.73	0.26	4.21	3.76	0.4	0.61	55.65	3.26	17.06	5.69	47.68	127.42	788912.03	294960.83	19010.94
180	1432	600537	亿晶光电	50.59	0.25	4.13	7.76	0.64	1.44	74.43	1.66	20.78	7.49	19.99	139.86	536594.11	324927.84	11518.67
181	1433	300242	明家科技	50.58	0.05	0.89	1.08	0.54	0.77	18.38	0	17.54	1.62	107.53	298.86	31487.91	16899.93	409.86
182	1439	002580	圣阳股份	50.49	0.18	2.94	1.18	0.81	1.27	48.11	1.89	22.44	1.24	26.7	112.71	158659.25	124612.5	1939.48
183	1449	002337	赛象科技	50.4	0.26	3	3.07	0.4	0.5	23.99	0	7.3	−0.64	142.68	197.42	176233.49	72132.63	5428.45
184	1453	300048	合康变频	50.32	0.13	3.18	2.91	0.34	0.47	19.78	42.03	0.85	11.18	64.59	88	209230.14	66744.67	5114.69
185	1458	002621	大连三垒	50.23	0.27	4.19	5.7	0.17	0.2	4.79	0	13.7	5.25	34.56	155.34	114740.06	18522.41	6090.69
186	1463	002685	华东重机	50.2	0.06	0.67	1.47	0.48	0.64	25.58	0	29.39	3.23	61.37	125.82	109109.01	49877.72	1186.9
187	1469	002530	丰东股份	50.09	0.12	4.66	3.85	0.4	0.66	26.69	71.37	−4.24	7.89	31.82	139.8	100124.59	36717.54	3489.76
188	1476	601100	恒立油缸	50.05	0.15	2.54	0.82	0.28	0.59	14.29	0	−11.1	0.22	16.72	79.18	405941.13	109328.91	8926.56
189	1484	300111	向日葵	49.93	0.03	3.91	2.23	0.55	1.46	61.69	1.49	46.39	4.09	19.76	68.13	315389.95	164389.54	3753.78
190	1487	002667	鞍重股份	49.87	0.69	5.28	5.2	0.26	0.33	14.16	0	−1.31	5.8	39.73	157.28	88395.14	23438.84	4682.37
191	1488	600590	泰豪科技	49.86	0.12	3.29	1.7	0.48	0.94	61.11	1.89	16.76	2.29	35.73	129.27	582152.26	292070.96	5817.89
192	1494	601369	陕鼓动力	49.75	0.32	3.7	5.18	0.33	0.41	56.1	0	−22.7	0.68	41.5	97.87	1441056.62	486078.22	53157.92

续表

行业排名	全部上市公司排名	股票代码	股票简称	综合得分（100分）	每股收益（元）	总资产报酬率（%）	净资产收益率（%）	总资产周转率（次）	流动资产周转率（次）	资产负债率（%）	获利倍数	营业收入增长率（%）	资本扩张率（%）	市场投资回报率（%）	股价波动率（%）	年末资产总额（万元）	营业收入（万元）	净利润（万元）
193	1497	300103	达刚路机	49.72	0.24	4.19	5.12	0.35	0.42	14.84	0	-38.06	3.88	30.19	163.4	94796.05	33068.36	5041.41
194	1501	002691	石中装备	49.63	0.19	4.48	4.33	0.33	0.39	11.02	0	-6.45	4.28	50.54	112.28	92590.05	30675.33	3749.69
195	1505	600841	上柴股份	49.51	0.17	2.29	3.77	0.51	0.8	36.07	0	-6.84	3.36	-0.77	44.22	536995.62	277688.8	14804.97
196	1513	000801	四川九洲	49.35	0.19	3.03	2.87	0.72	0.95	48.28	6.54	-9.39	5.3	59.91	124.22	298979.31	223864.56	7816.99
197	1514	300023	宝德股份	49.34	0.17	3.72	4.26	0.2	0.34	30.23	0	102.94	7.77	32.84	139.3	50094.62	9075.03	1691.54
198	1521	300265	通光线缆	49.25	0.24	4.35	3.59	0.73	1.06	35.03	5.29	11.59	2.38	97.24	156.81	120263.21	85684.11	3224.01
199	1524	002058	威尔泰	49.19	0.04	3	1.89	0.51	0.69	15.66	34.6	-6.6	1.2	61.31	140.41	23799.41	12337.45	526.17
200	1525	300152	燃控科技	49.18	0.18	2.82	1.81	0.35	0.56	39.04	8.21	47.65	7.39	2.7	89.2	273715.31	84252.3	4857.04
201	1534	000570	苏常柴 A	49.04	0.11	2.39	3.18	0.8	1.41	38.32	0	-14.95	6.96	35.81	83.93	316678.38	248979.21	6566.96
202	1546	601608	中信重工	48.88	0.15	3.03	2.94	0.28	0.43	60.41	4.96	4	0.31	118.56	236.7	1983194.15	528629.49	40769.72
203	1559	000017	深中华 A	48.53	0.01	7.64	-48.84	2.09	2.21	73.79	0	-21.78	75.3	46.9	135.35	5148.96	21207.06	578.3
204	1561	300064	豫金刚石	48.51	0.1	4.8	3.45	0.24	0.63	45.41	2.33	21.58	3.41	23.93	119.46	282940.78	63759.63	6069.12
205	1563	002212	南洋股份	48.49	0.1	4.49	2.24	0.76	1.51	41.83	1.98	23.26	2.56	55.56	178.97	300896.92	225889.33	5179.05
206	1564	002692	远程电缆	48.48	0.3	7.18	8.18	0.95	1.27	49.74	3.11	-8.28	10.15	30.65	122.29	276185.01	249380.67	10974.19
207	1565	601890	亚星锚链	48.47	0.06	0.71	0.2	0.41	0.55	23.28	0	8.46	1.28	51.24	150.04	380045.85	152802.98	2753.81
208	1568	002471	中超电缆	48.45	0.2	6.15	6.31	0.86	1.07	63.38	2.06	9.39	6.29	17.82	141.45	608651.47	486577.14	15010.63
209	1569	002560	通达股份	48.44	0.34	5.76	4.56	0.42	0.64	18.41	7.52	-21.03	41.55	-3.31	56.65	196717.7	72388.14	6751.14
210	1570	002009	天奇股份	48.44	0.3	4.12	2.55	0.46	0.62	58.95	2.56	1.96	6.17	29.91	108.79	389281.95	178116.74	9311.3
211	1572	300062	中能电气	48.4	0.2	3.63	3.49	0.44	0.62	19.94	0	2.56	1.89	16.32	105.42	102653.9	45752.88	3352.22
212	1580	000862	银星能源	48.31	0.04	6.98	-0.45	0.2	1.09	80.44	1.08	55.39	439.48	20.2	80.56	952816.07	143847.13	2858.33
213	1581	300293	蓝英装备	48.3	0.27	6.5	8.4	0.32	0.55	64.99	3.57	-26.48	7.98	36.01	140.16	216138.55	60935.65	7390.07
214	1582	000425	徐工机械	48.3	0.2	2.36	0.96	0.48	0.62	58.16	1.89	-13.66	3.69	102.53	189.56	4885053.77	2330628.08	40692.18
215	1584	000585	东北电气	48.23	0.01	2.01	1.51	0.42	0.68	40.61	48.59	0.79	2.28	75	209.09	48259.58	19751.35	605.81
216	1586	600290	华仪电气	48.19	0.17	3.67	3.88	0.38	0.5	56.63	2.78	14.12	4.77	30.28	79.74	475064.63	174903.22	9288.83

续表

行业排名	全部上市公司排名	股票代码	股票简称	综合得分（100分）	每股收益（元）	总资产报酬率（%）	净资产收益率（%）	总资产周转率（次）	流动资产周转率（次）	资产负债率（%）	获利倍数	营业收入增长率（%）	资本扩张率（%）	市场投资回报率（%）	股价波动率（%）	年末资产总额（万元）	营业收入（万元）	净利润（万元）
217	1592	600405	动力源	48.13	0.11	4.3	3.36	0.55	0.76	58.11	2.62	18.41	4.46	57.28	172.2	178284.67	93932.67	4600.19
218	1598	002483	润邦股份	48.05	0.29	4.64	5.23	0.66	1.14	31.37	0	−3.8	4.38	11.59	78.87	359887.37	221158.58	14670.84
219	1607	600526	菲达环保	47.78	0.14	3.33	3.15	0.68	0.77	71.74	2.33	42.01	3.29	47.07	150.95	476125.53	278337.58	5735.23
220	1614	002112	三变科技	47.64	0.08	3.64	2.61	0.78	1.04	63.03	1.6	0.29	4.09	42.46	153.97	130088.19	92382.51	1603.75
221	1618	600151	航天机电	47.57	0.02	2.82	0.59	0.46	1.04	56.58	1.45	12.74	−0.15	13.14	108.91	873683.55	378681.09	4798.57
222	1627	600343	航天动力	47.38	0.1	2.04	2.03	0.34	0.47	34.41	0	−5.49	0.23	159.81	247.82	399900.27	131061.6	7545.91
223	1635	000852	江钻股份	47.22	0.18	4.37	2.6	0.72	1.12	46.53	3.3	−11.26	0.14	22.98	122.81	229539.54	165774.64	6211.78
224	1639	002537	海立美达	47.11	0.2	4.24	2.77	0.86	1.36	38.76	2.45	−19.7	3.11	9.72	78.01	268753.34	250608.16	5103.08
225	1643	600592	龙溪股份	47.05	0.12	1.9	−1.97	0.25	0.48	24.77	3.76	3.6	21.74	41.68	128.76	309801.57	73045.62	2830.4
226	1653	600320	振华重工	46.88	0.05	2.78	−0.88	0.48	0.92	73.35	1.12	8.05	1.68	106.5	205.68	5614522.73	2506942.15	14804.84
227	1654	300201	海伦哲	46.87	0.05	2.49	1	0.55	0.8	37.2	2.71	44.32	2.21	1.66	102.86	107681.5	57591.27	1631.72
228	1655	300091	金通灵	46.85	0.07	2.36	1.36	0.49	0.84	56.38	1.74	21.75	1.37	73.12	121.35	187584.2	85670.18	1326.37
229	1656	600202	哈空调	46.8	0.06	3.45	1.48	0.4	0.56	67.27	1.36	20.39	2.71	51.51	137.38	261535.19	105899.05	2255.45
230	1657	600316	洪都航空	46.77	0.14	1.54	0.62	0.42	0.7	44.58	17.67	20.63	3.61	48.89	180.28	891121.4	345074.03	10106
231	1659	600391	成发科技	46.75	0.09	2.98	1.49	0.45	0.8	55.57	1.56	8.15	0.96	136.78	264.81	444212.47	196305.77	3725.12
232	1660	002534	杭锅股份	46.73	0.18	2.55	1.66	0.45	0.62	55.12	26.13	−47.28	2.96	55.34	176.4	692512.64	313278.07	10512.93
233	1670	000528	柳工	46.63	0.18	2.19	0.8	0.48	0.71	56.13	2.7	−18.21	−2.59	111.42	167.15	2080190.16	1029340.61	19315.88
234	1682	300356	光一科技	46.43	0.28	2.64	2.02	0.24	0.36	30.81	308.86	6.15	99.73	44.51	166.11	198772.31	34334.69	2934.35
235	1687	600218	全柴动力	46.35	0.13	1.95	1.71	1.09	1.9	53.55	10.59	−14.89	1.46	26.53	123.27	245421.16	271289.03	3540.15
236	1692	300080	新大新材	46.26	0.09	2.57	0.49	0.43	0.75	41.78	1.32	45.96	0.26	8.98	76.68	555458.72	225903.47	2840.42
237	1699	600579	天华院	46.16	0.16	6.9	8.69	0.6	0.88	49.86	5.26	−33.87	10.18	83.44	205.27	135991.92	82386.22	6302.26
238	1709	600262	北方股份	45.96	0.73	6.42	4.08	0.45	0.58	64.11	2.73	−32.16	6.81	49.46	178.48	325491.26	147974.15	10736.62
239	1717	002323	中联电气	45.88	0.12	1.38	0.85	0.4	0.59	12.6	0	24.85	−0.42	56.04	130.64	97585.38	39126.53	1255.2
240	1720	600192	长城电工	45.8	0.18	3.73	1.16	0.51	0.72	54.58	2.98	2.34	3.85	41.31	156.76	422448.49	205800.28	8228.7

续表

行业排名	全部上市公司排名	股票代码	股票简称	综合得分（100分）	每股收益（元）	总资产报酬率（%）	净资产收益率（%）	总资产周转率（次）	流动资产周转率（次）	资产负债率（%）	获利倍数	营业收入增长率（%）	资本扩张率（%）	市场投资回报率（%）	股价波动率（%）	年末资产总额（万元）	营业收入（万元）	净利润（万元）
241	1743	002622	永大集团	45.3	0.32	2.25	3.93	0.12	0.18	13.21	0	-12.8	3.69	111.76	169.17	140521.12	16104.26	4725.35
242	1747	002514	宝馨科技	45.27	0.07	1.58	2.16	0.44	0.89	21.31	0	27.95	79.86	8.36	124.82	122874.21	41986.5	1661.08
243	1748	600416	湘电股份	45.26	0.09	3.27	-0.43	0.48	0.61	86.36	1.12	16.95	0.86	81.9	128.14	1668771.86	774943.62	5440.03
244	1751	300185	通裕重工	45.23	0.09	3.35	1.23	0.3	0.73	47.04	1.79	24.44	-2.39	20.68	132.52	689053.7	205580.59	7414.35
245	1762	600685	广船国际	45.04	0.15	1.03	-12.64	0.53	0.76	76.04	1.46	128.77	44.84	106.5	205.73	2367009.34	953074.09	15042.65
246	1767	002209	达意隆	44.91	0.07	2.23	1	0.6	0.96	56.96	2.04	6.48	1.45	35.62	107.91	151234.32	95465.59	1323.57
247	1771	002021	中捷资源	44.86	0.01	1.31	2.11	0.3	0.41	62.18	1.49	-11.89	39.29	14.54	44.7	408177.63	112336.04	990.25
248	1772	002190	成飞集成	44.83	0.12	1.23	-0.2	0.29	0.52	30.23	8.54	17.95	0.66	111.53	379.13	335244.48	91866.56	2995.51
249	1778	300280	南通锻压	44.73	0.02	-0.26	-0.7	0.44	0.92	19.89	0	9.12	0.8	52.69	90.82	78749.03	33179.6	270.54
250	1797	002105	信隆实业	44.43	0.02	2.8	-0.87	1.1	1.93	59.89	1.2	10.19	-0.98	78.05	248.94	147390.32	159684.84	-391.29
251	1800	600765	中航重机	44.33	0.2	3.32	2.57	0.46	0.74	66.62	1.73	-8.82	3.49	47.73	237.28	1324219.4	582255.35	12822.66
252	1805	600031	三一重工	44.26	0.09	3.49	1.21	0.48	0.79	60.73	1.8	-18.65	-1.07	61.99	138.69	6300944.5	3036472.1	75597.2
253	1815	300097	智云股份	44.1	0.19	4.02	4.06	0.39	0.49	14.35	0	-0.94	6.05	8.76	108.14	55069.96	21903	2293.26
254	1818	300345	红宇新材	44.07	0.12	2.33	1.63	0.26	0.38	22.82	3.53	11.53	0.34	23.13	99.8	83527.1	21321.74	1178.3
255	1819	601038	一拖股份	44.05	0.17	2.51	-0.48	0.74	1.4	56.94	3.36	-18.57	1.77	42.09	129.67	1235569.46	892931.61	16422.59
256	1820	300092	科新机电	44.03	0.12	1.75	-2.53	0.4	0.9	31.24	2.64	37.7	1.1	57.13	158.58	76161.21	31127.39	694.69
257	1826	601717	郑煤机	43.88	0.13	1.47	1.55	0.49	0.65	21.39	0	-23.97	-1.02	30.55	113.68	1219221.52	612445.69	19333.27
258	1827	300193	佳士科技	43.86	0.24	1.15	2.5	0.28	0.36	9.79	0	0.61	0.02	-3.06	82.83	211914.2	58824.1	4917.92
259	1834	600099	林海股份	43.69	0.01	-0.32	0.59	0.65	0.97	16.52	0	27.63	-1.68	58.04	179.89	56258.25	35783.47	292.91
260	1840	002270	法因数控	43.5	0.1	2.36	1.35	0.38	0.74	23.04	0	-17.96	1.53	31.69	113.16	76750.94	30061.69	1837.5
261	1843	300309	吉艾科技	43.45	0.39	6.93	6.98	0.18	0.24	6.24	0	7.9	5.3	-2.1	72.7	142026.99	25396.28	9486.42
262	1845	300215	电科院	43.4	0.11	4.21	5.07	0.14	1.08	58.3	3.48	-11.5	1.76	-35.98	128.68	326742.38	42176.1	7758.97
263	1848	002480	新筑股份	43.31	0.02	2.56	-2.25	0.31	0.57	44.79	1.04	2.23	31.53	37.02	153.39	450545.52	127509.08	925.76
264	1849	002278	神开股份	43.3	0.19	3.45	3.18	0.39	0.52	34.49	0	-12.2	3.28	-1.49	82.82	189650.56	67138.68	5747.1

续表

行业排名	全部上市公司排名	股票代码	股票简称	综合得分（100分）	每股收益（元）	总资产报酬率（%）	净资产收益率（%）	总资产周转率（次）	流动资产周转率（次）	资产负债率（%）	获利倍数	营业收入增长率（%）	资本扩张率（%）	市场投资回报率（%）	股价波动率（%）	年末资产总额（万元）	营业收入（万元）	净利润（万元）
265	1855	000816	江淮动力	43.17	0.04	1.13	-1.04	0.37	0.81	47.94	2.07	-15.84	76.81	37.52	145.88	713334.17	233417.24	4282.04
266	1856	600150	中国船舶	43.14	0.03	-0.16	-1.67	0.55	0.87	62.17	0	27.59	-1.09	57.39	217.95	5178532.9	2832366.59	-4036.81
267	1865	601798	蓝科高新	42.85	0.16	3.25	2.52	0.3	0.51	31.26	3.44	-5.75	12.79	1.32	49.88	282492.07	86467.1	5661.18
268	1868	000821	京山轻机	42.75	0.03	2.53	-3.42	0.48	0.87	39.46	2.34	27.49	1.64	157.14	284.14	193932.3	92308.13	2195.72
269	1878	000922	佳电股份	42.46	0.01	0.32	-0.38	0.6	0.78	41.39	5.29	-23.25	49.81	102.16	291.62	395367.83	205209.13	565.07
270	1881	002255	海陆重工	42.23	0.25	2.77	3.53	0.46	0.65	48.38	19.87	-5.19	3.25	-7.15	80.62	323530.5	140415.32	6565.21
271	1890	002606	大连电瓷	41.95	0.13	3.22	1.69	0.43	0.76	42.86	2.72	-5.09	3.8	22.07	98.44	132598.41	59160.39	2487.27
272	1895	002006	*ST精功	41.82	0.03	5.17	-11.2	0.49	0.77	48.86	2.5	21.19	4.51	20.7	98.59	166628	90186.77	961.21
273	1907	300069	金利华电	41.39	0.13	3	2.29	0.31	0.52	26.3	8.18	8.13	0.12	29.58	86.65	65723.54	20772.59	1528.83
274	1910	601616	广电电气	41.29	0.04	1.31	1.11	0.28	0.46	16.88	0	-19.39	-0.14	35.29	116.34	308603.15	89219.72	4161.52
275	1911	002564	张化机	41.28	0.09	3.33	1.71	0.36	0.59	57.24	1.45	12.43	3.66	9.43	122.18	688818.02	232981.4	6542.42
276	1916	300120	经纬电材	41.08	0.02	0.79	0.39	0.61	1.28	15.18	0	2.81	-2.59	14.49	104.12	70934.62	42502.05	494.04
277	1918	300179	四方达	41.07	0.17	3.67	-4.26	0.22	0.32	14.88	0	24.92	3.19	32.54	112.47	84911.27	18907.32	3314.61
278	1919	002523	天桥起重	40.94	0.04	0.74	0.23	0.34	0.44	21.68	0	8.98	0.06	34.19	102.14	145327.3	50199.52	1299.88
279	1920	002046	轴研科技	40.89	0.06	1.74	-0.03	0.24	0.48	39.83	2.44	-21.27	28.81	63.98	143.82	229020.44	51262.59	1535.41
280	1928	002347	泰尔重工	40.73	0.04	1.11	0.2	0.22	0.35	29.26	1.9	4.2	30.22	37.48	135.79	170581.47	37304.25	842.41
281	1933	600679	金山开发	40.56	0.11	6.48	-9.32	0.51	1.17	42.87	10.18	-13.99	7.98	-2.18	54.68	121227.37	60941.24	3900.75
282	1939	300354	东华测试	40.41	0.09	1.35	1.96	0.26	0.34	7.91	0	5.02	0.22	54.85	206.28	36041.42	9122.81	742.46
283	1940	002535	林州重机	40.36	0.1	2.76	1.95	0.3	0.61	65.73	1.67	-7.38	-1	22	120.63	684556.51	187434.94	5688.51
284	1941	002490	山东墨龙	40.36	0.03	1.23	0.33	0.43	1	54.5	1.42	11.01	0.52	-18.07	104.52	604450.07	252210.25	1425.67
285	1943	000410	沈阳机床	40.35	0.03	4.15	-2.49	0.43	0.52	86.39	1.09	5.91	0.7	111.33	189.29	2014608.75	781494.4	2208.36
286	1946	002613	北玻股份	40.19	0.04	1.09	0.54	0.43	0.68	20.01	0	1.5	0.2	58.32	256.38	194121.23	83814.23	2205.81
287	1949	002322	理工监测	39.96	0.23	2.84	4.13	0.15	0.19	6.14	0	-37.09	0.05	-9.06	77.77	132022.5	19538.04	6040.92
288	1953	002272	川润股份	39.87	0.03	0.51	-1.23	0.44	0.67	35.28	0	3.71	0.88	48.89	162.73	188641.11	84488	1060.73

续表

行业排名	全部上市公司排名	股票代码	股票简称	综合得分(100分)	每股收益(元)	总资产报酬率(%)	净资产收益率(%)	总资产周转率(次)	流动资产周转率(次)	资产负债率(%)	获利倍数	营业收入增长率(%)	资本扩张率(%)	市场投资回报率(%)	股价波动率(%)	年末资产总额(万元)	营业收入(万元)	净利润(万元)
289	1955	002459	*ST 天业	39.82	0.12	2.77	−7.35	0.37	0.57	13.47	1.35	−5.09	192.77	81.04	182.19	174988.44	63038.34	1104.62
290	1960	300165	天瑞仪器	39.68	0.32	1.49	0.76	0.18	0.2	5.25	0	−14.94	2.18	3.27	100.45	156680.66	27683.14	4862.32
291	1961	600610	S*ST 中纺	39.66	0.09	14.37	−7.31	0.09	0.11	12	17.41	−17.85	1049.7	36.33	86.42	114247.55	6971.6	9973.29
292	1971	002526	山东矿机	39.41	0	2.38	−0.68	0.4	0.59	45.39	1.54	−0.07	0.94	37.43	165.38	377043.74	145371.8	1657.76
293	1973	300308	中际装备	39.32	0.04	0.63	0.49	0.17	0.35	16.9	0	31.17	2.95	33.26	95.29	65575.75	11874.62	816.55
294	1977	300035	中科电气	39.21	0.23	5.03	2.46	0.2	0.26	15.19	0	−19.03	1.57	−8.36	76.37	101343.38	20706.81	5026.91
295	1981	002298	鑫龙电器	39.08	0.04	2.44	0.55	0.35	0.47	41.84	1.57	−10.58	2.04	20.9	79.62	227079.95	80940.89	1665.45
296	1983	601908	京运通	39.01	0.13	2.77	0.42	0.14	0.35	30.08	7.36	49.14	2.74	33.55	138.64	540037.95	69481.63	11793.46
297	1985	002122	天马股份	38.95	0.03	1.84	−4.61	0.29	0.47	33.62	2.08	7.09	−0.08	84.63	195	749546.63	217580.32	3532.28
298	1987	300173	松德股份	38.92	0.07	1.03	−1.3	0.14	0.26	22.92	2.2	−4.1	182.04	109.58	275.51	196992.9	19479.79	746.88
299	1988	000806	银河投资	38.92	0.04	4.41	−8.01	0.37	0.65	61.77	1.54	2.28	−2.2	159.29	317.84	220478.32	80192.37	2299.82
300	1995	300275	梅安森	38.79	0.18	3.38	3.2	0.35	0.45	12.52	0	−9.62	4.78	−0.82	90.32	81071.9	27481.25	2773.79
301	1997	300161	华中数控	38.77	0.07	1.51	−5.52	0.44	0.56	31.81	0	17.26	3.64	11.41	113.11	136446.8	58623.31	1600.71
302	2000	002645	华宏科技	38.7	0.07	0.77	−0.16	0.42	0.58	17	0	−18.5	0.1	61.66	127.88	83002.72	36043.9	1004.19
303	2031	002097	山河智能	37.58	0.01	2.89	−3.13	0.31	0.45	62.05	0.98	−12.93	42.75	36.54	92.23	642980.62	183957.15	399.35
304	2032	300140	启源装备	37.56	0.07	0.5	1.3	0.25	0.38	16.02	0	11.92	6.4	0.37	130.01	109916.64	26747.41	1457.85
305	2034	300260	新莱应材	37.41	0.09	1.27	0.76	0.46	0.73	30.28	2.49	−4.63	2.31	5.35	93.55	94988.49	42211.24	503.75
306	2036	002204	大连重工	37.32	0.02	0.3	−0.8	0.44	0.59	65.12	0	−6.71	−0.5	35.45	116.3	1867316.42	823882.79	595.99
307	2043	002576	通达动力	37.1	−0.1	−0.99	−2.25	0.91	1.26	24.99	−2.26	14.62	−2.59	148.56	203.89	113797.94	105235.87	−1656.15
308	2046	002680	黄海机械	37.04	0.18	1.12	1.24	0.14	0.17	9.31	0	−46.62	0.63	13.67	123.16	78369.43	10694.34	1418.29
309	2048	002164	*ST 东力	36.92	0.05	3.4	−2.15	0.27	0.71	39.23	1.56	−10.78	2.19	42.58	173.72	183367.65	50795.16	2383.99
310	2052	300123	太阳鸟	36.82	0.08	2.97	−0.33	0.28	0.56	34.9	2.82	−43.19	2.85	30.26	136.71	145757.44	38617.17	2108.49
311	2053	002617	露笑科技	36.81	−0.22	2.87	−5.25	1.2	1.96	60.98	0.66	−2.98	−5.57	80.8	164.06	221693.29	264828.66	−4198.86
312	2056	600169	太原重工	36.63	0.01	1.75	−0.92	0.35	0.48	80.38	1.05	−5.53	0.16	203.67	282.52	2760071.3	902332.17	3322.64

续表

行业排名	全部上市公司排名	股票代码	股票简称	综合得分（100 分）	每股收益（元）	总资产报酬率（%）	净资产收益率（%）	总资产周转率（次）	流动资产周转率（次）	资产负债率（%）	获利倍数	营业收入增长率（%）	资本扩张率（%）	市场投资回报率（%）	股价波动率（%）	年末资产总额（万元）	营业收入（万元）	净利润（万元）
313	2057	000157	中联重科	36.63	0.08	1.76	0.85	0.28	0.36	56.01	2.16	-32.93	-1.91	36.69	89.3	9375795.58	2585119.51	62787.48
314	2063	000595	西北轴承	36.53	0.08	6.18	-58.6	0.42	0.66	72.04	1.49	36.98	5.98	54.37	154.63	104603.06	44499.58	2058.65
315	2065	601177	杭齿前进	36.41	0.05	2.13	-4.23	0.46	1.06	53.06	1.32	-4.55	-0.45	40.74	88.39	392079.63	176564.55	1614.75
316	2069	002147	方圆支承	36.25	0.01	1.61	-0.99	0.25	0.71	36.04	0.87	-2.32	-0.45	52.34	163.76	136858.83	35828.68	168.05
317	2074	002545	东方铁塔	36.05	0.21	2.37	1.74	0.24	0.35	28.51	2.75	-41.41	1.02	-9.53	56.44	401593.98	99393.68	5359.43
318	2085	002499	科林环保	35.72	0.08	0.62	-0.26	0.35	0.55	42.02	0	-13.43	-2.2	-2.39	68.1	124647.76	40462.58	814.71
319	2088	000680	山推股份	35.41	0.04	1.75	-1.77	0.61	0.98	59.78	1.07	-28.28	-5.35	139.69	212.06	1121076.91	726945.35	-2788.74
320	2098	600847	万里股份	34.99	0.01	-0.26	0.9	0.27	0.41	20.19	0	68.65	1.23	-8.4	50.56	89336.33	23601.28	224.79
321	2100	002266	浙富控股	34.94	0.07	3.91	-0.41	0.15	0.34	39.55	3.13	-13.83	19.63	-8.51	75.4	504950.12	68601.52	10484.49
322	2103	600550	*ST 天威	34.88	0.05	4.55	-13.04	0.42	0.7	86.78	1.25	-10.64	303.92	28.63	154.98	856900.55	389504.27	7619.63
323	2119	002297	博云新材	34.22	0.01	1.11	-1.7	0.21	0.38	31.78	1.77	3.59	0.71	25.47	141.54	173698.2	38024.78	834.59
324	2125	002639	雪人股份	33.95	-0.05	-0.01	-1	0.26	0.62	34.94	-0.02	9.51	2.33	34.67	122	186520.86	42232.35	-867.71
325	2144	600877	中国嘉陵	33.23	0.02	3.01	-99.65	0.54	1.01	92.41	1.18	-13.69	4.77	130.69	224.39	233679.93	135959.97	1150.53
326	2149	600560	金自天正	32.82	0.08	0.99	2.43	0.3	0.36	62.51	0	-44.48	0.19	29.3	133.78	192289.81	57196.69	2049.88
327	2151	600243	青海华鼎	32.81	-0.02	2.26	-3.85	0.49	0.83	64.68	1.11	2.8	3.15	16.3	126.24	233903.84	112578.8	-405.81
328	2158	600520	中发科技	32.6	-0.47	-8.39	-17.03	0.42	0.77	32.16	-6.23	-7.7	98.62	68.76	171.25	79631.74	30120.03	-7085.38
329	2170	300099	尤洛卡	31.99	0.02	0.14	0.9	0.21	0.3	9.2	0	2.98	11.36	-8.32	73.74	93333.93	17904.46	867.25
330	2184	600072	*ST 钢构	31.34	0.02	1.29	-1.53	0.43	0.77	49.87	1.68	6.36	-0.21	-8.04	187.21	239376.99	97974.38	1178.56
331	2191	600860	*ST 京城	30.94	0.05	2.24	-12.67	0.68	1.29	42.39	1.43	-36.13	24.16	-15.63	84.79	250788.33	180633.31	1301.2
332	2200	600815	厦工股份	30.32	0.01	2.07	-10.31	0.4	0.51	62.34	1.11	-29.83	0.59	130.01	243.96	1103927.87	455952.04	1727.74
333	2205	002218	拓日新能	29.93	-0.01	1.94	-2.25	0.19	0.47	56.08	0.94	-48.71	-2.52	34.63	82.2	319546.55	54579.28	-494.02
334	2209	002423	中原特钢	29.77	-0.1	-0.89	-3.16	0.37	0.83	42.53	-1.83	-7.4	13.7	29.89	164.44	354285.83	121850.18	-4664.22
335	2220	600710	常林股份	28.73	-0.28	-5.91	-15.95	0.43	0.81	33.66	-7.92	1.3	-7.97	93.66	168.3	260394.8	116493.23	-18029.26
336	2222	002168	深圳惠程	28.67	-0.12	-8.13	-9.81	0.21	0.36	20.48	0	-27.63	3.39	35.62	97.43	158836.57	31320.1	-11938.55

续表

行业排名	全部上市公司排名	股票代码	股票简称	综合得分（100 分）	每股收益（元）	总资产报酬率（%）	净资产收益率（%）	总资产周转率（次）	流动资产周转率（次）	资产负债率（%）	获利倍数	营业收入增长率（%）	资本扩张率（%）	市场投资回报率（%）	股价波动率（%）	年末资产总额（万元）	营业收入（万元）	净利润（万元）
337	2227	600302	标准股份	28.33	-0.28	-5.62	-8.22	0.48	0.63	26.26	-52.53	-2.79	-7.51	52.48	140.74	159591.1	79825.94	-9600.35
338	2229	601106	中国一重	27.97	0	1.88	-4.03	0.19	0.27	57.57	1.13	-12.44	0.24	168.9	317.85	3998563.67	732799.67	1929.09
339	2245	002633	申科股份	26.85	-0.25	-2.2	-4.71	0.29	0.5	45.17	-1.19	7.16	-7.42	128.52	302.54	93821.6	26789.82	-3768.46
340	2248	600401	海润光伏	26.74	-0.8	-3.17	-25.86	0.34	0.92	68.91	-0.89	4.2	83.8	-6.84	76.54	1556632.41	495840.7	-93281.21
341	2256	601558	*ST 锐电	26.31	0.01	0.76	-10.11	0.17	0.21	49.61	1.01	-1.15	-3.56	14.35	90.93	1744006.5	361988.08	8073.28
342	2260	300040	九洲电气	26.08	-0.2	-5.37	-5.83	0.13	0.21	15.23	0	-9.41	-5.55	17.84	83.26	139631.71	18951.37	-5572.32
343	2262	002529	海源机械	25.9	0.02	0.18	-0.02	0.18	0.37	12.29	0	-18.15	-0.21	24.07	84.65	113494.86	20670.26	323.5
344	2281	601268	*ST 二重	24.43	-3.44	-40.41	308.42	0.22	0.45	139.85	-9.15	-20.23	-434.31	0	19.24	1524568.34	390689.85	-789766.08
345	2282	002248	*ST 东数	24.27	0.01	1.36	-14.32	0.14	0.33	49.58	0.52	2.89	21.18	7.82	103	236240.48	34549.97	-2610.59
346	2283	000633	合金投资	24.24	-0.08	-12.06	-13.75	0.32	0.61	23.23	0	-33	-12.74	99.42	181.72	25783.27	8749.69	-2890.03
347	2285	603333	明星电缆	24.2	-0.13	-3.24	-4.18	0.32	0.59	14	-4.31	-38.5	-4.6	15.83	101.56	171764.05	60690.57	-6920.11
348	2293	600375	华菱星马	23.26	-0.68	-4.36	-10.52	0.58	1.18	58.64	-6.61	-23.83	-13.44	22.12	66.76	882238.11	499736.23	-38349.31
349	2306	000913	钱江摩托	22.12	-0.43	-3.68	-12.83	0.62	1.01	42.32	-3.3	-26.88	-7.99	19.95	86.73	363425.99	240371.02	-22111.67
350	2307	600862	南通科技	22.1	-0.32	-1.26	-18.77	0.24	0.33	83.86	-0.9	49.37	-18.09	197.48	483.46	680658.12	152604.63	-21095.59
351	2308	300029	天龙光电	22.02	0.15	1.8	-28.01	0.13	0.19	39.97	1.54	-37.17	-2.2	-8.94	58.59	109805.44	13859.22	556.07
352	2310	000856	冀东装备	21.78	-0.38	-1.38	-15.01	0.69	0.9	78.33	-0.86	11.98	-8.87	46.75	125.82	244351.93	155920.36	-8178.83
353	2311	600268	国电南自	21.76	-0.54	-0.49	-10.12	0.47	0.67	73.96	-0.26	-6.41	-15.07	45.88	116.21	1038893.81	486057.83	-27718.21
354	2312	600848	自仪股份	21.66	-0.15	-0.59	-57.37	0.59	1.03	92.16	-0.21	-4.18	-30.61	67.99	109.59	171865.57	103429.03	-5988.29
355	2316	600760	中航黑豹	21.2	-0.41	-3.38	-20.27	0.76	1.62	74.71	-1.98	-20.83	-20.58	112.9	239.54	309271.06	252329.03	-17279.84
356	2322	600112	天成控股	21.05	0.03	3.09	-4.15	0.17	0.32	51.86	1.39	-25.28	6.88	-13.08	84.65	263341.61	48916.26	1591.12
357	2324	600677	航天通信	20.62	-0.59	-0.97	-15.01	0.89	1.22	74.03	-0.47	-18.57	-12.68	55.98	144.25	785104.68	704859.81	-27264.77
358	2329	002359	齐星铁塔	19.86	-0.2	-4.66	-9.48	0.38	0.63	38.49	-6.71	-14.88	-8.13	-4.48	52.19	151094.57	59040.44	-8241.41
359	2333	600806	昆明机床	19.49	-0.38	-5.52	-18.05	0.31	0.5	58.41	-8.81	-18.34	-14.72	62.32	150.65	281512.15	86788.93	-20946.33
360	2337	600110	中科英华	19.15	-0.23	-0.92	-19.21	0.28	0.59	73.96	-0.27	-4.09	-12.9	5.52	98.15	692378.26	189237.21	-28566.37

续表

行业排名	全部上市公司排名	股票代码	股票简称	综合得分(100分)	每股收益(元)	总资产报酬率(%)	净资产收益率(%)	总资产周转率(次)	流动资产周转率(次)	资产负债率(%)	获利倍数	营业收入增长率(%)	资本扩张率(%)	市场投资回报率(%)	股价波动率(%)	年末资产总额(万元)	营业收入(万元)	净利润(万元)
361	2342	600346	大橡塑	18.9	-0.67	-3.46	-28.16	0.3	0.71	74.92	-1.23	-28.06	12.54	8.29	72.47	300480.12	87605.56	-18976.74
362	2345	000676	思达高科	18.71	-0.22	-8.37	-45.58	0.55	0.92	76.15	-2.81	-15.29	-35.39	115.26	206.88	62892.72	37307.56	-8215.93
363	2348	600984	建设机械	18.49	-0.53	-12.79	-19.86	0.27	0.35	42.5	-11.12	-37.4	-17.19	44.36	121.05	102601.64	28320.44	-12784.35
364	2355	002608	舜天船舶	17.69	-4.82	-18.57	-142.62	0.36	0.51	97.72	-6.25	-7.98	-90.01	12.84	128.56	940076.97	300764.17	-180967.81
365	2356	002123	荣信股份	17.66	-0.51	-5.16	-13.94	0.23	0.31	48.08	-3.3	-38.04	-20.45	27.51	68.5	351567.88	92779.98	-27286.16
366	2370	000617	石油济柴	16.16	-0.4	-3.13	-21.42	0.41	0.63	72.83	-1.55	-42.79	-15.62	33.8	122.68	220483.45	92951.87	-11518.06
367	2386	000923	河北宣工	13.17	-0.36	-5.64	-22.01	0.16	0.27	69.33	-6.99	-34.63	-13.99	64.67	149.08	146519.64	24360.13	-7206.39
368	2393	300307	慈星股份	10.64	-0.43	-7.91	-9.11	0.17	0.21	12.97	0	-61.83	-10.25	-18.9	109.8	430946.51	76353.46	-34839.66
369	2407	002180	万力达		0.59	43.75	41.87	0.88	1.01	13.02	0	250.45	55.71	190.81	256.39	67173.06	47952.72	20948.02
370	2437	300360	炬华科技		0.9	20.43	30.72	0.85	0.92	42.07	0	29	81.53	46.02	82.18	148870.72	98832.5	21388.77
371	2440	603806	福斯特		1.21	15.22	13.8	0.72	0.85	10.75	0	21.89	100	46.02	33.1	426006.93	238585.95	43209.38
372	2441	300371	汇中股份		0.78	23.3	22.3	0.56	0.78	7.8	0	10.05	146.33	46.02	78.58	49943.29	20175.14	7435.69
373	2446	000908	天一科技		0.55	29.71	49.52	1.74	3.18	48.06	11.83	1069.96	18625.03	71.87	132.72	191379.85	195743	25741.72
374	2448	002706	良信电器		1.19	14.29	15.12	1.04	1.46	24.26	0	25.13	108.73	46.02	165.21	103875.63	85570.56	10027.48
375	2453	603699	纽威股份		0.75	19.91	29.14	0.78	0.99	39.85	53.72	11.24	87.21	46.02	58.45	407594.9	273427.88	57211.31
376	2458	300382	斯莱克		1.63	14.28	16.02	0.43	0.5	21.62	0	-9.29	95.55	46.02	72.32	79088.36	29206.97	8575.79
377	2468	603111	康尼机电		0.59	11.78	19.72	0.82	0.97	46.87	9.04	25.68	117.98	46.02	81.45	182902.2	130892.38	14329.7
378	2469	300393	中来股份		1.15	18.43	22.59	0.61	0.85	29.73	32.27	37.79	170.61	46.02	55.54	105522.02	47589.81	11747.34
379	2473	300376	易事特		0.98	9.47	15.98	0.93	1.12	56.8	62.02	46.09	42.33	46.02	133.92	252196.92	196908.54	17298.02
380	2474	300407	凯发电气		1.4	10.05	12.99	0.38	0.52	31.89	33.98	15.37	127.11	46.02	34.41	108138.55	34150.26	7394.8
381	2480	002733	雄韬股份		0.94	8.94	11.02	1.27	1.55	41.36	5.75	19.69	75.36	46.02	33.24	189928.13	197540.45	9963.57
382	2488	300400	劲拓股份		0.49	9.38	10.35	0.7	0.86	21.39	0	10.69	72.93	46.02	94.36	45759.78	26983.08	3186.44
383	2497	603606	东方电缆		0.55	7.2	8.2	1.05	1.38	53.09	3.52	19.48	47.66	46.02	59.8	164455.26	159326.66	6501.57
384	2500	000607	华智控股		0.36	10.25	20.3	0.76	1.05	32.16	0	-34.02	128.3	143.79	268.38	195295.27	148524.02	20329.25

续表

行业排名	全部上市公司排名	股票代码	股票简称	综合得分(100分)	每股收益(元)	总资产报酬率(%)	净资产收益率(%)	总资产周转率(次)	流动资产周转率(次)	资产负债率(%)	获利倍数	营业收入增长率(%)	资本扩张率(%)	市场投资回报率(%)	股价波动率(%)	年末资产总额(万元)	营业收入(万元)	净利润(万元)
385	2507	603088	宁波精达		0.59	8.88	8	0.44	0.81	23.5	13.97	9.89	55.16	46.02	77.91	58937.61	23187.17	3742.88
386	2511	603988	中电电机		0.86	8.97	10.14	0.49	0.62	24	0	-13.08	111.88	46.02	47.18	80129.52	33050.17	5434.01
387	2516	603100	川仪股份		0.47	6.59	10.48	0.91	1.24	56.86	3.79	4.99	70.44	46.02	43.03	399300.62	334626.01	15563.1
388	2518	300411	金盾股份		0.67	8.25	9.92	0.45	0.6	39.57	8.82	4.83	102.72	46.02	0	84702.77	30893.87	4031.2
389	2530	300385	雪浪环境		0.66	7.28	8.25	0.52	0.71	30.55	25.4	1.08	87.95	46.02	66.9	93580.52	41968.61	4601.67
390	2533	603169	兰石重装		0.84	12.3	4.71	0.31	0.47	78.07	10.24	10.91	72.83	46.02	163.57	608476.68	144736.14	43280.26
391	2537	002722	金轮股份		0.26	7.85	6.69	0.58	0.95	24.64	6.89	-3.56	58.32	46.02	117.92	73802.01	39792.29	3395.5
392	2538	002730	电光科技		0.45	7.73	7.64	0.54	0.76	35.38	4.06	-12.81	67.26	46.02	60.1	122151.24	57563.89	5323.98
393	2540	300372	欣泰电气		0.51	6.88	7.3	0.47	0.59	37.01	5.07	-11.5	61.88	46.02	60.87	104339.25	41901.11	4409.98
394	2541	300402	宝色股份		0.28	5.56	5.96	0.5	0.73	53.6	3.33	-12.9	54.01	46.02	95.65	151103.53	68732.42	4619.95
395	2542	603011	合锻股份		0.2	5.08	5.38	0.49	0.73	39.98	3.5	-3.36	49.97	46.02	128.11	95237.86	44984.04	2862.19
396	2543	603308	应流股份		0.27	6.11	6.66	0.34	0.75	58.1	2	3.19	56.76	46.02	124.37	443922.75	137636.62	10903.44
397	2545	300391	康跃科技		0.5	7.84	7.51	0.39	0.71	46.51	2.76	-4.68	84.66	46.02	96.34	68184.71	24342.87	2871.87
398	2546	300362	天保重装		0.33	5.88	6.52	0.27	0.44	60.78	1.9	12.2	83.23	46.02	92.85	158687.03	39932.4	3338.96
399	2547	300397	天和防务		0.77	4.43	6.21	0.2	0.23	13.86	0	-26.5	124.5	46.02	69.97	150360.58	22301.33	7528.4

第九章 汽车行业

汽车产业在国民经济中的地位极为重要，是产业关联度大的少数几个行业之一，可带动机械、电子等30多个相关产业的发展。由于汽车产业链长、关联度高、就业面广、消费拉动大，在国民经济中发挥着不可替代的作用。

我国汽车行业在经历了2013年的高速增长后，2014年呈现平稳增长态势。根据中国汽车工业协会发布的数据，2014年中国汽车产销数据分别是2372.29万辆和2349.19万辆，同比增长7.26%和6.86%，其中乘用车产销1991.98万辆和1970.06万辆，同比增长10.15%和9.89%；商用车产销380.31万辆和379.13万辆，同比下降5.69%和6.53%。2014年可以认为是中国汽车消费市场的回归之年。从长远来看，我国汽车产业将逐渐转入平稳增长的长期发展阶段。源于行业销量的平稳增长，汽车行业上市公司2014年的收入和利润也随之平稳增长。

一、汽车行业上市公司业绩评价结果

截至2014年末，汽车行业包括汽车整车、汽车零部件等企业的A股上市公司共92家，其中盈利87家，在全部2281家盈利上市公司中占比为3.81%；截至2014年末，汽车行业上市公司市值为12，717.70亿元，2014年度实现营业利润946.99亿元，实现净利润919.83亿元，占全部上市公司实现的11，269.99亿元净利润的8.00%；汽车行业整体表现优于全部上市公司的整体表现。

汽车行业进入百强的上市公司有10家。其中长安汽车、上汽集团和江铃汽车均进入十强。汽车行业的综合评价分值为72.14分，比全部上市公司的61.27分高17.74%。其中，业绩为优秀的有2家，业绩为良好的有16家，业绩为中的有54家，业绩为低的有11家，业绩为差的有9家。行业排名前十的上市公司见表9-1。

表9－1　2014年度汽车行业中联十强排行榜

名次	股票代码	股票简称	在全部上市公司中排名
1	000625	长安汽车	3
2	600104	上汽集团	6
3	000550	江铃汽车	12
4	600066	宇通客车	19
5	600741	华域汽车	29
6	601633	长城汽车	38
7	000338	潍柴动力	39
8	600660	福耀玻璃	71
9	002048	宁波华翔	94
10	600742	一汽富维	95

下面分别从财务效益状况、资产质量状况、偿债风险状况、发展能力状况及市场表现等五个方面对汽车行业上市公司进行具体分析。

（一）财务效益

表 9-2 列示了汽车行业上市公司财务效益状况评价结果。2014 年汽车行业上市公司财务效益状况好于上市公司平均水平，汽车行业上市公司扣除非经常性损益净资产收益率为 14.13%，高于上市公司 7.81% 的平均值。由于 2014 年汽车市场增速整体放缓，汽车行业财务效益各项指标在 2013 年基础上均有所下降，扣非后净资产收益率较去年 14.71% 的水平略微下降，下降的幅度为 3.94%。2014 年汽车行业上市公司盈余现金保障倍数为 0.85 倍，也在 2012 年后连续两年下降。该财务指标说明汽车行业上市公司在销售额和净利润平稳增长的同时，现金流状况没有好转。

表 9－2　　汽车行业财务效益状况比较表

评价指标		2014 年上市公司平均值	2014 年行业值	2013 年行业值	增长率 (%)
基本指标	扣除非经常性损益净资产收益率 (%)	7.81	14.13	14.71	–3.94
	总资产报酬率 (%)	5.74	8.50	8.85	–3.95
	得分	20.83	30.20	32.19	–6.18
修正指标	营业利润率 (%)	5.55	6.74	7.02	–3.99
	盈利现金保障倍数	1.61	0.85	0.86	–1.16
综合得分		21.87	26.36	26.46	–0.38

长城汽车在该项指标上得分为 33.60，虽然在 2013 年基础上有所下降，但是仍然是 2014 年汽车行业财务效益最突出的上市公司。其扣除非经常性损益净资产收益率为 25.08%、总资产报酬率为 16.69%、营业利润率为 14.77%、盈利现金保障倍数为 0.76，各项指标均取得了较好的分数。长城汽车良好的财务效益主要得益于其销售增长所带动的利润提升。其在 2014 年推出的 3 款新车——小型 SUV 哈弗 H1 和哈弗 H2，以及中高端 SUV 哈弗 H9 均取得不错的销量。

其他上市公司如上汽集团、江铃汽车、长安汽车等也取得了良好的财务效益，该项指标得分均超过 30 分，在上市公司中名列前茅。

（二）资产质量

从表 9-3 可以看出，汽车行业上市公司资产质量状况明显优于上市公司平均水平。从基本指标和修正指标来看，2014 年，上市公司总资产周转率、流动资产周转率、存货周转率和应收账款周转率都高于市场均值。

表 9－3　　汽车行业资产质量状况比较表

分析指标		2014 年上市公司平均值	2014 年行业值	2013 年行业值	增长率 (%)
基本指标	总资产周转率 (次)	0.75	1.10	1.14	-3.51
	流动资产周转率 (次)	1.52	1.98	2.05	-3.41
	得分	9.55	12.75	12.22	4.34
修正指标	应收账款周转率 (次)	9.69	12.94	10.35	25.02
	存货周转率 (次)	3.21	9.84	14.68	-32.97
综合得分		9.20	11.91	12.09	-1.49

2014 年，汽车行业虽然表现出良好的资产质量，但是与 2013 年相比，除应收账款周转率有所提升外，其他指标均发生一定幅度下降。其中存货周转率下降幅度最大。2014 年 11 月，中国汽车行业经销商库存预警指数达到了 65.7%，创下历史新高，至 2014 年 12 月，库存预警指数已连续 8 个月处于警戒线水平以上。存货周转率的降低在很大程度上降低了汽车行业的资产质量。

江淮汽车在该项指标中得分为满分 15 分，在汽车行业上市公司中排名第一。通过实行科学的存货管理和对销售实行严格的信用控制，江淮汽车大幅度提高了资产质量。2014 年，江淮汽车总资产周转率 1.35 次，流动资产周转率为 2.56 次，存货周转率 23.28 次，应收账款周转率 70.17 次，虽然各项指标均保持在了较高的水平，但是均较 2013 年有所下降。以上财务指标反映出 2014 年，增速放缓的市场在一定程度上影响了江淮汽车的销售节奏。除江淮汽车外，上海汽车和江铃汽车也表现出了较好的资产质量，在该项的得分均超过 14 分。

（三）偿债风险

根据表 9-4 可知，该行业上市公司偿债风险状况优于上市公司平均水平。但是通过分析各项指标，可以得出汽车行业虽然 2014 年实现了产销的稳步增长，但是该业绩提升并未反映在偿债风险指标中。与 2013 年相比，汽车行业各项指标偿债能力均有不同程度的下降。

表 9－4　　汽车行业偿债风险状况比较表

评价指标		2014 年上市公司平均值	2014 年行业值	2013 年行业值	增长率 (%)
基本指标	资产负债率 (%)	60.75	55.63	54.76	1.59
	获利倍数	5.06	23.25	28.33	-17.93
	得分	9.24	12.06	12.11	-0.41
修正指标	速动比率 (%)	69.66	96.1	100.95	-4.80
	现金流动负债比率 (%)	12.65	12.09	12.73	-5.03
	带息负债比率（ % ）	45.45	20.7	21.79	-5.00
综合得分		9.20	11.91	10.75	10.79

根据万德咨询提供的数据，汽车行业上市公司2014年利润总额在2013年利润总额的基础上增加了10.69%，但是财务费用在2013年的基础上增加了30.42%。由此导致了汽车行业上市公司整体获利倍数由2013年的28.33下滑到2014年的23.25。其中财务费用增长率较高的是比亚迪和广汽集团。而该指标超过14分的上市公司远东传动、南方轴承和鹏翎股份付息债务规模均维持在很低的水平。从整体看，汽车行业偿债能力优于上市公司整体水平。

（四）发展能力

从表9-5可知，2014年汽车行业上市公司的发展能力状况优于上市公司平均水平。受累于宏观经济下行的压力，2014年汽车行业上市公司营业收入及营业利润增长率均在2013年基础上有所放缓，但是高于上市公司整体水平。

汽车行业上市公司三年营业收入平均增长率指标连续两年降低，主要原因是随着2011年以来各项汽车消费优惠政策的减弱及汽车普及率的提高，2014年汽车行业发展水平远远低于2009年及2010年的水平。中国汽车行业将进入一个平稳发展的阶段。

表9－5　　汽车行业发展能力状况比较表

分析指标		2014年上市公司平均值	2014年行业值	2013年行业值	增长率(%)
基本指标	营业收入增长率(%)	4.34	12.45	17.03	–26.89
	资本扩张率(%)	12.45	14.93	10.74	39.01
	得分	12.14	13.61	13.49	0.89
修正指标	累计保留盈余率(%)	43.83	54.24	51.19	5.96
	三年营业收入平均增长率(%)	7.12	10.62	12.03	–11.72
	总资产增长率(%)	12.15	17.28	16.27	6.21
	营业利润增长率(%)	0.17	7.51	22.64	–66.83
综合得分		12.12	13.91	13.96	–0.36

长安汽车在该项中得分为满分20分，根据长安汽车公司发布的2014年年报，全年累计销售汽车254.41万辆，与去年同期相比增长19.86%；全年累计产量262.75万辆，同比增长24.33%。2014年全年营业收入为529.13亿元，同比增长35.18%。2014年6月，长安汽车自主品牌突破1000万辆，成为中国汽车行业首家自主品牌突破千万辆的企业。

除长城汽车外，宇通客车和潍柴动力在这项指标的得分也在17分以上，表现出强劲的增长势头。

（五）市场表现

表9-6列示了汽车行业上市公司市场表现评价结果。受益于中国股票市场的的高速增长，与2013年相比，汽车行业投资回报率大幅提升，同时股价波动率也较大。总体来说，汽车行业表现优于2014年上市公司平均水平，但是较2013年有所下降。

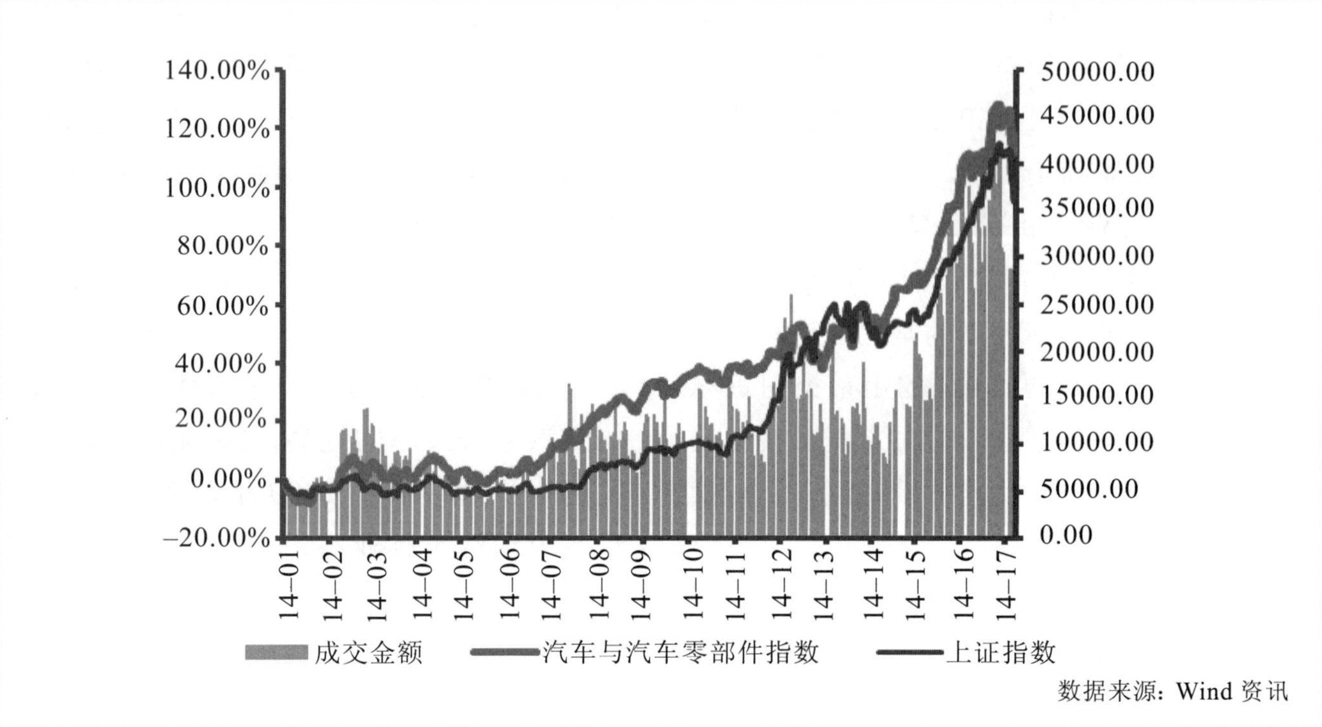

图 9－1　2014 年汽车行业指数与上证综指比较图

2014 年汽车行业投资回报率的提升主要是受股票市场整体投资回报率回升影响，汽车行业投资回报率略高于市场平均水平。

长城汽车在该项的得分较低，主要原因是由于长城轿车两度延迟推出高端 SUV 车型哈弗 H8 致使其股价大幅度下跌。

表 9－6　　汽车行业市场表现状况比较表

分析指标	2014 年上市公司平均值	2014 年行业值	2013 年行业值	增长率 (%)
投资回报率 (%)	44.68	50.96	29.25	74.22
股价波动率 (%)	124.99	134.95	88.46	52.55
得分	9.07	9.26	9.40	−1.49

二、2014 年汽车行业业绩的影响因素分析

在经历了 2013 年的大幅上涨后，受宏观经济下行的压力影响，2014 年我国汽车市场 6.86% 的销量增幅低于中汽协在 2014 年初所作出的 8% ～ 10% 的汽车年销量增长预测。2014 年我国汽车行业相对较为复杂，挑战与机遇并存，对大多数生产企业而言，挑战大于机遇。

（一）乘用车市场保持继续增长，但内部结构发生变化

2014 年，我国乘用车市场继续保持稳定增势。中汽协公布的数据显示，2014 年我国乘用车共销售 1970.06 万辆，同比增长 9.9%。在上市公司 11 家乘用车行业上市公司中，仅金杯汽车和一汽夏利收入下降，其余 9 家单位营业收入均不同程度上扬。

2014 年，中国乘用车产销占到汽车总产销的 83.97% 和 83.86%，在 2013 年 81.77% 和 81.55% 的基础上进一步提高。分析乘用车市场结构可以发现，轿车占乘用车的市场份额在逐步减少，在 2014 年跌破 70%，仅为 67.7%。而 MPV 和 SUV 在乘

用车中的份额分别上升到10.0%和22.2%。轿车市场份额下跌的原因主要是消费者群体的年轻化，更偏好于时尚、个性、运动型车型；另一方面，车企对产品结构进行调整，减少对轿车的投入，转向SUV和MPV。相较于MPV、SUV细分市场的增长速度较快，轿车市场增速呈现出英雄迟暮的疲惫之态，未来份额有可能进一步下跌。

2014年乘用车产销增长带动了整个汽车行业的产销增长。其中，SUV和MPV成为增长主力，销量增幅分别达到46.79%和36.44%，而交叉型乘用车则同比下降18.06%。

2014年汽车产销稳步增长主要源于乘用车市场需求旺盛。从短期来看，刺激乘用车需求增长的因素主要是政策优惠、价格弹性、使用环境及使用成本等；从长期来看，影响乘用车需求的因素主要是汽车保有量，人均可支配收入以及城镇化进程等。

从短期因素看，乘用车市场在2014年取得稳定增长的原因部分是增购换购消费需求的增加。中国乘用车市场经过10余年的高速发展，很多一二线城市的千人保有量已过百，中国正从初级消费市场向成熟市场转变，随着用车需求的不断升级和各地高用车成本政策的出台，增购换购逐渐取代首次购车成为汽车消费的主流；部分原因是恐慌性购买，恐慌性购买产生的原因是由于拥堵和环境问题日益严峻，越来越多的城市加入了“限购限行”的行列，12月30日，深圳市在没有任何征兆的前提下宣布限购，消费者或潜在消费者会产生大量的恐慌性购买需求。以上原因都一定程度上影响了2014年汽车消费市场的短期需求。

从长期因素看，中国人均汽车保有量仍远低于欧美日等发达国家和世界平均水平。从整体看，中国仍处于汽车消费迅速扩展阶段，汽车的新增消费慢慢转移到了同样具有巨大刚性需求的三、四线城市中。伴随着我国的城镇化进程的发展，居民生活水平的提高，消费者对出行便利的需求越来越高，汽车消费需求呈现增长态势。长期来看中国汽车市场的增长空间依旧较大。

（二）宏观经济下行压力使商用车市场保持低迷

在经历了2011年和2012年商用车市场的持续低迷后，2013年商用车行业上市公司业绩有所好转，微增0.60%。而在2014年，商用车销量则再次下滑。与之同步，多数主营商用车业务的上市车企利润也出现同比下滑状况。

2014年，商用车379.13万辆的销量在整个汽车市场仅占16.14%的份额。按车型划分，卡车2014年累计销售318.44万辆（整车销售243.65万辆，非完整车辆销售46.89万辆，半挂牵引车销售27.90万辆）；客车累计销售60.69万辆（整车销售52.95万辆，非完整车辆销售7.74万辆）。

其中，货车行业上市公司营业收入增长是由于我国投资力度增加等多重原因导致的。在我国，重卡市场的表现一直被看作“国民经济的晴雨表和风向标”，在2013年，轨道交通、房地产、旧城改造、城市化等的投资增加了对重卡需求，从政策的角度带动了全年的重卡销量。但是进入2014年，经济下行的压力依然存在，固定资产投资下降，房地产新开工项目减少，这从根本上限制了货车销售量。柴油车国四标准的出台使得市场进入观望状态这也在一定程度上造成了货车市场的低迷。

2014年客车产销保持了一定比例的增长，增长的主要原因是我国的城镇化进程的深入及产品结构的调整。在客车市场，占比最大的轻客市场销量增长最快，比重进一步提升。2014年全年，轻客市场销量累计38.54万辆，同比增长16.9%；在客车市场的份额突破七成至72.8%，提升了3.8个百分点。轻客市场的快速增长，与国家推行城镇化进程有密切关系，适合城市内客货混装用途的短轴车型表现突出。轻客市场激烈竞争，但增长仍然是该细分市场的主旋律。而在大、中型客车方面，由于高铁竞争、校车销售市场未达到预期等原因，表现低迷。

整车行业的稳定增长也在很大程度上促进汽车零部件企业的业绩增长。总体来说，汽车零部件生产商整体表现优于整车企业。净利润增长的企业中，一汽富维净利润增长幅度最大。2014年其营收实现112.73亿元，同比增长19%；净利润实现5.53亿元，同比增长50.9%。其他净利润增长幅度较大的还有万丰奥威、宁波华翔、中鼎股份与潍柴动力，四家企业净利润同比增长均超过四成。其中，营收规模最大的潍柴动力去年营收同比增长36.6%至796.37亿元，重新超过华域汽车，成为国内规模最大的零部件企业；净利润实现50.25亿元，同比提升40.7%。

（三）行业上市公司业绩两极分化明显

在整体保持平稳增速的大背景下，2014年上市整车企业的业绩两极分化趋势愈加明显，背后凸显的则是自主品牌面临的生存困境。

长安汽车、上汽集团在2014年的业绩表现十分优异。根据长安汽车发布的年报，该公司2014年净利润75.18亿元，相比2013年的34.68亿元增长了116.75%。公司2014年业绩大幅度增长，主要是得益于合资企业长安福特翼虎、新蒙迪欧等销量同比大增、投资收益大幅增加以及重庆长安本部CS75、逸动等销量同比大增。根据上汽集团发布的年报，2014年实现净利润382.51万元，在2013年净利润355.84亿元的基础上增加7.49%。上汽集团净利润的增长主要也是来自合资企业销量的增长，根据公告显示，2014年度，上汽集团共销售整车561.99万辆，同比增长10.1%。其中，上汽集团旗下三家合资公司上海大众，上海通用及上汽通用五菱分别贡献销量173万、172万和159万辆，共计504万辆，占上汽集团2014年销量的89.6%，旗下合资公司的贡献巨大。

一汽轿车在2014年共实现销量29.33万辆，同比增长18.04%，但由于宣传费用增加和部分产品销售结构发生变化，实现净利润1.37亿元，在2013年净利润10.33亿元的基础上大幅下降，这也是一汽轿车连续两年因销售费用高企导致公司净利润出现大幅下滑。长城汽车年报显示，2014年长城汽车共实现销量73万辆，同比下降3.08%，该公司2014年归属于上市公司股东的净利润为80.42亿元，同比下滑2.16%。比亚迪年报显示，2014年该公司归属于上市公司股东的净利润为4.34亿元，同比下滑21.61%。尽管去年比亚迪在新能源汽车领域增速迅猛，但尚难弥补其传统燃油车利润的下滑，从而造成其整体利润下滑。

（四）竞争加剧导致自主品牌市场份额连续下跌

根据中国汽车工业协会提供的数据，国际品牌合资企业目前占据了中国大部分的市场份额，自主品牌的市场份额连续下降。2014 年中国汽车产销 2372.29 万辆和 2349.19 万辆，同比增长 7.26% 和 6.86%。其中，自主品牌销售 757 万辆，同比增长 4.1%，占有率为 38.4%，比 2013 年下降了 2.1 个百分点，继续呈现下降趋势。其中，轿车销售 277 万辆，同比下降 17.4%，占有率为 22.4%，比去年下降了 5.6 个百分点，自主品牌 SUV 销售 55 万辆，同比增长 50.36%，占 SUV 市场份额的 44.76%，同比增长 4.14 个百分点。

德系、日系、美系、韩系和法系乘用车分别销售 394.09 万辆、309.52 万辆、252.55 万辆、176.61 万辆和 72.70 万辆，分别占乘用车销售总量的 20%、15.71%、12.82%、8.96% 和 3.69%。与上年同期相比，日系乘用车销量增速略低，其他外国品牌增速均超过 10%。

我国的自主品牌车型在技术含量和品牌知名度方面，与美系、德系和日系车相比都还存在着明显的差距，主要依靠廉价劳动力及资源成本的价格优势，技术水平含量不高，产品摹仿痕迹较重，品牌创新意识不强。虽不少车型外观时尚，价格低廉，但产品仍缺失核心竞争力，安全性、舒适性、操控性并未有太大提升，在消费者心中“大毛病没有，小毛病不断”的品牌形象虽较前几年有所好转，但仍有很长的路要走。随着二三线城市的发展，合资品牌与进口高档轿车也逐步打开市场，当地消费者普遍认为，合资品牌车型的综合性能优于自主品牌，在消费能力允许的情况下，更愿意选择合资品牌车型。曾被视为自主品牌“崛起根据地”的二三线城市，在激烈的市场竞争中优势正在被慢慢吞噬。

资料链接：

2014 年车界大事件

1. 汽车反垄断大幕拉开

6 月 10 日，商务部正式宣布将对国内汽车市场上潜在的垄断行为进行调查。并在 8 月份对湖北武汉 4 家宝马经销商开出了首张罚单，又对日本住友和日本精工开出了天价罚单。拉开了反垄断大幕。

2. 控制乘用车企平均燃料消耗量

5 月 7 日，工信部发布《关于加强乘用车企业平均燃料消耗量管理的通知（征求意见稿）》。按照规定，到 2015 年我国生产的乘用车平均燃料消耗量降至 6.9L/100km，2020 年要进一步降至 5.0L/100km。这将在一定程度上推动本土车企在混合动力及纯电动车的发展。

3. 新能源汽车免征购置税政策

7 月 9 日，国务院总理李克强主持召开国务院常务会议，决定免征新能源汽车车辆购置税，并通过相关法律修正案草案和行政法规修改决定。会议决定，自今年9月1日至2017年底，对获得许可在中国境内销售（包括进口）的纯电动以及符合条件的插电式（含增程式）混合动力、燃料电池三类新能源汽车，免征车辆购置税。

4.118辆全球首发车亮相北京车展

4月20日，第十三届北京车展开幕。本届北京车展总规模达到23万平方米，共展示车辆1134辆，全球首发车118辆。北京国际车展在不断刷新自身纪录的同时，也从一个侧面折射出了中国市场对于全球各大车企的重要性。

5. 东风注资8亿欧元入股PSA

3月26日，东风与PSA集团签订《全球战略联盟合作协议》，东风汽车和PSA将深化工业和商业领域的全面合作。根据双方签订的《关于增资入股的总协议》，东风汽车将通过定向增发和配股认购持股14%，与法国政府和标致家族并列成为PSA的第一大股东。

6. 非运营乘用车六年内免检

5月16日，公安部、国家质检总局联合发布的《加强和改进机动车检验工作的意见》中指出，从9月1日起，施行六年以内的非运营和其他小型、微型载客汽车免检制度。在此期间，每两年提供交强险凭证、车船税纳税或免税证明后，车主可直接向公安交管部门申领检验标志。

7. 平行进口车合法化进入倒计时

11月6日，国务院办公厅印发《关于加强进口的若干意见》，写明“加紧在上海自贸区率先开展汽车平行进口试点工作”。此前，上海自贸区向商务部提交《在中国（上海）自由贸易试验区开展平行进口汽车试点的工作方案》，将平行进口车合法化提上日程。

8. 二手车鉴定评估规范实施

6月1日，《二手车鉴定评估技术规范》正式实施。今后消费者购买二手车，可要求第三方进行鉴定并出具报告，再根据报告选择是否购买该车辆。

9. 汽车经销商品牌销售备案叫停

自今年10月1日起，停止实施汽车总经销商和汽车品牌授权经销商备案工作。之后，从事汽车品牌销售的汽车经销商（含总经销商），其营业执照经营范围统一登记为“汽车销售”；已将营业执照经营范围登记为“××品牌汽车销售”的汽车总经销商和汽车品牌授权经销商，可以申请变更登记为“汽车销售”。

10. 北京老旧机动车淘汰补贴临时调高

9月15日，北京临时提高报废老旧机动车补贴标准，时间截至10月31日。在此期间，淘汰老旧车辆的最高补贴可达2.15万元。

资料来源：北京商报

三、2015年汽车行业前景展望

2014年，汽车市场在宏观经济下行的压力下平稳增长，以产销2372.29万辆和2349.19万辆，同比增长7.26%和6.86%收官，超过2300万辆的销量使得中国车市保持了全球第一的领先地位。中国汽车工业协会预计2015年汽车生产量增长7%，合计2513万辆，其中国内销售2427万辆，出口86万辆。预计2015年进口汽车156万辆，国内市场总需求约为2583万辆。在此行业背景下，行业整体估值水平整体提升水平有限，汽车行业上市公司估值分化将随着时间的推移而逐渐显现，盈利能力强、成长性高的行业龙头企业将会受到市场的青睐。

（一）汽车市场增速将进一步放缓

根据中汽协发布的数据，2015年第一季度，我国汽车产销量略有增长，同比增速有所回落。1~3月，汽车产销分别完成620.16万辆和615.30万辆，同比分别增长5.3%和3.9%。1~3月，乘用车产销分别完成531.01万辆和530.51万辆，同比分别增长10.7%和9%。其中，1~3月，SUV产销分别为129.85万辆和129.22万辆，同比分别增长48.58%和48.80%。运动型多用途乘用车（SUV）产销同比增长近五成。按照该增长速度，未来一到两年内，中国SUV销量将超过美国，成为全球SUV最大的单一市场。总体而言，一季度汽车产销增速放缓反映了汽车市场在2015年面临的压力。

从宏观分析，随着GDP增速放缓，国内汽车市场刚性需求的状态没有改变，仍处于刚性需求阶段。国内汽车市场巨大的需求潜力没有改变，虽然出现了需求向三四线城市转移的迹象，但一二线城市仍然是潜力巨大。国内汽车市场由东部向西部转移的趋势没有改变，未来的汽车市场增长看西部。各地方政府将汽车市场列为支柱产业的总方针没有变。国内汽车市场可以划分成两个部分，即新增需求和更新需求，新增的需求目前占的比重要大于更新需求，但是更新需求的比重在逐渐上升，以北京为例，在新增的汽车消费量中，更新需求占到了60%以上。在汽车市场中，相比汽车新增需求市场，汽车更新需求市场更加稳定，汽车新增需求增长幅度取决于汽车的普及率，而汽车更新需求的稳中有升才是今年汽车销量突破2500万辆的基础。巨大的市场潜力为汽车行业提供了发展的基础。

同时也有以下不利因素将对2015年汽车市场产生影响：第一，环境、能源、交通问题日益凸显。我国已经进入汽车社会，面对环境污染、交通拥堵和能源安全等问题，提出限制使用汽车条件的城市越来越多，会对汽车市场产生不良影响。另外，限购还可以造成消费者心理预期，提前购买汽车，透支作用明显，对2015年汽车行业发展非常不利。第二，国际市场不稳定。汇率竞争不利于中国汽车出口，同时美国的量化宽松政策退出导致新兴经济体贬值严重。国际油价的持续下跌，导致俄罗斯、委内瑞拉等产油国经济困难重重。由于中国汽车整车出口主要是面向新兴国家，而中国的货币汇率的相对上升将导致中国汽车的价格竞争优势将有所下降。第三，中国自主品牌汽车在高端产品、个性化产品方面还较为薄弱，而市场对这些产品的需求又在逐渐增加。中国自主品牌汽车出口体系尚未形成，对国外市场需求特点、法律法规以及售后服务等还不熟悉，本地化生产相对滞后，这些导致了出口的后劲不足。第四，政府公务车采购在汽车消费中一直占有一定的市场份额，且对消费者的示范影响比较大，公务车采购数量大幅压缩直接降低汽车需求。同时，随着配车和用车制度的改革，大批公务用车将涌入二手车市场，由于这些公务用车并非以更新和换购为前提，必然会对当年新车销售产生压力。

相对于对于2014年的汽车市场发展形势，虽然汽车市场发展的主旋律还是平稳增长，但是增长压力有增无减。

（二）自主品牌汽车2015年增长压力较大，有可能触底反弹

中汽协在2014年产销数据发布会上，对自主品牌在2015年的未来态度悲观，认为自主品牌汽车在2015年销量会继续下降，份额会继续缩小。

自主品牌所面临的压力已经无需多言。中汽协的统计显示，2014年自主品牌乘用车全年占有率为38.4%，比2013年下降2.1个百分点，其中轿车同比下降17.4%，占有率为22.4%，比2013年下降5.6个百分点。整个自主品牌的增长完全靠SUV和MPV支撑。自主品牌的SUV车型在2014年仍保持强大的竞争力，销量达到55万辆，同比增长50.36%；占SUV市场份额为44.76%，较前一年增长4.14个百分点。自主品牌在MPV市场销量165.10万辆，同比激增了48.2%，市场占有率同比提升2.7个百分点至85.9%。而与之对比的外资品牌MPV，2014年虽然同比也有20.7%的增长，自主品牌市场份额的下跌一方面归因于合资品牌价格的不断下探，一方面是自主品牌自身调整的原因。2014年自主品牌汽车份额的持续下降源于自主品牌车辆的内部调整，比如奇瑞、吉利的产品和品牌的调整，比亚迪的质量调整等。

但是我们也应该看到，在2014年的调整中，大部分自主品牌推出了自己的自主正向研发的产品，比如奇瑞、上汽；而长安已经率先推出了第二轮的正向研发的产品。正向研发的产品竞争力将大幅度超过以往逆向开发的产品，从长安、奇瑞的自主品牌去年至今年能在自主品牌中独树一帜即可以看出。预计从2014年年底至2016年，经过2~4年的调整，自主品牌的第二轮正向研发的产品陆续上市。随着这些产品的上市，一些边缘品牌则继续萎缩，市场份额将在未来两年内有所回升、市场集中度也会有所提高。

2015年的整体趋势来看，自主品牌的份额和销量会进行内部调整。2014年9月，自主品牌乘用车销量的止跌回升。当月自主乘用车占总量的38.54%，占有率比上月提升1.41个百分点，比上年同期提升0.19个百分点，结束连续12个月的下降。预计在2015年，SUV和MPV这两大细分市场依然将是2015年自主品牌的最重要的支撑。

（三）商用车市场有望止跌回升

宏观经济发展对商用车市场繁荣影响至关重要。在经历了2013年商用车行业上市公司业绩微增0.60%后，2014年，商用车销量则再次下滑。

2015年，影响商用车的因素主要如下：首先，国四标准的切换以及大量黄标车老旧车淘汰将构成货车市场的主旋律，这在一定程度上淘汰掉了一些产品技术落后的企业，也将成就一些起点较高的新品牌，部分因提前布局国四商用车而导致销量受影响的车企有望迎来发展的阶段性拐点。其次，中国商用车企业出口数量并不大，但是对整体销售起到拉动作用。出口也被企业视作走国际化道路重要的举措。在刚刚过去的2014年，商用车出口大单纷至沓来。安凯客车向阿尔及利亚交付的1100辆公交客车，中通与沙特阿拉伯签订了我国最大校车出口订单2186辆校车。江淮汽车（香港）公司与委内瑞拉陆路交通部签署了总金额约为2.73亿美元5239辆重卡的采购合同，是近年来国内重卡出口量最大的一笔订单。在国内商用车市场需求不旺的情况下，海外市场增长为我国商用车市场带来活力。再次，商用车市场与物流行业息息相关，物流产业的繁荣会对商用车市场产生拉动作用，干线运输及城市配送所需的物流车需求都在慢慢地增加。物流运输的增加会对商用车市场产生新的需求。

虽然我国汽车千人保有量进入快速增长的阶段，交通、能源、环境等问题日益突出，政府已经不能容忍汽车销量的快速增长。但作为国民经济的支柱产业，商用车承担着消费需求的大任，有可能止跌回升。

（四）2015年或成新能源汽车爆发之年

新能源汽车包括纯电动汽车、插电式混合动力汽车、非插电式混合动力汽车和燃料电池汽车等。2013年之前，全球新能源汽车发展较缓慢，一方面由于新能源汽车开发成本居高不下，相关车企大多亏损，另一方面也没有代表性车型吸引消费者；2013年初开始，特斯拉成为新能源汽车领域最大亮点，Model S荣登一季度北美豪车销售榜首位，并且实现盈利，成为全球迄今为止最成功的新能源汽车。

回顾2014年的新能源汽车产业，国家扶持新能源汽车发展政策的不断释放和各省市对于新能源汽车补贴的落实直接影响了新能源汽车市场。2014年下半年新能源汽车行业出现快速发展势头，整体市场开始放量，包括新能源汽车充电桩在内的关键产品呈现供不应求的状态。总之，2014年新能源汽车产业利好消息不断，直接影响了新能源汽车市场。

新能源汽车销量的增长主要来源于国家和政府的推动，电动汽车充电设施补贴标准，充电设施强制标准，不限行、免过路费、可走公交车道等一揽子优惠政策或将在2015年陆续出台。在环境问题严重、海外新能源汽车市场初现规模化迹象、国家扶持实质化、产业有技术积累的背景下，发展新能源汽车是大势所趋。从国家战略高度思考，在化石能源紧缺，环境污染愈加严重的背景下，发展新能源汽车已成为降低化石能源消耗、减少环境污染的有效举措。中国面临着严重的环境污染问题、原油对外依赖度居高不下、汽车产业发展也落后于发达国家，发展新能源汽车是中国国家战略的必然选择。

在新能源汽车方面，上汽集团和比亚迪都将在今年集中发力，将创新重心放在该领域，期望在新能源汽车方面稳扎稳打实现技术突破，抢占汽车市场的先机。比亚迪方面公开表示将积极推进新能源汽车在私家车市场的应用，并继续推行公交电动化战略。上汽集团也已推出荣威 E50 和 550PLUG-IN 两款新能源汽车，并着力推广。预计 2015 年或将延续 2014 年新能源汽车行业的快速增长趋势，保持同比 2~3 倍的增长，预计 2015 年产销量将达 15 万 ~20 万辆。

综上所述，受 GDP 增速缓中趋稳的影响，汽车市场随之也进入到了一个相对稳定的增长阶段，在今后不出现影响较大的刺激政策前提下，我国汽车市场预计会维持平稳的增长水平。

附表

2014 年度汽车行业上市公司业绩评价结果排序表

行业排名	全部上市公司排名	股票代码	股票简称	综合得分（100 分）	每股收益（元）	总资产报酬率（%）	净资产收益率（%）	总资产周转率（次）	流动资产周转率（次）	资产负债率（%）	获利倍数	营业收入增长率（%）	资本扩张率（%）	市场投资回报率（%）	股价波动率（%）	年末资产总额（万元）	营业收入（万元）	净利润（万元）
1	3	000625	长安汽车	85.87	1.62	12.36	32.82	0.86	1.84	63.47	115.1	37.5	36.56	43.47	118.65	6968735.29	5291333.21	751797.89
2	6	600104	上汽集团	85.46	2.54	10.79	20.88	1.59	2.67	55.41	0	11.25	14.39	71.3	144.95	41487067.35	62671239.45	3825077.3
3	12	000550	江铃汽车	84.68	2.44	12.14	15.74	1.42	2.23	45.64	0	22.25	15.49	26.81	88.61	1949652.77	2553728.96	210785.21
4	19	600066	宇通客车	83.51	1.77	15.12	19.65	1.29	1.78	54.41	0	16.45	24.02	30.79	70.53	2382349.98	2572829.95	265263.11
5	29	600741	华域汽车	80.58	1.73	12.02	22.37	1.26	2.11	54.91	87.71	6.7	22.12	71.73	157.26	6324157.35	7397259.23	619551.42
6	38	601633	长城汽车	80	2.64	16.69	25.08	1.1	1.89	45.36	0	10.23	19.67	1.19	92.35	6134525.21	6259077.26	804119.64
7	39	000338	潍柴动力	79.99	2.51	7.03	11	0.8	1.42	66.07	302.75	36.57	19.01	50.76	104.74	12041175.17	7963716.15	578449.57
8	71	600660	福耀玻璃	76.9	1.11	18.59	26.1	0.82	2.05	47.84	10.24	12.41	12.2	60.53	130.16	1687559.4	1292818.17	221728.12
9	94	002048	宁波华翔	75.41	0.99	11.37	15.61	1.11	2.16	43.52	28.86	19.49	24.67	71.52	127.64	859351.27	871281.3	72192.2
10	95	600742	一汽富维	75.36	2.61	10.58	15.29	1.85	4.47	34.97	58.75	19.01	14.76	63.78	150.65	650276.79	1127337.59	60620.08
11	144	002662	京威股份	73.6	0.7	13.62	11.85	0.62	0.97	14.24	0	36.03	48.33	63.73	178.49	487735.11	244735.51	42830.44
12	192	600081	东风科技	72.52	0.65	13.77	24.61	1.42	2.41	65.93	25.82	59	31.23	61.61	145.87	424329.27	490161.46	38155.24
13	220	002085	万丰奥威	71.75	1.12	14.37	23.97	1.19	2.38	52.44	12.6	21.59	16.29	28.13	120.68	506213.67	553512.81	52952.49
14	245	002602	世纪华通	71.06	0.6	7.61	7.95	0.55	1.42	13.4	166.24	39.5	120.88	264.02	166.01	419887.77	171223.01	21112.18
15	250	000581	威孚高科	70.9	1.51	12.25	13.68	0.46	0.84	22.26	0	13.69	12.66	−9.63	46.45	1448858.92	635448	158907.73
16	290	000887	中鼎股份	69.75	0.52	15.86	20.34	1.05	1.78	43.35	12.76	21.11	34.29	72.35	219.35	542624.66	504019.09	58766.28
17	295	000559	万向钱潮	69.62	0.37	9.84	17.44	0.91	1.45	63.38	6.03	6.12	13.43	164.08	231.1	1190316	982887.57	78225.49
18	309	601311	骆驼股份	69.29	0.79	15.34	15.97	0.92	1.52	30.05	14	11.85	16.05	20.79	94.27	593304.39	516718.72	68664.32
19	311	002454	松芝股份	69.28	0.68	10.2	11.13	0.71	0.92	34.47	105.57	28.41	7.7	77.44	148.76	374643.71	252724.62	30124.42
20	337	601799	星宇股份	68.81	1.14	10.37	12.36	0.67	0.95	36.84	0	23.51	5.32	26.37	73.54	316063.51	201602.37	27240.72
21	385	000951	中国重汽	67.65	1.03	5.68	11.37	1.47	1.75	70.55	7	11.24	4.4	94.43	142.32	1669561.98	2386595.65	57416.75
22	394	000030	富奥股份	67.54	0.48	10	14.14	0.7	1.55	34.5	43.49	−4.17	12.11	42.78	81.41	727111.44	501001.23	67241.42
23	399	000957	中通客车	67.46	1.17	9.89	9.06	0.97	1.42	74.65	14.58	12.29	34.27	39.83	78.81	422696.33	361197.85	28856.9
24	444	002664	信质电机	66.6	0.93	13.08	14	0.9	1.26	28.2	18.17	17.22	13.31	10.17	105.47	186415.39	155362.51	18400.95

续表

行业排名	全部上市公司排名	股票代码	股票简称	综合得分（100分）	每股收益（元）	总资产报酬率（%）	净资产收益率（%）	总资产周转率（次）	流动资产周转率（次）	资产负债率（%）	获利倍数	营业收入增长率（%）	资本扩张率（%）	市场投资回报率（%）	股价波动率（%）	年末资产总额（万元）	营业收入（万元）	净利润（万元）
25	450	600805	悦达投资	66.49	1.25	13.36	16.29	0.23	1.07	35.62	6.01	8.17	19.59	9.28	58.85	1070676.8	228275.67	108356.43
26	460	600699	均胜电子	66.27	0.55	8.69	13.42	1.18	2.71	60.54	8.29	15.95	5.59	14.57	86.28	625920.43	707709.11	34960.07
27	468	601238	广汽集团	66.13	0.5	5.59	7.18	0.37	0.84	42.05	11.07	18.87	6.03	13.23	47.36	6231836.14	2237593.39	292749.85
28	487	002592	八菱科技	65.81	0.49	7.9	8.72	0.5	0.79	19.46	0	5.85	85.03	60.51	157.63	164093.1	63883.02	9460.31
29	553	002284	亚太股份	64.69	0.6	6.72	8.63	0.96	1.5	40.04	12.24	20.61	101.13	45.11	170.46	419754.99	327887.82	18114.21
30	560	001696	宗申动力	64.59	0.33	10.68	12.07	0.83	1.19	36.33	7.87	1.68	11.84	70.58	215.31	579182.38	443778.92	42498.8
31	593	600480	凌云股份	63.95	0.38	7.24	9.28	0.92	1.56	61.01	3.31	16.35	7.35	92.82	231.46	751788.53	655358.78	27591.59
32	596	300237	美晨科技	63.89	0.93	7.7	10.67	0.6	0.85	57.58	7.23	89.69	110.06	44.71	129.21	288010.28	114876.26	10027.04
33	632	600418	江淮汽车	63.32	0.41	1.89	4.37	1.35	2.56	72.64	0	1.63	4.76	48.33	120.3	2686417.87	3416940.84	53907.72
34	634	300258	精锻科技	63.26	0.7	11.02	10.41	0.43	1.45	25.77	14.02	18.02	9.25	34.41	129.14	158787.45	62754.96	12557.31
35	669	002625	龙生股份	62.64	0.22	8.1	8.04	0.69	1.58	25.48	25.66	38	8.49	62.32	179.1	63588.36	40207.41	3913.76
36	718	002448	中原内配	61.79	0.77	8.77	8.53	0.45	0.99	23	91.73	−2.3	8.12	45.36	136.06	249235.1	108398.49	18097.96
37	738	000572	海马汽车	61.4	0.13	2.42	2.48	0.83	1.89	39.66	10.32	20.68	2.95	41.69	99.04	1610909.72	1235198.19	26868.09
38	751	000700	模塑科技	61.22	0.8	9.26	15.25	0.87	2	64.61	5.27	17.04	−10.7	37.01	92.06	392856.21	339539.97	24883.76
39	758	600686	金龙汽车	61.16	0.56	3.62	9.74	1.24	1.49	75.98	16.53	2.97	11.07	39.67	129.96	1842953.74	2143102.75	48663.52
40	773	002328	新朋股份	60.97	0.19	5.36	5.73	0.97	1.88	31.45	13.43	37.4	1.3	−15.71	66.35	387382.72	366156.12	15665.72
41	825	002126	银轮股份	60.19	0.46	7.24	9.68	0.72	1.3	53.5	5.84	26.12	11.61	13.2	90.1	351477.48	241452.73	16318.14
42	828	002553	南方轴承	60.15	0.38	11.04	8.54	0.46	0.6	7.31	0	12.53	4.36	−6.67	78.19	67429.13	30135.35	6526.82
43	851	002406	远东传动	59.82	0.46	6.23	5.44	0.5	0.74	11.31	0	7.67	2.15	20.3	92.58	242104.56	118684.04	12924.36
44	853	002101	广东鸿图	59.81	0.62	6.75	8.75	0.9	1.67	47.14	5.71	21.52	6.73	55.78	189.14	255256.05	221486.13	11794.69
45	871	002472	双环传动	59.61	0.44	7.44	7.6	0.55	1.21	35.25	5.69	27.8	7.25	70.09	146.31	239874.24	126638.55	12229.72
46	874	300100	双林股份	59.49	0.47	6.67	9.38	0.55	1.08	47.51	6.24	24.18	90.56	46.15	172.73	364211.79	149724.03	13471.73
47	877	600148	长春一东	59.44	0.27	7.7	12.37	0.76	0.99	51.22	17.43	0.18	10.75	102.67	274.17	88266.21	66868.14	5515.62
48	897	002488	金固股份	59.19	0.35	4.65	4.51	0.43	0.78	54.18	2.04	12.6	68.26	146.4	306.7	352672.22	131315.4	6220.21

续表

行业排名	全部上市公司排名	股票代码	股票简称	综合得分(100分)	每股收益(元)	总资产报酬率(%)	净资产收益率(%)	总资产周转率(次)	流动资产周转率(次)	资产负债率(%)	获利倍数	营业收入增长率(%)	资本扩张率(%)	市场投资回报率(%)	股价波动率(%)	年末资产总额(万元)	营业收入(万元)	净利润(万元)
49	938	002434	万里扬	58.71	0.56	4.91	5.25	0.37	0.59	44.39	0	-3.04	6.83	71.68	154.01	406179.21	138203.21	19881.44
50	1021	002590	万安科技	57.69	0.36	6.22	9.6	0.72	1.17	58.28	5.16	3.05	9.67	53.77	150.8	183553.49	132229.01	7493.07
51	1077	600482	风帆股份	56.83	0.27	6.11	6.15	1.36	2.43	51.91	3.29	10.04	6.72	28.25	126.12	434381.14	574802.26	13883.99
52	1111	600523	贵航股份	56.36	0.46	5.95	6.66	0.88	1.31	44.97	6.44	12.77	10	28.73	136.59	375596.46	306752.66	15141.55
53	1159	300304	云意电气	55.76	0.41	7.12	6.76	0.37	0.5	13.63	0	-0.78	8.15	-24.34	79.36	120599.36	43069.89	8116.71
54	1171	600093	禾嘉股份	55.55	0.11	6.89	8.12	0.55	1.29	40.48	7.9	4.25	8.36	47	189.86	77149.38	40500.83	3543.29
55	1226	002703	浙江世宝	54.81	0.16	3.56	2.91	0.48	0.77	31.36	3.26	20.26	85.98	28.48	93.21	210106.79	81124.19	3647.83
56	1235	002283	天润曲轴	54.62	0.24	3.83	3.65	0.34	0.93	34.04	7.7	3.16	4.03	51.16	112.85	492877.95	161950.51	13834.59
57	1240	000800	一汽轿车	54.54	0.1	0.89	1.44	1.61	2.98	57.9	1.74	14.09	1.3	30.08	102.52	2093559.76	3385724.16	13705.27
58	1321	002684	猛狮科技	53.16	0.1	2.61	1.13	0.52	1.56	47.64	1.95	69.51	2.04	107.2	172.7	100500.91	48828.71	1051.61
59	1329	000868	安凯客车	53.07	0.03	1.57	-0.28	1.03	1.43	71.19	9.95	36.63	12.92	46.49	135.56	495491.2	483529.46	4698.54
60	1354	600006	东风汽车	52.57	0.07	0.75	1.76	0.88	1.31	59.3	0	-9.5	2.01	108.14	224.96	1943925.27	1747125.18	17624.43
61	1386	000903	云内动力	52.06	0.23	4.07	2.01	0.4	0.75	44.92	3.95	-5.84	28.66	46.2	135.74	642922.28	242100.47	15493.31
62	1400	002536	西泵股份	51.74	0.42	3.54	2.54	0.68	1.44	52.31	2.2	29.8	1.86	17.34	126.62	252031.15	161468.62	4114.24
63	1450	002363	隆基机械	51.01	0.15	3.64	2.79	0.54	1	39.8	2.86	9.35	4.17	71.25	229.31	230829.82	123803.36	4445.72
64	1482	601777	力帆股份	50.44	0.4	4.3	5.92	0.59	1.12	73.81	1.98	13.34	-6.85	46.86	136.27	2084154.36	1141674.84	37742.23
65	1500	000757	浩物股份	50.22	0.04	4.47	4.56	0.56	0.86	42.47	6.54	-8.47	340.82	46.19	168.79	91923	40528.74	1817.84
66	1629	002593	日上集团	48.15	0.19	3.77	2.71	0.5	0.77	56.95	2	9.14	2.24	71.96	155.82	282701.45	134192.82	3951.82
67	1649	300176	鸿特精密	47.73	0.15	3.88	2.46	0.74	1.63	68.89	1.27	16.76	0.93	24.04	119.47	181759.62	123574.54	1596.39
68	1670	002265	西仪股份	47.3	0.03	1.67	0.33	0.61	1	32.67	2.91	27.33	1.53	65.79	185.02	77921.65	46784.4	825.47
69	1732	600698	湖南天雁	46.25	0.01	1.96	0.32	0.54	0.7	37.07	35.62	-9.88	2.1	59.06	163.93	110955.09	57795.05	1436.28
70	1739	002213	特尔佳	46.13	0.07	3.81	3.96	0.57	1	26.56	49.69	-20.19	1	10.43	84.68	46585.1	26133.45	1419.95
71	1748	002594	比亚迪	45.96	0.18	2.66	-1.38	0.68	1.69	69.26	1.63	10.09	16.25	-0.57	76.93	9400885.5	5819587.8	73987
72	1793	600166	福田汽车	45.21	0.17	1.92	-3.73	1	2.84	55.19	3.5	-1.35	1.97	27.83	64.48	3469747.04	3369128.36	45863.34

续表

行业排名	全部上市公司排名	股票代码	股票简称	综合得分（100 分）	每股收益（元）	总资产报酬率（%）	净资产收益率（%）	总资产周转率（次）	流动资产周转率（次）	资产负债率（%）	获利倍数	营业收入增长率（%）	资本扩张率（%）	市场投资回报率（%）	股价波动率（%）	年末资产总额（万元）	营业收入（万元）	净利润（万元）
73	1861	000678	襄阳轴承	43.95	0.01	1.16	−1.1	0.58	1.31	50.97	1.32	37.83	0.13	53.51	169.91	224202.48	126674.91	769.84
74	1897	000980	金马股份	43.09	0.08	1.91	1.47	0.39	0.52	30.32	11.39	23.15	1.73	42.43	158.51	290900.17	111138.08	4206.89
75	1901	002355	兴民钢圈	42.9	0.1	3.35	2.04	0.45	0.77	32.94	3.15	3.16	2.19	−7.28	52.15	294492	132538.87	5001.8
76	1988	000760	斯太尔	39.95	0.02	1.41	0.41	0.31	0.47	34.34	2.92	17.2	−1.63	−8.85	40.24	242952.92	74073.2	984.69
77	2062	000710	天兴仪表	37.83	0.05	3.4	−15.81	0.64	1.08	70.84	1.88	4.35	7.46	24.13	148.35	44585.38	27364.33	679.12
78	2122	600303	曙光股份	35.78	0.02	2.85	−10.67	0.51	1.09	69.8	1.48	−16.12	9.59	41.67	135.23	836805.54	405648.09	2373.8
79	2148	600178	*ST 东安	34.59	0.07	1.38	−2.35	0.26	0.76	39.78	5.36	−13.12	1.98	18.04	153.93	286429.86	74320.44	3243.03
80	2252	600609	金杯汽车	29.25	−0.13	2.57	−3.63	0.61	0.76	92.89	1.22	−9.55	−11.13	41.87	118.75	929006.76	514654.72	−1055.7
81	2318	600213	亚星客车	24.52	−0.66	−6.09	−81.37	0.74	0.92	94.41	−5.22	21.93	−54.49	159.45	242.86	216561.46	147314.66	−14476.88
82	2341	600715	松辽汽车	22.38	−0.21	−20.34	366.25	0.05	0.18	122.61	−10.88	−80.15	−452.03	222.56	396.7	16798.06	1061.62	−4778.27
83	2347	000927	一汽夏利	22	−1.04	−20.33	−72.95	0.43	1.87	77.22	−12.11	−42.54	−51.72	84.21	179.43	680368.36	323164.32	−165788.04
84	2374	000622	恒立实业	19.17	−0.09	−10.84	−16.74	0.14	0.2	40.55	0	−70.11	−15.27	45.66	177.09	37392.47	5473.17	−4005.21
85	2461	603306	华懋科技	0	1.04	16.18	17.53	0.62	0.94	17.72	32214.56	33.99	128.69	46.02	52.73	112125.59	53112.22	11850.59
86	2471	603006	联明股份	0	0.95	14.98	14.56	0.87	1.98	22.57	34.73	30.33	71.76	46.02	77.42	73584.6	52783.64	6627.73
87	2473	300375	鹏翎股份	0	1.43	14.36	15.68	1.1	1.89	21.32	1575.01	9.53	54.87	46.02	138.83	117045.56	109915.42	12541.47
88	2516	603009	北特科技	0	0.48	9.53	12.03	0.8	1.47	51.03	3.53	19.46	75.66	46.02	79.68	92646.06	63444.64	4542.98
89	2519	002725	跃岭股份	0	0.96	12.3	13.27	0.97	1.89	17.23	0	−0.97	82.46	46.02	113.37	105198.73	83263.74	9393.37
90	2539	002708	光洋股份	0	0.34	7.71	8.18	0.65	0.93	20.1	87.63	7.17	79.85	46.02	79.44	112908.8	62217.12	6298.17
91	2574	603166	福达股份	0	0.28	7.38	9.89	0.42	1.09	65.19	2.46	−2.25	46.45	46.02	63.59	293552.97	120155.62	10929.62
92	2586	002715	登云股份	0	0.21	5.34	3.85	0.43	0.79	29.04	2.53	−2.43	74.97	46.02	95.23	70530.09	29606.68	1862.45

第十章　信息技术行业

随着互联网深入应用、云计算走向成熟，以及智能手机为代表的信息设备的大量普及，中国社会初步形成了信息社会的雏形。在我国经济增长速度趋缓的状态下，信息技术作为新生力量，正在成为中国经济增长的重要动力。2014 年信息技术产业发展速度高于 GDP 增长，云计算增长速度达到 65%，大数据增长速度已近 150%。

一、信息技术行业上市公司业绩评价结果

截至 2014 年末，信息技术行业 A 股上市公司共计 217 家，其中盈利 207 家，亏损 10 家，即有 97.06% 的公司实现盈利，比 2013 年提高了 5.14%；信息技术行业上市公司总资产共计 13，233.23 亿元，占上市公司总资产的 3.90%。

2014 年全国 2548 家上市公司共计完成营业收入 24.03578 万亿元，217 家信息技术行业上市公司完成营业收入 8330.74 亿元，占上市公司全部营业收入的 3.47%；全部上市公司共计实现净利润 14786.39 亿元，信息技术行业上市公司实现净利润 560.20 亿元，占上市公司全部实现净利润的 3.79%。

2014 年信息技术行业整体评价结果较好，行业业绩综合得分 64.2 分，比全市场的 61.3 分高 4.3%，217 家信息技术行业上市公司中只有 3 家进入 2014 年上市公司业绩评价综合得分的百强名单，分别为航天信息、网宿科技、神州泰岳，排名分别为第 10 位、第 32 位、第 97 位。业绩评价综合得分超过 70 分的有 18 家，60 分至 70 分的有 55 家；60 分以下的有 124 家。

表 10－1　2014 年度信息技术行业中联十强排行榜

名次	股票代码	股票简称	在全部上市公司中排名
1	600271	航天信息	10
2	300017	网宿科技	32
3	300002	神州泰岳	97
4	600804	鹏博士	103
5	002410	广联达	113
6	002153	石基信息	122
7	600570	恒生电子	129
8	300134	大富科技	137
9	300166	东方国信	161
10	002268	卫士通	164

基于对信息技术行业上市公司的整体评价，下面分别从财务效益状况、资产质量状况、偿债风险状况、发展能力状况、市场表

现状况五个方面对信息技术行业上市公司进行具体分析。

（一）财务效益

从综合得分来看，2014 年信息技术行业上市公司财务效益状况优于全国上市公司平均水平。

表 10-2 列示了 2014 年信息技术行业上市公司财务效益状况评价结果。从基本指标来看，信息技术行业上市公司财务效益状况略低于全国上市公司平均水平，平均得分为 19.85 分，比全国所有上市公司平均分 20.83 分低 0.98 分，有 101 家公司超过全国平均水平，其中得分为满分 35 分的有 18 家公司，分别为新世纪、绿盟科技、航天信息、盛和资源、三六五网、创维数字、石基信息、东方网力、建新矿业、东华软件、网宿科技、金卡股份、广联达、捷成股份、飞天诚信、万利达、千方科技、卫士通。以新世纪为例，公司长期专注于移动互联网产品的研发及渠道建设，不断创造移动互联网世界的智能新生活的经营理念，推出了以“联络 OS”“爱号”“联络圈”“联络短信”“享说”等为代表的产品，进一步提升了渠道推广、预置合作的核心竞争力，为其财务效益状况的优异提供了有力的支持。

从修正指标来看，其得分为 22.29，略高于上市公司平均得分 21.98 分。除盈利现金保障倍数外，扣除非经常性损益净资产收益率、总资产报酬率、营业利润率和股本收益率等指标均低于上市公司平均水平。

表 10－2　　信息技术行业财务效益状况比较表

分析指标		2014 年上市公司平均值	2014 年行业值	2013 年行业值	增长率（%）
基本指标	扣除非经常性损益净资产收益率（%）	7.81	6.75	5.18	30.31
	总资产报酬率（%）	5.74	5.31	4.51	17.74
	得分	20.83	19.85	17.99	10.34
修正指标	营业利润率（%）	5.55	5.41	3.84	40.89
	盈利现金保障倍数	1.61	2.69	2.98	–9.73
	股本收益率（%）	39.84	33.22	29.35	13.19
综合得分		21.87	22.29	20.94	6.45

与 2013 年的情况相比较，2014 年信息技术行业上市公司除盈利现金保障倍数外，扣除非经常性损益净资产收益率、总资产报酬率、营业利润率和股本收益率等指标均高于 2013 年行业值，其中营业利润率上升幅度最大，为 40.89%。这与信息技术行业 2014 年业务规模扩大、技术不断创新有着密切联系。

（二）资产质量

从综合得分来看，信息技术行业上市公司资产质量状况平均得分为 9.51，高于上市公司平均得分。

表 10-3 列示了信息技术行业上市公司资产质量状况评价结果。在信息技术行业上市公司资产质量状况指标中，航天信息得分为满分 15 分。航天信息总资产周转率 2，流动资产周转率 2.41，应收账款周转率 24.07 次，存货周转率 19.24 次，在行业经营中保持了较高的水平。

表 10－3　信息技术行业资产质量状况比较表

分析指标		2014 年上市公司平均值	2014 年行业值	2013 年行业值	增长率（%）
基本指标	总资产周转率（次）	0.75	0.67	0.7	−4.29
	流动资产周转率（次）	1.52	1.51	1.64	−7.93
	得分	9.55	9.14	9.16	−0.22
修正指标	应收账款周转率（次）	9.69	5.14	5.78	−11.07
	存货周转率（次）	3.21	6.06	6.99	−13.30
综合得分		9.20	9.51	9.66	−1.55

与 2013 年相比较，2014 年信息技术行业上市公司总体上资产质量略有下降，但变化不大。在 2014 年整个宏观经济环境不利的背景下，信息技术上市公司依靠创新技术、加大投资力度推动行业发展，因而资产周转率下降。信息技术上市公司存货周转率远远高于上市公司平均水平，这主要与信息技术行业公司主要经营方式和特点有关。

（三）偿债风险

从综合得分来看，2014 年信息技术行业上市公司偿债风险状况优于全国上市公司平均水平，与 2013 年相比，略高于同行业水平。

表 10-4 列示了信息技术行业上市公司偿债风险状况评价结果。在信息技术行业上市公司偿债风险状况指标中，海隆软件、拓维信息取得满分 15 分。企业在运营中保持了较高的速动比率，海隆软件、拓维信息 2014 年速动比率分别为 760.06、496.95，大大高于行业平均水平 77.01。现金流动负债比率、带息负债比率等指标均优于上市公司及行业平均水平，海隆软件的带息负债比率为 3.56，一方面是由于其 2014 年主要负债形式为预收账款和应付账款，强大的市场占有能力使得这其不必要大量通过银行贷款、发行企业债等金融手段筹资；另一方面则基于信息技术行业的特点，信息技术企业成为股民投资的新宠。

表 10－4　信息技术行业偿债风险状况比较表

分析指标		2014 年上市公司平均值	2014 年行业值	2013 年行业值	增长率（%）
基本指标	资产负债率（%）	60.75	52.65	53.89	−2.30
	获利倍数	5.06	6.47	6.57	−1.52
	得分	9.24	10.10	9.88	2.23
修正指标	速动比率（%）	69.66	77.01	71.94	7.05
	现金流动负债比率（%）	12.65	20.16	18.4	9.57
	带息负债比率（%）	45.45	36.22	34.78	4.14
综合得分		9.20	10.00	9.9	1.01

与 2013 年相比较，2014 年信息技术行业上市公司偿债风险状况平均得分略有上升，且高于上市公司平均水平，说明在信息技术行业业务扩大的过程中，各个公司的营运资金需求增加，相应增加了偿债风险。

（四）发展能力

从综合得分来看，2014 年信息技术行业上市公司发展能力状况优于全国上市公司的平均水平，且高于与同行业上年水平。

表10-5列示了信息技术行业上市公司发展能力状况评价结果。在信息技术行业上市公司发展能力状况指标中，信威集团得分排名第一，得分为18.84，主要原因是其2014年成功完成重组上市，持续提升自主研发能力，不断拓展国内外各项业务，截至2014年12月全年实现净利润22亿元，上市公司业绩同比增长148倍。行业综合评价排名第1的航天信息名列发展能力第42位，得分为15.07分。

表10－5 信息技术行业发展能力状况比较表

分析指标		2014年上市公司平均值	2014年行业值	2013年行业值	增长率（%）
基本指标	营业收入增长率（%）	4.34	6.13	11.85	-48.27
	资本扩张率（%）	12.45	15.57	9.09	71.29
	得分	12.14	12.89	12.28	4.97
修正指标	累计保留盈余率（%）	43.83	26.64	23.65	12.64
	三年营业收入增长率（%）	7.12	10.05	13.01	-22.75
	总资产增长率（%）	12.15	12.82	8.67	47.87
	营业利润增长率（%）	0.17	45.50	53.99	-15.73
综合得分		12.12	13.15	12.76	3.06

2014年信息技术行业上市公司资本扩张率从2013年的9.09%升至15.57%，增长速度为71.29%。但营业收入增长率、三年营业收入增长率和利润增长率与2013年相比，都略有下降。这说明随着信息技术行业不断扩张，更多企业涌入市场，竞争加剧，利润率下降。

（五）市场表现

2014年，宏观经济增速放缓，上证综指1～10月份表现平稳，11～12月开始发力，涨幅较大，但国内信息技术企业在继2013年超速发展后增速乏力，随着工业信息化部和政府对信息技术行业的重视，推出各项推动行业发展的政策，行业在波动中呈上升状态。同期信息技术业市场走势具体情况见图10-1。

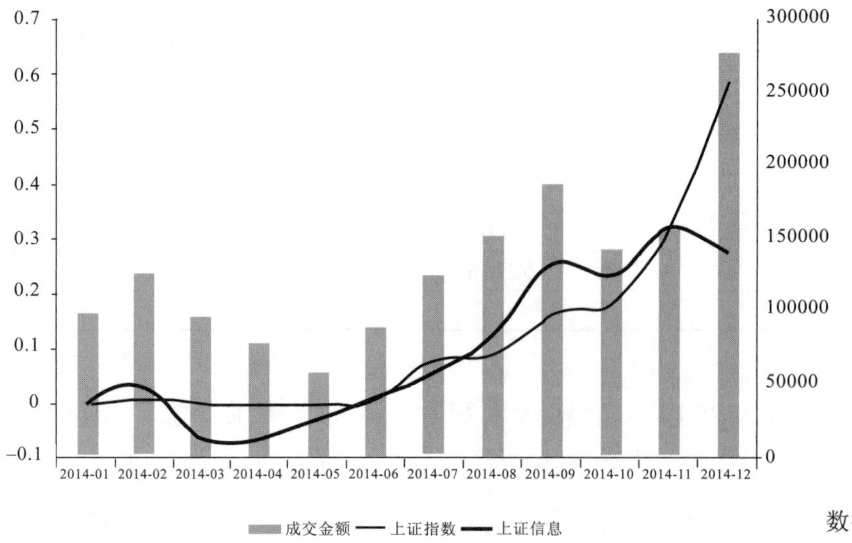

数据来源：Wind资讯

图10－1 信息技术指数与大盘指数波动

从综合得分来看，信息技术行业上市公司市场表现状况略差于全国上市公司的平均水平。

表 10-6 列示了信息技术行业上市公司市场表现状况评价结果。在信息技术行业上市公司市场表现状况指标中海隆软件得分名列第一，其主营业务为银行、保险、证券、手机内容、物流、交通控制、Internet 系统及业务应用系统。2014 年每股收益达到 0.69 元，总股本 3.49 亿股，较好的表现主要是由于公司抓住了互联网信息服务业务快速增长的机遇，软件外包服务业务规模稳步增长，公司盈利水平创历史新高。

表 10－6　信息技术行业公司市场表现状况比较表

分析指标	2014 年上市公司平均值	2014 年行业值	2013 年行业值	增长率（%）
市场投资回报率（%）	44.68	51.52	74.89	−31.21
股价波动率（%）	124.99	138.39	141.45	−2.16
得分	9.07	9.02	10.85	−16.87

2014 年信息技术行业上市公司市场投资回报率为 51.52%，上涨幅度高于全部上市公司 44.68% 的水平，但比 2013 年信息技术行业 74.89% 的水平大幅下降。2014 年，信息技术行业上市公司营业收入虽有所增长，但随着更多企业进入市场，销售净利率随之下降，全行业有 93 家公司的市场投资回报率高于全国上市公司平均水平，其中最高的为旋极信息 287.39 %，另有 24 家公司的投资回报率为负。

二、2014 年度影响信息技术行业业绩因素分析

2014 年，信息技术行业经济呈快速增长趋势。据统计，我国电子信息产业销售收入总规模达到 12.4 万亿元，同比增长 13%；其中，规模以上电子信息制造业实现主营业务收入 10.3 万亿元，同比增长 9.8%；软件和信息技术服务业实现软件业务收入 3.7 万亿元（快报数据），同比增长 20.2%。行业中上市公司 2014 年实现营业收入 8330.74 亿元，比上年增长 6.13%；总体而言，行业仍处于增长阶段，但增速较 2013 年有所减缓，影响信息技术行业业绩的主要因素表现在以下几个方面。

（一）信息消费规模扩张，拉动行业经济增长

近年来，我国信息消费规模不断壮大，市场供需两旺，商业模式与挖掘需求潜力日益契合，信息消费的需求溢出效应、增长效应日益显著，正成为扩大内需和增长提质升级的重要引擎之一。据工信部统计，2014 年，我国信息消费规模达到 2.8 万亿元，同比增长 18%，尤其是全年全国电子商务交易额达到了 12 万亿元，增长 20%，其中网络零售额增长 41%，互联网行业收入增长 50%。随着宽带中国战略的落实以及 4G 网络的普及，城市居民的信息消费需求还将进一步提升，信息消费规模将不断扩大；随着互联网信息技术的快速应用发展，城乡居民用于通信、网络等方面的消费有望支撑消费需求的快速增长。预计到 2015 年，我国最终信息消费规模将超过 3.2 万亿元，带动相关行业新增产出超过 1.2 万亿元。

（二）新兴信息技术服务业崛起，产业结构不断优化

在经济下行压力加大的背景下，全国高技术产业和战略性新兴产业仍保持平稳较快增长，产业结构优化调整的趋势更加明显。据工信部统计，2014年，我国信息技术咨询服务、数据处理和存储服务分别实现收入3841和6834亿元，同比增长22.5%和22.1%，增长高出全行业平均水平2.3和1.9个百分点；占全行业比重分别大10.3%和18.4%，同比提高0.2和0.3个百分点。而传统的软件产品和信息系统集成服务分别实现收入11324和7679亿元，占全行业比重同比下降0.7和0.3个百分点。嵌入式系统软件实现收入6457亿元，同比增长24.3%，增速高出全行业平均水平4.1个百分点。集成电路设计实现收入1099亿元，同比增长18.6%。

（三）技术创新能力提高，推动行业良性发展

当前，信息技术对全球经济的影响越来越大，推动信息技术的发展关键在于技术的创新。2014年，第28届中国电子信息百强企业和第13届软件业务收入前百家企业研发投入强度分别达4.8%和6.5%，高出行业平均水平2个和1.5个百分点，全年研发经费增长均超过收入增速。企业专利成果丰硕，华为首次进入全球创新机构百强，京东方2014年新增专利申请量超过5000件。

据有关统计，国内申请人发明专利申请量达到96.2万件，国内申请人的专利数量优势进一步扩大；企业申请所占比重为61%，是信息技术专利申请的绝对主体。内地各个省区的信息技术发明专利申请共计87.5万件，比2013年同期增长19万件，增长了28%，其中广东省以21.1万件排名全国第一，在体量大的基础上，仍然保持了24%的增长速度。

（四）信息安全问题凸显，激发行业步入新篇章

2014年，随着互联网和信息技术快速发展，并全面渗透到经济和社会的各个领域，信息安全问题日益突显，安全事件频频发生。据中国国家信息安全漏洞库（CNNVD）统计，2014年约有200多个政府网站存在严重安全隐患，多个政府网站遭黑客组织攻击篡改；由于被植入非法链接、OpenSSL TLS远程信息泄露漏洞等，我国300多个政府网站发生安全事件。

而受益于近期国家安全战略的发布以及日益增长的信息安全需求，市场呈现出高速发展的态势。数据显示，近3年来，我国信息安全产业规模年均增长率超过了40%，2014年，我国信息安全产业业务收入为739.8亿元，是2012年313.8亿元的2.4倍。但是，我国信息安全投资占整个IT投资比仍不到3%，对比美国的10%以上占比，仍有着数倍的提升空间。

展望2015年，一方面，国家级信息安全体系的重构将推动更多高规格的政策和细则出台，必然会促进信息安全产业更好更快的发展；另一方面，随着移动支付、物联网技术、大数据安全、云计算安全等信息技术的快速发展和演进，我国信息安全产业仍将持续走热。

（五）智慧城市建设加快，带动经济增长

目前我国经济放缓已成为必然趋势，在此情况下，国内主要城市纷纷转向以智慧城市投资带动相关经济增长，与之关联的新兴技术与应用领域具有创新活跃度高、产业带动性强等特点，正在成为新一轮的经济增长点。

工信部《2014 年 ICT 深度报告》的数据显示，目前，100% 副省级以上城市、89% 的地级及以上城市（241 个）、47% 的县级及以上城市（51 个）正在推进智慧城市建设。截至 2014 年底，国家智慧城市试点、信息消费试点、宽带中国试点等智慧城市建设相关试点已达 500 多个。2015 年国内智慧城市的 IT 投资将会突破 2400 亿元，拉动经济总产值超过 1 万亿。

三、2015 年信息技术行业前景分析

2014 年，世界经济仍处在国际金融危机后的深度调整过程中，各国深层次、结构性问题没有解决。如：结构调整远未到位、人口老龄化加剧、新经济增长点尚在孕育、内生增长动力不足等问题，都制约着经济发展。我国宏观经济运行总体基本平稳，经济增长保持在合理区间，经济运行中出现一些积极变化与亮点，但投资增长后劲不足、融资瓶颈约束明显、企业经营困难等问题突出，经济下行压力和风险依然较大。

展望 2015 年，世界经济将继续保持复苏态势，国内基本产业结构和改革因素仍可支撑经济中高速增长，而劳动增长率和资本增长率均面临瓶颈，经济急需转型，信息技术行业将肩负重任。

（一）互联网企业跨界发展，加速信息技术行业成长

如今技术早已不是信息技术行业创新的瓶颈，用户也在无限的技术可能下生发出越来越具有个性特征的需求，如“吃着火锅还能理财办公，计划着旅游行程的时候还能够和志同道合的驴友相个亲”。互联网企业跨界正是顺应这种需求发展，在有限的时间里，不断创新满足日益增长的用户需求，以保证用户粘度，提高品牌吸引力，实现更大盈利，形成“平台 + 内容 + 终端 + 应用”的商业经营模式。

随着互联网的深度渗透，企业加速跨界发展步伐，通过并购合作抢占新市场或补充自身短板，增强市场竞争力。一方面，2014 年科技行业的投资并购交易达到新的高峰，IT 业跨界并购进入井喷期；另一方面，IT 企业通过签署战略合作协议，发挥各自信息技术和资源优势，实现双赢。2015 年，受跨界并购合作热潮和软硬件服务化态势的推动，信息技术行业加速与传统产业融合，凸显新张力。

（二）前沿技术不断创新，增添行业新活力

1. 全息手机（Holographic mobile phone）

全息手机是采用计算全息显示技术的一种创新型手持终端，是通过追踪人眼的视角位置，然后基于全息图像数据模型，根据人眼的视角位置，计算出实际的全息图像，再通过特殊的指向性显示屏幕将左右眼的立体图像精准投射到人眼视网膜中，从而使人眼产生和实际环境完全感觉一样的视觉效果。全息手机可以从各个角度都能感受到浮在屏幕上的全息效果。配合空中交互功能，堪称在视觉上和触觉上完成了革命性的体验。

2. 车载无线（Car Wi-Fi）

车载无线是面向公交、客车、私家车、游轮等公共交通工具推出的特种上网设备，Wi-Fi 终端通过无线接入互联网获取信息、娱乐或移动办公的业务模式。专家预测，未

来五年内，支持 Wi-Fi 功能的车载应用数量将增长 8 倍。在最新的无线 802.11ac 标准的基础上集成 5G Wi-Fi 技术，将能够让驾驶员与乘客通过畅通的 5 GHz 信道把移动设备中的内容同步并传输到车辆的信息娱乐系统以及后座显示屏上。

3. 蓝牙 4.2

蓝牙 4.2 是基于 IPv6 协议的的低功耗无线个人局域网技术，这一技术允许多个蓝牙设备通过一个终端接入互联网或局域网。相比之前的蓝牙 4.1，蓝牙 4.2 提升了数据传输速度，固件升级后，就能提速 2.5 倍，同时蓝牙智能定位只允许设备主人和获授权者访问，避免用户无意间暴露自己的位置或留下自己的记录。

4. 近场通信（Near Field Communication，NFC）

是一种短距离的高频无线通信技术，允许电子设备之间进行非接触式点对点数据传输（在十厘米内）交换数据。这个技术由免接触式射频识别（RFID）演变而来，并向下兼容 RFID，最早由 Philips、Nokia 和 Sony 主推，目前主要用于手机等手持设备支付功能中。

5. 无线充电技术（Wireless charging technology）

无线充电，又称作感应充电、非接触式感应充电，是利用近场感应，也就是电感耦合，由供电设备（充电器）将能量传送至用电的装置，该装置使用接收到的能量对电池充电，并同时供其本身运作之用。无线充电技术真正实现了自由的“即放即充”的新体验，并且可兼容多种智能设备。

6. 纳米发电机（Nano generator）

纳米发电机是基于规则的氧化锌纳米线的纳米发电机，是在纳米范围内将机械能转化成电能，是世界上最小的发电机。这一发明可以实现收集机械能，比如人体运动、肌肉收缩等所产生的能量；震动能，比如声波和超声波产生的能量等，并将这些能量转化为电能提供给纳米器件。

7. 指纹识别（fingerprint identification）

指纹识别是指利用人体手指上独有指纹信息进行辨识。由于每个人的指纹不同，就是同一人的十指之间，指纹也有明显区别，因此指纹可用于身份鉴定。从触摸屏、语音交互等功能到可穿戴、智能家居等系统应用，硬件的智能化都向着越来越“自然”的人机交互方式迈进，硬件的智能化也使得越来越多的硬件设备能提供更加完美的人机交互体验。当下不少手机也都搭载这个技术。

8. 柔性电路板（Flexible circuit board）

柔性电路板是以聚酰亚胺或聚酯薄膜为基材制成的一种具有高度可靠性，绝佳的可挠性印刷电路板。柔性电路板可有效构装内部电路载板空间，亦可使得电子产品更能符合轻、薄、短、小设计方向。随着 2014 年智能可穿戴设备热度渐增，市场对柔性电路板的需求也将持续增加。

9. 海思麒麟 920（Kirin920）

麒麟 Kirin920 芯片采用 8 核 big.LITTLE GTS（为创建既有高性能又有极佳节能效果的片上系统（SoC）以延长电池使用寿命的技术系统）架构，将 4 个 ARM Cortex-A15 处理器和 4 个 Cortex-A7 处理器结合在一起，使同一应用程序可以在二者之间无缝切换，解决了高性能和低功耗之间的平衡，在大幅提升性能的同时延长了电池使用时间。

（三）智能制造需求不断增长，助力行业转型升级

受经济持续低迷的影响，全球需求结构出现了新的变化，美、欧、日等发达经济体纷纷出台加速发展以先进制造业为核心的再工业化国家战略，核心内容是要发展智能制造。当前，全球新一轮科技和产业革命呼之欲出，智能制造、网络制造、绿色制造、服务性制造日益成为生产方式变革的重要方向，跨领域、协同化、网络化的创新平台正在重组制造业创新体系。

智能制造是我国推动"工业化、信息化"深度融合的重要抓手，在提升制造业竞争力的同时，将为信息技术产业带来新的巨大发展空间。工业企业的智能化生产与管理需求，将推动工业软件、管理软件提速发展；工业企业的市场预测、创新研发、生产线分析、供应链优化等需求，将促进云计算、大数据产品与服务创新加速；工业企业的提高生产率、增强灵活性等需求，将加大工业互联网的研发投入，推动软硬件、网络等多种信息技术的有机融合和协同发展。2015年，智能制造或将成为行业领头羊，相关政策文件和地方配套方案会密集出台，使智能制造模式创新需求和智能制造应用需求进一步旺盛，为信息技术产业发展带来巨大的发展前景和市场助力。

（四）支持性政策出台，推动信息技术行业发展

2014年政府接连出台促进服务业增长、提高服务业水平的政策，信息技术服务业的政策环境持续优化。随着政策的逐步落实，2015年信息技术行业的战略地位将提升到另一个高度。

1.《深入实施国家知识产权战略行动计划（2014～2020）》

2014年12月10日，知识产权局、中央宣、外交部、发展改革、教育部、科技部、工业和信息化部等联合发起《深入实施国家知识产权战略行动计划（2014～2020）》，总体目标为到2020年，知识产权法治环境更加完善，创造、运用、保护和管理知识产权的能力显著增强，知识产权意识深入人心，知识产权制度对经济发展、文化繁荣和社会建设的促进作用充分显现。具体目标为：

（1）知识产权创造水平显著提高。知识产权拥有量进一步提高，结构明显优化，核心专利、知名品牌、版权精品和优良植物新品种大幅增加。形成一批拥有国外专利布局和全球知名品牌的知识产权优势企业。

（2）知识产权运用效果显著增强。市场主体运用知识产权参与市场竞争的能力明显提升，知识产权投融资额明显增加，知识产权市场价值充分显现。知识产权密集型产业增加值占国内生产总值的比重显著提高，知识产权服务业快速发展，服务能力基本满足市场需要，对产业结构优化升级的支撑作用明显提高。

（3）知识产权保护状况显著改善。知识产权保护体系更加完善，司法保护主导作用充分发挥，行政执法效能和市场监管水平明显提升。反复侵权、群体侵权、恶意侵权等

行为受到有效制裁，知识产权犯罪分子受到有力震慑，知识产权权利人的合法权益得到有力保障，知识产权保护社会满意度进一步提高。

（4）知识产权管理能力显著增强。知识产权行政管理水平明显提高，审查能力达到国际先进水平，国家科技重大专项和科技计划实现知识产权全过程管理。重点院校和科研院所普遍建立知识产权管理制度。企业知识产权管理水平大幅提升。

（5）知识产权基础能力全面提升。构建国家知识产权基础信息公共服务平台。知识产权人才队伍规模充足、结构优化、布局合理、素质优良。全民知识产权意识显著增强，尊重知识、崇尚创新、诚信守法的知识产权文化理念深入人心。主要预期指标见表10-7。

表10－7 2014 ～ 2020年知识产权战略实施工作主要 预期指标

指标	2013年	2015年	2020年
每万人口发明专利拥有量（件）	4	6	14
通过《专利合作条约》途径提交的专利申请量（万件）	2.2	3.0	7.5
国内发明专利平均维持年限（年）	5.8	6.4	9.0
作品著作权登记（万件）	84.5	90	100
计算机软件著作权登记量（万件）	16.4	17.2	20
全国技术市场登记的技术合同交易总额（万亿元）0.8	1.0	2.0	
知识产权质押融资年度金额（亿元）687.5	750	1800	
专有权利使用费用和特许费出口收入（亿美元）	13.6	20	80
知识产权服务业营业收入年均增长率（%）	18	20	20
知识产权保护社会满意度（分）	65	70	80
发明专利申请平均实质审查周期（月）	22.3	21.7	20.2
商标注册平均审查周期（月）	10	9	9

该政策的出台，一方面有利于增强信息技术行业自主创新能力，促进创新成果的大量涌现和广泛运用；另一方面，有利于增强信息技术企业市场竞争力。知识产权制度可以有效保障创新成果收益，激励创新、加速信息传播，优化配置市场创新资源。通过实施知识产权战略，把在创建过程中形成的原始创新能力、系统集成创新能力和引进消化吸收再创新能力转变为企业参与市场竞争的能力，促进自主创新成果的知识产权化，引导企业实现知识产权的市场价值，加速信息技术行业深化发展。

2.《国家新型城镇化规划（2014~2020年）》

2014年3月16日，中共中央、国务院印发《国家新型城镇化规划（2014~2020年）》，具体目标为：

（1）城镇化水平和质量稳步提升。城镇化健康有序发展，常住人口城镇化率达到60%左右，户籍人口城镇化率达到45%左右，户籍人口城镇化率与常住人口城镇化率差距缩小2个百分点左右，努力实现1亿左右农业转移人口和其他常住人口在城镇落户。

（2）城镇化格局更加优化。“两横三纵”为主体的城镇化战略格局基本形成，城市群集聚经济、人口能力明显增强，东部地区城市群一体化水平和国际竞争力明显提高，中西部地区城市群成为推动区域协调发展的新的重要增长极。城市规模结构更加完善，中心城市辐射带动作用更加突出，中小城市数量增加，小城镇服务功能增强。

（3）城市发展模式科学合理。密度较

高、功能混用和公交导向的集约紧凑型开发模式成为主导，人均城市建设用地严格控制在100平方米以内，建成区人口密度逐步提高。绿色生产、绿色消费成为城市经济生活的主流，节能节水产品、再生利用产品和绿色建筑比例大幅提高。城市地下管网覆盖率明显提高。

（4）城市生活和谐宜人。稳步推进义务教育、就业服务、基本养老、基本医疗卫生、保障性住房等城镇基本公共服务覆盖全部常住人口，基础设施和公共服务设施更加完善，消费环境更加便利，生态环境明显改善，空气质量逐步好转，饮用水安全得到保障。自然景观和文化特色得到有效保护，城市发展个性化，城市管理人性化、智能化。

（5）城镇化体制机制不断完善。户籍管理、土地管理、社会保障、财税金融、行政管理、生态环境等制度改革取得重大进展，阻碍城镇化健康发展的体制机制障碍基本消除。

该计划的出台，引导统筹利用城市发展的物质资源、信息资源和智力资源，推动物联网、云计算、大数据等新一代信息技术在城镇化中的创新应用。这体现了我国在政府规划体系中对信息技术产业的高度重视，符合我国现实发展要求，也将对信息技术行业产生长远影响。

当前，全球制造业正处于一个剧烈动荡、变革加速、重组频繁的时期，中国信息技术行业正处于发展的关键阶段和提升的重要时期，信息技术已成为社会经济发展的一个核心驱动力；而在新一轮产业革命引导的未来智能社会中，信息技术又扮演着社会神经系统的角色。今天的信息技术，链接着人类社会的未来，引导着我们不断前行。

附表

2014 年信息技术行业上市公司业绩评价结果排序表

行业排名	全部上市公司排名	股票代码	股票简称	综合得分（100 分）	每股收益（元）	总资产报酬率（%）	净资产收益率（%）	总资产周转率（次）	流动资产周转率（次）	资产负债率（%）	获利倍数	营业收入增长率（%）	资本扩张率（%）	市场投资回报率（%）	股价波动率（%）	年末资产额（万元）	营业收入（万元）	净利润（万元）
1	10	600271	航天信息	84.36	1.24	20.03	17.90	2.00	2.41	24.33	0.00	20.36	14.30	52.15	116.40	1063804.16	1995919.05	167183.96
2	32	300017	网宿科技	79.42	1.54	28.76	34.87	1.13	1.44	17.28	0.00	58.57	43.73	8.10	78.08	197766.05	191076.71	48370.02
3	97	300002	神州泰岳	74.22	0.49	13.07	14.82	0.53	0.98	10.93	0.00	33.69	36.69	9.41	82.51	553697.34	254884.44	60412.14
4	103	600804	鹏博士	73.93	0.39	5.50	11.61	0.50	2.44	67.73	8.53	19.67	14.05	28.48	69.07	1534719.48	696271.48	53378.51
5	113	002410	广联达	73.63	0.79	21.13	22.66	0.59	0.88	11.89	0.00	26.33	13.33	−8.32	73.28	318557.02	175987.47	60514.27
6	122	002153	石基信息	73.48	1.24	18.15	21.88	0.90	1.47	22.62	0.00	99.72	3.15	38.55	147.77	247369.70	218607.21	39515.20
7	129	600570	恒生电子	73.3	0.58	14.05	20.22	0.53	0.86	32.83	0.00	17.45	15.46	175.21	267.04	303078.92	142183.91	35502.09
8	137	300134	大富科技	73	1.39	19.79	22.47	0.76	1.45	25.51	0.00	29.31	15.78	221.80	273.81	346194.16	245086.40	53538.11
9	161	300166	东方国信	72.38	0.52	9.96	10.80	0.42	0.83	17.22	0.00	31.42	48.05	86.37	144.80	181679.60	61526.64	13485.33
10	164	002268	卫士通	72.3	0.55	9.90	13.32	0.88	1.05	33.48	0.00	170.26	102.49	123.25	182.78	192989.94	123649.75	12507.86
11	177	300253	卫宁软件	71.96	0.56	12.32	17.33	0.50	0.65	34.97	0.00	40.88	25.70	74.26	144.25	121802.36	49141.16	12264.20
12	192	002065	东华软件	71.53	0.70	16.26	20.77	0.74	0.97	20.56	147.03	16.91	69.47	4.07	62.92	792396.18	517104.87	103861.95
13	195	002195	海隆软件	71.46	0.69	5.15	5.25	0.27	0.66	5.05	20.03	64.14	773.25	171.11	135.65	428913.54	65408.43	11354.93
14	198	300295	三六五网	71.44	1.88	19.48	19.74	0.54	0.56	13.76	0.00	26.44	7.11	42.83	121.07	92397.02	47618.20	14711.94
15	220	300271	华宇软件	70.54	0.99	10.77	14.16	0.59	0.76	35.52	0.00	34.75	16.73	27.37	113.65	178881.44	90260.28	14961.07
16	231	002439	启明星辰	70.32	0.41	9.50	12.04	0.56	0.85	32.73	0.00	26.07	21.16	59.14	120.17	240210.51	119565.26	18212.10
17	240	300170	汉得信息	70.15	0.33	9.86	11.99	0.62	0.79	7.75	0.00	19.14	20.17	68.35	116.40	175982.85	100902.39	17672.05
18	243	600588	用友软件	70.05	0.47	8.68	15.26	0.55	1.01	49.58	8.27	0.26	32.10	101.42	178.91	881063.49	437424.20	56955.54
19	254	600845	宝信软件	69.74	0.90	7.78	15.20	0.88	1.04	49.24	0.00	13.70	50.56	33.07	65.03	517166.21	407189.82	32507.43
20	267	300113	顺网科技	69.33	0.54	11.50	16.45	0.50	0.80	21.97	0.00	87.08	18.02	−15.75	73.49	132755.75	64902.98	16037.15
21	274	600571	信雅达	69.27	0.55	12.58	16.97	1.00	1.40	41.25	11.84	19.09	13.65	59.63	121.43	122588.98	110083.46	12130.57
22	275	300188	美亚柏科	69.26	0.52	11.03	12.94	0.51	0.75	25.69	0.00	54.48	14.78	52.30	194.46	131444.71	60309.52	12341.95
23	283	002421	达实智能	69.1	0.51	8.82	9.38	0.62	0.82	32.80	39.82	24.82	101.20	74.11	141.27	260038.54	126306.23	14773.98

续表

行业排名	全部上市公司排名	股票代码	股票简称	综合得分（100 分）	每股收益（元）	总资产报酬率（%）	净资产收益率（%）	总资产周转率（次）	流动资产周转率（次）	资产负债率（%）	获利倍数	营业收入增长率（%）	资本扩张率（%）	市场投资回报率（%）	股价波动率（%）	年末资产额（万元）	营业收入（万元）	净利润（万元）
24	307	002609	捷顺科技	68.6	0.35	9.49	12.96	0.54	0.63	26.25	0.00	19.01	12.60	68.34	198.10	110872.31	54862.32	9797.58
25	313	300183	东软载波	68.48	1.10	11.31	13.62	0.33	0.34	8.92	0.00	28.04	8.83	58.80	122.59	206737.17	64439.60	24586.13
26	332	002649	博彦科技	68.03	1.03	10.14	11.50	0.80	1.38	25.83	25.91	17.51	10.58	5.00	95.18	209992.42	156146.33	16988.04
27	336	300349	金卡股份	67.99	0.76	13.62	16.86	0.54	0.84	19.47	0.00	18.68	16.92	3.65	79.63	115612.68	58886.96	14385.67
28	340	002657	中科金财	67.92	0.61	5.48	7.05	0.59	0.88	35.61	6.00	7.39	111.95	149.52	307.91	233701.30	109836.72	7887.54
29	355	000688	建新矿业	67.55	0.28	28.17	29.63	0.71	1.88	26.57	72.38	47.37	24.19	17.76	113.79	164263.30	98692.19	32260.59
30	358	002642	荣之联	67.51	0.45	8.28	8.20	0.56	1.05	20.00	36.54	27.58	57.28	55.36	142.90	321017.97	149773.23	18369.79
31	363	300245	天玑科技	67.43	0.40	10.16	11.42	0.55	0.66	12.20	0.00	18.58	13.42	46.20	141.03	78691.13	40904.07	7512.65
32	364	600522	中天科技	67.4	0.76	7.63	8.63	0.83	1.24	31.14	10.03	27.62	47.24	41.99	89.80	1179917.13	864134.05	59138.56
33	376	300292	吴通通讯	67.08	0.29	6.36	7.68	0.73	1.47	32.46	19.10	144.02	110.04	70.04	112.68	145551.22	78419.31	5571.24
34	380	600446	金证股份	67.03	0.58	4.03	20.16	1.27	2.07	51.12	0.00	16.56	22.77	199.00	251.26	191882.50	236804.28	17707.78
35	389	600850	华东电脑	66.79	0.78	9.43	18.90	1.53	1.58	60.33	21.56	7.11	15.08	74.97	249.00	385584.13	575045.55	27845.75
36	390	000977	浪潮信息	66.78	0.72	10.44	19.93	1.56	2.02	60.74	7.14	72.99	119.24	77.50	157.05	594855.20	730663.63	33879.81
37	397	002279	久其软件	66.67	0.41	9.17	9.97	0.41	0.78	7.94	0.00	12.82	6.95	122.73	220.42	82465.44	32667.85	7164.67
38	400	300348	长亮科技	66.64	0.70	5.71	8.30	0.46	0.57	24.84	0.00	40.28	14.73	155.82	346.21	64259.06	24923.30	3749.77
39	404	000997	新大陆	66.61	0.54	9.85	15.80	0.60	0.69	47.97	0.00	20.20	13.53	60.56	151.83	371178.15	223545.62	30309.70
40	415	300213	佳讯飞鸿	66.42	0.28	7.54	8.39	0.67	0.90	28.12	0.00	69.73	24.50	155.87	244.12	136639.73	83173.50	8340.46
41	416	002467	二六三	66.41	0.31	8.85	10.78	0.42	1.09	15.86	0.00	–4.34	7.01	28.30	97.86	168554.38	68489.78	14786.24
42	436	600050	中国联通	66.03	0.19	3.74	5.23	0.54	5.30	57.90	4.65	–4.99	3.93	58.69	102.83	54712456.88	28857087.44	1196788.96
43	464	300231	银信科技	65.48	0.27	13.94	15.35	1.01	1.21	23.80	0.00	28.17	13.35	66.92	165.70	52458.93	48927.56	5773.01
44	469	300010	立思辰	65.42	0.36	8.18	9.35	0.54	0.98	28.90	11.19	37.11	57.36	76.80	148.67	193072.24	84703.12	11316.45
45	470	002396	星网锐捷	65.39	0.69	10.53	11.64	0.97	1.17	35.43	0.00	11.16	5.15	20.54	71.41	391414.11	364168.67	37171.72

续表

行业排名	全部上市公司排名	股票代码	股票简称	综合得分（100分）	每股收益（元）	总资产报酬率（%）	净资产收益率（%）	总资产周转率（次）	流动资产周转率（次）	资产负债率（%）	获利倍数	营业收入增长率（%）	资本扩张率（%）	市场投资回报率（%）	股价波动率（%）	年末资产额（万元）	营业收入（万元）	净利润（万元）
46	478	600406	国电南瑞	65.25	0.53	10.48	19.41	0.63	0.69	51.21	146.05	-6.98	17.78	-0.48	66.10	1479667.13	890700.19	130135.75
47	482	600392	盛和资源	65.19	0.51	15.67	16.60	0.97	1.17	29.54	16.91	10.17	17.44	44.08	97.54	184108.44	151450.07	19566.11
48	494	600487	亨通光电	65.03	0.87	7.07	10.12	0.93	1.44	63.16	2.37	21.35	46.12	36.00	101.87	1238838.50	1041954.91	38344.28
49	513	000555	神州信息	64.73	0.65	5.62	11.57	1.05	1.30	53.75	19.03	-14.97	53.95	49.59	170.29	640336.34	655900.79	28712.46
50	543	002465	海格通信	64.23	0.44	8.56	9.31	0.42	0.67	36.55	18.70	75.43	13.69	35.22	104.05	848870.39	295382.80	52690.12
51	552	300324	旋极信息	64.1	0.31	9.51	10.98	0.43	0.63	24.57	0.00	48.97	47.41	287.39	360.39	105012.62	36243.21	6727.80
52	559	300250	初灵信息	63.88	0.40	8.10	8.21	0.50	0.61	12.60	0.00	14.03	8.19	77.34	186.25	49153.55	23122.98	3642.11
53	599	300168	万达信息	63.23	0.39	8.56	12.66	0.53	0.88	54.99	10.10	27.18	13.46	233.13	262.14	373413.36	154280.58	19899.82
54	601	002230	科大讯飞	63.2	0.47	8.25	10.81	0.37	0.68	24.54	0.00	41.60	12.72	-3.30	66.49	516989.59	177521.06	38848.66
55	603	002261	拓维信息	63.19	0.14	6.39	5.81	0.55	0.73	18.86	0.00	17.58	22.85	4.78	69.33	136949.12	65785.25	7652.00
56	618	000938	紫光股份	62.87	0.61	7.48	8.99	2.82	4.26	55.07	4.07	30.81	61.95	-4.21	78.59	466992.19	1114491.38	17222.70
57	639	300025	华星创业	62.54	0.42	8.49	12.74	0.71	0.87	55.27	9.00	47.78	11.84	64.15	119.44	172955.24	105875.56	9124.44
58	641	002368	太极股份	62.54	0.71	5.42	10.15	1.06	1.46	51.31	0.00	26.42	7.71	31.72	133.09	415892.17	425562.21	19819.05
59	655	300229	拓尔思	62.23	0.45	7.34	8.44	0.23	0.40	9.72	0.00	49.40	64.32	5.46	101.22	156791.48	29007.97	9594.33
60	658	002519	银河电子	62.21	0.53	6.46	7.74	0.59	0.91	17.07	0.00	-2.87	72.67	41.77	149.20	238155.05	117559.68	12255.77
61	673	002491	通鼎光电	61.94	0.50	6.87	8.90	0.63	0.93	57.39	3.01	7.43	17.63	78.45	188.01	517553.51	303115.19	18569.94
62	699	002089	新海宜	61.41	0.26	7.36	9.04	0.40	0.80	47.14	4.37	38.72	49.32	104.14	157.27	353954.31	114227.49	14697.87
63	711	002376	新北洋	61.23	0.51	14.13	18.03	0.39	0.80	27.11	36.37	15.96	21.23	-2.27	56.64	274404.60	99243.85	33437.47
64	715	300315	掌趣科技	61.19	0.27	9.94	11.99	0.22	0.73	19.76	0.00	103.62	164.43	-19.87	113.14	502308.92	77476.42	35045.27
65	732	300311	任子行	61.02	0.37	6.68	9.45	0.51	0.72	28.21	0.00	20.94	8.16	18.72	142.10	62810.50	29678.01	3744.20
66	738	300098	高新兴	60.92	0.70	9.60	14.09	0.51	0.93	39.07	0.00	37.35	10.80	63.43	152.89	166888.59	73733.20	13378.61
67	741	300020	银江股份	60.89	0.68	6.78	13.04	0.70	0.83	53.70	16.84	25.04	87.47	10.96	56.38	409049.48	231905.37	18479.78

续表

行业排名	全部上市公司排名	股票代码	股票简称	综合得分（100分）	每股收益（元）	总资产报酬率（%）	净资产收益率（%）	总资产周转率（次）	流动资产周转率（次）	资产负债率（%）	获利倍数	营业收入增长率（%）	资本扩张率（%）	市场投资回报率（%）	股价波动率（%）	年末资产额（万元）	营业收入（万元）	净利润（万元）
68	750	000063	中兴通讯	60.71	0.77	5.47	11.11	0.79	1.03	75.25	2.68	8.29	11.29	28.65	76.95	10621419.60	8147127.50	272773.00
69	760	300101	振芯科技	60.48	0.19	6.92	7.01	0.38	0.50	31.90	0.00	56.13	6.61	4.02	87.38	117388.69	40719.74	6622.83
70	766	600105	永鼎股份	60.4	0.38	8.15	8.82	0.72	1.27	31.67	21.06	69.41	9.33	47.21	97.88	261627.39	192886.91	17908.02
71	768	000547	闽福发 A	60.39	0.23	8.78	10.58	0.27	0.37	30.07	17.83	59.65	36.97	241.72	365.15	348269.53	85598.13	22920.73
72	770	000748	长城信息	60.37	0.24	3.38	4.99	0.50	0.80	40.11	221.96	3.16	70.26	100.84	143.03	402936.72	170982.58	9809.48
73	776	300248	新开普	60.27	0.26	6.55	7.24	0.51	0.67	14.82	0.00	42.59	7.71	266.97	280.02	64668.81	31536.09	3806.43
74	808	300339	润和软件	59.93	0.45	9.11	10.13	0.44	0.89	34.04	6.43	53.78	101.29	35.30	184.87	226474.40	73323.47	11435.14
75	814	002281	光迅科技	59.82	0.76	4.76	7.12	0.78	1.00	33.72	0.00	14.08	42.16	0.21	71.73	358576.80	243305.26	14412.85
76	817	600990	四创电子	59.78	0.59	4.62	9.12	0.71	0.97	64.83	6.79	50.85	8.98	115.09	247.96	263647.39	168452.83	8237.30
77	819	002063	远光软件	59.77	0.41	9.14	11.75	0.44	0.55	15.82	0.00	−12.08	−2.77	6.51	51.97	191590.41	81694.55	17783.10
78	821	300036	超图软件	59.75	0.38	5.75	7.21	0.43	0.75	23.83	0.00	15.41	2.94	47.11	134.51	86552.19	36111.28	4571.98
79	824	300270	中威电子	59.7	0.35	7.31	8.38	0.35	0.46	20.84	0.00	70.47	10.24	13.13	114.32	66532.33	20333.69	4185.26
80	828	300282	汇冠股份	59.67	0.12	2.87	1.37	0.69	1.45	33.35	17.66	580.17	385.47	43.25	104.64	207071.35	82377.28	2185.40
81	851	600601	方正科技	59.3	0.12	5.53	6.65	0.88	1.84	61.49	6.42	31.12	−18.46	72.47	176.86	917609.87	686248.67	31721.55
82	857	600118	中国卫星	59.22	0.30	4.61	8.53	0.56	0.67	43.62	0.00	−2.90	8.25	57.84	129.87	877646.79	466410.38	41014.77
83	870	002405	四维图新	59.08	0.17	4.51	4.83	0.35	0.48	15.47	0.00	20.22	1.73	54.32	138.93	112343.35	83814.34	4920.25
84	869	300322	硕贝德	59.08	0.24	5.95	9.81	0.85	1.63	41.14	15.92	65.97	15.13	28.86	154.79	311125.32	105901.32	12941.84
85	871	600775	南京熊猫	59.07	0.17	5.07	4.86	0.80	1.18	26.83	191.12	40.66	8.02	17.93	121.25	462412.47	348764.11	19642.60
86	875	600130	波导股份	59.01	0.10	6.47	8.63	1.40	1.89	25.18	0.00	19.90	9.02	39.42	92.89	120098.28	160277.99	7435.22
87	885	300310	宜通世纪	58.91	0.21	5.73	7.24	1.02	1.21	30.02	0.00	29.12	6.02	32.05	134.63	96515.26	91059.90	4714.39
88	891	002339	积成电子	58.85	0.34	8.52	9.99	0.61	0.80	28.97	0.00	25.17	9.01	17.86	103.22	199276.04	110875.17	14112.33
89	902	300059	东方财富	58.7	0.14	3.19	9.29	0.14	0.15	69.60	0.00	146.31	11.28	221.17	339.54	124693.47	74611.21	9047.54

续表

行业排名	全部上市公司排名	股票代码	股票简称	综合得分（100分）	每股收益（元）	总资产报酬率（%）	净资产收益率（%）	总资产周转率（次）	流动资产周转率（次）	资产负债率（%）	获利倍数	营业收入增长率（%）	资本扩张率（%）	市场投资回报率（%）	股价波动率（%）	年末资产额（万元）	营业收入（万元）	净利润（万元）
90	901	300300	汉鼎股份	58.7	0.45	9.05	12.55	0.67	0.79	40.33	74.11	53.86	15.44	14.49	57.39	618277.40	61200.70	16566.89
91	937	300182	捷成股份	58.17	0.56	13.95	16.91	0.58	0.74	26.18	17.63	32.04	20.18	−13.70	88.39	234031.41	123384.09	26447.77
92	940	300184	力源信息	58.15	0.13	4.63	3.94	0.90	1.45	30.87	11.21	87.17	45.60	33.48	121.44	91443.07	63077.81	2557.04
93	942	300044	赛为智能	58.09	0.23	6.78	8.27	0.62	0.74	31.56	0.00	44.66	6.29	44.21	148.29	99301.14	61958.58	6224.07
94	944	300085	银之杰	58.05	0.11	3.24	4.09	0.26	0.37	13.21	0.00	74.54	60.13	146.27	349.32	96320.53	19212.40	2820.78
95	951	002331	皖通科技	58.03	0.26	5.12	5.92	0.56	0.72	23.23	0.00	−1.70	53.12	54.30	112.78	156837.27	78130.09	6070.25
96	953	002446	盛路通信	57.98	0.33	4.50	5.11	0.45	0.72	18.96	0.00	65.04	87.48	177.19	187.69	151908.20	52596.78	4713.42
97	963	600498	烽火通信	57.91	0.56	4.31	9.12	0.72	0.84	54.04	0.00	17.69	9.76	−0.19	82.15	1543286.96	1072125.45	63011.51
98	964	002577	雷柏科技	57.9	0.13	2.58	2.60	0.31	0.53	22.36	0.00	31.66	4.10	63.57	80.97	187643.64	52133.01	6582.60
99	966	600100	同方股份	57.86	0.34	5.54	6.79	0.56	1.12	69.10	2.26	14.76	12.78	17.44	103.71	4972500.89	2599372.40	121341.07
100	1000	300352	北信源	57.45	0.25	8.69	10.08	0.35	0.38	11.41	0.00	15.13	8.30	68.40	121.47	79168.72	26273.36	6799.39
101	1006	300353	东土科技	57.4	0.12	5.37	4.88	0.47	0.70	18.59	0.00	38.46	4.53	41.90	178.86	54603.67	24119.50	2569.56
102	1010	600756	浪潮软件	57.35	0.28	4.81	9.70	0.63	1.05	57.84	10.26	23.90	9.70	49.05	199.81	201421.27	108542.34	7739.36
103	1019	300287	飞利信	57.27	0.37	6.80	10.59	0.38	0.51	51.77	9.86	26.07	125.32	31.75	105.82	259542.80	68089.86	9260.35
104	1046	002194	武汉凡谷	56.74	0.25	6.00	6.89	0.73	0.92	20.71	0.00	57.64	4.17	22.97	108.64	255153.40	177235.99	13663.48
105	1059	002184	海得控制	56.54	0.25	6.28	7.37	1.09	1.43	42.84	7.20	7.87	3.27	181.22	206.97	154835.58	154409.21	6546.74
106	1077	300177	中海达	56.34	0.25	9.37	10.15	0.56	0.79	14.71	0.00	27.67	10.39	1.29	79.95	130695.81	68722.19	10572.08
107	1085	300075	数字政通	56.26	0.63	9.30	10.93	0.41	0.52	18.47	0.00	34.39	8.57	−8.22	54.37	141190.78	54608.68	12700.54
108	1087	600776	东方通信	56.2	0.14	5.35	6.40	1.05	1.30	19.93	0.00	7.98	0.56	35.03	139.32	362882.11	371160.51	17725.38
109	1101	000070	特发信息	56.1	0.21	3.87	5.32	0.79	1.23	51.63	11.36	21.71	8.23	8.74	45.61	260813.71	191325.49	7081.09
110	1109	002635	安洁科技	55.95	0.70	7.08	10.20	0.39	0.64	44.39	0.00	20.80	8.74	−30.72	72.81	233527.74	73130.06	12318.51
111	1117	002544	杰赛科技	55.85	0.18	5.57	8.31	0.77	0.95	61.57	4.18	15.55	6.36	262.62	358.63	295684.25	194683.75	9237.16

续表

行业排名	全部上市公司排名	股票代码	股票简称	综合得分（100分）	每股收益（元）	总资产报酬率（%）	净资产收益率（%）	总资产周转率（次）	流动资产周转率（次）	资产负债率（%）	获利倍数	营业收入增长率（%）	资本扩张率（%）	市场投资回报率（%）	股价波动率（%）	年末资产额（万元）	营业收入（万元）	净利润（万元）
112	1123	002017	东信和平	55.74	0.20	5.15	7.80	0.86	1.16	51.98	6.64	10.17	6.18	7.80	90.10	157609.91	128702.06	5868.74
113	1142	300079	数码视讯	55.41	0.27	4.50	6.52	0.18	0.25	7.88	0.00	41.59	12.22	18.20	91.07	328548.16	54732.06	18673.56
114	1146	300290	荣科科技	55.35	0.42	11.09	13.90	0.68	0.82	32.36	15.15	9.67	12.00	41.87	173.51	65434.09	41191.95	5825.23
115	1148	300150	世纪瑞尔	55.34	0.46	6.87	8.84	0.21	0.22	10.30	0.00	40.40	5.59	67.89	162.40	162428.01	33254.60	12519.05
116	1159	300033	同花顺	55.26	0.22	2.24	5.19	0.18	0.23	24.64	0.00	44.44	4.60	272.68	460.51	158101.94	26559.71	6045.55
117	1165	000682	东方电子	55.2	0.05	4.56	3.05	0.64	0.91	43.54	27.68	10.53	6.33	74.87	176.83	310594.11	184059.52	10886.36
118	1177	300302	同有科技	54.97	0.24	4.02	5.25	0.43	0.53	15.16	0.00	11.48	4.76	13.41	130.08	59534.92	24653.29	2593.16
119	1185	300212	易华录	54.86	0.45	8.11	15.76	0.58	0.79	66.21	5.40	90.52	20.01	4.53	80.71	325612.63	157992.79	15587.01
120	1214	300297	蓝盾股份	54.36	0.18	4.61	5.06	0.44	0.73	45.32	3.89	32.76	4.96	15.03	77.87	131464.85	52490.45	3692.36
121	1236	600289	亿阳信通	53.86	0.17	4.41	5.10	0.41	0.59	30.07	15.36	5.09	2.05	17.66	77.68	279829.02	117203.90	9097.88
122	1243	600718	东软集团	53.76	0.21	3.88	4.76	0.82	1.37	42.06	8.88	4.61	1.06	25.10	81.05	962213.95	779633.13	24433.01
123	1264	600728	佳都科技	53.54	0.23	6.04	10.05	0.93	1.11	52.95	10.64	7.06	12.76	−18.63	60.17	264746.78	226480.44	12206.52
124	1270	600640	号百控股	53.46	0.16	2.95	3.51	0.65	0.98	18.64	0.00	27.63	2.78	−18.88	79.99	373287.77	238127.42	9479.32
125	1275	002315	焦点科技	53.38	1.02	4.81	6.61	0.24	0.28	14.51	0.00	−0.19	2.11	27.50	118.38	214075.62	50989.01	11921.46
126	1276	002312	三泰电子	53.28	0.25	5.59	7.50	0.54	0.74	42.41	3.82	39.85	88.18	42.36	96.59	285892.65	125636.92	9505.69
127	1296	002296	辉煌科技	53.01	0.26	6.14	7.00	0.28	0.34	28.00	0.00	35.63	−7.53	42.41	97.10	192765.94	52562.38	10031.71
128	1306	002401	中海科技	52.9	0.17	3.84	7.93	0.55	0.79	35.76	0.00	0.88	8.37	67.13	264.16	105068.02	55480.85	5312.09
129	1309	000021	长城开发	52.76	0.13	0.53	3.58	1.17	1.46	65.03	0.00	9.34	1.78	36.09	89.78	1443908.15	1644416.50	16055.62
130	1336	002369	卓翼科技	52.3	0.09	2.79	3.21	1.29	2.30	57.23	4.16	75.52	2.17	7.77	83.55	326273.84	358687.75	4432.33
131	1352	000851	高鸿股份	52.02	0.10	3.75	2.40	1.21	1.49	55.04	2.50	14.23	18.83	12.46	103.18	617683.20	708062.99	10073.95
132	1367	002151	北斗星通	51.72	0.13	3.66	3.26	0.53	0.97	29.50	13.32	22.57	57.14	15.37	167.12	189314.87	95405.35	5091.20
133	1372	600410	华胜天成	51.64	0.15	3.03	4.11	0.69	0.94	59.77	2.65	−11.16	6.46	203.92	349.89	660811.86	427854.45	10546.83

续表

行业排名	全部上市公司排名	股票代码	股票简称	综合得分（100分）	每股收益（元）	总资产报酬率（%）	净资产收益率（%）	总资产周转率（次）	流动资产周转率（次）	资产负债率（%）	获利倍数	营业收入增长率（%）	资本扩张率（%）	市场投资回报率（%）	股价波动率（%）	年末资产额（万元）	营业收入（万元）	净利润（万元）
134	1396	300333	兆日科技	51.24	0.33	4.69	4.59	0.21	0.25	4.11	0.00	−5.04	1.64	39.05	139.50	85409.08	18052.51	4860.21
135	1409	000586	汇源通信	51.05	0.04	2.37	3.29	0.92	1.11	56.17	7.80	15.15	3.96	67.55	149.06	53757.43	47488.84	892.34
136	1421	002362	汉王科技	50.86	0.05	1.00	1.47	0.42	0.76	13.85	0.00	27.10	2.29	27.85	87.23	85427.71	35428.55	1041.16
137	1435	300028	金亚科技	50.56	0.10	3.63	4.17	0.42	0.63	51.12	1.98	−5.96	4.32	72.23	116.49	132379.02	55822.95	2632.55
138	1446	300096	易联众	50.42	0.11	5.15	7.02	0.47	0.58	23.29	0.00	33.65	3.39	−9.65	153.23	89548.71	40217.95	4415.36
139	1455	000561	烽火电子	50.26	0.06	3.22	4.05	0.52	0.61	45.52	7.89	17.01	4.78	48.75	178.23	190592.47	92601.43	4294.58
140	1464	600536	中国软件	50.19	0.07	1.88	1.76	0.72	0.89	47.50	3.05	8.45	0.72	72.00	174.21	442730.19	323250.17	4813.86
141	1480	002161	远望谷	49.98	0.06	3.88	3.23	0.39	0.88	12.32	28.22	18.66	5.53	−1.55	66.30	173545.08	64208.60	5488.54
142	1509	300045	华力创通	49.4	0.18	4.29	5.94	0.41	0.66	20.26	0.00	32.82	7.45	−32.08	69.68	106165.44	40338.64	4233.38
143	1513	000801	四川九洲	49.35	0.19	3.03	5.90	0.72	0.95	48.28	6.54	−9.39	5.30	59.91	124.22	298979.31	223864.56	7816.99
144	1551	002095	生意宝	48.74	0.16	4.73	6.86	0.27	0.34	15.30	0.00	−19.80	0.93	35.42	139.44	58926.06	15968.89	3384.69
145	1554	300050	世纪鼎利	48.62	0.20	0.22	2.60	0.23	0.32	17.26	0.00	27.31	39.20	19.76	105.81	237017.31	44705.43	4325.77
146	1590	300299	富春通信	48.15	0.08	4.90	3.68	0.44	0.54	23.68	0.00	22.09	4.21	6.83	81.69	55510.76	22287.23	1873.92
147	1606	600198	大唐电信	47.82	0.26	5.23	6.85	0.64	0.92	69.42	1.94	0.87	70.23	19.66	78.80	1396461.01	798403.10	24767.53
148	1621	600288	大恒科技	47.5	0.06	1.65	1.85	1.03	1.50	43.46	1.62	−5.61	0.22	39.99	111.98	316257.57	334948.53	915.46
149	1626	000670	盈方微	47.39	0.01	1.33	1.46	0.30	0.33	29.01	11.44	63.25	105.89	95.33	296.61	76111.12	17491.57	488.49
150	1678	300047	天源迪科	46.51	0.19	5.23	5.15	0.68	1.09	33.94	5.08	15.99	6.90	18.13	113.86	190743.39	118664.45	6864.79
151	1680	002027	七喜控股	46.5	0.02	1.16	1.34	0.62	2.12	16.14	9.48	−72.02	1.35	34.66	94.70	59077.25	39664.84	659.13
152	1681	300288	朗玛信息	46.45	0.33	2.94	4.95	0.14	0.25	22.27	0.00	−19.97	64.93	263.35	358.43	117599.57	12134.10	2972.11
153	1704	300264	佳创视讯	46.08	0.08	1.25	3.05	0.23	0.26	4.99	0.00	3.20	3.42	36.14	138.00	67161.40	14992.79	1679.54
154	1705	002583	海能达	46.03	0.06	3.77	2.17	0.55	0.92	44.99	1.81	15.80	1.29	7.01	55.61	364173.24	194938.26	4326.56
155	1724	300038	梅泰诺	45.67	0.33	5.65	5.16	0.36	0.47	41.52	3.69	8.96	6.31	8.66	102.43	188920.51	63565.92	6164.91

续表

行业排名	全部上市公司排名	股票代码	股票简称	综合得分（100分）	每股收益（元）	总资产报酬率（%）	净资产收益率（%）	总资产周转率（次）	流动资产周转率（次）	资产负债率（%）	获利倍数	营业收入增长率（%）	资本扩张率（%）	市场投资回报率（%）	股价波动率（%）	年末资产额（万元）	营业收入（万元）	净利润（万元）
156	1753	600706	曲江文旅	45.22	0.16	3.65	3.78	0.59	1.76	54.87	1.78	−16.60	3.52	35.00	81.82	174214.35	108222.76	2675.19
157	1754	002313	日海通讯	45.22	0.04	2.23	0.62	0.58	0.73	49.62	2.63	16.81	−0.71	−33.49	73.22	446085.88	242873.59	4689.12
158	1766	002308	威创股份	44.91	0.13	3.58	4.99	0.34	0.44	10.00	0.00	−20.92	−2.90	7.28	87.66	230833.51	80297.09	10519.01
159	1773	002115	三维通信	44.78	0.03	1.85	1.54	0.45	0.56	52.81	1.47	14.30	1.57	24.09	87.13	203464.85	90459.49	1478.07
160	1782	300081	恒信移动	44.7	0.08	0.57	1.36	0.73	1.06	10.17	0.00	−28.84	0.42	108.12	212.34	88654.31	66735.76	803.22
161	1799	002232	启明信息	44.36	0.02	0.14	0.77	0.82	1.40	34.72	0.00	3.52	0.65	11.39	91.17	165220.43	138763.66	776.74
162	1814	300065	海兰信	44.11	0.09	2.48	3.05	0.47	0.61	17.43	751.21	9.57	1.55	133.15	227.89	82592.97	39282.07	1813.52
163	1824	300042	朗科科技	43.9	0.15	0.88	2.44	0.24	0.40	3.40	0.00	−8.79	2.47	11.30	92.85	86120.04	21101.80	2006.85
164	1828	600680	上海普天	43.85	0.02	1.77	0.67	0.60	1.17	55.96	1.35	3.56	0.95	62.15	140.80	318210.48	178692.08	982.03
165	1839	300051	三五互联	43.52	0.02	−0.37	1.11	0.40	0.69	29.00	0.00	−3.61	7.84	10.84	98.30	77111.42	27989.99	263.32
166	1850	300211	亿通科技	43.29	0.13	1.61	2.15	0.36	0.60	15.48	0.00	−20.04	0.83	8.86	101.99	58064.82	21139.98	1049.83
167	1860	002474	榕基软件	43.08	0.04	1.08	1.64	0.37	0.47	19.56	0.00	−0.80	0.40	84.04	188.76	168615.49	59830.52	2196.76
168	1877	300312	邦讯技术	42.51	0.06	1.50	1.16	0.37	0.40	46.50	1.76	79.66	3.84	32.90	108.11	151430.12	51357.90	614.62
169	1894	002148	北纬通信	41.88	0.06	0.93	1.95	0.26	0.54	10.19	0.00	−19.07	90.33	−26.35	71.00	114951.71	22762.62	1356.47
170	1904	002231	奥维通信	41.55	0.02	0.68	1.21	0.52	0.59	22.87	2.23	28.61	0.70	20.92	107.98	166799.64	86593.28	3962.92
171	1903	600345	长江通信	41.55	0.22	2.51	3.90	0.47	0.83	17.62	7.81	−18.61	9.16	6.11	92.21	85681.02	43849.52	460.70
172	1930	600764	中电广通	40.71	0.02	4.01	0.86	0.49	1.01	49.55	1.61	−11.02	1.64	17.48	98.71	144462.89	71895.04	1818.79
173	1932	300074	华平股份	40.58	0.09	2.49	3.07	0.21	0.34	4.61	0.00	−13.46	1.13	−16.25	79.36	106331.60	22087.95	2852.02
174	1942	002253	川大智胜	40.35	0.08	1.47	1.34	0.22	0.48	17.60	0.00	−13.88	−1.52	−13.21	93.78	102284.29	22095.97	1481.18
175	1963	000909	数源科技	39.62	0.12	1.40	4.99	0.32	0.34	82.59	7.40	11.77	4.87	37.99	112.56	511324.15	156414.17	4231.90
176	1979	000948	南天信息	39.19	0.05	1.44	0.84	0.71	1.05	45.64	1.71	−15.19	0.67	72.99	217.78	260624.47	182872.64	969.04
177	1991	600455	博通股份	38.85	0.10	3.58	4.69	0.29	1.17	75.34	1.66	−20.23	6.11	35.21	147.34	71593.38	20777.15	1016.15
178	1995	300275	梅安森	38.79	0.18	3.38	4.40	0.35	0.45	12.52	0.00	−9.62	4.78	−0.82	90.32	81071.90	27481.25	2773.79

续表

行业排名	全部上市公司排名	股票代码	股票简称	综合得分（100分）	每股收益（元）	总资产报酬率（%）	净资产收益率（%）	总资产周转率（次）	流动资产周转率（次）	资产负债率（%）	获利倍数	营业收入增长率（%）	资本扩张率（%）	市场投资回报率（%）	股价波动率（%）	年末资产额（万元）	营业收入（万元）	净利润（万元）
179	2022	002093	国脉科技	37.86	0.06	3.86	4.26	0.20	0.44	45.63	2.17	20.23	2.32	18.50	106.25	241083.04	46028.19	4569.46
180	2029	000066	长城电脑	37.66	0.04	3.87	2.21	1.92	2.51	78.59	1.14	-2.64	-2.11	46.15	174.88	3971514.47	7580174.49	-4868.73
181	2049	300330	华虹计通	36.91	0.08	1.79	3.03	0.36	0.44	29.16	0.00	-0.51	-1.02	17.95	101.98	61694.98	22705.47	1329.67
182	2051	601519	大智慧	36.84	0.05	4.06	3.60	0.25	0.38	6.68	0.00	-8.25	2.46	6.68	68.03	326094.33	82045.15	13847.58
183	2076	300076	GQY视讯	35.96	0.09	0.82	1.83	0.22	0.30	8.76	0.00	-20.29	-0.72	6.41	134.34	118065.63	26432.86	2014.94
184	2091	600476	湘邮科技	35.31	0.05	3.55	3.18	0.44	0.56	38.07	2.46	-30.89	3.37	111.41	223.64	37277.90	16138.65	721.20
185	2116	300209	天泽信息	34.32	0.06	-0.76	1.21	0.19	0.24	5.21	0.00	9.33	0.55	12.62	98.61	91906.57	17276.45	876.29
186	2157	300277	海联讯	32.62	-0.38	-7.94	-10.38	0.57	0.72	34.15	0.00	6.13	-10.61	8.59	105.79	69633.00	39975.37	-5042.15
187	2160	002316	键桥通讯	32.57	0.05	2.50	2.31	0.27	0.36	56.25	1.44	-17.89	1.92	-1.16	84.60	191380.39	51756.15	1331.62
188	2161	300167	迪威视讯	32.43	-0.03	-0.30	-1.35	0.22	0.30	36.14	0.00	8.01	-2.19	16.98	73.27	113523.28	23408.78	-550.45
189	2185	002383	合众思壮	31.31	0.21	2.96	2.84	0.27	0.57	21.58	25.60	-20.96	1.24	26.59	135.16	186714.89	48987.42	3699.29
190	2199	300052	中青宝	30.35	-0.08	-0.25	-2.36	0.33	0.99	34.91	-0.43	50.87	-0.41	-24.16	57.66	153517.35	48952.76	645.09
191	2243	600797	浙大网新	26.97	-0.19	0.03	-9.33	0.98	1.50	63.60	0.01	-9.62	-14.34	37.81	90.30	462810.65	470447.13	-14966.58
192	2254	600608	上海科技	26.43	-0.04	-2.22	0.00	2.82	3.86	105.82	-0.51	168.42	-191.45	2.20	75.23	19521.78	59700.40	-1547.89
193	2297	000836	鑫茂科技	22.78	-0.49	-4.37	-20.90	0.42	0.66	62.34	-1.26	-8.87	-17.83	37.40	116.44	228319.15	100674.62	-18658.92
194	2315	600076	青鸟华光	21.3	-0.03	-2.37	-8.41	0.03	0.03	68.42	0.00	26.23	-5.68	13.35	135.55	78379.18	1725.30	-1490.09
195	2340	000892	星美联合	19	-0.01	-54.95	-57.34	0.00	0.00	3.54	0.00	-100.00	-44.56	42.62	121.48	308.37	0.00	-239.10
196	2363	002417	三元达	17.29	-1.21	-24.63	-56.22	0.41	0.45	62.91	-16.14	-31.26	-44.25	19.85	144.76	113237.37	52078.34	-33172.74
197	2389	002052	同洲电子	12.61	-0.61	-9.66	-39.56	0.51	0.71	71.74	-3.13	-18.11	-33.19	-28.08	115.24	298596.74	160183.59	-41675.76
198	2405	300386	飞天诚信		3.11	24.85	27.87	0.95	1.00	13.35	0.00	27.74	179.07	46.02	78.33	163290.37	108043.08	26418.73
199	2407	002180	万力达		0.59	43.75	43.24	0.88	1.01	13.02	0.00	250.45	55.71	190.81	256.39	67173.06	47952.72	20948.02
200	2417	002373	千方科技		0.54	19.26	34.89	0.90	1.22	53.21	1585.85	289.58	115.59	117.23	165.91	219745.48	136071.83	26819.43

续表

行业排名	全部上市公司排名	股票代码	股票简称	综合得分（100分）	每股收益（元）	总资产报酬率（%）	净资产收益率（%）	总资产周转率（次）	流动资产周转率（次）	资产负债率（%）	获利倍数	营业收入增长率（%）	资本扩张率（%）	市场投资回报率（%）	股价波动率（%）	年末资产额（万元）	营业收入（万元）	净利润（万元）
201	2419	600485	信威集团		0.67	29.62	33.60	0.43	0.54	24.53	0.00	1255.85	2224.18	111.35	278.46	1421549.66	315680.79	190991.32
202	2422	000810	创维数字		0.86	16.67	31.16	1.40	1.70	48.49	0.00	212.16	210.36	27.09	105.78	390979.63	350163.47	38501.11
203	2442	300369	绿盟科技		1.08	15.35	20.10	0.72	0.79	20.64	0.00	12.78	107.70	46.02	93.69	122315.69	70266.82	14446.06
204	2450	002280	新世纪		1.22	27.09	26.06	0.44	0.51	12.21	49.70	49.44	98.37	184.73	287.19	96121.74	32249.93	16537.86
205	2452	603636	南威软件		1.16	11.34	14.83	0.38	0.47	25.65	0.00	15.23	118.85	46.02	0.00	109531.85	32331.56	8616.58
206	2461	300365	恒华科技		0.95	15.32	15.91	0.54	0.63	6.23	0.00	14.84	120.87	46.02	71.87	55920.89	22763.77	6061.70
207	2465	300359	全通教育		0.46	16.13	15.32	0.61	0.87	6.19	0.00	11.80	72.83	46.02	273.52	39565.92	19257.38	4487.74
208	2479	300367	东方网力		1.16	14.21	22.62	0.53	0.67	45.78	11.54	46.48	134.57	46.02	171.20	158066.25	63980.70	13742.44
209	2484	300399	京天利		0.57	10.80	10.30	0.36	0.41	2.71	0.00	−29.85	76.93	46.02	91.26	47590.12	13849.11	3733.10
210	2486	300377	赢时胜		0.42	14.07	14.83	0.58	0.77	7.70	0.00	18.92	114.82	46.02	296.32	46246.14	20003.73	4639.13
211	2491	300379	东方通		1.12	10.28	11.62	0.31	0.48	19.52	26.86	7.73	286.80	46.02	143.54	97075.83	19413.76	5711.60
212	2496	300380	安硕信息		0.57	8.83	12.08	0.59	0.66	13.35	0.00	7.49	90.46	46.02	230.42	48889.48	22003.46	3861.26
213	2508	300366	创意信息		0.72	11.21	14.82	0.69	0.76	31.47	0.00	−0.34	68.19	46.02	122.81	50152.71	27882.72	4059.84
214	2515	300370	安控科技		0.58	10.96	16.39	0.58	0.68	50.80	5.36	26.82	78.20	46.02	133.50	89766.95	42839.18	5691.25
215	2517	603019	中科曙光		0.49	6.57	12.21	1.03	1.75	59.11	4.42	39.86	64.09	46.02	133.85	292077.49	279675.11	11803.73
216	2528	300378	鼎捷软件		0.42	5.19	7.11	0.85	1.04	22.30	0.00	−0.57	82.10	46.02	189.08	147581.04	105318.67	6297.29
217	2547	300397	天和防务		0.77	4.43	8.04	0.20	0.23	13.86	0.00	−26.50	124.50	46.02	69.97	150360.58	22301.33	7528.40

第十一章 电力行业

电力行业作为基础能源产业，在国民经济发展中占据着至关重要的地位。它不仅关系国家经济安全的战略问题，而且与人们的日常生活、社会稳定密切相关。2014 年，在经济稳中放缓的背景下，受气温等因素影响，全国电力需求量增速同比回落 3.8 个百分点，电力消费需求增速创 1998 年以来新低。从供给来看，无论是火电领域还是清洁能源发电领域，新增装机容量规模均有所提高，全年电力供需总体宽松平衡。受煤炭价格维持低位、区域来水偏丰、央行降息等多方面利好因素影响，电力行业总体盈利水平继续维持上年向好势头。2014 年电力行业在调整结构和电价改革的推进中取得了一定的成绩。预计未来，电力体制改革将逐步深化，清洁能源发展继续提速。

一、电力行业上市公司业绩评价结果

截至 2014 年末，电力行业 A 股上市公司共计 58 家，其中盈利 53 家，亏损 5 家，即有 91.23% 的公司实现盈利，比 2013 年下降 1.6 个百分点；电力行业上市公司总资产共计 21775.54 亿元，占上市公司总资产的 6.42%。

2014 年，全部上市公司共计完成营业收入 24.03578 万亿元，电力行业 58 家上市公司完成营业收入 7002.43 亿元，占上市公司全部营业收入的 2.91%，占比较去年略有下降；全部上市公司共计实现净利润 11494.69 亿元，电力行业上市公司实现净利润 956.29 亿元，占上市公司全部实现净利润的 8.32%。

2014 年电力行业整体评价结果为中，行业业绩综合得分 69.50 分，较全市场综合得分 61.30 分高 13.38%。58 家电力行业上市公司中有 11 家公司进入 2014 年上市公司业绩评价综合得分的百强名单，分别为建投能源、京能电力、皖能电力、长江电力、粤电力 A 、国投电力、华电国际、华能国际、黔源电力、广州发展和通宝能源。电力行业上市公司业绩为优的有 1 家，业绩为良好的有 24 家；业绩为中的有 23 家；业绩为低的有 5 家；业绩为差的有 5 家。

表 11－1　2014 年度电力行业中联十强排行榜

名次	股票代码	股票简称	业绩得分	在全部上市公司中排名
1	000600	建投能源	89.65	2
2	600578	京能电力	83.51	18
3	000543	皖能电力	82.67	22
4	600900	长江电力	78.94	50
5	000539	粤电力 A	78.30	55
6	600886	国投电力	77.99	58
7	600027	华电国际	77.42	65
8	600011	华能国际	77.25	66
9	002039	黔源电力	75.61	91
10	600098	广州发展	75.29	97

基于对电力行业上市公司的整体评价，下面分别从财务效益状况、资产质量状况、偿债风险状况、发展能力状况、市场表现状况五个方面对钢铁行业上市公司进行具体分析。

（一）财务效益

表 11-2 列示了电力行业上市公司财务效益状况评价结果。从综合得分来看，2014 年电力行业上市公司财务效益优于上市公司平均水平，较 2013 年比较同样有所下降。根据财务效益状况指标具体分析：与上市公司平均值比较，2014 年电力行业上市公司财务效益指标均高于上市公司平均水平；与 2013 年行业情况相比较，扣除非经常性损益净资产收益率、盈利现金保障倍数指标较去年有所下降，总资产报酬率较去年略有上升，营业利润率较 2013 年增长 12.64%。从总体情况来看，电力行业上市公司财务效益状况较去年稍弱。就电力行业具体上市公司的财务效益得分情况而言，有 37 家上市公司财务效益超过全部上市公司平均水平。华能国际、粤电力 A、长江电力、国投电力和华电国际五家上市公司的财务效益得分均为 35 分的满分。其中，国投电力扣除非经常性损益净资产收益率、总资产报酬率、营业利润率和盈利现金保障倍数分别达到 26.14%、10.30%、30.13% 和 2.11%，与全体上市公司和电力行业上市公司相比表现较为突出。

表 11－2　电力行业财务效益状况比较表

分析指标		2014 年上市公司平均值	2014 年行业值	2013 年行业值	增长率（%）
基本指标	扣除非经常性损益净资产收益率 (%)	7.81	13.66	14.37	–4.94
	总资产报酬率 (%)	5.74	8.63	8.28	4.23
	得分	20.83	29.87	31.27	–4.48
修正指标	营业利润率 (%)	5.55	16.58	14.72	12.64
	盈利现金保障倍数	1.61	2.43	2.69	–9.67
	股本收益率 (%)	39.84	49.84	47.92	4.01
综合得分		21.87	29.09	29.36	–0.92

（二）资产质量

表 11-3 列示了电力行业上市公司资产质量状况评价结果。从综合得分来看，电力行业上市公司资产质量状况优于上市公司平均水平。从资产质量状况指标来看，流动资产周转率和存货周转率高于上市公司平均值，总资产周转率和应收账款周转率指标低于上市公司平均水平。与 2013 年行业情况相比，所有指标均显示电力行业上市公司在资产周转性较上年呈现下降趋势，总资产

周转率和流动资产周转率分别较去年下降了 8.33% 和 7.27%。电力行业中有 51 家上市公司超过全部上市公司平均水平，其中广州发展、通宝能源 、涪陵电力、文山电力、明星电力、西昌电力、乐山电力 7 家电力行业上市公司在资产质量方面获得 15 分满分。涪陵电力总资产周转率为 1.61，流动资产周转率为 10.48，显著高于行业内其他公司。

表 11 – 3 电力行业资产质量状况比较表

分析指标		2014 年上市公司平均值	2014 年行业值	2013 年行业值	增长率（%）
基本指标	总资产周转率（次）	0.75	0.33	0.36	–8.33
	流动资产周转率（次）	1.52	2.68	2.89	–7.27
	得分	9.55	9.98	10.22	–2.35
修正指标	应收账款周转率（次）	9.69	9.02	9.32	–3.22
	存货周转率（次）	3.21	13.84	13.99	–1.07
综合得分		9.2	13.11	13.14	–0.23

（三）偿债风险

表 11-4 列示了电力行业上市公司偿债风险状况评价结果。电力行业公司一直是资产负债率较高的行业，从综合得分来看，电力行业得分值低于全部上市公司平均值，偿债风险状况仍然高于上市公司平均水平。与 2013 年的情况相比，资产负债率、现金流动负债比率及带息负债比率分别下降了 3.17%、2.47% 和 4.39%，获利倍数及速动比率分别较去年提高 3.72% 和 7.51%。受 2014 年年底央行降息的影响，电力行业企业在资本结构上较往年有进一步优化的趋势，但仍高于全部上市公司的平均值。从行业内具体公司来看，电力行业上市公司中有 16 家企业大于等于上市公司平均水平。其中该指标得分较高的公司有涪陵电力、哈投股份、明星电力等，资产负债率和已获利息倍数分别为 31.72% 和 48.96，高于行业内平均水平。

表 11 – 4 电力行业偿债风险状况比较表

分析指标		2014 年上市公司平均值	2014 年行业值	2013 年行业值	增长率（%）
基本指标	资产负债率 (%)	60.75	66.24	68.41	–3.17
	获利倍数	5.06	3.07	2.96	3.72
	得分	9.24	6.78	6.28	7.96
修正指标	速动比率 (%)	69.66	38.8	36.09	7.51
	现金流动负债比率 (%)	12.65	38.37	39.34	–2.47
	带息负债比率（%）	45.45	73.46	76.83	–4.39
综合得分		9.01	5.72	5.56	2.88

（四）发展能力

表 11-5 列示了电力行业上市公司发展能力状况评价结果。从综合得分来看，电力行业上市公司发展能力略低于全部上市公司平均水平。从具体指标来看，电力行业在资本扩张率和营业利润增长率指标上优于整体平均水平，其余指标均低于全部上市公司平均水平。与 2013 年电力行业上市公司发展

能力状况相比，除累计保留盈余率以外，其他指标较去年均有所回落，尤其是营业收入增长率和营业利润增长率的回落幅度较大。其主要原因是由于宏观经济增速放缓，全社会用电需求也相应回落，导致全行业营业收入较去年有所下降，营业收入增长率随之大幅降低。但受益于电煤价格低位运行，占电力行业主体地位的火电成本控制形式良好，同时央行降息使电力企业财务成本进一步降低，因此电力行业整体保持了较好的盈利水平，但较2013年利润增长速度有所放缓。

电力行业上市公司中，有23家企业在发展能力方面得分超过全部上市公司平均水平，建投能源、国投电力、京能电力在发展能力方面得分较高。其中，建投能源表现较为突出，2014年营业收入增长率达25.16%，营业利润增长率达到149.70%，资本扩张率达到111.60%

表11－5　电力行业发展能力状况比较表

分析指标		2014年上市公司平均值	2014年行业值	2013年行业值	增长率（%）
基本指标	营业收入增长率(%)	4.34	−1.27	6.23	−120.39
	资本扩张率(%)	12.45	13.8	15.03	−8.18
	得分	12.14	11.09	13.21	−16.05
修正指标	累计保留盈余率(%)	43.83	34.84	32.17	8.30
	三年营业收入增长率(%)	7.12	5.08	11.99	−57.63
	总资产增长率(%)	12.15	6.41	7.13	−10.10
	营业利润增长率(%)	0.17	11.14	63.49	−82.45
综合得分		12.12	11.22	13.09	−14.29

（五）市场表现

2014年，A股上证综指全年累计上涨了53%，电力行业走势与大盘走势保持较大的相关性。在整体货币政策宽松、电煤价格低位徘徊、区域来水量偏丰以及电改政策不断推进等利好因素推动下，从4月份以来，电力板块保持强于大盘的走势。具体情况见图11-1。

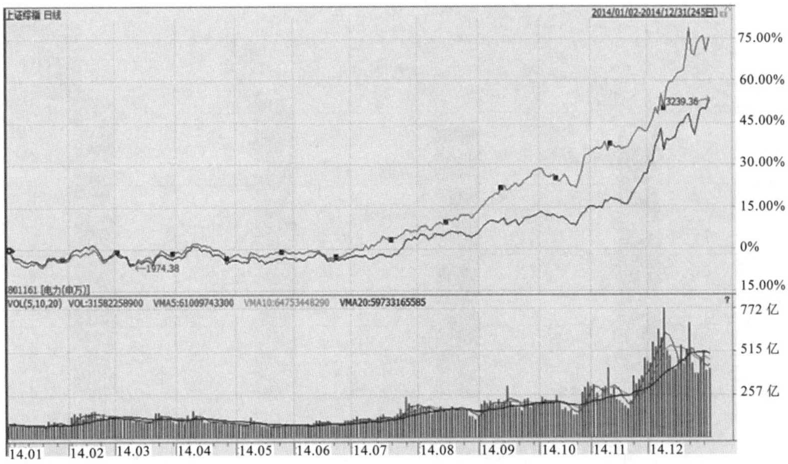

图11－1　电力指数与大盘指数波动

表 11-6 列示了电力行业上市公司市场表现状况评价结果。从综合得分来看，电力行业上市公司市场表现得分高于全国上市公司平均水平。从市场表现情况指标具体来看，电力行业市场投资回报率和股价波动率均高于上市公司平均水平。与 2013 年电力行业上市公司市场表现相比较，市场投资回报率指标有较大增幅。从公司来看，电力行业有 41 家上市公司在市场表现方面大于等于全部上市公司平均得分，金山股份、黔源电力、华能国际和涪陵电力等在市场表现方面得分较高，其市场投资回报率分别为 91.73%、103.72%、89.02% 和 101.15%，远高于市场及行业内其他公司投资回报率平均水平。

表 11－6　电力行业公司市场表现状况比较表

分析指标	2014 年上市公司平均值	2014 年行业值	2013 年行业值	增长率（%）
市场投资回报率（%）	44.68	70.76	3.73	1797.05
股价波动率 (%)	124.99	148.9	64.6	130.50
得分	9.07	10.31	8.56	20.44

二、2014 年度电力行业上市公司影响因素分析

2014 年，电力行业整体形势良好，全国电力运行安全平稳，总体供需平衡宽松，行业继续保持健康发展势头。行业 2014 年整体情况大致如下：供给方面，全国全口径发电量 55459 亿千瓦时，比上年增长 3.6%。分类型看，火电发电量同比下降 0.7%，占全国发电量的 75%，同比降低 3.3%；水电、核电、并网风电和并网太阳能发电量同比分别增长 19.7%、13.2%、12.2% 和 171%，占全国发电量的比重分别比上年提高 2.6、0.2、0.2 和 0.3 个百分点（如图 11-2 所示）。非化石能源总体发电量 1.42 万亿千瓦时，同比增长 19.6%，占总发电量比重达到 25%，同比提高 3.4 个百分点，结构调整效果较为明显。需求方面，电力消费较上年增速放缓，全社会用电量 55233 亿千瓦时，同比增长 3.8%，增速较上年回落 3.8 个百分点。

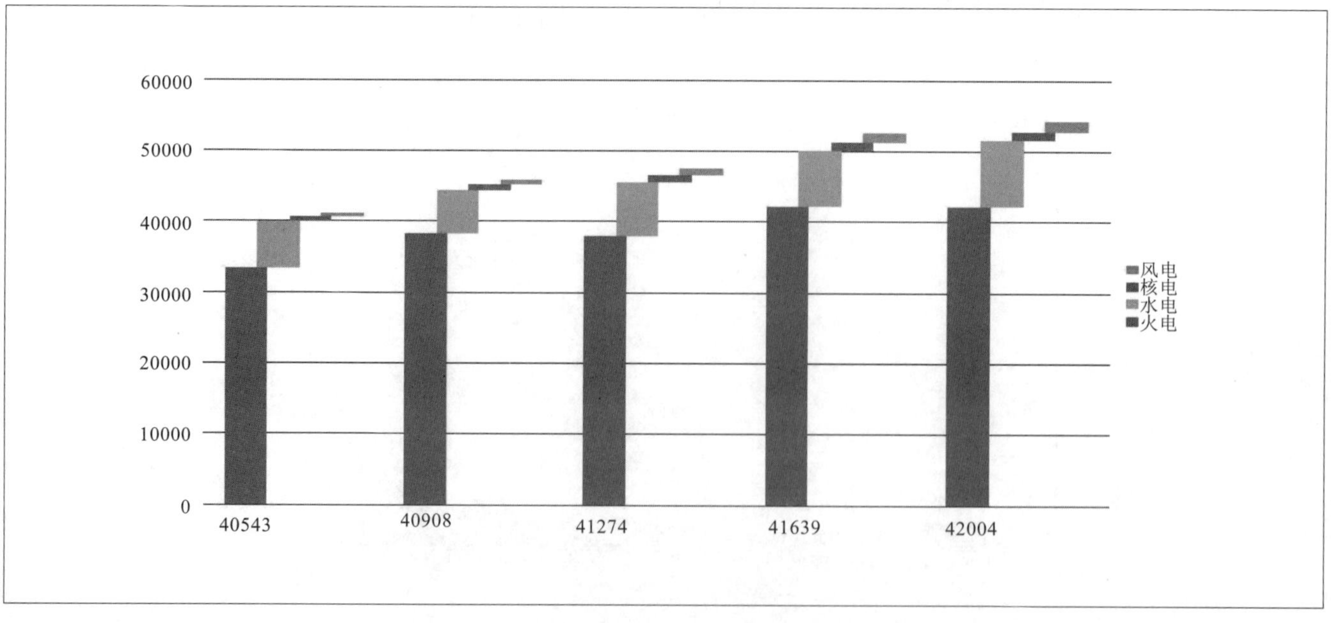

图 11－2　2010 ~ 2014 年分类型发电量情况

装机总量方面，截至2014年底全国发电装机容量13.6亿千瓦，同比增长8.7%，各子版块装机均较去年同比增长，其中并网太阳能同比大幅增长达67.0%；非化石能源发电装机容量4.5亿千瓦，占总装机容量比重为33.3%。新增装机方面，除水电新增装机同比减少911千瓦外，其余各板块新增装机均同比增加。其中，风电新增并网风电装机容量2072万千瓦，年度新增规模首次超过2000万千瓦；核电新增核电机组5台、547万千瓦，是投产核电机组最多的一年。

受需求以及新增装机的影响，2014年发电利用小时持续下滑，如图11-3所示。全国6000千瓦及以上电厂发电设备平均利用小时数4286小时，同比降低235小时。除水电利用小时增加，其余均呈下降趋势。

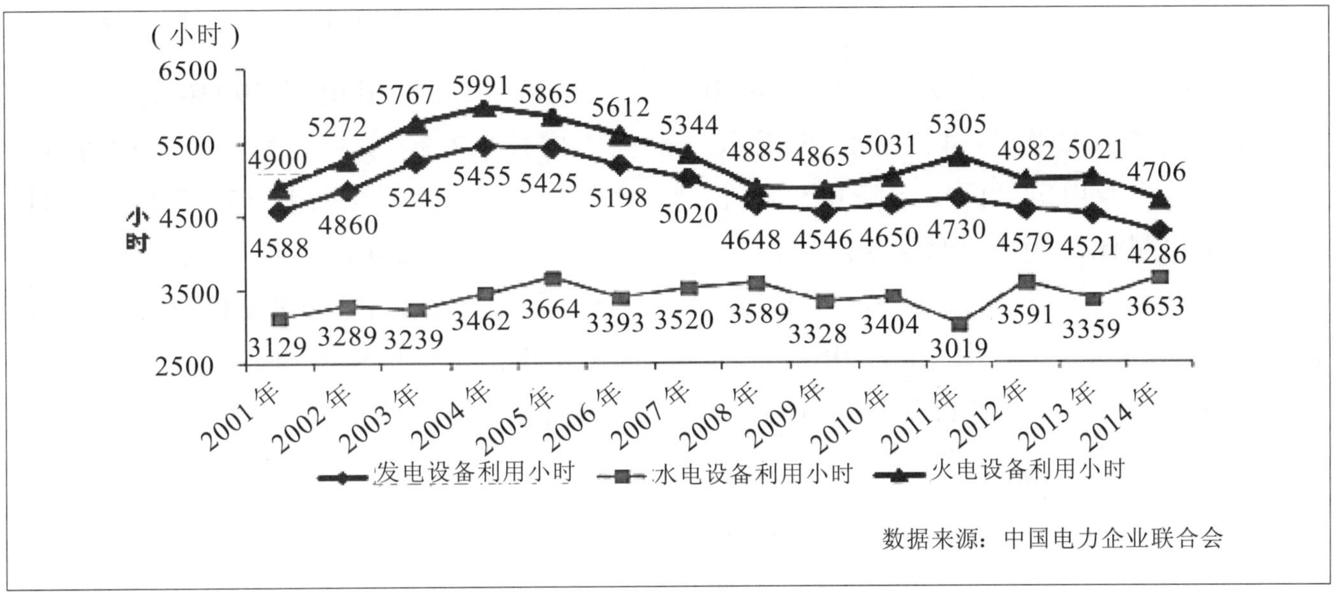

图11－3 2001～2014年发电设备利用小时情况

投资方面，2014全年投资总额7764亿元，较去年有所下滑，其中电源基建投资3646亿元，同比下降5.8%；电网投资4418亿元，同比增长6.8%。分板块来看，除风电投资完成993亿元，首次超过水电、火电、核电投资，成为电源建设中完成投资最多的一类，同比大幅增长52.8%，其余各子版块均同比有所下降。电源投资结构不断优化，核电、风电、光伏等清洁能源投资占比逐年提升。

总体来说，电力行业在2014年宏观经济增速放缓、流动性总体宽松、电价基本平稳的背景下，实现了较好盈利水平和较为强劲的市场表现，主要影响因素分析如下。

1. 宏观经济增速下滑，用电需求增速放缓

用电需求一直是影响电力行业营业收入的一大重要因素。从2014年全国电力消费整体情况看，全社会用电量55233亿千瓦时，同比增长3.8%，增速较上年回落3.8个百分点，用电需求增速有放缓趋势。从各季度来看，全社会用电量增速先降后升，依次为5.4%、5.2%、1.4%和3.5%，其中三季度增速大幅放缓，为2009年三季度以来最低，各地区分季度用电增速如表11-7所示。

表 11-7 2014 年各地区分季度全社会用电量增速情况

地区	全年用电量（亿千瓦时）	用电量增速				
		全年（%）	一季度（%）	二季度（%）	三季度（%）	四季度（%）
全国	55233	3.8	5.4	5.2	1.4	3.5
东部	26498	3.5	4.1	5.1	1.3	3.8
中部	10433	1.7	5.8	4.5	-4.1	1.7
西部	14735	6.4	8.4	6.7	5.4	5.2
东北	2566	1.7	1.5	2.5	2.7	0.1

数据来源：中国电力企业联合会

分产业而言，各产业 2010~2014 年用电量及用电增速如图 11-4、图 11-5 所示。其中，第一产业用电量同比下降 0.2%，占全社会用电量比重为 1.80%；第二产业同比增长 3.7%，占比为 73.60%；第三产业同比增长 6.4%，占比为 12.06%；城乡居民生活用电同比增长 2.2%，占比为 12.54%，；工业用电量 39930 亿千瓦时，同比增长 3.7%，其中，轻、重工业用电量分别为 6658 亿千瓦时和 33272 亿千瓦时，分别比上年增长 4.2% 和 3.6%。同期第三产业用电量占比由 10.9% 提升至 12.3%。随着用电消费结构转型调整，第三产业和城乡居民用电量比重处于上行通道中。

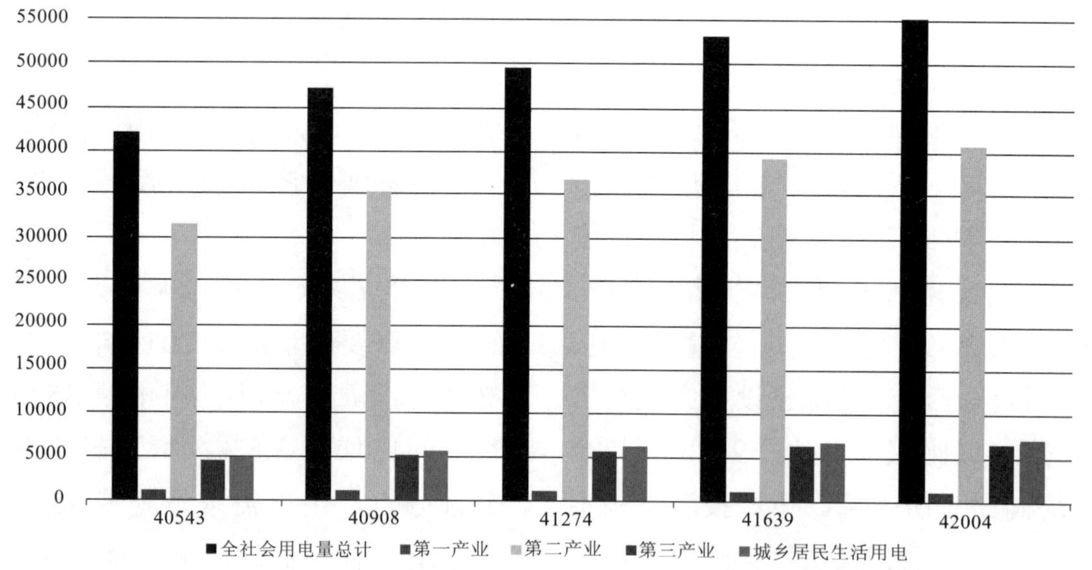

数据来源：中国电力企业联合会

图 11－4 2010 ~ 2014 年全社会及各产业用电量

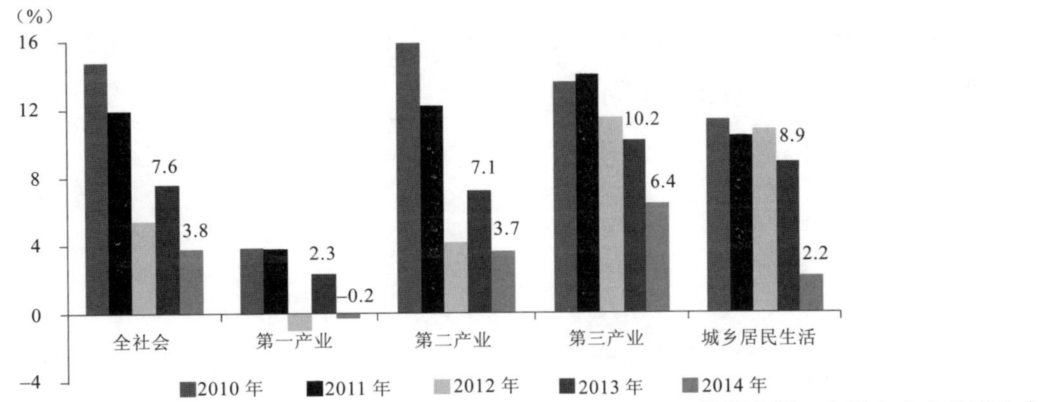

图 11－5　2010～2014 年全社会及各产业用电量增长情况

2014 年全社会用电量增速有所放缓，其中既有经济增速放缓的必然因素，同时也有气候等偶然因素相互叠加。从必然因素来看，经济增速稳中趋缓对电力消费需求增速回落影响较大。2014 年全年国内生产总值 63.6463 万亿元，比上年增长 7.4%，GDP 增速跌至 24 年来新低。第一、二、三产业增长分别为 4.1%、7.3%、8.1%。其中，第二产业增速下滑对 GDP 下滑有较大影响。同时，固定资产投资完成额呈现显著的下降趋势。从随机偶然因素看，全年平均气温较同期偏低，特别是 2014 年夏季极端持续高温天气较 2013 年同期明显偏少，长江中下游等地区出现凉夏，当季增速同比大幅回落 23.2 个百分点，对全社会用电量增长的贡献率为 -58.9%，贡献全年全社会用电增速下降超过 1 个百分点，是导致当季全社会用电量低速增长的最主要原因之一。同时，经济进入增速放缓的新常态后，气温因素对电力消费需求的影响将比以往更为明显。

2. 煤价仍在低位徘徊，火电盈利保持平稳

从成本方面看，尽管 2013 年年底动力煤价略有回升，但 2014 年煤炭供需形势整体未发生转变，煤炭行业供过于求的状况进一步加，亏损状况加剧。2015 年年初以来，煤价重回下降通道，数据显示，2014 年环渤海动力煤价格指数前三季度一直走低（如图 11-6 所示），第四季度才稍有回升，均价指数为 522 元 / 吨，比 2013 年下降 67 元 / 吨，跌幅达 11.3%，总体呈现低位波动状态，点火价差持续扩大，火电行业燃料成本控制形势良好。国家统计局数据显示 2012~2014 年，火电行业发电成本同比分别为 1.79%、-2.64% 和 -5.52%。尽管火电发电量受整体需求下降、水电占比增加等多重挤压有所下滑，受益于电煤成本的大幅降低的利好，火电企业整体利润水平屡创新高。2014 年火电行业实现营业收入 13934 亿元，同比下降 2.97%；营业成本 10908 亿，发电成本不断下降。行业 2014 年实现利润总额 2080 亿元，行业净利润、净资产收益率和资产负债率等方面都有不错表现。以华能国际为例，2014 年，公司实现营业收入 1254.07 亿元，同比下降 6.3 个百分点。但由于燃料成本大幅下降，2014 年公司营业成本为 940.11 亿元，同比下降 8.61%，其中，主营业务电力热力的燃料成本比去年同期下降 12.25%，占总成本比例也由去年的 71.75% 下降至 68.89%，毛利率为 25%，较去年增长 1.85 个百分点。从总体情况来看，公司依然实现营业利润率 14.79 %，营业利润增长率 1.11%。

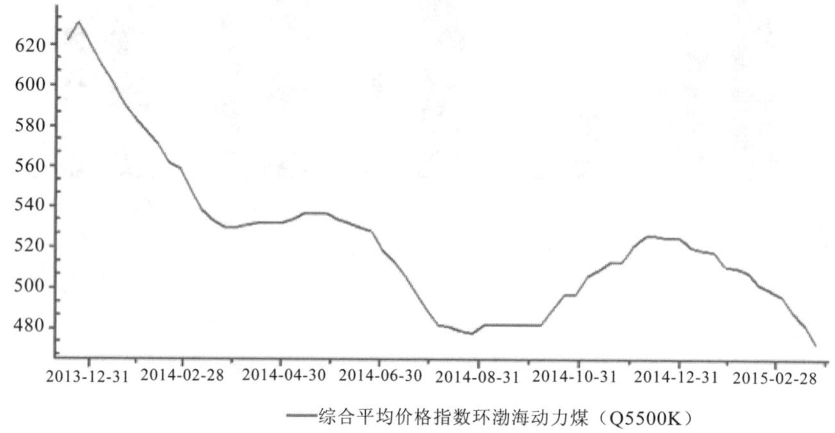

数据来源：中国电力企业联合会

图 11－6　环渤海动力煤价格指数

3. 区域来水量偏丰，水电企业业绩大幅增长

水电企业 2014 年全年表现抢眼。受区域来水偏丰的影响，水电行业利润亦大幅增长，创历史新高。地处长江流域的多家上市公司表示，业绩增长的主要原因是受来水较好影响，发电量大幅增加。据中电联数据统计显示，2014 年全国水电发电量 10661 亿千瓦时，首次超过 1 万亿千瓦时，同比增长 19.7%。受主要水电生产地区汛期来水情况较好而 2013 年汛期来水偏枯导致基数低影响，汛期以来水电发电量持续高速增长；主要水电生产省区中，贵州、广西、重庆、云南和四川水电发电量增速超过 25%。全国水电设备利用小时亦同比提高 293 小时，为 1996 年以来的年度次高值（最高值为 2005 年的 3664 小时）。相应，水力发电行业营业收入总额 2738.63 亿元，同比增长 18.1%。其中，国投电力和川投能源受益于二者参股的雅砻江水电公司锦屏一级、锦屏二级电站 2014 年新机组投产和 2013 年投产机组在 2014 年全面发挥效益，发电量同比大幅增加，实现业绩的持续增长。以国投电力为例，国投电力 2014 年度发电量同比增 21.56%，全年实现营业收入 329.57 亿元，同比增长 16.30%；利润总额 109.44 亿元，同比增长 66.35 %；净利润 55.97 亿元，同比增长 69%，年内实现市场投资回报率达 199.90%。

4. 央行降息行业受益，但敏感度有所下降

中国人民银行决定于 2014 年 11 月 22 日起下调金融机构人民币贷款和存款基准利率。其中，金融机构一年期贷款基准利率下调 0.4 个百分点至 5.6%；一年期存款基准利率下调 0.25 个百分点至 2.75%，同时将金融机构存款利率浮动区间的上限由存款基准利率的 1.1 倍调整为 1.2 倍。

电力行业一直以来资产负债率较其他行业偏高。由于电力行业有其作为基础设施行业、公用事业行业现金流稳定的特质，项目资本金往往在 20% 左右甚至更低，在过去

十年电力装机飞跃时期大量的资本开支提升了负债率；同时，2007～2012年煤炭价格的大幅上涨，火电行业盈利低迷长达数年，负债率居高不下，电力行业对于降息一直较为敏感。作为高负债率的资本密集型行业，受益于利率下行。但此次降息相比两年前的降息，就其对行业的影响幅度而言已不及前两次。2008、2011～2012年，火电行业正经历前所未有的盈利低谷，2008年全行业巨亏，2011年发电行业被动"限产"导致局部"电荒"，彼时降息对火电行业可谓"雪中送炭"，单次降息对火电公司盈利的影响普遍在5%以上。随着2012年煤价持续下行，火电行业整体此时对降息的敏感度已经大幅下降。水电行业由于盈利状况好于火电，其对降息的敏感度更低。

5. 电改试点引关注，改革推动行业发展

为探索建立独立输配价体系，促进电力市场化改革，国家发改委于2014年11月下发在深圳开展输配电价改革试点的通知，出台《深圳市输配电价改革试点方案》。正式启动我国新一轮输配电价改革试点。通知指出，在深圳市开展输配电价改革试点，将现行电网企业依靠买电、卖电获取购销差价收入的盈利模式，改为对电网企业实行总收入监管。同时明确了输配电准许成本核定办法，建立对电网企业的成本约束和激励机制。新电价机制自2015年1月1日起运行。《方案》的推出意味着电力体制深化改革获得重要突破，更多的相关政策和动作有望出台。在深圳成为首个输配电价改革试点之后，2015年初，内蒙古已正式成为输配电价改革的第二批试点。这意味着输配电价改革开始在全国范围内扩容，东北、西南等电力富余地区都有可能成为试点区域。未来电力改革的逐步推进对电力企业也有着较强的推动作用。

资料链接：

核电重启

自2011年日本福岛核电站泄漏事故后，过去三年我国暂停了核电项目的审批，但业界关于重启核电的呼声却从未停止。2015年作为"十二五"规划的最后一年，沿海核电站则有望再度掀起建设热潮。根据目前规划，到2020年我国核电装机容量将达到5800万千瓦，在建容量达到3000万千瓦以上。种种迹象表明，随着我国能源改革进入深水区，核电重启已悄然拉开序幕。

根据国际能源总署(IEA)在11月份最新的报告，至2040年，中国核能发电将占全球一半。不过，目前的现状是，中国只占全球不到2%的比重，美国核电总量领先全球。在2014年年公布的《能源发展战略行动计划(2014~2020年)》中，重点描述了未来6年中国核电发展的前景，到2020年，核电装机容量达到5800万千瓦，在建容量达到3000万千瓦以上。该计划称，在采用国际最高安全标准、确保安全的前提下，适时在东部沿海地区启动新的核电项目建设，研究论证内陆核电建设，同时还要积极推进核电"走出去"。

资料来源：中国能源网

三、2015 年电力行业前景分析

2015 年，预计电力行业将进入需求增速放缓、煤价平稳的景气周期。电价改革促成电力行业的新常态。

1. 用电需求增速维持平稳，全年供需总体宽松平衡

2015 年，中央仍将出台系列“稳增长”政策措施，在财政政策和货币政策上可能趋向积极、资源供给有明显增加的情况下，预计整体经济继续维持稳中有进的增长趋势，改革红利的逐步释放有利于稳定电力消费增长。

从需求方面，根据中电联预测，2015 年电力消费增速将比 2014 年有一定回升。部分地区为大气污染防治和节能减排而推行的电能替代客观上有利于促进电力消费增长；部分地方逐步推进的电力用户直接交易试点，降低了用户电价，企业生产成本下降，一定程度上促进电力消费。与此同时，为实现“十二五”节能减排目标，部分节能减排形势严峻的地区可能在部分时段对高耗能高排放行业采取限电限产等措施，对高耗能行业用电增长可能带来一定影响。预计全年全社会用电量 5.74 ～ 5.80 万亿千瓦时、同比增长 4.0% ～ 5.0%，其中，第一产业同比增长 2.0%、第二产业增长 3.5%、第三产业增长 8.5%、城乡居民生活增长 7.0%。从需求方面，受经济转型驱动，信息消费等第三产业仍将保持快速增长势头。

从供给方面，根据中电联预测，预计 2015 年基建新增发电装机容量 1 亿千瓦左右，其中非化石能源发电 5300 万千瓦左右，非化石能源发电装机比重将进一步提高。预计年底全国发电装机 14.6 亿千瓦、同比增长 7.5% 左右，其中非化石能源发电 5.1 亿千瓦、占比 35% 左右。非化石能源发电装机中，水电 3.2 亿千瓦、核电 2864 万千瓦、并网风电 1.1 亿千瓦、并网太阳能发电 3650 万千瓦、并网生物质发电 1100 万千瓦左右。

根据供需预测情况，预计 2015 年用电需求增速小幅回升，电力供应较为充足，全年供需宽松平衡。因装机容量增速大于用电需求增速，利用率下降趋势难改变。预计全年发电设备利用小时 4130 小时左右，其中火电设备利用小时 4650 小时左右，可能再创新低。

2. 火电成本低位运行，行业盈利将有所回落

作为影响火电企业盈利水平的最重要因素之一的煤炭价格，虽然自 2014 年下半年以来出现一定程度低位反弹，但自 9 月以来，动力煤市场企稳，中国太原煤炭交易价格指数显示煤价总体呈现下降趋势，动力煤交易价格指数走势走低。总体来说，煤炭行业整体产能过剩的局面并未得到缓解。与此同时，经济增速下降和结构调整导致对电力需求的增速放缓，节能减排的长期目标致使未来对能源的使用消耗会进一步降低，国家对能源消费结构会进行进一步调整。因此未来较长时间内，国内动力煤市场仍然存在较大供给过剩，预计煤炭消费增速将进一步放缓，动力煤价格上涨动力不足，煤价将进入平稳期，大幅上行的几率较小，预计 2015 年煤炭价格预计将在合理价位区间持续小幅波动。从成本控制方面的整体趋势而言，对火电行业将继续形成利好因素。

另一方面，当前宏观经济增速放缓，下游用电行业经营状况并不乐观。同时，按照煤电价格联动机制，火电企业在保持一定盈利水平的情况下很可能成为政府用来补贴下游行业的工具，将部分利润让给下游企业，作为影响火电企业的重要因素之一的电价在未来仍有下调的可能。电价的下调将进一步减少火电企业营业收入，压缩部分利润空间。综合几方面因素，预计 2015 年火电行业能够继续维持一定的盈利水平，但较 2014 年的盈利能力将有所放缓。

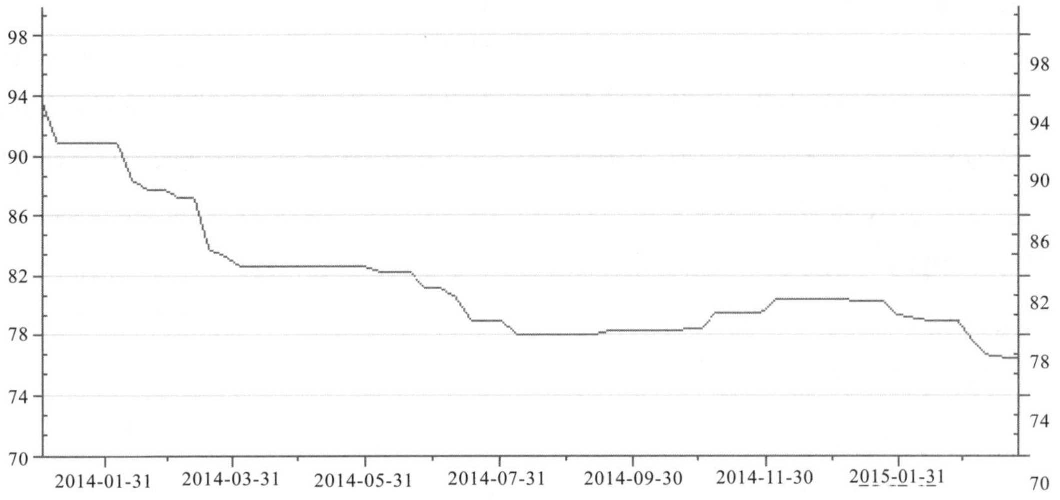

图 11 – 7 太原动力煤交易价格指数走势

3. 电力改革持续推进，有待细则继续出台

2015 年 3 月，国务院下发了《关于进一步深化电力体制改革的若干意见（中发〔2015〕9 号）文》，新一轮电改正在持续推进中。目前，在相对稳定的内外部环境条件下，进一步推动电改的时机已成熟。改革涉及电价改革、电力交易体制改革、组建相对独立的电力交易机构、推进发用电计划改革、售电侧改革、建立分布式电源发展新机制、加强电力统筹规划和科学监管七大任务，概括其重点和基本思路是“三放开、三加强、一独立”，体制框架设计为“放开两头，管住中间”，改变电网行业以购售电差价的盈利模式，成本和合理利润相结合的模式，在电力系统引入市场交易机制，让市场真正发挥配置电力资源的决定性作用。直观上来说，上网电价放开后，低成本、高效率且处于负荷中心的沿海地区大型优质火电企业将受益于大用户直购比例的提升；售电侧的放开将大幅降低区域小电网企业外购电成本，提升其整体盈利性，同时资产盈利的提升将很大程度上激发该类企业经营的积极性。电改的持续推进对电力行业未来更好更

快地发展，形成长期利好。但另一方面，电改的细则还有待进一步出台。9号文只是一个纲领性和指导性文件，改革涉及发电、输电、配电、调度、售电与用电等多个方面。可以预见，整个过程将持续较长周期，真正落实还需要各方面具有可操作性的政策法规、操作文件来配套，改革的实施路径、工作组与时间表还有待明确。

4. 优化电力结构布局，提高非化石能源发电比重

当前，我国仍是以火力发电为主的国家，无论是从发电量占比还是从盈利能力来看，火电目前都具有其他发电企业无可比拟的优势。因此，2015年及未来一定时期内，火电在我国发电行业中的主体地位仍然不会动摇。但随着近年来雾霾等环境问题引起越来越多的关注，以及十二五计划对于节能减排要求，未来对于能源消费结构的调整将成为主要抓手，清洁能源代替燃煤消费将会进一步加速。清洁能源发展利用的持续推进将进一步体现在电源结构的投资方面，在增量方面将向核电、风电、光伏发电等清洁能源有所倾斜，稳步提高非化石能源发电比重，优化非化石能源发电结构。同时，坚持优化发展煤电，高度重视煤炭绿色发电，推行煤电一体化开发，加快建设大型煤电基地；鼓励发展热电联产；大力推行洁净煤发电技术，加快现有机组节能减排改造，因地制宜改造、关停淘汰煤耗高、污染重的小火电。未来电力行业将加快转变电力发展方式，着力推进电力结构优化和产业升级，推进更大范围内电力资源优化配置。

5. "一带一路"推动基础建设，行业迎来发展新机遇

2015年3月，国家发展改革委、外交部、商务部联合发布《推动共建丝绸之路经济带和21世纪海上丝绸之路的愿景与行动》，以政策沟通、设施联通、贸易畅通、资金融通、民心相通为主要内容。其中，基础设施互联互通是"一带一路"建设的优先领域，而电力工业则是基础能源中最重要的产业，也是实现区域共同发展的基石。"一带一路"战略明确提到，未来将加强对沿线国家电力方面投资，强调推进跨境电力与输电通道建设，积极开展区域电网升级改造合作。目前，"一带一路"战略所覆盖的相关国家和地区在电网建设上有较大的需求缺口，而中国的电力设备企业在技术经验上较为领先，设备企业成本低，产品性价比高，具备相当的竞争力和优势。因此战略的落实有望刺激相关国家的电网投资量，带动中国电力设备企业出口，尤其是特高压及输配电设备供应等将作为"一带一路"沿线国家电力能源互联的重要选择。据悉，国家电网公司在2015年度工作会议上指出，2015年将启动和国外互联的电网项目，依托远距离、大容量、低损耗的特高压技术来打造"一带一路"经济带输电走廊。可以预期，"一带一路"战略为能源电力行业带来了难得的发展机遇，将会为全产业链发展提供新的强劲增长点。

资料链接:

“十三五”能源规划编制启动，以节能低碳优先

国家能源局于2014年6月组织召开全国“十三五”能源规划工作会议，部署动员“十三五”能源规划编制工作。作为世界最大的能源生产国和消费国，我国面临着能源需求压力巨大、能源供给制约较多、能源生产和消费对生态环境损害严重、能源技术水平总体落后等挑战。

国家发展改革委副主任、国家能源局局长吴新雄说，科学编制“十三五”能源规划，要坚持“节约、清洁、安全”的发展方针，落实“节能优先、立足国内、绿色低碳、创新驱动”四大战略，围绕加快建立安全、清洁、高效、可持续的现代能源体系的目标任务，立足当前，着眼长远，突出重点，认真研究准确把握“十三五”能源规划的重大问题，从根本上解决影响我国能源科学发展的长期性、深层次问题。

资料来源：新华网

附表

2014 年电力行业上市公司业绩评价结果排序表

序号	全部上市公司排名	股票代码	股票简称	综合得分（100 分）	每股收益（元）	净资产收益率（%）	总资产报酬率（%）	总资产周转率（次）	流动资产周转率（次）	资产负债率（%）	已获利息倍数	营业收入增长率（%）	资本扩张率（%）	市场投资回报率（%）	股价波动率（%）	年末资产总额（万元）	营业收入（万元）	净利润（万元）
1	2	000600	建投能源	89.65	1.32	32.41	17.62	0.50	2.89	56.61	5.66	25.16	111.60	134.79	172.05	2526631.72	1089113.55	266011.95
2	18	600578	京能电力	83.51	0.55	18.61	13.83	0.37	2.57	55.17	4.58	28.73	8.96	89.19	154.59	4001431.04	1296385.81	319468.34
3	22	000543	皖能电力	82.67	0.88	11.96	11.45	0.57	4.11	45.55	5.52	2.38	25.45	91.61	168.85	2298162.97	1286626.63	163233.75
4	50	600900	长江电力	78.94	0.72	14.40	12.68	0.18	4.93	41.40	5.53	18.50	10.18	80.71	154.07	14699412.06	2689779.26	1183021.58
5	55	000539	粤电力 A	78.30	0.69	14.88	10.77	0.42	2.49	59.78	4.09	−5.79	8.56	74.16	125.55	6908482.59	2904656.87	432875.00
6	58	600886	国投电力	77.99	0.82	26.92	10.30	0.20	2.78	75.25	2.78	16.30	26.63	199.90	216.91	17261731.60	3295716.92	1016122.15
7	65	600027	华电国际	77.42	0.74	21.61	8.67	0.38	3.64	77.16	2.50	2.66	28.19	150.95	216.51	18826458.20	6839771.70	745868.00
8	66	600011	华能国际	77.25	0.75	16.11	9.97	0.47	3.58	69.35	3.46	−6.30	12.66	89.02	137.19	27216494.96	12540685.50	1336421.30
9	91	002039	黔源电力	75.61	0.96	16.69	6.56	0.12	2.84	79.07	1.84	111.04	15.29	103.72	158.33	1860913.93	214711.94	51109.83
10	97	600098	广州发展	75.29	0.45	8.97	8.48	0.58	2.61	48.57	4.20	16.94	3.76	74.43	147.36	3377915.60	1944579.52	170666.10
11	98	600780	通宝能源	75.19	0.49	13.79	10.90	0.78	4.01	47.16	6.16	−0.17	12.91	35.88	99.90	834209.12	640288.42	57209.96
12	109	600236	桂冠电力	74.86	0.26	16.06	9.09	0.26	2.38	73.73	2.33	15.36	14.14	54.90	151.02	2214229.19	570338.44	95067.21
13	110	000027	深圳能源	74.83	0.77	11.96	9.81	0.35	1.13	47.05	5.82	1.26	8.04	118.25	193.94	3844138.77	1250604.23	233610.25
14	116	600863	内蒙华电	74.60	0.23	12.68	9.53	0.37	6.05	63.06	3.57	12.19	3.32	124.05	176.99	3877320.39	1363393.21	206903.03
15	123	600023	浙能电力	74.24	0.50	14.98	10.43	0.45	2.02	50.93	6.08	−18.06	17.79	42.94	105.13	10420358.80	4417896.09	707808.12
16	147	600396	金山股份	73.53	0.32	16.17	7.49	0.31	3.91	80.23	1.77	4.52	32.64	91.73	137.42	1501080.88	461234.33	45954.90
17	153	000531	穗恒运 A	73.45	0.94	22.81	13.53	0.55	1.56	53.59	6.18	33.95	28.26	132.77	249.66	749316.81	439447.08	79305.62
18	162	600795	国电电力	73.23	0.35	14.21	7.55	0.25	3.63	73.29	2.74	−7.29	12.02	113.31	167.41	24625309.68	6147484.91	911132.94
19	163	600642	申能股份	73.17	0.45	9.29	8.53	0.61	2.60	29.60	11.52	−1.31	8.54	53.52	100.50	4247942.04	2540740.78	271709.40
20	177	600021	上海电力	72.85	0.62	15.00	9.48	0.39	2.79	69.73	2.77	6.41	24.71	75.20	157.06	4734365.41	1610196.68	195236.41
21	198	600674	川投能源	72.30	1.66	27.24	20.27	0.06	0.96	28.30	10.75	−3.95	42.07	86.49	168.85	2148307.60	110277.45	352087.20
22	206	600167	联美控股	72.19	0.77	17.53	7.13	0.24	0.50	65.75	–	13.66	13.86	31.10	99.06	289310.02	66148.55	16280.09

续表

序号	全部上市公司排名	股票代码	股票简称	综合得分（100分）	每股收益（元）	净资产收益率(%)	总资产报酬率(%)	总资产周转率（次）	流动资产周转率（次）	资产负债率(%)	已获利息倍数	营业收入增长率(%)	资本扩张率(%)	市场投资回报率(%)	股价波动率(%)	年末资产总额（万元）	营业收入（万元）	净利润（万元）
23	210	001896	豫能控股	72.01	0.43	17.49	8.87	0.40	1.68	69.40	4.87	-4.27	210.64	65.59	123.59	1214142.44	335595.03	47113.24
24	213	600452	涪陵电力	71.91	0.45	15.08	11.12	1.61	10.48	37.15	-	1.99	22.53	101.15	164.99	83611.52	126862.92	7196.08
25	262	000966	长源电力	70.44	1.25	34.96	12.61	0.61	4.22	75.66	3.37	-12.93	14.28	95.70	174.67	1039257.95	659582.22	78921.79
26	308	000899	赣能股份	69.30	0.60	20.05	12.25	0.44	3.16	64.48	3.14	0.75	19.20	35.66	87.90	595091.54	266904.19	38781.88
27	353	000690	宝新能源	68.47	0.59	21.28	16.21	0.48	1.59	47.53	6.94	-16.95	9.34	29.86	81.88	955557.70	469710.67	102147.42
28	383	000767	漳泽电力	67.72	0.24	11.20	6.21	0.36	1.54	79.90	1.85	19.36	14.85	82.46	130.49	3030156.16	1092283.74	67663.15
29	422	600982	宁波热电	66.93	0.26	9.20	10.50	0.46	0.77	17.17	106.06	42.49	126.29	69.75	137.37	301842.79	110119.89	18620.14
30	486	600969	郴电国际	65.82	0.78	8.45	5.41	0.37	1.18	59.66	5.18	3.37	54.24	45.27	98.25	692133.58	226979.47	20447.34
31	578	600131	岷江水电	64.24	0.31	21.46	10.36	0.36	4.52	64.73	3.03	7.52	23.33	63.84	161.00	227575.19	82981.27	15182.35
32	683	600864	哈投股份	62.40	0.53	7.58	6.81	0.19	0.83	36.44	16.16	5.73	52.25	58.50	121.24	752268.23	119134.52	30791.21
33	690	600995	文山电力	62.25	0.22	7.61	6.91	0.73	5.30	51.64	3.27	-0.78	4.74	57.95	157.76	288476.49	201603.30	10379.72
34	703	600101	明星电力	62.02	0.30	5.48	3.98	0.47	2.92	31.72	48.96	15.19	3.96	10.78	54.04	269211.85	124489.71	8142.98
35	723	000601	韶能股份	61.68	0.24	7.09	6.70	0.35	2.58	53.58	2.38	28.63	7.20	18.94	114.82	861180.04	300952.08	27092.74
36	743	600505	西昌电力	61.29	0.17	6.83	5.32	0.41	3.25	44.01	4.23	16.91	5.07	13.59	85.45	181867.63	76313.49	6011.10
37	780	000958	东方能源	60.83	0.40	24.82	10.74	0.35	1.29	62.07	5.74	6.87	20.88	159.64	299.17	218988.00	77774.36	19759.15
38	787	000883	湖北能源	60.72	0.21	8.17	7.78	0.22	2.80	53.45	3.04	-34.44	8.10	108.55	285.96	3367381.74	727014.68	129104.51
39	805	600116	三峡水利	60.39	0.53	12.50	5.67	0.36	1.72	66.50	2.83	-5.21	2.42	46.62	102.02	360706.16	129783.46	12547.63
40	964	600509	天富能源	58.31	0.38	7.96	4.67	0.28	1.02	68.25	3.15	14.53	1.88	17.68	90.80	1429508.25	355895.54	35905.88
41	1019	000720	新能泰山	57.71	0.09	9.68	6.41	0.57	3.24	79.48	1.60	8.40	16.36	81.64	244.67	548470.76	314564.53	12891.36
42	1041	601991	大唐发电	57.43	0.14	4.10	4.64	0.24	2.75	79.13	1.60	-6.69	-1.85	75.17	138.92	30243136.70	7019432.70	192606.60
43	1049	000791	甘肃电投	57.35	0.27	5.53	5.35	0.11	2.42	72.21	1.47	-8.33	3.54	126.11	251.22	1362146.03	146738.16	20590.20
44	1118	000722	湖南发展	56.33	0.42	8.24	7.68	0.09	0.71	18.25	6.60	12.93	9.69	15.70	85.19	305156.99	27123.11	19277.53

续表

序号	全部上市公司排名	股票代码	股票简称	综合得分（100分）	每股收益（元）	净资产收益率（%）	总资产报酬率（%）	总资产周转率（次）	流动资产周转率（次）	资产负债率（%）	已获利息倍数	营业收入增长率（%）	资本扩张率（%）	市场投资回报率（%）	股价波动率（%）	年末资产总额（万元）	营业收入（万元）	净利润（万元）
45	1156	600726	华电能源	55.81	0.07	4.82	4.71	0.42	2.03	84.03	1.23	-3.99	6.23	85.65	180.89	2381568.91	982938.35	15808.18
46	1298	600758	红阳能源	53.57	0.06	3.83	2.55	0.34	2.12	57.55	33.72	-1.65	2.00	21.95	97.08	80238.47	26083.81	1291.73
47	1322	000875	吉电股份	53.16	0.05	1.99	4.21	0.25	1.89	77.57	1.11	9.34	5.95	81.04	156.98	2031765.37	475294.84	6078.73
48	1553	600719	大连热电	49.33	0.05	1.34	1.71	0.52	1.44	43.83	1.63	2.95	1.17	23.77	108.63	129251.59	69442.52	967.60
49	1669	000692	惠天热电	47.32	0.10	3.26	3.90	0.42	1.41	65.90	2.21	0.96	1.76	16.03	94.92	379331.35	157320.17	4711.61
50	1741	600979	广安爱众	46.09	-0.17	-8.27	-1.15	0.29	1.59	68.42	-0.44	20.89	7.28	28.47	132.16	613207.30	151316.83	-20329.58
51	1819	000695	滨海能源	44.72	0.02	1.06	2.94	0.58	1.91	71.29	1.25	-9.74	1.37	77.66	200.86	111333.58	65762.98	336.67
52	1895	600310	桂东电力	43.13	0.14	1.08	4.46	0.24	1.06	54.70	1.51	-4.91	14.00	69.04	200.06	926254.06	211453.47	4222.99
53	1989	000993	闽东电力	39.88	0.07	1.67	5.08	0.29	0.68	59.78	2.20	-30.92	-8.96	30.88	139.96	385698.92	115945.40	2026.39
54	2115	600644	乐山电力	35.90	-3.00	-168.79	-61.92	0.54	2.24	62.95	-12.18	5.27	208.59	19.65	110.75	266171.01	153981.03	-183838.25
55	2285	600868	梅雁吉祥	26.75	-0.03	-2.52	-0.91	0.14	2.24	20.72	-0.76	-17.69	-5.34	56.60	146.45	272040.10	40019.61	-5978.76
56	2299	600744	华银电力	25.99	-0.25	-12.81	2.45	0.39	1.47	90.85	0.67	-16.70	-28.39	38.48	132.03	1539121.35	621042.52	-21273.51
57	2357	000037	深南电A	21.10	-0.55	-23.02	-3.31	0.24	0.39	72.74	-0.71	11.14	-23.43	79.86	175.85	505641.58	123410.15	-42163.24
58	2577	601016	节能风电		0.11	6.11	4.94	0.09	0.92	70.96	1.67	9.26	12.21	46.02	109.56	1312350.42	118331.35	22723.22

第十二章　建筑行业

作为国民经济重要的支柱产业之一，建筑业在我国以往的经济发展中以促进城乡建设、扩大劳动就业、带动关联产业和推动经济社会发展发挥了重要作用。但随着中国经济进入“新常态”的发展阶段，中国经济的发展将摆脱依靠投资，牺牲资源、环境和人口红利为动力的状况，逐步转变为以创新为动力且可持续发展的新型经济发展模式。受中国经济总体下行、基础设施建设和房地产市场调控的影响，2014 年中国建筑行业的发展速度持续下降。根据国家统计局 1 月 20 日官网上正式发布的 2014 年国民经济数据，2014 年全社会建筑业增加值 44725 亿元，占国内生产总值 GDP（63.6463 万亿元）的 7.03%，比上年增长了 8.9%，增长速度比去年下降了 0.8 个百分点；2014 年全国建筑业总产值达 17.6713 万亿元，比上年增长 10.2%，与 2013 年同期增长的 16.1% 相比，2014 年建筑业总产值增速总体来说明显放缓，增速创近 16 年以来新低。

一、建筑行业上市公司业绩评价结果

（一）建筑行业上市公司整体价值概述

截至 2014 年末，建筑行业在 A 股上市公司共 58 家。在 58 家建筑上市公司中，有 51 家实现盈利，另外 7 家亏损，即建筑业上市公司有 87.83% 的公司实现盈利，与 2013 年的 90.57% 相比下降了 2.92%。建筑行业上市公司总资产共计 4.33 万亿元，占上市公司总资产的 12.76%；归属于母公司的所有者权益 7181.83 亿元，占上市公司所有者权益的 5.39%。2014 年全部上市公司共计完成营业收入 24.04 万亿元，建筑行业上市公司完成营业收入 3.35 万亿元，占上市公司全部营业收入的 13.94%；全部上市公司共计实现净利润 11269.99 亿元，建筑行业上市公司实现净利润 974.34 亿元，占上市公司全部实现净利润的 8.48%。2014 年建筑行业业绩评价综合得分 61.9 分，比全新上市公司的 61.8 分高 0.16%，建筑行业上市公司中有 2 家企业进入 2014 年上市公司业绩评价综合得分的百强名单，分别是中国建筑列为第 59 名、金螳螂列为第 80 名。

表 12－1　　2014 年度建筑行业中联十强排行榜

名次	股票代码	股票简称	在全部上市公司中排名	评价得分
1	601668	中国建筑	59	76.30
2	002081	金螳螂	80	75.00
3	002375	亚厦股份	193	71.50
4	600068	葛洲坝	201	71.30
5	002051	中工国际	310	68.5
6	600820	隧道股份	359	67.5
7	601186	中国铁建	360	67.5
8	601800	中国交建	362	67.5
9	600170	上海建工	403	66.6
10	000090	天健集团	408	66.6

资料链接：

中国建筑股份有限公司是经国务院国资委于 2007 年 12 月 6 日以国资改革〔2007〕1495 号文批准，由中建总公司、中国石油集团、宝钢集团和中化集团作为发起人共同发起设立的股份有限公司。本公司的主发起人中建总公司以其整体核心业务（包括所有与房屋建筑工程、房地产开发与投资、国际工程承包、基础设施建设与投资和设计勘察业务）相关的经营性资产（含下属企业的权益和股权）及其相关负债作为出资投入本公司。一般经营项目：承担国内外公用、民用房屋建筑工程的施工、安装、咨询；基础设施项目的投资与承建；国内外房地产投资与开发；建筑与基础设施建设的勘察与设计；装饰工程、园林工程的设计与施工；实业投资；承包境内的外资工程；进出口业务；建筑材料及其他非金属矿物制品、建筑用金属制品、工具、建筑工程机械和钻探机械的生产与销售。

基于对建筑行业上市公司的整体评价，下面分别从财务效益状况、资产质量状况、偿债风险状况、发展能力状况、市场表现状况五个方面对建筑行业上市公司进行具体分析。

（一）财务效益

综合得分方面，2014 年建筑业上市公司财务效益状况好于全部上市公司平均水平。表 12-2 列示了 2014 年建筑业上市公司财务效益状况评价结果（满分为 35 分）。从基本指标来看，建筑业上市公司财务效益状况略高于于全国上市公司平均水平。以中国电建为例，2014 年实现营业收入 1670.92 亿元，比上年同期 1448.37 亿元增长 15.37%；实现营业利润 65.84 亿元，比上年同期增长 4.15%，为其财务效益的优异提供了坚实的支撑。从修正指标来看，建筑行业除营业利润率外，其他指标高于全国上市公司平均水平，而且均有不同程度的增长。

与 2013 年相比，2014 年建筑业上市公司总资产报酬率和扣除非经常性损益净资产收益率有小幅下降，净资产收益率、营业利润率、股本收益率、盈利现金保障倍数和股本收益率都有所提高，说明建筑业在 2014 年的财务收益总体状况有所好转。

表 12－2　建筑行业财务效益状况比较表

评价指标		2014 年上市公司平均值	2014 年行业值	2013 年行业值	增长率 (%)
基本指标	扣除非经常性损益净资产收益率 (%)	7.81	11.47	11.99	–4.34
	总资产报酬率 (%)	5.74	4.15	4.24	–2.12
	得分	20.83	22.99	22.85	0.61
修正指标	营业利润率 (%)	5.55	3.72	3.62	2.76
	盈利现金保障倍数	1.61	0.82	0.46	78.26
	股本收益率 (%)	39.84	56.41	53.64	5.16
综合得分		21.87	22.85	21.71	5.25

（二）资产质量

从综合得分来看，2014 年建筑行业上市公司资产质量状况略高于全国上市公司平均水平，总资产周转率略高于上市公司平均水平，流动资产周转率低于上市公司平均水平。表 12-3 列示了建筑行业上市公司资产质量状况评价结果（满分为 15 分）。从基本指标来看，建筑行业上市公司资产质量状况略低于全国上市公司平均水平，较 2013 年有所下降，有 15 家公司超过全国上市公司平均水平，中钢国际和东光微电资产质量靠前。以中钢国际为例，2014 年公司资产总额 107.09 亿元，主营收入 110.61 亿元，分别比上年增长 306.83% 和 570.16%。

从修正指标来看，2014 年建筑行业上市公司资产质量状况建筑行业上市公司高于上市公司平均水平。应收账款周转率与上市公司平均水平差异较大，说明建筑企业结算进度偏慢，应收账款回收时间长，资金面偏紧。总体来说，下游需求放缓和国家调控政策及紧缩货币政策已传导至建筑业公司业绩。

与 2013 年相比，2014 年建筑行业上市公司总体上资产质量略有下降，各项周转率指标仍有现小幅下降。

表 12－3　建筑行业资产质量状况表

评价指标		2014 年上市公司平均值	2014 年行业值	2013 年行业值	增长率 (%)
基本指标	总资产周转率（次）	0.75	0.83	0.87	–4.60
	流动资产周转率（次）	1.52	1.11	1.16	–4.31
	得分	9.55	9.24	9.00	2.67
修正指标	应收账款周转率（次）	9.69	5.37	5.95	–9.75
	存货周转率（次）	3.21	2.26	2.38	–5.04
综合得分		9.2	9.89	9.86	0.30

（三）偿债风险

从综合得分来看，2014 年建筑行业上市公司偿债风险状况远差于全国上市公司平均水平，但较 2013 年已经有所好转。

从表 12-4 建筑行业上市公司偿债风险状况评价结果中（满分为 15 分）看出，该行业上市公司偿债风险状况低于全国所有上市公司的平均水平，共有 14 家公司超过全国上市公司平均水平，在所有行业中处于中等水平。其中，资产负债率为 80.33%，处于较高水平。资产负债率较高与建筑业行业属性有关，获利倍数低于全国所有上市公司的平均水平，比去年下降 5.64%。

与 2013 年相比较，2014 年建筑业上市公司偿债风险状况变化不大，说明多数上市公司为了企业发展仍需负债。

表 12 – 4　　建筑行业偿债风险状况表

评价指标		2014 年上市公司平均值	2014 年行业值	2013 年行业值	增长率 (%)
基本指标	资产负债率 (%)	60.75	80.33	81.1	−0.95
	获利倍数	5.06	4.35	4.61	−5.64
	得分	9.24	4.27	4.2	1.67
修正指标	速动比率 (%)	69.66	67.87	67.62	0.37
	现金流动负债比率 (%)	12.65	2.96	1.71	73.10
	带息负债比率（%	45.45	34.32	34.72	−1.15
综合得分		45.45	34.32	5.44	530.88

（四）发展能力

从综合得分来看，2014 年建筑行业上市公司发展能力状况高于全国上市公司的平均水平。

从表 12-5 可知，建筑行业上市公司发展能力状况（满分为 20 分）高于全国上市公司平均水平。基本指标方面，建筑业主营业务增长率和资本扩张率均高于上市公司平均水平，其中资本扩张率较 2013 年有大幅增长，增长率达到 47.26%，但主营业务增长率却比 2013 年下降 32.52%，主要受国家经济发展总体环境和对房地产政策调整的影响。

从修正指标来看，受经济下行的压力的影响，建筑行业上市公司发展能力状况高于全国上市公司平均水平，但 2013 年相比，建筑行业上市公司发展能力状况有所下降。

表 12 – 5　　建筑行业发展能力状况表

评价指标		2014 年上市公司平均值	2014 年行业值	2013 年行业值	增长率 (%)
基本指标	主营业务增长率 (%)	4.34	10	14.82	−32.52
	资本扩张率 (%)	12.45	19.6	13.31	47.26
	得分	12.14	14.07	14.06	0.07
	累计保留盈余率 (%)	43.83	42.39	39.61	7.02
修正指标	三年营业收入增长率 (%)	7.12	11.3	10.99	2.82
	总资产增长率 (%)	12.15	15.17	16.36	−7.27
	营业利润增长率 (%)	0.17	12.98	35.14	−63.06
综合得分		12.12	13.42	13.85	−3.10

（五）市场表现

2014年，上证指数报收3234.68点，全年涨幅高达52.87%，创下2010年以来最大年涨幅，而建筑行业受大盘的影响全年上涨20.46%，主要原因是2014年国家在“新常态”形势下制定的经济政策情况下，市场对投资力度的看好以及城镇化持续推进投资增速的信心的回升，建筑业率先受益回暖。

从表12-6列示的建筑行业上市公司市场表现状况评价结果（满分为15分）来看，2014年建筑业市场表现积极，较2013年有较大幅度变化。建筑行业在A股上市公司共58家有33家公司高于上市公司平均水平，市场表现较好的有中国交建、中国中铁、中国建筑、中铁二局、中国中冶、中国电建、北新路桥、中国建筑和葛洲坝。其中中国交建营业收入增长102.82%，净利润增长11.42%，业绩表现基本符合预期，市场投资回报率269.3 %，股价波动率389.39 8%，优于上市公司整体水平及行业平均水平。

2014年建筑业上市公司市场投资回报率为67.72%，大大超出于2013年的-3.68%。

表12－6　建筑行业公司市场表现表

评价指标	2014年上市公司平均值	2014年行业值	2013年行业值
市场投资回报率(%)	44.68	67.72	–3.68
股价波动率(%)	124.99	144.47	70.33
得分	9.07	10.21	7.94

二、2014年建筑行业上市公司业绩的影响因素分析

建筑行业是典型的投资驱动行业，受国内外宏观经济政策很大，与基础设施建设、房地产、铁路、公路、等行业高度相关。2014年，在全球经济下行、国内经济增长趋缓、固定资产投资减速、房地产调控持续深入等背景下，建筑行业业绩有了一定发展，但是增长率低于往年。其中，固定资产投资、交通基础设施建设和房地产市场发展等因素对建筑行业业绩有显著影响。

（一）固定资产投资持续增长延续回落态势，直接影响了建筑业上市公司业绩增速

2014年国内固定资产投资增速放缓。去年全社会固定资产投资51.2761万亿元，比上年增长15.3%，扣除价格因素，实际增长14.7%。其中，固定资产投资（不含农户）50.2005万亿元，增长15.7%，农户投资10756亿元，增长2.0%。东部地区投资20.6454万亿元，比上年增长15.4%；中部地区投资12.4112万亿元，增长17.6%；西部地区投资12.9171万亿元，增长17.2%；东北地区投资46096亿元，增长2.7%。

受上述主要因素影响，2014年全年全社会建筑业增加值44725亿元，较2013年的38995亿元比上年增长5730亿元，同比增长8.9%，与2013年9.5%的同期增长率相比，有所下降。

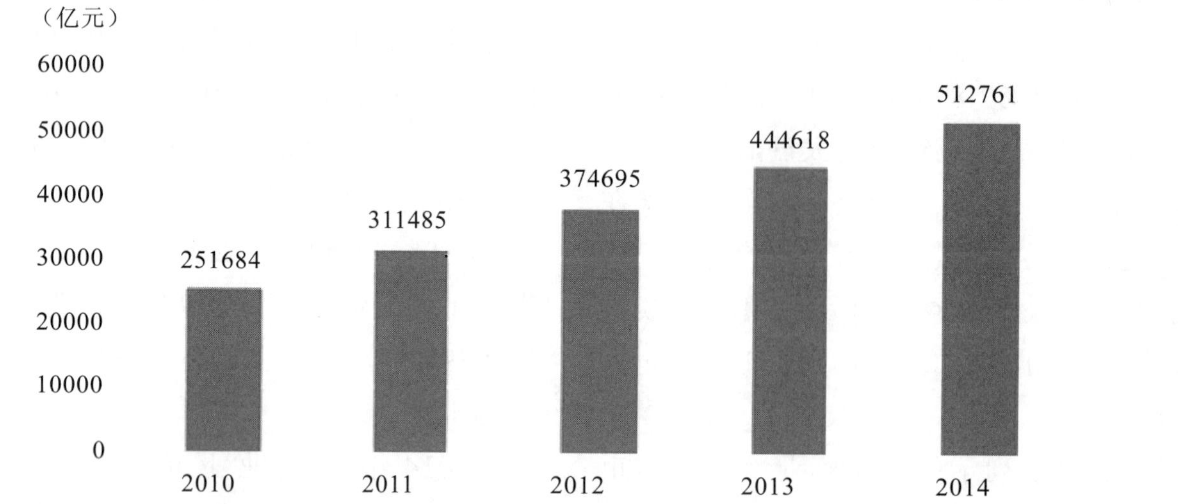

数据来源：2014 年国民经济与社会发展统计公报

图 12－1　全社会固定资产投资

在固定资产投资（不含农户）中，第一产业投资 11983 亿元，比上年增长 33.9%；第二产业投资 20.8107 万亿元，增长 13.2%；第三产业投资 28.1915 万亿元，增长 16.8%。民间固定资产投资〔18〕32.1576 万亿元，增长 18.1%，占固定资产投资（不含农户）的比重为 64.1%。

表 12－7　　2014 年分行业固定资产（不含农户）增长速度

行 业	投资额（亿元）	比上年增长（%）
总 计	502005	15.7
农、林、牧、渔业	14697	31.3
采矿业	14681	0.7
制造业	166918	13.5
电力、热力、燃气及水生产和供应业	22916	17.1
建筑业	4450	27.2
批发和零售业	15669	25.7
交通运输、仓储和邮政业	42984	18.6
住宿和餐饮业	6237	4.2
信息传输、软件和信息技术服务业	4187	38.6
金融业	1360	10.5
房地产业	123690	11.1
租赁和商务服务业	7970	36.2
科学研究和技术服务业	4205	34.7
水利、环境和公共设施管理业	46274	23.6
居民服务、修理和其他服务业	2262	14.2
教育	6678	24.0
卫生和社会工作	39B3	27.6
文化、体育和娱乐业	6192	18.9
公共管理、社会保障和社会组织	6652	13.6

数据来源：2014 年国民经济与社会发展统计公报

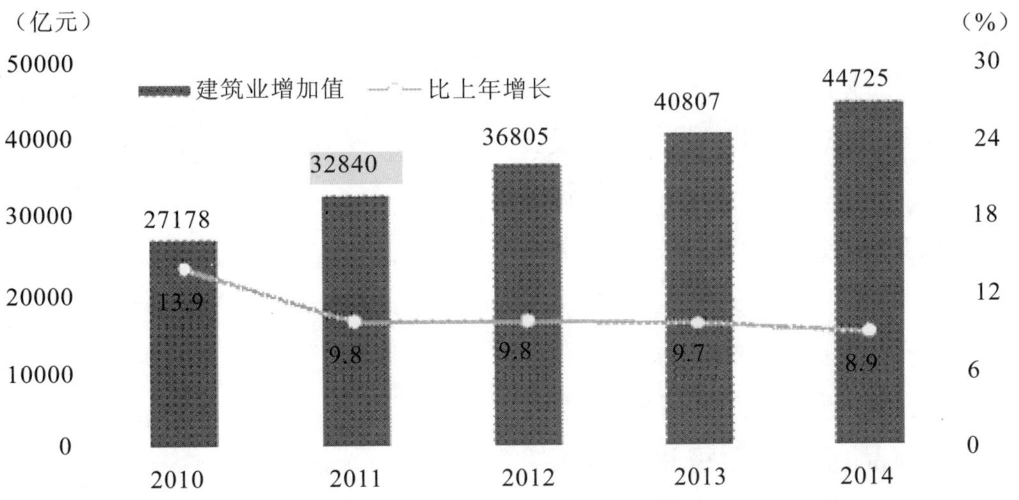

数据来源：2014 年国民经济与社会发展统计公报

图 12－2　2009 ～ 2014 年建筑业固定资产投资及增长情况

（二）轨道交通建设兴起，取代公路和铁路成为新的增长极

中国经济从高速发展走向平稳运行后，扩大内需、投资基础设施以及技术创新等成为拉动经济增长的重要手段，基础设施建设投资仍然是短期内对“稳增长”见效最快的重要手段。其中交通运输基础设施是经济发展的重要条件，是公共服务的重要基础。加强基础设施建设，既有利于当前拉动经济增长，也有利于长远的经济发展。2014 年交通运输部最新数据显示，国内公路水路的固定资产投资保持较快增长，全年完成铁路公路水路固定资产投资超过 2.5 万亿元，其中铁路完成 8088 亿元，公路、水运分别完成投资 15256 亿元和 1458 亿元，分别增长 11.4% 和下降 4.6%。

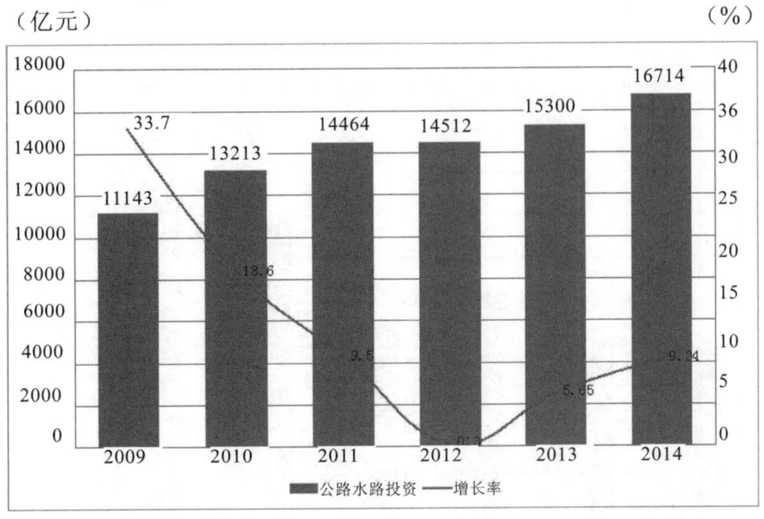

数据来源：交通运输部

图 12－3　公路水路固定资产投资完成情况

（三）因房地产受政策及市场影响低迷，建筑受益增幅下降

2014年全年房地产开发投资95036亿元，比上年增长10.5%。其中，住宅投资64352亿元，增长9.2%；办公楼投资5641亿元，增长21.3%；商业营业用房投资14346亿元，增长20.1%。全年全国城镇保障性安居工程基本建成住房511万套，新开工740万套。但我们应清醒地看到2014年以来，商品房销售面积和销售额增速均大幅度下行，商品房去库存周期位于历史较高水平，房地产市场供过于求的基本局面已经形成。房屋新开工面积比上年下降10.7%，商品房销售面积下降7.6%，据此推算出商品房平均价格同比仅增长0.44%。受此带动，房地产开发投资增速也较2013年同期降低7.6个百分点。央行储户问卷调查数据显示，居民对房价走势的预期有所走弱，仅有19.2%的居民预期房价将上涨，低于此前两个季度的21.2%和28.3%。受此影响必然会给建筑业带来负面影响。

表12－8　2014年房地产开发和销售主要指标完成情况及其增长速度

指　　标	单位	绝对数	比上年增长（%）
投资额	亿元	95036	10.5
其中：住宅	亿元	64352	9.2
其中：90平方米及以下	亿元	20335	4.6
房屋施工面积	万平方米	726482	9.2
其中：住宅	万平方米	515096	5.9
房屋新开工面积	万平方米	179592	−10.7
其中：住宅	万平方米	124877	−14.4
房屋竣工面积	万平方米	107459	5.9
其中：住宅	万平方米	80868	2.7
商品房销售面积	万平方米	120649	−7.6
其中：住宅	万平方米	105182	−9.1
本年到位资金	亿元	121991	−0.1
其中：国内贷款	亿元	21243	8.0
其中：个人按揭贷款	亿元	13665	−2.6

数据来源：2014年国民经济与社会发展统计公报

（四）海外市场跨越式发展

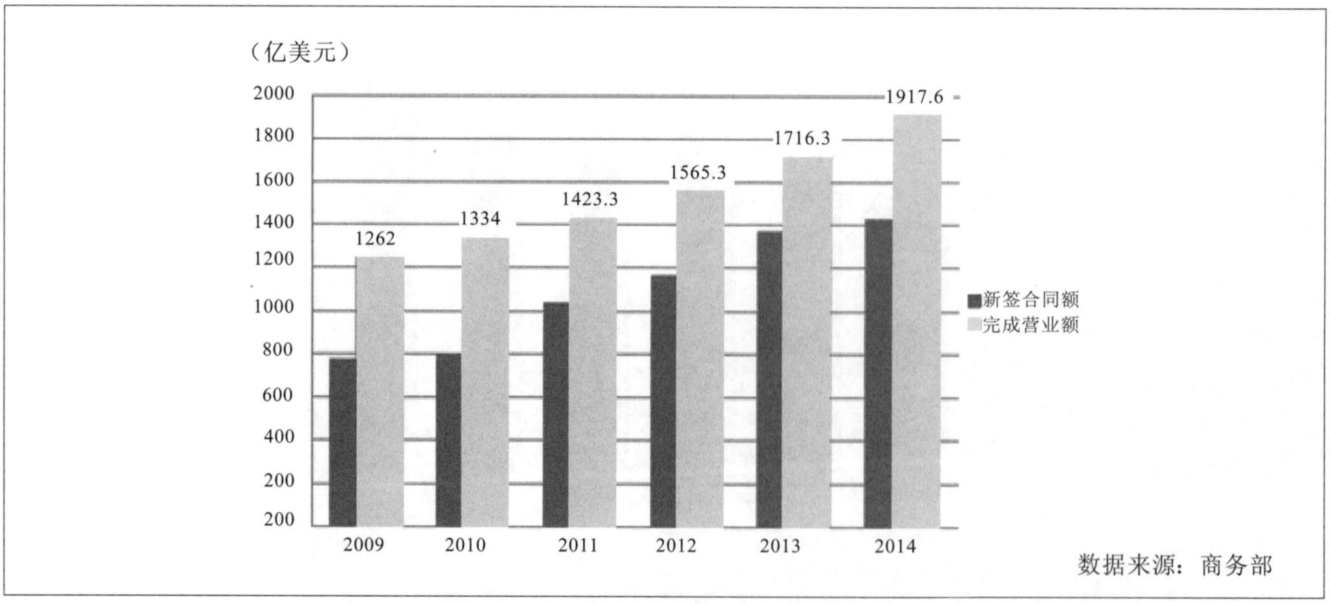

图12－4　建筑业海外投资完成情况

长期以来，建筑业利润低下，国内建筑市场竞争日益激烈。在此背景下，2014 年我国建筑企业继续纷纷开拓国际市场，实施“走出去”战略。2014 年，我国对外承包工程业务完成营业额 8748.2 亿元人民币（折合 1424.1 亿美元），同比增长 3.8%，新签合同额 11779.8 亿元人民币（折合 1917.6 亿美元），同比增长 11.7%。

中国企业在北美、拉美、欧洲等地区接连签署重要项目，标志着新市场开拓取得明显成效，如中国建筑中标美国普拉斯基高架桥项目、韩国釜山海云台综合体，葛洲坝集团中标阿根廷水电项目，新市场给业务增长添加了新动力。据统计，2014 年中国对外承包企业新签合同额在 5000 万美元以上的项目 664 个，其中 1 亿美元以上的项目 365 个，10 亿美元以上的超大项目 25 个，同比增加 16 个。

三、2015 年建筑行业业绩前景分析

展望 2015 年，中国经济发展已进入“新常态”，发展增速将持续放缓，固定资产投资增长较难持续，制造业面临产能过剩而进行结构调整的压力更加增大，建筑业将面临新的挑战。从中长期看，随着我国潜在经济增长率下行以及人口结构老龄化程度提高，固定资产投资增速放缓至适当区间是不可逆转的趋势。从投资增长点来看，传统产业相对饱和，但基础设施互联互通和一些新技术、新产品、新业态、新商业模式的投资机会大量涌现。因此在“新常态”形势下，建筑行业的发展是机会与压力并存，要认清当前的国内外政策和市场环境，勇于改革和创新的同时捕捉新的增长点，这样才能冲出重围创出一片新天地。

纵观 2015 年，改革红利释放、基础设施投资支撑、服务业投资发展壮大将成为固定资产投资稳定增长的有利因素。与此同时，须密切关注企业融资成本居高不下、产能过剩、地方债务风险、房地产市场周期性调整、投资项目储备不足等不利因素的影响。

综合判断，2015 年固定资产投资将继续维持稳中略降的态势，预计增长 14% 左右，回落至近 15 年的最低点。从主要投资领域看，基础设施建设投资仍将保持在 19% 左右的较高增速。制造业投资继续稳中趋缓，预计增长 12% 左右。房地产开发投资增速将继续回调，预计增长 8% 左右。

建筑业是典型的靠投资拉动型的行业，下面就 2015 年广国内的投资利弊因素进行分析对建筑业的影响。

（一）投资稳定增长的有利因素

1. 改革红利激发投资动力

今年以来，投资领域的主要改革措施包括：扩大小微企业所得税优惠政策实施范围，扩大营改增试点范围，暂免征收部分小微企业增值税和营业税，完善固定资产加速折旧政策，再次修订政府核准的投资项目目录，创新重点领域投融资机制，削减前置审批和推行投资项目网上核准等。十八届三中全会就未来我国全面深化改革做出顶层设计，行政审批、财税、金融、价格、城镇化等诸多领域改革步伐明显加快。改革红利持续释放，有利于优化投资环境、释放投资潜力、提高投资回报率，激发全社会投资动力。

2. 城镇化依然是建筑业发展的驱动力

城镇化在一定程度上决定着建筑业的走向、构成和市场容量。新型城镇化涉及居住

建筑、公共建筑、市政设施和交通设施等多个领域，直接为建筑业催生巨大的市场需求。十八大提出把生态文明建设放在突出地位，融入经济建设、政治建设、文化建设、社会建设各方面和全过程，努力建设美丽中国，实现中华民族永续发展，新型城镇化让城市融入大自然，这也必将会给园林行业带来广大的空间。但同时也应该注意，新型城镇化也更注重质量而非片面追求量的增长。

3. 服务业投资有望实现较快增长

我国产能过剩矛盾主要集中在制造业领域，服务业领域则供给不足，有较大的发展空间，其中养老、医疗、金融、教育等服务业的投资空间更为广阔。国家正在努力将服务业打造成为经济社会可持续发展的新引擎，并开始着力引导服务业的快速发展。一方面陆续出台优惠政策鼓励民间资本进入服务业，如鼓励民间资本进入养老服务业、鼓励发起设立自担风险的民营银行。另一方面积极推动服务业对外开放，吸引外资加大对金融、教育、医疗、文化、体育等领域的投资。

4. 调结构 . 产业升级带来的机遇

中国经济继续朝前发展是不变的主题，产业结构调整和转型升级对建筑业是困境也是机会。理智的人们会看到目前中国经济面临着诸多困难，产能过剩的现实，增长速度逐步下降，国内消费难以启动，出口面临诸多困难，投资的杠杆也用到了极限，投资的效率不断下降。即使如此，中国依然会利用投资这一拉动经济增长的工具：2014 年发改委不断批复各类项目，从轨道交通到核电，基础设施建设的速度，在经济低迷时依然不会减速；此外降息大幅度降息降低了资金成本，为众多产业的转型升级带来了巨大的资金支持。无论是调整产业结构还是转型升级不，中国经济都不会停滞不前，投资建设就不会停止。建筑行业企业应用敏锐的目光和灵敏的嗅觉捕捉到发展新的亮点和空间。

5. 中国新的经济发展规划带来的投资机会

“一带一路”的新思维为建筑业带来了世界建筑业“大同”的新机遇，推动着中国建筑企业走向世界；“一带”是“丝绸之路经济带”，“一路”是“21 世纪海上丝绸之路”，“一带一路”贯穿欧亚大陆，东连接亚太经济圈，西进入欧洲经济圈，南进入东南亚和非洲。由习近平提出的这一宏伟构想是对古丝绸之路的传承和提升，已经获得广泛认同，其建设首先是基础设施的建设，可以预计，这些基础设施的建设将成为重要的中国国家战略，这是中国走向世界的机遇，更是中国建筑企业走向世界的机遇，2015 年是“一带一路”从构思走向实施的开始。

（二）投资增长的不利因素

1. 房地产市场运行态势直接影响建筑业发展

过去建筑业的高速增长，很大程度上依赖于房地产市场的大发展。但以房地产为主导产业的增长模式不可持续。新增住房需求已经从峰值回落，房地产行业去库存压力较大，2014 年以来房屋新开工面积、商品房销售面积、商品房销售额均累计负增长，2015 年房地产市场周期性调整的态势基本明朗。2015 年房地产去存量的压力不减，随着不动产登记制度的推行，在继续控制投机、投资性买房需求，支持自住型住房需求的背景下，2015 年房地产业投资的增长将呈现平稳下滑的局势，这势必会影响建筑行业增长。

2. 企业融资成本居高不下

目前，“融资难、融资贵”仍然是经济运行和企业生产中面临的突出问题。产能过剩行业、地方政府融资平台等部门缺乏利率弹性，高杠杆率和资金需求旺盛的特征拉高了资金成本；房地产市场周期性调整下行和部分理财产品违约风险上升，导致金融机构和企业流动性偏好提高；银行理财、电子金融等金融产品及影子银行等市场化融资渠道分流了部分资金；金融资本“避实就虚”，货币市场短期利率水平降低不能有效传导到资本市场。这些因素相互交织，导致企业融资成本居高不下，严重影响民间投资意愿与中小企业生产经营活动。

3. 投资项目储备不足

尽管大批的投资项目审批权限已经下放，但受制于融资成本较高、经济下行风险较大，具备可行性的投资项目仍然较少。一般来说，固定资产投资项目通常在两年半的时间内完成。2014 年以来，固定资产投资新开工项目计划总投资额处在较低水平，反映出投资项目储备不足，这不仅直接影响 2014 年的投资增速，也将间接影响 2015 年的投资增速。

4. 产能过剩、地方政府性债务风险持续发酵

2015 年投资形势仍然将受到产能过剩、地方政府性债务风险矛盾的拖累。外需缓慢复苏低于预期，内需依旧低迷，工业领域产能过剩状况难以有效缓解。受经济下行影响，公共财政收入增速降低，地方政府债券融资模式有待成熟，加上正值债务偿还高峰期，地方政府性债务风险不容忽视。这些是建筑行业企业在 2015 年的发展过程中不得不面临和考虑的风险因素。

综上所述，2015 年对建筑企业发展是机会与风险并存，不仅将受到国家产业政策的调整、原材料价格波动、劳动力成本提高、劳动力资源短缺、应收账款等因素的影响，更重要的是要通过自身的改革与创新提高市场竞能力。海外市场拓展需防范世界宏观经济大幅波动、政治因素及汇率风险和违约风险。

附表

2014 年度建筑业行业上市公司业绩评价结果排序表

行业排名	全部上市公司排名	股票代码证券代码	股票简称	年末资产总额（万元）	营业收入（万元）	净利润（万元）	市场投资回报率(%)	每股收益（元）	综合得分(100 分)	总资产报酬率(%)	总资产周转率（次）	流动资产周转率（次）	资产负债率(%)	获利倍数	营业收入增长率(%)	资本扩张率(%)	股价波动率(%)	净资产收益率(%)
1	59	601668	中国建筑	91910621.5	80002875.3	3317681.4	147.6	0.75	76.3	5.96	0.94	1.2	78.58	6.83	17.47	19.66	220.91	18.36
2	80	002081	金螳螂	2170779.51	2068859.59	189824.71	16.84	1.07	75	11.47	1.05	1.15	66.25	119.91	12.35	30.39	126.04	29.33
3	193	002375	亚厦股份	1774001.08	1291711.23	106900.39	0.74	1.18	71.5	8.28	0.85	1	61.93	100.57	6.38	52.17	68.88	19.1
4	201	600068	葛洲坝	10490025.5	7160539.03	296012.67	143.25	0.53	71.3	5.44	0.75	1.25	74.91	4.04	20.29	47.58	227.27	13.41
5	310	002051	中工国际	1790002.49	953287.75	77312.65	62.11	1.13	68.5	4.64	0.55	0.66	67.55	0	3.22	11.38	162.44	14.03
6	359	600820	隧道股份	5881443.95	2542181.14	141522.76	92.5	0.51	67.5	4.88	0.44	0.93	72.86	2.91	8.17	27.61	152.2	9.94
7	360	601186	中国铁建	61700401.5	59196845.2	1157156.5	246.87	0.92	67.5	3.29	1.01	1.2	83.32	4.49	0.88	22.75	330.57	12.39
8	362	601800	中国交建	63038788.85	36667323.4	1376237.15	269.3	0.86	67.5	4.28	0.64	1.09	79.03	3.51	10.28	25.25	389.39	11.58
9	403	600170	上海建工	11706580.3	11366168.74	184747.02	85.4	0.48	66.6	2.78	1.07	1.34	83.62	5.19	11.39	35.23	156.56	11.08
10	408	000090	天健集团	1102729.46	529872.34	42150.29	112.27	0.76	66.6	6.04	0.51	0.68	66.48	9.79	17.39	9.66	180.96	11.93
11	411	002325	洪涛股份	541282.1	339264.09	29409.61	19.57	0.41	66.6	8.05	0.75	0.84	46.2	24.57	−4.32	58.8	79.18	12.39
12	423	601669	中国电建	28675673.9	16709118.7	527698.8	194.67	0.5	66.3	4.03	0.64	1.09	83.24	2.83	15.36	16.38	295.48	11.81
13	445	000065	北方国际	491798.38	302410.08	22432.27	62.05	0.73	65.9	5.29	0.68	0.76	75.98	0	2.23	22.52	144.35	20.91
14	509	601390	中国中铁	68304723.9	61032805.5	1067638.4	264.16	0.48	64.8	2.91	0.93	1.16	84.03	5.08	9.22	12.67	369.38	10.37
15	518	600248	延长化建	508355.66	519497.26	19798.05	14.51	0.43	64.6	4.66	1.12	1.31	66.22	0	3.91	38.38	62.31	13.38
16	539	002663	普邦园林	548584.84	316086.27	39778.84	−13.28	0.7	64.3	11.38	0.71	0.81	34.09	20.53	32.06	65.88	60.77	13.73
17	554	002482	广田股份	1132721.74	978797.03	54967.04	−20.18	1.04	64	7.84	0.97	1.06	62.19	5.52	12.62	14.21	89.84	13.68
18	562	002140	东华科技	717312.63	338034.34	26414.91	−1.82	0.59	63.9	4.71	0.57	0.64	74.2	0	24.48	14.81	35.43	15.26
19	564	300355	蒙草抗旱	350538.55	162614.34	18104.73	13.35	0.38	63.8	10.42	0.62	0.75	54.79	5.49	117.67	69.32	100.02	14.36
20	572	002431	棕榈园林	936229.5	500694.29	44819.53	6.93	0.93	63.7	7.99	0.61	0.73	67.48	5.24	16.51	13.29	47.35	15.64
21	621	002047	宝鹰股份	491785.64	538246.48	27295.5	−17.75	0.22	62.9	11.37	1.4	1.55	55.86	6.28	44.43	107.15	63.77	16.96
22	627	600039	四川路桥	5217515.84	2697274.35	92495.17	87.87	0.3	62.7	5.1	0.56	1.06	84.08	1.93	6.08	14.48	214.5	11.89

续表

行业排名	全部上市公司排名	股票代码证券代码	股票简称	年末资产总额（万元）	营业收入（万元）	净利润（万元）	市场投资回报率(%)	每股收益（元）	综合得分(100分)	总资产报酬率(%)	总资产周转率（次）	流动资产周转率（次）	资产负债率(%)	获利倍数	营业收入增长率(%)	资本扩张率(%)	股价波动率(%)	净资产收益率(%)
23	794	002542	中化岩土	303026.06	120388.61	13012.22	96.37	0.29	60.1	8.16	0.6	0.89	44.39	11.17	138.53	98.56	188.95	10.27
24	832	600284	浦东建设	1490352.32	376531.58	44711.81	16.37	0.51	59.6	5.38	0.26	0.68	56.74	3.6	93.7	−1.02	48.93	6.9
25	841	300197	铁汉生态	506422.41	200309.27	24358.59	−12.3	0.48	59.4	9.36	0.46	0.78	59.61	3.68	34.44	13.46	88.69	12.66
26	906	000498	山东路桥	1002606.81	684224.55	31188.62	8.93	0.28	58.6	4.68	0.7	0.8	73.51	45.4	−4.46	15.17	65.13	12.57
27	910	601886	江河创建	1982207.52	1590427.67	37926.7	10.48	0.24	58.6	3.33	0.91	1.04	70.81	3.04	33.63	23.08	72.92	7.23
28	947	600496	精工钢构	978906.3	688577.99	26494.34	40.2	0.44	58	5.23	0.76	0.95	65.49	2.96	−8.43	45.95	114.9	9.31
29	1005	601618	中国中冶	32597847.9	21578577.2	434135.5	201.7	0.21	57.4	3.31	0.67	0.89	82.2	2.67	6.46	5.37	290.45	7.68
30	1008	000961	中南建设	8428030	2179209.42	93633.85	101.58	0.82	57.4	2.52	0.29	0.32	84.73	4.56	18.91	30.79	149.69	8.25
31	1060	600502	安徽水利	1233986.74	840943.15	23270.43	43.97	0.46	56.5	5.04	0.77	1	83.58	3.32	23.45	2.81	133.59	11.64
32	1065	002586	围海股份	341832.17	183272.45	11078.7	−1.92	0.29	56.5	6.35	0.61	1.1	52.78	4.56	13.09	63.84	51.27	8.52
33	1090	600491	龙元建设	2084340.94	1623029.98	24297.19	96.43	0.26	56.2	2.69	0.84	0.88	83.92	4.16	5.89	6.19	153.6	7.47
34	1191	600545	新疆城建	958024.97	566500.15	15313.83	84.73	0.14	54.7	3.33	0.63	0.79	77.31	2.97	27.56	4.1	137	7.19
35	1238	002062	宏润建设	1390781.27	797361.72	19892.17	83.52	0.26	53.8	2.89	0.6	0.71	80.92	2.8	1.47	7.22	149.98	7.76
36	1242	002310	东方园林	1306595.22	467958.87	64310.23	−11.64	0.64	53.8	7.57	0.37	0.39	56.22	4.25	−5.91	11	44.64	11.83
37	1249	002060	粤水电	1260760.83	600245.15	9908.08	65.86	0.16	53.6	3.27	0.51	1.18	79.94	1.47	11.2	1.76	150.35	3.95
38	1326	600970	中材国际	2510172.6	2286477.24	5575.64	65.21	0.14	52.4	1.43	0.94	1.09	82.08	3.02	10.29	1.72	152	1.25
39	1355	601789	宁波建工	1036867.42	1364442.19	19618.59	15.89	0.38	51.8	4.19	1.43	1.62	78.18	2.99	1.07	6.58	63.88	8.95
40	1369	600326	西藏天路	317065.11	141582.74	11120.54	46.79	0.12	51.7	5.62	0.47	0.96	54.77	7.03	−18.88	7.52	105.06	8.04
41	1370	600528	中铁二局	5898059.15	7151263.9	36903	204.8	0.19	51.7	1.75	1.3	1.42	88.33	2.26	−10.12	2.02	306.3	5.42
42	1448	002620	瑞和股份	201709.62	152186.2	5479.33	−3.99	0.46	50.4	4.36	0.77	0.91	49.5	7.87	0.91	4.35	58.09	5.49
43	1528	002659	中泰桥梁	195785.99	83278.7	1124.16	103.72	0.04	49.1	2.8	0.46	0.68	67.48	1.45	25.14	1.8	203.92	1.78
44	1529	002135	东南网架	758152.51	422686.85	6672.36	56.08	0.09	49.1	2.24	0.6	0.81	74.99	1.95	13.6	3.23	114.39	3.57
45	1619	300117	嘉寓股份	358717.47	183349.74	4748.71	22.46	0.15	47.5	3.17	0.57	0.72	63.58	2.35	31.87	2.92	97.03	3.69

续表

行业排名	全部上市公司排名	股票代码证券代码	股票简称	年末资产总额（万元）	营业收入（万元）	净利润（万元）	市场投资回报率(%)	每股收益（元）	综合得分(100 分）	总资产报酬率(%)	总资产周转率（次）	流动资产周转率（次）	资产负债率(%)	获利倍数	营业收入增长率(%)	资本扩张率(%)	股价波动率(%)	净资产收益率(%)
46	1645	600477	杭萧钢构	653531.23	393290.85	7362.12	68.44	0.11	47	3.44	0.62	0.74	75.75	1.74	−1.03	32.6	138.78	5.3
47	1702	002307	北新路桥	1003839.52	580779.56	1081.97	181.16	0.05	46.1	2.2	0.63	1.01	86.33	1.16	18.91	0.3	285.5	0.79
48	1807	600986	科达股份	464134.76	111543.93	5007.03	57.75	0.16	44.2	1.52	0.25	0.32	82.97	0	22.85	6.76	156.22	6.54
49	1810	600512	腾达建设	566125.13	291353.08	1149.7	43.49	0.03	44.2	1.65	0.52	0.64	79.31	2.37	57.36	−2.97	106.93	0.97
50	1866	600853	龙建股份	684246.8	556958.37	1882.72	90.6	0.03	42.8	1.9	0.8	0.99	88.31	1.26	−1.49	0.84	173.51	2.36
51	1937	002628	成都路桥	629815.5	149799.55	13790.05	13.89	0.19	40.5	2.94	0.21	0.3	58.2	2.36	−64.93	2.68	59.82	5.31
52	2018	600145	*ST 国创	3186.57	4225.43	−153962.04	18.62	−4.07	38.1	−1610.93	0.44	1.96	4615.94	−5182.91	16.89	−1530.65	114.26	230.06
53	2197	002163	*ST 三鑫	729192.7	461656.66	−13153.78	73.43	0.02	30.6	1.26	0.63	1.48	75.09	0.42	19.61	−6.12	249.03	−7.01
54	2373	000010	深华新	80421.84	23029.97	−7531.83	−4.64	−0.13	16	−9.16	0.25	0.28	31.41	0	−36.45	−16.39	93.18	−12.44
55	2429	002713	东易日盛	166193.39	188001.69	11630.48	46.02	0.96	74.2	10.19	1.32	1.66	44.05	0	18.09	123.75	95.16	17.29
56	2447	002504	东光微电	257022.14	311044.28	20613.8	105.62	0.69	72.4	16.23	1.77	2.12	73.4	58.63	1286.88	1.33	177.17	30.35
57	2506	002717	岭南园林	191349.45	108819.29	11701.16	46.02	0.73	63.8	9.5	0.7	0.89	60.64	20.14	35.11	76.74	77.21	19.84
58	2532	000928	中钢国际	1070884.29	1106133.4	18628.84	65.4	0.34	57.6	7.92	1.73	1.91	77.43	2.97	670.16	548.33	134.14	13.35

第十三章 银行业

2014年，世界经济在温和复苏中进一步分化调整，各国复苏的差异化程度更加明显，国际金融市场动荡加剧。面对复杂多变的宏观形势，坚持稳中求进工作总基调，牢牢把握发展大势，国民经济在新常态下保持平稳运行。上市银行总体保持稳健运行，盈利水平、准备金水平和资本充足水平持续较好，银行间市场流动性总体平稳。2014年，16家上市银行净利润达到1.26万亿元，较2013年的1.17万亿元增幅7.76%。

2015年我国经济工作的首要任务仍然是保持经济稳定增长，基建投资仍将发力，出口有望平稳增长，消费将会继续稳定增长，货币金融环境将发生有利变化，积极的财政政策将会加大力度。2015年商业银行外部环境仍存在积极因素，蕴含不少可以捕捉的业务机会。如监管政策调整、存款偏离度管理的实施将对不计成本的存款恶性竞争构成约束；国企混合所有制改革的推进，使银行可以通过银行贷款、债券市场、并购基金、信托资金等解决国企并购融资资金需求，并在提供专业、全面的顾问咨询服务；对外开放的新机遇将推动国际业务跨越式发展；股市继续向好，银行相关理财产品发行以及基金代销、托管等相关中间业务将有较好的发展机会。总体我国上市银行迫在眉睫的目标之一是要适应利率市场化下的经营环境，从国际银行成熟银行业务发展的共性来看，重点发展轻资本业务已成为全球主流银行的共同趋势。

一、2014年银行业上市公司业绩评价结果

截至2014年末，银行业的A股上市公司共16家，其中：沪市14户，占87.5%，深市2户，占12.5%。16家银行上市公司资产总额105.762816万亿元，所有者权益合计7.409485万亿元，2014年实现营业收入3.333128万亿元，同比增长14.47%，实现净利润1.258925万亿元，同比增长7.76%。

2014年银行业整体评价结果较去年略有下降，进入2014年上市公司业绩评价综合得分百强名单和去年一致为：建设银行、工商银行、招商银行3家，但排名较去年相比分别下降了8、9、26名。

表 13－1 2014 年度银行业十强排行榜

名次	股票代码	股票简称	在全部上市公司中排名
1	601939	建设银行	17
2	601398	工商银行	30
3	600036	招商银行	65
4	601988	中国银行	101
5	601166	兴业银行	126
6	601288	农业银行	137
7	002142	宁波银行	138
8	601009	南京银行	141
9	600016	民生银行	178
10	600000	浦发银行	208

对于银行业上市公司的整体评价，下面分别从安全性状况、流动性状况、盈利能力状况、发展能力状况以及市场表现状况五个方面对银行业上市公司进行具体分析。

（一）安全性状况

1. 资本充足率

由于全行业积极推进新资本管理办法的实施工作，2014 年各行纷纷完善了资本规划，在继续保持利润增长的情况下，有效补充了核心资本，使资本充足率高于监管标准值。与 2013 年相比，16 家 A 股上市银行的资本充足率增长幅度为 7.75%。在上市银行资本充足率排名中名列前三位的是：建设银行（14.87%）、工商银行（14.53%）、交通银行（14.04%）；资本充足率排名后三位的分别为：民生银行（10.69%）、华夏银行（11.03%）、光大银行（11.21%）；16 家上市银行仅建设银行、工商银行、交通银行、中国银行资本充足率在 13% 以上，其他 12 家银行资本充足率均在 13% 以下。

2. 不良贷款率

面对国际金融危机的深层次影响，经济增速放缓等因素，2014 年我国银行不良贷款率出现了不良贷款反弹的情况。与 2013 年相比，16 家 A 股上市银行的不良贷款率增长幅度为（22.56%），增速明显加大。但是得益于快速发展的金融市场以及加强风险管理与控制改善了信贷经营质态，行业的不良贷款率仍处于较低水平，保持了资产质量的整体稳定。16 家 A 股上市银行中不良贷款较低的前三位分别为：北京银行（0.86%）、宁波银行（0.89%）、南京银行（0.94%）；不良贷款率较高的三家分别为：农业银行（1.54%）、中信银行（1.30%）、交通银行（1.25%）。大部分银行不良贷款率较低，表明贷款资产的质量较好。

表 13－2 行业安全性状况表 单位：%

分析指标	2013 年行业平均值	2014 年行业平均值	增长率幅度
资本充足率	11.49	12.38	7.75
不良贷款率	0.90	1.13	25.56

（二）流动性状况

1. 短期资产流动性比率

2014 年与 2013 年相比，16 家 A 股上市银行的短期资产流动性比率增幅为 11.28%。大部分上市银行的短期流动性比率较高，还款能力较强。在上市银行短期资产流动性比率排名中名列前三位分别为：招商银行（59.4%）、宁波银行（54.6%）、平安银行（53.2%）。流动性比率名列后三位的分别为：浦发银行（32.9%）、工商银行（33.2%）、北京银行（33.5%）。

2. 存贷款比例

与 2013 年相比，2014 年 16 家 A 股上市银行的存贷款比例降幅为 0.28%。上市银行存贷款比例较低的前三家分别为：南京银行（47.43%）、宁波银行（64.12%）、农业银行（64.61%）。存贷款比例较高的前三家分别为：浦发银行（74.33%）、交通银行（74.07%）、建设银行（73.45%）。

表 13－3　　行业流动性状况表　　单位：%

分析指标	2013 年行业平均值	2014 年行业平均值	增长率幅度
短期资产流动性比率	40.79	45.39	11.28
存贷款比率	68.68	68.49	−0.28

（三）盈利能力

1. 净资产收益率

2014 年，从内部环境看，经济结构调整的阵痛显现，经济下行压力较大。消费方面，经济增速回落拖累居民收入增长，进而可能影响到消费增长。面临复杂的经济环境，各上市银行将立足点放在服务实体经济和满足客户金融需求上，并以加快发展方式转变和经营转型，深化改革创新，持续改进服务，严格成本管理与控制，保持资产质量稳定为核心，使全年呈现出稳定中有进的良好经营态势。2014 年，在 A 股 16 家上市银行净资产收益率排名中位居前三位的分别是：兴业银行（20.60%）、民生银行（20.35%）、浦发银行（20.25%）；后三位分别是：交通银行（14.79%）、平安银行（16.30%）、中国银行（16.43%）；另外，五大国有控股银行除中国银行和交通银行，其他三家净资产收益率均高于 19%。以上表明银行业整体盈利能力较强。

2. 总资产回报率

2014 年 A 股 16 家上市银行总资产回报率排名中的前三位分别为：建设银行（1.42%）、工商银行（1.40%）、招商银行（1.28%）；排名后三位分别为：平安银行（0.97%），华夏银行（1.02%）、中信银行（1.07%），16 家银行只有平安银行总资产回报率低于 1%。

表 13－4　　行业盈利状况表　　单位：%

分析指标	2013 年行业平均值	2014 年行业平均值	增长率幅度
净资产收益率	19.77	18.49	−6.47
总资产回报率	1.20	1.17	−2.50

（四）发展能力

1. 总资产增长率

2014 年，我国上市银行资产规模继续增长，资产质量总体保持稳定。其中，中国银行通过客户结构和业务结构的成功调整带来了收入结构的显著调整，其按规模系数调整后资本扩张率（25.39%）在 16 家上市银行排名中位居第一，其后两位分别为农业银行（24.50%）、工商银行（24.30%）；排名后三位的分别为：平安银行（11.78%）、光大银行（12.09%）、华夏银行（12.15%）。

2. 营业收入增长率

2014 年，我国上市银行业绩增长的驱动因素主要为营业收入的增长。在 16 家上市银行按规模系数调整后营业收入增长率的排名中，位于前三位的分别为：南京银行（31.57%）、平安银行（28.46%）、招商银行（21.32%）。而后三位分别为：交通银行（7.89%）、兴业银行（11.42%）、北京银行（12.17%）。

表 13 – 5　　行业发展能力状况表　　单位：%

分析指标	2013 年行业平均值	2014 年行业平均值	增长率幅度
总资产增长率	11.48	17.47	52.18
营业收入增长率	14.35	15.97	11.29

（五）市场表现

2014 年，从市场投资回报率看，在 16 家上市银行中，位于前三位的分别为：中信银行（123.4%）、光大银行（96.67%）、南京银行（91.71%）；而后三位分别为：工商银行（46.36%）、平安银行（57.3%）、农业银行（60.9%）。从波动性指标看，股价波动最大的前三家分别为南京银行（366.89%）、宁波银行（286.97%）、浦发银行（199.82%）；排名后三家分别为农业银行（32.35%）、工商银行（33.48%）、中国银行（44.42%）。

表 13 – 6　　行业市场表现状况表　　单位：%

分析指标	2013 年行业平均值	2014 年行业平均值	增长率幅度
市场投资回报率	−4.53	76.07	1779.25
股价波动率	51.09	150.15	193.89

2014 年银行业的总体市场表现可以参见银行业和沪深 300 指数走势比较图，见图 13-1。

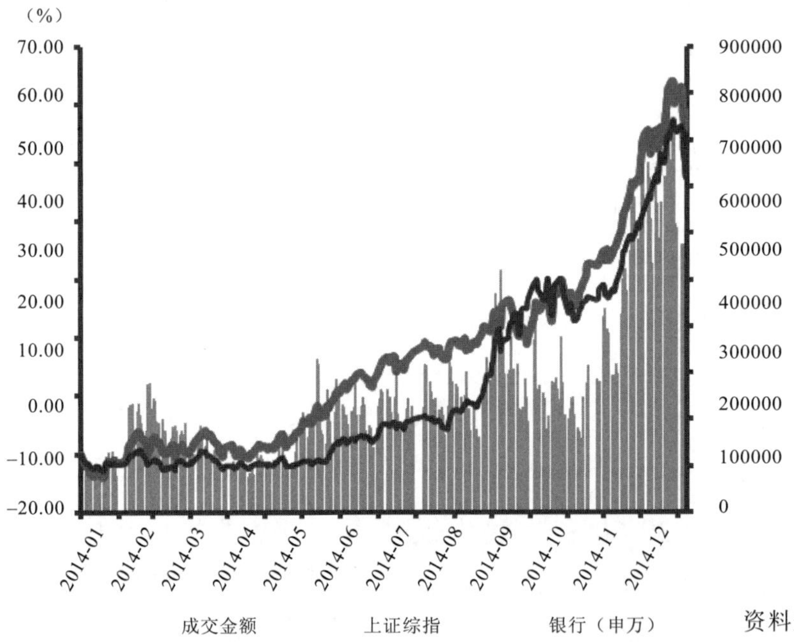

资料来源：Wind 资讯

图 13 – 1　银行业和上证综指走势比较图

二、银行业上市公司业绩影响因素分析

目前，我国上市银行一共有 16 家，包括 5 家国有银行，分别是：工行、建行、农行、中行和交行；3 家城市商业银行，分别是：南京、宁波和北京银行；还有 8 家股份制商业银行，分别是：招行、民生、兴业、平安、中信、光大、华夏、浦发。2014 年，我国 16 家上市商业银行实现营业收入 33，331.28 亿元，同比增长 14.47%，实现净利润 12，589.25 亿元，同比增长 7.76%，影响上市银行业绩的因素主要有以下几方面。

（一）货币政策

1. 调整存款准备金率对上市银行业绩的影响

存款准备金是银行为保证客户提取存款和资金清算的需要而缴存在中央银行的存款，这部分资金与银行吸收的存款总额的比率就是存款准备金率。通常央行会通过调整存款准备金比率来实现宏观调控的目的，银行的流动性会因此受到影响，而流动性的变化必然会影响银行业绩。

表 13－7　　历年来存款准备金变化情况

时间	调整次数	大型金融机构		中小金融机构	
		调整前	调整后	调整前	调整后
2006 年	3	7.50%	9.00%	7.50%	9.00%
2007 年	10	9.00%	14.50%	9.00%	14.50%
2008 年	9	14.50%	15.50%	14.50%	13.50%
2010 年	6	15.50%	18.50%	13.50%	15.00%
2011 年	7	18.50%	21.00%	15.00%	17.50%
2012 年	2	21.00%	20.00%	17.50%	16.50%
		1、4 月：下调县域农村商业银行人民币存款准备金率 2 个百分点，下调县域农村合作银行人民币存款准备金率 0.5 个百分点。调整后县域农商行、农合			
		行分别执行 16% 和 14% 的准备金率，其中一定比例存款投放当地考核达标的县域农商行、农合行分别执行 15% 和 13% 的准备金率			
2014 年	2	2、6 月：对符合审慎经营要求且“三农”和小微企业贷款达到一定比例的商业银行（不含 2014 年 4 月 25 日已下调过准备金率的机构）下调人民币存款准备金率 0.5 个百分点。下调后的存款准备金率为 20%。此外，为鼓励财务公司、金融租赁公司和汽车金融公司发挥好提高企业资金运用效率及扩大消费等作用，下调其人民币存款准备金率 0.5 个百分点			
2015 年	1	20.00%	19.50%	16.50%	16.00%

数据来源：中国人民银行网站

从表 13-7 可看出，2006 年我国规定的存款准备金率比较低，不超过 10%，调整次数也较少。2007 年以后，存款准备金率就一直保持在 10% 以上，并且调整的幅度和频率都比较大。这从侧面反映了自 2007 年以来，央行越来越偏向于通过法定存款准备金率的改变来调整上市银行的流动性。此外，自 2008 年开始，央行在法定存款准备金率上开始实行差别化管理：大型金融机构和中小型金融机构不再统一，金融机构越大其所需的存款准备金率就越高，并且央行对其上调的幅度大过后者，但是下调的幅度却比后者低，这也证明央行更注重大型金融机构流动性的调整。

通货膨胀时，央行会提高存款准备金率，以此减少银行的超额准备金，从而削弱其流动性，使其放贷能力减弱，因此提高存款准备金率会削弱商业银行的业绩。相反，在通货紧缩时期，央行下调法定存款准备金率，上市银行需要上缴的法定存款准备金相应减少，可以运用的超额准备金增加，从而增强了商业银行的信用创造能力，故下调存款准备金率对上市银行的经营绩效有一定的积极影响。

2. 调整存贷利率对上市银行的影响分析

现在我国的利率体系有银行间同业拆借利率、中央银行的再贷款及再贴现利率、存贷款利率等。由于我国长期以来实行的是分业经营体制，上市银行主要以吸收存款、发放贷款为主要业务，所以存贷款利率与上市银行的经营业绩密切相关。

尽管这几年来净利息收入在营业收入中占比有所下降，但仍占有较大比重。当央行采用改变存贷款利率的方式来实施宏观调控时，必定会很大程度地影响上市银行的经营业绩。缩小存贷利差会使上市银行的利润空间相应减小，而提高存贷利差则会使上市银行的利润空间相应加大。

（二）互联网金融

2014 年，互联网金融以势如破竹之势冲击着我国的金融市场，以余额宝为代表的各种互联网金融产品纷至沓来。与银行的定期存款和理财产品相比，这些互联网金融产品具有起点低、收益高、流动好的优势，不仅冲击银行的活期存款，对定期存款也构成威胁，这使得以负债经营为特性的商业银行的存款规模持续减小。根据银监会对商业银行贷存比不能低于 75% 的要求，随着存款规模的减少，其贷款规模也会因此缩小，商业银行依靠垄断地位得到的高额利润将面临威胁。

为了应对互联网金融的影响，各家银行陆续推出了自己的宝类产品，以保留现有客户量和资金量。同时应用互联网的思维方式来谋划电子银行的发展，在完善网上银行和手机银行业务的同时，注重实体客户和虚拟客户的消费习惯，从产品设计、推销渠道、促销宣传三个层面来发展。

（三）公司治理

通过对 16 家上市银行经营业绩与其公司治理的相关关系，我们发现：

①在股权性质方面，国有股权制约了上市银行的风险控制能力和盈利能力，但其与银行的流动性控制能力正相关。这说明，国有股权的存在也有一定的积极效应，不能一味的降低国有股权，而应当促进股权结构的多元化。在股权集中度方面，股权相对集中，一股独大的现象很明显，如 5 家国有银行在近些年的会计年度中第一大股东持股比例均超过 35%。这样的股权结构并没有真正适应银行高杠杆和高负债经营的特性，没有达到对存款人利益保护的目的。

②董事会规模与商业银行业绩之间存在显著的倒“U”型曲线关系。董事会规模与银行的资产规模、股权结构等存在一定的联系，太多的董事会成员往往会降低商业银行决策的有效性，而太少的董事规模也很难发挥董事在股东权利制约方面的作用。因此，当银行结合自身的情况选择合适的董事会成员的规模时，银行的业绩将会得到显著提高。

③监事会规模与银行风险控制能力正相关，与流动性控制能力负相关，而对盈利能力没有影响。监事会的设置在控制银行风险方面发挥了良好的作用，但其在职责权限的设置和监事履职情况方面还存有缺陷，以监事会为核心的监督机制还有待继续完善。

④高管薪酬与上市银行的盈利能力和风险控制能力不存在显著的关系。原因可能是商业银行高层管理人员的选派不一定是按照普通公司那种职业经理人的模式选聘，一些

国有控股商业银行更多的是采取行政命令和政治任命来完成，而这种选聘模式在现代商业银行的激励中效果并不显著。市场化程度较高的股份制银行的董事、高管薪酬会保持在相对较高的水平。

（四）创新能力

商业银行创新能力反映的是银行创新系统行为的一种综合能力，是指商业银行不断创造并运用新思想、新观念，通过技术进步、市场开拓、管理升级和文化建设等各种方法手段，实现银行发展战略目标的综合能力。研究发现，商业银行的创新能力对银行绩效具有显著的正向影响，银行可以通过提高创新能力来提升自身的经营业绩。并且，国有商业银行与股份制及城市商业银行的创新能力对绩效的影响方向相同，但是程度不同，股份制及城市商业银行市场化程度相对较高，通过提高创新能力来提升经营业绩的作用更大。

三、2015 年银行业前景分析

（一）利率市场化使银行持续盈利能力受到较大挑战

1. 银行竞争加剧，净息差面临较大压力

在维持基本存贷利差条件下，商业银行通常会选择控制存款利率上限和贷款利率下限的方式来保证利润的实现。一旦利率管制放开，各大银行之间存款与贷款的竞争就会加剧，银行利润也会因此而下降。这对于以存贷利差收入为主要利润来源、中间业务较为单一的商业银行而言，无疑是致命的打击。

受贷款利率下降、存款利率浮动上限提高的影响，2015 年银行净息差将面临较大的结构性压力，首先，2014 年年末非对称降息的重定价过程在 2015 年将对银行存量存贷款息差形成显著影响。其次，新增贷款利率总体略有下行的可能性较大。再次，我国利率市场化进程持续推进，在金融产品多元化和投资便利化的过程中，低成本存款负债增速将总体放缓，银行负债成本有持续的上升压力。最后，2015 年存款利率浮动区间有进一步放松的可能性，存贷款基准利率也有经历再次下调的可能性。但总体来看，2015 年银行业净利润仍将持续增长。

2. 银行传统的业务结构不能适应利率市场化的发展

目前我国商业银行的经营模式是以传统的存贷款业务为核心，利息收入是主要的利润来源，业务发展上对大中型公司客户的依赖较大，这导致商业银行之间客户结构、业务结构、信贷投向严重“同质化”。随着金融体制逐步完善，融资模式和层次日益多元化，仅将存贷利差作为单一收入来源的银行必将遭受巨大打击。因此，商业银行必须在此基础上调整业务结构及经营战略，将非息收入作为重点。

3. 信贷扩张带来不良贷款增加

中国银行业在经历了因经济刺激计划产生的信贷扩张后，不良贷款正在暴露。2014 年四季度，银行不良贷款余额 8426 亿元，是 2013 年不良贷款的 1.42 倍，不良贷款率较 2013 年末上升了 0.25 个百分点至 1.25%。更为重要的是，银行资产质量恶化的真实压力可能远比表面披露的数据严峻。2015 年，中国银行业面临的不良贷

款压力仍然较大，这将是运营成本的主要压力来源。预计关注类和逾期贷款较快上升的趋势将惯性延续，不良贷款新增额将进一步增加。由于实际信用成本上升，银行业资产拨备比例有必要进一步增加，这一过程将对银行利润增长产生较明显的负面影响。

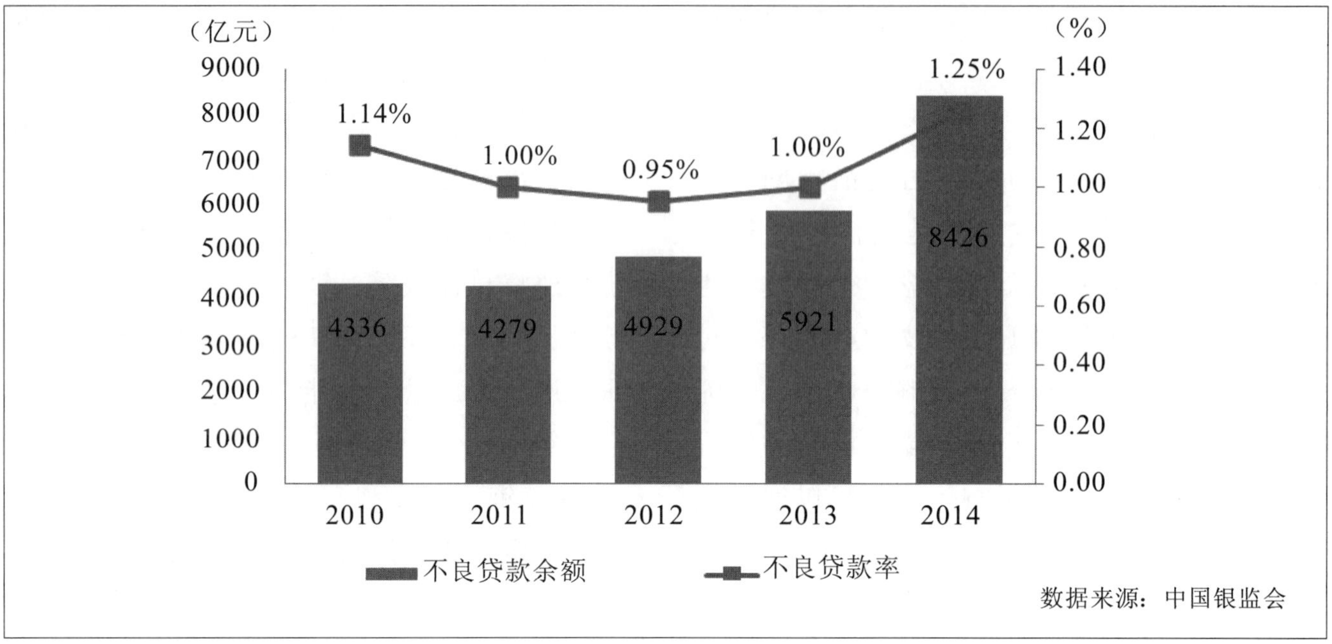

图 13－2　近 5 年来商业银行不良贷款情况

4. 中间业务收入保持较快增长

随着社会财富的增加，企业和居民对资金管理和金融交易的需求较快扩张，由此衍生出较多手续费和佣金相关业务需求。这一方面使融资模式日益多元化，另一方面也使银行非信贷业务的发展总体快于传统信贷业务的发展，银行表外类信贷业务，如财务咨询、理财托管等业务高速增长。此外，从银行内部制定经营策略的角度来看，大部分银行在净息差收入增长放缓期间将中间业务作为其利润增长的重要支撑点，这也是形成银行中间业务收入高速增长的内生性驱动因素。

（二）存款延续理财化趋势，经营风险日趋复杂

在存款利率管制和投资渠道单一的情况下，居民对银行理财产品的需求非常大，理财产品对存款的分流也日益明显。银行一方面大力发展理财业务，使收入来源更多元化；另一方面为了满足贷存比监管要求，将理财产品到期日设计在月末、季末，把理财产品实际上作为存款替代品经营。银行在经营理念上的偏离，自然而然地反映到其业务操作中，包括销售误导、期限严重错配、信息披露粗糙、内部交易调节收益等，从而进一步坐实理财产品即为“存款替代品”，强化了“刚性兑付”。截至 2014 年 6 月 30 日，银行理财资金中 8.48 万亿元投资于实体经济，占理财产品余额的 67.04%；银行理财资金投资于债券及货币市场、现金及银行存款、非标准化债权、权益类资产的占比分别为 39.81%、28.68%、22.77% 和 6.48%。可以看出，银行理财业务大部分为债权类直接融资，这类业务又以非保本浮动收益型理财产品为主，在银行表外核算，不占用资本，无需计提拨备。

（三）银行资本管理手段更加丰富

银行资本管理的新增手段是具有创新性的资本工具和更加常规化的信贷资产证券化业务。目前，银行仍处于资本不断消耗和补充的周期往复中。从 2013 年一季度开始，银行资本充足率相关指标依据新资本管理办法计算。由于新的计算方法更趋严格，增加了市场风险、操作风险并且重新信用风险权重，截至 2013 年一季度末银行业资本充足率为 12.28%，较 2012 年末的 13.25% 大幅下降。2013 年，受盈利增速放缓、资产规模快速扩张、合格资本工具发行渠道不畅的影响，银行业资本充足率持续下滑，四季度末为 12.19%。2014 年以来，监管部门加快了对银行二级资本债券的审批，推动银行首只境内优先股试点发行。截至 2014 年 11 月末，共有 31 家银行发行了二级资本债券，规模达到 3068 亿元，3 家上市银行发行境内优先股 600 亿元，银行资本压力显著缓解，三季度末银行业资本充足率上升至 12.93%。2014 年 11 月，在"盘活资金存量"的政策指导下，银监会将信贷资产证券化业务由审批制转为业务备案制，信贷资产证券化业务步入常态化发展。在资本管理和监管方面，银监会根据巴塞尔委员会修订后的杠杆率国际规则，发布了商业银行杠杆率管理办法，以不具风险敏感性的杠杆率指标作为资本管理的辅助和补充，有效抑制银行非信贷资产的扩张冲动。银监会还核准了工商银行等六家银行实施资本管理高级方法，表明大型银行的风险管理从定性为主向定性与定量相结合转变，有利于银行更加准确地计量资本，提高资本的使用效率和精细化管理水平。

尽管金融危机后监管部门对银行资本充足率的要求更加严格，但中国银行业监管逐步与国际接轨，吸收了国际监管机构在资本管理方面的先进理念和技术，资本工具的创新和资产证券化的常态化发展，赋予了银行更丰富的资本管理手段，有利于提高中国银行业的资本管理水平和监管水平。

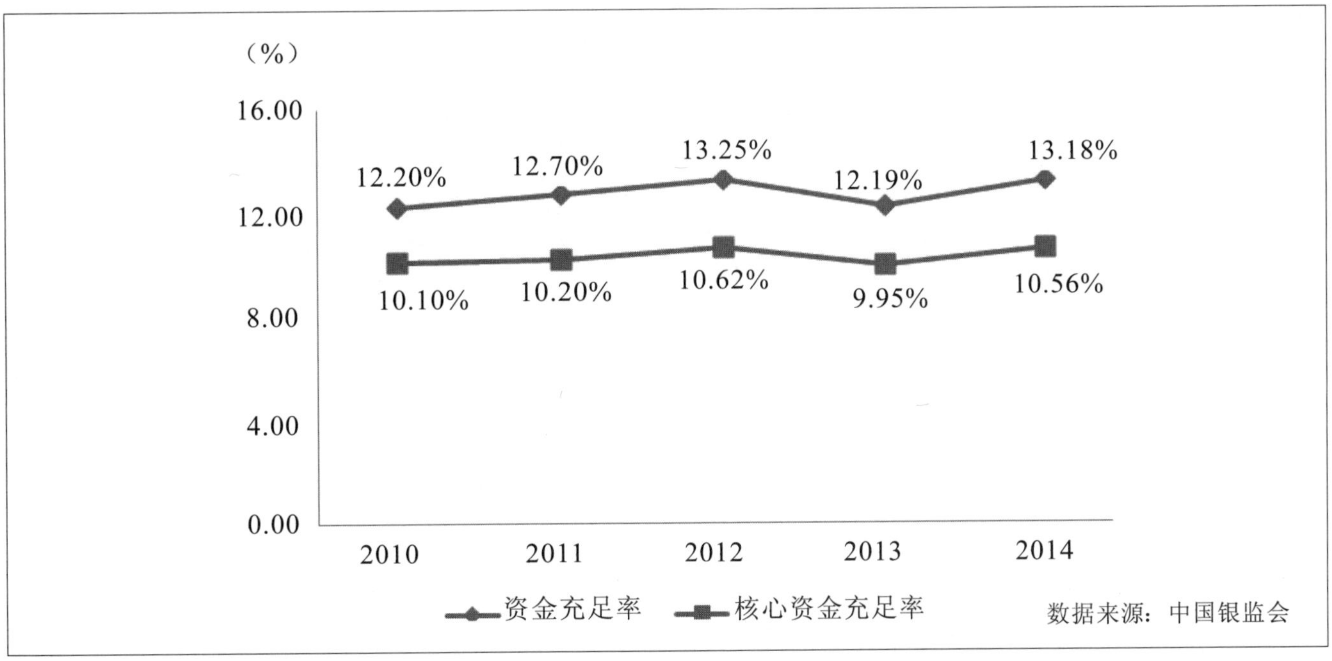

图 13－3　近 5 年来商业银行资本充足率情况

（四）银行业经营格局出现变化，外部支持仍是银行信用状况的重要考虑因素

2015 年，中国经济进入新常态，金融体制改革探索“深水区”，银行业经营格局总体变化会较大，营业收入结构、资产结构、业务发展模式、社会融资环境的变化将会对商业银行的利润驱动因素产生较明显的影响。由此，银行业进入差异化竞争的的新格局，主要表现在：综合服务能力强、负债基础扎实、创新能力强的银行将在存款和负债成本的竞争中领先；具备更强的资产定价能力和风险识别能力的银行将会在社会融资成本总体趋降的背景下更具优势；创新意识和创新能力是将经营绩效提高到新高点的重要因素；合理运用自身资源，调整经营模式、适应经济转型、灵活运用电子化信息化技术、开展市场化改革的银行，将获得更大的市场份额和更高的定价水平。

随着金融市场化改革的持续推进，目前已有五家民营银行获批筹备，存款保险制度征求意见稿出台，市场化退去机制将取代政府对银行的隐性担保。另一方面，目前有三家中国的银行被金融稳定理事会列为全球系统重要性银行，被要求增加额外的资本缓冲。银监会于 2014 年 1 月下发《商业银行全球系统重要性评估指标披露指引》，将表内外资产余额超过 1.6 万亿元人民币的商业银行均纳入该指引要求披露信息的范畴。考虑到具有系统重要性的大中型银行庞大的资产规模、客户基础和市场影响力，它们可能在出现危机时获得政府系统性支持。此外，银行在危机时仍然可能获得其控股股东救助，包括中央政府、地方政府以及大型国有企业的救助。

附表

2014 年银行业上市公司业绩评价结果排序表

行业排名	全部上市公司排名	股票代码	股票简称	综合得分（100 分）	每股收益（元）	资本充足率（%）	不良贷款率（%）	短期资产流动性比例（%）	存贷款比例（%）	净资产收益率（%）	总资产回报率（%）	总资产增长率（%）	营业收入增长率（%）	市场投资回报率（%）	股价波动率（%）	年末资产额（亿元）	营业收入（亿元）	净利润（亿元）
1	17	601939	建设银行	83.10	0.91	14.87	1.19	48.88	73.45	19.74	1.42	19.89	14.59	75.07	88.50	167441.30	5704.70	2282.47
2	30	601398	工商银行	81.68	0.78	14.53	1.13	33.20	68.40	19.67	1.40	24.30	14.10	46.36	33.48	206099.53	6588.92	2762.86
3	65	600036	招商银行	79.39	2.22	11.74	1.11	59.38	70.49	19.28	1.28	15.69	21.32	62.14	180.44	47318.29	1658.63	560.49
4	101	601988	中国银行	77.94	0.61	13.87	1.18	49.90	72.97	16.43	1.22	25.39	13.18	70.46	44.42	152513.82	4563.31	1771.98
5	126	601166	兴业银行	77.16	2.49	12.19	1.10	41.59	64.76	20.60	1.18	23.83	11.42	70.68	186.48	44063.99	1248.98	475.30
6	137	601288	农业银行	76.86	0.55	12.82	1.54	44.02	64.61	19.15	1.18	24.50	13.85	60.90	32.35	159741.52	5208.58	1795.10
7	138	002142	宁波银行	76.86	1.73	12.40	0.89	54.61	64.12	18.88	1.11	20.32	12.20	78.26	286.97	5541.13	153.57	56.34
8	141	601009	南京银行	76.80	1.91	12.00	0.94	47.43	47.43	19.00	1.12	13.24	31.57	91.71	366.90	5731.50	159.92	56.56
9	178	600016	民生银行	75.88	1.33	10.69	1.17	36.00	69.88	20.35	1.26	15.96	12.68	71.37	131.17	40151.36	1354.69	455.67
10	208	600000	浦发银行	75.06	2.54	11.25	1.06	32.93	74.33	20.25	1.20	21.64	18.53	78.59	199.83	41959.24	1231.81	473.60
11	236	601818	光大银行	74.22	0.62	11.21	1.19	45.90	70.86	17.41	1.12	12.09	14.18	96.67	104.58	27370.10	785.31	289.28
12	259	000001	平安银行	73.60	1.73	11.75	1.02	53.21	65.39	16.30	0.97	11.78	28.46	57.30	159.33	21864.59	734.07	198.02
13	266	601998	中信银行	73.42	0.89	12.33	1.30	51.82	73.08	16.77	1.07	12.70	15.42	123.40	148.82	41388.15	1247.16	414.54
14	296	601328	交通银行	72.80	0.89	14.04	1.25	47.17	74.07	14.79	1.08	12.37	7.89	89.73	121.38	62682.99	1774.01	660.35
15	312	601169	北京银行	72.43	1.48	11.40	0.86	33.46	71.41	17.96	1.09	13.67	12.17	78.56	172.39	15244.37	368.78	156.46
16	358	600015	华夏银行	71.59	2.02	11.03	1.09	46.76	70.65	19.24	1.02	12.15	13.90	65.95	145.33	18516.28	548.85	180.23

第十四章 证券行业

2014年上市券商实现营业收入1589.93亿元、净利润600.89亿元，营业收入和净利润分别同比增长69%、110%。经纪业务受市场交易额上升影响，增幅明显，而融资融券等创新业务收入持续稳健上升，传统和创新共同促进行业业绩提升。

从2014年证券行业经营环境来看，行业景气度开始回升，整体而言要好于2013年。2014年日均股票成交金额3006亿元，比2013年增长54%，传统经纪业务获得了相对活跃的交易环境的支持；同时，随着沪港通、股票期权等创新产品面世，新兴业务亦为行业业绩提供了较充分的补充。因此，行业整体表现较2013年有一定程度增长，呈现出较好的发展态势。

一、证券行业上市公司总体分析

截至2014年末，纳入本次评价范围的证券行业的A股上市公司共18家。18家证券行业上市公司资产总额22080.28亿元，所有者权益合计4801.80亿元，营业收入1293.11亿元，净利润494.28亿元。

按照中国上市公司业绩评价指标体系，18家证券行业上市公司中，中信证券、广发证券、招商证券、海通证券、太平洋、国金证券、兴业证券、华泰证券等8家进入2014年上市公司业绩评价综合得分的百强名单，年度证券行业前十强见表14-1。

表14－1 2014年度证券行业中联十强排行榜

行业排名	股票代码	股票简称	全部上市公司排名
1	600030	中信证券	1
2	000776	广发证券	7
3	600999	招商证券	11
4	600837	海通证券	18
5	601099	太平洋	32
6	600109	国金证券	35
7	601377	兴业证券	37
8	601688	华泰证券	98
9	601901	方正证券	118
10	600369	西南证券	125

下面分别从安全性状况、流动性状况、盈利能力状况、发展能力状况以及市场表现状况五个方面对证券行业上市公司进行具体分析。

（一）安全性状况

1. 证券自营规模比率

根据表14-2可以看出，2014年，全部上市证券公司的证券自营规模比率均低于监管标准值。

证券自营规模比率与2013年相比，上升了9.21%，证券自营规模比率最高的为中信证券（90.7%）和西部证券（89.6%），其余券商的自营规模比率不均。2014年，随着投资渠道与金融工具的进一步丰富，券商能够涉及的投资渠道也得到了进一步拓展，大多数上市券商在2014年都进行了经营结构调整，进而扩大了自营业务的规模。

2. 净资本和各项安全准备之和比率

根据表14-2可以看出，2014年，全部证券公司的净资本和各项安全准备之和的比率均高于监管标准值。

2014年与2013年相比，净资本和各项安全准备之和比率有所下降。主要由于部分证券公司经营结构调整，各项安全准备相对净资本有一定幅度的下降。整个证券行业上市公司中有2家（国金证券、西南证券）净资本和各项安全准备之和比率大于1000%，相比于2013年只有1家净资本和各项安全准备之和比率大于1000%的情况，略有增长。

表14－2 行业安全性状况表

分析指标	行业标准值	2014年行业平均值（%）	2013年行业平均值（%）	增长率（%）
证券自营规模比率	≤ 100%	42.7	39.1	9.21
净资本/各项安全准备之和	≥ 100%	664.5	730.9	-9.08

（二）流动性状况

1. 净资本比率

根据表14-3可以看出，2014年与2013年相比，净资本比率提高了4.69%，主要原因是2014年市场整体景气程度开始恢复，支持性政策逐渐发挥作用，证券公司的创新类产品逐步推出市场，故传统业务开始企稳回升，新的利润增长点亦逐步显现，因而资本积累效应开始出现。

2. 资产负债率

根据表14-3可以看出，2014年与2013年相比，资产负债率下降了56.81%。

表14－3 行业流动性状况比较表 单位：%

分析指标	2014年行业平均值	2013年行业平均值	增长率
净资本比率	69.24	66.14	4.69
资产负债比率	54.72	126.70	-56.81

（三）盈利能力

表14-4列示了证券行业上市公司盈利能力评价结果。从基本指标来看，净资产收益率和总资产收益率均有上涨，主要由于2014年A股市场开始复苏，上市证券公司的经纪、自营、资管业务收入增加，同时创新业务亦为券商贡献了一定的收入，因而整体盈利能力有所上升。

表14－4 行业盈利能力比较表 单位：%

分析指标	2014年行业平均值	2013年行业平均值	增长率
净资产收益率	7.30	6.66	9.61
总资产报酬率	3.30	2.44	35.25

（四）发展能力

2013年有19家上市证券公司，2014年由于宏源证券涉及资产重组，未纳入统计范围，故只有18家上市证券公司，统计口径不同，因此资本扩张率和营业收益增值率差异较大。

从表14-5可知，2014年，证券行业上市公司的资本扩张能力由于行业景气程度的整体回升，传统业务及创新业务均有一定程度增长，因而有较大幅度上升。营业收入增长能力的上涨幅度较小，主要原因是统计口径不一致，2014 年少一家上市公司所致。

表 14 – 5　　行业发展能力比较表　　单位：%

分析指标	2014 年行业平均值	2013 年行业平均值	增长率
资本扩张率	39.80	14.25	179.30
营业收入增长率	3.60	17.01	−78.84

（五）市场表现

2014 年由于 A 股市场的逐渐复苏，上市证券公司受益于二级市场的较好预期，市场表现较 2013 年有较大好转。

在收益率得分方面，相对 2013 年，2014 年的收益率有较大程度上升，18 家上市证券公司的收益率均为正数。

在波动性方面，整体的波动性与 2013 年持平。

表 14 – 6　　行业市场表现比较表　　单位：%

分析指标	2014 年行业平均值	2013 年行业平均值	增长率
收益率	51.30	−7.38	795.12
波动性	139.10	139.10	–

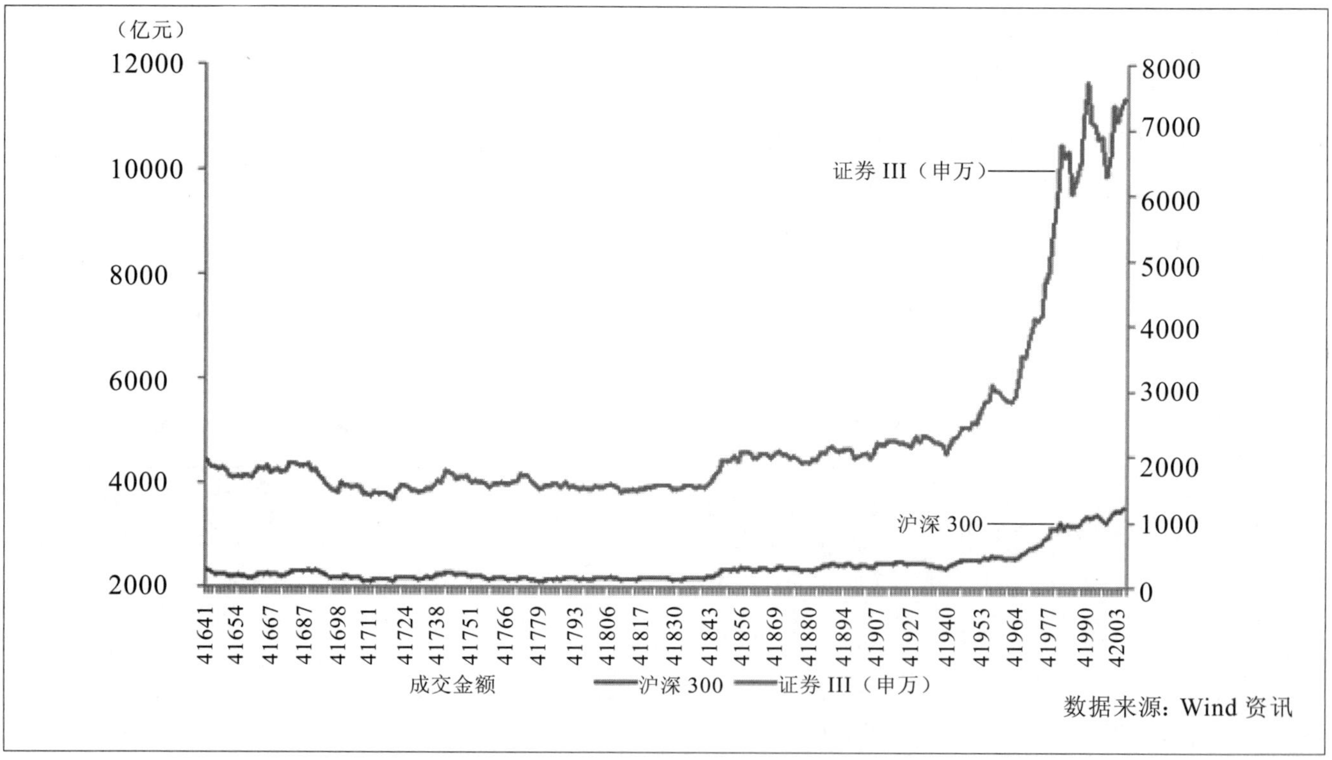

图 14 – 1　2014 年证券行业和沪深 300 指数走势比较图

二、2014 年证券行业业绩的影响因素分析

（一）流动性驱动的证券行情

由于宏观经济需求结构的调整，2014 年的中国宏观经济增速放缓；同时海外经济仍处于调整恢复期，使得大宗商品的价格步入下跌区间，国内物价水平一直处于低位。这为央行不断释放流动性提供了良好的宏观条件。从 2014 年 4 月开始，央行采取了一

系列降准降息行动，例如2014年4月22日及6月9日的两次定向降准，2014年11月22日降息等，均在一定程度上释放了市场流动性，为A股行情的企稳复苏创造了较好的货币环境。

与此同时房地产行业也正经历严冬，长期低估的股票资产变得具有吸引力，从而成为居民大类资产配置的一个重要方向，充足的流动性涌向了证券市场。据Wind资讯金融终端的数据统计，2014年全年A股成交额73.770798万亿元，同比增长59.15%。上证综指从2014年3月12日的最低点1974.38点迅速拉升至2014年底的3，234.68点。沪深两市总市值也从2014年3月末的23.7825681万亿元，大幅增长到12月末的37.2546956万亿元。

（二）股权资产配置比重偏低

从横向对比的角度来看，我国股权资产的比重仅为4%左右，远远低于以美国为代表的发达资本市场接近30%的权益类资产配置比例；而从纵向对比的角度来看，随着股市逐步形成财富效应，我国居民资产正向权益类资产逐步倾斜，我国目前居民配置在权益类资产的比例仅为4%，与2007年牛市中8.6%的比例相比仍有较大的提升空间。无论从横向和纵向考虑，我国居民资产仍有进一步进入股市的空间，在股市逐步具有财富效应的背景下场外资金继续进场的趋势预计仍将延续。

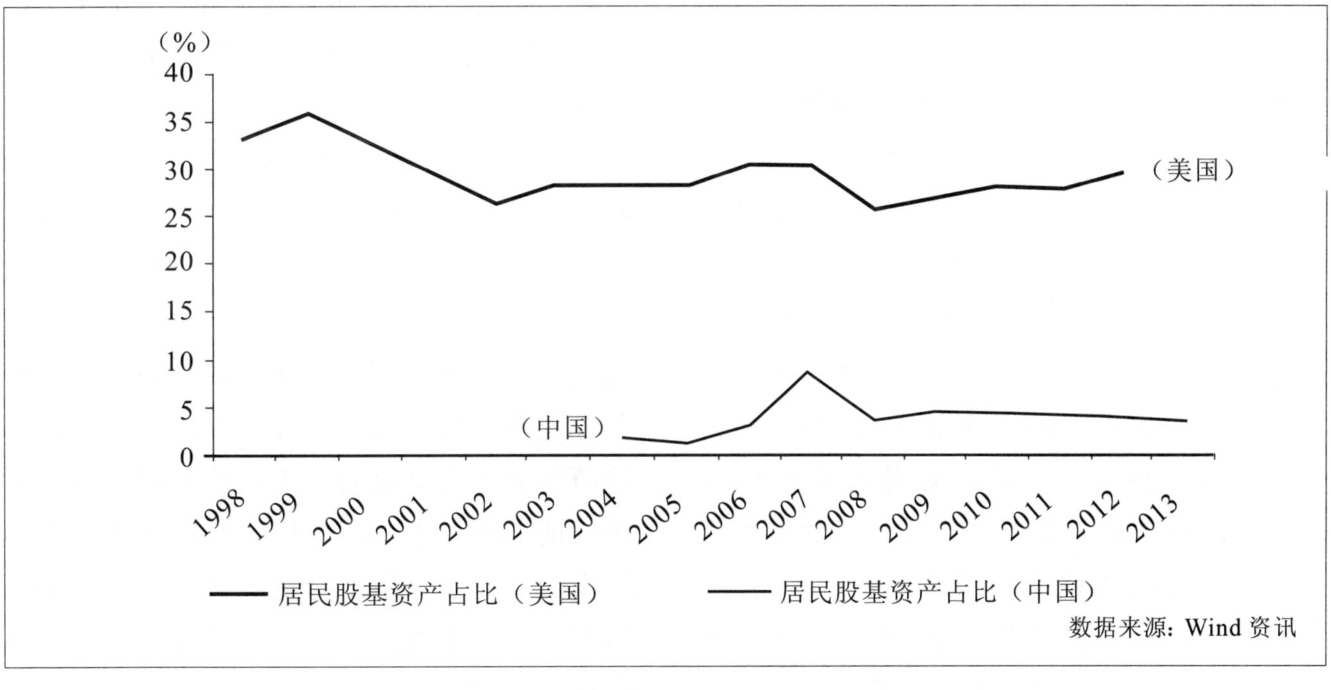

图14－2　中国与美国股权资产配置情况图

（三）加杠杆手段丰富

目前，国内资本市场加杠杆的手段日益丰富，融资融券、股权质押、伞形信托等加杠杆工具层出不穷。据Wind资讯金融终端数据统计，截至2014年底，融资融券的规模已经超过1万亿元，股权质押业务规模达到600亿股左右。与场外资金不断进场相比，场内资金加杠杆的速度更为迅速，而融资融券则成为投资者加杠杆的主要工具。

目前，由融资融券引致的交易量占到交易总量的25%左右。杠杆工具的出现是市场交易活跃非常重要的动因。

2014年，证券行业传统业务的战略转型力度进一步加强，具体而言，经纪、资管、自营、投行作为传统四大业务线与“类贷款”业务，在2014年转型过程中强调以下几个方面。

（一）经纪业务

1. 经纪业务转型明显

随着牛市的到来，经纪业务的交易结构从纯粹的通道业务向由信用交易引发的经纪业务转换，由信用交易导致的交易量处于不断提升的趋势之中，信用交易引致的经纪业务佣金率普遍高于纯通道业务，预计随着信用交易规模的扩张，行业整体佣金率下降趋势将逐渐减缓。

2. 经纪业务收入占比下滑，其他业务收入占比上升

据中国证券业协会发布的年度证券公司经营数据显示，2014年经纪业务收入占比为40.3%，同比下滑7.4个百分点；投行业务收入占比为11.9%，同比提升1个百分点；资管业务收入占比为4.8%，同比提升0.4个百分点；自营业务收入占比为27.3%，同比提升8.1个百分点；融资融券收入占比为17.1%，同比提升5.6个百分点。从占比上看，只有经纪业务收入占比出现下滑，而其他业务收入出现增长，其中收入占比增长最快的是自营业务和融资融券业务，2014年上述两项业务成为行业的主要业绩增长点。

3. 受累于佣金率下滑，收入增速低于成交额增速

2014年两市成交总额为73.78万亿元，同比增长59.15%，而与成交金额密切相关的券商经纪业务收入同比增长率仅为38.23%，较大程度低于两市成交额的增长，主要原因是佣金率的下滑。基于中国证券业协会数据测算的结果显示，2014年行业平均佣金率水平为0.071%，较2013年下滑0.01%。2014年，随着一码通、新型营业部、网上开户等业务的开展，券商对于经纪业务客户的争夺更加激烈，从而导致了佣金率的下滑。随着互联网技术的发展以及相关政策的配套，未来券商佣金率水平还将进一步下滑，只有通过其他业务的拓展，才能有效弥补佣金率下滑带来的影响。

（二）自营业务多元化发展

2014年A股市场和债券市场均有明显好转，这导致证券行业自营业务2014年收入为710亿元同比增长132.48%，增速远远超过2013年同比增速。

2012年以来，自营业务一直是证券行业除经纪业务以外最大的收入来源。2014年，在市场行情较好的背景下，券商自营业务亦取得了较好的业绩，自营业务收入占比达到了27.29%，增速高达132.48%。自营业务是券商利用自有资金进行投资，反映了券商主动管理资金的能力，从数据上看券商较好地把握住了市场行情，获得了相对丰厚的收益。但需要指出的是，从历年该业务数据变化趋势上来看，一旦股票市场走弱，自营业务收益就会受到相应影响，因此，能够更好地把握权益类和固定收益类资产配置比例关系的券商的自营业务业绩将更加稳健。

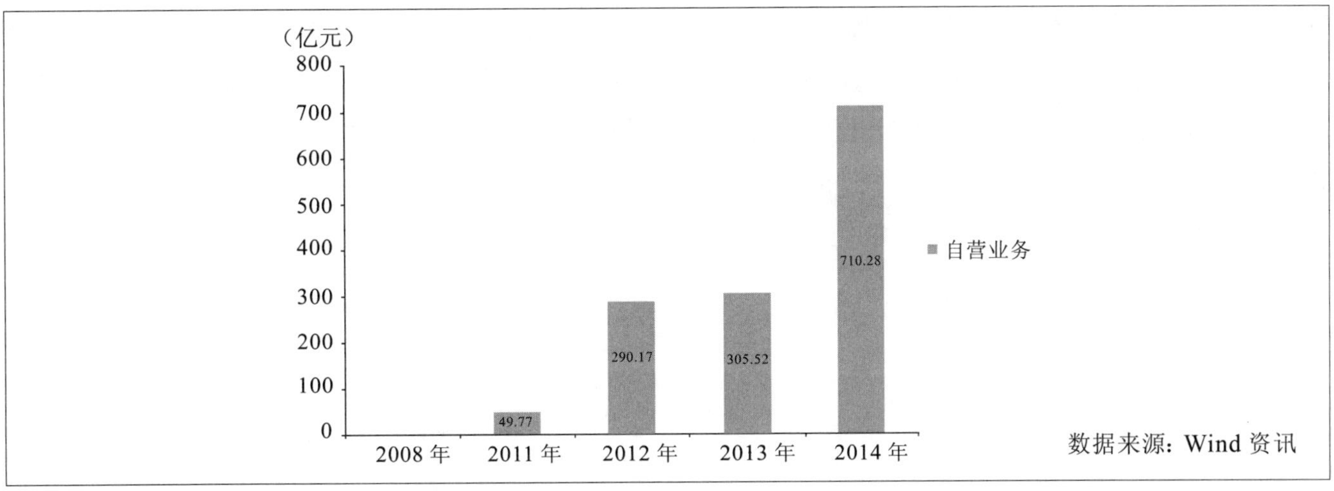

图 14－3　2011～2014 年证券行业自营业务净收入

（三）投资银行业务收入大幅增长

据 Wind 金融资讯终端数据，2014 年全年共有 125 家企业 IPO，募集资金 669 亿元；487 家企业增发，募集资金 6911 亿元；13 家企业配股，募集资金 138 亿元。随着 IPO 的恢复以及股指的不断攀高带给上市公司的并购热情，2014 年券商投行业务实现收入 309 亿元，同比出现较大幅度增长。2014 年 IPO 给券商带来了 56 亿元的收入，增发及配股带来了 93 亿元的收入，债券承销带来的收入是 91 亿元，财务顾问带来的收入是 69 亿元。可见，随着 IPO 的恢复，股权承销再次成为券商投行部门的主要收入来源。从收入占比上看，近年来投行业务的收入占比在 15% 上下波动，相对来说比较稳定，预计 2015 年 IPO 数量将进一步增长，投行业务对券商的业绩贡献作用将继续增加。

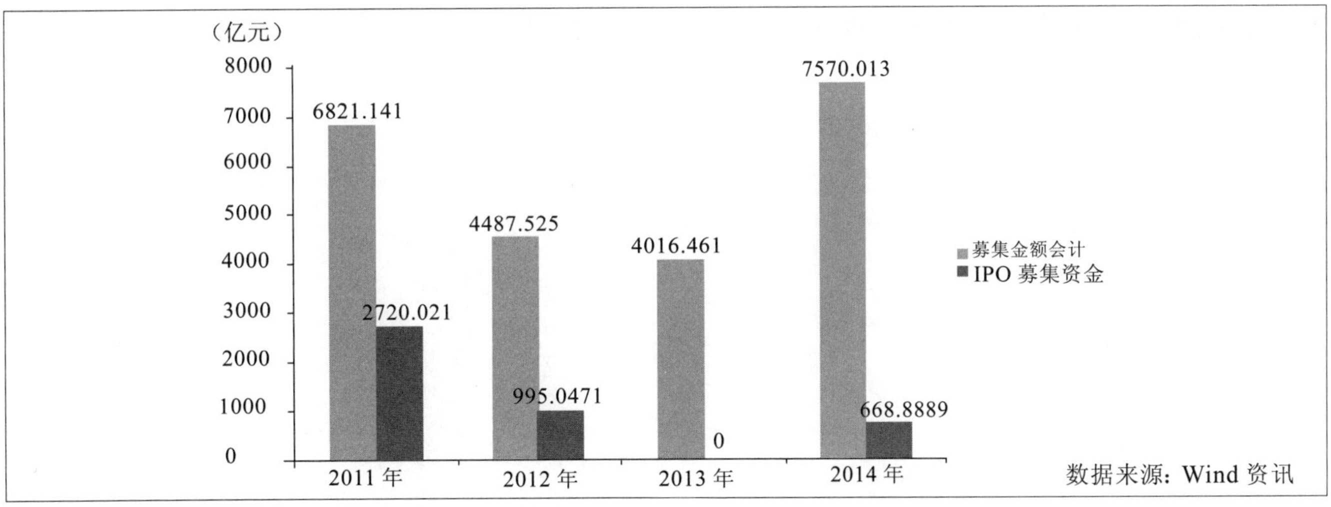

图 14－4　2011～2014 年证券行业股权融资规模

（四）资产管理业务平稳发展

2014 年证券行业资产管理业务稳步提升，实现净收入 124 亿元，同比增长 25.3%。券商受托管理资本金总额为 7.97 亿元，同比增长 53.27%，增速相对 2013 年的 175.13% 大幅下滑，主要原因是通道业务监管加强，市场趋于饱和所致，从收入占比来看，券商资管业务仅占行业总收入的4.76%，在2013年基础上小幅提升，这也说明券商主动管理的资管产品金额占比较小。资管业务对于国外成熟投行的收入贡献作用是很大的，该业务能够充分反应券商吸引客户资金及管理资金的能力，在这方面国内券商资管业务还有很长的路要走，短期内暂时不会对券商总体业绩产生太大影响。

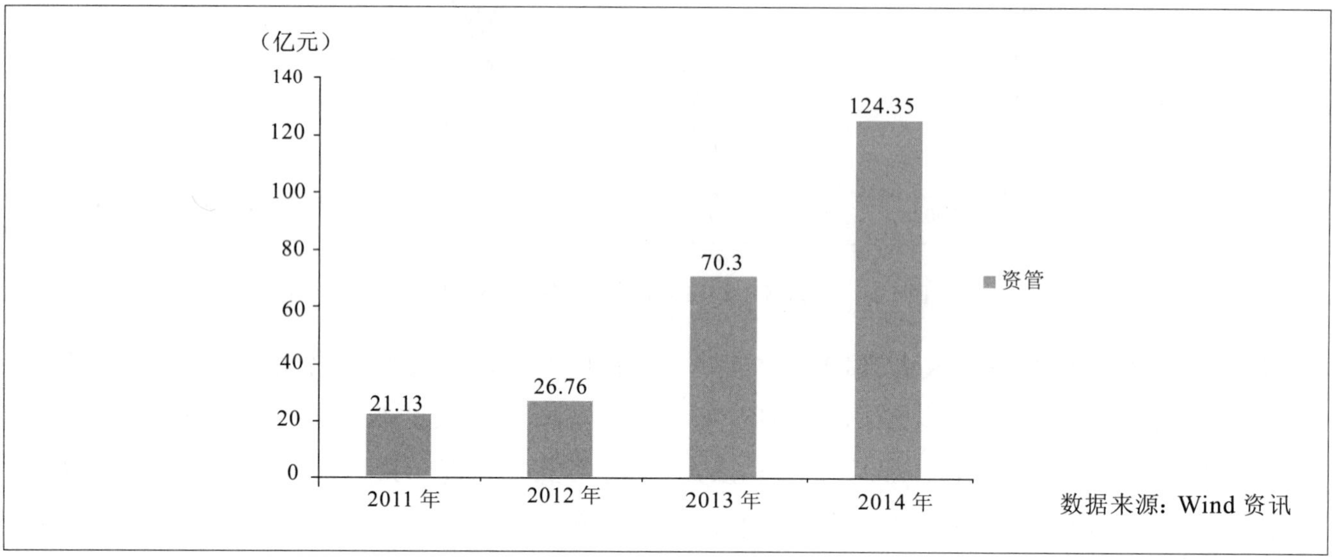

图14－5　2011～2014年证券行业资产管理业务收入

（五）“类贷款”业务盈利稳定增长

2014年，“类贷款”业务仍然是创新业务的主力。融资融券、约定式购回、股票质押式回购等业务2014年均出现了爆发式增长。

自2010年以来，融资融券类业务发展迅猛，2014年尤其活跃，截至2014年年末，沪深两市融资融券规模已超一万亿，同比增长196%，为券商带来大量利息收入。

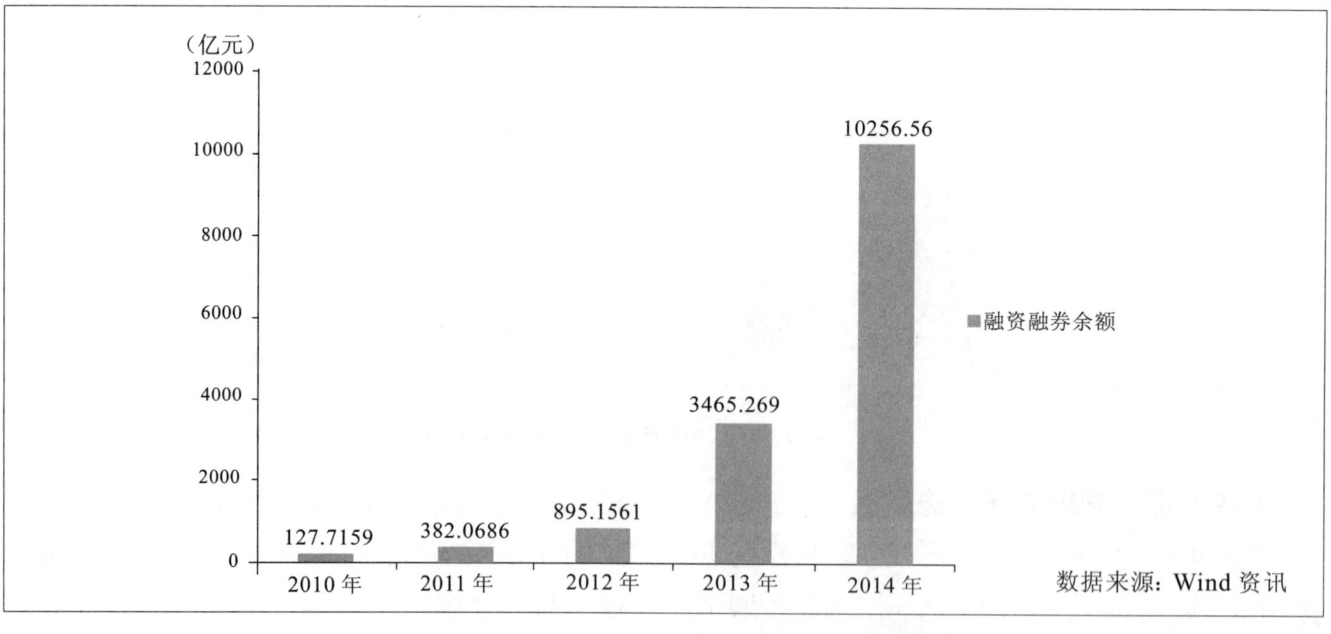

图14－6　2010～2014年证券行业融资融券额

据 Wind 资讯金融终端统计，A 股市场 2014 年质押业务总规模（按抵押标的的市值计算）13，079.41 亿元，同比增长 40.76%。

表 14－7　2010 ~ 2014 年 A 股权质押统计

年份	全年股权质押股数（亿股）	参考市值（亿元）
2010	425.09	5434.204642
2011	565.25	7347.271167
2012	773.79	6913.976964
2013	939.38	9292.208916
2014	1,185.43	13079.40972

三、2015 年证券行业前景分析

（一）互联网金融前景较好

随着券商对互联网金融的认识和接受程度不断加深，以及政策和监管层面的逐渐支持，券商互联网金融将继续发展。行业层面，互联网金融目标是要实现综合账户和五大互联网功能的全部互联网化；公司层面，正在从目前的借助互联网渠道和低价战略获取客户到打造综合理财平台转变。在历经前期同质化的“渠道＋价格”竞争后，券商在互联网金融领域将有望打造新的模式。

（二）政策利好持续

进入 2015 年，股票期权正式揭开资本市场改革大幕，3 月 5 日，李克强总理在政府工作报告中指出，加强多层次资本市场体系建设，实施股票发行注册制改革，适时启动深港通试点。

1. 注册制改革，投行业务增长空间有保证

市场对注册制的预期较为明确，注册制改革草案在去年年底就已提交国务院审议。注册制改革的核心在于信息披露，取消企业上市门槛，审核权下放到交易所将是大概率事件。注册制改革牵一发而动全身，需要监管转型，信息披露和退市等制度完善、审核和执法力量到位、市场主体认识的配合，因此实际推进会是一个渐进过程，具体表现是 IPO 数量和融资规模不会突然增加，这也与监管层稳定市场预期、月度均衡、适度增加的表态一致。在目前股市交易活跃，资金逐步入市的前提下，监管层有可能适当加速 IPO 节奏，但在正式落地前后仍将保持平稳过渡。截至 2015 年 3 月 26 日，有 43 家企业过会，333 家企业正常待审核，终止审核企业 238 家，企业上市融资需求强烈，在注册制实施后，券商投行业务增长空间将有所保证。

2. 沪港通基础上的深港通创新

2015 年初，李克强总理“沪港通后应该有深港通”的表态发出了深港通的最强音。2 月，深交所理事长吴立军访港时表示，两所已经基本同意“深港通”在方案设计上与“沪港通”基本框架和模式保持不变，标的证券突出深港多层次、多品种特色，并考虑在沪港通基础上拓展标的范围，落实更高层次和更大范围的总体要求。此前监管层多次表示要在创业板设立单独层次接受新三板挂牌满一年的互联网企业转板上市，未来有可能作为创新试点将该板块纳入深港通交易范围内，借助国际资本市场在服务互联网等高科技企业的成熟经验更好地服务国内高科技企业。“深港通”的推出直接给券商带来的收入增长可能并不大，但作为资本市场对外开放的重要举措，将强化市场对海外资金进入股市的预期，长期利好券商。

3. 新三板制度创新继续

在经历前两年的建设加速后，新三板基本的监管体系、基础设施和业务规则均已成

型，在市场流动性和服务实体经济上也取得了一定成效。表现在数据上就是挂牌企业数、股票交易额、融资额等市场指标大幅提升，市场对降低投资者门槛、竞价交易、分层、转板制度等改革预期强烈。券商在新三板发展中发挥着主导作用，新三板的发展壮大将带来包括经纪、资管、投行、资本中介、直投等业务增加，长期利好券商。

4. 降准降息政策持续利好券商

降准降息有助于提振市场信心，引发资金入市，使交投更趋活跃；同时降息可能降低融资成本，推动融资融券规模继续增长，进而对板块形成实质性利好。不过在经数次降准降息后，特别是在监管层“快牛”变“慢牛”的基调下，货币政策宽松带来的正反馈效应可能倾向于弱化， 而且两融规模经过快速增长后，监管层对两融风险的担忧是存在，规范两融监管的政策对券商板块可能存在一定的制约。当然，中长期来看，货币政策放松力度持续加码，社保等更多配置资金入市，个股期权、账户管理等新业务加速推出将为券商带来增量空间，中长期券商板块具有较大吸引力。

（三）“一人一户”放开，券商全面分化

2015 年 4 月 12 日，中国证券登记结算有限责任公司决定，自 2015 年 4 月 13 日起，取消自然人投资者开立 A 股账户的一人一户限制，允许自然人投资者根据实际需要开立不超过 20 个沪深 A 股账户及场内封闭式基金账户。“一人一户”放开后，一方面，客户可以方便地转换交易券商，佣金率低廉的互联网券商市场份额有望提升；另一方面，大型券商可以依靠融资融券、全业务牌照和财富管理优势，提供账户管理和综合金融服务，减少客户迁徙压力，继续维持较高的市场份额。

（四）市场行情火爆将掩盖佣金率下滑对券商业绩的影响

2015 年以来，沪深两市延续了去年 9 月份的牛市行情，股指不断创出新高，成交量也不断放大，截至 2015 年 5 月 6 日，两市成交总额已经达到 73.5 万亿元，几乎与 2014 年全年 73.8 亿元的成交总额持平，在此背景下，券商经纪业务收入大幅度增长。而与此同时，佣金率下滑明显，根据联讯证券统计数据，2014 年佣金率为 0.071%，2015 年一季度全行业平均佣金率为 0.062%，在网上开户、一人多户等政策的刺激下，未来佣金率还将进一步下滑，目前市场行情火爆，在一定程度上掩盖了佣金率下滑给券商带来的影响，一旦市场出现下跌，预计券商经纪业务的收入将会出现下滑。

（五）融资一边独大，融券还有待发展

目前，融资融券业务已经逐步成长为券商的第三大收入来源，从规模上看，截至 2015 年 4 月 30 日，两市融资余额已经突破 1.8 万亿元，而融券余额仅为 88 亿元。目前融资和融券的发展极不平衡，达不到股价稳定器的作用，随着制度的不断完善，融券规模有望继续增加。

附表

2014年证券业上市公司业绩评价结果排序表

行业排名	全部上市公司排名	股票代码	股票简称	综合得分（100分）	每股收益（元）	证券自营规模比率(%)	净资本/各项安全准备之和（%）	净资本比率（%）	资本负债比率（%）	净资产收益率（%）	总资产回报率（%）	资本扩张率（%）	营业收入增长率（%）	市场投资回报率（%）	股价波动率（%）	年末资产额（亿元）	营业收入（亿元）	净利润（亿元）
1	1	600030	中信证券	86.28	1.08	90.73	620.40	56.13	19.85	12.14	3.16	13.12	81.18	168.95	285.93	4796.26	291.98	118.61
2	7	000776	广发证券	84.66	0.87	42.78	816.10	86.71	27.27	13.53	2.88	18.94	63.20	112.25	264.10	2401.00	133.95	51.46
3	11	600999	招商证券	84.01	0.67	35.98	803.70	62.75	28.96	11.21	2.80	53.01	80.69	125.72	295.83	1934.08	110.02	38.85
4	18	600837	海通证券	83.07	0.85	61.21	819.70	57.07	26.71	11.87	3.11	12.73	71.96	115.31	237.03	3526.22	179.78	81.19
5	32	601099	太平洋	81.40	0.16	19.04	793.70	85.47	173.90	12.66	6.08	227.83	178.65	259.37	340.23	141.90	13.59	5.73
6	35	600109	国金证券	80.93	0.29	13.71	1163.40	81.80	183.76	10.08	4.17	46.13	76.02	134.22	195.08	262.81	27.22	8.37
7	37	601377	兴业证券	80.85	0.37	18.92	911.70	97.11	40.15	12.87	3.55	13.34	80.97	222.74	375.07	734.88	56.09	19.46
8	98	601688	华泰证券	78.15	0.81	69.18	463.60	53.20	19.67	11.58	2.34	13.98	67.94	178.59	341.09	2722.26	120.62	45.40
9	118	601901	方正证券	77.36	0.22	14.26	931.30	43.83	50.21	7.84	2.91	93.49	41.89	138.41	270.35	869.24	49.00	18.00
10	125	600369	西南证券	77.21	0.48	68.19	1011.70	81.26	45.83	9.71	3.05	57.64	87.10	127.53	225.53	582.03	36.75	13.47
11	169	601788	光大证券	76.14	0.63	36.68	304.90	67.77	36.71	8.50	2.53	12.77	64.23	229.24	395.88	1149.45	66.01	21.37
12	185	000783	长江证券	75.69	0.36	34.59	648.30	69.77	31.33	12.81	3.43	9.96	49.23	232.06	388.50	679.23	45.48	17.06
13	198	000728	国元证券	75.33	0.70	31.49	681.90	54.02	59.13	8.29	3.15	11.68	75.52	208.75	332.12	531.43	34.86	13.72
14	261	000686	东北证券	73.54	0.55	37.72	422.90	80.26	49.43	13.16	3.94	17.01	74.92	153.88	269.92	346.56	30.91	10.75
15	310	000750	国海证券	72.49	0.31	2.60	550.70	72.37	57.97	10.67	3.49	10.59	39.93	53.02	159.80	264.20	25.45	7.15
16	379	601555	东吴证券	71.09	0.42	48.70	316.40	63.18	34.95	10.18	2.92	80.23	101.34	162.84	314.02	574.61	32.41	11.25
16	508	002673	西部证券	68.34	0.55	89.60	354.50	78.16	36.16	13.28	3.27	16.49	71.19	185.35	314.11	289.15	19.38	6.60
16	571	002500	山西证券	67.26	0.23	52.87	346.60	55.41	62.99	8.24	2.61	7.55	48.29	134.65	251.24	274.97	19.59	5.86

第十五章　医药生物行业

医药生物行业与人民群众的日常生活息息相关，是为人民防病治病、康复保健、提高民族素质的特殊产业，在保证国民经济健康、持续发展中，起到了积极的、不可替代的“保驾护航”作用。2014 年以来，医保控费、药品降价、招标进度滞后以及 GSK 商业贿赂事件等因素均对医药行业销售增长带来较大影响，随着医疗卫生体制改革的稳步推进、政府对医药卫生事业投入加大、全民医保体系的不断完善、人口老龄化、单独二胎放开及大健康领域消费升级等利好因素的逐步释放，未来医药生物行业和医药生物类上市公司将在 2015 年度保持稳步快速的增长。

一、医药生物行业上市公司业绩评价

190 家医药上市公司公布了 2014 年业绩情况，其中 139 家公司业绩实现同比增长。其中，业绩增幅超过 20% 的上市公司有 81 家，占比为 42.63%；业绩增幅超过 50% 的上市公司有 16 家，包括上海莱士、嘉应制药等 5 家上市公司的业绩增幅超过 100%。

2014 年医药生物行业整体评价结果较好，190 家医药生物行业上市公司中共有爱尔眼科、通策医疗、云南白药、恒瑞医药、誉衡药业等 5 家公司进入 2014 年上市公司业绩评价综合得分的百强名单，爱尔眼科、通策医疗、云南白药、恒瑞医药这 4 家上市公司连续两年进入医药生物行业中联十强排行榜，其中云南白药和通策医疗更是连续三年进入行业十强，并连续两年进入行业前三。190 家医药生物行业上市公司中业绩良好的有爱尔眼科、通策医疗、云南白药等 28 家，业绩为中的有 129 家，业绩为低的有 19 家，业绩为差的有 14 家。

表 15－1　2014 年度医药生物行业中联十强排行榜

名次	股票代码	股票简称	在全部上市公司中排名
1	300015	爱尔眼科	24
2	600763	通策医疗	30
3	000538	云南白药	46
4	600276	恒瑞医药	47
5	002437	誉衡药业	63
6	002294	信立泰	98
7	300267	尔康制药	100
8	000623	吉林敖东	111
9	300244	迪安诊断	112
10	002252	上海莱士	141

基于对医药生物行业上市公司的整体评价，下面分别从财务效益状况、资产质量状

况、偿债风险状况、发展能力状况、市场表现状况五个方面对医药生物行业上市公司进行具体分析。

（一）财务效益

由表 15-2 可以看出，医药生物行业上市公司整体财务效益状况优于全国上市公司平均水平，除盈利现金保障倍数外，扣除非经常性损益净资产收益率、总资产报酬率、营业利润率和股本收益率指标均高于上市公司平均水平。

表 15－2　医药生物行业财务效益状况比较表

分析指标		2014 年上市公司平均值	2014 年行业值	2013 年行业值	增长率 (%)
基本指标	扣除非经常性损益净资产收益率 (%)	7.81	10.77	10.45	3.06
	总资产报酬率 (%)	5.74	9.33	9.25	0.86
	得分	20.83	27.53	26.47	4.00
修正指标	营业利润率 (%)	5.55	9.23	8.79	5.01
	盈利现金保障倍数	1.61	0.74	0.73	1.37
	股本收益率 (%)	39.84	59.81	54.76	9.22
综合得分		21.87	25.82	24.38	5.91

与 2013 年的情况相比较，2014 年医药生物行业上市公司各项财务效益指标均高于 2013 年行业值，其中股本收益率增幅最大，为 9.22%，反映了医药行业的整体业绩持续明细。

（二）资产质量

由表 15-3 可以看出，医药生物行业上市公司资产质量状况略低于全国上市公司平均水平，这与医药生物行业 2014 年所面临的抗生素限用、流通药品价格管制、招投标进程滞后等不利因素存在一定的关联性，而应收账款周转率与上市公司平均水平差异较大，这与医药生物行业特殊的营销模式的具有一定的关系。医药生物行业上市公司中仅有爱尔眼科、通策医疗和 ST 金泰得到满分，除 ST 金泰外，爱尔眼科、通策医疗均为行业前十强，表明了优秀的经营能力。

表 15－3　医药生物行业资产质量状况比较表

分析指标		2014 年上市公司平均值	2014 年行业值	2013 年行业值	增长率 (%)
基本指标	总资产周转率（次）	0.75	0.87	0.90	–3.33
	流动资产周转率（次）	1.52	1.46	1.45	0.69
	得分	9.55	10.05	9.63	4.36
修正指标	应收账款周转率（次）	9.69	5.78	6.50	–11.08
	存货周转率（次）	3.21	4.23	4.38	–3.42
综合得分		9.20	8.88	8.80	0.91

（三）偿债风险

由表 15-4 可以看出，2014 年医药生物行业上市公司偿债风险状况显著好于全国所有上市公司的平均水平，共有恒瑞医药、科华生物、奇正藏药、沃华医药等 24 家医药生物行业上市公司获得满分。

表 15－4　医药生物行业偿债风险状况比较表

分析指标		2014 年上市公司平均值	2014 年行业值	2013 年行业值	增长率 (%)
基本指标	资产负债率 (%)	60.75	42.21	42.91	–1.63
	获利倍数	5.06	11.7	12.52	–6.55
	得分	9.24	11.67	11.69	–0.17
修正指标	速动比率 (%)	69.66	127.09	132.71	–4.23
	现金流动负债比率 (%)	12.65	13.81	13.79	0.15
	带息负债比率（%）	45.45	37.99	40.12	–5.31
综合得分		9.01	10.29	10.33	–0.39

与 2013 年相比较，除现金流动负债比率略有提升外，其他指标均有所下降。2014 年医药生物行业上市公司偿债风险状况总体上差异不大，略有下降。

（四）发展能力

从表 15-5 可知，医药生物行业上市公司发展能力状况优于全国上市公司平均水平。其中最高分为康美药业，属于中药板块，受到国家支持中药行业发展的政策影响，公司 2014 年收入增长率高达 162.3%。与 2013 年相比，2014 年医药生物行业上市公司发展能力状况总体有所上升，反映了医药生物行业良好的发展潜力。

表 15－5　医药生物行业发展能力状况比较表

分析指标		2014 年上市公司平均值	2014 年行业值	2013 年行业值	增长率 (%)
基本指标	营业收入增长率 (%)	4.34	14.21	19.15	–25.80
	资本扩张率 (%)	12.45	20.92	16.82	24.38
	得分	12.14	14.83	15.86	–6.49
修正指标	累计保留盈余率 (%)	43.83	45.15	39.32	14.83
	三年营业收入增长率 (%)	7.12	17.19	21.36	–19.52
	总资产增长率 (%)	12.15	19.65	18.32	7.26
	营业利润增长率 (%)	0.17	16.81	12.39	35.67
综合得分		12.12	14.43	13.78	4.72

（五）市场表现

2014 年，A 股上证综指全年上涨 52.87%，市场投资回报率达 44.68%，由于本轮股市上涨行情主要是以券商股为龙头，而作为重要的稳定增长型防御品种，医药生物上市公司市场表现则不及整体市场表现，全年市场回报率达 29.29%。具体情况见图 15-1。

2014 年，A 股上证综指全年上涨 52.87%，市场投资回报率达 44.68%，由于本轮股市上涨行情主要是以券商股为龙头，而作为重要的稳定增长型防御品种，医药生物上市公司市场表现则不及整体市场表现，全年市场回报率达 29.29%。具体情况见图 15-1。

表 15－6　医药生物行业公司市场表现状况比较表

分析指标	2014 年上市公司平均值	2014 年行业值	2013 年行业值	增长率(%)
市场投资回报率（%）	44.68	29.29	48.32	−39.38
股价波动率(%)	124.99	100.66	95.29	5.64
得分	9.07	8.57	10.37	−17.36

与 2013 年相比，2014 年医药生物行业上市公司的市场表现情况不及去年，主要原因是本轮 A 股市场的大涨以券商等权重股为主，而且在 2014 年之前医药行业相对其他版块就有比较大幅度的增长，增长基数较高，考虑到医药生物行业的弱周期和强防御特点，未来市场表现将有所改善。

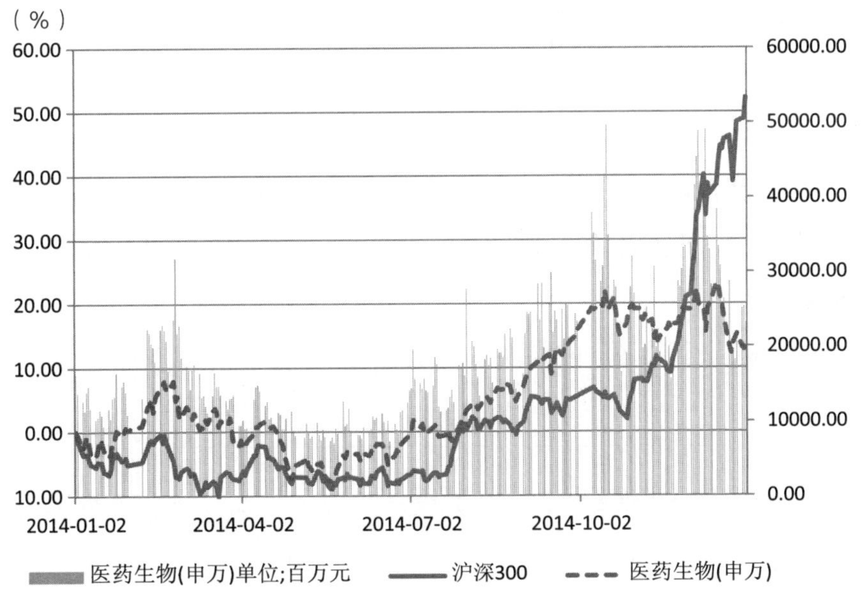

数据来源：Wind 资讯

图 15－1　医药生物指数与大盘指数波动

二、2014 年医药生物行业上市公司业绩的影响因素分析

虽然医药行业受到国家医保控费导致医院需求放缓，以及药品招标进程滞后、药品降价的影响，但是行业相关法规的不断完善，国家医药卫生体制改革不断向纵深发展，相关政策预期不断明朗，将促进行业的长期健康发展，将促进行业不断做大做强，市场份额进一步向行业龙头集中。2014 年全年医药生物行业上市公司营业收入 6764.38 亿元，同比增长 20.30%，相比去年同期增长率提高了 3.61%，在国民经济增速换挡的大环境下，行业上市公司的高增长率也反应了我国医药生物行业上市公司优良的业绩以及较好的发展前景。

（一）行业平稳增长，支撑行业各子板块业绩持续增长

2014 年医药生物行业上市公司保持了平稳、迅速发展态势，全年医药生物行业上市公司营业收入 6，764.38 亿元，同比增长 20.30%；实现营业利润 552.08 亿元，同比增长 11.67%。

表 15 – 7　2014 年医药生物行业中各细分行业收入及净利润增长情况

行业	营业收入（亿元）	收入同比（%）	净利润（亿元）	利润同比（%）	净利率（%）
化学原料药	682.40	6.44	44.06	19.63	6.46
化学制剂	936.42	10.79	100.22	13.99	10.70
中药	1,669.55	12.44	217.67	26.00	13.04
生物制品	424.49	11.16	71.37	8.93	16.81
医药商业	2,736.01	31.39	75.99	39.61	2.78
医疗器械	206.72	40.20	29.29	34.98	14.17
医疗服务	108.79	186.29	13.47	165.68	12.38
行业总计	6,764.38	20.30	552.08	25.41	8.16

由于各子板块盈利模式有所差异，影响各子板块2014 年业绩的主要因素各有不同。

1. 化学原料药板块

2014 年全年原料药板块上市公司实现收入 682.40 亿元，较 2013 年增长 6.44 %，全年实现净利润 44.06 亿元，较 2013 年增长了 19.63 %。行业市场表现如图 15-2 所示。

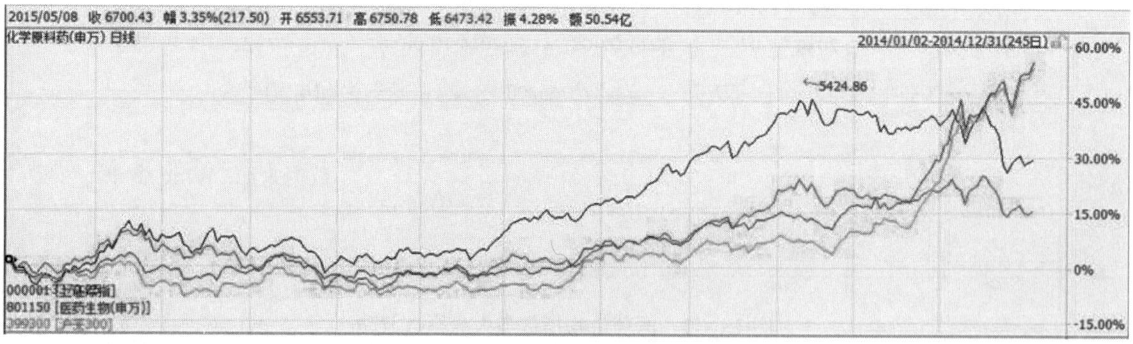

图 15 – 2　2014 年化学原料药板块市场表现

我国是世界上最大的化学原料药生产国和出口国，各类原料药产量的55%用于出口。我国出口的原料药产品多数为基础型产品，而高端原料药市场80%以上的市场份额由欧、美、日国家占据。

2014年，我国原料药出口进入第二个平台期，国际市场对低端基础原料药的需求趋于饱和，根据医保商会数据显示，我国原料药出口额继2012年增幅大幅度下滑后，2014年仅维持了6.44%的增长幅度，市场形势低迷。另一方面，由于持续受到2012年8月出台的“限抗令”（即《抗菌药物临床应用管理办法》）影响，加之在国家实施新版药品GMP的背景下，各家抗菌药生产企业在新建厂房时，多数选择了扩大产能而造成行业产能过剩。受产能过剩、竞争加剧和出口行情低迷等因素影响，原料药行业整体表现低于医药生物行业平均水平。

2. 化学制剂板块

2014年化学制剂板块上市公司全年实现收入936.42亿元，较2013年增长10.79%，净利润100.22亿元，较2013年增长13.99%。化学制剂板块业绩水平略低于医药生物行业整体，净利率10.70%。在中联行业十强中有三家化学制剂类上市公司，分别为恒瑞医药、誉衡药业和信立泰，表现了化学制剂行业正不断加强产业整合，实现做大做强。行业市场表现如图15-3所示。

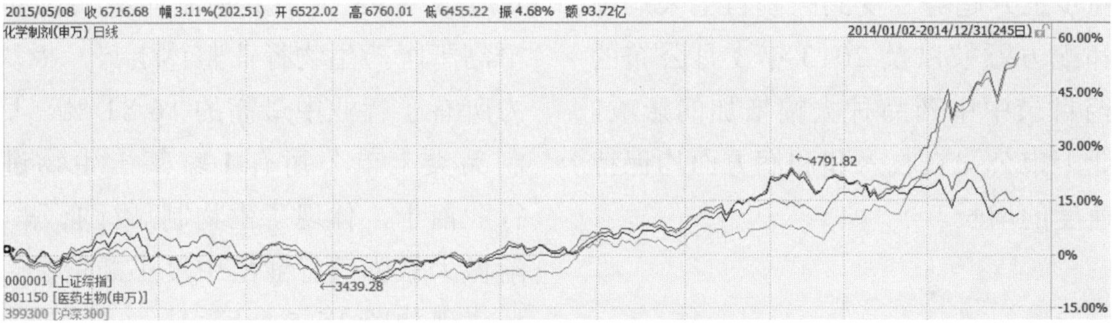

图15－3　2014年化学制剂板块市场表现

化学制剂是化学原料药的产业链下游，按照药物作用分类，大约覆盖了22个制剂大类，其中包括调节免疫功能制剂、激素及调节内分泌功能类制剂、解热镇痛制剂、抗肿瘤制剂和抗生素制剂等。在2013“限抗令”影响和药品低价采购的影响逐渐减轻后，2014年出现了较大幅度的恢复性增长。

3. 中药板块

2014年全年中药板块上市公司实现收入1669.55亿元，较2013年增长12.44%。2014年全年中药板块上市公司实现净利润217.67亿元，较2013年增长26.00%，利润增速相比收入增速增加了近14个百分点。中药板块业绩水平高于医疗生物行业整体走势，净利率高达13.04%。行业市场表现如图15-4所示。

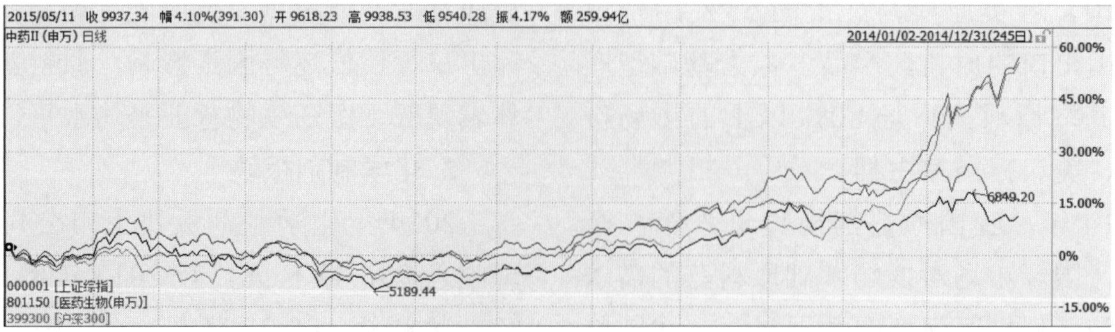

图 15－4 2014 年中药板块市场表现

2014 年，中药板块上市公司在 2014 年度医药生物行业中联十强排行榜中占据两席，分别为云南白药、吉林敖东。中药行业受政策影响较小，整体表现较为稳定，全年业绩呈稳步上升趋势。受到医院自主采购中药饮片和配方颗粒以及 2013 年 3 月公布的新版基药目录中中药品种大幅增加的影响，中药行业上市公司在收入和利润方面均保持了较高速度的增长。

4. 生物制品板块

2014 年全年生物制品板块上市公司实现收入 424.49 亿元，较 2013 年增长 11.16%，实现净利润 71.37 亿元，较 2013 年增长 8.93 %。生物制品板块全年业绩水平高于医药生物行业整体走势，板块净利率为所有子行业中最高的 16.81 %。目前生物制品类上市公司有 1 家莱士生物进入中联行业前十，体现了生物制品行业公司正在逐渐做大做强，行业集中度不断增加。行业市场表现如图 15-5 所示。

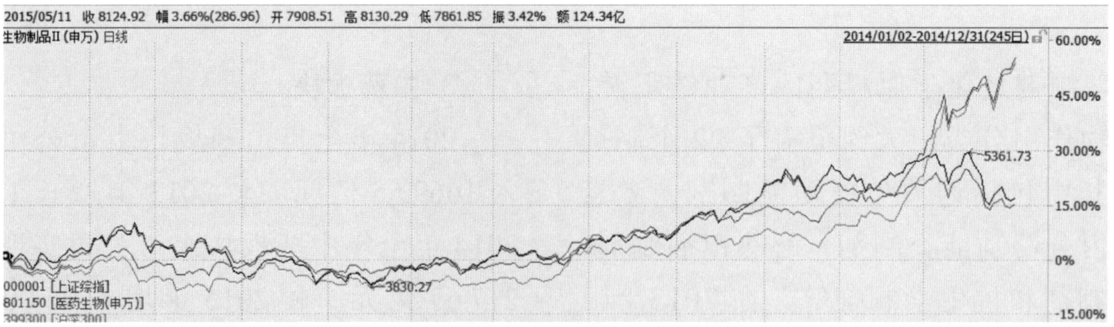

图 15－5 2014 年生物制品板块市场表现

生物制品主要包括血液制剂、疫苗等。目前，血液制剂已经发展成为资源型行业，采浆量（单血浆站数量）和提取技术决定了企业的盈利能力。自 2001 年起国家不再批准设立新的血液制品生产企业，故短期内国内血液制品企业的数量较为确定。行业受益于 2013 年 1 月发改委对部分血液制品提价，然而资源的稀缺性抑制了行业的发展速度，但与此同时供小于求也保证了现有企业较强的盈利能力。

在疫苗细分领域，当前我国生产的疫苗以仿制为主，国产疫苗行业在研发、产品质量还有待进一步提升。然而庞大的潜在消费人群是疫苗市场发展的基础，我国居民收入的持续增长也直接增加了其健康投资支出，大幅提高了疫苗的使用数量。该细分领域仍处于稳定增长阶段，并带动生物制品行业业绩增长。

5. 医药商业板块

2014 年全年医疗商业板块上市公司实现收入 2，736.01 亿元，较 2013 年增长 31.39 %，实现净利润 54.43 亿元，较 2013 年增长 39.61 %。医药商业板块全年业绩水平低于医药生物行业整体，主要由于该行业净利率水平较低，运营效率偏低。行业市场表现如图 15-6 所示。

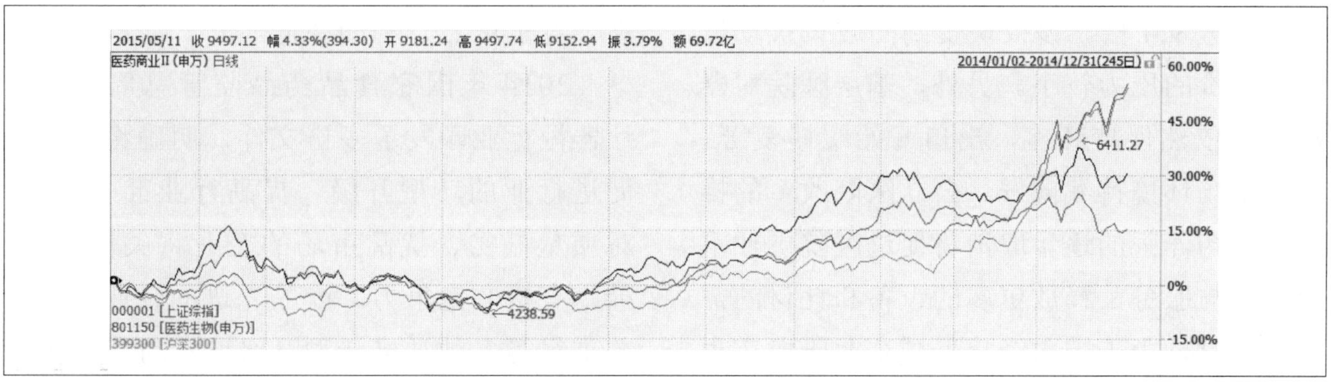

图 15－6　2014 年医药商业板块市场表现

医药商业行业整体销售规模保持较快发展，然而由于目前医药商业行业净利润率较低，仅有 2.78%，平均费用率较高且毛利率持续下降，行业业绩表现仍低于医药行业总体水平。首先，国内药品销售直接到达终端的销售额仅占总销售额的一半，药品从出厂到最终的消费有时会经历 4 ～ 5 个流通环节，无序竞争、过度竞争现象严重。其次，在运营效率方面，国内流通企业的库存周转率、回款天数管理也与欧美企业相比有很大差距。

6. 医疗器械板块

2014 年全年医疗器械板块上市公司实现收入 206.72 亿元，较 2013 年增长 40.20 %，实现净利润 29.29 亿元，较 2013 年增长 34.98 %。医疗器械板块业绩水平普遍高于医药生物行业整体，行业净利率 14.17%。行业市场表现如图 15-7 所示。

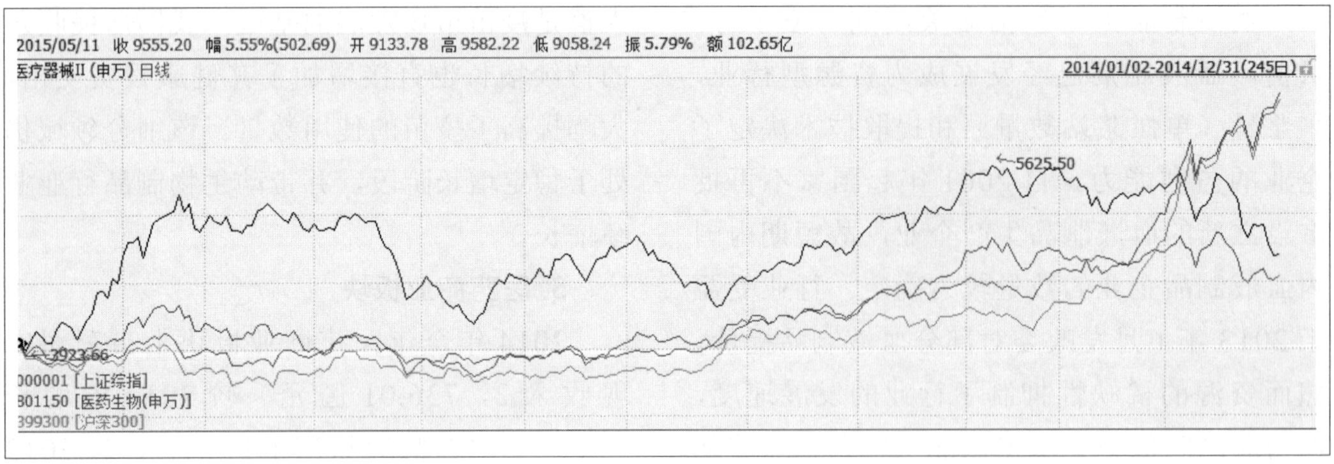

图 15 – 7　2014 年医疗器械板块市场表现

过去 12 年来，中国医疗器械市场销售规模由 2001 年的 179 亿元增长到 2012 年的 1700 亿元，剔除物价因素影响，12 年间增长了近 9.4 倍。该板块受到的政策扰动较小，降价的压力较小。另外，基层医院对器械采购依然保持旺盛，出口开始缓慢复苏，整体市场环境持续向好。公立医院改革的推进和以药养医的逐步取消将促进医院更加重视检查与服务，释放更多的设备和耗材的需求。同时，由于国内医疗器械企业研发实力的不断提升和价格优势，且在医保控费趋势下，国内医疗器械的市场份额将逐步上升。

目前中联行业十强中并无医疗器械类上市上榜，表明目前行业集中度不够。我国医疗器械产业技术水平仍处于比较低端的状态。截至 2014 年底，我国医疗器械生产企业规模已达 1.7 万余家，其中 90% 左右的医疗器械生产企业是年收入在一两千万以内的生产技术含量较低的中小企业，营业收入超过 10 亿元的企业约有 20 家。除此之外，我国中高端医疗器械市场长期以来主要为外资企业所主导，其产品价格虽高却被医疗机构及工作人员所青睐，且正逐步向“下”渗透；相对应的，我国企业则主要盘踞在中低端医疗器械市场，产品附加值低、重复度高、竞争激烈、利润率低。

2014 年国家食品药品监管总局关于医疗器械行业印发了多份文件，明确将近一步促进行业的转型升级，提高行业准入门槛，对质量低劣、扰乱市场的企业将关停并转，鼓励有核心竞争力、产品先进的企业采取兼并重组等多种举措转型升级。针对我国国产医疗器械主要在中低端市场的现状，国家通过鼓励国内企业做强做大，努力扩大进口替代优势，争取在中长期打破国外产品对高端医疗器械的垄断地位。

7. 医疗服务

2014 年全年医疗服务板块上市公司实现收入 108.79 亿元，较 2013 年增长 186.29 %，实现净利润 13.47 亿元，较 2013 年增长 165.68 %。医疗服务板块业绩水平高于医药生物行业整体，净利率为 12.38 %。行业市场表现如图 15-8 示。

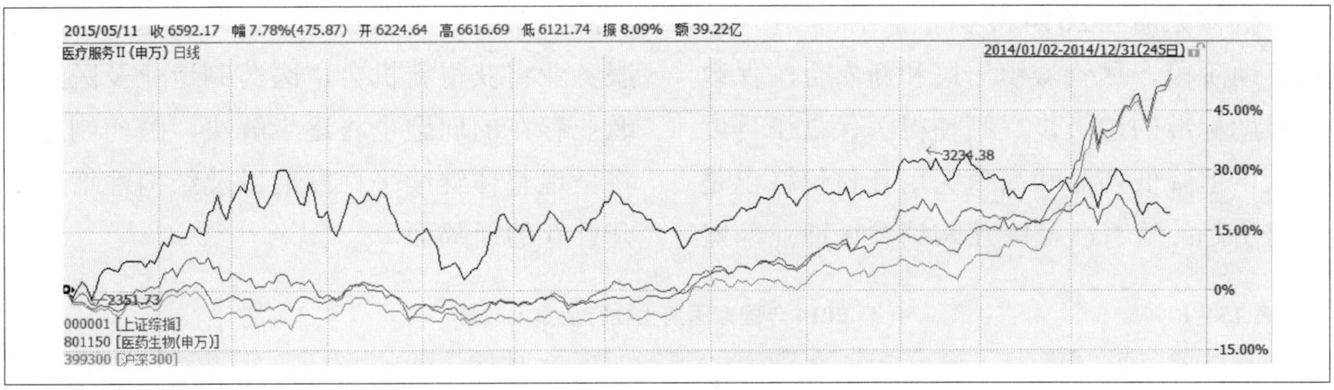

图 15－8　2014 年医疗服务板块市场表现

2013 年 10 月国务院发布《关于促进健康服务业发展的若干意见》(40 号文件)。随着《意见》出台，医疗服务领域社会办医难的现状有望得到实质性改善，政府加快推动社会办医进入落实阶段。由于中国医疗服务行业市场空间巨大，随着支持政策的逐步落实，社会资本进入医疗服务业的大门正式打开。民营资本可以进入该领域，再加上医疗服务行业本身良好的盈利性，医疗服务行业前景被普遍看好。

受到该政策利好影响，医疗服务行业快速发展，在 2014 年中联行业十强中，医疗服务行业上市公司占据 3 席，分别为爱尔眼科、通策医疗和迪安诊断，其中爱尔眼科、通策医疗连续两年位于行业前三，表现了强劲的的发展趋势。

(二)医药卫生体制深化改革取得突破，促进市场健康发展

2014 年是深化医药卫生体制改革的关键之年。国务院办公厅于 2014 年 5 月 13 日印发《深化医药卫生体制改革 2014 年重点工作任务》，明确提出了要加快推动公立医院改革、积极推动社会办医、扎实推进全民医保体系建设和医疗购销领域治理常态化等举措，具体措施参见表 15-8。

表 15－8

政策	举措	影响
加快推动公立医院改革	重点规划布局、补偿机制、医疗服务价格、人事制度、药品采购、医院管理分级医疗等关键问题，且对公立医院改革试点范围和深度等方面提出更高的要求	随着公立医院改革的逐步深入和药品加成的逐步取消，药品价格管理将延续“扶低就高”的原则，药品价格整体仍将维持下降趋势
积极推动社会办医	从准入、医保定点、登记评审等多方面给予前面的政策支持，从而为社会资本进入医疗服务业提供市场空间	社会办医有望在你较长时期内迎来持续发展的良好机遇
扎实推进全民医保体系建设	将 2012 年城镇居民和新农和医保政府补助提高 40 元，达到 320 元，个人缴费同步增加 20 元，并且提出重点解决筹资机制不健全的问题，逐步提高个人缴费占比	我国医保支付能力将稳步提升，将为医药制造业的较快发展奠定坚实的基础
医疗购销领域治理常态化	首次提出规范药品流通秩序，针对药品购销领域的突出问题开展专项整治	国家对医疗购销领域商业贿赂的治理仍将延续，对医药企业的营销推广的影响也将持续

整体来看，2014年医改工作已进入政策落地阶段，尽管城镇居民和新农合医保政府补助标准的进一步提高使得医保盘子再度扩大，但降低药品和高值医用耗材价格已是大势所趋；随着严控医疗购销领域商业贿赂与医疗服务行为激励约束机制的建立，医疗服务业将获得新机会，医药制造业及医药流通业存在的问题也将逐步解决，医药制造业将呈现整体继续平稳发展以及结构性增速提升并存的新局面。

表15－8　　2014年国家医药生物行业重大政策

时间	政策	目的
2014年1月28日	国务院医改办印发《关于加快推进城乡居民大病保险工作的通知》	全面推开城乡居民大病保险试点工作
2014年3月25日	国家发展改革委、国家卫生计生委、人力资源社会保障部联合印发《关于非公立医疗机构医疗服务实行市场调节价有关问题的通知》	运用价格杠杆鼓励社会办医；扩大医疗服务供给；提高医疗服务效率
2014年3月25日	国家发展改革委、国家卫生计生委联合印发《关于组织开展省院合作远程医疗政策试点工作的通知》	充分利用信息化手段促进优质医疗资源纵向流动
2014年3月26日	国家卫生计生委、财政部、中央编办、国家发展改革委、人力资源社会保障部联合印发《关于推进县级公立医院综合改革的意见》	指导各地加快县级公立医院改革步伐；巩固扩大改革成效
2014年4月1日	国家卫生计生委、财政部、国务院深化医药卫生体制改革领导小组办公室联合印发《关于确定县级公立医院综合改革第二批试点县的通知》	就县级公立医院综合改革第二批试点县的工作提出要求
2014年8月21日	国家卫生计生委印发《关于推进医疗机构远程医疗服务的意见》。	推动远程医疗服务持续健康发展；优化医疗资源配置；实现优质医疗资源下沉；提高医疗服务能力和水平
2014年8月21日	国家卫生计生委印发《关于进一步加强基层医疗卫生机构药品配备使用管理工作的意见》。	巩固完善基本药物制度和基层运行新机制；满足群众基本用药需求；适应基层医疗卫生机构基本医疗服务新要求、新特点，促进药品合理使用
2014年8月26日	国家卫计委发布《全面提升县级医院综合能力工作方案》	全面提升我国县级医院综合能力；满足县域居民医疗服务需求
2014年10月27日	国务院办公厅发布《关于加快发展商业健康保险的若干意见》	加快发展商业健康保险；夯实多层次医疗保障体系
2014年4月1日	国家卫生计生委、财政部、国务院深化医药卫生体制改革领导小组办公室联合印发《关于确定县级公立医院综合改革第二批试点县的通知》	就县级公立医院综合改革第二批试点县的工作提出要求
2014年8月21日	国家卫生计生委印发《关于推进医疗机构远程医疗服务的意见》	推动远程医疗服务持续健康发展；优化医疗资源配置；实现优质医疗资源下沉；提高医疗服务能力和水平

续表

时间	政策	目的
2014 年 8 月 21 日	国家卫生计生委印发《关于进一步加强基层医疗卫生机构药品配备使用管理工作的意见》	巩固完善基本药物制度和基层运行新机制；满足群众基本用药需求；适应基层医疗卫生机构基本医疗服务新要求、新特点，促进药品合理使用
2014 年 8 月 26 日	国家卫计委发布《全面提升县级医院综合能力工作方案》	全面提升我国县级医院综合能力；满足县域居民医疗服务需求
2014 年 10 月 27 日	国务院办公厅发布《关于加快发展商业健康保险的若干意见》	加快发展商业健康保险；夯实多层次医疗保障体系

国家卫生计生委等八部门联合印发《关于做好常用低价药品供应保障工作的意见》，从改进价格管理、完善采购办法、建立常态短缺药品储备、加大政策扶持等多方面提出了保障常用低价药品生产供应的政策措施，推进常用低价药品供应保障。这些举措一方面有利于充分调动企业生产的积极性以保证临床用药需求，促进合理用药并降低医药费用总体水平，降低药品面临的降价威胁，给终端维护能力较强的普药企业和低价独家药品生产企业带来实质性正面影响。

政府通过推进公立医院改革、放开医生自由执业，通过市场机制理顺医药价格，有效减少乃至消除“以药养医”现象，使医生能够完全通过自身提供的医疗服务获取阳光、体面的收入，避免药品成为医疗机构和医生的牟利工具。同时加快推进医保付费方式改革，药品价格定价取消等政策，以缓解医患矛盾，促进医药卫生事业的健康发展，促进医药生物行业的持续健康发展

三、2015 年医药生物行业前景分析

我国医药生物行业自 1998 年以来，经历了盈利高峰期和低谷期，在 1998 ～ 2003 年由于低基数的原因快速增长，2004 ～ 2006 年受到国家政策的密集调控，进入盈利低谷期，2007 ～ 2014 年在新医疗改革的带动下，盈利稳定增长。

医药生物行业作为较为稳定的弱周期行业，未来的成长性较为确定，虽然招标政策、药品降价、医保控费等因素会对行业的增长产生一定的负面效应，但随着人口老龄化程度的提高，医改和基本药物制度的快速推进，以及行业整合转型将带来的产业规模化等，为医药生物行业在 2015 年及以后的发展带来了重要的机遇。

（一）人口老龄化加快带动行业需求进一步提升

国际上通常把 60 岁以上的人口比例达到 10%，或 65 岁以上人口比例达到 7% 作为国家或地区进入老龄化社会的标准。按照这一标准，我国 2000 年开始进入老龄化社会。根据国家统计局最新数据显示，2014 年末我国 65 周岁及以上人口数为 1.3755 亿人，占比 10.1%，首次突破 10%。

数据来源：国家统计局

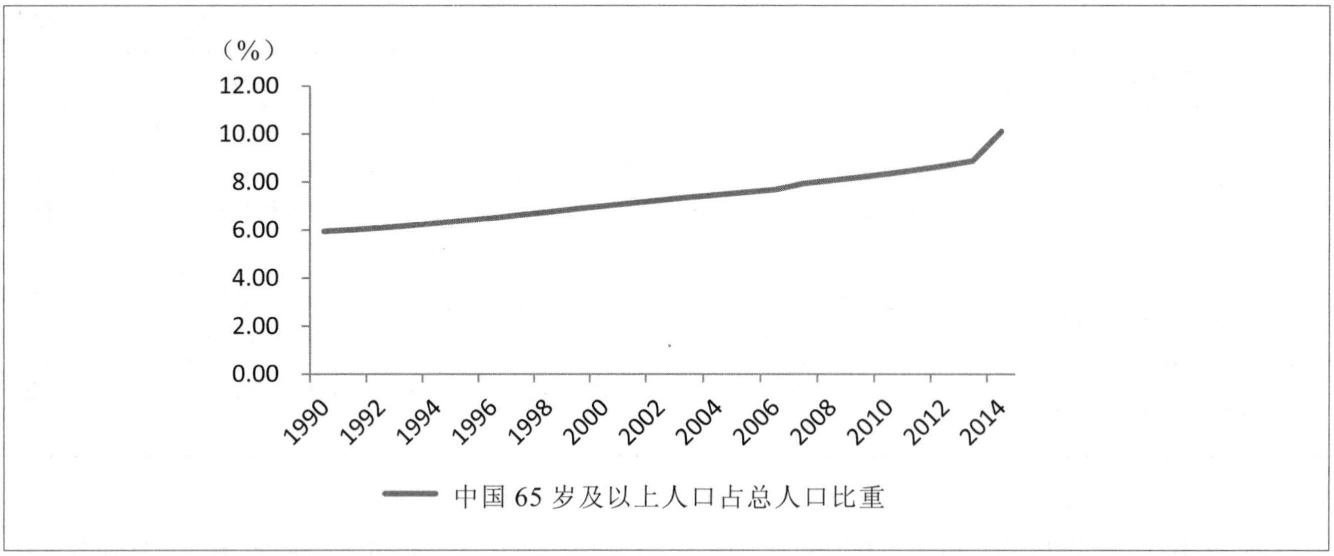

图 15－9　我国 65 岁以上人口占比

根据全国老龄工作委员会办公室的预测，从 2001 年到 2020 年是快速老龄化阶段。这一阶段，中国将平均每年增加 596 万老年人口，年均增长速度达到 3.28%，大大超过总人口年均 0.66% 的增长速度，人口老龄化进程明显加快。到 2020 年，老年人口将达到 2.48 亿，老龄化水平将达到 17.17%，其中，80 岁及以上老年人口将达到 3067 万人，占老年人口的 12.37%。

随着人口老龄化、医疗保障制度的完善及居民收入水平的提高，我国药品市场持续快速扩张。从老年人慢性疾病患病率来看，老年人的患病率高达 64.5%，而且多数疾病疗程长，愈后差，费用大；从老年人药品消费比例来临，老年人的药品消费占据药品市场消费的 50% 以上。近两年国务院、各部委制定发布了养老相关政策十余条，从养老服务体系建设、服务标准化、养老机构改革、养老保险制度、养老金并轨等多方面指导和支持养老产业的发展。其中，2015 年 2 月 25 日，民政部、发改委等 10 部委联合发布《关于鼓励民间资本参与养老服务业发展的实施意见》，预示我国养老产业迎来新的阶段。因此，老龄化进程的加速势必带动药品的需求量。

（二）药品价格改革促使行业持续健康发展

2014 年价格改革扩展到医药领域，医药价格新政从国家发改委中止药品最高零售限价定价权入手，迈出了改革的第一步。2014 年 11 月 25 日，国家发改委向 8 家医药行业协会下发了关于征求对《推进药品价格改革方案（征求意见稿）》（以下简称《征求意见稿》）意见的函。《征求意见稿》明确，取消药品政府定价，通过医保控费和招标采购，药品实际交易价格由市场竞争形成；取消原政府制定的最高零售限价或出厂价格，并根据药品类别分五种形式进行改革。2015 年 5 月 5 日经国务院批准，国家发展改革委会同国家卫生计生委、人力资源社会保障部等部门发出通知，决定自 2015 年 6 月 1 日起取消绝大部分药品政府定价，同步完善药品采购机制，强化医保控费作用，强化医疗行为和价格行为监管，建立以市场为主导的药品价格形成机制。

取消药品政府定价后，政府的职能重心从事前定价加快向事中事后监管转变，工作重点从监管价格水平加快向监管价格行为转移。药品价格改革的实施将有效地维护市场价格秩序，规范市场价格行为，为包括上市公司在内的药品生产经营企业和医疗机构提供公平、合法的经营环境，也将有效促进医药生物类上市公司加大科研投入、加强新药研发，从而改善上市公司经营业绩，促进医药生物市场的持续健康发展。

（三）药品招标采购政策将继续深入调整

近年来，各地卫计委在药品集中采购中探索了多种不同模式，如安徽的"县级基本用药集中采购"、福建"八标"、上海"带量采购"、北京模式、青海"双信封"等，这些新近探索的经验今后有望在全国推广。预计2015年各地药品招标政策将面临重大政策，从公布的新方案是对药品进行分类采购。

根据完善后的方案，对于医院用量集中、市场竞争比较充分的药品仍实行"双信封"的采购办法，通过以量换价，寻找药品的合理价格；对于低价药品、急救抢救类药品，政策将给予扶持，在控制市场谈判空间的前提下放开价格，完全由医院和生产厂家谈判议价，让市场激发药品生产企业的活力；对于用量很小又临床必需的药品，继续实行定点生产；对于专利药和独家生产的药品，要探索建立国家谈判机制，实行国家和地方分层谈判，借鉴国际谈判经验，发现这类药品的合理价格；针对价格明显偏低的药品，药监部门要加强综合评估，托住药品质量的底线，让问题企业及早退出市场；对于国家严格控制的药品将继续实行计划管理，仍由政府部门严格管控。

通过药品招标采购政策的不断完善，配合医保、医疗和医药的联动改革，落实医院补偿机制、改革医保付费机制、完善医务人员分配激励机制，调动医院参与药品集中采购、降低药品虚高价格的内生积极性。

（四）并购整合仍将是行业发展主题

经济转型下，无论是政策层面、资本市场层面还是行业经营层面均有利于兼并重组的大规模开展。政策面鼓励产业整合，行政审批逐渐松绑，有利于缩短企业的操作周期降低时间成本与不确定性；二级市场对企业兼并重组行为的良好反应，使得一二级市场套利空间长期存在，并购整合是大势所趋。

根据Wind中国并购库统计，2014年医药生物行业共发生244起并购事件，较2013年增加104起；2014年医药生物行业合计交易总金额达到727.77亿元，较2013年同比增长73.57%。进入到2015年，一季度医药生物行业共发生56起，涉及交易金额达267.17亿元，相比于2014年一季度同比增长167.76%。

从需求方来看，受到医保覆盖率接近饱和、筹资水平提升与整体费用控制等支付方因素的影响，医药行业上一轮政策红利已过，行业内生性增速趋势性放缓。其中，化学药领域受到医保控费、招标竞价、行政降价、创新能力不足、新药审批缓慢等因素的影响，医疗器械领域产品自然增长瓶颈较低，中药领域整体缺乏创新且受到降价及控费的影响，医疗服务领域的改革还处于探索期。因此，各个子行业从经营层面来看都有充足的动力通过外延式的发展延续自身成长。

从供给方的角度来看，在国家相关政策之下，行业门槛逐步提高，竞争加剧，小型企业的生存空间受到挤压，客观上需要借助更大的平台获得优势资源，涉足新技术新领域的创新性业态也需要上市公司这一良好的平台作为有力支撑。再加上医药行业普遍具有的良好现金流状况以及上市公司充足的资金储备，这些都为医药行业兼并重组的开展提供了良好的条件，决定了医药领域处于并购事件数量领先的地位。

综上，尽管 2014 年以来，医保控费、药品降价、招标进度滞后以及 GSK 商业贿赂事件等因素均对医药行业销售增长带来了较大影响，但 2015 年随着国家整体医改方案的稳步推进和国家对医疗卫生事业的持续加大投入，在国家宏观经济总体增速放缓的背景下，医药行业仍将保持稳中有升的长期趋势。

附表

2014 年度医药生物行业上市公司业绩评价结果排序表

行业排名	全部上市公司排名	股票代码	股票简称	综合得分（100 分）	每股收益（元）	总资产报酬率（%）	净资产收益率（%）	总资产周转率（次）	流动资产周转率（次）	资产负债率（%）	获利倍数	营业收入增长率（%）	资本扩张率（%）	市场投资回报率（%）	股价波动率（%）	年末资产总额（万元）	营业收入（万元）	净利润（万元）
1	24	300015	爱尔眼科	80.45	0.47	17.27	16.67	1.03	2.11	17.76	–	21.01	20.62	34.25	61.30	255043.04	240204.76	31288.41
2	30	600763	通策医疗	79.67	0.69	20.19	16.35	0.81	2.05	13.46	–	26.08	21.77	47.91	95.95	79314.94	58379.03	11383.40
3	46	000538	云南白药	77.77	2.41	20.02	22.22	1.29	1.51	30.88	192.74	18.97	25.10	−6.46	52.37	1634134.02	1881436.64	249732.67
4	47	600276	恒瑞医药	77.43	1.01	21.08	20.79	0.91	1.18	8.77	–	20.14	24.55	6.53	56.32	908686.09	745225.31	157292.91
5	63	002437	誉衡药业	75.94	0.63	14.54	14.56	0.48	1.24	36.98	23.44	45.72	25.17	42.07	75.96	492234.97	190582.40	45566.04
6	98	002294	信立泰	74.15	1.59	29.06	29.88	0.70	1.20	17.94	–	23.85	20.84	3.07	64.82	461604.20	288264.46	104338.42
7	100	300267	尔康制药	74.08	0.63	18.44	18.80	0.75	1.49	24.44	139.75	35.57	25.78	87.21	130.26	222055.40	137035.85	28741.16
8	110	000623	吉林敖东	73.76	1.58	11.22	11.49	0.17	0.81	8.06	–	14.47	18.80	103.14	211.78	1376952.47	224009.93	141779.22
9	111	300244	迪安诊断	73.72	0.61	15.57	18.66	1.39	1.86	36.70	–	31.48	18.99	27.34	58.49	110870.62	133510.01	12785.26
10	112	002252	上海莱士	73.71	0.45	11.24	9.90	0.24	0.74	8.05	45.23	165.88	682.76	89.84	168.70	937945.90	131973.52	51051.48
11	124	002626	金达威	73.42	0.68	14.94	12.86	0.56	0.91	9.41	–	25.08	7.91	143.62	187.10	156894.55	83825.03	19423.40
12	148	600518	康美药业	72.80	1.04	12.54	15.75	0.64	0.90	40.03	7.22	19.39	38.97	−12.34	47.59	2787931.70	1594918.88	228589.22
13	149	600332	白云山	72.76	0.92	11.10	15.10	1.42	2.32	43.99	854.11	6.77	13.34	−1.62	42.21	1421078.35	1879988.06	121064.35
14	194	600085	同仁堂	71.47	0.58	12.17	15.00	0.78	0.94	33.21	–	11.14	10.32	9.00	57.08	1294667.59	968586.75	125396.53
15	196	600572	康恩贝	71.45	0.68	17.44	17.60	0.67	1.63	46.49	10.88	22.48	30.05	12.97	73.53	629887.66	358161.55	72775.40
16	206	000423	东阿阿胶	71.18	2.09	23.41	22.88	0.60	0.84	19.20	–	−0.18	18.55	−4.49	43.23	745992.51	400901.05	137227.70
17	228	000513	丽珠集团	70.42	1.74	9.70	13.03	0.80	1.80	44.10	32.60	20.04	13.26	21.91	58.78	730260.51	554423.38	55362.22
18	233	000650	仁和药业	70.28	0.30	17.02	14.76	0.91	1.67	16.75	–	25.22	11.51	48.56	149.62	259710.43	225321.24	32385.36
19	234	600566	洪城股份	70.27	0.67	22.39	27.75	1.11	2.04	31.68	–	22.02	99.06	−8.40	50.71	335771.60	298641.22	51939.26
20	248	600252	中恒集团	69.95	1.45	28.80	17.88	0.46	0.85	26.27	43.27	−19.57	60.41	19.07	75.51	802622.34	321440.64	159447.75
21	249	600056	中国医药	69.87	0.56	6.67	12.61	1.32	1.67	61.41	8.58	20.42	41.53	60.62	110.97	1420361.57	1785737.26	61368.49
22	250	600196	复星医药	69.82	0.92	9.56	8.64	0.37	1.54	45.94	8.18	20.30	8.14	14.54	45.95	3533627.73	1202553.20	236983.89
23	256	002275	桂林三金	69.72	0.75	18.93	18.66	0.54	0.88	16.64	–	0.94	5.33	22.16	87.00	278363.88	146635.18	44486.64
24	259	002022	科华生物	69.55	0.59	24.66	22.95	0.87	1.33	11.29	–	9.28	4.93	27.35	82.97	142906.04	121788.57	30012.51

续表

行业排名	全部上市公司排名	股票代码	股票简称	综合得分（100分）	每股收益（元）	总资产报酬率（%）	净资产收益率（%）	总资产周转率（次）	流动资产周转率（次）	资产负债率（%）	获利倍数	营业收入增长率（%）	资本扩张率（%）	市场投资回报率（%）	股价波动率（%）	年末资产总额（万元）	营业收入（万元）	净利润（万元）
25	260	600594	益佰制药	69.54	1.22	13.71	16.84	0.73	1.37	37.38	15.09	13.36	78.10	−1.62	43.20	549567.50	315707.51	48120.20
26	261	002223	鱼跃医疗	69.51	0.56	16.74	16.34	0.85	1.17	17.62	–	18.08	16.13	10.14	59.69	213830.42	168180.23	29789.00
27	264	300009	安科生物	69.39	0.38	14.55	14.69	0.65	1.27	15.52	–	26.04	17.09	25.64	94.77	91557.64	54240.59	10877.12
28	268	000915	山大华特	69.33	1.21	27.94	27.39	0.77	1.44	24.17	10.66	25.44	27.77	−12.12	50.69	195466.56	137395.69	38628.36
29	284	300003	乐普医疗	69.07	0.52	15.12	14.09	0.48	0.97	14.03	–	28.03	13.76	42.50	96.86	382993.28	166863.70	45223.65
30	298	600535	天士力	68.82	1.32	17.50	31.01	1.09	1.84	60.77	6.95	13.24	22.32	−8.63	44.66	1292134.90	1256690.19	145037.65
31	300	600750	江中药业	68.80	0.87	11.64	12.19	0.90	1.48	35.88	11.08	2.03	−0.01	29.62	84.75	332701.00	283412.43	26677.26
32	305	000999	华润三九	68.63	1.06	12.12	15.53	0.70	1.41	34.42	172.88	−6.73	9.97	−7.90	66.27	1066724.24	727658.56	107214.24
33	308	002007	华兰生物	68.58	0.93	16.41	12.88	0.34	0.51	3.55	–	11.26	9.82	13.74	87.30	376963.72	124348.80	53861.97
34	318	600511	国药股份	68.40	1.01	12.06	20.32	2.17	2.70	53.40	41.49	14.45	17.53	66.33	114.08	553785.55	1153834.25	49805.12
35	325	002001	新和成	68.17	0.74	12.18	11.52	0.47	0.81	23.11	17.90	−1.73	6.77	22.50	75.67	912376.41	416420.92	80804.04
36	333	002287	奇正藏药	68.02	0.59	16.97	12.67	0.57	0.75	13.52	–	−2.00	7.01	5.02	44.42	179188.71	95010.56	23546.95
37	335	601607	上海医药	67.99	0.96	7.02	8.53	1.53	2.03	51.66	9.71	18.12	7.23	18.78	68.05	6434055.82	9239889.36	299201.49
38	339	300294	博雅生物	67.95	1.37	12.40	12.44	0.43	0.72	9.23	–	78.49	9.13	18.58	131.47	101783.17	43779.30	11520.41
39	352	000739	普洛药业	67.60	0.30	9.16	10.26	0.87	1.79	54.44	6.52	9.79	24.12	55.52	123.40	506181.18	423276.01	32671.71
40	354	002038	双鹭药业	67.57	1.52	26.25	22.31	0.41	0.62	4.16	–	6.99	22.87	−26.64	73.86	331906.88	124295.15	70104.69
41	369	300026	红日药业	67.22	0.78	19.69	20.84	1.09	1.74	22.50	–	36.54	38.53	−4.75	41.67	304340.91	286355.96	44893.54
42	383	002020	京新药业	66.99	0.40	7.38	9.55	0.73	1.46	32.26	–	26.79	70.98	14.48	82.45	206465.94	123549.61	10708.04
43	388	300039	上海凯宝	66.81	0.55	20.11	19.78	0.76	0.95	10.99	–	11.93	17.34	1.22	53.80	211736.68	148107.69	34935.17
44	399	300298	三诺生物	66.66	0.99	19.00	17.76	0.48	0.58	8.29	–	21.35	17.47	−30.01	77.71	121178.06	54492.32	19733.92
45	413	000989	九芝堂	66.46	0.83	14.47	9.85	0.70	1.26	25.13	–	15.97	4.34	36.08	93.14	214933.72	140535.04	24594.45
46	414	300204	舒泰神	66.45	0.81	12.51	11.77	0.65	0.81	16.42	–	22.44	15.25	−5.63	78.84	181191.88	109300.34	19527.92
47	433	300347	泰格医药	66.05	0.59	15.13	17.20	0.58	0.85	32.46	–	85.59	21.42	−2.58	42.36	135761.81	62456.17	13639.53
48	434	600380	健康元	66.04	0.23	8.00	10.36	0.65	1.53	45.87	8.13	19.26	8.59	51.31	114.99	1208431.44	741790.62	68380.33

续表

行业排名	全部上市公司排名	股票代码	股票简称	综合得分（100分）	每股收益（元）	总资产报酬率（%）	净资产收益率（%）	总资产周转率（次）	流动资产周转率（次）	资产负债率（%）	获利倍数	营业收入增长率（%）	资本扩张率（%）	市场投资回报率（%）	股价波动率（%）	年末资产总额（万元）	营业收入（万元）	净利润（万元）
49	442	300199	翰宇药业	65.94	0.43	12.57	13.96	0.28	0.51	23.64	136.70	39.16	15.29	19.90	73.54	169746.33	41942.82	17156.17
50	447	300016	北陆药业	65.84	0.28	14.19	14.98	0.58	1.07	26.53	–	32.68	19.12	71.02	171.95	90700.49	43998.04	9416.47
51	461	300049	福瑞股份	65.65	0.70	9.79	8.60	0.52	1.03	31.26	–	23.31	22.25	36.54	130.42	133119.39	64551.77	8480.51
52	468	300233	金城医药	65.43	0.88	8.04	10.10	0.63	1.27	37.45	11.52	15.64	9.30	72.15	183.27	178527.89	105083.00	10870.07
53	475	600329	中新药业	65.31	0.48	9.01	13.22	1.32	2.16	45.81	9.45	17.92	14.43	23.18	65.29	543720.74	708687.93	37943.66
54	483	600422	昆明制药	65.18	0.86	12.80	13.55	1.39	2.08	32.22	30.63	14.96	9.07	–0.21	71.22	302406.77	412050.92	30769.51
55	493	000919	金陵药业	65.04	0.39	8.45	8.22	0.80	1.30	24.05	–	6.38	6.86	54.89	110.24	362221.71	277194.23	24516.27
56	496	600420	现代制药	64.99	0.66	9.89	15.58	0.79	1.77	63.45	7.33	16.98	5.05	31.83	128.63	380921.58	274883.57	24753.50
57	501	600385	ST 金泰	64.95	0.25	29.03	110.85	11.84	13.33	76.31	–	277.11	280.54	46.02	31.36	23086.55	202859.81	4023.65
58	510	002653	海思科	64.80	0.42	18.60	17.37	0.45	0.65	26.70	–	21.99	9.36	–22.34	56.68	287491.67	121059.54	45054.11
59	528	600557	康缘药业	64.42	0.64	11.62	14.06	0.68	1.28	38.48	6.45	14.91	32.14	–12.46	52.86	415497.17	256292.82	32311.05
60	532	600993	马应龙	64.35	0.61	10.01	10.57	0.77	1.00	22.28	–	1.16	8.46	20.70	97.35	218565.01	162080.12	19227.00
61	551	300238	冠昊生物	64.11	0.41	8.82	8.35	0.32	0.66	14.19	–	12.97	6.72	51.26	118.37	61953.71	19035.67	5010.31
62	553	000028	国药一致	63.97	1.90	7.97	17.54	2.01	2.34	62.19	7.74	12.99	109.41	5.78	75.81	1282894.15	2395433.10	66984.12
63	563	002317	众生药业	63.85	0.62	11.60	11.54	0.61	0.93	17.67	807.05	20.04	8.94	–8.31	40.93	230637.11	130851.65	21598.07
64	565	000661	长春高新	63.83	2.42	17.55	24.01	0.76	1.28	35.06	–	10.43	20.02	–24.65	92.43	314842.32	226230.44	44421.40
65	568	600436	片仔癀	63.81	2.73	14.65	13.64	0.42	0.63	18.15	–	4.16	15.24	–10.45	52.88	364963.72	145386.98	43789.07
66	569	002219	恒康医疗	63.80	0.42	20.71	26.69	0.45	0.97	44.20	13.15	21.41	28.57	7.27	65.75	189138.29	68565.77	25714.95
67	573	002424	贵州百灵	63.73	0.66	11.71	13.69	0.45	0.60	34.14	11.63	12.05	10.37	64.50	196.22	356518.15	157467.22	31505.38
68	584	002462	嘉事堂	63.58	0.95	12.11	13.44	1.52	1.93	63.17	13.14	57.22	28.48	77.16	127.91	454728.03	557215.23	30642.28
69	595	600079	人福医药	63.30	0.85	9.16	11.31	0.64	1.21	52.92	5.56	17.33	12.74	–10.49	38.98	1216713.11	705162.80	63573.23
70	597	002603	以岭药业	63.26	0.63	8.26	8.05	0.60	1.18	10.49	–	17.31	6.95	–15.08	51.10	508791.14	292115.73	35449.52
71	604	600613	神奇制药	63.17	0.40	10.15	9.39	0.61	1.03	11.34	150.13	39.23	10.26	24.22	75.93	225356.96	129371.33	18090.06
72	608	600267	海正药业	63.08	0.35	6.34	6.01	0.65	1.61	52.22	5.14	17.35	38.71	15.00	55.50	1729830.37	1009674.79	55197.05

续表

行业排名	全部上市公司排名	股票代码	股票简称	综合得分（100 分）	每股收益（元）	总资产报酬率（%）	净资产收益率（%）	总资产周转率（次）	流动资产周转率（次）	资产负债率（%）	获利倍数	营业收入增长率（%）	资本扩张率（%）	市场投资回报率（%）	股价波动率（%）	年末资产总额（万元）	营业收入（万元）	净利润（万元）
73	625	002107	沃华医药	62.78	0.22	5.41	4.63	0.48	0.75	5.52	–	23.36	4.41	102.25	198.27	66863.85	31530.80	3654.80
74	626	300216	千山药机	62.71	0.73	12.08	11.90	0.40	0.55	42.59	10.92	28.41	10.97	211.50	295.63	170506.21	59135.00	13310.01
75	637	002262	恩华药业	62.57	0.57	15.73	23.22	1.43	2.09	44.92	20.26	11.86	26.65	7.88	86.34	192265.63	250135.87	22125.41
76	638	600479	千金药业	62.56	0.34	7.08	7.84	1.07	1.68	37.83	27.68	11.22	15.06	13.53	118.54	222892.91	219424.05	11769.59
77	646	600587	新华医疗	62.38	0.82	8.43	11.51	0.93	1.45	57.21	8.10	49.83	26.84	–5.91	96.99	807050.95	628346.67	39128.67
78	661	002422	科伦药业	62.14	1.39	6.96	8.59	0.41	0.95	48.26	6.40	17.45	9.44	–6.92	64.07	2120283.53	802342.13	98468.22
79	689	002550	千红制药	61.56	0.77	9.23	8.17	0.37	0.52	7.71	–	–5.36	8.23	15.53	118.11	231073.94	81460.83	24215.59
80	706	600976	武汉健民	61.28	0.76	8.71	10.72	1.17	1.57	35.22	–	–11.99	6.55	14.38	107.82	154681.82	175348.84	11894.96
81	707	002412	汉森制药	61.27	0.40	10.30	10.41	0.55	1.16	15.69	–	26.07	4.11	–14.32	59.15	136777.17	73742.46	11953.25
82	722	002198	嘉应制药	61.14	0.15	9.17	7.70	0.58	1.97	16.61	38.90	149.54	6.63	28.14	87.87	103528.37	56582.02	7365.39
83	726	300254	仟源医药	61.11	0.31	5.77	6.37	0.58	1.94	30.32	12.27	27.29	7.30	89.76	199.35	118133.77	65365.52	5589.13
84	729	300246	宝莱特	61.07	0.23	7.51	8.16	0.58	0.84	17.55	–	23.06	8.65	12.64	113.32	51900.61	28899.35	3520.68
85	733	002390	信邦制药	61.02	0.32	7.87	7.88	0.74	1.13	52.94	4.06	334.81	137.26	45.23	89.05	522330.08	247618.31	15385.71
86	740	002030	达安基因	60.91	0.28	15.53	8.22	0.79	1.23	42.48	12.38	27.13	20.65	60.57	193.22	159019.41	108615.34	15862.04
87	746	600529	山东药玻	60.76	0.48	6.20	6.03	0.61	1.15	24.57	62.06	9.49	4.71	26.63	80.00	281818.01	169111.25	12363.64
88	783	600645	中源协和	60.22	0.10	2.41	5.30	0.24	0.51	52.16	–	31.98	75.18	66.02	146.02	241688.41	47686.46	4687.43
89	788	002675	东诚药业	60.18	0.60	9.98	9.05	0.57	1.00	15.00	–	–3.06	7.53	43.53	107.88	139335.39	75102.19	10786.57
90	789	600998	九州通	60.17	0.36	5.37	6.81	1.92	2.35	66.48	2.91	22.82	51.47	21.43	83.54	2412503.51	4106840.45	56826.97
91	800	300289	利德曼	60.02	0.84	12.41	14.39	0.38	0.89	32.39	18.46	56.26	28.38	–23.16	84.12	161616.86	53697.08	14372.01
92	803	600062	华润双鹤	59.97	0.95	9.77	9.51	0.65	1.10	14.12	–	–37.36	6.52	–5.20	63.79	661929.63	428096.10	54366.48
93	820	600513	联环药业	59.75	0.28	9.23	10.61	1.02	1.58	34.10	8.13	7.28	7.99	41.72	138.69	65895.89	66868.82	4389.29
94	829	300181	佐力药业	59.66	0.33	11.69	12.12	0.48	0.97	26.22	34.01	22.77	12.85	5.11	91.66	118151.65	51492.62	10675.73
95	843	000963	华东医药	59.39	1.74	15.91	33.41	2.27	2.92	72.04	8.61	13.34	–16.47	8.85	78.83	900719.76	1894737.91	94275.65
96	858	600867	通化东宝	59.20	0.27	12.41	13.42	0.51	1.20	26.92	13.06	20.52	7.16	12.98	118.75	295621.94	145134.01	27653.92

续表

行业排名	全部上市公司排名	股票代码	股票简称	综合得分（100 分）	每股收益（元）	总资产报酬率（%）	净资产收益率（%）	总资产周转率（次）	流动资产周转率（次）	资产负债率（%）	获利倍数	营业收入增长率（%）	资本扩张率（%）	市场投资回报率（%）	股价波动率（%）	年末资产总额（万元）	营业收入（万元）	净利润（万元）
97	860	300326	凯利泰	59.18	0.39	8.53	7.82	0.23	0.49	16.57	18.87	75.52	115.15	-17.64	65.89	131259.78	22235.56	6693.70
98	865	002433	太安堂	59.14	0.30	6.42	6.35	0.35	0.61	16.00	12.32	56.35	84.89	47.34	99.21	449330.95	122763.66	19237.55
99	866	300171	东富龙	59.09	1.08	8.91	12.93	0.32	0.36	35.78	-	23.27	11.15	-3.49	67.58	416800.25	125869.37	35135.31
100	879	000403	ST 生化	58.97	0.45	15.53	11.20	0.41	1.54	61.58	4.99	2.47	30.42	13.38	88.59	119380.59	48949.57	10693.21
101	893	300147	香雪制药	58.79	0.39	7.79	11.34	0.43	1.11	47.85	5.45	20.84	9.43	7.16	62.79	358828.32	152398.01	21654.39
102	920	600351	亚宝药业	58.35	0.25	7.43	8.89	0.59	1.59	42.86	5.02	16.29	7.29	38.35	87.58	318499.84	188965.74	16510.67
103	960	002644	佛慈制药	57.95	0.20	3.36	3.53	0.41	0.73	29.75	-	36.89	4.53	32.96	145.78	104661.83	39907.13	3465.29
104	965	000566	海南海药	57.90	0.33	7.87	7.50	0.38	0.74	52.95	3.76	31.88	8.73	51.99	149.71	367337.29	134321.61	17061.26
105	974	002589	瑞康医药	57.76	0.83	6.29	10.13	1.54	1.72	67.85	4.15	31.39	10.63	32.98	129.05	567833.18	778590.71	18176.12
106	979	002365	永安药业	57.71	0.17	3.02	1.64	0.55	1.37	6.67	-	25.96	2.60	33.82	138.91	118702.93	65841.71	3172.23
107	992	600285	羚锐制药	57.53	0.14	4.63	5.40	0.40	1.00	36.93	9.98	20.28	58.47	32.34	108.98	247445.32	82627.41	7621.70
108	1031	600521	华海药业	56.96	0.34	7.66	7.73	0.58	1.04	27.58	11.17	12.57	8.17	8.96	90.74	451001.62	258498.76	25673.05
109	1055	300273	和佳股份	56.60	0.39	14.65	18.51	0.47	0.75	48.23	14.31	25.72	16.97	9.51	67.09	239521.24	92984.31	22558.65
110	1064	600216	浙江医药	56.46	0.18	2.72	3.33	0.63	1.35	16.62	-	-2.04	1.25	6.53	49.08	786942.53	483229.18	17134.13
111	1106	002099	海翔药业	55.98	0.14	3.89	2.10	0.42	1.17	23.73	2.15	13.65	402.33	27.96	127.40	416744.32	131913.57	4465.76
112	1120	300314	戴维医疗	55.77	0.34	7.88	8.18	0.33	0.43	6.93	-	4.57	6.50	-0.54	106.50	71875.15	22718.14	5360.66
113	1129	300255	常山药业	55.64	0.71	9.91	9.20	0.44	0.69	30.22	7.06	15.15	11.00	24.07	82.53	204475.78	81128.46	13431.72
114	1158	300261	雅本化学	55.26	0.17	6.39	7.41	0.48	1.15	46.01	6.47	28.02	11.47	36.24	166.41	131226.72	52607.60	5263.82
115	1160	600664	哈药股份	55.23	0.13	1.94	2.05	1.01	1.52	46.01	-	-8.75	-0.03	45.24	117.11	1624307.75	1650891.25	19768.36
116	1164	000756	新华制药	55.20	0.11	4.04	1.42	0.89	2.51	54.96	2.27	13.25	6.40	61.61	145.12	424514.97	358974.98	6833.47
117	1166	002349	精华制药	55.13	0.20	3.93	2.37	0.39	0.66	18.66	8.26	-21.14	106.87	73.02	124.82	188655.74	57775.36	4062.73
118	1183	000411	英特集团	54.88	0.32	6.14	9.38	2.81	3.13	73.77	2.61	13.78	9.76	101.60	199.24	521112.07	1407381.11	12835.75
119	1192	002370	亚太药业	54.70	0.20	5.43	5.20	0.46	0.76	11.93	-	19.76	5.28	-11.32	88.02	84852.75	37560.18	4056.80
120	1216	002551	尚荣医疗	54.30	0.28	5.77	8.02	0.53	0.74	38.18	-	59.64	9.13	-12.06	64.54	235646.56	116677.75	11100.25

续表

行业排名	全部上市公司排名	股票代码	股票简称	综合得分(100分)	每股收益(元)	总资产报酬率(%)	净资产收益率(%)	总资产周转率(次)	流动资产周转率(次)	资产负债率(%)	获利倍数	营业收入增长率(%)	资本扩张率(%)	市场投资回报率(%)	股价波动率(%)	年末资产总额(万元)	营业收入(万元)	净利润(万元)
121	1232	600833	第一医药	53.93	0.17	4.47	5.67	1.42	2.54	39.78	–	4.92	21.42	57.78	135.26	108097.99	141474.54	3702.48
122	1246	600466	迪康药业	53.70	0.03	2.26	–0.55	0.57	1.06	19.63	–	5.89	2.14	81.32	123.14	74439.00	39911.26	1256.30
123	1250	300122	智飞生物	53.63	0.19	5.68	6.00	0.30	0.48	9.46	–	2.66	2.87	–21.49	61.87	271445.56	80093.75	14800.40
124	1261	002166	莱茵生物	53.56	0.32	5.46	14.40	0.50	0.79	84.07	2.48	54.80	21.14	24.07	128.94	150050.21	66040.43	4158.76
125	1278	600161	天坛生物	53.23	0.25	7.19	9.54	0.31	0.91	63.13	3.63	–0.54	1.90	19.93	117.82	601544.84	182655.11	22615.59
126	1286	002399	海普瑞	53.12	0.42	2.54	4.00	0.22	0.28	15.89	–	29.45	3.53	24.42	107.88	993035.43	195886.13	33533.14
127	1288	300086	康芝药业	53.11	0.20	2.68	2.62	0.21	0.32	5.11	–	32.07	1.03	42.39	138.14	192717.48	40853.85	5859.89
128	1294	600080	金花股份	53.02	0.10	2.10	2.69	0.58	1.74	19.46	–	51.30	2.19	15.98	102.38	126676.23	71279.01	2980.81
129	1338	600211	西藏药业	52.26	0.14	2.37	4.53	1.53	1.93	60.42	–	18.96	3.75	110.38	182.42	104644.37	166803.60	2020.89
130	1344	002332	仙琚制药	52.18	0.11	4.97	3.54	0.89	1.73	56.18	2.13	6.72	3.89	12.93	74.36	280255.71	247053.30	4881.80
131	1360	000990	诚志股份	51.77	0.23	3.87	–0.38	1.11	2.08	40.26	2.55	0.27	38.31	79.99	170.94	392086.41	401085.80	7682.19
132	1379	600297	美罗药业	51.45	0.10	2.46	1.69	0.26	0.98	36.01	–	–13.09	1.37	80.84	165.72	150634.29	37151.41	3409.53
133	1387	600530	交大昂立	51.40	0.27	5.51	2.18	0.15	0.96	19.95	8.62	–5.43	51.95	55.92	130.22	277002.70	33763.92	9541.34
134	1391	002693	双成药业	51.31	0.22	6.93	5.39	0.17	0.25	5.30	–	7.75	2.63	29.73	124.91	94354.18	16119.77	5893.28
135	1408	000597	东北制药	51.05	0.22	3.18	–0.55	0.54	1.11	67.79	1.70	11.96	72.68	51.06	144.58	857286.86	433332.16	8382.06
136	1416	600222	太龙药业	50.98	0.06	5.19	4.27	0.59	0.95	48.24	2.45	–3.87	8.58	14.21	67.45	229170.66	125423.02	5017.27
137	1422	600713	南京医药	50.84	0.14	4.69	4.27	2.08	2.38	78.55	1.70	17.81	82.08	40.43	102.86	1136229.24	2207578.08	15241.43
138	1436	600488	天药股份	50.51	0.09	3.75	2.72	0.46	0.97	17.31	8.51	–6.19	2.99	42.47	110.13	289679.94	138891.90	8672.39
139	1451	000705	浙江震元	50.39	0.12	2.40	3.30	1.17	1.78	32.18	–	3.13	3.79	33.28	89.98	180255.99	208123.31	4081.09
140	1478	000153	丰原药业	50.03	0.13	4.08	2.97	0.81	1.82	48.74	2.90	11.05	8.79	57.95	211.98	223753.28	169894.54	4111.67
141	1541	300030	阳普医疗	48.98	0.18	6.71	5.75	0.49	0.93	23.28	–	16.40	1.20	19.22	79.11	101933.35	46179.22	5674.47
142	1596	300318	博晖创新	48.06	0.23	4.70	3.91	0.13	0.20	9.10	–	–5.52	3.42	20.49	79.43	79933.80	10096.95	3654.34
143	1601	300110	华仁药业	47.91	0.08	4.06	3.90	0.37	0.86	43.56	2.71	5.72	1.40	19.17	65.75	262159.78	91676.14	5615.40
144	1628	000004	国农科技	47.37	0.05	6.87	6.74	0.34	0.45	53.48	–	34.24	8.91	31.95	153.86	33828.26	9770.28	1562.48

续表

行业排名	全部上市公司排名	股票代码	股票简称	综合得分（100分）	每股收益（元）	总资产报酬率（%）	净资产收益率（%）	总资产周转率（次）	流动资产周转率（次）	资产负债率（%）	获利倍数	营业收入增长率（%）	资本扩张率（%）	市场投资回报率（%）	股价波动率（%）	年末资产总额（万元）	营业收入（万元）	净利润（万元）
145	1642	600781	辅仁药业	47.05	0.07	4.23	3.11	0.44	1.30	64.74	2.04	11.38	12.16	18.76	122.72	106580.07	43479.72	1593.28
146	1648	600055	华润万东	46.97	0.12	2.40	2.65	0.62	0.98	44.71	29.83	−3.24	0.63	78.27	178.65	122688.78	73987.49	2538.39
147	1695	000078	海王生物	46.25	0.03	3.92	4.23	1.11	1.35	81.49	1.83	22.63	−5.58	28.55	89.97	963170.65	980235.08	8362.79
148	1735	300194	福安药业	45.44	0.18	1.82	2.58	0.24	0.39	6.81	–	25.38	−1.01	37.38	100.01	183219.21	44856.97	4586.79
149	1739	300158	振东制药	45.41	0.15	2.47	0.65	0.68	1.51	31.08	3.34	15.74	0.60	−12.06	64.15	285833.97	191948.50	3452.05
150	1816	600666	西南药业	44.08	0.10	4.65	5.56	0.70	1.15	80.60	1.88	5.63	−7.10	75.27	298.62	204958.03	140172.06	3036.40
151	1825	600829	三精制药	43.89	0.07	1.86	1.51	0.50	0.81	34.39	4.97	−45.27	−4.62	81.80	150.99	328172.67	173879.47	2622.83
152	1838	002566	益盛药业	43.61	0.29	5.48	4.50	0.36	0.43	29.68	12.27	22.36	4.43	−21.28	70.38	249034.71	78789.43	9631.31
153	1853	002393	力生制药	43.21	0.51	2.98	3.06	0.24	0.45	10.40	–	−25.92	−0.48	−14.85	61.66	324780.65	77372.57	9288.65
154	1864	600812	华北制药	42.87	0.03	2.28	−0.86	0.62	1.63	66.29	1.19	−24.42	26.54	11.72	104.39	1556408.16	940097.27	3179.18
155	1867	000518	四环生物	42.78	0.01	0.55	−2.05	0.29	0.60	11.79	1.11	15.56	−1.26	66.87	185.65	81808.25	24123.07	−918.62
156	1870	000790	华神集团	42.63	0.17	9.28	1.67	0.51	0.84	40.49	11.31	−19.70	8.00	7.30	95.98	106254.42	52821.65	6609.31
157	1879	000766	通化金马	42.24	0.01	1.12	1.97	0.17	0.42	48.70	2.85	41.03	7.22	19.48	119.53	128558.53	20841.47	516.56
158	1882	600796	钱江生化	42.17	0.07	4.14	−0.38	0.35	0.82	48.70	2.98	−17.43	2.65	33.36	124.42	110510.40	39808.65	2571.56
159	1902	300206	理邦仪器	41.63	0.07	−0.83	−0.44	0.40	0.50	14.21	–	15.00	−1.46	13.40	87.65	135508.97	52277.56	1140.67
160	1982	002432	九安医疗	39.07	0.03	0.79	−11.06	0.44	0.62	24.31	–	4.39	1.47	100.26	137.08	100244.09	42545.20	839.30
161	1992	300142	沃森生物	38.84	0.61	4.83	−15.94	0.12	0.29	46.18	1.89	23.31	9.31	35.13	85.18	596771.62	71902.13	9670.51
162	2017	002118	紫鑫药业	38.15	0.09	4.68	1.12	0.20	0.28	50.76	1.34	63.42	2.54	19.46	123.13	405241.75	77571.46	4694.84
163	2050	600771	广誉远	36.85	0.15	8.45	−44.73	0.72	1.00	81.47	6.68	32.09	16.28	−7.95	50.26	46221.08	35415.45	2531.03
164	2072	000591	桐君阁	36.10	0.01	2.72	−1.04	1.46	2.09	85.63	1.07	2.45	−14.76	75.80	175.25	332435.95	474877.83	−425.72
165	2073	300006	莱美药业	36.07	0.05	2.38	0.93	0.41	1.11	54.68	1.14	20.11	−9.66	0.50	61.01	224389.76	91180.17	1126.48
166	2092	600671	天目药业	35.21	0.02	3.55	2.60	0.49	0.95	69.42	1.56	−47.16	−10.20	26.37	70.72	28833.85	14872.73	260.76
167	2171	600129	太极集团	31.93	−0.65	0.92	−17.32	0.71	1.25	84.55	0.26	5.38	6.71	103.36	229.27	1035228.52	695805.35	−26400.44
168	2182	300239	东宝生物	31.54	0.02	2.68	0.69	0.48	0.85	35.81	1.86	−34.30	−3.11	−4.84	81.51	53056.96	25105.39	488.81

续表

行业排名	全部上市公司排名	股票代码	股票简称	综合得分(100分)	每股收益(元)	总资产报酬率(%)	净资产收益率(%)	总资产周转率(次)	流动资产周转率(次)	资产负债率(%)	获利倍数	营业收入增长率(%)	资本扩张率(%)	市场投资回报率(%)	股价波动率(%)	年末资产总额(万元)	营业收入(万元)	净利润(万元)
169	2234	600789	鲁抗医药	27.55	-0.22	-1.41	-9.23	0.57	1.22	63.18	-0.77	4.59	-7.99	59.73	189.16	408492.27	231210.31	-13669.03
170	2255	000788	北大医药	26.33	-0.05	1.50	-4.38	0.51	1.06	75.43	0.76	-2.19	-3.78	7.62	124.52	461208.15	226581.75	-3796.36
171	2299	000952	广济药业	22.62	-0.87	-12.57	-37.66	0.31	1.05	68.06	-7.56	-0.25	-31.24	55.72	207.43	158246.95	48585.80	-22959.29
172	2326	000606	青海明胶	20.33	-0.24	-7.70	-12.77	0.26	0.67	34.75	-4.72	-4.68	-12.45	-3.23	71.33	132575.54	35877.13	-12681.71
173	2346	000590	紫光古汉	18.65	-0.38	-15.02	-40.43	0.36	0.76	68.63	-39.02	-20.66	-31.69	12.43	83.16	58682.07	20312.20	-8577.05
174	2403	603168	莎普爱思		2.30	21.40	22.72	1.04	1.91	12.55	32.24	21.88	115.93	46.02	82.42	87234.07	76558.24	13126.99
175	2415	603998	方盛制药		0.96	14.20	13.17	0.60	0.97	9.32	–	3.84	117.64	46.02	36.83	92842.56	41561.32	8587.42
176	2427	002737	葵花药业		2.75	15.05	19.86	0.93	1.49	38.93	13.74	24.66	162.33	46.02	–	373301.54	271876.05	33108.49
177	2434	300396	迪瑞医疗		2.03	13.73	13.72	0.61	0.80	12.12	–	4.75	130.49	46.02	52.25	104673.81	48647.23	10135.89
178	2438	002728	台城制药		0.94	13.51	14.35	0.54	0.67	10.90	–	0.59	110.10	46.02	53.47	82560.27	34474.84	8019.37
179	2439	300406	九强生物		2.02	31.09	27.83	0.65	0.72	5.50	–	14.32	107.23	46.02	104.02	104447.18	50827.43	21064.09
180	2444	300412	迦南科技		1.07	14.45	14.75	0.53	0.77	21.47	106.19	19.16	110.69	46.02	–	45517.37	18381.00	4276.21
181	2445	300357	我武生物		0.62	28.79	24.30	0.60	0.75	3.34	–	23.71	103.86	46.02	126.60	53130.68	23951.11	9954.86
182	2456	002727	一心堂		1.31	13.92	18.79	1.77	2.20	29.19	92.70	24.86	98.33	46.02	90.25	294143.62	442841.00	29504.50
183	2470	300363	博腾股份		1.16	11.48	18.16	0.70	1.58	52.86	12.29	34.44	104.10	46.02	125.51	185495.52	98725.59	12257.95
184	2471	300358	楚天科技		1.35	14.47	21.73	0.80	1.26	41.99	–	26.09	82.95	46.02	85.35	143592.79	100518.98	15690.62
185	2492	002019	鑫富药业		0.87	13.80	15.43	0.77	1.96	23.73	157.42	141.39	401.03	-8.23	110.31	333468.94	168498.44	23793.81
186	2495	300381	溢多利		0.61	9.05	11.12	0.54	1.12	28.86	–	0.18	124.16	46.02	140.75	96336.26	35981.64	5513.35
187	2498	603456	九洲药业		0.79	9.30	9.89	0.68	1.38	28.30	10.08	-1.79	114.90	46.02	43.84	220823.06	128620.68	13710.66
188	2502	000605	渤海股份		0.24	3.83	5.41	0.51	1.98	54.46	–	919.25	215.35	5.65	41.45	238135.92	72824.93	3909.86
189	2503	603368	柳州医药		1.85	8.27	21.72	1.76	1.88	68.57	5.23	24.35	134.31	46.02	23.36	373562.33	565534.67	17727.30
190	2544	300401	花园生物		0.51	6.22	4.89	0.24	0.39	6.12	–	-13.85	28.85	46.02	105.34	75524.39	15884.04	3715.08

第十六章　农林牧渔行业

2014 年，我国实现了粮食总产十一连增，创三个“新高”，粮食总产创新高；粮食单产创新高；我国人均占有粮食居历史最高。行业整体实现了净利润的较大增长，但业绩分化较为明显。2015 年中央一号文件《关于加大改革创新力度，加快农业现代化建设的若干意见》发布，为农业信息化发展提供了良好的机遇。此外，农业补贴加大、行业低息加杠杆、规模经营带来的效率提升将共同作用有望带来大种植业盈利水平的趋势性反转。

一、2014 年农林牧渔行业上市公司业绩评价结果

截至 2014 年末，农林牧渔行业 A 股上市公司共计 81 家，其中盈利 65 家，亏损 16 家，80.25% 的公司实现盈利，比 2013 年降低了 0.52%；农林牧渔行业上市公司总资产共计 3120.21 亿元，占上市公司总资产的 0.92%。2014 年全国 2548 家上市公司共计完成营业收入 24.03578 万亿元，81 家农林牧渔行业上市公司完成营业收入 3053.46 亿元，占上市公司全部营业收入的 1.27%；全部上市公司共计实现净利润 11494.69 亿元，农林牧渔行业上市公司实现净利润 80.68 亿元，占上市公司全部实现净利润的 0.70%。

2014 年农林牧渔行业整体评价结果较为中等，行业业绩综合得分 60.9 分，低于全部上市公司的 61.3 分，81 家农林牧渔行业上市公司中只有金宇集团一家进入 2014 年上市公司业绩评价综合得分的百强名单。业绩评价综合得分超过 70 分的有三家，金宇集团、海大集团和新希望，得分分别为 75.43、72.10 和 71.03，在全部上市公司中排名分别为第 68 位、第 173 位和第 209 位；全行业 60 分至 70 分的有 13 家；60 分以下的有 62 家。

表 16－1　2014 年度农林牧渔行业中联十强排行榜

名次	股票代码	股票简称	业绩得分	在全部上市公司中排名
1	600201	金宇集团	75.43	68
2	002311	海大集团	72.1	173
3	000876	新希望	71.03	209
4	002041	登海种业	68.91	294
5	002385	大北农	68.5	312
6	000048	康达尔	67.39	365
7	600438	通威股份	66.03	435
8	000860	顺鑫农业	65.48	465
9	600195	中牧股份	65.3	477
10	600313	农发种业	64.78	511

基于对农林牧渔行业上市公司的整体评价，下面分别从财务效益状况、资产质量状况、偿债风险状况、发展能力状况、市场表现状况五个方面对农林牧渔行业上市公司进行具体分析。

（一）财务效益

从综合得分来看，2014 年农林牧渔行业上市公司财务效益状况平均得分为 17.8 分，低于上市公司平均得分 21.87 分。

表 16－2　农林牧渔行业财务效益状况比较表

分析指标		2014 年上市公司平均值	2014 年行业值	2013 年行业值	增长率 (%)
基本指标	扣除非经常性损益净资产收益率 (%)	7.81	3.32	2.95	12.54
	总资产报酬率 (%)	5.74	4.77	4.79	−0.42
	得分	20.83	17.5	17.21	1.69
修正指标	营业利润率 (%)	5.55	2.56	2.17	17.97
	盈利现金保障倍数	1.61	1.48	2.06	−28.16
	股本收益率 (%)	39.84	16.27	16.54	−1.63
综合得分		21.87	17.8	18.45	−3.52

表 16-3 列示了 2014 年农林牧渔行业上市公司财务效益状况评价结果。在农林牧渔行业上市公司财务效益状况指标中，新希望财务效益排名第一。新希望 2014 年实现营业收入 700.12 亿元，比 2013 年增长 0.89%；实现营业利润 28.91 亿元，比上年增长 2.50%，归属母公司所有者的净利润 20.20 亿元，比上年增加 6.39%。2014 年，公司资产规模同比增长 10.88%，现金流情况保持稳健，2014 年期末现金净增加额为 1.38 亿元。

与 2013 年的情况相比较，2014 年农林牧渔行业上市公司总体上财务效益状况有小幅度波动，除营业利润率和扣除非经常性损益净资产收益率增长超过 10% 以外，其他都存在着上下波动，其中盈利现金保障倍数下跌幅度近三成。

表 16－3　2014 年度农林牧渔行业财务效益中联五强排行榜

名次	股票代码	股票简称	财务效益得分
1	000876	新希望	28.99
2	002041	登海种业	28.6
3	600201	金宇集团	27.65
4	002447	壹桥苗业	26.74
5	002385	大北农	25.8

（二）资产质量

从综合得分来看，农林牧渔行业上市公司资产质量状况平均得分为 15 分，高于上市公司平均得分 9.2 分。

表 16－4　农林牧渔行业资产质量状况比较表

分析指标		2014 年上市公司平均值	2014 年行业值	2013 年行业值	增长率 (%)
基本指标	总资产周转率（次）	0.75	1.03	1.1	-6.36
	流动资产周转率（次）	1.52	2.06	2.15	-4.19
	得分	9.55	12.33	12.08	2.07
修正指标	应收账款周转率（次）	9.69	20.95	22.93	-8.63
	存货周转率（次）	3.21	4.32	4.51	-4.21
综合得分		9.2	15	15	-

与 2013 年比较可知，2014 年农林牧渔行业上市公司总体上资产质量有所下滑，农林牧渔行业上市公司 2014 年平均应收账款周转率 20.95 次，比 2013 年低出 8.63%，降幅为其中最大。

表 16-5 列示了农林牧渔行业上市公司资产质量状况评价结果。在农林牧渔行业上市公司资产质量状况指标中，新希望、通威股份、唐人神、农发种业和圣农发展五家得分均为满分 15 分。企业在运营中保持了较高的应收账款周转率，新希望、通威股份和唐人神 2014 年应收账款周转率分别为 149.44、42.54 和 138.95，大大高于行业平均水平 20.95。

表 16－5　2014 年度农林牧渔行业资产质量中联五强排行榜

名次	股票代码	股票简称	资产质量得分
1	000876	新希望	15
2	600438	通威股份	15
3	002567	唐人神	15
4	600313	农发种业	15
5	002299	圣农发展	15

（三）偿债风险

从综合得分来看，2014 年农林牧渔行业上市公司偿债风险状况平均得分为 8.18 分，低于上市公司平均得分 9.01 分。

表 16-6 列示了农林牧渔行业上市公司偿债风险状况评价结果。在农林牧渔行业上市公司偿债风险状况指标中，香梨股份排名第一，得分为 14.99 分，其资产负债率为 5.55%，低于上市公司及行业平均；速动比率为 582.14%，远远高于上市公司及行业平均。

表 16－6　农林牧渔行业偿债风险状况比较表

分析指标		2014 年上市公司平均值	2014 年行业值	2013 年行业值	增长率 (%)
基本指标	资产负债率 (%)	60.75	46.8	48.97	-4.43
	获利倍数	5.06	3.3	3.26	1.23
	得分	9.24	9.26	9.00	2.89
修正指标	速动比率 (%)	69.66	77.77	68.92	12.84
	现金流动负债比率 (%)	12.65	10.05	12.75	-21.18
	带息负债比率（%）	45.45	60.37	60.81	-0.72
综合得分		9.01	8.18	8.34	-1.92

与2013年相比较，2014年农林牧渔行业上市公司偿债风险状况平均得分下降1.92%，除现金流动负债比率降幅最大外，其他比率都是小幅震荡或上升。

表16－7　2014年度农林牧渔行业偿债风险中联五强排行榜

名次	股票代码	股票简称	偿债风险得分
1	600506	香梨股份	14.99
2	300186	大华农	14.99
3	300149	量子高科	14.99
4	300119	瑞普生物	14.75
5	002041	登海种业	14.67

（四）发展能力

从综合得分来看，2014年农林牧渔行业上市公司发展能力状况平均得分为11.93分，比2013年有所下降，且低于2014年上市公司的平均得分12.12分。

表16-8列示了农林牧渔行业上市公司发展能力状况评价结果。在农林牧渔行业上市公司发展能力状况指标中，金宇集团排名第一，得分为16.16分，主要原因是公司的营业收入增长率为58.32%，超出一半的收入额的实现使其远远高出了行业及上市公司的平均水平，公司的营业利润增长幅度也接近六成。

表16－8　农林牧渔行业发展能力状况比较表

分析指标		2014年上市公司平均值	2014年行业值	2013年行业值	增长率(%)
基本指标	营业收入增长率(%)	4.34	1.94	6.99	−72.25
	资本扩张率(%)	12.45	15.01	11.41	31.55
	得分	12.14	12.06	12.13	−0.58
修正指标	累计保留盈余率(%)	43.83	28.9	28.14	2.70
	三年营业收入增长率(%)	7.12	6.22	26.68	76.69
	总资产增长率(%)	12.15	10.36	10.04	3.19
	营业利润增长率(%)	0.17	16.23	6.98	132.52
综合得分		12.12	11.93	12.52	−4.71

2014年农林牧渔行业上市公司营业利润增长率从2013年的6.98%升至16.23%，营业利润实现超大幅增长。伴随着互联网概念与传统农业的结合，2014年农林牧渔行业上市公司业绩喜人，整个农林牧渔行业在国家的政策利好下迎来了新的发展时期。

表16－9　2014年度农林牧渔行业发展能力中联五强排行榜

名次	股票代码	股票简称	发展能力得分
1	600201	金宇集团	16.16
2	000860	顺鑫农业	15.62
3	002567	唐人神	15.05
4	002447	壹桥苗业	14.9
5	000048	康达尔	14.81

（五）市场表现

2014年，上证指数在前半年里不温不火，而农林牧渔指数也是小幅下降而又有回升。下半年里，由于各种改革和政策利好如“一带一路”等概念，使得资本市场逐渐步入牛市，实现了大盘与行业指数的双双疯狂上涨，直到大盘上涨接近50%，而农林牧渔指数也上涨了接近20%的水平。具体情况见图16-1。

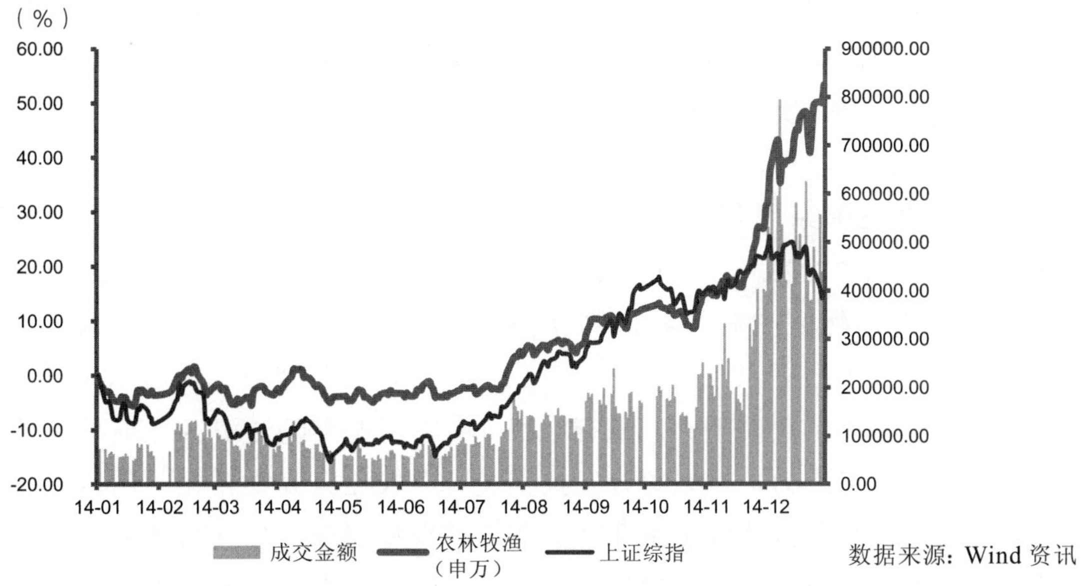

图 16－1 农林牧渔指数与大盘指数波动

从综合得分来看，农林牧渔行业上市公司市场表现状况平均得分为 7.99 分，低于全国上市公司 9.07 分的平均水平。

表 16－10 农林牧渔行业公司市场表现状况比较表

分析指标	2014 年上市公司平均值	2014 年行业值	2013 年行业值	增长率 (%)
市场投资回报率 (%)	44.68	25.35	18.03	40.60
股价波动率 (%)	124.99	113.8	83.75	35.88
得分	9.07	7.99	8.86	–9.82

2014 年上市公司市场投资回报率为 44.68%，远高于 2013 年 27.74% 的回报率。2014 年，农林牧渔行业在资本市场的发展较为缓慢，全行业有 14 家公司的市场投资回报率高于全国上市公司平均水平，其中最高的为国投中鲁 120.17%，有 20 家公司的投资回报率为负。

表 16-10 列示了农林牧渔行业上市公司市场表现状况评价结果。在农林牧渔行业上市公司市场表现状况指标中，万福生科名列第一，得分为 12.22 分。

表 16－11 2014 年度农林牧渔行业市场表现中联五强排行榜

名次	股票代码	股票简称	市场表现得分
1	300268	万福生科	12.22
2	600975	新五丰	12.06
3	000930	中粮生化	10.63
4	600737	中粮屯河	10.5
5	000592	平潭发展	10

二、2014 年度农林牧渔行业业绩影响因素分析

（一）国家宏观政策再度发力，为农业发展保驾护航

随着国内外环境变化和长期粗放式经营积累的深层次矛盾逐步显现，农业持续稳定发展面临的挑战前所未有。目前国内主要农产品价格超过进口价格，而生产成本仍在不断上升。农业生态环境受损，耕地、淡水等资源紧张。按照党的十八大要求，坚定不移

走中国特色新型农业现代化道路，加快转变农业发展方式，不断提高土地产出率、资源利用率、劳动生产率，实现集约发展、可持续发展是当务之急。

农业现代化是国家现代化的基础和支撑，目前仍是突出“短板”，全面建成小康社会的重点难点仍然在农村。我国经济发展进入新常态，加快推进农业现代化，对稳增长、调结构、惠民生意义重大。挖掘农民这个最大群体的消费潜力，可以更好发挥消费的基础作用；农业农村基础设施和公共服务落后，有巨大新增投资需求，用好这个空间，可以更好发挥投资的关键作用；做大做强农业产业，可以形成很多新产业、新业态、新模式，培育新的经济增长点。

2014 年 6 月，发改委、财政部、农业部联合发布 2014 年大豆目标价格为每吨 4800 元。实行大豆目标价格政策后，取消临时收储政策，生产者按市场价格出售大豆。当市场价格低于目标价格时，国家根据目标价格与市场价格的差价和种植面积、产量或销售量等因素，对试点地区生产者给予补贴，目标价格补贴政策直接针对豆农，把种植大豆收益不足的部分补偿给豆农，而且补偿款直接发给豆农，避免了中间商的压等、压价，对稳定播种面积有利，只要补偿措施得当，效果会逐渐显现。

推进农业现代化，要坚持把保障国家粮食安全作为首要任务，确保谷物基本自给、口粮绝对安全。要创新机制、完善政策，努力做好各项工作。一是大力发展农业产业化。在稳定粮食生产基础上，积极推进农业结构调整，依靠科技支撑，构建优势区域布局和专业生产格局，加快推进农牧结合。要把产业链、价值链等现代产业组织方式引入农业，促进一二三产业融合互动。二是积极发展多种形式适度规模经营。引导和规范土地经营权有序流转，发展各类新型农业经营主体，坚持以粮食和农业为主，发展适度规模经营，方式多种多样，因地制宜。只要符合国家法律和政策，符合改革方向，都要鼓励和支持。三是建设资源节约、环境友好农业。综合施策，减少农业投入品过量使用，逐步退出超过资源环境承载能力的生产，推进农业废弃物转化利用，促进受损生态环境修复治理，加强耕地质量建设，严格保护耕地和水资源。四是加大农业政策和资金投入力度。确保农业投入只增不减。要统筹整合涉农资金，创新农业投融资机制，健全金融支农制度。五是用好两个市场两种资源。健全国际农业交流与合作制度，创新农业对外合作方式。

（二）2014 年度农林牧渔不同板块表现有所区别，上市公司业绩分化明显

2014 年度，农林牧渔业不同板块表现有所区别，种业上市公司业绩分化明显，大种植板块种业龙头逆周期盈利；农垦三大上市公司改革在即；饲料、猪类养殖、肉鸡养殖、水产养殖主营持续低迷；动物保健市场苗成为蓝海业务。

2014 年种业上市公司业绩分化明显。表现为龙头企业实现业绩逆周期增长，其他企业业绩大幅度下行。2014 年大种植板块总体净利同比增长 266% 到 281%，业绩呈现大幅增长，主要源于北大荒 2014 年资产转让以及剥离负资产带来的主营业绩释放。行业总体净利同比 -14.4% 到 -4.4%，其中农发种业实现净利润 150% 的增幅，水稻种子龙头隆平高科净利同增 90 到 120%。该板块未来存在较大的发展空间。

农垦板块三大上市公司改革在即。农垦板块2014年披露的企业合计实现净利增长488%，农垦三大上市公司中，北大荒2014年实现扭亏为盈，归属母公司净利润8.1亿元，其中单四季度业绩同比减亏18.5%；海南橡胶2014年业绩同减70%，其中单四季度实现扭亏。我们认为，未来中国农垦改革是大势所趋。主要基于以下两点，首先，2015年“一号文件”中首次提及农垦改革，并重点着墨，明确指出“加快研究出台推进农垦改革发展的政策措施，深化农场企业化、垦区集团化、股权多元化改革，进一步推进农垦办社会职能改革等”；其次，农垦系改革兼具土地流转及国企改革有个层面的含义，并且由于农垦体系内农业经营能力和现代化水平较高，农垦系改革成为土地流转新政策和农业现代化最佳的改革试点。

饲料行业2014年业绩不及预期。2014年由于畜禽价格持续低迷，饲料行业整体业绩表现不佳。虽然该板块上市公司实现了净利润的小幅增长，但是3家扭亏公司业绩增长的主要原因为一次性长期资产的出售，不具有可持续性。饲料行业与下游养殖业景气程度保持高度的正相关，而养殖业在通缩的预期之下，生猪需求短时间将持续低迷，价格上涨依然承受较大压力，2014年配合饲料产量增速大幅下行，混合饲料产量小幅增长。预计整个饲料行业业绩短期内难以得到改善。

2014年猪类养殖主营持续低迷，畜牧养殖差强人意。2014年生猪养殖行业整体主营业绩表现不佳，行业上市公司整体净利同减106%。2014年22省市生猪年度均价仅为13.25元/公斤，同比下滑6%，使得自繁自养由盈转亏，由2013年的92元/头转变为2014年的61元/头。2014年，生猪年平均价格下降了6%左右，未来猪肉价格在通缩的预期下依然不容乐观，在未来一段时间将依然维持弱势。

肉鸡养殖主营持续低迷，产能收缩使鸡类价格出现小幅上涨。2014年H7N9禽流感疫情对与禽类养殖行业的冲击逐渐降低，行业上市公司均实现扭亏。2014年祖代种鸡年平均存栏量（后备+在产）为167万套，同比下降16.7%，而白羽肉鸡2014年平均价格上涨2.5%。2014年主产区肉鸡苗年度均价同比上升，产能收缩使鸡类价格出现小幅上涨，但在经济通缩运行的大背景下，未来鸡类消费的需求并不明朗，导致鸡价涨幅受限。

消费者有效需求不足导致水产子行业表现不佳。2014年行业披露公司净利润大幅度下滑，同比下降了235%，除了獐子岛出现巨额亏损之外，其他公司也表现不佳。主要原因为，首先，大众需求减弱，致使水产品价格的不振。CPI环比增速下行，实体经济低迷使得货币流通速度趋缓，从而产生通缩，带来对农产品需求的减弱。其次，限制三公消费导致高端水产品需求疲软，海参、鲍鱼等价格承受较大上行压力。作为高端水产品的主要消费用途，其消费受限在很大程度上打压了高端水产品的需求。从趋势研究的角度出发，行业景气回升的主要矛盾在于有效需求不足。因此，在水产行业整体需求依然受到压制的大背景下，行业整体盈利持续性回升仍需等待。

动物保健市场苗成为蓝海业务。受畜禽低迷影响，2014年动保行业总体净利润下降2.8%～8.7%，同时业绩分化较为明显，主要原因在于市场苗的销售增长大过了养殖业的低迷带来的影响，这从金宇集团、天康生物中期业绩增长，而其他企业业绩下行中得到验证。

2015 年将有望成为大农业时代的开始。结合美国、日本农业大规模反哺经验来看，中国已经具备大规模惠农的客观条件。在未来土地改革的大趋势下，耕地资源的倍数级增值、农资、农业信息化水平提升、农机需求增长、种植业升级都将带动种植业长期盈利水平的提升。综合上述分析，可以初步判断，继工业化的辉煌之后，中国农业化（规模化、机械化、高端种植化、农业信息化）的时代已经真正到来。2015 年，大种植板块（种植、农资等）前景良好，上市公司业绩水平亦会得到整体提升。

（三）供需导致价格波动，种业仍值得期待

2014 年玉米制种面积下降明显，且下降幅度超之前市场预期（市场预计今年玉米制种面积在 325 万亩，现在只有 295 万亩），且由于天气原因，制种单产亦出现下降。另外，水稻种子的制种面积和单产和全年相比，也呈现下降态势。

此外，2014 年玉米制种面积下降到 295 万亩，较 2012、2013 年分别下降 32.2%、23.4%。下降幅度亦超过市场预期（原先市场预计为 325 万亩）。单产方面，西北地区今年受灾严重，制种单产下降较为明显，甘肃制种面积 122.6 万亩，产量平均降幅 15% 左右，比计划减产 9600 万公斤；新疆制种面积 68 万～72 万亩，比计划减少 1600 万公斤；内蒙古、河北、山西减产预计在 400 万公斤左右。2014 年杂交水稻制种面积为 140 万亩，制种单产也收到天气影响，江苏两系重灾减产 2000 万公斤，总产量降至 2.4 亿公斤左右。

由此预计我国将出现种子企业家数大幅下降、库存消耗更为明显的局面。2015 年主要发生两大变化。一方面，众多小企业生产经营许可证到期，能否继续在种业发展有待考证；另一方面，2012 年突击制种留存的种子如果不进行销售，将作为商品粮销售（考虑到出芽率等因素，种子最多三年保质期，不然就会作为商品粮销售）。

之前的种业政策大多数刺激主体为整个种业，以《农作物种子生产经营许可管理办法》为线，此时无论是育繁推一体化还是小种子企业，说到底都受益于政策的支持。而在此之后，种业政策发生了一些变化，政策主要支持的是育繁推一体化的种业龙头企业，例如《国家级水稻玉米品种审定绿色通道试验指南（试行）》，企业需要满足以下条件：第一，注册资本一亿元以上育繁推一体化企业；第二，必须是企业自育品种；第三，区域试验、生产试验承担单位应当具备独立法人资格，具有相应的试验用地、仪器设备、技术人员。

三、2015 年农林牧渔行业前景展望

（一）政府支持力度进一步加大，进一步促进行业可持续发展

2015 年 2 月 5 日，央行对中国农业发展银行定向额外降准 4 个百分点即是农业加杠杆的开始，后期随着耕地抵押政策的出台，农业加杠杆将由试点向全国蔓延，低息加杠杆大概率会带来农业上市公司净资产收益率的提升。

2015年3月18日，国务院常务会议通过了《全国农业可持续发展规划》，继续加速现代农业转型和体制改革。具体来看，上述规划确定了以下几点：优化农业生产布局，严格保护耕地，稳定粮食播种面积，采取深耕深松等方式提升耕地质量；在稳定家庭经营的基础上，推进多种形式的适度规模经营，提高劳动生产率和产出水平；实施水土资源保护、农业农村环境治理等重大工程，促进节约高效用水，防治农田和养殖污染，加强森林、草原、湿地、河湖等保护，发展生态循环农业。农业可持续发展规划的制定，是今年出台的第一个对农业现代化转型进行具体规划的政策文本，农田保护、规模经营和生态保护是目标，优化生产、体制改革、污染防治是手段。农业现代化转型一直是各方关注的焦点，今年政策更超预期密集，农业信息化、农业互联网、农垦改革是农业生产效率提升的必由之路，也是政策扶持的重要内容，显示了中央政府推动转型的决心。

此外，2015年新发布的中央一号文件《关于加大改革创新力度，加快农业现代化建设的若干意见》提到了围绕建设现代农业，加快转变农业发展方式；围绕促进农民增收，加大惠农政策力度；围绕城乡发展一体化，深入推进新农村建设；围绕增添农村发展活力，全面深化农村改革；围绕做好“三农”工作，加强农村法治建设。中央一号文件的出台使农业现代化首次成为首要议题。

自今年1号文件开始，政策对农业的支持力度空前给力；适逢“两会”召开，加快推进农业现代化仍是“三农”的核心命题。从中央一号文件在惠农和补贴政策方面的提法由过去的“完善”变为“加强”、“优先”、“加大”；从客观条件来看，中国城市化率已经达到50%以上，农业占GDP比重在10%左右，根据美国、日本经验，中国已经具备大规模农业反哺的客观条件，农业补贴力度将进一步加大。在土地改革继续深化的背景下，规模化，以及依附于规模化的农资一体化、农业信息化将是大势所趋，规模经营下带来的经营效率的提升将是长期趋势。

（二）进出口规模仍会稳步扩大，发展机会依然存在

国际上，由于乌克兰局势导致俄乌关系紧张，俄美、俄欧关系恶化，美国和欧盟因乌危机对俄罗斯企业、银行和所有经济部门实施了一系列制裁。作为回应，俄罗斯对美国，欧盟国家，加拿大，澳大利亚和挪威等相应国家也实施了制裁，限制了部分进口食品。包括了牛肉，猪肉，家禽，香肠，鱼类，蔬菜，水果，奶制品等。当时俄农业卫生监督局长即表示向俄罗斯提供肉类来自美国和加拿大的那一份将由中国取代。按照俄罗斯与中国达成的协议，未来还将有更多的中国猪肉供应企业会获准进入俄罗斯市场。目前农业上市公司中涉及对外出口猪肉的企业较少，且大部分出口香港、澳门。但是由于俄罗斯只同意具备全产业链垂直一体化的中国猪肉供应商进入其市场，那么对于具备完整产业链的生猪养殖企业来说，未来有望从中受益。再者，由我们之前的分析来看，以水海产品为主的出口货物连年稳步上升，以大豆为主的进口货物也是逐年上涨。因此在可预期的未来，我国的外贸交易会越来越繁荣，同时借着国家的积极政策利好，这也会给我国的农业类上市公司带来更多的发展机会。

（三）受到多方因素的共同影响，行业各产品价格未来走势有所差别

畜禽养殖板块，白羽肉鸡价格及鸡苗价格继续上涨。肉鸡养殖业开始扭亏为盈，鸡苗繁育业盈利不断扩大。猪价延续了单边下跌趋势，但周环比跌幅有所收窄。生猪养殖业继续亏损，持续了4个月。供给层面，生猪养殖户加大了淘汰存栏的力度，国内存栏水平不断下降，全国生猪及能繁母猪存栏量均创出了近7年来的新低，比上一轮周期低点分别下降了6.49%和8.52%。供给收缩逐渐主导畜禽产品市场。当前供给的持续大幅收缩接近极致状态，这意味着猪价周期性下跌接近尾声，2季度有望迎来反转。此外，近期猪价规律是养殖户持续亏损4～5个月后猪价迎来一轮新的反弹。因此，无论是从供给收缩还是猪价自身的运行规律来看，二季度猪价上涨的概率较高。

饲料板块，受原料价格下跌的影响，饲料行业加工成本有望下降。但下游需求低迷，产量增长受到不利影响，预计同期重点公司产量增速同比回落。综合来看，饲料行业业绩有望增长，猪饲料行业业绩增长或更为明显，水产饲料行业受淡季影响增长可能不太明显。

种子板块，2014～2015年制种量大幅下降情况明朗，行业供过于求格局有望在2015年逆转，行业受到政策扶持，长期发展前景看好。各路产业资本密集涌入，整合步伐加快。

水产养殖板块，海珍品价格持平不动，行业景气继续低迷。困境之下，行业开始重视和利用电商重塑渠道体系开拓居民家庭消费市场，但具体实施效果还有待实践验证。

制糖板块，2014～2015年榨季，国内白糖减产已成定局，减产幅度有望超预期。减产背景下，国内糖价震荡走高。印度原糖出口补贴政策落地后，糖市后续风险因素主要在于巴西等主产国的天气变化。我们认为，国内糖价既面临减产的动力，又面临国储出库的压力。

综合来看，农业板块的近期市场表现正在由弱转强，近期向好的预期正在酝酿发酵。自下而上来看，互联网农业模式正在兴起，开展互联网农业业务的公司已经成为近期市场追逐的主题热点。

（四）“互联网+”概念传播使行业驶入快车道

经济新常态下，农业搭上“互联网+”列车是产业现代化转型升级的必备法宝。我国经济面临增速放缓、结构调整的重要时期，消费需求正在变化中升级，农业亟需告别以往粗放、低效的生产方式，搭上与现代技术结合的高速列车。目前，信息化技术的运用将给农业带来极佳的转型机遇，这点已经毋庸置疑，且在不断被市场理解和验证；除了偏向生产技术的农业信息化运用，“互联网+”是拓展农业下游消费，更新销售渠道，打通资金链、物流链的另一法宝。农业互联网、农业信息化、农资电商和农村互联网金融新业态能提高整体产业链效率，促进农业与现代技术的融合，是加入互联网线上线下消费模式的重要一环。

自2015年1号文件开始，政策对农业的支持力度空前给力；适逢“两会”召开，加快推进农业现代化仍是“三农”的核心命题；如何结合“互联网+”与鼓励创业的

新一年政府工作任务，李克强总理在答记者问中再次强调，站在“互联网 +”的风口上顺势而为，将使中国经济飞起来。总理一再强化互联网思维，产业与市场跃跃欲试，农业的现代化转型抓紧这一历史机遇，将起步腾飞。据阿里研究院数据，截至2014年“新农人”已突破100万人，他们多为白领、大学生，兼具互联网思维，投身“三农”服务；未来在政策的持续催化下，这一群体将日趋壮大，创造更为多样新鲜的“新农业”。

估值合理、产值巨大，巨头纷纷涉足农业互联网。目前触及产业链互联网的农资巨头估值普遍在20X～30X之间，较其他产业互联网上市公司估值仍有较大差距，我们认为智慧农业板块股价仍有较大上升空间；同时，农业年产值达到5万亿～6万亿，利润1000亿元以上，借助农业信息化和互联网手段，匹配于金融服务。以上种种，农业互联网公司的巨大潜力呼之欲出，阿里巴巴和京东等电商巨头纷纷涉足农业产业链，近期资本市场纷纷传出各大农资巨头与这些互联网巨头千丝万缕的关系。

由此可以预期，中国农业信息化、农村互联网金融、农垦改制（土地流转）领域的三大投资机会，2015年将成为领涨农业的主流核心机会。

综上所述，我国在农业产品的进出口规模上有望继续保持稳步的增长态势，会有更多的本土上市公司参与到海外市场当中来，在全球市场开拓自己的蓝海格局，提升并巩固自己的竞争地位。此外，由于近期“一带一路”政策的大力倡导，以及“互联网 +”概念的火热推出，资本市场也迎来了一片繁荣。因此我们也可合理预期，2015年将是一个农林牧渔业资本市场与实体产业比翼双飞的“黄金时代”。

附表

2014年度农林牧渔行业上市公司业绩评价结果排序表

行业排名	全部上市公司排名	股票代码	股票简称	综合得分(100分)	每股收益(元)	总资产报酬率(%)	净资产收益率(%)	总资产周转率(次)	流动资产周转率(次)	资产负债率(%)	获利倍数	营业收入增长率(%)	资本扩张率(%)	市场投资回报率(%)	股价波动率(%)	年末资产总额(万元)	营业收入(万元)	净利润(万元)
1	68	600201	金宇集团	75.43	1.44	24.95	27.75	0.56	0.84	22.28	0	58.32	27.2	38.69	82.83	209799.48	209799.48	40211.7
2	173	002311	海大集团	72.1	0.5	10.48	12.99	2.8	5.44	42.58	8.16	17.62	7.8	4.44	53.68	766578.03	766578.03	55058.07
3	209	000876	新希望	71.03	1.09	10.51	13.19	2.22	6.47	34.47	7.97	0.89	30.56	-3.11	72.38	3340118.56	3340118.56	261341.29
4	294	002041	登海种业	68.91	1.08	14.46	20.81	0.4	0.48	26.49	0	-1.68	11.97	-7.3	54.73	394933.47	394933.47	53550.04
5	312	002385	大北农	68.5	0.48	11.32	14.57	1.97	3.68	40.32	11.22	10.71	18.98	-20.89	82.44	1055059.25	1055059.25	81115.27
6	365	000048	康达尔	67.39	0.29	10.34	24.74	1.29	2.23	69.51	21.8	37	25.01	-5.2	71.93	198293.87	198293.87	12016.88
7	435	600438	通威股份	66.03	0.4	9.06	14.34	2.68	5.23	61.15	4.88	1.44	4.86	11.51	50.01	617929.07	617929.07	33726.51
8	465	000860	顺鑫农业	65.48	0.71	4.69	8.83	0.65	0.95	66.64	4.28	4.5	63.24	16.85	68.58	1554309.66	1554309.66	36475.26
9	477	600195	中牧股份	65.3	0.68	8.41	10.69	1.01	1.96	25.96	87.25	10.87	11.69	4.37	65.84	427949.11	427949.11	28372.2
10	511	600313	农发种业	64.78	0.3	7.73	10.22	1.49	2.15	26.43	59.4	20.61	29.48	37.73	128.01	232398.31	232398.31	15386.94
11	527	002447	壹桥苗业	64.43	0.5	10.53	14.31	0.19	0.9	34.48	5.35	1.38	92.9	15.86	97.53	321351.39	321351.39	22873.12
12	619	600965	福成五丰	62.86	0.14	8.12	7.88	0.92	1.91	24.91	13.04	7.17	4.83	73.22	247.24	123918.23	123918.23	7128.99
13	695	002100	天康生物	61.48	0.48	8.57	11.71	1.36	2.75	37.89	9.72	7.78	8.69	-1.9	108.22	301110.04	301110.04	20163.83
14	745	000998	隆平高科	60.79	0.36	10.59	20.72	0.46	0.77	50.78	4.27	-3.68	16.26	40.15	145.26	410522.38	410522.38	32583.54
15	772	600097	开创国际	60.31	0.52	8.87	11.99	0.63	1.5	32.02	9.84	1.89	7.8	18.89	73.42	135121.88	135121.88	10615.95
16	784	002567	唐人神	60.22	0.19	7.58	4.59	3.18	8.06	45.71	4.27	41.41	12.27	-6.54	89.54	366001.59	366001.59	13604.58
17	861	002548	金新农	59.18	0.2	7.85	7.55	1.98	3.36	16.91	0	-0.11	0.91	62.89	184.86	99771.87	99771.87	6259.47
18	927	002299	圣农发展	58.31	0.08	3.44	2.42	0.71	2.93	63.72	1.13	36.7	7.8	31.24	146.22	1003855.78	1003855.78	3797.7
19	1018	002696	百洋股份	57.31	0.32	5.69	6.06	1.17	1.94	41.72	4.04	31.95	5.57	7.03	88.21	170746.05	170746.05	6027.69
20	1025	300094	国联水产	57.16	0.64	11.4	13.8	0.8	1.04	37.62	8.81	-3.82	6.58	6.73	57.17	274902.09	274902.09	22501.02
21	1134	000639	西王食品	55.53	0.62	8.71	9.88	1.13	2.04	34.43	13.15	-22.95	5.27	-3.55	72.52	185960.5	185960.5	11749.4
22	1138	600298	安琪酵母	55.47	0.45	5.47	5.3	0.58	1.68	51.75	3.04	17.14	3.42	11.81	77.62	628220.79	628220.79	17682.35
23	1169	600598	*ST 大荒	55.07	0.45	7.07	15.15	0.46	0.95	31.48	15.53	-45.58	12.96	-8.58	126.3	822902.53	822902.53	72256.19
24	1190	300149	量子高科	54.77	0.13	5.05	6.16	0.39	0.66	6.02	0	9.52	3.91	-32.35	79.35	74112.85	74112.85	3829.61
25	1248	300186	大华农	53.64	0.21	4.59	5.19	0.42	0.6	8.95	0	-5.46	-0.82	-11.44	48.83	239755.96	239755.96	11668.07
26	1289	000713	丰乐种业	53.09	0.2	4.05	4.63	0.71	1.19	28.81	5.49	-18.6	3.51	10.81	66.27	188897.15	188897.15	6101.51
27	1321	000592	平潭发展	52.54	0.08	5.2	6.39	0.44	0.58	33.34	5.1	0.8	6.1	119.91	263.49	214535.58	214535.58	7680.47

续表

行业排名	全部上市公司排名	股票代码	股票简称	综合得分（100分）	每股收益（元）	总资产报酬率（%）	净资产收益率（%）	总资产周转率（次）	流动资产周转率（次）	资产负债率（%）	获利倍数	营业收入增长率（%）	资本扩张率（%）	市场投资回报率（%）	股价波动率（%）	年末资产总额（万元）	营业收入（万元）	净利润（万元）
28	1354	000702	正虹科技	51.88	0.1	5.8	5.63	2.5	6.72	30.8	5.82	−11.01	11.51	104.88	209.64	71124.15	71124.15	2657.25
29	1357	300087	荃银高科	51.84	0.03	2.43	0.91	0.46	0.64	30.5	0	0.63	0.79	29.4	164.55	104831.51	104831.51	2417.3
30	1390	002157	正邦科技	51.35	0.08	3.52	2.76	2.48	6.58	66.89	1.36	5.78	61.72	33.76	141.01	731195.57	731195.57	4016.63
31	1394	300175	朗源股份	51.26	0.19	8.05	11.13	0.62	0.94	39.23	5.73	34.4	23.05	54.53	194.85	148294.88	148294.88	8843.91
32	1399	002220	天宝股份	51.23	0.29	5.66	7.94	0.42	0.93	57.91	2.73	8.04	8.05	17.73	85.73	419274.19	419274.19	13491.73
33	1428	600108	亚盛集团	50.68	0.11	3.98	4.4	0.32	0.76	37.46	4.06	−3.94	1.03	19.25	126.64	761082.97	761082.97	20978.02
34	1447	000930	中粮生化	50.42	0.04	3.05	1.22	1.07	3.71	54.78	1.4	−2.54	0.33	85.63	183.16	686419.79	686419.79	3159.1
35	1496	000798	中水渔业	49.74	0.07	1.65	2.51	0.41	0.64	9.3	0	27.9	0.45	44.5	168.97	92903.61	92903.61	1949.43
36	1512	002688	金河生物	49.36	0.35	7.51	8.34	0.66	1.25	37.04	84.45	13.32	6.23	3.22	90.66	151862.79	151862.79	8007.91
37	1537	300138	晨光生物	49	0.12	3.06	2.24	0.77	1.26	33.13	2.51	1.77	1.83	20.06	92.64	150821.24	150821.24	2067.24
38	1578	002124	天邦股份	48.35	0.16	4.74	6.02	1.39	2.91	67.1	1.83	25.26	0.74	11.53	121.73	188456.48	188456.48	2718.45
39	1638	600226	升华拜克	47.13	0.2	5	5.96	0.58	1.42	37.88	4.09	−16.36	2.84	34.98	124.52	233377.72	233377.72	7688.01
40	1646	002234	*ST 民和	47	0.21	4.81	5.4	0.59	1.29	45.56	2.89	19.08	5.57	−9.46	93.71	218977.28	218977.28	6268.81
41	1651	002458	益生股份	46.94	0.08	3.87	3.42	0.5	2.74	61.24	1.56	67.42	5.13	38.43	161.07	182451.13	182451.13	2326.75
42	1693	002286	保龄宝	46.26	0.06	1.52	1.66	0.53	1.25	17.93	0	1.1	1.04	−2.74	79.53	176609.69	176609.69	2392.24
43	1706	300106	西部牧业	46.01	0.14	4.27	3.61	0.51	1.04	56.83	2.02	70.86	9.95	−3.78	69	174881.03	174881.03	3083.14
44	1715	002321	华英农业	45.92	0.03	2.39	0.86	0.47	0.89	64.58	1.19	4.94	−1.03	22.8	118.1	427609.23	427609.23	1386.36
45	1832	300021	大禹节水	43.76	0.07	4.67	4.36	0.53	0.74	68.75	1.61	9.37	0.17	7.17	102.23	153374.24	153374.24	2069.69
46	1836	600191	华资实业	43.62	0.03	1.65	0.72	0.11	0.45	27.38	1.33	24.35	15.06	56.61	127.91	264922.6	264922.6	1286.61
47	1842	600189	吉林森工	43.48	0.03	4.45	0.8	0.39	0.77	63.26	1.28	5.83	0.31	16.91	96.34	387435.37	387435.37	1223.48
48	1896	600257	大湖股份	41.75	0	2.24	0.21	0.49	0.88	43.37	1.39	8.41	−0.7	−4.31	48.35	141865.29	141865.29	336.45
49	1897	601118	海南橡胶	41.74	0.01	1.06	0.25	0.92	2.1	25.81	1.56	−4.24	−1.16	23.46	119.09	1226776.31	1226776.31	2880.36
50	1899	002604	龙力生物	41.69	0.27	5.47	4.75	0.29	0.46	31.83	3.53	−16.18	4.22	−10.69	67.27	271693.31	271693.31	8475.7
51	1908	600467	好当家	41.38	0.03	1.81	0.71	0.2	0.59	38.44	1.31	−9.09	−0.78	15.69	59	474024.43	474024.43	1407.59
52	1921	600975	新五丰	40.88	−0.21	−3.72	−9.21	1.05	2.18	53.2	−2.02	15.26	−3.19	95.32	160.6	128646.36	128646.36	−6880.4
53	1923	600371	万向德农	40.81	0.02	1.97	1.2	0.48	0.81	49.66	1.17	6.1	3.33	30.47	131.47	79495.66	79495.66	262.52
54	1927	300119	瑞普生物	40.74	0.07	1.61	1.68	0.29	0.59	12.97	0	−22.48	0.32	−26.4	79.83	198294.38	198294.38	2886.7

续表

行业排名	全部上市公司排名	股票代码	股票简称	综合得分（100 分）	每股收益（元）	总资产报酬率（%）	净资产收益率（%）	总资产周转率（次）	流动资产周转率（次）	资产负债率（%）	获利倍数	营业收入增长率（%）	资本扩张率（%）	市场投资回报率（%）	股价波动率（%）	年末资产总额（万元）	营业收入（万元）	净利润（万元）
55	1931	600127	金健米业	40.62	0.02	1.66	1.36	1.21	2.37	32.94	2.93	12.16	1.43	30.28	89.88	137021.48	137021.48	1296.41
56	1965	002086	东方海洋	39.51	0.17	4.07	3.01	0.23	0.54	45.93	1.72	-1.79	2.71	9.52	95.38	264633.56	264633.56	4358.66
57	1989	002679	福建金森	38.87	0.34	6.6	6.89	0.14	0.16	49.64	2.08	9.15	5.07	6.26	125.59	138910.88	138910.88	4692.59
58	2013	600506	香梨股份	38.29	-0.1	-6.37	-5.4	0.38	1.16	5.55	0	-2.87	-5.78	20.68	132.84	28778.85	28778.85	-1631.97
59	2044	300313	天山生物	37.08	0.02	0.36	0.45	0.21	0.35	28.45	0	47.53	8.54	28.46	93.53	61001.24	61001.24	210.62
60	2060	600359	新农开发	36.55	0.06	2.24	2.91	0.31	0.53	65.1	0.99	-23.08	183.7	42.86	138.83	244805.85	244805.85	-484.5
61	2062	600540	新赛股份	36.53	0.05	1.12	1.53	0.37	0.73	58.23	0.8	-18.94	62.69	35.58	147.87	336095.35	336095.35	-1052.51
62	2064	600737	中粮屯河	36.45	0.02	1.45	0.54	0.68	1.21	58.48	1.74	-20.64	-1.33	69.61	137.79	1438946.82	1438946.82	2646.39
63	2104	300268	万福生科	34.8	0.04	2.06	1.69	0.17	0.44	28.05	2.04	-64.78	1.71	77.21	90.87	42317.99	42317.99	510.76
64	2106	300143	星河生物	34.69	-1.99	-30.41	-64.73	0.33	2.94	57.22	-13.98	20.8	-46.53	30.2	105.33	80399.88	80399.88	-29933.51
65	2111	002505	大康牧业	34.56	0.01	0.94	0.48	0.15	0.2	11.44	2.56	-41.33	585.5	47.32	146.36	657732.07	657732.07	1892.6
66	2122	000735	罗牛山	34.15	0.06	2.62	3	0.24	0.63	57.37	4.71	-41.91	-0.09	17.09	86.04	425000.71	425000.71	5462.21
67	2146	600695	大江股份	33.21	-0.07	-8.12	-10.83	0.49	1.71	18.6	-8.52	-7.33	23.84	29.76	75.97	64249.23	64249.23	-4956.06
68	2159	000663	永安林业	32.59	-0.1	2.49	-6.3	0.34	0.61	74.17	0.67	0.23	-1.83	20.27	89.68	137084.76	137084.76	-1803.36
69	2221	002477	雏鹰农牧	28.71	-0.2	-0.51	-7.95	0.26	0.71	60.23	-0.13	-5.7	29.14	-11.58	66.25	724118.15	724118.15	-18416.7
70	2252	000893	东凌粮油	26.46	-1.16	-5.86	-59.16	1.79	2.19	93.28	-4.98	27.27	-51.2	-8.24	80.32	805729.04	805729.04	-46571.24
71	2275	000972	新中基	24.87	0.01	5.98	2.58	0.18	0.45	61.06	4.03	-56.36	0	45.15	168.87	197101.95	197101.95	10816.51
72	2302	600962	国投中鲁	22.46	-0.42	-3.12	-13.24	0.39	0.59	58.31	-1.4	-29.53	-12.17	120.17	307.41	223809.24	223809.24	-12885.08
73	2331	002069	獐子岛	19.73	-1.67	-23.31	-67.08	0.52	0.86	76.29	-7.81	1.58	-52.62	-16.14	68.02	487824.32	487824.32	-119521.72
74	2332	300189	神农大丰	19.7	-0.22	-7.45	-6.83	0.22	0.39	15.24	0	-21.72	-8.37	-10.87	82.6	158382.86	158382.86	-11595.27
75	2343	600354	敦煌种业	18.89	-0.72	-3.92	-38.73	0.32	0.45	65.52	-2.09	-33.01	-22.46	18.15	108.01	368622.56	368622.56	-25565.04
76	2347	000911	南宁糖业	18.59	-1	-2.48	-23.76	0.52	0.76	73.46	-0.69	-38.78	-19.08	34.59	122.17	450706.48	450706.48	-27437.46
77	2349	002173	千足珍珠	18.46	-0.05	2.04	-2.21	0.18	0.21	54.01	0.72	-38.72	-4.57	57.04	146.39	104081.71	104081.71	-1084.16
78	2395	600265	ST 景谷	9.35	-0.35	-3.36	-138.11	0.2	0.32	98.51	-0.52	-61.67	-88.31	27.02	141.82	41614.39	41614.39	-4670.81

第十七章　房地产行业

房地产行业是国民经济的重要支柱产业，在国民经济中具有举足轻重的地位，从国民经济上下游产业链的关系看，房地产行业处于承上启下的位置，在经济建设、社会发展、财政税收、国防建设以及稳定就业等方面发挥着重要作用。

2014 年，“调控”贯穿整个房地产行业，房地产价格上涨较快的势头得到有效控制，部分二三线城市开始出现房价的回调，滞销楼盘开始出现，市场观望情绪较为浓厚。在此背景下，房地产行业开始出现一定程度的分化，以上市公司为代表的房地产公司通过调整售价、提升质量等有效手段加快去库存化。同时，自贸区、京津冀一体化、一带一路等提升宏观经济发展的政策陆续出台，带动了相关区域及相关上市公司业绩的明显提升。宏观与微观因素综合影响着房地产行业上市公司的管理战略、经营业绩和市场表现。

一、房地产行业上市公司业绩评价结果

截至 2014 年末，房地产行业 A 股上市公司共计 122 家，其中盈利 106 家，亏损 16 家，实现盈利的公司占 86.89%；房地产行业上市公司总资产共计 32569.76 亿元，占上市公司总资产的 9.60%。

2014 年，全国 2548 家上市公司共计完成营业收入 24.03578 万亿元，122 家房地产行业上市公司完成营业收入 7773.80 亿元，占上市公司全部营业收入的 3.23%；全部上市公司共计实现净利润 11494.69 亿元，房地产行业上市公司实现净利润 900.65 亿元，占上市公司全部实现净利润的 7.84%。

2014 年，房地产行业整体评价结果较为一般，行业业绩综合得分 59.7 分，低于全市场的 61.3 分，122 家房地产行业上市公司中有 8 家进入 2014 年上市公司业绩评价综合得分的百强名单，高于 2013 年的 5 家，综合得分最高的万科 A 在全部上市公司中排名第 17。全行业业绩评价综合得分超过 70 分的有 18 家；60 分至 70 分的有 20 家；60 分以下的有 84 家。

表 17－1　2014 年度房地产行业中联十强排行榜

名次	股票代码	股票简称	业绩得分	在全部上市公司中排名
1	000002	万科 A	81.88	17
2	600048	保利地产	80.56	21
3	002146	荣盛发展	80.49	22
4	600340	华夏幸福	79.12	34

续表

名次	股票代码	股票简称	业绩得分	在全部上市公司中排名
5	600383	金地集团	78.76	39
6	000024	招商地产	78.38	40
7	600173	卧龙地产	77.13	50
8	000540	中天城投	76.92	51
9	600658	电子城	73.99	102
10	000671	阳光城	73.91	104

基于对房地产行业上市公司的整体评价，下面分别从财务效益状况、资产质量状况、偿债风险状况、发展能力状况、市场表现状况五个方面对房地产行业上市公司进行具体分析。

（一）财务效益

从综合得分来看，2014 年房地产行业上市公司财务效益状况平均得分为 23.54 分，高于上市公司平均得分 21.87 分。

表 17-2 列示了 2014 年房地产行业上市公司财务效益状况评价结果（满分为 35 分）。在房地产行业上市公司财务效益状况指标中，有 35 家得分高于全国上市公司平均水平；有 6 家公司得分超过 30 分。

财务效益状况指标得分排名前五位的公司中有四家的行业综合评价得分亦在前五名之列，其中万科 A 财务效益排名第一。万科 A2014 年实现营业收入 1，463.88 亿元，比 2013 年增长 8.10%；实现营业利润 249.79 亿元，比上年增长 3.0%；扣除非经常性损益净资产收益率 17.28%，盈利现金保障倍数 2.16。

表 17 – 2　　房地产行业财务效益状况比较表

分析指标		2014 年上市公司平均值	2014 年行业值	2013 年行业值	增长率 (%)
基本指标	扣除非经常性损益净资产收益率 (%)	7.81	10.45	12.23	-14.55
	总资产报酬率 (%)	5.74	4.67	5.42	-13.84
	得分	20.83	22.40	24.18	-7.36
修正指标	营业利润率 (%)	5.55	15.76	17.83	-11.61
	盈利现金保障倍数	1.61	-0.73	-0.88	-17.05
	股本收益率 (%)	39.84	57.05	58.35	-2.23
综合得分		21.87	23.54	24.13	-2.45

与 2013 年的情况相比较，2014 年房地产行业上市公司总体上财务效益状况略有下降，所有指标均低于 2013 年行业值，但高于 2014 年全部上市公司平均值。

表 17 – 3　2014 年度房地产行业财务效益中联五强排行榜

名次	股票代码	股票简称	财务效益得分
1	000002	万科 A	34.5
2	600048	保利地产	31.79
3	002146	荣盛发展	31.42
4	000540	中天城投	30.79
5	600340	华夏幸福	30.58

（二）资产质量

表 17-4 列示了房地产行业上市公司资产质量状况评价结果。从综合得分来看，房地产行业上市公司资产质量状况平均得分为 6.31，远低于上市公司平均得分 9.20 分。

在房地产行业上市公司资产质量状况指标中，有金地集团等 19 家得分均为满分 15 分，另有 46 家得分为 0。这说明房地产行业上市公司在资产质量上有较显著的差异，资产质量较低的上市公司占比较大，有待进一步提升资产质量。

表 17 – 4　　房地产行业资产质量状况比较表

分析指标		2014 年上市公司平均值	2014 年行业值	2013 年行业值	增长率 (%)
基本指标	总资产周转率（次）	0.75	0.26	0.27	–3.70
	流动资产周转率（次）	1.52	0.29	0.31	–6.45
	得分	9.55	2.56	1.47	74.15
修正指标	应收账款周转率（次）	9.69	23.77	27.02	–12.03
	存货周转率（次）	3.21	0.27	0.28	–3.57
综合得分		9.20	6.31	3.82	65.18

与 2013 年比较可知，2014 年房地产行业上市公司总体上资产质量上升较为明显。

（三）偿债风险

从综合得分来看，2014 年房地产行业上市公司偿债风险状况平均得分为 5.57 分，低于上市公司平均得分 9.01 分。

表 17-5 列示了房地产行业上市公司偿债风险状况评价结果。在房地产行业上市公司偿债风险状况指标中，天保基建排名第一，得分为 13.43 分，其资产负债率为 17.16 %，远低于上市公司及行业平均；速动比率为 171.39 %，远远高于上市公司及行业平均。

表 17 – 5　　房地产行业偿债风险状况比较表

分析指标		2014 年上市公司平均值	2014 年行业值	2013 年行业值	增长率 (%)
基本指标	资产负债率 (%)	60.75	75.40	75.18	0.29
	获利倍数	5.06	8.70	10.38	–16.18
	得分	9.24	5.54	7.37	–24.83
修正指标	速动比率 (%)	69.66	41.11	41.81	–1.67
	现金流动负债比率 (%)	12.65	–3.77	–5.27	–28.46
	带息负债比率（%）	45.45	45.30	42.36	6.94
综合得分		9.01	5.57	6.65	–16.24

与 2013 年相比较，2014 年房地产行业上市公司偿债风险状况平均得分下降 16.24%，调控政策下各银行及信托等金融机构都提高了房地产行业贷款的要求，房地产行业的营运资金需求增加，相应偿债风险也随之有所加大。

表 17 – 6　2014 年度房地产行业偿债风险中联五强排行榜

名次	股票代码	股票简称	偿债风险得分
1	000965	天保基建	13.43
2	600658	电子城	13.26
3	000502	绿景控股	13.20
4	600159	大龙地产	12.84
5	000609	绵世股份	11.66
5	600503	华丽家族	11.66

（四）发展能力

从综合得分来看，2014 年房地产行业上市公司发展能力状况平均得分为 14.29 分，比 2013 年有所下降，但高于 2014 年上市公司的平均得分 12.12 分。

表 17-7 列示了房地产行业上市公司发展能力状况评价结果。在房地产行业上市公司发展能力状况指标中，华夏幸福和阳光城排名第一，得分均为满分 20 分。其中：华夏幸福资本扩张率 74.74%、累计保留盈余率 61.78 %、三年营业收入平均增长率 51.12%；阳光城营业收入增长率 86.64%、三年营业收入平均增长率 62.66%，各项指

标均比较靠前，规模的稳定扩张和业绩不断提高为企业发展提供了强大的动力。

表 17－7 房地产行业发展能力状况比较表

分析指标		2014 年上市公司平均值	2014 年行业值	2013 年行业值	增长率 (%)
基本指标	营业收入增长率 (%)	4.34	24.50	28.00	−12.50
	资本扩张率 (%)	12.45	16.37	17.11	−4.32
	得分	12.14	14.12	16.90	−16.45
修正指标	累计保留盈余率 (%)	43.83	50.47	49.04	2.92
	三年营业收入增长率 (%)	7.12	23.37	25.39	−7.96
	总资产增长率 (%)	12.15	16.91	23.51	−28.07
	营业利润增长率 (%)	0.17	0.53	23.88	−97.78
综合得分		12.12	14.29	15.95	−10.41

2014 年房地产行业上市公司营业收入增长率从 2013 年的 28.00% 降至 24.50%，营业利润增长率由 23.88% 大幅降至 0.53%，主要是由于贯穿 2014 年全年的房地产宏观调控政策使得收入增长减缓，但开发成本却未见明显降低。

表 17－8 2014 年度房地产行业发展能力中联五强排行榜

名次	股票代码	股票简称	发展能力得分
1	600340	华夏幸福	20
2	000671	阳光城	20
3	000540	中天城投	18.94
4	600266	北京城建	18.37
5	002146	荣盛发展	18.19

（五）市场表现

2014 年，尽管受调控政策的影响，房地产市场快速增长态势得到了一定程度的控制，但房地产行业的市场表现与整体经济相关度较高，房地产指数随市场行情同步变化。

从综合得分来看，房地产行业上市公司市场表现状况平均得分为 9.94 分，高于全国上市公司 9.07 分的平均水平。

表 17-9 列示了房地产行业上市公司市场表现状况评价结果。在房地产行业上市公司市场表现状况指标中，华夏幸福名列第一，得分为 12.50 分，受益于京津冀一体化区域发展战略的推进与实施，其市场投资回报率达到了 124.56%。

表 17－9 房地产行业公司市场表现状况比较表

分析指标	2014 年上市公司平均值	2014 年行业值	2013 年行业值	增长率 (%)
市场投资回报率（%）	44.68	62.72	−0.60	−10,553.33
股价波动率 (%)	124.99	141.07	79.94	76.47
得分	9.07	9.94	7.85	26.62

2014 年上市公司市场投资回报率为 44.68%，高于 2013 年的 27.74%。房地产行业上市公司 2014 年市场投资回报率为 62.72%，远高于 2013 年的 -0.60%。

表 17－10 2014 年度房地产行业市场表现中联五强排行榜

名次	股票代码	股票简称	市场表现得分
1	600340	华夏幸福	12.50
2	600767	运盛实业	12.39
3	600048	保利地产	12.28
4	600743	华远地产	12.25
5	000002	万科 A	12.16

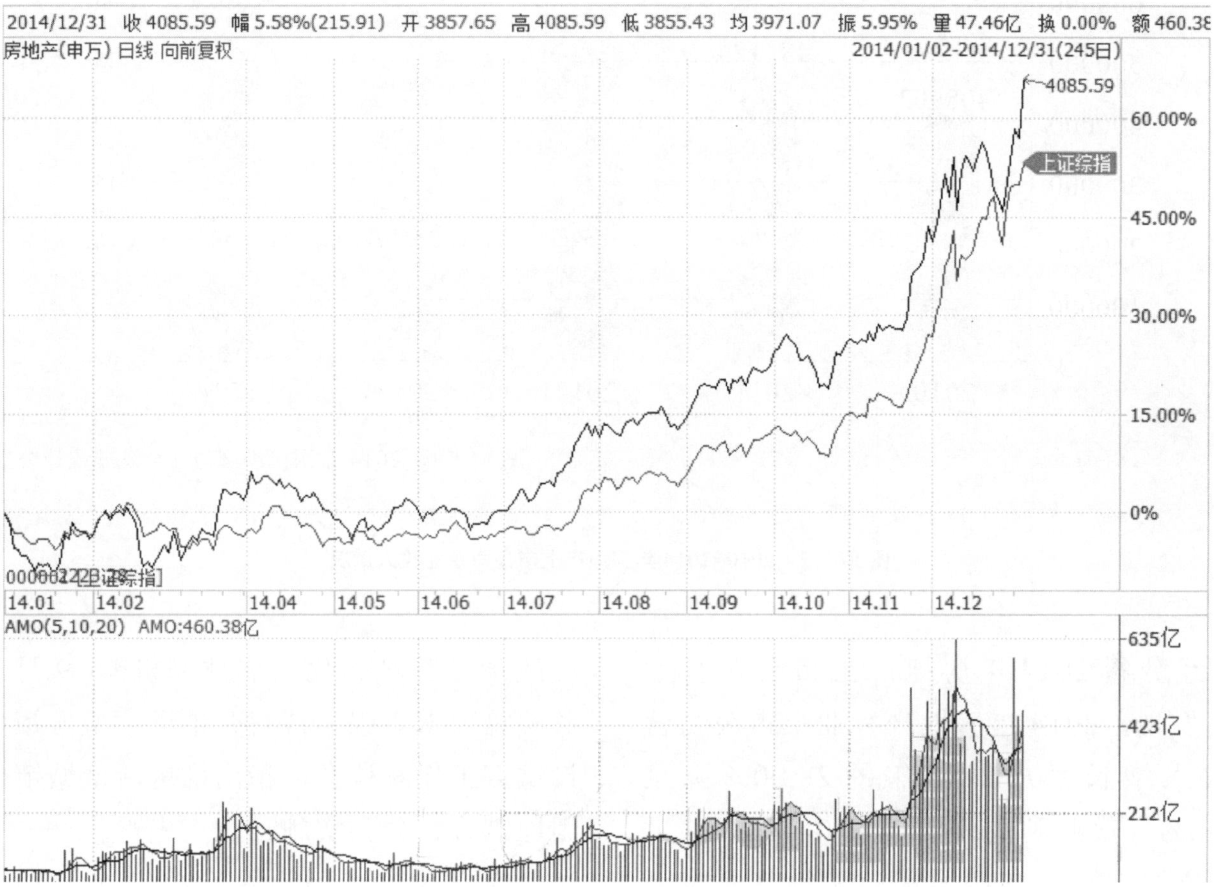

图 17－1　房地产行业指数与上证综指指数波动

二、房地产行业上市公司业绩影响因素分析

2014 年，全年经济增速放缓，经济下行压力大，受国内外经济形势影响，房地产行业也已进入发展新常态，面临严峻形势的同时也有着多元化的发展新机遇。

1. 国内外总体欠佳的经济环境一定程度上抑制了房地产行业发展

2014 年全球经济仍处于复苏期，我国经济发展速度首次相对大幅放缓，经济下行压力大，第二产业产能过剩，经济发展模式进入调整期。房地产行业大而快的规模发展方式已越走越难，面临压力也越来越大，进入了增速的平稳期、结构的调整期、政策的完善期和品质的提升期，多元化调整开发、销售、服务模式已成为共识和机遇以及发展改革的难重点。

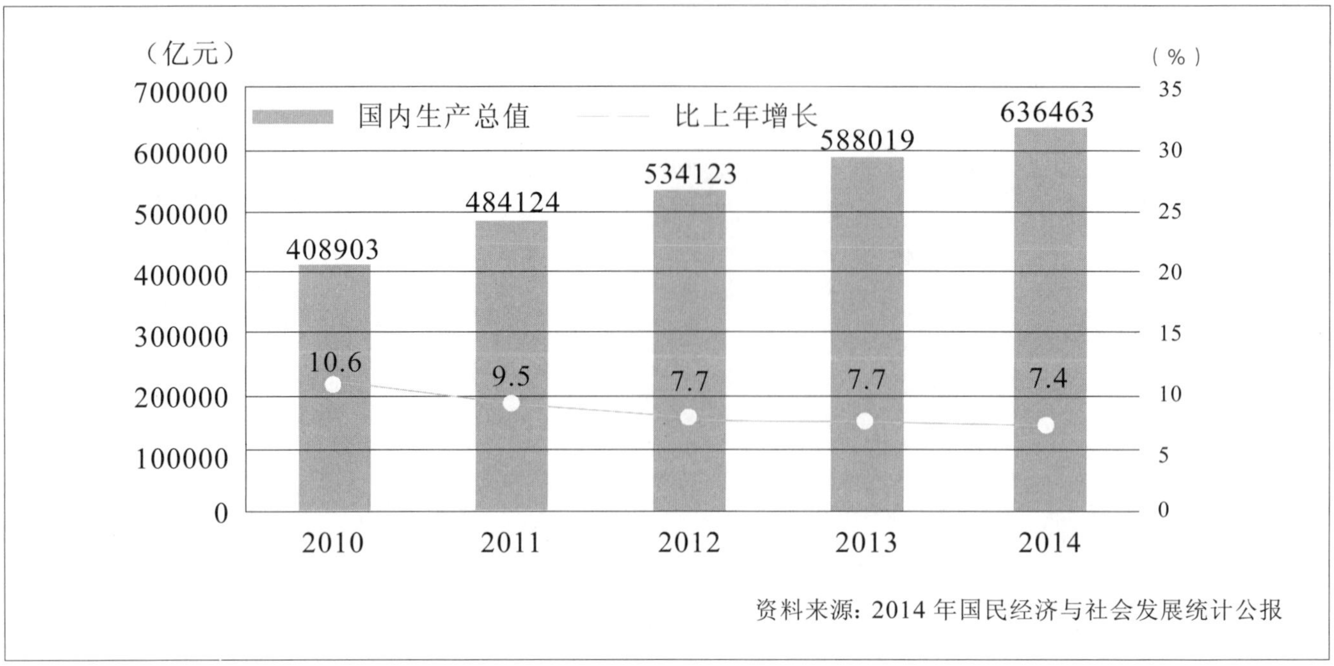

图 17－2　2010~2014 年房地产上市公司营业收入情况

经分析 2014 年房地产上市公司行业数据发现，2014 年房地产行业上市公司营业收入增长率从 2013 年的 28.00% 降至 24.50%，营业利润增长率却由 23.88% 大幅降至 0.53%，核心原因是房地产开发企业土地取得成本上涨过快，宏观经济发展速度放缓，降低了行业平均利润率。

2. 城镇化及棚户区改造的推进刺激房地产行业的发展

就全国中长期发展目标而言，我国城镇化率将从 2013 年的 53.7% 提升到 2020 年的 60% 左右，加上棚户区和城中村改造、新型产业和服务业的发展、家庭结构变化，还有相当大数量的新市民的住房刚需待解决，相当大数量的城市居民对改善住房条件有新的期待和需求，各房企去库存化主要依靠于此。

2014 年 3 月，《国家新型城镇化规划（2014 ～ 2020）》出台，提出五大方面的制度改革完善城镇化发展体制机制；9 月，国务院总理李克强主持召开推进新型城镇化建设试点工作座谈会，指出推进新型城镇化要因地制宜、分类实施、试点先行。

棚户区改造仍为保障性安居工程的重点。2014 年年初的《城镇住房保障条例（征求意见稿）》中指出，棚户区居民实施住房改造，已经成为解决中低收入群众住房困难的重要方式。2014 年，中央多次强调加强棚户区改造的资金支持。积极拓宽金融渠道，保障棚户区改造的资金支持。2014 年保障房建设提前完成年度任务，截至 9 月底，全国城镇保障性安居工程已开工 720 万套，基本建成 470 万套，分别达到年度目标任务的 103% 和 98%，完成投资 10700 亿元。

因此，在刚性需求及调控政策的刺激下，尽管房地产行业的发展受到了一定的影响，但整个行业的盈利情况仍超出绝大部分行业。经统计，2014 年度房地产行业上市公司营业利润率 15.76%，远远高于全部上市公司的平均水平 5.55%，在证监会 38 个分类行业中排名第 6，仅次于铁路运输业、自来水的生产和供应业、公路运输业、电力、蒸汽、热水的生产和供应、电力煤气及水的生产和供应业等公共服务类行业。

3. 金融政策的调整影响房地产企业的投资 . 融资环境

2014 年，受融资环境低迷影响，房地产开发企业资金链紧张，消化和开发能力都大大放缓，包括房地产百强企业光耀地产资金链断裂问题、邯郸民间巨额非法集资问题、多地房地产开发商跑路问题等均反映了房地产开发企业资金难的问题。

各地政府出台一系列包括放开限贷、限购等在内的政策刺激市场需求，意在扭转市场预期，但未能扭转整体下行的趋势。基于保增长的需求，一系列差别化信贷政策的适时微调不断影响房地产行业。

2014 年 5 月，“央五条”提出支持首套房贷，强调满足首套自住房贷款者需求。9 月 30 日，央行发布《中国人民银行中国银行业监督管理委员会关于进一步做好住房金融服务工作的通知》，超预期放宽限贷，对个人住房贷款需求的支持力度大幅提升。

降息、定向降准等金融政策也贯穿全年，持续发力。2014 年 11 月央行自 2012 年 7 月以来第一次降息；2014 年全年多次定向降准，多种途径释放流动性，一定程度上既缓解了房地产开发企业融资难的问题，也进一步刺激了刚性购房需求。

4. 政府调控政策意图规避房地产市场低迷对整体经济发展的影响

2014 年，国内经济增速不理想，其中房地产市场的低迷对整体经济的影响效果越来越得到显化。基于此背景，中央及地方政府陆续出台了一系列调控政策，意图刺激房地产市场。

2014 年的调控政策基本贯彻了“分类调控”的原则，同时提出抑制投资性需求，开启了“去行政化、要市场化”的新局面，有针对性的出台调控政策。各地政府从公积金贷款调整、契税减免、调整首付比例、购房补贴、户籍准入等方面入手，呈现多元化、纵深化格局。

需求量大、房价偏热的一线城市的楼市政策仅有微调，有效抑制投资投机性需求，满足自住型需求。库存量较高、供大于求的城市，地方政府一方面积极出台利好政策，全力去库存，另一方面控制房地产开发用地的供应规模，调整新建商品房的供应结构，从而减少供应。

此外，政府也积极尝试回购商品房作为保障性住房，给中低收入居民购房补贴和租赁补贴，政府部分出资以成为一种无息政策信贷协助居民买房等措施，在去库存、降风险同时，加快保障房建设，一举多得。

新的调控政策和手段照顾了多方面的利益，避免了房地产市场大的震动，为我国房地产行业和企业逐步树建起健康、规范的行业环境。

表 17 – 11　　2014 年房地产开发和销售主要指标完成情况及增长速度

指标	单位	绝对数	比上年增长率（%）
投资额	亿元	95036	10.5
其中：住宅	亿元	64352	9.2
其中：90 平方米及以下	亿元	20335	4.6
房屋工面积	万平方米	72$482	9.2
其中：住宅	万平方米	515096	5.9
房屋新开工面积	万平方米	179592	–10.7
其中：住宅	万平方米	124877	–14.4
房屋竣工面积	万平方米	107459	5.9
其中：住宅	万平方米	80888	2.7
商品房销售面积	万平方米	120649	–7.6
其中：住宅	万平方米	105182	–9. 1
本年到位资金	亿元	121991	–0. 1
其中：国内货款	亿元	21243	8.0
其中：个人按揭货款	亿元	13665	–2.6

资料链接：

2014 年房地产行业之大事件

1. 2014 年 2 月 18 日，杭州德信•北海公园项目首降价，打响了杭州楼市 2014 年降价的第一枪，随后降价潮向全国蔓延。

2. 2014 年 3 月 5 日，政府工作报告中首提分类调控，增加中小套型商品房和共有产权住房供应，抑制投机投资性需求，促进房地产市场持续健康发展。

3. 2014 年 3 月 15 日，在万科春季例会上，总裁郁亮正式提出“事业合伙人”制度。此后，碧桂园、龙湖、绿地等大型房企也纷纷提出各自的合伙人计划。

4. 2014 年 3 月 16 日，中共中央、国务院印发《国家新型城镇化规划 (2014 ~ 2020 年)》，一条主线、四大任务、五项改革。

5. 2014 年 4 月南宁定向调整、6 月呼和浩特正式发文取消限购，此后多个城市陆续放宽，截至目前，全国仅有北京、上海、广州、深圳以及三亚这五个城市的限购还没有放开。

6. 2014 年 5 月 22 日，绿城和融创发布公告，融创收购绿城 24.313% 的股权；12 月

18 日，融绿终止 2014 年 5 月 22 日签署的收购协议。

7. 2014 年 7 月，河北省邯郸市的标杆房地产企业金世纪老板史虞豹负债 30 多亿元，跑路香港，引发邯郸房企连锁反应。

8. 2014 年 8 月 15 日，《不动产登记暂行条例（征求意见稿）》公布，规定将集体土地所有权；房屋等建筑物、构筑物所有权；宅基地使用权等纳入不动产登记范围中。

9. 2014 年 9 月 30 日，中国人民银行和银监会发布"央四条"，修改首套房房贷认定标准，凡是还清贷款的客户再次申请贷款依旧可以享受到首套房首付三成和基准房贷利率最低 7 折标准。

10. 2014 年 10 月 10 日，雅居乐发布公告称，其董事局主席陈卓林已经在 9 月 30 日晚间被昆明检察院执行了"指定居所居住的措施"。12 月 15 日，陈卓林才被解除该项指定居所的措施重新复职。

11. 2014 年 11 月 11 日，远洋地产拿出上万套房源与京东联手推出众筹项目，这是互联网金融与房产电商模式的一次创新。

12. 2014 年 11 月 22 日，金融机构一年期贷款基准利率下调 0.4 个百分点至 5.6%；一年期存款基准利率下调 0.25 个百分点。

三、2015 年房地产行业发展趋势分析

预计 2015 年经济下行压力依旧较大，新常态下，房地产行业发展形势严峻，面临诸多挑战，同时也有较多机遇，预计将进入较长时间的调整期；宏观调控将体现多元化、差异性特征，一线城市限购等政策松动小，全国库存量大，尤其在中小城市，地方库存巨大，地方财政及债务过于依赖房地产产业，预计将进一步由限购转为鼓励；住房资源及政策将向棚户区改造、保障性住房等倾斜，地产结构会得到进一步改善并多样，商业地产、旅游地产、产业园、养老地产等理论及实操均将有所发展；投机性需求将受打压，住房需求逐渐回归理性，房地产企业的竞争点将由价格、数量、土地持有量转为个性化需求创新、优化资源及资本配置、布局多元上来；全国房价涨势会有所回落，降息降准等宽松的财政及货币政策改善房地产行业融资环境促进其回暖，但在经济下行、产能过剩影响下，房地产行业难以恢复大涨趋势，将迎来总体向上平稳运行、但一线大型城市可能阶段性小幅上涨的房地产新常态。

（一）经济由常年高速增长转为中高速增长、经济下行的压力下使得房地产投资趋于谨慎

中国人民大学《中国宏观经济分析与预测》表明，中国经济面临下行压力、债务风险积累以及政策难度加大的多重挑战，预计 2015 年中国 GDP 下行压力增加，预测 2015 年第二产业增加值增速将降至 7%。在房地产下滑、制造业低迷的影响下，固定资产投资将持续放缓，预计 2014 年固定资产投资增速为 15.9%，2015 年这一数字将

降至12.3%，投资人投资意向及规模趋于谨慎。另外受全球经济复苏缓慢、我国房地产市场资本成本过高、需求相对不足、物价增长放缓、产能过剩等影响，房地产调整预期较长。2015年，从趋势来看，在去库存背景下，投资增速预期会进一步下降，也降低了房地产开发投资速度，上半年行业开发投资、新开工等指标在惯性影响下，仍将延续回落格局，下半年，随着市场预期和信心都有所回升，加之贷款持续宽松格局，行业将持续“盘整”，平稳运行。但部分指标也会在的整个宏观背景的变革下，率先反弹复苏，总体来看不会出现大起大落。而供应量因企业拿地量下滑以及新开工的减少而出现一定的下滑，虽有地方政府因财政收入减少压力下的强推，考虑到企业自身的拿地意愿和资金链情况，土地成交价格上将不会大幅上升。

（二）灵活多样的政策调控会引导房地产行业总体平稳运行

新的适应新常态发展的宏观经济政策也逐步成型，成为保持经济平稳增长、促进经济活力增强、结构不断优化升级的有力支撑。在长效机制未完全建立前，差异化行政调控政策不会完全从一线城市退出。地方救市应考虑长期效果，让市场在资源配置中发挥决定作用。

1. 开展土地清查整理．提高土地集约利用率及推进不动产登记制度是今年土地工作重点领域

国土住建部门多次出文要求各地认真开展土地清查整理、确权工作，切实提高土地集约利用效率，在少增加土地供应的前提下，查清已有土地、盘活废置土地、打击囤地，增强对土地出让、开发、发售环节的制度和程序监管，打击非法、无证少证等开发，保障好房地产开发环境和秩序。不动产登记制度的完善和主管部门的确定使得全国不动产信息联网整合成为趋势，也是完善我国不动产税收体系的重要前戏，必然会极大打击投机性炒房，正确引导和规范人民群众理性刚需。

2. 宽松多元的财政货币及信贷政策会持续为房地产业回暖供血

首先，近年来房地产限购政策趋于灵活，多地多种金融信贷及公积金政策因地制宜进行调整，既避免一刀切式的调控，又能使中央和地方政府在不同侧面根据所面临的实际情况作出合理预判及调控。房地产行业在经历了2014年的继续下行后，除北上广深一线城市外的其他实施限购政策的城市都在不同程度上放开了限购令，尽管北上广深一线城市仍然没有放松的迹象，但自2014年底北京市相续进行了一系列的公积金和信贷政策调整，覆盖自住房以及刚需楼盘的购房需求，对于刚需人群有比较大的利好带动作用，有助于自住房的库存量的消化，也是北京楼市正在有限放松的信号。

其次，央行不对称降息降准，释放了大量的货币流动性，有利于营造房地产企业适宜的融资环境，刺激市场需求，加快高库存压力的释放，提高回款率。在“稳增长和调结构”的经济目标下，政府将扩大投资以及提供更为宽松的货币环境，尤其是在当前大宗商品价格下降以及低通胀的情况下，为宽松的货币政策提供了充足的操作空间，在稳健货币政策及灵活多样的金融工具运作下，资金面会更加宽松，房地产行业也将在低迷的表现中迎来一定程度的回暖。

再次，金融危机以来，全球经济逐渐复

苏，房地产仍然处于价值低估阶段，尤其以美国经济复苏速度为快，美元走强，使得我国国内资本流出加快，而国务院在2014年取消了对一般境外投资项目的核准制度，打破过去在外汇管理、跨境资金流动方面的多重限制，大量房地产企业借机加快了在海外房地产投资的步伐，动作频繁，多维度进行国际化战略布局，可以加快我国国际化品牌的建立，推进走出去战略。

还有，党的十八大报告中提出五位一体的总体建设，提出经济建设必须顺应人民对良好生态环境的期待，这就要求各行业要大力推进低碳绿色循环经济，房地产与众多行业产业密切相关，受其影响深重，创造宜居生态环保健康的居住生产环境成为房地产企业进行竞争的优势所在。

最后，在由管理型政府到服务型政府转型过程中，政府将更多地加强制度和法制建设，下放权力、简化审批，降低房地产部分相关部分及人员的准入资格，鼓励创新发展。例如，如何把传统房企与互联网融合并落地操作成为未来众多房地产企业发展的创新探索途径。

（三）需求多元化和理性化使得房地产企业资本运营和开发布局作出改变

房地产行业的调整的根本决定导向因素还是需求，国内庞大的消费群体数量和需求一方面给予房地产行业发展提供了巨大的发展基础和动力，但同时也对房地产行业提出了更高更多元的要求，消费者及投资人对住房保障、投资兴趣和享受精神文化生活的多元差异化要求，使得旅游地产、院线等文化地产、养老地产、产业园地产等逐渐摆脱概念层面，真正在实操中不断得到理念创新和升华。促使房地产企业将由价格竞争转为质量品质的差异化和特色化竞争，万科的城市配套商等研究和实践就是其中有益探索。

另外，新型城镇化建设背景下，要满足多元化的社会阶层的合理化刚需，国家2015年保障性安居工程新安排740万套，其中棚户区改造580万套，增加110万套。农村危房改造366万户，增加100万户。新增保障性住房同比去年增长了5.7%。住房保障逐步实行实物保障与货币补贴并举，把一些存量房转为公租房和安置房。对居住特别困难的低保家庭，给予住房救助。坚持分类指导，因地施策，落实地方政府主体责任，支持居民自住和改善性住房需求，促进房地产市场平稳健康发展。而今年1月6日正式发布的《关于加快培育和发展住房租赁市场指导意见》文中，开发商售转租、地方回购商品房已是成政策鼓励措施，有利于打通消化市场库存房源与棚户区改造，释放超过一千万棚改安置需求。尤其是在库存高企的三四线城市，开发商或市民可能更有动力去把多余的房子卖给政府，无疑会极大加快房地产行业去库存化，增强资金链的韧性和强度。

（四）房地产行业竞争将进一步加剧

多年来，我国房地产市场持续高速增长，涉足其中企业众多，良莠不齐，开发简单粗暴，模式单一。当企业利润率下行、规模化达到一定阶段时，房地产企业势必会面临多元化转型问题，尤其是在传统住宅市场已经进入“白银时代”的大背景下，多元化布局无疑将是挖掘“黄金”的关键点。而进入房地产行业调整期间，趋于完善的政策环境和调控手段、严峻的融资环境和多样化开发能力的要求、规范的市场监管和避险能力，将加剧房地产企业间的竞争，使得大批竞争能力弱、创新发展意识差、资本运作水平低的企业会被淘汰出局。个性化需求及其派生出的新技术、新服务、新产品、新模式成为房地产企业调整的难点，但同时也是房地产企业进行探索创新的机遇。持续的创新能力、成熟的融资渠道和平台搭建能力、资源汇集并有效配置、高效运营资本并完成资本扩张和增值仍旧是房地产企业在激烈的竞争中立于不败之地的保障。因此，拥有这些优势的大公司，尤其是上市公司将通过强强联合、优势互补、并购、合作等诸多形式，在合作中竞争，在合作中共赢。

附表

2014年房地产行业上市公司业绩评价结果排序表

行业排名	全部上市公司排名	股票代码	股票简称	综合得分（100分）	每股收益（元）	净资产收益率(%)	总资产报酬率(%)	总资产周转率（次）	流动资产周转率（次）	资产负债率(%)	已获利息倍数	营业收入增长率(%)	资本扩张率(%)	市场投资回报率(%)	股价波动率(%)	年末资产总额（万元）	营业收入（万元）	净利润（万元）
1	17	000002	万科A	81.88	1.43	17.28	5.24	0.3	0.32	77.2	40.41	8.1	9.91	87.04	127.46	50840875.54	14638800.45	1928752.40
2	21	600048	保利地产	80.56	1.14	18.72	5.97	0.32	0.33	77.89	15.97	18.08	16.95	103.26	154	36576564.33	10905649.71	1423136.13
3	22	002146	荣盛发展	80.49	1.71	24.67	6.9	0.34	0.36	79.58	29.91	20.59	23.96	67.95	103.02	7579217.30	2311896.56	345548.11
4	34	600340	华夏幸福	79.12	2.67	27.37	5.41	0.29	0.3	84.74	181.23	27.66	74.74	124.56	144.77	11396418.91	2688554.85	380140.61
5	39	600383	金地集团	78.76	0.89	11.32	5.96	0.37	0.42	67.5	24.84	31	6.53	84.1	121.24	12466740.61	4563637.80	496398.93
6	40	000024	招商地产	78.38	1.66	13.7	6.4	0.3	0.33	71.16	11.16	33.21	12.41	101.61	174.94	15169236.51	4338505.82	550985.05
7	50	600173	卧龙地产	77.13	0.36	15.39	9.73	0.49	0.52	63.9	194.19	91.07	2.41	157.64	179.21	445108.41	194347.78	25409.24
8	51	000540	中天城投	76.92	1.22	21.73	5.61	0.29	0.33	82.41	20.64	50.35	108.96	120.56	213.62	4339495.91	1139090.84	160230.78
9	102	600658	电子城	73.99	0.86	16.81	14.46	0.33	0.41	29.9	0	−6.01	12.56	7.23	80.54	431300.22	138163.21	48503.24
10	104	000671	阳光城	73.91	1.22	22.41	4.83	0.35	0.36	84.69	27.83	86.64	64.71	51.94	144.99	4622943.66	1389412.57	128179.03
11	138	000609	绵世股份	73	0.4	8.52	8.7	0.34	0.39	31.39	778.44	97.06	10.19	101.58	190.77	187563.57	61867.43	11580.15
12	166	600823	世茂股份	72.28	1.61	11.75	6.52	0.23	0.39	65.98	56.09	25.09	23.48	62.51	107.15	5890051.44	1270095.43	260785.60
13	169	002285	世联行	72.22	0.52	21.48	17.02	1	1.29	49.28	0	29.07	17.73	78.62	159.45	411595.27	330817.06	41897.01
14	186	000631	顺发恒业	71.67	0.56	17.78	6.8	0.4	0.41	70.48	14.08	74.74	17.35	45.88	125.69	1195544.09	490687.28	58450.85
15	214	000029	深深房A	70.79	0.29	15.77	10.12	0.5	0.58	53.53	12.85	0.75	17.18	85.16	166.99	437509.83	213231.12	29805.81
16	216	600743	华远地产	70.68	0.36	16.87	4.98	0.36	0.38	79.08	114.22	42.93	16.63	91.51	139.3	2045234.20	675983.64	67390.30
17	223	000965	天保基建	70.52	0.3	7.52	6.36	0.3	0.37	17.16	0	81.11	63.23	64.52	163.74	513294.76	157959.75	26516.21
18	226	600159	大龙地产	70.43	0.16	5.85	5.43	0.38	0.41	28.92	0	79.92	6.68	35.53	109.49	300350.89	121744.83	13369.39
19	257	600376	首开股份	69.66	0.73	11.2	3.66	0.22	0.24	83.47	5.97	54.43	4.32	114.2	163.42	9761388.46	2085050.29	198165.79
20	277	600639	浦东金桥	69.2	0.46	8.9	7.19	0.17	0.61	49.53	5.24	33.99	25.74	104.81	178.42	1241576.97	191425.10	51802.71
21	279	000402	金融街	69.18	0.97	8.79	5.95	0.27	0.34	69.4	7.52	10.83	9.6	154.33	196.83	8758743.96	2203588.57	311253.78
22	374	600266	北京城建	67.11	1.11	9.69	4.75	0.23	0.27	66.86	15.15	30.15	76.82	215.63	314.52	5035193.15	1001104.74	149954.22

续表

行业排名	全部上市公司排名	股票代码	股票简称	综合得分（100分）	每股收益（元）	净资产收益率(%)	总资产报酬率(%)	总资产周转率（次）	流动资产周转率（次）	资产负债率(%)	已获利息倍数	营业收入增长率(%)	资本扩张率(%)	市场投资回报率(%)	股价波动率(%)	年末资产总额（万元）	营业收入（万元）	净利润（万元）
23	382	000011	深物业 A	67.01	0.7	13.09	13.95	0.33	0.4	46.56	0	−21.66	15.05	35.77	101.75	388328.81	126845.15	41749.87
24	444	600094	大名城	65.92	0.21	10.19	5.16	0.29	0.31	66.94	6.99	83	59.67	59.21	132.56	2152855.45	537990.33	58828.84
25	462	600648	外高桥	65.62	0.64	7.43	4.73	0.3	0.53	64.58	6.23	9.92	60.66	2.82	66.8	2615655.87	776113.42	75063.17
26	481	000981	银亿股份	65.2	0.71	11.33	3.93	0.25	0.29	81.15	11.29	37.11	12.25	61.74	140.71	2650231.52	631364.01	60247.30
27	486	600641	万业企业	65.14	0.5	6.99	8.61	0.24	0.25	47.29	17.62	−0.09	36.63	51.78	109.84	720074.84	182590.05	48314.69
28	498	002305	南国置业	64.99	0.51	17.39	7.59	0.29	0.3	71.14	0	59.91	14.72	3.86	49.9	1044162.10	264723.35	49055.41
29	517	000718	苏宁环球	64.67	0.37	16.75	5.86	0.26	0.27	77.2	38.93	−18.81	12.61	56.47	107.34	2137616.78	545660.18	76259.77
30	582	000537	广宇发展	63.66	0.55	16.42	9.21	0.29	0.35	48.1	0	−13.73	20.91	55.56	95.76	481428.37	128318.65	43200.76
31	614	600665	天地源	62.96	0.34	11.43	3.04	0.25	0.26	81.34	45	19.48	9.5	87.32	131.12	1401834.02	321746.56	28937.35
32	623	600791	京能置业	62.8	0.18	10.81	6.45	0.29	0.31	66.16	5.46	28.46	6.52	35.4	120.91	597238.61	189232.83	21759.10
33	648	600684	珠江实业	62.35	0.38	12.17	6.81	0.35	0.38	63.06	13.38	−8.84	29.14	57.93	138.92	677230.82	213035.03	26709.70
34	682	600053	中江地产	61.76	0.17	8.87	4.08	0.3	0.32	65.19	23.3	32.79	8.26	37.6	137.07	251873.78	80321.94	7554.77
35	686	000558	莱茵置业	61.67	0.06	7.35	4.16	0.68	0.76	62.61	13.35	77.42	78.86	64.44	112.51	467803.03	371736.10	12750.11
36	702	002244	滨江集团	61.36	0.61	9	3.5	0.3	0.32	75.92	6.78	13.26	8.51	17.1	61.43	3824577.28	1175856.96	80600.75
37	739	600162	香江控股	60.91	0.33	11.37	4.07	0.33	0.39	83.04	4.24	50.95	6.91	22.43	85.94	1377384.09	440740.85	24760.97
38	757	000042	中洲控股	60.58	0.64	9.38	4.91	0.25	0.27	79.62	5.79	37.05	7.62	22.94	74.96	1619633.78	303280.27	30561.87
39	809	002208	合肥城建	59.89	0.54	11.88	5.27	0.33	0.33	74.03	5.36	11.73	10.27	25.08	112.34	579272.92	176034.39	17215.94
40	834	000838	国兴地产	59.57	0.41	17.2	4.39	0.25	0.26	82.6	43.17	34.3	22.23	40.07	150.93	269228.07	59576.35	7329.51
41	876	000046	泛海控股	59.01	0.34	10.54	4.74	0.11	0.12	82.35	7.67	2.1	29.68	133	197.06	7088910.86	606246.93	166426.89
42	889	600767	运盛实业	58.87	0.08	7.77	6.29	0.31	0.4	35.5	5.56	−30.61	15.14	115.42	149.42	61512.38	18336.48	2893.42
43	916	600064	南京高科	58.39	1.18	6.97	6.04	0.18	0.34	57.26	3.51	−7.42	61.57	73.03	157.92	2036705.05	324207.41	63916.82
44	939	600113	浙江东日	58.15	0.05	2.25	1.79	0.45	0.6	38.64	0	28.19	0.77	48.12	81.51	106713.09	44409.29	1528.22
45	978	000043	中航地产	57.74	0.74	2.22	5.35	0.33	0.46	79.3	3.08	0.03	1.02	59.66	180.13	2006838.18	622624.18	47964.90

续表

行业排名	全部上市公司排名	股票代码	股票简称	综合得分（100分）	每股收益（元）	净资产收益率（%）	总资产报酬率（%）	总资产周转率（次）	流动资产周转率（次）	资产负债率（%）	已获利息倍数	营业收入增长率（%）	资本扩张率（%）	市场投资回报率（%）	股价波动率（%）	年末资产总额（万元）	营业收入（万元）	净利润（万元）
46	991	600614	鼎立股份	57.53	0.13	1.75	3.81	0.28	0.46	57.68	2.28	−1.2	150.3	27.52	67.37	629146.49	127000.38	7576.38
47	1014	000656	金科股份	57.33	0.78	5.63	1.27	0.24	0.26	83.96	5.62	7.8	32.62	98.9	196.48	8206580.67	1732350.73	86303.91
48	1083	600663	陆家嘴	56.28	0.86	10.46	6.12	0.12	0.26	66.59	7.78	13.46	0.38	126.76	233.4	4562074.66	511689.88	174762.34
49	1086	000732	泰禾集团	56.26	0.77	12.13	1.99	0.17	0.18	89.23	33.17	36.61	32.06	80.54	133.51	6239545.26	837232.58	71231.11
50	1119	600716	凤凰股份	55.77	0.2	6.07	5.29	0.22	0.25	71.48	2.11	13.19	11.5	40.6	74.3	844337.70	182938.01	14765.64
51	1178	000514	渝开发	54.97	0.15	3.29	3.25	0.25	0.37	56.56	2.2	110.79	8.75	67.68	132.41	778899.74	194700.89	10778.30
52	1186	600223	鲁商置业	54.83	0.21	11.85	1.34	0.2	0.2	92.69	19.83	7.35	11.26	73.78	165.46	3081763.16	568186.32	24403.01
53	1205	600510	黑牡丹	54.5	0.3	5.39	2.73	0.35	0.37	68.84	0	15.75	4.19	35.14	116.84	1603443.66	527465.30	31907.59
54	1237	600807	天业股份	53.83	0.14	9.1	4.56	0.26	0.3	80.19	2.69	11.81	14.51	29.87	87.8	363960.99	84643.16	8179.60
55	1317	002133	广宇集团	52.57	0.21	4.65	2.81	0.2	0.22	60.98	9.2	1.55	35.4	28.8	109.89	856166.89	168349.08	15009.95
56	1345	600240	华业地产	52.15	0.29	7.36	5.19	0.18	0.23	77.19	3.73	−1.5	11.7	80.69	170.36	1688801.16	275095.23	41041.46
57	1351	000031	中粮地产	52.04	0.33	4.04	4.13	0.21	0.23	76.97	4.61	−11.18	18.89	135.84	231.57	4631147.33	904083.32	90280.82
58	1443	000040	宝安地产	50.45	0.11	0.89	3.38	0.25	0.27	70.29	3.11	27.16	1.28	61.04	102.44	426981.31	103653.42	5317.37
59	1479	600208	新湖中宝	49.99	0.17	4.05	3.32	0.17	0.2	71.06	3.28	19.86	44.76	138.53	238.09	7084923.32	1103833.91	114600.44
60	1492	000517	荣安地产	49.77	0.28	5.42	4.93	0.48	0.53	39.01	0	−26.03	12.75	54.6	218.88	601725.50	343373.17	30012.84
61	1500	600724	宁波富达	49.65	0.08	5.52	4.31	0.27	0.32	75.98	5.1	3.97	−5.62	47.59	110.46	1870963.88	528691.91	27104.72
62	1517	000979	中弘股份	49.31	0.15	6.55	3.57	0.17	0.2	68.19	8.31	121.99	116.83	31.88	114.39	1781989.54	248497.69	29437.31
63	1530	600325	华发股份	49.12	0.79	5.1	1.64	0.13	0.13	80.74	12.64	1.24	29.05	66.24	216.02	6743109.10	710430.20	62876.10
64	1532	600657	信达地产	49.09	0.5	7.1	4.28	0.16	0.17	78.18	4.45	8.28	8.15	165.38	223.26	3771417.05	485049.38	76108.99
65	1533	000502	绿景控股	49.06	0.02	1.19	1.38	0.21	0.26	16.76	0	110.77	−7.85	50.1	134.49	27070.82	6116.23	376.27
66	1535	000006	深振业A	49.04	0.38	6.4	7.4	0.21	0.27	64.14	6.76	−49.49	0.66	53.9	117.96	1175321.75	232872.96	51245.36
67	1547	000014	沙河股份	48.88	0.3	8.59	4.56	0.25	0.28	67.66	9.78	−9.24	9.01	36.39	155.77	223673.43	51181.53	6278.33

续表

行业排名	全部上市公司排名	股票代码	股票简称	综合得分（100分）	每股收益（元）	净资产收益率（%）	总资产报酬率（%）	总资产周转率（次）	流动资产周转率（次）	资产负债率（%）	已获利息倍数	营业收入增长率（%）	资本扩张率（%）	市场投资回报率（%）	股价波动率（%）	年末资产总额（万元）	营业收入（万元）	净利润（万元）
68	1553	600215	长春经开	48.62	0.02	0.43	2.3	0.23	0.34	40.31	1.21	49.39	0.28	39.03	129.27	404903.55	99123.85	922.41
69	1605	600745	中茵股份	47.84	0.05	1.31	2.28	0.24	0.43	48.35	3.13	−31.45	93.57	−12.22	81.04	717525.13	162305.05	5064.62
70	1612	600393	东华实业	47.67	0.21	1.28	4.35	0.26	0.3	67.75	1.77	82.06	2.58	31.2	122.28	340862.48	89130.41	5765.43
71	1620	000620	新华联	47.51	0.26	3.59	2.8	0.16	0.2	84.81	17.55	34.59	6.23	33.09	78.58	2469570.26	350102.42	40329.74
72	1665	600238	海南椰岛	46.68	0.09	−1.25	4.4	0.35	0.54	37.37	11.66	−46.02	−0.27	61.01	154.4	141682.80	49155.74	4241.10
73	1666	600082	海泰发展	46.68	0.06	1.61	2.71	0.28	0.29	49.12	2.58	5.93	2.39	46.76	141.59	343126.03	92141.04	4075.07
74	1667	600239	云南城投	46.66	0.54	4.58	4	0.14	0.16	85.22	2.66	33.29	1.38	34.19	111.67	3347804.37	394747.17	49646.57
75	1679	601588	北辰实业	46.5	0.16	5.43	3.23	0.18	0.23	70.61	3.37	13.24	3.97	83.39	145.41	3768358.39	623362.26	58719.03
76	1708	600748	上实发展	45.97	0.82	4.65	6.97	0.19	0.22	70.51	9.82	−2.6	−22.39	78.34	132.87	1874771.65	380310.21	91865.09
77	1723	600766	园城黄金	45.68	0.06	44.49	6.48	0.18	0.25	84.6	4.07	286.79	37.69	17.96	44.29	22637.73	4698.07	1393.26
78	1727	600322	天房发展	45.62	0.15	5.33	3.14	0.17	0.19	68.36	4.1	81.83	6.42	46.81	96.75	1878021.04	318103.74	30750.71
79	1732	600638	新黄浦	45.48	0.3	3.65	2.37	0.1	0.13	62.61	5.87	22.08	2.45	33.39	75.09	1010618.98	101178.78	16714.67
80	1774	000926	福星股份	44.77	0.99	−1.44	4.77	0.24	0.3	72.06	5.33	−12.74	−9.67	55.99	105.4	2877876.67	668644.45	71423.99
81	1777	000797	中国武夷	44.74	0.29	5.16	3.97	0.28	0.31	78.35	2.02	−10.99	1.83	48.11	187.32	795795.23	212368.56	9872.14
82	1806	000897	津滨发展	44.23	0.01	5.99	6.11	0.24	0.25	72.74	2.48	−28.44	−15.98	49.8	120.59	690130.69	181946.51	19685.55
83	1811	000573	粤宏远 A	44.17	0.02	0.35	2.16	0.28	0.45	51.4	1.52	−15.24	0.39	−2.76	88.27	332208.77	87034.79	600.09
84	1813	600533	栖霞建设	44.15	0.01	−1.27	0.79	0.2	0.22	74.41	3.07	31.7	−3.21	57.49	111.51	1463752.92	284117.89	1239.79
85	1861	000803	金宇车城	43	0.03	−0.24	5.11	0.34	0.39	66.93	1.54	−7.93	2.53	38.35	178.75	45734.84	16299.16	372.56
86	1872	600503	华丽家族	42.58	0.02	0.34	1.22	0.11	0.11	18.22	4.79	−42.89	82.4	38.93	146.51	439430.97	41196.28	1981.54
87	1888	000534	万泽股份	41.98	0.1	1.49	3.35	0.16	0.19	53.28	3.31	−53.08	26.13	76.22	220.97	348934.69	52664.03	4128.33
88	1912	600463	空港股份	41.26	0.17	5.14	3.84	0.28	0.37	69.37	2.48	−17.44	2.47	26.57	101.03	277149.08	75806.80	4569.55
89	1958	600773	西藏城投	39.71	0.13	0.96	2.02	0.11	0.11	77.51	1.83	55.03	94.82	26.55	108.25	1084506.07	104919.02	4969.15

续表

行业排名	全部上市公司排名	股票代码	股票简称	综合得分（100分）	每股收益（元）	净资产收益率（%）	总资产报酬率（%）	总资产周转率（次）	流动资产周转率（次）	资产负债率（%）	已获利息倍数	营业收入增长率（%）	资本扩张率（%）	市场投资回报率（%）	股价波动率（%）	年末资产总额（万元）	营业收入（万元）	净利润（万元）
90	1966	000863	三湘股份	39.5	0.19	0.48	2.98	0.13	0.15	73.34	2.63	-54.24	58.06	11.68	59.04	1151822.18	127081.02	11879.38
91	1978	600185	格力地产	39.2	0.54	3.15	2.66	0.09	0.1	82.06	5.88	-32.23	10.68	171.99	271.22	1851876.13	146630.33	31284.86
92	2005	600736	苏州高新	38.6	0.16	0.22	3.26	0.17	0.22	79.11	2.1	5.34	6.03	52.01	127.76	2125485.87	357458.56	22026.76
93	2019	600696	多伦股份	38.04	0.21	2.82	6.62	0.01	0.01	53.24	222.44	-90.85	11.94	29.12	118.05	139720.00	1004.83	6969.72
94	2037	000667	美好集团	37.31	0.03	0.88	1.46	0.14	0.15	64.52	2.81	-39.24	1.32	73.23	165.58	1591779.56	210536.39	7483.70
95	2067	000567	海德股份	36.34	0.04	2.16	1.77	0.05	0.08	24.73	12.86	15.74	2.13	46.96	174.95	31563.20	1472.49	495.64
96	2086	600683	京投银泰	35.65	0.03	-7.9	1.49	0.13	0.14	92.68	5.25	249.92	-3.99	74.73	140.84	2966044.04	348617.34	19298.01
97	2101	000038	深大通	34.94	-0.51	-28.86	-8.47	0.31	0.32	78.52	0	26.57	-27.24	36.8	134.85	68329.26	21319.33	-5495.96
98	2102	000736	中房地产	34.91	0.25	0.54	2.26	0.13	0.14	51.55	0	-17.11	5.03	42.73	124.21	608811.87	70845.82	6726.92
99	2114	000628	高新发展	34.41	-0.19	-23.75	-1.3	0.56	0.65	95.93	0	-6.04	-24.21	38.18	180.89	368173.07	195280.76	-3982.33
100	2124	000616	亿城投资	34	0.13	-4.33	4.92	0.2	0.21	50.79	5.87	-22.81	-6.09	44.61	114.67	861389.78	200063.38	20436.12
101	2127	600077	宋都股份	33.94	0.03	1.8	0.84	0.19	0.19	71.62	5.84	-16.78	42.26	33.55	151.9	1368507.12	232303.10	5455.79
102	2132	000036	华联控股	33.78	0.03	-0.68	1.73	0.05	0.06	45.43	3.88	6.57	-1.7	59.83	139.24	456892.63	20526.92	3013.52
103	2143	600733	S 前锋	33.25	0.07	0.05	2.05	0.06	0.07	23.88	0	-83.22	0.3	107.9	209.78	48699.43	2981.35	1202.22
104	2145	000711	京蓝科技	33.22	-0.45	-20.97	-1.9	0.06	1.14	73.33	-0.45	8.77	-18.86	112.31	275.57	119377.61	6874.93	-7462.88
105	2166	600052	浙江广厦	32.15	0.24	-17.02	5.62	0.18	0.2	78.66	1.99	-8.42	9.45	90.48	238.41	940528.35	175915.17	21594.00
106	2175	600225	天津松江	31.69	0.02	-1.44	5.56	0.19	0.21	91.61	1.48	-10.33	2.86	5.96	82.22	1349922.37	254767.42	4426.32
107	2181	000150	宜华地产	31.55	0.09	3.32	2.35	0.06	0.07	67.31	2.05	-78.38	3.74	219.76	281.51	252772.29	15767.29	2982.26
108	2195	000918	嘉凯城	30.63	0.02	-2.93	1.91	0.25	0.26	83.76	2.05	-24.88	0.09	59.46	156.73	3672308.96	844883.87	-7425.46
109	2198	000056	深国商	30.48	-1.26	-16.57	-2.92	0.01	1.08	62.84	-0.77	180.34	-15.65	-14.47	108.43	787195.95	9893.87	-54279.89
110	2265	600246	万通地产	25.76	0.04	-0.72	1.81	0.15	0.17	73.21	2.38	-42.06	-9.36	72.78	122.19	1423081.64	191157.59	9764.91
111	2296	000608	阳光股份	22.8	-0.78	-14.25	-2.77	0.14	0.3	61.23	-1.55	96.94	25.95	0	65.77	1123852.80	135859.80	-52205.50
112	2313	002016	世荣兆业	21.54	0.02	0.1	0.2	0.1	0.11	61.66	8.91	-56.72	-12.35	28.33	125.73	452765.34	42105.31	695.88
113	2323	600732	上海新梅	20.77	-0.08	-7.07	-1.63	0.17	0.39	49.31	-0.78	794.45	-6.83	35.68	114.33	95623.61	16347.32	-3555.15

续表

行业排名	全部上市公司排名	股票代码	股票简称	综合得分（100分）	每股收益（元）	净资产收益率（%）	总资产报酬率（%）	总资产周转率（次）	流动资产周转率（次）	资产负债率（%）	已获利息倍数	营业收入增长率（%）	资本扩张率（%）	市场投资回报率（%）	股价波动率（%）	年末资产总额（万元）	营业收入（万元）	净利润（万元）
114	2334	000691	亚太实业	19.47	-0.06	-13.59	-6.55	0.12	0.16	52.69	-6.82	52.59	-13.33	17.79	107.76	30378.84	3432.50	-2211.24
115	2364	600576	万好万家	17.26	-0.06	-5.69	-2.75	0.02	0.03	19.85	-7.47	-85.09	-4.24	125.99	249.19	64718.29	1193.33	-2255.07
116	2365	600675	中华企业	16.98	-0.26	-9.96	2.42	0.11	0.13	81.99	0.9	-34.67	-7.88	25.44	73.71	4081447.18	441523.16	-44094.41
117	2366	600890	中房股份	16.82	-0.02	-8.78	-3.83	0.04	0.13	21.37	0	-75.86	-4.06	6.35	96.21	40356.60	1535.79	-1342.60
118	2375	000505	珠江控股	15.71	-0.41	-253.99	-6.14	0.17	0.33	98.84	-0.83	6.03	-85.11	111.22	217.14	164543.66	23890.42	-18075.54
119	2380	000506	中润资源	14.53	-0.23	-16.4	-8.3	0.11	0.15	51.5	-25.06	-60.63	-17.33	55.19	172.6	316948.90	35715.53	-28006.52
120	2383	600734	实达集团	13.7	-0.11	-53.99	-1.03	0.14	0.16	92.94	-0.26	75.98	-39.06	3.7	104.61	157569.15	19503.47	-7129.11
121	2385	000668	荣丰控股	13.49	-0.31	-6.99	-1.1	0.01	0.01	58.57	-0.55	-90.85	-6.46	21.94	139.94	168721.91	1082.33	-4679.39
122	2390	600606	金丰投资	11.69	-0.7	-21.71	-3.68	0.02	0.02	74.83	-2.39	-87.64	-14.81	148.76	176.35	744930.45	11027.97	-36820.14

第十八章　环保行业

随着中国经济的持续发展，以及城镇化和工业化进程的加快，环境污染日益严重。近年来，粗放经营的恶果持续显现，各地环境污染事件层出不穷。今年初京津等多地持续遭遇雾霾天气，让环境保护再度成为政策、民众、舆论关注的焦点话题。鉴于环保的重要性及迫切性，政策加大了对环境治理的支持力度。目前我国环保行业总体规模逐步扩大，产业领域不断扩展，整体水平不断提高，初步形成了包括环保产品设计、生产、工程、环保服务等门类齐全的产业体系，成为我国国民经济不可或缺的新兴产业。

一、环保行业上市公司业绩评价结果

截至2014年末，环保行业包括环保工程及服务、环保设备行业A股上市公司共30家，其中盈利29家，在全部2281家盈利的上市公司中占比为1.27%；截至2014年末，环保行业上市公司市值为2496.17亿元，2014年度实现营业利润60.89亿元，实现净利润52.46亿元，占全部上市公司实现的11269.99亿元净利润的0.46%。环保行业整体表现与全部上市公司表现基本相当。

环保行业的综合评价得分值为63.83分，仅比全部上市公司的61.27分高3.98%。其中，业绩为良好的有3家，业绩为中的有20家，业绩为低的有3家，业绩为差的有4家。环保行业没有进入百强的上市公司。行业排名前十的上市公司见表18-1。

表18－1　2014年度环保行业十强排行榜

名次	股票代码	股票简称	在全部上市公司中排名
1	300070	碧水源	194
2	000826	桑德环境	209
3	002672	东江环保	405
4	300266	兴源过滤	406
5	002479	富春环保	492
6	002573	国电清新	544
7	300190	维尔利	630
8	600388	龙净环保	650
9	300056	三维丝	697
10	300172	中电环保	706

基于对环保行业上市公司的整体评价，下面分别从财务效益状况、资产质量状况、偿债风险状况、发展能力状况、市场表现状况五个方面对环保行业上市公司进行具体分析。

（一）财务效益

从综合得分来看，2014年环保行业上

市公司财务效益略高于全国上市公司平均水平，也略高于同行业上年水平。表 18-2 列示了 2014 年环保行业上市公司财务效益状况评价结果。

与 2013 年的情况相比较，2014 年环保行业上市公司财务效益略有提高，但是幅度不大。从表 18-2 可以看出，在财务效益中，环保行业营业利润率比上市公司整体水平高约 3 倍，但是盈利现金保障倍数仅为上市公司整体水平的 1/3。以上数据反映出环保行业虽然经营中产生大量利润，但是现金流状况却没有相应改善。

在环保行业上市公司财务效益状况指标中，碧水源的财务效益得分为 30.77，财务效益在环保行业排名第一。碧水源主营业务是膜器组的销售和污水处理方案是设计，近年来逐项扩展到整个污水处理产业链，并开始向固废领域扩张。碧水源 2012 年净利润为 5.96 亿元，2013 年碧水源净利润为 9.40 亿元，2014 年净利润为 10.14 亿元，通过上述数据可知，一方面碧水源在 2014 年表现了较强的财务效益，一方面其净利润增长率大幅降低。

碧水源在国内大中型膜工程市场中，占有率达 70% 以上，市场份额位列同行业企业第一。环保部等部委按照国务院的要求编制的《水污染防治行动计划》（简称“水十条”）即将出台，将对污水处理等领域做出更严格的规定。市场普遍预计，“水十条”出台后，将推进污水处理乃至整个环保行业的市场化进程，并将催生一个两万亿元的大市场。与此同时，在国家政策的大力推动下，PPP 模式（公私合营模式）正在成为污水处理行业的主要模式。PPP 模式有助于引入社会资本和专业环保力量，缓解政府的资金压力。这种模式的推广，综合实力较强的环保企业将获得先发优势，中小环保企业的市场空间将被挤占，将深刻影响行业的发展格局。基于以上原因，碧水源公司在 2014 年业绩保持向好。

基于碧水源公司业务链的扩张，在 2014 年末，碧水源计划非公开发行股票融资 79 亿元，以提高污水处理行业市场占有率，整合市场资源。

表 18－2　　环保行业财务效益状况比较表

评价指标		2014 年上市公司平均值	2014 年行业值	2013 年行业值	增长率 (%)
基本指标	扣除非经常性损益净资产收益率 (%)	7.81	9.30	7.98	16.59
	总资产报酬率 (%)	5.74	7.02	6.41	9.56
	得分	20.83	23.66	21.67	9.20
修正指标	营业利润率 (%)	5.55	12.59	11.88	5.95
	盈利现金保障倍数	1.61	0.58	0.69	−15.40
综合得分		21.87	23.94	21.67	10.49

（二）资产质量

从综合得分来看，环保行业上市公司资产质量大幅低于上市公司平均水平，与同行业上年相比基本持平。

表 18-3 列示了环保行业上市公司资产质量状况评价结果。在环保行业上市公司资产质量状况指标中，总资产周转率、流动资产周转率、应收账款周转率及存货周转率均大幅低于上市公司平均水平。与 2013 年相比，除流动资产周转率外，2014 年各项周转率指标继续恶化，这从整体上拉低了行业的资产质量。

表 18－3　　环保行业资产质量状况比较表

	分析指标	2014 年上市公司平均值	2014 年行业值	2013 年行业值	增长率 (%)
基本指标	总资产周转率 (次)	0.75	0.43	0.43	−0.94
	流动资产周转率 (次)	1.52	0.82	0.77	6.26
	得分	9.55	7.02	6.85	2.46
修正指标	应收账款周转率 (次)	9.69	2.71	2.74	−0.95
	存货周转率 (次)	3.21	2.54	2.93	−13.26
综合得分		9.20	6.63	6.61	0.36

除了 2014 年借壳上市的中国天楹外，上市公司仅有迪森股份和富春环保得分超过 10 分。而易世达、科林环保和博元投资因为极低的资产周转率，在这项中的得分均为 0。

（三）偿债风险

从综合得分来看，2014 年环保行业上市公司偿债风险状况略好于全国上市公司平均水平，也略好于同行业上年水平。

表 18-4 列示了环保行业上市公司偿债风险状况评价结果。在环保行业上市公司偿债风险状况指标中，中电环保得分排名第一，资产负债率、获利倍数、速动比率等指标均好于上市公司及行业平均水平，这与其产品优势、经营状况有很大关系。

表 18－4　　环保行业偿债风险状况比较表

评价指标		2014 年上市公司平均值	2014 年行业值	2013 年行业值	增长率 (%)
基本指标	资产负债率 (%)	60.75	52.01	48.25	7.79
	获利倍数	5.06	6.05	7.47	−18.98
	得分	9.24	10.01	10.40	−3.78
修正指标	速动比率 (%)	69.66	98.32	116.25	−15.42
	现金流动负债比率 (%)	12.65	6.55	16.04	−59.17
	带息负债比率 (%)	45.45	43.15	44.00	−1.92
综合得分		9.20	9.22	9.14	0.83

由表 18-4 可见，2014 年，环保行业获利倍数与现金流动负债比例在 2013 年基础上均发生不同程度的恶化，这反映了环保行业财务费用增长速度高于利润增长速度，同时由于应收账款回款期增加，现金流量状况恶化。环保行业公司在宏观环境不利的情况下，为维系业务回款周期加长、银行短期信贷相应增多，合营运资金的需求相应增加，

相应偿债风险也随之有所加大。2014年，环保行业长短期借款增加了33.57%，财务费用相应增加了65.75%。

（四）发展能力

从综合得分来看，2014年环保行业上市公司发展能力状况优于全国上市公司的平均水平，也大幅高于同行业上年水平。

表18-5列示了环保行业上市公司发展能力状况评价结果。在环保行业上市公司发展能力状况指标中，桑德环境得分16.68，排名第一。桑德环境主营业务涉及固废处置工程系统集成、设备制造和投资运营业务、环卫一体化、再生资源及特定区域市政供水、污水处理项目的投资运营服务业务。2014年，公司环保类主营业务继续保持稳健的经营态势，公司环保类各项细分业务经营业绩均保持了持续稳定的增长，在固废处置、水务运营、环卫一体化、再生资源以及环保设备制造方面都有了新的进展以及突破。

表18－5　　环保行业发展能力状况比较表

分析指标		2014年上市公司平均值	2014年行业值	2013年行业值	增长率(%)
基本指标	营业收入增长率(%)	4.34	23.01	10.85	112.13
	资本扩张率(%)	12.45	24.03	11.50	109.01
	得分	12.14	16.31	12.85	26.88
修正指标	累计保留盈余率(%)	43.83	34.53	31.13	10.93
	三年营业收入平均增长率(%)	7.12	18.72	17.49	7.04
	总资产增长率(%)	12.15	33.86	16.96	99.68
	营业利润增长率(%)	0.17	32.19	12.54	156.70
综合得分		12.12	15.32	12.96	18.21

2014年环保行业上市公司营业收入增长率从2013年的10.85%升至23.01%，同时三年营业收入增长率从2013年的17.49%降低至18.72%，营业收入呈现大幅增长的态势。随着中国环境压力的增加，环保行业迎来了重大的发展机遇。

（五）市场表现

2014年行业整体走势呈现出前低后高的走势，明显弱于2013年的市场表现，也劣于大盘的表现。主要原因是环保行业2014年整体疲软，缺乏机会。部分原因是2013年环保股增长过快，提前透支了发展潜力。在过去的几年内，环保行业的主要驱动因素是投资，在宏观经济形势下行压力下，靠投资驱动成长的环保行业增长面临较大压力。其次，虽然环境污染压力不断加大，但是公众预期的部分政策并未如期出台，比如“水十条”，政策出台的滞后也在一定程度上影响了环保行业的市场预测，最终影响了环保行业上市公司的市场表现。最后，过去两年环保行业一直盯着“高估值”的盛名缓步向前，多数公司业绩难于实现市场预测，企业融资难度的加大和对其股价产生了影响。

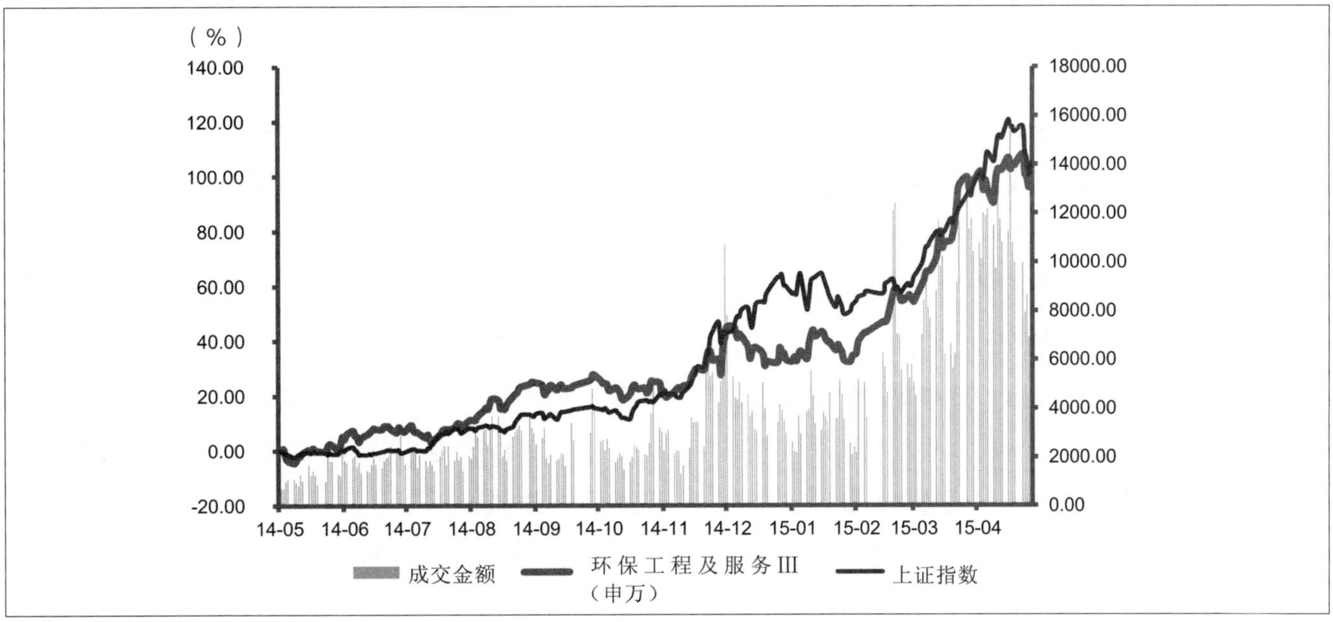

图 18－1　环保指数与大盘指数波动

从综合得分来看，环保行业上市公司市场表现状况劣于全国上市公司的平均水平。表 18-6 列示了环保行业上市公司市场表现状况评价结果。在环保行业上市公司市场表现状况指标中 2014 年新上市的高能环境名列第一。众合机电在该项的得分为 11.05，2014 年每股收益 0.04 元。该公司在 2014 年扭亏为盈，取得了不错的成绩。

表 18－6　　**环保行业公司市场表现状况比较表**

分析指标	2014 年上市公司平均值	2014 年行业值	2013 年行业值	增长率 (%)
投资回报率 (%)	44.68	31.61	101.44	-68.84
股价波动率 (%)	124.99	71.11	126.35	-43.72
得分	9.07	8.72	11.01	-20.79

二、2014 年环保行业业绩的影响因素分析

经过 30 多年的发展，我国的环保产业已经从初期以“三废治理”为主，发展为包括环保产品、环境服务、洁净产品、废物循环利用，跨行业、跨地区，产业门类基本齐全的产业体系。总的来说，在内外部压力之下，2014 年中国环保行业上市公司的基本面以增长为主，但是各细分环保行业发展受到诸多因素影响发展不均。大气领域以脱硫、除尘脱硫改造为主和废固领域中垃圾焚烧行业的市场全面启动，使得大气及废固处理公司业绩有明显改善。受行业政策出台滞后影响，水处理行业增速有所放缓。

（一）环境问题及环境法律法规建设带动环保行业内生式发展

随着经济的发展和固定资产投资规模的加大，环境方面暴露出越来越多问题。2014 年 4 月，媒体曝光兰州主城区自来水

苯严重超标。同在 4 月，环保部和国土资源部发布的土壤调查公报中披露全国土壤总的点位超标率为 16.10%，南方土壤污染重于北方；长江三角洲、珠江三角洲、东北老工业基地等部分区域土壤污染问题较为突出，西南、中南地区土壤重金属超标范围较大。2014 年北京地区雾霾较去年同期更为严重，情况不容乐观。11 月，媒体曝光湘江流域重污染区砷超标 715 倍，同在 11 月，媒体曝光桃源铝厂污染致多居民患癌事件，类似事情层出不穷。

中国 2014 年 12 日在北京发布了应对气候变化的中美联合声明。中国计划 2030 年左右二氧化碳排放达到峰值且将努力早日达峰，并计划到 2030 年非化石能源占一次能源消费比重提高到 20% 左右。

在内外部压力之下，我国环保法律法规建设上升到前所未有的新高度。2014 年 1 月 1 日起《城镇排水与污水处理条例》正式施行，从法律层面更为详细、具体地规范了城镇排水与污水处理行为，为城镇排水与污水处理规划建设和监督管理在立法层面给予保障。2014 年 4 月 24 日，十二届全国人大常委会第八次会议通过了修订后的《环境保护法》，2015 年 1 月 1 日起正式实施。新法增加了按日计罚、查封扣押、行政拘留等条款，处罚力度空前。4 月 17 日，国家环保部和国土资源部联合发布《全国土壤污染状况调查公报》，这是国家层面首次披露全国土壤污染状况的调查结果。2014 年 9 月 1 日，国家发改委、财政部、环保部联合下发《关于调整排污费征收标准等有关问题的通知》，将调整排污费征收标准，同时实行差别化排污收费政策，废气、污水主要污染物征收标准将较现行标准提高一倍。2014 年 4 月通过的《环境保护法》为环境税立法作出了衔接，明确表示要“依照法律规定征收环境保护税的，不再征收排污费。”

环境问题日益暴露和环境法律法规建设为环保行业带来巨大的市场，促使环保渗透到人们日常生活的方方面面和企业生产的各个环节，增加的环保的市场需求，带动了上市公司营业收入和利润的增长。

（二）产业并购促使环保行业上市公司外延式发展

2014 年是环保行业上市公司重组之年，为了拓展市场链条，多家上市公司通过横向并购，纵向并购扩展产业链条，实现外延式发展。

2014 年，兴源过滤公司并购了浙江疏浚和浙江水美 ，公司主营业范围变大，浙江疏浚所从事的核心业务为水利疏浚工程，其中环保疏浚是浙江疏浚的优势发展领域，也是未来水利疏浚行业的市场重点；浙江水美是工业及市政污水处理整体解决方案提供商，主要从事工业及市政污水处理、河道整治、土壤修复、环境污染治理设施运营维护等环境治理业务，其中工业及市政污水处理是浙江水美的核心业务。另外，2014 年中国天楹通过实施重大资产重组的实施，获得优质资产注入，公司主营业务由通信及相关设备制造业转变为生活垃圾焚烧发电业。

2014 年 12 月份，部分公司发布收购公告，部分公司停牌筹划重组，环保企业并购悄然加速环。12 月份，东江环保等公司发布收购公告，或促进原有业务的地域扩张、或是开拓新业务增加利润点。此外，维尔利、国电清新两家环保企业也先后停牌，筹划收购重组。环保企业的并购在 2014 年明显加速，并购也成为 2014 年环保板块的一大重要主题。

（三）中国经济转型对大气和固废治理行业产生积极影响

大气治理方面，国务院总理李克强在2014年5月14日主持召开国务院常务会议，部署大气污染防治十条措施。此次会议部署的十项大气治污措施明确从激励和约束两方面合理加强未来全国大气污染防治工作，突出强调重点行业大气污染物减排及重点区域联防联控机制，加强PM2.5治理，并指出要用硬措施完成硬任务，确保防治工作早见成效。这次国务院常务会议是之前业内热议的“大气污染防治行动计划”的一次具体落实，对于全国范围内的大气污染治理及PM2.5防治将起到助推作用。而随着有关部门多措并举，双管齐下加大大气污染防治，市场最为关注的重点行业脱硝以及PM2.5治理两大市场得到了加速推进。大气板块得益于脱硝需求持续火爆增长大气治理相关行业获得了同步大幅增长，如中电远达公司。

固废治理方面，2014年政策密集出台，为增强新保护法确立的按日连续处罚、查封扣押、限产停产、信息公开等规定的操作性，环保部颁布了《环境保护按日连续处罚暂行办法》《实施环境保护查封、扣押暂行办法》《环境保护限制生产、停产整治暂行办法》和《企业事业单位环境信息公开暂行办法》四项办法，着重治理环境问题。在2014年11月18日召开的全国农村生活垃圾治理工作电视电话会议上，住建部部长陈政高提出，全面启动农村生活垃圾5年专项治理，使全国90%村庄的生活垃圾得到处理。根据5年专项治理的要求，各级地方政府是农村生活垃圾治理资金的筹措主体，必须将治理费用纳入地方政府财政预算。在此背景下，垃圾焚烧在国内的优先发展地位得以在“十二五”规划的基础上进一步加强，垃圾焚烧是环保产业中景气度最高的子行业。

（四）政策出台滞后，水处理行业利润增速放缓

2014年，获得众多关注的水污染防治行动计划迟迟不能出台，水处理行业不能获得政策上的利好，增速有所放缓。但是对政策的预期带来利好部分提前释放。目前我国污水处理行业整体盈利水平相对偏低，全国278家规模以上污水处理企业的平均毛利率仅约11.4%，而随着电费、原材料费、人工成本等费用的不断上升，污水处理行业的盈利空间或将被进一步压缩。受以上因素影响，水处理行业上市公司利润增速放缓。

2014年5月，李克强在国务院常务会议部署加快推进节水供水重大水利工程建设，再次在国务院层面强大节水的重要意义。随后的7月，七省参与的水权交易试点正式启动，这是我国首次大面积，多方向的水权试点工作。水权交易试点启动，标志着政府开始利用市场化手段达成节水目标。一方面，水权交易试点启动，标志着政府开始利用市场化手段达成节水目标。另一方面，污水资源化是必然趋势，污水处理厂将获得新的增长动力。

水务板块绝大部分公司增速仅为20%左右是2014年增速最为缓慢的环保子版块。一方面工程公司受结算周期影响较大另一方面膜行业需求增长远远赶不上产能扩张对厂商的销售增速和盈利能力都带来一定压力。这都在一定程度上影响了水处理板块的公司业绩。

资料链接：

2014年环保行业大事件

1. 环保部与31省（区、市）签署《大气污染防治目标责任书》

1月7日，环境保护部与全国31个省(区、市)签署了《大气污染防治目标责任书》，明确了各地空气质量改善目标和重点工作任务。除了明确考核PM2.5年均浓度下降指标外，目标责任书还包括《大气污染防治行动计划》中的主要任务措施。这是继国务院全文下发《大气污染防治行动计划》以来，我国大气污染防治政策“落地”最关键的一步。

2. 兰州“4·11”自来水污染事件

4月10日17时，兰州市主城区自来水供水单位威立雅水务集团公司检测出出厂水苯含量118微克/升，远超出国家限值的10微克/升。4月11日凌晨2时，苯检测值为200微克/升，属于严重超标。

3. 历时8年的全国土壤污染状况调查出台

4月17日环保部和国土资源部发布《全国土壤污染状况调查公报》就历时8年进行的全国性土壤污染情况进行披露。公报显示全国土壤总的点位超标率为16.1%，其中耕地土壤点位超标率为19.4%，林地土壤点位超标率为10.0%。草地土壤点位超标率为10.4%。

4. 新环保法颁布

4月24日，十二届全国人大常委会第八次会议以高票赞成通过了新修订的环境保护法，这是环保法实施25年来的首度大修。环保法修订不仅将区域污染和流域污染，包括土壤污染等突出的环境问题纳入立法内容，另一方面最严格的执法手段和政策也用立法的形式明确。

5. 多地雾霾围城

尽管政府应对“雾霾”频频出招，但对于2014年的北京以及周边很多城市而言，雾霾威胁却从未真正消除。就在APEC期间的蓝天白云外，北京市出现3次重污染过程，4天重度污染、1天严重污染，污染程度与去年同期比较明显加重，雾霾情况不容乐观。

6. 湘江流域重污染区砷超标715倍

11月15日，环保公益组织长沙曙光环保公益中心对外披露湘江流域重金属污染调查结果：郴州三十六湾矿区甘溪河底泥中，砷含量超标715.73倍；郴州三十六湾矿区甘溪村稻田中，镉含量超标206.67倍；岳阳桃林铅锌矿区汀畈村稻田铅含量最高值达1527.8mg/kg(即每千克含有1.5克)，超标5.093倍。

7. 桃源铝厂污染致多名居民患癌

2014 年 11 月，湖南桃源村民向媒体反映，创元铝业自 2003 年 4 月首条生产线投产以来产生的废水、废气、废渣给周边环境造成严重污染。村民用被污染的水灌溉后，作物减产，有人得癌症死去，多人体质受到影响。

8.APEC 蓝

11 月北京 APEC 会议期间，城区被久违的多日蓝天所拥抱，空气质量连续优良，交通顺畅。据环保部统计，11 月 1 日至 12 日，北京市空气中各项污染物平均浓度均达到近 5 年同期最低水平。媒体和网民将这种难得一见的好天气称作“APEC 蓝”。

9. 天价公益诉讼索赔案

12 月 16 日，备受关注的一审被判赔 1.6 亿元的江苏泰州环保联合会诉 6 家化工企业非法处理废酸案二审开庭审理。此案将择日宣判。这是国内迄今判赔数额最大的环境公益诉讼案。

10.《大气污染防治法》迎来大修

12 月 22 日开幕的十二届全国人大常委会第十二次会议审议了国务院关于提请审议大气污染防治法修订草案的议案。这次 27 年来的第三次修订，也是首次大规模修订。

三、2015 年环保行业前景展望

从行业整体来看，我国仍然处于环保投资增速阶段。回顾过去 15 年，环保投资高峰分别出现在 2000 年、2005 年、2008 年和 2010 年。除了 2008 年奥运会效应外，均为五年规划的最后一年。2015 年是“十二五”规划的收官之年，环保投资预计将赶工加速，行业投资增速有望出现“期末效应”，整体行业将迎来重大机遇，上市公司业绩得到较大提升。

（一）最严环保法实施预计将给环保行业带来巨大市场

2014 年，国家大力推动了环保方面法律法规的建设工作。十二届全国人大常委会第八次会议表决通过了修订后的《中华人民共和国环境保护法》这是该法律从 1989 年公布实施以来此次是第一次进行修改，修订后的环保法于 2015 年 1 月 1 日起实行。环境保护法的修改是环境保护领域内的重大制度建设，对于环保工作以及整个环境质量的提升都将产生重要的作用。另一方面，环保政策顶层设计将出，细分产业政策落地，公用事业价格改革实质性推动。2015 年 2 月，《水污染防治行动计划 》获得国务院常委会通过，4 月 2 日出台。将陆续出台的产业政策包括“环境税”、“土壤修复计划”、“碳税”、“排污权交易”等。“水、电、气”等公用事业产品价格改革在推进中。排污、污水处理、污泥处置、垃圾处理等环保收费改革也在进行中。

由于受自身规模、经济实力和技术水平等因素的制约，每个企业都很难自建污染治理设施处理自身排放的污染物。在这样的背景下，吸引社会资本投入生态环境保护，推行环境污染第三方治理或将成为环保行业发展的趋势。环境污染第三方治理主要包括两种运作模式，一种是适用于新、扩建项目的“委托治理服务”，另一种是适用于已建项目的“托管运营服务”。由“谁污染、谁治理”变为“污染者付费、专业化治理”，这已在欧美国家的减排治理中普遍应用，也是中国环保行业发展的趋势。

总之，“水十条”的出台，以及新环保法的实施和环境税的推出，将给环保行业上市公司带来业绩、政策两重保障。

（二）PPP（政府与社会资本合作）模式下环保行业将迎来重大发展机遇

2014 年 10 月 28 日，财务部印发《地方政府存量债务纳入预算管理清理甄别办法》，最大亮点就是要大力推广 PPP 模式，通过 PPP 模式将政府债务转为企业债务。PPP 模式的常态化已成为催生公用事业投融资模式变革的催化剂，环保行业有望成为 PPP 模式推广过程中最具市场爆发力的生力军。随着国家对 PPP 模式的大力推广，各地政府不断推出 PPP 项目包。在已公布的 PPP 推介项目中，生态环保领域在数量上占据明显优势。其中，安徽省环保项目占省内全部 PPP 项目的 62%。

在 PPP 模式下，地方环保需求以打包模式快速释放，未来 1～2 年，市场有可能把未来 10 年甚至更长时间的环保需求集中释放，环保公司有望从小额订单缓慢推动过渡大额订单集中获取，从而进入快速成长期。2015 以来，A 股上市公司已披露的 PPP 项目订单达 1550 个，计划投资总额突破 2.2 万亿元，其中环保项目超过 239 个，总投资额超过 1270 亿元。目前 PPP 示范项目存量多、新增少，地方政府职能转变需要时间。预计新一批示范项目将更具备推广意义，届时地方政府对 PPP 政策的理解和落实将更到位，2015 年有望出现 PPP 项目落地的全面爆发。

多家环保行业上市公司积极转变发展战略，推进 PPP 业务，接连斩获 PPP 项目订单。例如，2015 年以来，万邦达先后斩获芜湖市和乌兰察布市 PPP 项目大订单，项目总规模合计约 84 亿元，是去年公司营业收入的 8 倍以上。碧水源也获得新疆自治区沙湾县生态环保工程 15.2 亿元的 PPP 项目订单。

（三）水处理预计将是环保行业的主要利润增长点

2015 年全国环保工作会议召开，会议强调全面完成“十二五”目标任务，强调环境污染事件持续发酵背景下，气、水、土三大污染防治行动计划成 2015 年首要工作内容。由于 2014 年水处理行业政策出台的滞后，预计 2015 年水处理行业发展速度将在 2014 年基础上有所提升。

水处理行业整体发展空间巨大。在水处理领域，再生水、污泥处置、工业污水处理仍处于成长期，工程、设备需求大，工业水污染在水环境污染重占比超过生活水，且排放标准较低，监管不严；城市污水处理处于成熟期，投资机会来自于“提标”改造。农村污水处理处于萌芽期，在 2015 年，各地为了完成先前制定的农村污水治理“十二五”的目标，预计将会加大对农村污水治理设施的招标力度，前景广阔。

在水费水价方面，2015 年 1 月，发改委、财政部和住建部联合发文，加大污水处理费收费力度，其核心内容为收费标准要补偿污水处理和污泥处置设施的运营成本并合理盈利。规定 2016 年底前，城市污水处理费居民不低于0.95元，非居民不低于1.4元；县城、重点建制镇不低于0.85元，非居民不低于1.2元；水费价格的规定给水处理行业上市公司的利润提供了一定程度的保证。

2014年7月，水利部发布《关于开展水权试点工作的通知》，水权再次成为市场关注焦点。预计2015年，对着水权政策推进将带来更多水市场增量。在水权交易制度下，水资源配额用完后，新增水量将来自水权流转或使用非常规水源，如再生水等；水权制度推进后，宁夏、内蒙古等农业大省区的工业企业将在用完水资源额度之后，购买更多农业水，农业用户为增加更多售水盈利，将驱动农业节水灌溉事业发展，滴灌等农业高效节水技术将可能由此受益；水权制度的推进，将在经济性、水质等允许的条件下，鼓励用水方寻求配额以外的水资源，污水深度处理的需求将增加。

（四）竞争加剧将加速行业两极分化

在环保行业市场化进程中，行业集中度有望提升，行业呈现两极分化。

首先，行业两极分化是由于环保行业各子行业投资不均匀，从污染治理各子行业的投资需求增速来看依次为固废、水处理、大气。其中固废领域中增长最快、盈利模式最清晰的是垃圾焚烧2015年可能有需求改善的是污泥、餐厨垃圾处理。水处理领域中的城市污水处理、及工业污水（尤其是煤化工相关）处理需求增长可能会在2015年有所提升。大气领域后续除尘电价出台后可能会带来改造带动效应。

其次，企业自身的竞争能力不等也是行业分化的主要原因。从企业的格局看，资源和资金是核心竞争力，从长期看，现金获取能力较强的企业能更好地利用财务杠杆去提升市场占有率，而小企业受资金约束和监管加强影响了企业的长期发展。

第三，市场化的发展也将推动产业链的整合。在水处理行业，从自来水，到污水处理，到污泥处置，到再生水；从市政水处理，到农村污水处理，到工业园区污水处理。从水处理到固废处理，从固废到大气治理，产业链整合无处不在。

用市场化手段控制环境污染，行业集中度有望提升。包括完善收费环境的制度如环境税等，已经后端处理的排污权交易等制度。市场化制度有利于完善环保商业模式，将收费和处理环节打通，而非仅靠政府投资驱动，发展滞后的工业废物处理行业有望受益。

随着中国经济发展中环境问题的不断暴露和人民对环境问题的日益重视，在2015年“深入实施大气十条，全面落实水十条”和继续推动土“十条”制定实施的政策趋势下，预计2015年环保行业上市公司业务将得到较大提升。

附表：

2014 年度环保行业上市公司业绩评价结果排序表

行业排名	全部上市公司排名	股票代码	股票简称	综合得分（100 分）	每股收益（元）	总资产报酬率（%）	净资产收益率（%）	总资产周转率（次）	流动资产周转率（次）	资产负债率（%）	获利倍数	营业收入增长率（%）	资本扩张率（%）	市场投资回报率（%）	股价波动率（%）	年末资产总额（万元）	营业收入（万元）	净利润（万元）
1	194	300070	碧水源	72.43	0.88	13.67	17.32	0.37	0.82	38.78	12.66	10.08	25.91	3.6	68.25	1053559.45	344915.79	101368.01
2	209	000826	桑德环境	72.04	0.96	13.15	16.3	0.51	0.98	44.75	6.4	62.99	19.88	6.09	64.22	954893.35	437429.68	79533.34
3	405	002672	东江环保	67.27	0.74	8.38	10.2	0.5	1.06	43.06	14.28	29.35	15.86	53.54	122.48	498547.06	204751.15	28246.75
4	406	300266	兴源过滤	67.22	0.43	8.49	7.33	0.67	1.31	30.69	75.01	132.78	91.58	207.7	207.25	150868.8	74976.31	7986.27
5	492	002479	富春环保	65.74	0.24	8.31	8.4	1.01	3.11	35.24	7.8	17.75	7.47	9.93	72.7	381777.06	373006.85	21872.17
6	544	002573	国电清新	64.87	0.51	7.33	11.28	0.3	0.85	45.88	35.13	66.9	10.03	25.9	109.7	481081.63	127679.46	27646.15
7	630	300190	维尔利	63.43	0.59	6.89	7.93	0.41	0.72	24.19	0	133.77	53.11	15.8	77.22	197213.73	65058.92	9873.34
8	650	600388	龙净环保	62.98	1.08	6.15	12.56	0.6	0.73	71.65	9.36	8.23	13.38	8.78	91.12	1144141.02	602666.36	46698.77
9	697	300056	三维丝	62.19	0.39	9.86	11.84	0.57	0.89	45.7	15.29	4.74	9.9	41.81	96.32	86913.13	45452.86	6110.72
10	706	300172	中电环保	62	0.49	7.1	8.75	0.48	0.62	28.18	0	12.33	8.36	30.24	94.35	132573.27	60712.36	8706.42
11	715	300055	万邦达	61.84	0.82	6.75	8.48	0.34	0.49	28.16	0	33.31	42.23	16.78	106.66	367215.24	102915.31	19230.41
12	900	300262	巴安水务	59.17	0.28	10.27	12.62	0.3	0.49	48.91	5.95	−22.23	14.31	35.86	82.29	118968.9	35071.77	7510.53
13	996	300332	天壕节能	57.95	0.44	8.79	10.04	0.22	0.88	41.27	10.42	37.56	8.62	−5.76	60.9	236997.57	44775.05	13862.59
14	1059	300335	迪森股份	57.25	0.2	7.15	6.55	0.61	1.2	23.96	0	38.19	−0.06	7.1	122.26	103512.95	57334.54	6292.97
15	1071	300187	永清环保	56.96	0.27	3.89	5.84	0.61	0.8	41.57	0	40.87	6.48	7.55	93.61	155668.34	90114.03	5444.33
16	1293	600292	中电远达	53.6	0.43	4.82	6.07	0.48	0.97	42.76	7.54	7.19	67.55	−10.69	72.45	865527.67	348430.61	25306.99
17	1315	000939	凯迪电力	53.27	0.22	3.93	6.19	0.22	0.77	76.25	1.8	28.97	8.15	75.8	149.92	1418093.83	284872.51	20010.54
18	1453	300090	盛运股份	50.99	0.54	7.79	7.78	0.23	0.46	65.21	2.42	3.42	7.83	−33.79	87.29	602197.53	121013.68	23995.54
19	1467	300334	津膜科技	50.68	0.33	9.06	9.27	0.46	0.57	29.21	24.75	37.33	11.62	−1.43	47.85	124936.32	52449.55	8530.24
20	1645	600526	菲达环保	47.78	0.14	3.33	3.15	0.68	0.77	71.74	2.33	42.01	3.29	47.07	150.95	476125.53	278337.58	5735.23
21	1760	002341	新纶科技	45.76	0.23	5.32	5.43	0.42	0.79	51.85	2.57	−0.06	6.28	−2.65	71.94	337579.28	134897.27	9035.51
22	1769	000925	众合机电	45.49	0.04	3.06	−0.61	0.53	0.93	73.88	1.1	25.2	−3.63	104.99	198.64	355498.41	176775.56	1259.51
23	2002	300156	神雾环保	39.56	0.11	1.9	−1.93	0.12	0.17	37.18	1.7	8.66	3	94.45	225.65	243718.52	30141.24	2069.22
24	2085	300125	易世达	37.01	0.12	0.66	1.25	0.14	0.26	46.79	0	−35.03	12.82	30.69	138.47	236928.55	27106.44	1523.96
25	2123	002499	科林环保	35.72	0.08	0.62	−0.26	0.35	0.55	42.02	0	−13.43	−2.2	−2.39	68.1	124647.76	40462.58	814.71
26	2377	600656	博元投资	19.06	−0.52	−19.95	70.55	0.13	0.18	402.6	−2.82	−80.8	−481.67	23.68	144.46	12446.52	4866.26	-9886.77
27	2497	000035	中国天楹	0	0.35	14.22	21.36	0.34	1.26	50.43	5.87	1246.19	12903.46	19.47	66.08	327228.62	55090.04	17501.59
28	2543	603126	中材节能	0	0.3	6.18	5.84	0.6	1.03	51.06	19.53	43.56	46.13	46.02	85.3	306649.28	152146.34	12157.58
29	2568	300385	雪浪环境	0	0.66	7.28	8.25	0.52	0.71	30.55	25.4	1.08	87.95	46.02	66.9	93580.52	41968.61	4601.67
30	2573	603588	高能环境	0	0.95	4.36	7.68	0.34	0.64	41.43	0	−0.7	89.44	46.02	0	300239.71	77651.26	11545.47

附　录

附录一　中国上市公司业绩评价体系说明

为准确、科学评价上市公司的经营业绩，提高上市公司监管效率，更好地服务于广大投资者，促进提高上市公司经营管理水平，中联控股集团联合中国经济年鉴社，并邀请国资委和国务院发展研究中心有关专家共同组成“中国上市公司业绩评价课题组”，充分借鉴了财政部、国资委颁布的有关企业绩效评价办法，以财政部等五部委颁布的《企业绩效评价操作细则（修订）》为基础，基于公开披露的上市公司信息，结合中国上市公司的特点，构建了一套包含20多项财务指标的业绩评价体系。为了进一步提升评价体系科学性、准确性和实用性，2014年通过课题组专家充分研究与论证，征求有关业内资深专家和投资者等意见，对指标评价体系进行了完善。该评价体系从多角度反映上市公司的业绩，在衡量公司盈利能力的同时，兼顾公司的成长、风险、资产质量和市场表现，做到财务效益和债务风险、资产质量与公司成长的平衡。该评价体系旨在为广大投资者、政府监管机构、专家学者、债权人、公司职工以及其他利益相关者获取上市公司真实业绩的相关资料及信息，并提供一个有效的分析工具。现将该评价体系的基本内容说明如下。

一、中国上市公司评价体系的主要特点

在研究上市公司业绩评价体系过程中，我们充分借鉴了财政部、原国家经贸委、原中央企业工委、劳动保障部和原国家计委联合颁布《企业效效评价实施细则》和国务院国有资产监督管理委员会颁布的《中央企业绩效评价管理暂行办法》（国资委令第14号）的有关规定，根据公开披露的上市公司数据，紧密结合中国上市公司的特点，突出反映上市公司的市场表现，研究建立了中国上市公司业绩评价指标体系。归纳起来，主要有以下特点。

（一）充分体现了投入回报特性

企业的根本属性是以盈利为目的，不仅是短期盈利，更重要的是可持续的长期盈利。本评价体现以投入产出为核心，充分反映企业的盈利能力。在评价的五个方面中，有两个方面主要反映盈利能力，一个是从企业的角度反映企业的盈利水平，即盈利能力，占35%的权重；另一个是从市场角度反映股票的增值水平，即市场表现，占15%的权重。盈利能力主要从投资人和社会两个角度来反映，体现在净资产收益率和总资产报酬率上，增值水平主要体现在市场

投资回报率上。而且。因此，本评价体系的核心是体现投入产出特性。

（二）构建了多层次的立体评价体系

本评价体系的评价指标包括基本评价指标和修正评价指标两个层次，两层次之间不是简单的并列关系，而是递进的修正和验证关系，首先，通过10项基本评价指标计算出上市公司的业绩评价的得分，然后，通过13项评价指标对基本指标评价分数进行验证和修正，从而得出更加客观的评价结果。评价指标之间相互牵制，通过作假财务数据，一方面指标得分高了，另一指标可能得分低了，不会获得高分的，要想获得评价高分只有提高上市公司的竞争力和发展质量。

（三）首创了线性评价标准

对某一个评价指标而言，传统的评价标准只是一个数值，最多也只有满意值和不允许值等两个评价标准。而在本评价体系中，创立了线性评价标准，具体而言，每一评价指标分为优秀、良好、平均、较低、较差等五档标准，这五档标准反映在坐标轴上就是一条曲线，即评价标准线，线标准不仅能为评价计分提供准确地计算依据，而且，能描述不同评价指标的经济特性，不同的评价指标有不同类型的评价标准曲线，只有线标准才能实现更加科学的计分。

（四）具有较强的可操作性

在设计本评价体系时，我们将可操作性作为一项重要的目标，首先，要求所有的评价指标能够从公开的市场上能够获取；其次，评价标准要做到符合实际，既考虑到中国企业的普遍情况，又考虑到上市公司的实际特点；最后，还要设计一套上市公司业绩评价软件，通过软件自动评价中国上市公司的评价得分。

二、中国上市公司业绩评价指标体系

由于我国上市公司法人治理不完善、股权割裂、法制不健全等原因，上市公司出于市场融资、配合二级市场炒作、避免亏损、管理层骗取激励基金及政治追求等特别目的，人为进行盈余操纵，甚至财务欺诈的行为时有发生。因此，不能仅仅从实现利润情况评价上市公司的业绩，我们认为，上市公司的业绩应包括财务效益、资产质量、偿债风险、发展能力及市场表现等五个方面，对于每一方面，我们设置了若干财务指标反映其真实状况，具体分为基本指标和修正指标两个层次。只有五方面的有机结合，才能客观反映企业的真是业绩。

（一）中国上市公司业绩评价指标体系的设置原则

上市公司业绩评价指标体系的设置遵循以下几项原则：一是选定的指标应具有较强的横向、纵向可比性，尽可能排除偶然或异常事项的影响，如果不能完全剔除这些因素的干扰，则通过调整相关指标的权数以降低其对评价结果的影响程度。二是各项指标的设立在整体均衡的基础上应突出相互的制衡性，整个指标体系要具备“此消彼涨”的内在机制，提高操控整个指标体系的困难程度。三是指标体系的确定要充分考虑上市公司特点，而且所有财务指标的计算、取值只局限在上市公司公告的数据资料内，不尝试获得每家上市公司进一步的内部信息资料，即在现行法规框架下，通过对部分必要信息的分析判断取得尽可能公平合理的评价结果。

（二）中国上市公司业绩评价指标体系的主要特点

第一，突出股东回报，企业的根本属性就是实现股东价值最大化，本评价体系以投入产出为核心，从股东价值和企业价值两个角度来反映企业的盈利能力，主要采用扣除非经常性损益后的净资产收益率和总资产报酬率两个财务指标来体现，占35%的权重，核心是突出股东回报，体现股东价值最大化。扣除非经常性损益后的净资产收益率剔除了企业盈利的偶然因素，反映企业持续盈利能力，总资产报酬率反映企业占用总资产创造的总价值，包括对股东的回报和对债权人的回报。当然，反映企业盈利能力的财务指标还有很多，我们重点从经营活动创造的利润、盈利是否有现金保障、投入资本获得的收益等多角度对企业的盈利能力进行修正，目的是更加全面、完整、真实地反映企业的盈利能力。

第二，关注公司成长。上市公司的发展不仅需要短期盈利，更需要长期持久的健康发展，本体系从规模增长的角度反映企业的成长性，采用的主要指标是销售增长率和资本扩张率，权重占20%。销售增长反映企业的市场占有和业务发展状况，资本扩张反映企业的盈利中用于扩大再生产的状况。同时，还采用三年营业收入增长、总资产增长、营业利润增长和盈余保留等项指标对成长性进行修正。

第三、体现资产质量。企业资产是创造财富的源泉，资产质量的高低间接反映企业盈利能力。本体系从资产效率的角度反映资产运营水平，采用的主要指标是总资产周转率和流动资产周转率，权重占15%。总资产周转率反映总资产创造产品和服务的能力，体现总资产的运营效率，流动资产周转率反映企业流动资产的运营效率。同时，还采用应收账款周转速度和存货周转速度进行修正。

第四，反映债务风险。企业在发展的同时要防范债务风险，防止出现债务危机，要做到收益和风险的平衡。本体系从负债和流动性角度反映企业的偿债能力，采用的主要指标是资产负债率和已获利息倍数，权重占15%。资产负债率是国际通行反映企业债务水平的指标，已获利息倍数反映企业的盈利中偿还债务利息的能力。同时，还采用带息负债、现金流和速动资产比率进行修正。

第五，重视市场表现。尽管目前我国资本市场的股票价格价不能完全反映上市公司的真实业绩，但从我们多年的研究结果看，上市公司的市场表现与业绩的相关性逐年提高，本课题很重视企业在资本市场上的表现，将市场表现作为企业业绩的重要内容，采用的主要指标是市场投资回报率和股价波动率，占15%的权重。市场投资回报率反映股票投资人在资本市场上获得的收益，包括股价上涨、分红、送股等，股价波动率反映股价的稳定性，对股价大起大落的公司适当减分。

（三）中国上市公司业绩评价指标体系的基本框架

中国上市公司业绩评价指标体系由财务效益状况、资产质量状况、偿债风险状况、发展能力状况以及市场表现等五部分指标构成，包括基本指标和修正指标两个层次，共23项评价指标。

附表 1－1　　中国上市公司业绩评价指标体系与指标权数表

评价指标		基本指标		修正指标	
评价内容	权数 100	指标	权数 100	指标	权数 100
一、财务效益状况	35	净资产收益率（%） 总资产报酬率（%）	20 15	营业利润率（%） 盈利现金保障倍数 股本收益率（%） 资产规模系数	7 8 8 12
二、资产质量状况	15	总资产周转率（次） 流动资产周转率（次）	8 7	应收账款周转率（次） 存货周转率（次）	9 6
三、偿债风险状况	15	资产负债率（%） 获利倍数	8 7	速动比率（%） 现金流动负债比率（%） 带息负债比率（%）	5 5 5
四、发展能力状况	20	营业收入增长率（%） 资本扩张率（%）	10 10	累计保留盈余率（%） 三年营业收入增长率（%） 总资产增长率（%） 营业利润增长率（%） 资产规模系数	3 3 4 4 6
五、市场表现状况	15	市场投资回报率（%） 股价波动率（%）	10 5		

（四）基本指标的内涵

基本指标是评价上市公司业绩的主要计量指标，是整个评价指标体系的核心。基本指标由净资产收益率、总资产报酬率、总资产周转率、流动资产周转率、资产负债率、已获利息倍数、营业收入增长率、资本扩张率、市场投资回报率以及股价波动率共10项计量指标构成。

1. 净资产收益率

（1）基本概念

净资产收益率是指企业一定时期内的净利润同平均净资产的比率。净平均净资产收益率充分体现了投资者投入企业的自有资本获取净收益的能力，突出反映了投资与报酬的关系，是评价企业资本经营效益的核心指标。

（2）计算公式

净资产收益率＝（净利润－非经常性损益）/平均净资产 ×100%

（3）内容解释

①净利润是指企业未作任何分配前的税后利润，为更好的评价企业业绩，反映上市公司的可持续盈利能力，本指标的净利润是指扣除非经常性损益后的净利润。

②平均净资产是企业年初所有者权益同本年所有者权益变动的平均数。净资产包括实收资本、资本公积、盈余公积和未分配利润等。

2. 总资产报酬率

（1）基本概念

总资产报酬率是企业在报告期内获得的

可供投资者和债权人分配的经营收益占总资产的百分比，反映资产利用的综合效果，本指标剔除了财务杠杆对收益率的影响。

（2）计算公式

总资产报酬率 = 息税前利润 / 年度平均资产总额 ×100%

（3）内容解释

①息税前利润是指企业利润总额 + 利息支出。数据取值于《利润及利润分配表》。由于很多上市公司没有披露利息支出，这里采用财务费用代替。

②年度平均资产总额指企业年平均占用的资产额，年度平均资产总额 =（资产总额年初数＋资产总额年末数）/ 2，数据取值于《资产负债表》。

3. 总资产周转率

（1）基本概念

总资产周转率是指企业一定时期主营业务收入净额同平均资产总额的比值。总资产周转率是综合评价企业全部资产经营质量和利用效率的重要指标。

（2）计算公式

$$\text{总资产周转率（次）} = \frac{\text{主营业务收入净额}}{\text{平均资产总额}}$$

（3）内容解释

①主营业务收入净额同上。

②平均资产总额是指企业资产总额年初数与年末数的平均值，平均资产总额 =（资产总额年初数＋资产总额年末数）/ 2 。数据取值于《资产负债表》。

4. 流动资产周转率

（1）基本概念

流动资产周转率是指企业一定时期主营业务收入净额同平均流动资产总额的比值。流动资产周转率是评价企业资产利用效率的另一主要指标。

（2）计算公式

$$\text{流动资产周转率（次）} = \frac{\text{主营业务收入净额}}{\text{平均流动资产总额}}$$

（3）内容解释

①主营业务收入净额同上。

②平均流动资产总额是指企业流动资产总额的年初数与年末数的平均值，平均流动资产总额 =（流动资产年初数 + 流动资产年末数）/2。数值取值于《资产负债表》。

5. 资产负债率

（1）基本概念

资产负债率是指企业一定时期负债总额同资产总额的比率。资产负债率表示企业总资产中有多少是通过负债筹集的，该指标是评价企业负债水平和偿债能力的综合指标。该指标为逆向指标，实际值越低，得分越高。

（2）计算公式

$$\text{资产负债率} = \frac{\text{负债总额}}{\text{资产总额}}$$

（3）内容解释

①负债总额是指企业流动负债、长期负债和递延税款贷项的总和。少数股东权益不在负债总额中体现。数值取值于《资产负债表》。

②资产总额是指企业拥有各项资产价值的总和。数值取值于《资产负债表》。

6. 获利倍数

（1）基本概念

获利倍数是指企业一定时期的盈利偿还利息的能力。从偿还利息的角度来反映企业当期偿付债务的能力，也叫利息保障倍数。

（2）计算公式

获利倍数 =（利润总额 + 利息费用）/ 利息费用

（3）内容解释

①由于相当多的上市公司没有披露利息支出，本体系采用利润表中的“财务费用”替代。

7. 营业收入增长率

（1）基本概念

营业收入增长率是指企业本年营业收入增长额同上年营业收入的比率。营业收入增长率表示与上年相比，企业营业收入的增减变动情况，是评价企业成长状况和发展能力的重要指标。

（2）计算公式

营业收入增长率（%）= 本年营业收入增长额 / 上年营业收入 ×100%

（3）内容解释

①本年营业收入增长额是企业本年营业收入与上年营业收入的差额，本年营业收入增长额 = 本年营业收入 − 上年营业收入。如本年营业收入低于上年，本年营业收入增长额用“−”表示。有关数据取值于《利润及利润分配表》。

②上年营业收入指企业上年全年的主要经营活动所取得的收入减去折扣与折让后的数额。数据取值于《利润及利润分配表》。

8. 资本扩张率

（1）基本概念

资本扩张率是指上市公司本年股东权益增长额同年初股东权益的比率。资本扩张率表示企业当年资本的积累能力，是评价企业发展潜力的重要指标。

（2）计算公式

$$资本扩张率 = \frac{本年股东权益增长额}{年初股东权益} \times 100\%$$

（3）内容解释

①本年股东权益增长额是指企业本年股东权益与上年股东权益的差额，本年股东权益增长额 = 股东权益年末数—股东权益年初数。数值取值于《资产负债表》。

②年初股东权益指股东权益的年初数。数值取值于《资产负债表》。

9. 市场投资回报率

（1）基本概念

市场投资回报率是指上市公司本年在资本市场上投资股票所获的的收益同同年初股票投资成本的比率，反应上市公司股权在一年内的增值幅度。市场投资回报包括股票价格变动、企业分红派息、送配股等因素。市场投资回报率表示上市公司资本市场的增值能力，是评价上市公司市场表现的的重要指标。

（2）计算公式

$$市场投资回报率 = \frac{本年股东投资收益}{股票投资成本} \times 100\%$$

（3）内容解释

①本年股票投资收益是指在资本市场投资股票所获的的收益，本年股票投资收益 =

股票年末复权价格−股票年初复权价格

②股票投资成本是指年初投资股票时的复权价格。

10. 股价波动率

（1）基本概念

股价波动率是指上市公司每周股价同平均股价的标准平均方差，反映上市公司本年股票价格在股票市场上的波动情况。股价波动率主要体现上市公司的经营风险，以及稳定持续发展情况。该指标为逆向指标，实际值越低，得分越高。

（2）计算公式

$$股份波动率 = \sqrt{\sum_{i=1}^{n}(\frac{xi}{\bar{x}} - 1)^2} \times 100\%$$

其中：xi 表示每周股票的复权开盘价

$\bar{x}$ 表示一年股票的平均复权价

N 表示一年的股票开盘周数

（3）有关说明

①为避免送配股、分红等对股价的影响，股价波动率采用股票的复权价格计算

②考虑到股价对波动率的影响，在计算股价波动率时，对每周复权价和平均股价都除以平均股价。

（五）修正指标的内涵

修正指标是从多方面调整完善基本指标评价结果的计量因素，是整个评价指标体系的重要辅助部分。通过修正指标的分析评价，实现对基本指标评价结果的全面调整和修正，形成定量指标评价结果。修正指标由营业利润率、盈利现金保障倍数、股本收益率、资产规模系数、应收账款周转率、存货周转率、速动比率、现金流动负债比率、带息负债比率、累计保留盈余率、三年营业收入增长率、总资产增长率以及营业利润增长率共 13 项计量指标构成。

1. 营业利润率

（1）基本概念

营业利润率是指企业一定时期营业利润同营业收入的比率。它表明企业每单位营业收入能带来多少营业利润，反映了企业日常经营性业务的获利能力。

（2）计算公式

营业利润率 = 本年营业利润 / 本年营业收入 *100%

（3）内容解释

①营业利润是指日常经营业务获得的利润，不包括投资收益、营业外收支等因素。数据取值于《利润及利润分配表》。

②营业收入额是指企业当期销售产品、商品、提供劳务等主要经营活动所取得的收入减去折扣与折让后的数额。数据取值于《利润及利润分配表》。

2. 盈利现金保障倍数

（1）基本概念

盈利现金保障倍数是企业一定时期经营现金净流量同净利润的比值。盈利现金保障倍数指标反映了企业当期净利润中现金收益的保障程度，真实地反映了企业盈余的质量。

（2）计算公式

$$盈余现金保障倍数 = \frac{经营现金净流量}{净利润}$$

（3）内容解释

①经营现金净流量指一定时期内，由企业经营活动所产生的现金及其等价物的流入量与流出量的差额。数据取值于《现金流

量表》。

②净利润同上。数据取值于《利润及利润分配表》。

3. 股本收益率

（1）基本概念

股本收益率是指企业一定时期内获得的净利润与平均股本净额的比率。股本收益揭示了上市公司净资产中的股本获取净收益的能力。突出反映了股本与报酬的关系。

（2）计算公式

$$股本收益率=\frac{净利润}{平均股本净额}\times 100\%$$

（3）内容解释

①净利润采用归属母公司的净利润。

②平均股本净额是指企业股本净额年初数与年末数的平均值，平均股本净额=（股本净额年初数+股本净额年末数）/2。数据取值于《资产负债表》。

4. 资产规模系数

为准确反映不同规模企业的业绩增长难度，合理评价公司业绩，我们设置了资产规模系数。对于资产总额较大的企业，其盈利增长和发展能力增长增长空间较小，获得高速增长的难度较大，对于资产总额较小的企业，其盈利增长和发展能力增长空间较大，获得高速增幅相对容易。因此，我们用资产规模系数来修正盈利能力和发展能力状况的评价得分，以上市公司的平均资产总额为基准，依据上市公司的实际资产规模适当修正评价得分。原则上，上市公司的总资产规模越大，则其对基本得分的正方向修正力度就越大。

5. 应收账款周转率

（1）基本概念

应收账款周转率是企业一定时期内主营业务收入净额同应收账款平均余额的比率。应收账款周转率是对流动资产周转率的补充说明。

（2）计算公式

$$应收账款周转率（次）=\frac{主营业务收入净额}{应收账款平均余额}$$

（3）内容解释

①主营业务收入净额同上。

②应收账款是指企业因赊销产品、材料、物资和提供劳务而应向购买方收取的各种款项。应收账款是应收账款账面价值减坏账准备之后的净值。应收账款平均余额=（应收账款余额年初数+应收账款余额年末数）/2。数据取值于《资产负债表》。

6. 存货周转率

（1）基本概念

存货周转率是企业一定时期主营业务成本与存货平均余额的比率。存货周转率是对流动资产周转率的补充说明。

（2）计算公式

$$存货周转率（次）=\frac{主营业务成本}{存货平均余额}$$

（3）内容解释

①营业成本是指企业销售产品、商品或提供劳务等经营业务的实际成本。数据取值于《利润及利润分配表》。

②存货余额是指企业存货账面价值与存货跌价准备之和，存货余额是存货账面价值减存货跌价准备之后的净值。存货账面价值指企业期末各种存货的历史成本。存货跌价准备指存货可变现净值低于存货成本的部

分。存货平均余额是存货余额年初数与年末数的平均值，即存货平均余额 =（存货余额年初数 + 存货余额年末数）/2。数据取值于《资产负债表》《资产减值表》。

7. 速动比率

（1）基本概念

速动比率是企业一定时期的速动资产同流动负债的比率。速动比率衡量企业的短期偿债能力，评价企业流动资产变现能力的强弱。

（2）计算公式

$$速动比率 = \frac{速动资产}{流动负债} \times 100\%$$

（3）内容解释

①速动资产是指扣除存货后流动资产的数额，速动资产 = 流动资产 − 存货。数据取值于《资产负债表》。

②流动负债同上。

8. 现金流动负债比率

（1）基本概念

现金流动负债比率是企业一定时期的经营现金净流量同流动负债的比率。现金流动负债比率是从现金流动角度来反映企业当期偿付短期负债的能力。

（2）计算公式

$$现金流动负债比率 = \frac{年经营现金净流量}{年末流动负债} \times 100\%$$

（3）内容解释

①年现金净流量指一定时期内，由企业经营活动所产生的现金及其等价物的流入量与流出量的差额。数据取值于《现金流量表》。

②流动负债指企业所有偿还期在一年或一个经营周期以内债务。数据取值于《资产负债表》。

9. 带息负债比率

（1）基本概念

带息负债比率是指带息负债与企业负债总额。带息负债包括短期借款 + 一年内到期的非流动负债 + 长期借款 + 应付债券 + 应付利息。该指标反映企业负债中承担利息负债的比率。该指标为逆向指标，实际值越低，得分越高。

（2）计算公式

带息负债比率 = 带息负债 / 负债总额 ×100%

其中：带息负债 = 短期借款 + 一年内到期的非流动负债 + 长期借款 + 应付债券 + 应付利息

（3）内容解释

①带息负债表示企业负债中需要承担利息的负债额度。数值取值于《资产负债表》。

②负债总额同上。数值取值于《资产负债表》。

10. 累计保留盈余率

（1）基本概念

累计保留盈余率是指企业盈余公积与未分配利润之和同平均股东权益的比率。累计保留盈余率反映了企业靠自身经营积累的发展能力大小。

（2）计算公式

$$累计保留盈余率 = \frac{盈余公积 + 未分配利润}{平均股东权益} \times 100\%$$

（3）内容解释

①盈余公积是企业按照有关规定及程序从净利润中提取的。数据取值于《资产负债表》。

②未分配利润是企业净利润经过一系列利润分配程序之后的剩余额。数据取值于《资产负债表》。

③平均股东权益是指企业股东权益年初数与年末数的平均值，平均股东权益 =（股东权益年初数＋股东权益年末数）/ 2。数据取值于《资产负债表》。

11. 三年营业收入平均增长率

（1）基本概念

三年营业收入平均增长率表明企业营业收入连续三年的增长情况，体现企业的持续发展态势和市场扩张能力。

（2）计算公式

$$\text{三年主营业务平均增长率} = \left(\sqrt[3]{\frac{\text{当年主营业务收入净额}}{\text{三年前主营业务收入净额}}} - 1\right) \times 100\%$$

（3）内容解释

①当年营业收入同上。

②三年前营业收入指企业三年前的营业收入数。数据取值于三年前《利润及利润分配表》。

12. 总资产增长率

（1）基本概念

总资产增长率是指企业资产规模的增长，反映企业的成长性。

（2）计算公式

总资产增长率 = 本年资产总额增长额 / 上年资产总额 *100%

（3）内容解释

本年资产总额增长额 = 本年资产总额－上年资产总额。如本年资产总额低于上年，本年资产总额增长额用“－”表示。数据取值于《资产负债表表》。

13. 营业利润增长率

（1）基本概念

营业利润增长率是指企业本年营业利润增加额同上年营业利润的比率。

（2）计算公式

营业利润增长率 =（本年营业利润 - 上年营业利润）/ 上年营业利润 *100%

（3）内容解释

①本年营业利润增长额 = 本年营业利润－上年营业利润。如本年营业利润低于上年，本年营业利润增长额用“－”表示。数据取值于《利润及利润分配表》。

②上年营业利润数据取值于上年的《利润及利润分配表》。

（六）评价指标权数的确定方法

在一个指标集合中，指标权数是其中每项指标占有的比重。每项指标对上市公司业绩的影响程度不同，其占有的权重应有所差别。不同的评价目的，评价指标权数的设置也有所区别。上市公司的财务效益状况是整个业绩评价指标体系的重点，该部分的指标权重就应相应加大。在权数设置上进行了分层处理，根据不同层次指标评价的需要，同时采用了德尔菲法（专家意见法）和相关性权重法来确定每个指标的权数。

1. 总权数与分层次权数的设置

按照权重设计的习惯做法，将评价指标体系的总权数设定为100，即所有指标都是最好的企业可得满分100分。同时，为便于不同层次指标的评价计分，先将基本指标和修正指标的权重均设定为100，修正指标是对基本指标的评价结果的修正，再将不同层次的计分结果返回百分制。

2. 具体指标的权数设置

对具体指标的权数设置综合运用了相关性权重法与德尔菲法。首先，根据测算的各评价指标之间的相关系数，确定指标之间的关联度，根据关联度赋予每个指标的权数。然后，运用德尔菲法将测算初定的权数分配表，分别发送有关部门、专家，征求他们的意见，在此基础上进行意见综合，形成具体指标的权数分配。

三、中国上市公司业绩评价标准

评价标准是评价三要素之一，是上市公司业绩评价体系中重要组成部分，如果没有合适的评价对比标准，就无法进行具体评价。为取得客观、公正、准确的业绩评价结果，需要根据评价目的和上市公司的特点制定评价标准。为了客观、准确地评价上市公司经营业绩，我们利用全部上市公司的数据，结合全社会平均水平测算制定出一个统一的标准值，以适应所有上市公司跨行业评价的需要，其中上市公司的行业特性和规模大小分别通过所属行业的行业系数和企业规模系数进行修正。

本次业绩评价在考虑行业、规模影响因素的基础上，进一步将评价标准分类细化，分为优秀、良好、平均、较低、较差五个档次。附表1-2是根据上述原则制定的的2014年度上市公司评价标准值。

附表 1－2　　2014 年度中国上市公司业绩评价标准值

项　目	优秀值	良好值	平均值	较低值	较差值
一、财务效益状况					
净资产收益率（%）	16.1	11.9	8.2	0.6	–2.7
总资产报酬率（%）	12.1	8.4	5.7	2.7	0.5
营业利润率（%）	20.9	12	5.4	1.8	–1.3
盈余现金保障倍数	3.4	2.5	1.4	0	–1.5
总股本收益率（%）	63.8	50	30.5	5.8	–4.7
二、资产质量状况					
总资产周转率（次）	1.2	1	0.7	0.3	0.2
流动资产周转率（次）	2.9	2	1.4	0.5	0.4
存货周转率（次）	11.5	9	3.3	1.3	0.5
应收账款周转率（次）	31.6	16	9.2	3.2	2
三、偿债风险状况					
资产负债率（%）[逆向指标]	18	29.6	60.6	66	74.8
已获利息倍数	21.1	8.9	4.1	1.6	0.5
速动比率（%）	314.6	174.6	69.8	57.1	40.8
现金流动负债比率（%）	50.6	30.1	12.7	–0.3	–9.8
带息负债比率[逆向指标]	5.7	22.5	44.9	56	69.5

续表

项　目	优秀值	良好值	平均值	较低值	较差值
四、发展能力状况					
营业收入增长率（%）	43.2	19.1	3.8	-4.6	-15.9
资本扩张率（%）	47.6	24.1	12	1.3	-4.2
累计保留盈余率（%）	61	54.6	43.3	15.1	1.7
三年营业收入平均增长率（%）	34.1	18.7	7	0.6	-7.7
总资产增长率（%）	46	23.7	11.4	2.4	-4.1
营业利润增长率（%）	67.1	31.8	-0.8	-20.1	-56.6
五、市场表现状况					
市场投资回报率（%）	96.1	72.1	43.3	14.6	1.4
股价波动率（%）[逆向指标]	66.1	82	123.8	165.6	200.4

需要特别说明的是：在本评价体系中，所有上市公司采用上述相同的评价标准。有些人建议不同行业采用不同的行业标准，我们考虑：一是上市公司的具有行业选择的自主权；二是上市公司评价是更侧重与对投资人角度评价的，投资人关注的是上市公司的质量，而不是行业；三是国有资企业的评价侧重于企业经营者的业绩，国有企业的主业范围被限定，经营者只能在限定的范围经营，对企业经营者的评价更要考虑行业因素，在实践中通常不同行业采用不同的行业评价标准，以更加准确衡量企业经营者的业绩。

四、中国上市公司的行业分类

本次业绩评价参照中国证监会颁布的《上市公司行业分类指引》，对被评价的上市公司进行行业分类，并针对不同行业确定了不同的行业系数。

附表 1－3　上市公司业绩评价的行业分类情况表

序　号	行 业 名 称	行业代码
1	全国所有企业	
2	农林牧渔业	A
3	采掘业	B
4	其中：煤炭	B01
5	制造业	C
6	食品、饮料	C0
7	纺织、服装、毛皮	C1
8	造纸、印刷	C3
9	石油、化学、塑胶、塑料	C4
10	电子	C5
11	金属、非金属	C6
12	机械、设备、仪表	C7
13	医药、生物制品	C8
14	其他制造业	C9
15	电力煤气及水的生产和供应业	D
16	建筑业	E
17	交通运输、仓储业	F
18	信息技术业	G
19	批发和零售贸易业	H
20	房地产业	J
21	社会服务业	K
22	传播与文化产业	L
23	综合类	M

在实践中，一些上市公司的上述行业分类填写不太准确，我们同时运用申银万国的行业分类标准进行行业分类，在一些行业分析中，我们使用的申银万国的行业分类标准进行统计汇总，并撰写分析报告的。

此外，我们根据上市公司的特点，分别依据上市地点、上市时间以及上市公司规模进行了分组。在本评价体系中，将各项分组汇总数据视同一户上市公司进行了业绩评价，目的是为了广大投资者在分析各上市公司业绩的同时，也能分辨不同行业的发展状况，从而更好地评判上市公司业绩状况。

五、中国上市公司业绩评价计分方法

上市公司业绩评价计分方法主要为功效系数法，分为基本指标计分方法、修正指标计分方法两种。

（一）基本指标计分方法

基本指标计分方法是指运用业绩评价的基本指标，将指标实际值对照相应的评价标准值，计算各项指标实际得分的方法。计算公式为：

基本指标总得分 = ∑单项基本指标得分

单项基本指标得分 = 本档基础分 + 调整分

本档基础分 = 指标权数 × 本档标准系数

调整分 =[（实际值 – 本档标准值）/（上档标准值 – 本档标准值）]×（上档基础分 – 本档基础分）

上档基础分 = 指标权数 × 上档标准系数

对有关指标的分母为零或为负数时，作了相应的具体处理。

在每一部分指标评价分数计算出来后，要计算该部分指标的分析系数。分析系数是指企业财务效益、资产营运、偿债能力、发展能力四部分评价内容各自的评价分数与该部分权数的比率。基本指标分析系数的计算公式为：某部分基本指标分析系数 = 该部分指标得分 / 该部分权数。

（二）修正指标计分方法

修正指标计分方法是在基本指标计分结果的基础上，运用修正指标对企业效绩基本指标计分结果作进一步调整。修正指标的计分方法仍运用功效系数法原理，以各部分基本指标的评价得分为基础，计算各部分的综合修正系数，再据此计算出修正指标分数。计算公式为：

修正后总得分 = Σ 四部分修正后得分

各部分修正后得分 = 该部分基本指标分数 × 该部分综合修正系数

综合修正系数 =Σ 该部分各指标加权修正系数

某指标加权修正系数 =（修正指标权数 / 该部分权数）× 该指标单项修正系数

某指标单项修正系数 =1.0+（本档标准系数 + 功效系数 ×0.2- 该部分基本指标分析系数）/2

功效系数 =（指标实际值 – 本档标准值）/（上档标准值 – 本档标准值）

该部分基本指标分析系数 = 该部分基本指标得分 / 该部分权数

在计算修正指标的修正系数时，对有关指标的单项修正系数作如下特殊规定。

（三）特殊修正指标计分方法

1. 资产规模系数

由于上市公司的总资产规模差异较大，不同规模公司的盈利增长难度是不同的，大企业可以获得规模效益，但利润或资产的增长速度很难与小企业相比，为了客观、公正地评价上市公司业绩，因而在评价体系的财务效益状况部分设置资产规模系数修正指标，并制定相应的评价标准值。上市公司的总资产规模越大，则其修正系数也越大，具体方法如下：

当平均资产总额除以户均资产小于 0.1，该指标修正系数为 0.6；

当平均资产总额除以户均资产在0.1（含）~0.5之间，该指标的基本修正系数为0.6~0.8；

当平均资产总额除以户均资产0.5（含）~1.0之间，该指标的基本修正系数为0.8~1.0；

当平均资产总额除以户均资产在1（含）~5之间，该指标的基本修正系数为1.0~1.2；

当平均资产总额除以户均资产在5（含）~10之间，该指标的基本修正系数为1.2~1.4；

当平均资产总额除以户均资产在10（含）~100之间，该指标的基本修正系数为1.4~1.6；

当平均资产总额除以户均资产大于100，该指标修正系数为1.6。

2. 行业系数

本次评价采用了所有企业统一的标准值，由于上市公司有本行业的资产营运特点，为客观、公正地评价上市公司业绩，就需要通过设置行业系数来修正上市公司的行业差异。

取得行业系数的具体办法是：首先，根据企业绩效评价方法，采用统一的评价标准计算出全国所有企业资产营运状况得分；然后，分行业对资产营运状况得分进行汇总统计，计算出各行业的资产营运状况的平均得分；最后，根据各行业的平均得分测算出各行业相应的行业修正系数。

六、金融行业上市公司业绩评价方法

金融行业上市公司是中国证券市场的重要组成部分，截至2014年底，A股银行类上市公司有16家，其A股市值达5.78万亿元（总市值8.83万亿元），占沪深总市值的比重达15.6%；证券类上市公司有21家，A股市值1.91万亿元（总市值1.99万亿元，未计入申万宏源证券），占沪深总市值比重达5.1%；保险类上市公司4家，A股市值1.4万亿元（总市值2.08万亿元），占比为3.8%；其他金融行业上市公司（主要为信托公司）4家，市值0.11万亿元。总体看，金融类上市公司A股总市值已达9.2万亿元，占沪深总市值比重达24.8%，金融行业上市公司的表现直接影响A股上市公司的总体表现，如何对金融行业上市公司业绩进行评价是一个重要课题。与其他行业企业不同，金融行业企业是经营特殊业务的企业，这种特殊性决定了决定了不能采用一般行业企业的评价方法对之进行评价，主要表现在某些衡量指标差异较大，如金融行业企业资产负债率一般远高于其他企业，而总资产收益率则较低，无法与其他企业相比较，金融企业的安全性和资产质量方面有其独特的衡量指标。因此，不能将金融企业与其他企业合并起来一起进行评价，而必须单独对之进行评价。我们参考前面上市公司的评价方法同时考虑到金融企业的特殊性，建立了一套上市银行、证券公司的评价体系。

（一）金融行业上市公司绩效评价体系

结合目前金融行业上市公司的特点和我国上市公司的现状，我们对银行业、证券行业评价方法作了进一步完善，并初步建立了保险行业评价体系，以更能反映行业的整体财务状况。其他金融企业（主要是信托行业公司）由于经营特点与银行、保险、证券行业有差距，不能简单套用这些评价体系，同时由于这类上市公司数量较少，市值规模影响有限，我们准备在后期进行深入研究的基础上加以探讨。

参考上市公司的评价方法，考虑到上市银行、保险、证券公司经营效绩在盈利能力、资产质量、偿债风险、发展能力及股票市场表现上的要求，其评价体系的设计仍然围绕这五个方面来选择指标（考虑到金融行业的资产质量和偿债风险的相应指标均涉及公司的稳健性，部分指标难以准确划分其性质，因此设置了稳健性指标用以反映）。在比较了各个指标，同时参考了相应行业监管指标后，我们分别选取了相应指标用以衡量上述几个方面，同时考虑到指标的影响力，决定了其权重大小。附表 1-4、附表 1-5、附表 1-6 分别是上市银行、证券公司、保险公司简易的评价体系。

附表 1－4　　上市银行简易评价体系

评价内容	基本指标	指标权重（%）
安全性	资本充足率	8
	不良资产比率	7
流动性	流动性比例	8
	资产负债率	7
盈利能力	净资产收益率	20
	总资产收益率	15
发展能力	资本扩张率	8
	营业收入增长率	12
市场表现	投资回报率	10
	股价波动率	5

附表 1－5　　上市证券公司简易评价体系

评价内容	基本指标	指标权重（%）
稳健性指标	证券自营规模比率	8
	净资本 / 各项安全准备之和	7
	净资本净资产比率	8
	净资产负债比率	7
盈利能力	净资产收益率	20
	总资产收益率	15
发展能力	资本扩张率	8
	营业收入增长率	12
市场表现	投资回报率	10
	股价波动率	5

附表 1－6　　上市保险公司简易评价体系

评价内容	基本指标	指标权重（%）
稳健性指标	偿付能力充足率	15
	资产负债率	15
盈利能力	净资产收益率	20
	总投资收益率	15
发展能力	资本扩张率	8
	营业收入增长率	12
市场表现	投资回报率	10
	股价波动率	5

此外，考虑到金融类上市公司规模差异较大，不同规模公司的盈利能力和发展能力指标不能用统一标准衡量，因此，参考一般企业的评价方法，设置了规模系数对盈利能力和发展能力指标进行调整，使行业内不同规模的企业标准能够相符。考虑到金融行业公司的资产规模普遍较大，不能简单地运用一般上市企业的规模系数，因此，分别针对银行、证券公司具体情况单独设置了规模系数。

（二）金融行业上市公司业绩评价标准

本次业绩评价考虑到行业特殊性、行业监管要求及上市公司整体情况三个因素，将评价标准分为优秀值和平均值两个档次，但是对应不同的指标，标准值的选取有所不同。

对于类似银行业的资本充足率、证券行业净资本指标、保险行业偿付能力充足率等监管指标，其评价标准值综合考虑监管标准及各公司实际指标情况，选取标准值，这些标准值既考虑到监管要求，同时也具有一定的区分度，能够衡量各公司间的相对水平。

对于净资产收益率、主营业务收入增长率、投资回报率、股价波动率等指标，由于在这些指标上金融行业公司与其他企业具有可比性，因此，选择所有上市公司对应指标的优秀值、平均值为标准计算。

其他指标则选取相应金融类上市公司对应指标的优秀值和平均值为标准计算。

（三）金融行业上市公司业绩评价计分方法

业绩评价计分方法仍然采用功效系数法。

指标计分方法是指运用业绩评价的指标，将指标实际值对照相应的评价标准值，计算各项指标实际得分的方法。计算公式为：

指标总得分 = ∑单项基本指标得分

单项指标得分 =[0.6+（实际值 – 平均值）/（优秀值 – 平均值）×0.4] × 权重

注：对于部分行业监管部门规定了相应监管值的指标，由于各上市公司相关指标均较好的满足了监管标准，反映了金融类上市公司的稳健性较好，为了体现这种情况同时也考虑到增加公司区分度的需要，我们在计算单项指标得分过程中对计算系数进行了微调：单项指标得分 =[0.8+（实际值 – 平均值）/（优秀值 – 平均值）×0.2] × 权重。

对有关指标的分母为零或为负数时，作了相应的具体处理。

附录二 2014年度上市公司业绩评价排序

2014年度中国上市公司业绩评价排序

序号	股票代码	公司名称	评价得分	序号	股票代码	公司名称	评价得分
1	600030	中信证券	89.82	33	600004	白云机场	80.46
2	000600	建投能源	89.65	34	300015	爱尔眼科	80.45
3	000625	长安汽车	85.87	35	601688	华泰证券	80.37
4	000651	格力电器	85.58	36	000156	华数传媒	80.16
5	600585	海螺水泥	85.50	37	600690	青岛海尔	80.11
6	600104	上汽集团	85.46	38	601633	长城汽车	80.00
7	000776	广发证券	85.23	39	000338	潍柴动力	79.99
8	601628	中国人寿	85.03	40	600887	伊利股份	79.86
9	000333	美的集团	84.95	41	600109	国金证券	79.81
10	600519	贵州茅台	84.83	42	600763	通策医疗	79.67
11	600999	招商证券	84.79	43	600352	浙江龙盛	79.58
12	000550	江铃汽车	84.68	44	300017	网宿科技	79.42
13	600837	海通证券	84.40	45	600036	招商银行	79.39
14	601006	大秦铁路	84.37	46	601601	中国太保	79.28
15	600271	航天信息	84.36	47	000786	北新建材	79.13
16	600583	海油工程	84.29	48	600340	华夏幸福	79.12
17	000719	大地传媒	83.68	49	002304	洋河股份	79.08
18	600578	京能电力	83.51	50	600900	长江电力	78.94
19	600066	宇通客车	83.51	51	601808	中海油服	78.83
20	601939	建设银行	83.10	52	002238	天威视讯	78.79
21	601888	中国国旅	82.83	53	600383	金地集团	78.76
22	000543	皖能电力	82.67	54	000024	招商地产	78.38
23	000002	万科A	81.88	55	000539	粤电力A	78.30
24	601099	太平洋	81.83	56	002233	塔牌集团	78.29
25	601398	工商银行	81.68	57	600426	华鲁恒升	78.21
26	601098	中南传媒	81.24	58	600886	国投电力	77.99
27	601377	兴业证券	80.85	59	000418	小天鹅A	77.96
28	002415	海康威视	80.79	60	601988	中国银行	77.94
29	600741	华域汽车	80.58	61	600369	西南证券	77.93
30	600048	保利地产	80.56	62	601788	光大证券	77.93
31	002146	荣盛发展	80.49	63	000538	云南白药	77.77
32	601318	中国平安	80.47	64	600276	恒瑞医药	77.43

续表

序号	股票代码	公司名称	评价得分	序号	股票代码	公司名称	评价得分
65	600027	华电国际	77.42	110	000027	深圳能源	74.83
66	600011	华能国际	77.25	111	002588	史丹利	74.78
67	601901	方正证券	77.18	112	000848	承德露露	74.70
68	601166	兴业银行	77.16	113	002372	伟星新材	74.68
69	600173	卧龙地产	77.13	114	300202	聚龙股份	74.64
70	000540	中天城投	76.92	115	002152	广电运通	74.61
71	600660	福耀玻璃	76.90	116	600863	内蒙华电	74.60
72	601288	农业银行	76.86	117	600987	航民股份	74.51
73	002142	宁波银行	76.86	118	601336	新华保险	74.47
74	601009	南京银行	76.80	119	600633	浙报传媒	74.44
75	000783	长江证券	76.76	120	002267	陕天然气	74.38
76	600612	老凤祥	76.55	121	002032	苏泊尔	74.32
77	601000	唐山港	76.47	122	603000	人民网	74.29
78	600717	天津港	76.47	123	600023	浙能电力	74.24
79	600582	天地科技	76.36	124	002033	丽江旅游	74.24
80	600009	上海机场	76.32	125	601818	光大银行	74.22
81	601877	正泰电器	76.31	126	300002	神州泰岳	74.22
82	601668	中国建筑	76.28	127	002294	信立泰	74.15
83	000728	国元证券	76.26	128	600897	厦门空港	74.12
84	000895	双汇发展	76.26	129	300267	尔康制药	74.08
85	600309	万华化学	76.07	130	000858	五粮液	74.04
86	601088	中国神华	76.02	131	600658	电子城	73.99
87	002437	誉衡药业	75.94	132	600804	鹏博士	73.93
88	601857	中国石油	75.93	133	000671	阳光城	73.91
89	600016	民生银行	75.88	134	002367	康力电梯	73.89
90	002572	索菲亚	75.82	135	601216	内蒙君正	73.87
91	002039	黔源电力	75.61	136	601928	凤凰传媒	73.82
92	600801	华新水泥	75.56	137	600323	瀚蓝环境	73.81
93	600201	金宇集团	75.43	138	000553	沙隆达 A	73.79
94	002048	宁波华翔	75.41	139	000623	吉林敖东	73.76
95	600742	一汽富维	75.36	140	300244	迪安诊断	73.72
96	600637	百视通	75.35	141	002252	上海莱士	73.71
97	600098	广州发展	75.29	142	002410	广联达	73.63
98	600780	通宝能源	75.19	143	002595	豪迈科技	73.61
99	000686	东北证券	75.12	144	002662	京威股份	73.60
100	000069	华侨城 A	75.12	145	000001	平安银行	73.60
101	601801	皖新传媒	75.07	146	600694	大商股份	73.54
102	600000	浦发银行	75.06	147	600396	金山股份	73.53
103	000789	万年青	75.05	148	600018	上港集团	73.53
104	300043	互动娱乐	75.04	149	002064	华峰氨纶	73.53
105	000669	金鸿能源	75.04	150	000100	TCL 集团	73.51
106	002470	金正大	75.02	151	600754	锦江股份	73.48
107	002081	金螳螂	74.95	152	002153	石基信息	73.48
108	002440	闰土股份	74.89	153	000531	穗恒运 A	73.45
109	600236	桂冠电力	74.86	154	002626	金达威	73.42

续表

序号	股票代码	公司名称	评价得分	序号	股票代码	公司名称	评价得分
155	601998	中信银行	73.42	200	601018	宁波港	72.29
156	300269	联建光电	73.40	201	600823	世茂股份	72.28
157	002327	富安娜	73.38	202	600761	安徽合力	72.28
158	002104	恒宝股份	73.33	203	002293	罗莱家纺	72.23
159	600803	威远生化	73.31	204	002285	世联行	72.22
160	600570	恒生电子	73.30	205	002271	东方雨虹	72.22
161	000665	湖北广电	73.30	206	600167	联美控股	72.19
162	600795	国电电力	73.23	207	600705	中航资本	72.15
163	600642	申能股份	73.17	208	002311	海大集团	72.10
164	002501	利源精制	73.16	209	000826	桑德环境	72.04
165	601555	东吴证券	73.14	210	001896	豫能控股	72.01
166	300058	蓝色光标	73.07	211	002202	金风科技	71.98
167	600832	东方明珠	73.05	212	300253	卫宁软件	71.96
168	000750	国海证券	73.03	213	600452	涪陵电力	71.91
169	600373	中文传媒	73.00	214	002117	东港股份	71.90
170	300134	大富科技	73.00	215	000062	深圳华强	71.86
171	000609	绵世股份	73.00	216	600060	海信电器	71.84
172	002508	老板电器	72.96	217	002475	立讯精密	71.84
173	601299	中国北车	72.94	218	000596	古井贡酒	71.83
174	600486	扬农化工	72.91	219	002700	新疆浩源	71.75
175	600138	中青旅	72.91	220	002085	万丰奥威	71.75
176	600312	平高电气	72.90	221	000631	顺发恒业	71.67
177	600021	上海电力	72.85	222	600015	华夏银行	71.59
178	002250	联化科技	72.83	223	600007	中国国贸	71.57
179	603766	隆鑫通用	72.82	224	300005	探路者	71.56
180	300011	鼎汉技术	72.81	225	002450	康得新	71.56
181	601328	交通银行	72.80	226	002563	森马服饰	71.55
182	600518	康美药业	72.80	227	601678	滨化股份	71.54
183	600332	白云山	72.76	228	002065	东华软件	71.53
184	601117	中国化学	72.69	229	002375	亚厦股份	71.52
185	600315	上海家化	72.69	230	600085	同仁堂	71.47
186	603993	洛阳钼业	72.61	231	002195	海隆软件	71.46
187	002677	浙江美大	72.59	232	600572	康恩贝	71.45
188	600270	外运发展	72.58	233	600703	三安光电	71.44
189	002241	歌尔声学	72.55	234	300295	三六五网	71.44
190	000888	峨眉山 A	72.55	235	601231	环旭电子	71.39
191	600814	杭州解百	72.54	236	000582	北部湾港	71.38
192	600081	东风科技	72.52	237	600068	葛洲坝	71.33
193	002357	富临运业	72.50	238	000793	华闻传媒	71.31
194	300070	碧水源	72.43	239	002035	华帝股份	71.26
195	601169	北京银行	72.43	240	002673	西部证券	71.24
196	300166	东方国信	72.38	241	600012	皖通高速	71.24
197	601766	中国南车	72.32	242	000726	鲁泰 A	71.18
198	600674	川投能源	72.30	243	000423	东阿阿胶	71.18
199	002268	卫士通	72.30	244	000685	中山公用	71.09

续表

序号	股票代码	公司名称	评价得分	序号	股票代码	公司名称	评价得分
245	002602	世纪华通	71.06	290	000887	中鼎股份	69.75
246	000876	新希望	71.03	291	600845	宝信软件	69.74
247	000672	上峰水泥	71.01	292	600617	国新能源	69.74
248	300124	汇川技术	70.96	293	002275	桂林三金	69.72
249	600600	青岛啤酒	70.90	294	600376	首开股份	69.66
250	000581	威孚高科	70.90	295	000559	万向钱潮	69.62
251	000029	深深房 A	70.79	296	002022	科华生物	69.55
252	601107	四川成渝	70.76	297	600594	益佰制药	69.54
253	600743	华远地产	70.68	298	002223	鱼跃医疗	69.51
254	601139	深圳燃气	70.66	299	000666	经纬纺机	69.49
255	002186	全聚德	70.66	300	000516	开元投资	69.48
256	600386	北巴传媒	70.55	301	300009	安科生物	69.39
257	300271	华宇软件	70.54	302	600563	法拉电子	69.35
258	600650	锦江投资	70.53	303	002500	山西证券	69.34
259	600028	中国石化	70.53	304	300272	开能环保	69.33
260	000965	天保基建	70.52	305	300113	顺网科技	69.33
261	600893	航空动力	70.51	306	000915	山大华特	69.33
262	000966	长源电力	70.44	307	000501	鄂武商 A	69.33
263	600159	大龙地产	70.43	308	000899	赣能股份	69.30
264	002701	奥瑞金	70.43	309	601311	骆驼股份	69.29
265	000513	丽珠集团	70.42	310	600548	深高速	69.29
266	002400	省广股份	70.35	311	002454	松芝股份	69.28
267	600668	尖峰集团	70.34	312	600571	信雅达	69.27
268	002439	启明星辰	70.32	313	300188	美亚柏科	69.26
269	600153	建发股份	70.28	314	601899	紫金矿业	69.24
270	000650	仁和药业	70.28	315	600639	浦东金桥	69.20
271	600566	洪城股份	70.27	316	000905	厦门港务	69.20
272	300196	长海股份	70.27	317	000402	金融街	69.18
273	002008	大族激光	70.25	318	000022	深赤湾 A	69.16
274	600180	瑞茂通	70.19	319	002050	三花股份	69.15
275	601567	三星电气	70.18	320	002224	三力士	69.13
276	600125	铁龙物流	70.15	321	002421	达实智能	69.10
277	300170	汉得信息	70.15	322	300003	乐普医疗	69.07
278	002056	横店东磁	70.14	323	600177	雅戈尔	69.06
279	002003	伟星股份	70.07	324	002303	美盈森	69.05
280	600588	用友软件	70.05	325	002242	九阳股份	69.05
281	000869	张裕 A	70.03	326	300284	苏交科	69.02
282	600377	宁沪高速	70.02	327	002561	徐家汇	69.02
283	300072	三聚环保	70.00	328	000039	中集集团	69.00
284	600835	上海机电	69.98	329	300148	天舟文化	68.99
285	600252	中恒集团	69.95	330	002158	汉钟精机	68.94
286	600056	中国医药	69.87	331	002292	奥飞动漫	68.91
287	600196	复星医药	69.82	332	002041	登海种业	68.91
288	300351	永贵电器	69.81	333	000541	佛山照明	68.91
289	600682	南京新百	69.76	334	600661	新南洋	68.89

续表

序号	股票代码	公司名称	评价得分	序号	股票代码	公司名称	评价得分
335	300208	恒顺电气	68.84	380	601933	永辉超市	67.82
336	600535	天士力	68.82	381	300024	机器人	67.81
337	601799	星宇股份	68.81	382	600547	山东黄金	67.79
338	600750	江中药业	68.80	383	000767	漳泽电力	67.72
339	300180	华峰超纤	68.79	384	000683	远兴能源	67.67
340	600885	宏发股份	68.77	385	000951	中国重汽	67.65
341	002466	天齐锂业	68.66	386	600054	黄山旅游	67.63
342	000400	许继电气	68.66	387	600037	歌华有线	67.63
343	000999	华润三九	68.63	388	601313	江南嘉捷	67.62
344	300296	利亚德	68.61	389	002646	青青稞酒	67.61
345	002609	捷顺科技	68.60	390	000739	普洛药业	67.60
346	002007	华兰生物	68.58	391	002658	雪迪龙	67.59
347	300303	聚飞光电	68.57	392	002038	双鹭药业	67.57
348	002051	中工国际	68.54	393	000688	建新矿业	67.55
349	002203	海亮股份	68.53	394	000030	富奥股份	67.54
350	002385	大北农	68.50	395	600894	广日股份	67.52
351	300183	东软载波	68.48	396	002642	荣之联	67.51
352	600197	伊力特	68.47	397	600820	隧道股份	67.49
353	000690	宝新能源	68.47	398	601186	中国铁建	67.48
354	002419	天虹商场	68.44	399	000957	中通客车	67.46
355	002681	奋达科技	68.43	400	601800	中国交建	67.45
356	600511	国药股份	68.40	401	300245	天玑科技	67.43
357	300012	华测检测	68.39	402	600522	中天科技	67.40
358	601677	明泰铝业	68.33	403	000048	康达尔	67.39
359	300146	汤臣倍健	68.30	404	002360	同德化工	67.30
360	002527	新时达	68.24	405	002672	东江环保	67.27
361	002210	飞马国际	68.23	406	300266	兴源过滤	67.22
362	000529	广弘控股	68.20	407	300026	红日药业	67.22
363	002001	新和成	68.17	408	002669	康达新材	67.22
364	002353	杰瑞股份	68.14	409	000151	中成股份	67.16
365	002245	澳洋顺昌	68.11	410	002116	中国海诚	67.15
366	002171	精诚铜业	68.09	411	300207	欣旺达	67.13
367	601058	赛轮股份	68.06	412	600266	北京城建	67.11
368	300145	南方泵业	68.06	413	601515	东风股份	67.08
369	600221	海南航空	68.04	414	300292	吴通通讯	67.08
370	002649	博彦科技	68.03	415	000828	东莞控股	67.08
371	002287	奇正藏药	68.02	416	002249	大洋电机	67.07
372	002185	华天科技	68.02	417	000900	现代投资	67.06
373	601607	上海医药	67.99	418	600446	金证股份	67.03
374	300349	金卡股份	67.99	419	000725	京东方 A	67.02
375	300234	开尔新材	67.97	420	000011	深物业 A	67.01
376	600720	祁连山	67.95	421	002020	京新药业	66.99
377	300294	博雅生物	67.95	422	600982	宁波热电	66.93
378	002657	中科金财	67.92	423	002521	齐峰新材	66.90
379	002690	美亚光电	67.83	424	002254	泰和新材	66.89

续表

序号	股票代码	公司名称	评价得分	序号	股票代码	公司名称	评价得分
425	000598	兴蓉投资	66.84	470	600687	刚泰控股	66.08
426	300039	上海凯宝	66.81	471	300347	泰格医药	66.05
427	600850	华东电脑	66.79	472	600380	健康元	66.04
428	000977	浪潮信息	66.78	473	600438	通威股份	66.03
429	300144	宋城演艺	66.77	474	600050	中国联通	66.03
430	002444	巨星科技	66.77	475	000430	张家界	65.99
431	600562	国睿科技	66.75	476	300286	安科瑞	65.98
432	300037	新宙邦	66.70	477	600826	兰生股份	65.96
433	000050	深天马 A	66.70	478	600176	中国玻纤	65.95
434	600827	百联股份	66.67	479	600549	厦门钨业	65.94
435	002279	久其软件	66.67	480	300199	翰宇药业	65.94
436	600723	首商股份	66.66	481	300133	华策影视	65.94
437	300298	三诺生物	66.66	482	600094	大名城	65.92
438	300348	长亮科技	66.64	483	000065	北方国际	65.92
439	600697	欧亚集团	66.62	484	300219	鸿利光电	65.90
440	002082	栋梁新材	66.62	485	300016	北陆药业	65.84
441	600170	上海建工	66.61	486	600969	郴电国际	65.82
442	000997	新大陆	66.61	487	002592	八菱科技	65.81
443	600507	方大特钢	66.60	488	002398	建研集团	65.81
444	002664	信质电机	66.60	489	002547	春兴精工	65.77
445	002236	大华股份	66.58	490	600017	日照港	65.76
446	000090	天健集团	66.58	491	002581	万昌科技	65.74
447	600593	大连圣亚	66.57	492	002479	富春环保	65.74
448	600708	海博股份	66.56	493	600561	江西长运	65.72
449	002325	洪涛股份	66.56	494	002507	涪陵榨菜	65.70
450	600805	悦达投资	66.49	495	000417	合肥百货	65.69
451	000989	九芝堂	66.46	496	002456	欧菲光	65.67
452	300204	舒泰神	66.45	497	300027	华谊兄弟	65.66
453	300213	佳讯飞鸿	66.42	498	000637	茂化实华	65.66
454	002467	二六三	66.41	499	300049	福瑞股份	65.65
455	300067	安诺其	66.40	500	600648	外高桥	65.62
456	002191	劲嘉股份	66.39	501	601111	中国国航	65.57
457	601199	江南水务	66.37	502	300231	银信科技	65.48
458	300066	三川股份	66.37	503	000860	顺鑫农业	65.48
459	601929	吉视传媒	66.33	504	002394	联发股份	65.47
460	600699	均胜电子	66.27	505	600662	强生控股	65.46
461	601669	中国电建	66.25	506	300233	金城医药	65.43
462	002611	东方精工	66.21	507	300010	立思辰	65.42
463	600584	长电科技	66.20	508	002396	星网锐捷	65.39
464	300222	科大智能	66.16	509	002025	航天电器	65.38
465	002605	姚记扑克	66.16	510	300251	光线传媒	65.36
466	600565	迪马股份	66.15	511	002631	德尔家居	65.35
467	600362	江西铜业	66.14	512	600020	中原高速	65.32
468	601238	广汽集团	66.13	513	600329	中新药业	65.31
469	002397	梦洁家纺	66.12	514	601012	隆基股份	65.30

续表

序号	股票代码	公司名称	评价得分	序号	股票代码	公司名称	评价得分
515	600195	中牧股份	65.30	560	001696	宗申动力	64.59
516	600406	国电南瑞	65.25	561	002128	露天煤业	64.57
517	600350	山东高速	65.24	562	300071	华谊嘉信	64.50
518	600019	宝钢股份	65.20	563	300054	鼎龙股份	64.46
519	000981	银亿股份	65.20	564	002497	雅化集团	64.45
520	600392	盛和资源	65.19	565	002447	壹桥苗业	64.43
521	600422	昆明制药	65.18	566	600557	康缘药业	64.42
522	002179	中航光电	65.18	567	600787	中储股份	64.41
523	600335	国机汽车	65.17	568	600141	兴发集团	64.37
524	600641	万业企业	65.14	569	600083	博信股份	64.37
525	300320	海达股份	65.14	570	600993	马应龙	64.35
526	002478	常宝股份	65.13	571	002131	利欧股份	64.35
527	600461	洪城水业	65.12	572	600089	特变电工	64.33
528	002324	普利特	65.11	573	300225	金力泰	64.30
529	000885	同力水泥	65.11	574	600655	豫园商城	64.28
530	600469	风神股份	65.06	575	002597	金禾实业	64.28
531	000919	金陵药业	65.04	576	002273	水晶光电	64.26
532	600487	亨通光电	65.03	577	002663	普邦园林	64.25
533	600318	巢东股份	65.01	578	600131	岷江水电	64.24
534	600420	现代制药	64.99	579	600182	S 佳通	64.23
535	002335	科华恒盛	64.99	580	002699	美盛文化	64.23
536	002305	南国置业	64.99	581	002465	海格通信	64.23
537	002540	亚太科技	64.98	582	000603	盛达矿业	64.22
538	600843	上工申贝	64.95	583	002361	神剑股份	64.21
539	600385	ST 金泰	64.95	584	300019	硅宝科技	64.20
540	002028	思源电气	64.94	585	002587	奥拓电子	64.20
541	002302	西部建设	64.91	586	002276	万马股份	64.16
542	002615	哈尔斯	64.88	587	000626	如意集团	64.15
543	000415	渤海租赁	64.88	588	000049	德赛电池	64.13
544	002573	国电清新	64.87	589	300238	冠昊生物	64.11
545	601158	重庆水务	64.86	590	300324	旋极信息	64.10
546	002004	华邦颖泰	64.85	591	000028	国药一致	63.97
547	601390	中国中铁	64.83	592	002482	广田股份	63.96
548	002653	海思科	64.80	593	600480	凌云股份	63.95
549	600313	农发种业	64.78	594	600880	博瑞传播	63.92
550	000612	焦作万方	64.76	595	600551	时代出版	63.92
551	000555	神州信息	64.73	596	300237	美晨科技	63.89
552	600985	雷鸣科化	64.70	597	300250	初灵信息	63.88
553	002284	亚太股份	64.69	598	300114	中航电测	63.88
554	600057	象屿股份	64.68	599	002546	新联电子	63.88
555	000718	苏宁环球	64.67	600	002140	东华科技	63.86
556	600248	延长化建	64.64	601	002317	众生药业	63.85
557	600067	冠城大通	64.64	602	300355	蒙草抗旱	63.83
558	002138	顺络电子	64.63	603	000661	长春高新	63.83
559	002484	江海股份	64.60	604	002469	三维工程	63.82

续表

序号	股票代码	公司名称	评价得分	序号	股票代码	公司名称	评价得分
605	002228	合兴包装	63.82	650	600388	龙净环保	62.98
606	600436	片仔癀	63.81	651	002215	诺普信	62.97
607	002219	恒康医疗	63.80	652	600665	天地源	62.96
608	002408	齐翔腾达	63.76	653	002391	长青股份	62.94
609	600978	宜华木业	63.73	654	002091	江苏国泰	62.93
610	002431	棕榈园林	63.73	655	300109	新开源	62.88
611	002424	贵州百灵	63.73	656	000938	紫光股份	62.87
612	002334	英威腾	63.73	657	600965	福成五丰	62.86
613	601222	林洋电子	63.72	658	600859	王府井	62.86
614	600577	精达股份	63.72	659	002047	宝鹰股份	62.85
615	600114	东睦股份	63.71	660	600831	广电网络	62.82
616	002108	沧州明珠	63.71	661	600791	京能置业	62.80
617	000404	华意压缩	63.71	662	600711	盛屯矿业	62.78
618	002668	奥马电器	63.69	663	002107	沃华医药	62.78
619	002429	兆驰股份	63.66	664	300216	千山药机	62.71
620	000537	广宇发展	63.66	665	600039	四川路桥	62.69
621	000708	大冶特钢	63.63	666	600279	重庆港九	62.68
622	002462	嘉事堂	63.58	667	000429	粤高速 A	62.68
623	002427	尤夫股份	63.57	668	300136	信维通信	62.67
624	002318	久立特材	63.57	669	002625	龙生股份	62.64
625	600635	大众公用	63.56	670	000985	大庆华科	62.63
626	600676	交运股份	63.55	671	600033	福建高速	62.62
627	002120	新海股份	63.51	672	000921	海信科龙	62.59
628	600580	卧龙电气	63.49	673	002641	永高股份	62.57
629	002078	太阳纸业	63.45	674	002516	江苏旷达	62.57
630	300190	维尔利	63.43	675	002262	恩华药业	62.57
631	002247	帝龙新材	63.43	676	600479	千金药业	62.56
632	600418	江淮汽车	63.32	677	300025	华星创业	62.54
633	600079	人福医药	63.30	678	002689	博林特	62.54
634	300258	精锻科技	63.26	679	002368	太极股份	62.54
635	002603	以岭药业	63.26	680	002518	科士达	62.42
636	600122	宏图高科	63.24	681	000818	方大化工	62.42
637	300168	万达信息	63.23	682	600988	赤峰黄金	62.40
638	002329	皇氏乳业	63.22	683	600864	哈投股份	62.40
639	002230	科大讯飞	63.20	684	600587	新华医疗	62.38
640	000830	鲁西化工	63.20	685	600729	重庆百货	62.36
641	002261	拓维信息	63.19	686	600684	珠江实业	62.35
642	600613	神奇制药	63.17	687	000413	东旭光电	62.35
643	601333	广深铁路	63.11	688	600872	中炬高新	62.33
644	002049	同方国芯	63.11	689	002010	传化股份	62.26
645	002002	鸿达兴业	63.11	690	600995	文山电力	62.25
646	600267	海正药业	63.08	691	600183	生益科技	62.24
647	002364	中恒电气	63.08	692	600188	兖州煤业	62.23
648	000060	中金岭南	63.05	693	300229	拓尔思	62.23
649	600258	首旅酒店	63.03	694	603167	渤海轮渡	62.22

续表

序号	股票代码	公司名称	评价得分	序号	股票代码	公司名称	评价得分
695	600063	皖维高新	62.22	740	002244	滨江集团	61.36
696	002519	银河电子	62.21	741	002392	北京利尔	61.34
697	300056	三维丝	62.19	742	601010	文峰股份	61.29
698	000008	宝利来	62.17	743	600505	西昌电力	61.29
699	002422	科伦药业	62.14	744	600976	武汉健民	61.28
700	600811	东方集团	62.08	745	002412	汉森制药	61.27
701	002181	粤传媒	62.08	746	002237	恒邦股份	61.27
702	601866	中海集运	62.07	747	002177	御银股份	61.27
703	600101	明星电力	62.02	748	000630	铜陵有色	61.27
704	601727	上海电气	62.01	749	002376	新北洋	61.23
705	300001	特锐德	62.01	750	000975	银泰资源	61.22
706	300172	中电环保	62.00	751	000700	模塑科技	61.22
707	300034	钢研高纳	62.00	752	300041	回天新材	61.20
708	002627	宜昌交运	62.00	753	300315	掌趣科技	61.19
709	002130	沃尔核材	61.97	754	600735	新华锦	61.18
710	300115	长盈精密	61.94	755	000823	超声电子	61.18
711	002491	通鼎光电	61.94	756	000822	*ST 海化	61.18
712	000697	炼石有色	61.91	757	600029	南方航空	61.17
713	601233	桐昆股份	61.90	758	600686	金龙汽车	61.16
714	600525	长园集团	61.84	759	002686	亿利达	61.15
715	300055	万邦达	61.84	760	002198	嘉应制药	61.14
716	300259	新天科技	61.83	761	002343	禾欣股份	61.12
717	600794	保税科技	61.79	762	600409	三友化工	61.11
718	002448	中原内配	61.79	763	600168	武汉控股	61.11
719	000524	东方宾馆	61.78	764	300254	仟源医药	61.11
720	600053	中江地产	61.76	765	002683	宏大爆破	61.10
721	300252	金信诺	61.73	766	002652	扬子新材	61.08
722	002170	芭田股份	61.68	767	300246	宝莱特	61.07
723	000601	韶能股份	61.68	768	002043	兔宝宝	61.06
724	000558	莱茵置业	61.67	769	002139	拓邦股份	61.05
725	000012	南玻 A	61.61	770	300311	任子行	61.02
726	000811	烟台冰轮	61.59	771	002390	信邦制药	61.02
727	002550	千红制药	61.56	772	601965	中国汽研	60.97
728	600611	大众交通	61.50	773	002328	新朋股份	60.97
729	002539	新都化工	61.50	774	600317	营口港	60.93
730	600597	光明乳业	61.49	775	300232	洲明科技	60.93
731	002326	永太科技	61.49	776	300098	高新兴	60.92
732	300108	双龙股份	61.48	777	600162	香江控股	60.91
733	002100	天康生物	61.48	778	002030	达安基因	60.91
734	000099	中信海直	61.48	779	300020	银江股份	60.89
735	600517	置信电气	61.45	780	000958	东方能源	60.83
736	002509	天广消防	61.42	781	002436	兴森科技	60.81
737	002089	新海宜	61.41	782	600871	*ST 仪化	60.79
738	000572	海马汽车	61.40	783	000998	隆平高科	60.79
739	300230	永利带业	61.36	784	600529	山东药玻	60.76

续表

序号	股票代码	公司名称	评价得分	序号	股票代码	公司名称	评价得分
785	603001	奥康国际	60.75	830	002345	潮宏基	60.12
786	002650	加加食品	60.75	831	000421	南京中北	60.12
787	000883	湖北能源	60.72	832	002542	中化岩土	60.10
788	000063	中兴通讯	60.71	833	000089	深圳机场	60.10
789	600739	辽宁成大	60.70	834	600219	南山铝业	60.09
790	600532	宏达矿业	60.70	835	002481	双塔食品	60.09
791	002183	怡亚通	60.69	836	002155	辰州矿业	60.06
792	002092	中泰化学	60.69	837	000525	红太阳	60.06
793	002187	广百股份	60.67	838	300289	利德曼	60.02
794	002558	世纪游轮	60.58	839	002346	柘中建设	60.01
795	000042	中洲控股	60.58	840	000889	茂业物流	60.00
796	002543	万和电气	60.50	841	600062	华润双鹤	59.97
797	002165	红宝丽	60.50	842	002695	煌上煌	59.96
798	300101	振芯科技	60.48	843	600559	老白干酒	59.95
799	603128	华贸物流	60.46	844	600419	天润乳业	59.95
800	002533	金杯电工	60.44	845	002090	金智科技	59.95
801	002381	双箭股份	60.44	846	300339	润和软件	59.93
802	603077	和邦股份	60.42	847	002208	合肥城建	59.89
803	600256	广汇能源	60.41	848	300192	科斯伍德	59.86
804	600105	永鼎股份	60.40	849	002661	克明面业	59.86
805	600116	三峡水利	60.39	850	300107	建新股份	59.84
806	000547	闽福发 A	60.39	851	002406	远东传动	59.82
807	603123	翠微股份	60.38	852	002281	光迅科技	59.82
808	000748	长城信息	60.37	853	002101	广东鸿图	59.81
809	300257	开山股份	60.32	854	300217	东方电热	59.80
810	600097	开创国际	60.31	855	600990	四创电子	59.78
811	002178	延华智能	60.31	856	600261	阳光照明	59.78
812	600005	武钢股份	60.30	857	002063	远光软件	59.77
813	002555	顺荣股份	60.30	858	600513	联环药业	59.75
814	300248	新开普	60.27	859	300036	超图软件	59.75
815	002568	百润股份	60.25	860	000898	鞍钢股份	59.74
816	300203	聚光科技	60.24	861	002426	胜利精密	59.71
817	002227	奥特迅	60.24	862	300270	中威电子	59.70
818	000034	深信泰丰	60.24	863	002687	乔治白	59.69
819	600499	科达洁能	60.23	864	300004	南风股份	59.68
820	002678	珠江钢琴	60.23	865	002496	辉丰股份	59.68
821	600645	中源协和	60.22	866	300282	汇冠股份	59.67
822	002567	唐人神	60.22	867	300181	佐力药业	59.66
823	002554	惠博普	60.21	868	600133	东湖高新	59.65
824	000959	首钢股份	60.20	869	002697	红旗连锁	59.65
825	002126	银轮股份	60.19	870	600284	浦东建设	59.64
826	002675	东诚药业	60.18	871	002472	双环传动	59.61
827	600998	九州通	60.17	872	000838	国兴地产	59.57
828	002553	南方轴承	60.15	873	600115	东方航空	59.53
829	002538	司尔特	60.13	874	300100	双林股份	59.49

续表

序号	股票代码	公司名称	评价得分	序号	股票代码	公司名称	评价得分
875	600785	新华百货	59.48	920	600073	上海梅林	58.94
876	600160	巨化股份	59.44	921	002557	洽洽食品	58.94
877	600148	长春一东	59.44	922	300279	和晶科技	58.92
878	000619	海螺型材	59.44	923	300310	宜通世纪	58.91
879	300197	铁汉生态	59.43	924	300274	阳光电源	58.91
880	002510	天汽模	59.40	925	000792	盐湖股份	58.91
881	000963	华东医药	59.39	926	600573	惠泉啤酒	58.90
882	600757	长江传媒	59.36	927	600767	运盛实业	58.87
883	601718	际华集团	59.35	928	601599	鹿港科技	58.85
884	002014	永新股份	59.35	929	002339	积成电子	58.85
885	300341	麦迪电气	59.33	930	002643	烟台万润	58.84
886	600378	天科股份	59.32	931	300147	香雪制药	58.79
887	300130	新国都	59.31	932	300321	同大股份	58.78
888	300008	上海佳豪	59.31	933	002584	西陇化工	58.77
889	600601	方正科技	59.30	934	300291	华录百纳	58.75
890	002402	和而泰	59.30	935	002377	国创高新	58.75
891	600389	江山股份	59.29	936	300162	雷曼光电	58.73
892	002531	天顺风能	59.29	937	000733	振华科技	58.73
893	300342	天银机电	59.26	938	002434	万里扬	58.71
894	002441	众业达	59.26	939	300300	汉鼎股份	58.70
895	600118	中国卫星	59.22	940	300059	东方财富	58.70
896	600867	通化东宝	59.20	941	000716	黑芝麻	58.70
897	002488	金固股份	59.19	942	002206	海利得	58.67
898	300326	凯利泰	59.18	943	000533	万家乐	58.65
899	002548	金新农	59.18	944	000498	山东路桥	58.64
900	300262	巴安水务	59.17	945	000967	上风高科	58.63
901	000521	美菱电器	59.16	946	600873	梅花生物	58.61
902	002150	通润装备	59.15	947	600782	新钢股份	58.59
903	002433	太安堂	59.14	948	601886	江河创建	58.58
904	300171	东富龙	59.09	949	000988	华工科技	58.57
905	002300	太阳电缆	59.09	950	600269	赣粤高速	58.55
906	600824	益民集团	59.08	951	300200	高盟新材	58.50
907	300322	硕贝德	59.08	952	300032	金龙机电	58.46
908	002405	四维图新	59.08	953	300084	海默科技	58.43
909	600775	南京熊猫	59.07	954	600064	南京高科	58.39
910	002344	海宁皮城	59.07	955	600459	贵研铂业	58.37
911	000587	金叶珠宝	59.06	956	000655	金岭矿业	58.37
912	000929	兰州黄河	59.05	957	002246	北化股份	58.36
913	600130	波导股份	59.01	958	600351	亚宝药业	58.35
914	000046	泛海控股	59.01	959	002409	雅克科技	58.35
915	002671	龙泉股份	59.00	960	600468	百利电气	58.34
916	000987	广州友谊	58.99	961	002578	闽发铝业	58.34
917	000403	ST 生化	58.97	962	300127	银河磁体	58.33
918	002096	南岭民爆	58.96	963	000568	泸州老窖	58.32
919	002026	山东威达	58.95	964	600509	天富能源	58.31

续表

序号	股票代码	公司名称	评价得分	序号	股票代码	公司名称	评价得分
965	002299	圣农发展	58.31	1010	603008	喜临门	57.77
966	603366	日出东方	58.28	1011	300336	新文化	57.77
967	601996	丰林集团	58.26	1012	002589	瑞康医药	57.76
968	002452	长高集团	58.25	1013	600489	中金黄金	57.75
969	002098	浔兴股份	58.24	1014	600449	宁夏建材	57.75
970	002634	棒杰股份	58.23	1015	600143	金发科技	57.74
971	601636	旗滨集团	58.21	1016	000043	中航地产	57.74
972	600558	大西洋	58.19	1017	002365	永安药业	57.71
973	000970	中科三环	58.19	1018	002018	华星化工	57.71
974	300227	光韵达	58.17	1019	000720	新能泰山	57.71
975	300182	捷成股份	58.17	1020	600295	鄂尔多斯	57.70
976	601208	东材科技	58.15	1021	002590	万安科技	57.69
977	600113	浙江东日	58.15	1022	600846	同济科技	57.68
978	300184	力源信息	58.15	1023	600428	中远航运	57.68
979	300159	新研股份	58.11	1024	300319	麦捷科技	57.66
980	300044	赛为智能	58.09	1025	000819	岳阳兴长	57.64
981	300195	长荣股份	58.08	1026	601028	玉龙股份	57.61
982	300085	银之杰	58.05	1027	002666	德联集团	57.56
983	002320	海峡股份	58.05	1028	000910	大亚科技	57.55
984	600983	合肥三洋	58.04	1029	600614	鼎立股份	57.53
985	600496	精工钢构	58.04	1030	600285	羚锐制药	57.53
986	300126	锐奇股份	58.04	1031	002449	国星光电	57.53
987	600673	东阳光科	58.03	1032	601700	风范股份	57.52
988	600382	广东明珠	58.03	1033	600828	成商集团	57.51
989	002331	皖通科技	58.03	1034	002532	新界泵业	57.49
990	000920	南方汇通	58.03	1035	300154	瑞凌股份	57.47
991	002446	盛路通信	57.98	1036	000636	风华高科	57.47
992	601880	大连港	57.97	1037	601566	九牧王	57.46
993	600172	黄河旋风	57.97	1038	300352	北信源	57.45
994	002338	奥普光电	57.97	1039	300031	宝通带业	57.45
995	002037	久联发展	57.96	1040	600802	福建水泥	57.44
996	300332	天壕节能	57.95	1041	601991	大唐发电	57.43
997	300151	昌红科技	57.95	1042	300129	泰胜风能	57.41
998	002644	佛慈制药	57.95	1043	601618	中国中冶	57.40
999	002665	首航节能	57.94	1044	300353	东土科技	57.40
1000	600755	厦门国贸	57.92	1045	002651	利君股份	57.40
1001	600498	烽火通信	57.91	1046	000961	中南建设	57.40
1002	002577	雷柏科技	57.90	1047	002489	浙江永强	57.39
1003	000566	海南海药	57.90	1048	600756	浪潮软件	57.35
1004	600100	同方股份	57.86	1049	000791	甘肃电投	57.35
1005	600628	新世界	57.85	1050	002670	华声股份	57.33
1006	002413	常发股份	57.83	1051	000758	中色股份	57.33
1007	002350	北京科锐	57.82	1052	000656	金科股份	57.33
1008	000861	海印股份	57.82	1053	600810	神马股份	57.32
1009	002455	百川股份	57.80	1054	600090	啤酒花	57.32

续表

序号	股票代码	公司名称	评价得分	序号	股票代码	公司名称	评价得分
1055	002616	长青集团	57.32	1100	300285	国瓷材料	56.48
1056	002696	百洋股份	57.31	1101	002129	中环股份	56.48
1057	300287	飞利信	57.27	1102	600216	浙江医药	56.46
1058	600051	宁波联合	57.26	1103	002586	围海股份	56.46
1059	300335	迪森股份	57.25	1104	002080	中材科技	56.45
1060	002156	通富微电	57.22	1105	002403	爱仕达	56.42
1061	002031	巨轮股份	57.20	1106	002111	威海广泰	56.40
1062	600874	创业环保	57.19	1107	300224	正海磁材	56.39
1063	300094	国联水产	57.16	1108	600884	杉杉股份	56.38
1064	300007	汉威电子	57.15	1109	300088	长信科技	56.38
1065	300163	先锋新材	57.09	1110	601992	金隅股份	56.36
1066	000545	金浦钛业	57.08	1111	600523	贵航股份	56.36
1067	002340	格林美	57.05	1112	600372	中航电子	56.36
1068	002221	东华能源	57.05	1113	002502	骅威股份	56.35
1069	600521	华海药业	56.96	1114	600809	山西汾酒	56.34
1070	600305	恒顺醋业	56.96	1115	300177	中海达	56.34
1071	300187	永清环保	56.96	1116	002044	江苏三友	56.34
1072	000880	潍柴重机	56.95	1117	002389	南洋科技	56.33
1073	300018	中元华电	56.94	1118	000722	湖南发展	56.33
1074	002251	步步高	56.94	1119	600879	航天电子	56.29
1075	000935	四川双马	56.94	1120	601999	出版传媒	56.28
1076	002351	漫步者	56.90	1121	600663	陆家嘴	56.28
1077	600482	风帆股份	56.83	1122	002226	江南化工	56.27
1078	300240	飞力达	56.83	1123	300075	数字政通	56.26
1079	002495	佳隆股份	56.81	1124	000732	泰禾集团	56.26
1080	600667	太极实业	56.80	1125	600776	东方通信	56.20
1081	300325	德威新材	56.80	1126	600730	中国高科	56.20
1082	300214	日科化学	56.78	1127	600865	百大集团	56.19
1083	002598	山东章鼓	56.77	1128	600491	龙元建设	56.19
1084	002194	武汉凡谷	56.74	1129	601002	晋亿实业	56.18
1085	000536	华映科技	56.71	1130	002277	友阿股份	56.17
1086	600233	大杨创世	56.70	1131	000878	云南铜业	56.17
1087	601168	西部矿业	56.69	1132	300328	宜安科技	56.16
1088	002522	浙江众成	56.69	1133	603003	龙宇燃油	56.14
1089	300236	上海新阳	56.68	1134	002121	科陆电子	56.14
1090	300104	乐视网	56.65	1135	002574	明牌珠宝	56.12
1091	002079	苏州固锝	56.64	1136	002175	广陆数测	56.12
1092	300305	裕兴股份	56.61	1137	000802	北京文化	56.10
1093	300273	和佳股份	56.60	1138	000729	燕京啤酒	56.10
1094	002610	爱康科技	56.60	1139	000070	特发信息	56.10
1095	300228	富瑞特装	56.59	1140	002520	日发精机	56.07
1096	300137	先河环保	56.54	1141	300263	隆华节能	56.05
1097	002184	海得控制	56.54	1142	600623	双钱股份	56.04
1098	600502	安徽水利	56.51	1143	000916	华北高速	55.99
1099	600616	金枫酒业	56.50	1144	002099	海翔药业	55.98

续表

序号	股票代码	公司名称	评价得分	序号	股票代码	公司名称	评价得分
1145	601179	中国西电	55.97	1190	600337	美克家居	55.30
1146	300078	中瑞思创	55.95	1191	300128	锦富新材	55.29
1147	002635	安洁科技	55.95	1192	002585	双星新材	55.29
1148	002382	蓝帆医疗	55.95	1193	002225	濮耐股份	55.29
1149	002358	森源电气	55.93	1194	600008	首创股份	55.28
1150	600875	东方电气	55.92	1195	300226	上海钢联	55.28
1151	600035	楚天高速	55.92	1196	300261	雅本化学	55.26
1152	002559	亚威股份	55.90	1197	300033	同花顺	55.26
1153	002088	鲁阳股份	55.89	1198	600664	哈药股份	55.23
1154	002461	珠江啤酒	55.88	1199	600255	鑫科材料	55.22
1155	002544	杰赛科技	55.85	1200	600026	中海发展	55.20
1156	600726	华电能源	55.81	1201	000839	中信国安	55.20
1157	600716	凤凰股份	55.77	1202	000756	新华制药	55.20
1158	300314	戴维医疗	55.77	1203	000682	东方电子	55.20
1159	300304	云意电气	55.76	1204	002349	精华制药	55.13
1160	300235	方直科技	55.74	1205	600448	华纺股份	55.12
1161	002017	东信和平	55.74	1206	600556	北生药业	55.10
1162	002075	沙钢股份	55.73	1207	600598	*ST 大荒	55.07
1163	600654	飞乐股份	55.72	1208	000589	黔轮胎 A	55.05
1164	000419	通程控股	55.68	1209	600379	宝光股份	55.01
1165	000552	靖远煤电	55.67	1210	002282	博深工具	55.01
1166	002189	利达光电	55.65	1211	600184	光电股份	55.00
1167	300255	常山药业	55.64	1212	002333	罗普斯金	54.99
1168	300281	金明精机	55.63	1213	600363	联创光电	54.98
1169	002637	赞宇科技	55.62	1214	300061	康耐特	54.98
1170	002674	兴业科技	55.58	1215	300302	同有科技	54.97
1171	600093	禾嘉股份	55.55	1216	000514	渝开发	54.97
1172	000639	西王食品	55.53	1217	601126	四方股份	54.96
1173	002054	德美化工	55.52	1218	300160	秀强股份	54.94
1174	002013	中航机电	55.49	1219	002498	汉缆股份	54.93
1175	600460	士兰微	55.48	1220	300338	开元仪器	54.89
1176	600298	安琪酵母	55.47	1221	000411	英特集团	54.88
1177	600624	复旦复华	55.45	1222	002404	嘉欣丝绸	54.87
1178	002068	黑猫股份	55.45	1223	300212	易华录	54.86
1179	002654	万润科技	55.43	1224	600223	鲁商置业	54.83
1180	300079	数码视讯	55.41	1225	601218	吉鑫科技	54.81
1181	002614	蒙发利	55.40	1226	002703	浙江世宝	54.81
1182	002632	道明光学	55.37	1227	600649	城投控股	54.79
1183	601339	百隆东方	55.36	1228	300149	量子高科	54.77
1184	300290	荣科科技	55.35	1229	600545	新疆城建	54.73
1185	603002	宏昌电子	55.34	1230	002370	亚太药业	54.70
1186	300150	世纪瑞尔	55.34	1231	600626	申达股份	54.69
1187	000635	英力特	55.34	1232	002023	海特高新	54.66
1188	002059	云南旅游	55.33	1233	601989	中国重工	54.65
1189	600857	工大首创	55.32	1234	600973	宝胜股份	54.62

续表

序号	股票代码	公司名称	评价得分	序号	股票代码	公司名称	评价得分
1235	002283	天润曲轴	54.62	1280	002310	东方园林	53.79
1236	300278	华昌达	54.60	1281	600718	东软集团	53.76
1237	600490	鹏欣资源	54.57	1282	000009	中国宝安	53.75
1238	000407	胜利股份	54.56	1283	600960	渤海活塞	53.72
1239	600569	安阳钢铁	54.54	1284	600466	迪康药业	53.70
1240	000800	一汽轿车	54.54	1285	600280	中央商场	53.65
1241	600895	张江高科	54.53	1286	300186	大华农	53.64
1242	000960	锡业股份	54.52	1287	002060	粤水电	53.64
1243	600510	黑牡丹	54.50	1288	300122	智飞生物	53.63
1244	000917	电广传媒	54.48	1289	002053	云南盐化	53.63
1245	600778	友好集团	54.45	1290	600834	申通地铁	53.61
1246	600282	*ST 南钢	54.45	1291	600497	驰宏锌锗	53.61
1247	000949	新乡化纤	54.45	1292	002154	报喜鸟	53.61
1248	600356	恒丰纸业	54.41	1293	600292	中电远达	53.60
1249	000812	陕西金叶	54.40	1294	300132	青松股份	53.60
1250	000978	桂林旅游	54.39	1295	600307	酒钢宏兴	53.58
1251	601003	柳钢股份	54.36	1296	300218	安利股份	53.58
1252	300297	蓝盾股份	54.36	1297	300118	东方日升	53.58
1253	002197	证通电子	54.33	1298	600758	红阳能源	53.57
1254	002551	尚荣医疗	54.30	1299	002166	莱茵生物	53.56
1255	600898	三联商社	54.29	1300	300141	和顺电气	53.55
1256	000761	本钢板材	54.28	1301	000523	广州浪奇	53.55
1257	300013	新宁物流	54.26	1302	600728	佳都科技	53.54
1258	000901	航天科技	54.26	1303	600038	哈飞股份	53.54
1259	002512	达华智能	54.23	1304	300095	华伍股份	53.54
1260	600851	海欣股份	54.22	1305	600495	晋西车轴	53.51
1261	600882	华联矿业	54.16	1306	000709	河北钢铁	53.48
1262	600353	旭光股份	54.16	1307	600651	飞乐音响	53.47
1263	000796	易食股份	54.16	1308	600640	号百控股	53.46
1264	600619	海立股份	54.06	1309	000759	中百集团	53.43
1265	300178	腾邦国际	54.03	1310	000507	珠海港	53.42
1266	000755	*ST 三维	54.03	1311	002682	龙洲股份	53.39
1267	300306	远方光电	54.00	1312	000565	渝三峡 A	53.39
1268	300243	瑞丰高材	53.95	1313	002315	焦点科技	53.38
1269	000544	中原环保	53.95	1314	002312	三泰电子	53.28
1270	600833	第一医药	53.93	1315	000939	凯迪电力	53.27
1271	300105	龙源技术	53.93	1316	600161	天坛生物	53.23
1272	000519	江南红箭	53.93	1317	002435	长江润发	53.21
1273	300210	森远股份	53.92	1318	600746	江苏索普	53.19
1274	600289	亿阳信通	53.86	1319	600278	东方创业	53.19
1275	600807	天业股份	53.83	1320	002460	赣锋锂业	53.19
1276	002062	宏润建设	53.82	1321	002684	猛狮科技	53.16
1277	600869	智慧能源	53.80	1322	000875	吉电股份	53.16
1278	002348	高乐股份	53.80	1323	600187	国中水务	53.13
1279	600481	双良节能	53.79	1324	002399	海普瑞	53.12

续表

序号	股票代码	公司名称	评价得分	序号	股票代码	公司名称	评价得分
1325	300155	安居宝	53.11	1370	300249	依米康	52.33
1326	300086	康芝药业	53.11	1371	002640	百圆裤业	52.33
1327	000713	丰乐种业	53.09	1372	300276	三丰智能	52.32
1328	600106	重庆路桥	53.08	1373	600858	银座股份	52.30
1329	000868	安凯客车	53.07	1374	002369	卓翼科技	52.30
1330	002258	利尔化学	53.06	1375	600967	北方创业	52.29
1331	600602	仪电电子	53.04	1376	600211	西藏药业	52.26
1332	600080	金花股份	53.02	1377	002630	华西能源	52.26
1333	002366	丹甫股份	53.01	1378	000599	青岛双星	52.26
1334	002296	辉煌科技	53.01	1379	002176	江特电机	52.25
1335	002012	凯恩股份	53.00	1380	300014	亿纬锂能	52.24
1336	300316	晶盛机电	52.98	1381	002438	江苏神通	52.24
1337	600435	北方导航	52.97	1382	002332	仙琚制药	52.18
1338	000785	武汉中商	52.97	1383	600240	华业地产	52.15
1339	300057	万顺股份	52.95	1384	002562	兄弟科技	52.14
1340	002676	顺威股份	52.95	1385	002430	杭氧股份	52.13
1341	002506	*ST 超日	52.95	1386	000903	云内动力	52.06
1342	600327	大东方	52.93	1387	002655	共达电声	52.05
1343	002084	海鸥卫浴	52.92	1388	002549	凯美特气	52.04
1344	002401	中海科技	52.90	1389	000031	中粮地产	52.04
1345	600790	轻纺城	52.82	1390	000851	高鸿股份	52.02
1346	600190	锦州港	52.78	1391	002045	国光电器	51.95
1347	000021	长城开发	52.76	1392	000702	正虹科技	51.88
1348	600630	龙头股份	52.74	1393	601789	宁波建工	51.84
1349	002374	丽鹏股份	52.71	1394	600229	青岛碱业	51.84
1350	000768	中航飞机	52.60	1395	300087	荃银高科	51.84
1351	002029	七匹狼	52.59	1396	601137	博威合金	51.78
1352	000096	广聚能源	52.59	1397	002451	摩恩电气	51.78
1353	600272	开开实业	52.57	1398	000990	诚志股份	51.77
1354	600006	东风汽车	52.57	1399	600366	宁波韵升	51.75
1355	002133	广宇集团	52.57	1400	002536	西泵股份	51.74
1356	000777	中核科技	52.56	1401	300116	坚瑞消防	51.73
1357	002074	东源电器	52.55	1402	002260	伊立浦	51.73
1358	600199	金种子酒	52.54	1403	600552	方兴科技	51.72
1359	000592	平潭发展	52.54	1404	002552	宝鼎重工	51.72
1360	601188	龙江交通	52.51	1405	002151	北斗星通	51.72
1361	300112	万讯自控	52.49	1406	002378	章源钨业	51.70
1362	002196	方正电机	52.48	1407	600326	西藏天路	51.69
1363	002309	中利科技	52.47	1408	600528	中铁二局	51.68
1364	600970	中材国际	52.41	1409	600527	江南高纤	51.67
1365	002618	丹邦科技	52.41	1410	600410	华胜天成	51.64
1366	000850	华茂股份	52.40	1411	000530	大冷股份	51.63
1367	000416	民生控股	52.40	1412	600120	浙江东方	51.54
1368	600251	冠农股份	52.36	1413	300350	华鹏飞	51.53
1369	600395	盘江股份	52.33	1414	300327	中颖电子	51.51

续表

序号	股票代码	公司名称	评价得分	序号	股票代码	公司名称	评价得分
1415	002356	浩宁达	51.48	1460	600713	南京医药	50.84
1416	000932	华菱钢铁	51.47	1461	300068	南都电源	50.81
1417	600297	美罗药业	51.45	1462	600361	华联综超	50.80
1418	300153	科泰电源	51.45	1463	002073	软控股份	50.73
1419	002596	海南瑞泽	51.45	1464	600370	三房巷	50.71
1420	000837	秦川机床	51.45	1465	300301	长方照明	50.70
1421	002087	新野纺织	51.44	1466	600108	亚盛集团	50.68
1422	000615	湖北金环	51.44	1467	300334	津膜科技	50.68
1423	002145	中核钛白	51.43	1468	000652	泰达股份	50.67
1424	000738	中航动控	51.41	1469	000780	平庄能源	50.63
1425	600530	交大昂立	51.40	1470	600537	亿晶光电	50.59
1426	600210	紫江企业	51.39	1471	300242	明家科技	50.58
1427	002160	*ST 常铝	51.39	1472	002601	佰利联	50.58
1428	002157	正邦科技	51.35	1473	300028	金亚科技	50.56
1429	002693	双成药业	51.31	1474	600488	天药股份	50.51
1430	000026	飞亚达 A	51.29	1475	300198	纳川股份	50.51
1431	600121	郑州煤电	51.28	1476	000426	兴业矿业	50.50
1432	300175	朗源股份	51.26	1477	002580	圣阳股份	50.49
1433	002040	南京港	51.25	1478	300241	瑞丰光电	50.47
1434	300333	兆日科技	51.24	1479	603399	新华龙	50.46
1435	601699	潞安环能	51.23	1480	600061	中纺投资	50.45
1436	600088	中视传媒	51.23	1481	000040	宝安地产	50.45
1437	002220	天宝股份	51.23	1482	601777	力帆股份	50.44
1438	600516	方大炭素	51.20	1483	600605	汇通能源	50.43
1439	300247	桑乐金	51.20	1484	300096	易联众	50.42
1440	002094	青岛金王	51.20	1485	000930	中粮生化	50.42
1441	600475	华光股份	51.19	1486	002620	瑞和股份	50.40
1442	600792	云煤能源	51.18	1487	002337	赛象科技	50.40
1443	600770	综艺股份	51.15	1488	600751	天津海运	50.39
1444	002494	华斯股份	51.15	1489	000705	浙江震元	50.39
1445	002380	科远股份	51.15	1490	000752	西藏发展	50.34
1446	000597	东北制药	51.05	1491	300048	合康变频	50.32
1447	000586	汇源通信	51.05	1492	600738	兰州民百	50.29
1448	002036	宜科科技	51.04	1493	000561	烽火电子	50.26
1449	000058	深赛格	51.02	1494	002468	艾迪西	50.25
1450	002363	隆基机械	51.01	1495	002256	彩虹精化	50.25
1451	002169	智光电气	51.00	1496	002621	大连三垒	50.23
1452	600501	航天晨光	50.99	1497	600830	香溢融通	50.22
1453	300090	盛运股份	50.99	1498	002214	大立科技	50.22
1454	600222	太龙药业	50.98	1499	002083	孚日股份	50.22
1455	002055	得润电子	50.98	1500	000757	浩物股份	50.22
1456	000088	盐田港	50.96	1501	002685	华东重机	50.20
1457	002698	博实股份	50.92	1502	600536	中国软件	50.19
1458	300283	温州宏丰	50.89	1503	600203	福日电子	50.19
1459	002362	汉王科技	50.86	1504	601116	三江购物	50.17

续表

序号	股票代码	公司名称	评价得分	序号	股票代码	公司名称	评价得分
1505	600596	新安股份	50.17	1550	002688	金河生物	49.36
1506	601101	昊华能源	50.10	1551	000801	四川九洲	49.35
1507	002530	丰东股份	50.09	1552	300023	宝德股份	49.34
1508	300169	天晟新材	50.08	1553	600719	大连热电	49.33
1509	002420	毅昌股份	50.08	1554	002011	盾安环境	49.33
1510	000936	华西股份	50.08	1555	000979	中弘股份	49.31
1511	600220	江苏阳光	50.07	1556	000551	创元科技	49.31
1512	600568	中珠控股	50.06	1557	002057	中钢天源	49.30
1513	000906	物产中拓	50.06	1558	600336	澳柯玛	49.25
1514	601100	恒立油缸	50.05	1559	300265	通光线缆	49.25
1515	601919	中国远洋	50.04	1560	300221	银禧科技	49.23
1516	000153	丰原药业	50.03	1561	002144	宏达高科	49.23
1517	600208	新湖中宝	49.99	1562	002058	威尔泰	49.19
1518	002161	远望谷	49.98	1563	300152	燃控科技	49.18
1519	600500	中化国际	49.97	1564	600128	弘业股份	49.14
1520	300083	劲胜精密	49.97	1565	300082	奥克股份	49.13
1521	600844	丹化科技	49.94	1566	002659	中泰桥梁	49.13
1522	300111	向日葵	49.93	1567	002135	东南网架	49.13
1523	300046	台基股份	49.93	1568	600325	华发股份	49.12
1524	002132	恒星科技	49.91	1569	600808	马钢股份	49.09
1525	002667	鞍重股份	49.87	1570	600657	信达地产	49.09
1526	600590	泰豪科技	49.86	1571	000502	绿景控股	49.06
1527	601518	吉林高速	49.85	1572	000570	苏常柴 A	49.04
1528	002556	辉隆股份	49.82	1573	000006	深振业 A	49.04
1529	600059	古越龙山	49.80	1574	600348	阳泉煤业	49.01
1530	000517	荣安地产	49.77	1575	300138	晨光生物	49.00
1531	002388	新亚制程	49.76	1576	002229	鸿博股份	49.00
1532	601369	陕鼓动力	49.75	1577	002076	雪莱特	49.00
1533	002702	海欣食品	49.74	1578	601008	连云港	48.99
1534	000798	中水渔业	49.74	1579	300030	阳普医疗	48.98
1535	300103	达刚路机	49.72	1580	300256	星星科技	48.94
1536	601958	金钼股份	49.69	1581	300329	海伦钢琴	48.93
1537	002511	中顺洁柔	49.67	1582	002301	齐心集团	48.90
1538	600724	宁波富达	49.65	1583	002110	三钢闽光	48.89
1539	002691	石中装备	49.63	1584	601608	中信重工	48.88
1540	600300	维维股份	49.55	1585	000014	沙河股份	48.88
1541	002579	中京电子	49.55	1586	000159	国际实业	48.79
1542	600567	山鹰纸业	49.52	1587	600636	三爱富	48.77
1543	600841	上柴股份	49.51	1588	000825	太钢不锈	48.75
1544	000055	方大集团	49.51	1589	002095	生意宝	48.74
1545	600400	红豆股份	49.44	1590	000882	华联股份	48.67
1546	300053	欧比特	49.43	1591	600215	长春经开	48.62
1547	300045	华力创通	49.40	1592	300050	世纪鼎利	48.62
1548	002066	瑞泰科技	49.37	1593	600839	四川长虹	48.54
1549	600966	博汇纸业	49.36	1594	600175	美都能源	48.54

续表

序号	股票代码	公司名称	评价得分	序号	股票代码	公司名称	评价得分
1595	300157	恒泰艾普	48.54	1640	600415	小商品城	47.90
1596	000751	锌业股份	48.53	1641	600740	山西焦化	47.86
1597	000017	深中华 A	48.53	1642	601007	金陵饭店	47.85
1598	000778	新兴铸管	48.52	1643	600745	中茵股份	47.84
1599	300064	豫金刚石	48.51	1644	600198	大唐电信	47.82
1600	002599	盛通股份	48.51	1645	600526	菲达环保	47.78
1601	002212	南洋股份	48.49	1646	000020	深华发 A	47.78
1602	002692	远程电缆	48.48	1647	002042	华孚色纺	47.76
1603	601890	亚星锚链	48.47	1648	600992	贵绳股份	47.74
1604	002492	恒基达鑫	48.47	1649	300176	鸿特精密	47.73
1605	000301	东方市场	48.46	1650	600393	东华实业	47.67
1606	002471	中超电缆	48.45	1651	300093	金刚玻璃	47.66
1607	002560	通达股份	48.44	1652	002112	三变科技	47.64
1608	002009	天奇股份	48.44	1653	000032	深桑达 A	47.63
1609	000813	天山纺织	48.41	1654	002384	东山精密	47.61
1610	300062	中能电气	48.40	1655	000753	漳州发展	47.60
1611	000973	佛塑科技	48.40	1656	600151	航天机电	47.57
1612	601898	中煤能源	48.39	1657	300117	嘉寓股份	47.52
1613	600997	开滦股份	48.38	1658	000620	新华联	47.51
1614	600399	抚顺特钢	48.38	1659	600288	大恒科技	47.50
1615	600783	鲁信创投	48.37	1660	002541	鸿路钢构	47.49
1616	002124	天邦股份	48.35	1661	002443	金洲管道	47.44
1617	002352	鼎泰新材	48.32	1662	002239	金飞达	47.41
1618	000862	银星能源	48.31	1663	600277	亿利能源	47.39
1619	300293	蓝英装备	48.30	1664	000670	盈方微	47.39
1620	000425	徐工机械	48.30	1665	600343	航天动力	47.38
1621	002623	亚玛顿	48.26	1666	000004	国农科技	47.37
1622	000585	东北电气	48.23	1667	300323	华灿光电	47.34
1623	600287	江苏舜天	48.22	1668	600078	澄星股份	47.32
1624	600290	华仪电气	48.19	1669	000692	惠天热电	47.32
1625	000564	西安民生	48.18	1670	002265	西仪股份	47.30
1626	600433	冠豪高新	48.16	1671	002216	三全食品	47.26
1627	600232	金鹰股份	48.15	1672	300089	长城集团	47.25
1628	300299	富春通信	48.15	1673	000852	江钻股份	47.22
1629	002593	日上集团	48.15	1674	600620	天宸股份	47.21
1630	600405	动力源	48.13	1675	000593	大通燃气	47.16
1631	600206	有研新材	48.08	1676	600226	升华拜克	47.13
1632	000584	友利控股	48.07	1677	002537	海立美达	47.11
1633	600681	万鸿集团	48.06	1678	600126	杭钢股份	47.08
1634	300318	博晖创新	48.06	1679	300121	阳谷华泰	47.08
1635	300220	金运激光	48.05	1680	600781	辅仁药业	47.05
1636	002483	润邦股份	48.05	1681	600592	龙溪股份	47.05
1637	002119	康强电子	48.02	1682	002371	七星电子	47.05
1638	002636	金安国纪	48.01	1683	600477	杭萧钢构	47.00
1639	300110	华仁药业	47.91	1684	002234	*ST 民和	47.00

续表

序号	股票代码	公司名称	评价得分
1685	600855	航天长峰	46.99
1686	600055	华润万东	46.97
1687	002136	安纳达	46.97
1688	002486	嘉麟杰	46.95
1689	002458	益生股份	46.94
1690	600421	仰帆控股	46.88
1691	600320	振华重工	46.88
1692	300201	海伦哲	46.87
1693	300091	金通灵	46.85
1694	600202	哈空调	46.80
1695	600316	洪都航空	46.77
1696	600086	东方金钰	46.77
1697	600391	成发科技	46.75
1698	002534	杭锅股份	46.73
1699	002442	龙星化工	46.72
1700	002141	蓉胜超微	46.72
1701	000721	西安饮食	46.71
1702	002515	金字火腿	46.70
1703	600238	海南椰岛	46.68
1704	600082	海泰发展	46.68
1705	600239	云南城投	46.66
1706	000422	湖北宜化	46.66
1707	600774	汉商集团	46.64
1708	000528	柳工	46.63
1709	000023	深天地A	46.63
1710	600515	海岛建设	46.60
1711	600158	中体产业	46.60
1712	000701	厦门信达	46.60
1713	600360	华微电子	46.55
1714	300174	元力股份	46.55
1715	000488	晨鸣纸业	46.52
1716	300047	天源迪科	46.51
1717	601588	北辰实业	46.50
1718	002027	七喜控股	46.50
1719	300288	朗玛信息	46.45
1720	300356	光一科技	46.43
1721	002291	星期六	46.40
1722	600819	耀皮玻璃	46.38
1723	002453	天马精化	46.36
1724	002103	广博股份	46.36
1725	600218	全柴动力	46.35
1726	002200	云投生态	46.34
1727	600508	上海能源	46.31
1728	600701	工大高新	46.29
1729	002457	青龙管业	46.27
1730	300080	新大新材	46.26
1731	002286	保龄宝	46.26
1732	600698	湖南天雁	46.25
1733	000078	海王生物	46.25
1734	002428	云南锗业	46.24
1735	000877	天山股份	46.22
1736	600634	中技控股	46.17
1737	600579	天华院	46.16
1738	600308	华泰股份	46.14
1739	002213	特尔佳	46.13
1740	002307	北新路桥	46.11
1741	600979	广安爱众	46.09
1742	300264	佳创视讯	46.08
1743	002583	海能达	46.03
1744	300106	西部牧业	46.01
1745	000554	泰山石油	45.98
1746	600748	上实发展	45.97
1747	600262	北方股份	45.96
1748	002594	比亚迪	45.96
1749	600458	时代新材	45.94
1750	000983	西山煤电	45.93
1751	000715	中兴商业	45.93
1752	600689	*ST三毛	45.92
1753	002321	华英农业	45.92
1754	600693	东百集团	45.91
1755	002323	中联电气	45.88
1756	300102	乾照光电	45.85
1757	600074	中达股份	45.83
1758	600192	长城电工	45.80
1759	600367	红星发展	45.78
1760	002341	新纶科技	45.76
1761	600766	园城黄金	45.68
1762	300038	梅泰诺	45.67
1763	002114	罗平锌电	45.67
1764	000571	新大洲A	45.65
1765	600322	天房发展	45.62
1766	601872	招商轮船	45.55
1767	600622	嘉宝集团	45.53
1768	000560	昆百大A	45.50
1769	000925	众合机电	45.49
1770	600638	新黄浦	45.48
1771	600589	广东榕泰	45.47
1772	300063	天龙集团	45.45
1773	300194	福安药业	45.44
1774	600759	洲际油气	45.43

续表

序号	股票代码	公司名称	评价得分	序号	股票代码	公司名称	评价得分
1775	600117	西宁特钢	45.43	1820	300081	恒信移动	44.70
1776	000890	法尔胜	45.42	1821	600798	宁波海运	44.68
1777	300158	振东制药	45.41	1822	002476	宝莫股份	44.68
1778	002411	九九久	45.39	1823	002182	云海金属	44.68
1779	002137	实益达	45.32	1824	002067	景兴纸业	44.66
1780	000982	中银绒业	45.32	1825	002612	朗姿股份	44.65
1781	002622	永大集团	45.30	1826	600543	莫高股份	44.64
1782	601666	平煤股份	45.29	1827	002694	顾地科技	44.62
1783	600861	北京城乡	45.27	1828	002319	乐通股份	44.58
1784	600135	乐凯胶片	45.27	1829	600727	鲁北化工	44.55
1785	002514	宝馨科技	45.27	1830	300346	南大光电	44.52
1786	600416	湘电股份	45.26	1831	000698	沈阳化工	44.52
1787	600259	广晟有色	45.26	1832	601258	庞大集团	44.50
1788	600891	秋林集团	45.23	1833	000158	常山股份	44.47
1789	300185	通裕重工	45.23	1834	600629	棱光实业	44.43
1790	000526	银润投资	45.23	1835	002105	信隆实业	44.43
1791	600706	曲江文旅	45.22	1836	002425	凯撒股份	44.40
1792	002313	日海通讯	45.22	1837	002232	启明信息	44.36
1793	600166	福田汽车	45.21	1838	600765	中航重机	44.33
1794	000520	*ST 凤凰	45.15	1839	000679	大连友谊	44.33
1795	002201	九鼎新材	45.14	1840	600889	南京化纤	44.30
1796	600692	亚通股份	45.13	1841	002288	超华科技	44.30
1797	002205	国统股份	45.09	1842	600136	道博股份	44.26
1798	002407	多氟多	45.07	1843	600031	三一重工	44.26
1799	600456	宝钛股份	45.05	1844	000897	津滨发展	44.23
1800	600685	广船国际	45.04	1845	600986	科达股份	44.22
1801	600119	长江投资	45.01	1846	600111	包钢稀土	44.21
1802	002503	搜于特	44.97	1847	600429	三元股份	44.20
1803	300343	联创节能	44.96	1848	600512	腾达建设	44.19
1804	002308	威创股份	44.91	1849	000573	粤宏远 A	44.17
1805	002209	达意隆	44.91	1850	002207	准油股份	44.16
1806	600818	中路股份	44.90	1851	600533	栖霞建设	44.15
1807	600836	界龙实业	44.87	1852	300065	海兰信	44.11
1808	600731	湖南海利	44.86	1853	300097	智云股份	44.10
1809	002021	中捷资源	44.86	1854	600666	西南药业	44.08
1810	002190	成飞集成	44.83	1855	600293	三峡新材	44.07
1811	002115	三维通信	44.78	1856	300345	红宇新材	44.07
1812	000926	福星股份	44.77	1857	601038	一拖股份	44.05
1813	600338	西藏珠峰	44.76	1858	300092	科新机电	44.03
1814	600291	西水股份	44.76	1859	000996	中国中期	44.01
1815	000797	中国武夷	44.74	1860	600321	国栋建设	43.96
1816	300280	南通锻压	44.73	1861	000678	襄阳轴承	43.95
1817	002240	威华股份	44.73	1862	300042	朗科科技	43.90
1818	600423	柳化股份	44.72	1863	600829	三精制药	43.89
1819	000695	滨海能源	44.72	1864	601717	郑煤机	43.88

续表

序号	股票代码	公司名称	评价得分	序号	股票代码	公司名称	评价得分
1865	300193	佳士科技	43.86	1910	600503	华丽家族	42.58
1866	600680	上海普天	43.85	1911	002269	美邦服饰	42.57
1867	002528	英飞拓	43.83	1912	601388	怡球资源	42.56
1868	600493	凤竹纺织	43.82	1913	600157	永泰能源	42.56
1869	600971	恒源煤电	43.81	1914	601001	大同煤业	42.53
1870	300021	大禹节水	43.76	1915	300312	邦讯技术	42.51
1871	600961	株冶集团	43.72	1916	000922	佳电股份	42.46
1872	600099	林海股份	43.69	1917	000766	通化金马	42.24
1873	300135	宝利沥青	43.69	1918	600355	精伦电子	42.23
1874	600191	华资实业	43.62	1919	002255	海陆重工	42.23
1875	002600	江粉磁材	43.62	1920	600796	钱江生化	42.17
1876	002566	益盛药业	43.61	1921	601011	宝泰隆	42.14
1877	300051	三五互联	43.52	1922	000881	大连国际	42.13
1878	002270	法因数控	43.50	1923	600139	西部资源	42.08
1879	600397	安源煤业	43.48	1924	600876	洛阳玻璃	42.07
1880	600189	吉林森工	43.48	1925	600439	瑞贝卡	42.04
1881	300309	吉艾科技	43.45	1926	000534	万泽股份	41.98
1882	002386	天原集团	43.42	1927	002330	得利斯	41.96
1883	300215	电科院	43.40	1928	002606	大连电瓷	41.95
1884	600704	物产中大	43.39	1929	002102	冠福股份	41.93
1885	600621	华鑫股份	43.34	1930	002582	好想你	41.92
1886	002480	新筑股份	43.31	1931	000835	四川圣达	41.89
1887	002278	神开股份	43.30	1932	002148	北纬通信	41.88
1888	300211	亿通科技	43.29	1933	002006	*ST 精功	41.82
1889	600784	鲁银投资	43.27	1934	600257	大湖股份	41.75
1890	000548	湖南投资	43.23	1935	601118	海南橡胶	41.74
1891	002393	力生制药	43.21	1936	002149	西部材料	41.73
1892	600881	亚泰集团	43.18	1937	002604	龙力生物	41.69
1893	000816	江淮动力	43.17	1938	002416	爱施德	41.65
1894	600150	中国船舶	43.14	1939	600137	浪莎股份	41.64
1895	600310	桂东电力	43.13	1940	300206	理邦仪器	41.63
1896	002648	卫星石化	43.12	1941	600345	长江通信	41.55
1897	000980	金马股份	43.09	1942	002231	奥维通信	41.55
1898	002474	榕基软件	43.08	1943	002005	德豪润达	41.55
1899	000803	金宇车城	43.00	1944	600299	*ST 新材	41.47
1900	002445	中南重工	42.92	1945	300069	金利华电	41.39
1901	002355	兴民钢圈	42.90	1946	600467	好当家	41.38
1902	600812	华北制药	42.87	1947	000859	国风塑业	41.32
1903	601798	蓝科高新	42.85	1948	601616	广电电气	41.29
1904	600853	龙建股份	42.84	1949	002564	张化机	41.28
1905	000518	四环生物	42.78	1950	600463	空港股份	41.26
1906	000821	京山轻机	42.75	1951	600712	南宁百货	41.17
1907	000937	冀中能源	42.73	1952	000723	美锦能源	41.10
1908	000790	华神集团	42.63	1953	600333	长春燃气	41.08
1909	000061	农产品	42.60	1954	300120	经纬电材	41.08

续表

序号	股票代码	公司名称	评价得分	序号	股票代码	公司名称	评价得分
1955	600856	长百集团	41.07	2000	002106	莱宝高科	39.65
1956	300179	四方达	41.07	2001	000909	数源科技	39.62
1957	002523	天桥起重	40.94	2002	300156	神雾环保	39.56
1958	002046	轴研科技	40.89	2003	002086	东方海洋	39.51
1959	600975	新五丰	40.88	2004	000863	三湘股份	39.50
1960	000532	力合股份	40.87	2005	002264	新华都	39.49
1961	600371	万向德农	40.81	2006	002159	三特索道	39.47
1962	600200	江苏吴中	40.80	2007	600981	汇鸿股份	39.41
1963	300139	福星晓程	40.80	2008	600010	包钢股份	39.41
1964	002387	黑牛食品	40.77	2009	002526	山东矿机	39.41
1965	300119	瑞普生物	40.74	2010	600235	民丰特纸	39.34
1966	002347	泰尔重工	40.73	2011	300308	中际装备	39.32
1967	000025	特力 A	40.72	2012	600095	哈高科	39.27
1968	600764	中电广通	40.71	2013	600212	江泉实业	39.25
1969	600127	金健米业	40.62	2014	600075	*ST 新业	39.21
1970	300074	华平股份	40.58	2015	300035	中科电气	39.21
1971	600679	金山开发	40.56	2016	600185	格力地产	39.20
1972	002162	斯米克	40.51	2017	000948	南天信息	39.19
1973	600702	沱牌舍得	40.49	2018	600123	兰花科创	39.12
1974	300337	银邦股份	40.49	2019	002298	鑫龙电器	39.08
1975	002628	成都路桥	40.46	2020	002432	九安医疗	39.07
1976	000610	西安旅游	40.43	2021	601908	京运通	39.01
1977	300354	东华测试	40.41	2022	600821	津劝业	38.96
1978	002535	林州重机	40.36	2023	002122	天马股份	38.95
1979	002490	山东墨龙	40.36	2024	002571	德力股份	38.93
1980	002253	川大智胜	40.35	2025	300173	松德股份	38.92
1981	000410	沈阳机床	40.35	2026	000806	银河投资	38.92
1982	002575	群兴玩具	40.24	2027	002679	福建金森	38.87
1983	600228	*ST 昌九	40.20	2028	002342	巨力索具	38.87
1984	002613	北玻股份	40.19	2029	600455	博通股份	38.85
1985	300205	天喻信息	40.09	2030	300142	沃森生物	38.84
1986	000019	深深宝 A	40.07	2031	600103	青山纸业	38.82
1987	002322	理工监测	39.96	2032	000016	深康佳 A	38.81
1988	000760	斯太尔	39.95	2033	300275	梅安森	38.79
1989	000993	闽东电力	39.88	2034	000401	冀东水泥	38.78
1990	600281	太化股份	39.87	2035	300161	华中数控	38.77
1991	002272	川润股份	39.87	2036	600825	新华传媒	38.75
1992	002211	宏达新材	39.87	2037	600838	上海九百	38.71
1993	002459	*ST 天业	39.82	2038	002645	华宏科技	38.70
1994	002395	双象股份	39.82	2039	002113	天润控股	38.70
1995	000018	中冠 A	39.72	2040	000782	美达股份	38.68
1996	600773	西藏城投	39.71	2041	600714	金瑞矿业	38.67
1997	002418	康盛股份	39.70	2042	000576	广东甘化	38.65
1998	300165	天瑞仪器	39.68	2043	600736	苏州高新	38.60
1999	600610	S*ST 中纺	39.66	2044	002134	*ST 普林	38.58

续表

序号	股票代码	公司名称	评价得分	序号	股票代码	公司名称	评价得分
2045	600652	爱使股份	38.56	2090	300123	太阳鸟	36.82
2046	002487	大金重工	38.55	2091	002617	露笑科技	36.81
2047	000657	中钨高新	38.53	2092	000737	南风化工	36.80
2048	002167	东方锆业	38.47	2093	300191	潜能恒信	36.69
2049	600132	重庆啤酒	38.35	2094	600169	太原重工	36.63
2050	000627	天茂集团	38.30	2095	000157	中联重科	36.63
2051	600506	香梨股份	38.29	2096	600387	海越股份	36.56
2052	000795	太原刚玉	38.26	2097	600249	两面针	36.56
2053	600599	熊猫烟花	38.25	2098	600359	新农开发	36.55
2054	600747	大连控股	38.23	2099	002024	苏宁云商	36.55
2055	002118	紫鑫药业	38.15	2100	600540	新赛股份	36.53
2056	600145	*ST 国创	38.14	2101	000595	西北轴承	36.53
2057	600696	多伦股份	38.04	2102	600737	中粮屯河	36.45
2058	002656	卡奴迪路	38.01	2103	601177	杭齿前进	36.41
2059	000687	恒天天鹅	37.92	2104	600753	东方银星	36.34
2060	002093	国脉科技	37.86	2105	000567	海德股份	36.34
2061	002463	沪电股份	37.83	2106	600615	丰华股份	36.28
2062	000710	天兴仪表	37.83	2107	002147	方圆支承	36.25
2063	000833	贵糖股份	37.82	2108	002629	仁智油服	36.19
2064	300317	珈伟股份	37.81	2109	002414	高德红外	36.15
2065	600425	青松建化	37.72	2110	000591	桐君阁	36.10
2066	300164	通源石油	37.70	2111	300006	莱美药业	36.07
2067	000066	长城电脑	37.66	2112	002545	东方铁塔	36.05
2068	000662	索芙特	37.59	2113	600217	秦岭水泥	36.03
2069	002097	山河智能	37.58	2114	300076	GQY 视讯	35.96
2070	300140	启源装备	37.56	2115	600644	乐山电力	35.90
2071	600283	钱江水利	37.49	2116	002127	*ST 新民	35.89
2072	300260	新莱应材	37.41	2117	300131	英唐智控	35.86
2073	000955	欣龙控股	37.34	2118	600768	宁波富邦	35.85
2074	002204	大连重工	37.32	2119	600071	凤凰光学	35.85
2075	000667	美好集团	37.31	2120	600896	中海海盛	35.82
2076	600963	岳阳林纸	37.17	2121	600149	廊坊发展	35.80
2077	600892	宝诚股份	37.16	2122	600303	曙光股份	35.78
2078	002070	众和股份	37.16	2123	002499	科林环保	35.72
2079	600171	上海贝岭	37.11	2124	600683	京投银泰	35.65
2080	600403	大有能源	37.10	2125	600618	氯碱化工	35.51
2081	002576	通达动力	37.10	2126	000680	山推股份	35.41
2082	300313	天山生物	37.08	2127	002193	山东如意	35.35
2083	300331	苏大维格	37.04	2128	000613	大东海 A	35.33
2084	002680	黄海机械	37.04	2129	600476	湘邮科技	35.31
2085	300125	易世达	37.01	2130	600671	天目药业	35.21
2086	002164	*ST 东力	36.92	2131	002619	巨龙管业	35.19
2087	300330	华虹计通	36.91	2132	002570	贝因美	35.19
2088	600771	广誉远	36.85	2133	600531	豫光金铅	35.18
2089	601519	大智慧	36.84	2134	002243	通产丽星	35.04

续表

序号	股票代码	公司名称	评价得分	序号	股票代码	公司名称	评价得分
2135	002259	升达林业	35.02	2180	600800	天津磁卡	33.25
2136	600847	万里股份	34.99	2181	600733	S 前锋	33.25
2137	000059	华锦股份	34.96	2182	600877	中国嘉陵	33.23
2138	002266	浙富控股	34.94	2183	000711	京蓝科技	33.22
2139	000038	深大通	34.94	2184	600695	大江股份	33.21
2140	000736	中房地产	34.91	2185	600777	新潮实业	33.05
2141	600550	*ST 天威	34.88	2186	600186	莲花味精	32.94
2142	300268	万福生科	34.80	2187	600560	金自天正	32.82
2143	000707	双环科技	34.77	2188	000155	川化股份	32.82
2144	300143	星河生物	34.69	2189	600243	青海华鼎	32.81
2145	600688	上海石化	34.65	2190	000829	天音控股	32.81
2146	000005	世纪星源	34.65	2191	002647	宏磊股份	32.80
2147	600595	中孚实业	34.61	2192	002263	大东南	32.77
2148	600178	*ST 东安	34.59	2193	600084	中葡股份	32.75
2149	002505	大康牧业	34.56	2194	300073	当升科技	32.63
2150	000779	*ST 派神	34.50	2195	300277	海联讯	32.62
2151	002289	宇顺电子	34.44	2196	600520	中发科技	32.60
2152	000628	高新发展	34.41	2197	000663	永安林业	32.59
2153	600330	天通股份	34.32	2198	002316	键桥通讯	32.57
2154	300209	天泽信息	34.32	2199	300167	迪威视讯	32.43
2155	600301	ST 南化	34.29	2200	600538	国发股份	32.38
2156	600368	五洲交通	34.27	2201	600462	石岘纸业	32.38
2157	002297	博云新材	34.22	2202	000632	三木集团	32.38
2158	000931	中关村	34.22	2203	002274	华昌化工	32.29
2159	000420	吉林化纤	34.16	2204	600052	浙江广厦	32.15
2160	000735	罗牛山	34.15	2205	002015	*ST 霞客	32.15
2161	000886	海南高速	34.03	2206	600586	金晶科技	32.11
2162	000616	亿城投资	34.00	2207	600365	通葡股份	32.00
2163	002639	雪人股份	33.95	2208	300099	尤洛卡	31.99
2164	600328	兰太实业	33.94	2209	600129	太极集团	31.93
2165	600077	宋都股份	33.94	2210	000510	金路集团	31.86
2166	002565	上海绿新	33.93	2211	000638	万方发展	31.82
2167	002473	圣莱达	33.86	2212	600432	吉恩镍业	31.79
2168	002493	荣盛石化	33.82	2213	600225	天津松江	31.69
2169	000659	*ST 中富	33.78	2214	002660	茂硕电源	31.61
2170	000036	华联控股	33.78	2215	000933	神火股份	31.61
2171	600209	罗顿发展	33.63	2216	000807	云铝股份	31.59
2172	600888	新疆众和	33.58	2217	002072	德棉股份	31.58
2173	002222	福晶科技	33.51	2218	000045	深纺织 A	31.56
2174	600331	宏达股份	33.50	2219	000150	宜华地产	31.55
2175	600311	荣华实业	33.41	2220	300239	东宝生物	31.54
2176	002464	金利科技	33.41	2221	600058	五矿发展	31.44
2177	600390	金瑞科技	33.32	2222	600072	*ST 钢构	31.34
2178	600260	凯乐科技	33.32	2223	002383	合众思壮	31.31
2179	002061	江山化工	33.31	2224	000511	烯碳新材	31.21

续表

序号	股票代码	公司名称	评价得分	序号	股票代码	公司名称	评价得分
2225	000971	蓝鼎控股	31.06	2270	300340	科恒股份	27.64
2226	600275	武昌鱼	31.05	2271	601113	华鼎股份	27.58
2227	600250	南纺股份	30.98	2272	600789	鲁抗医药	27.55
2228	600230	沧州大化	30.98	2273	002638	勤上光电	27.49
2229	600860	*ST 京城	30.94	2274	600237	铜峰电子	27.48
2230	600822	上海物贸	30.93	2275	000629	攀钢钒钛	27.42
2231	000503	海虹控股	30.86	2276	600227	赤天化	27.37
2232	601005	重庆钢铁	30.83	2277	600647	同达创业	27.31
2233	000918	嘉凯城	30.63	2278	002109	兴化股份	27.27
2234	000703	恒逸石化	30.62	2279	002524	光正集团	27.26
2235	002163	*ST 三鑫	30.61	2280	600470	六国化工	27.12
2236	000056	深国商	30.48	2281	600797	浙大网新	26.97
2237	300052	中青宝	30.35	2282	600231	凌钢股份	26.95
2238	600815	厦工股份	30.32	2283	002633	申科股份	26.85
2239	600070	浙江富润	30.30	2284	002517	泰亚股份	26.79
2240	600444	国通管业	30.19	2285	600868	梅雁吉祥	26.75
2241	600691	阳煤化工	30.04	2286	600401	海润光伏	26.74
2242	600156	华升股份	29.96	2287	600769	祥龙电业	26.70
2243	002218	拓日新能	29.93	2288	000673	当代东方	26.64
2244	002591	恒大高新	29.85	2289	002607	亚夏汽车	26.50
2245	600575	皖江物流	29.84	2290	000893	东凌粮油	26.46
2246	300077	国民技术	29.78	2291	000007	零七股份	26.46
2247	002423	中原特钢	29.77	2292	600608	上海科技	26.43
2248	600107	美尔雅	29.70	2293	000788	北大医药	26.33
2249	000969	安泰科技	29.65	2294	601558	*ST 锐电	26.31
2250	002172	澳洋科技	29.30	2295	600339	天利高新	26.26
2251	600866	星湖科技	29.28	2296	002513	蓝丰生化	26.18
2252	600609	金杯汽车	29.25	2297	600207	安彩高科	26.09
2253	600980	北矿磁材	29.16	2298	300040	九洲电气	26.08
2254	002485	希努尔	29.12	2299	600744	华银电力	25.99
2255	002295	精艺股份	29.08	2300	002529	海源机械	25.90
2256	002290	禾盛新材	28.81	2301	002235	安妮股份	25.80
2257	000831	五矿稀土	28.74	2302	600306	*ST 商城	25.78
2258	600710	常林股份	28.73	2303	600246	万通地产	25.76
2259	002477	雏鹰农牧	28.71	2304	000809	铁岭新城	25.58
2260	002168	深圳惠程	28.67	2305	002199	东晶电子	25.47
2261	000717	韶钢松山	28.62	2306	000953	河池化工	25.43
2262	600604	市北高新	28.55	2307	000950	建峰化工	25.37
2263	000727	华东科技	28.44	2308	000557	*ST 广夏	25.31
2264	002077	大港股份	28.43	2309	600096	云天化	25.23
2265	600302	标准股份	28.33	2310	600555	九龙山	25.21
2266	000976	春晖股份	28.22	2311	000677	恒天海龙	24.93
2267	601106	中国一重	27.97	2312	600854	春兰股份	24.92
2268	002336	人人乐	27.86	2313	000972	新中基	24.87
2269	600381	*ST 贤成	27.72	2314	600146	大元股份	24.73

续表

序号	股票代码	公司名称	评价得分	序号	股票代码	公司名称	评价得分
2315	600022	山东钢铁	24.73	2360	600112	天成控股	21.05
2316	600793	ST 宜纸	24.67	2361	600732	上海新梅	20.77
2317	600581	八一钢铁	24.65	2362	600677	航天通信	20.62
2318	600213	亚星客车	24.52	2363	600678	四川金顶	20.41
2319	601268	*ST 二重	24.43	2364	000606	青海明胶	20.33
2320	002248	*ST 东数	24.27	2365	002379	鲁丰环保	20.13
2321	000633	合金投资	24.24	2366	000815	美利纸业	19.88
2322	000731	四川美丰	24.22	2367	002359	齐星铁塔	19.86
2323	603333	明星电缆	24.20	2368	000409	山东地矿	19.80
2324	600653	申华控股	23.97	2369	002069	獐子岛	19.73
2325	000611	内蒙发展	23.93	2370	300189	神农大丰	19.70
2326	601600	中国铝业	23.88	2371	600806	昆明机床	19.49
2327	600319	亚星化学	23.85	2372	000691	亚太实业	19.47
2328	002034	美欣达	23.84	2373	600241	时代万恒	19.33
2329	002188	新嘉联	23.72	2374	000622	恒立实业	19.17
2330	600749	西藏旅游	23.28	2375	600110	中科英华	19.15
2331	600375	华菱星马	23.26	2376	600234	山水文化	19.08
2332	000912	泸天化	23.23	2377	600656	博元投资	19.06
2333	000820	金城股份	23.22	2378	000892	星美联合	19.00
2334	000608	阳光股份	22.80	2379	600069	银鸽投资	18.93
2335	000836	鑫茂科技	22.78	2380	600346	大橡塑	18.90
2336	000962	东方钽业	22.64	2381	600354	敦煌种业	18.89
2337	000952	广济药业	22.62	2382	002125	湘潭电化	18.89
2338	600478	科力远	22.60	2383	000676	思达高科	18.71
2339	002314	雅致股份	22.52	2384	000590	紫光古汉	18.65
2340	600962	国投中鲁	22.46	2385	000911	南宁糖业	18.59
2341	600715	松辽汽车	22.38	2386	600984	建设机械	18.49
2342	600155	宝硕股份	22.27	2387	002173	千足珍珠	18.46
2343	600603	大洲兴业	22.15	2388	600165	新日恒力	18.38
2344	000913	钱江摩托	22.12	2389	600722	金牛化工	18.13
2345	600862	南通科技	22.10	2390	000504	*ST 传媒	18.13
2346	300029	天龙光电	22.02	2391	600163	福建南纸	17.95
2347	000927	一汽夏利	22.00	2392	601918	国投新集	17.89
2348	000856	冀东装备	21.78	2393	002608	舜天船舶	17.69
2349	600268	国电南自	21.76	2394	002123	荣信股份	17.66
2350	600848	自仪股份	21.66	2395	600817	ST 宏盛	17.63
2351	002016	世荣兆业	21.54	2396	600725	云维股份	17.63
2352	300223	北京君正	21.47	2397	600408	安泰集团	17.50
2353	600076	青鸟华光	21.30	2398	002192	路翔股份	17.48
2354	600760	中航黑豹	21.20	2399	600179	黑化股份	17.37
2355	600152	维科精华	21.16	2400	600539	狮头股份	17.32
2356	000594	*ST 国恒	21.10	2401	002417	三元达	17.29
2357	000037	深南电 A	21.10	2402	600576	万好万家	17.26
2358	002569	步森股份	21.07	2403	600675	中华企业	16.98
2359	600883	博闻科技	21.06	2404	600890	中房股份	16.82

续表

序号	股票代码	公司名称	评价得分	序号	股票代码	公司名称	评价得分
2405	000033	*ST 新都	16.61	2451	300389	艾比森	–
2406	300344	太空板业	16.38	2452	300384	三联虹普	–
2407	600721	百花村	16.16	2453	603998	方盛制药	–
2408	000617	石油济柴	16.16	2454	603188	亚邦股份	–
2409	002306	中科云网	16.04	2455	002373	千方科技	–
2410	000408	金谷源	15.98	2456	603518	维格娜丝	–
2411	000010	深华新	15.97	2457	600485	信威集团	–
2412	600546	山煤国际	15.73	2458	603369	今世缘	–
2413	000505	珠江控股	15.71	2459	603005	晶方科技	–
2414	000799	酒鬼酒	15.33	2460	000810	创维数字	–
2415	600870	厦华电子	15.20	2461	603306	华懋科技	–
2416	600358	国旅联合	15.01	2462	300403	地尔汉宇	–
2417	000762	西藏矿业	14.99	2463	300373	扬杰科技	–
2418	000506	中润资源	14.53	2464	603017	园区设计	–
2419	300022	吉峰农机	13.78	2465	002737	葵花药业	–
2420	000068	华控赛格	13.71	2466	603328	依顿电子	–
2421	600734	实达集团	13.70	2467	002713	东易日盛	–
2422	600779	水井坊	13.65	2468	300398	飞凯材料	–
2423	000668	荣丰控股	13.49	2469	002707	众信旅游	–
2424	000923	河北宣工	13.17	2470	002711	欧浦钢网	–
2425	000509	华塑控股	12.99	2471	603006	联明股份	–
2426	000968	煤气化	12.74	2472	300396	迪瑞医疗	–
2427	002052	同洲电子	12.61	2473	300375	鹏翎股份	–
2428	600606	金丰投资	11.69	2474	600273	华芳纺织	–
2429	600193	创兴资源	11.50	2475	300360	炬华科技	–
2430	600242	中昌海运	11.03	2476	002728	台城制药	–
2431	300307	慈星股份	10.64	2477	300406	九强生物	–
2432	000428	华天酒店	10.50	2478	603806	福斯特	–
2433	600265	ST 景谷	9.35	2479	300371	汇中股份	–
2434	600091	ST 明科	9.27	2480	300369	绿盟科技	–
2435	000995	皇台酒业	8.25	2481	300390	天华超净	–
2436	600247	*ST 成城	5.51	2482	300412	迦南科技	–
2437	600707	彩虹股份	5.36	2483	300357	我武生物	–
2438	603288	海天味业	–	2484	000908	天一科技	–
2439	600398	海澜之家	–	2485	002504	东光微电	–
2440	300383	光环新网	–	2486	002706	良信电器	–
2441	603168	莎普爱思	–	2487	300395	菲利华	–
2442	600483	福能股份	–	2488	002280	新世纪	–
2443	300386	飞天诚信	–	2489	000693	华泽钴镍	–
2444	000902	新洋丰	–	2490	603636	南威软件	–
2445	002180	万力达	–	2491	603699	纽威股份	–
2446	002718	友邦吊顶	–	2492	300409	道氏技术	–
2447	300408	三环集团	–	2493	002354	科冕木业	–
2448	002732	燕塘乳业	–	2494	002727	一心堂	–
2449	603099	长白山	–	2495	600917	重庆燃气	–
2450	000681	视觉中国	–	2496	300382	斯莱克	–

续表

序号	股票代码	公司名称	评价得分	序号	股票代码	公司名称	评价得分
2497	000035	中国天楹	–	2542	002729	好利来	–
2498	603889	新澳股份	–	2543	603126	中材节能	–
2499	300365	恒华科技	–	2544	002717	岭南园林	–
2500	002731	萃华珠宝	–	2545	603088	宁波精达	–
2501	603609	禾丰牧业	–	2546	300366	创意信息	–
2502	002724	海洋王	–	2547	300387	富邦股份	–
2503	300359	全通教育	–	2548	002143	高金食品	–
2504	601226	华电重工	–	2549	603988	中电电机	–
2505	002726	龙大肉食	–	2550	603688	石英股份	–
2506	603111	康尼机电	–	2551	300368	汇金股份	–
2507	300393	中来股份	–	2552	300388	国祯环保	–
2508	300363	博腾股份	–	2553	300370	安控科技	–
2509	300358	楚天科技	–	2554	603100	川仪股份	–
2510	002705	新宝股份	–	2555	603019	中科曙光	–
2511	300376	易事特	–	2556	300411	金盾股份	–
2512	300407	凯发电气	–	2557	603555	贵人鸟	–
2513	300392	腾信股份	–	2558	601015	陕西黑猫	–
2514	603018	设计股份	–	2559	002719	麦趣尔	–
2515	002735	王子新材	–	2560	601969	海南矿业	–
2516	603009	北特科技	–	2561	002738	中矿资源	–
2517	300367	东方网力	–	2562	300405	科隆精化	–
2518	002733	雄韬股份	–	2563	002714	牧原股份	–
2519	002725	跃岭股份	–	2564	002721	金一文化	–
2520	002712	思美传媒	–	2565	601225	陕西煤业	–
2521	603010	万盛股份	–	2566	300378	鼎捷软件	–
2522	300399	京天利	–	2567	601579	会稽山	–
2523	002174	游族网络	–	2568	300385	雪浪环境	–
2524	300377	赢时胜	–	2569	002716	金贵银业	–
2525	002217	*ST 合泰	–	2570	000928	中钢国际	–
2526	300400	劲拓股份	–	2571	603169	兰石重装	–
2527	002709	天赐材料	–	2572	002071	长城影视	–
2528	000546	光华控股	–	2573	603588	高能环境	–
2529	300379	东方通	–	2574	603166	福达股份	–
2530	002019	鑫富药业	–	2575	002722	金轮股份	–
2531	002624	金磊股份	–	2576	002730	电光科技	–
2532	300410	正业科技	–	2577	601016	节能风电	–
2533	300381	溢多利	–	2578	300372	欣泰电气	–
2534	300380	安硕信息	–	2579	300402	宝色股份	–
2535	603606	东方电缆	–	2580	603011	合锻股份	–
2536	603456	九洲药业	–	2581	603308	应流股份	–
2537	002723	金莱特	–	2582	300401	花园生物	–
2538	000607	华智控股	–	2583	300391	康跃科技	–
2539	002708	光洋股份	–	2584	300362	天保重装	–
2540	000605	渤海股份	–	2585	300397	天和防务	–
2541	603368	柳州医药	–	2586	002715	登云股份	–

附录三 中国上市公司业绩评价体系说明

中国上市公司业绩评价体系说明

单位：%

序号	单位名称	带息负债比率	累计保留盈余率	三年营业收入平均增长率	总资产增长率	营业利润增长率	净资产收益率
1	全国A股上市公司	45.45	43.83	7.12	12.15	0.17	9.14
2	一、按证监会行业划分						
3	农林牧渔业A	57.73	20.35	5.2	8.92	−19.13	2.01
4	采掘业B	49.64	61.67	3.58	5.79	−17.13	8.2
5	煤炭B01	54.93	50.85	−2.37	7.98	−30.22	7.23
6	制造业C	42.61	38.45	6.52	13.64	2.8	8.25
7	食品、饮料C0	38.33	57.19	8.07	10.87	−9.12	14.91
8	纺织、服装、毛皮C1	52.9	38.87	5.22	12.39	23.13	8.13
9	造纸、印刷C3	66.76	26.94	4.93	6.6	−6.04	3.55
10	石油、化学、塑胶、塑料C4	58.14	28.76	7.67	11.89	−4.13	4.35
11	电子C5	44.35	25.15	14.99	24.91	37.99	9.11
12	金属、非金属C6	53.92	35.62	1.66	7.93	−30.5	2.89
13	非金属矿物制品业（建筑材料）C61	49.73	47.23	7.95	16.21	5.57	10.26
14	机械、设备、仪表C7	27.23	41.24	7.46	16.17	8.9	10.76
15	普通机械、专用设备（装备制造）,	42.79	32.02	−1.14	11.38	−25.71	3.8
16	交通运输设备制造业 C75	20.8	47.67	10.4	19.69	5.43	14.13
17	医药、生物制品C8	42.59	44.71	15.72	19.49	14.21	11.83
18	医药制造业C81	42.27	46.15	16.04	18.77	14.19	12.09
19	其他制造业C9	49.86	39.03	11.4	18.05	13.29	7.06
20	电力煤气及水的生产和供应业D	72.39	34.54	5.89	7.52	12.5	13.3
21	电力、蒸汽、热水的生产和供应业（D01）	72.93	34.3	5.45	6.98	12.63	13.59
22	自来水的生产和供应业（D05）	65.56	36.63	18.17	15.82	3.6	9.45
23	建筑业E	34.32	42.39	11.3	15.17	12.98	12.46
24	交通运输、仓储业F	63	36.31	5.39	7.52	9.76	9.21
25	铁路运输业（f01）	24.06	50.56	6.05	0.7	5.44	13.58
26	公路运输业（f03）	68.34	43.76	6.31	4.85	4.55	6.28
27	管道运输业（f05）	0	0	0	0	0	0

续表

序号	单位名称	带息负债比率	累计保留盈余率	三年营业收入平均增长率	总资产增长率	营业利润增长率	净资产收益率
28	水上运输业（f07）	84.11	4.18	1.14	6.96	0	6.62
29	航空运输业（f09）	53.91	34.16	4.14	12.07	−3.48	8.18
30	信息技术业 G	36.22	26.64	10.05	12.82	45.5	7.93
31	通信及相关设备制造业（G81）	35.2	33.01	7.98	18.53	195.99	8.72
32	计算机及相关设备制造业（G83）	30.93	40.56	5.17	16.29	195.71	9.53
33	计算机应用服务业（G87）	31.01	36.47	15.47	24.73	22.19	10.57
34	批发和零售贸易业 H	35.1	42.48	6.42	10.8	−11.9	8.1
35	零售 H11	28.45	46.45	6.67	8.4	−11.05	8.5
36	外贸 H21	37.95	46.15	2.14	10.91	−2.35	10.26
37	房地产业 J	45.3	50.47	23.37	16.91	0.53	12.09
38	社会服务业 K	46.79	43.23	18.58	20.53	8.34	11.41
39	传播与文化产业 L	27.01	37.5	25.54	29.1	23.27	11.54
40	综合类 M	49.75	31.75	7.47	14.12	20.66	8.04
41	二、按照申万行业代码分类						
42	农林牧渔（申银）	60.37	28.9	6.22	10.36	16.23	5.2
43	采掘（申银）	52.49	60.37	2.4	5.65	−13.97	8.13
44	化工（申银）	49.49	50.61	5.65	11.03	−26	6.18
45	化工＋石油（申银）	49.53	60	5.2	7.11	−10.87	7.76
46	化工＋石油＋油气钻采（申银）	49.65	60.1	5.35	7.2	−9.49	8.03
47	钢铁（申银）	50.93	31.36	−3.82	4.73	2.19	1.61
48	有色金属（申银）	62.08	31.11	9.28	8.14	−87.43	−0.01
49	建筑材料（申银）	57.08	46.13	8.38	9.15	−0.6	8.99
50	建筑装饰（申银）	33.81	42.8	11.23	14.79	12.25	12.75
51	电气设备（申银）	28.2	29.37	8.36	13.43	112.7	8.75
52	机械设备（申银）	37.44	35.31	0.55	13.15	−23.49	5.43
53	机械设备－不包括金属制品（申银）	35.99	33.65	0.28	12.98	−25.61	5.2
54	机械设备＋非汽车交运设备－金属制品	35.99	33.65	0.28	12.98	−25.61	5.2
55	电气设备＋机械设备＋国防军工	34.85	32.69	4.29	14.79	5.45	6.07
56	国防军工（申银）	38.61	30.22	11.45	22.58	−44.12	2.65
57	汽车（申银）	22.9	52.82	10.39	16.94	6.45	15.51
58	汽车整车和零部件（申银）	20.7	54.24	10.62	17.28	7.51	16.05
59	家用电器（申银）	19.53	49.58	8.74	15.17	24.53	18.88
60	纺织服装（申银）	48.9	42.24	6.45	20.21	31.23	10.78
61	轻工制造（申银）	63.09	29.93	8.17	8.27	21.64	5.71
62	食品饮料（申银）	27.58	63.07	8.13	10.27	−10.68	16.69
63	医药生物（申银）	37.99	45.15	17.19	19.65	16.81	12.28
64	休闲服务（申银）	37.05	29.01	12.82	16.87	−0.41	6.06
65	电子（申银）	47.36	23.32	21.24	33.53	20.76	7.07
66	计算机（申银）	31.27	40.51	11.67	22.04	41.22	11.77
67	传媒（申银）	26.05	37.64	26.11	32.32	31.3	11.87

续表

序号	单位名称	带息负债比率	累计保留盈余率	三年营业收入平均增长率	总资产增长率	营业利润增长率	净资产收益率
68	通信（申银）	39.06	19.94	9.01	7.89	57.76	6.78
69	交通运输（申银）	60.92	36.82	8.16	8.7	8.65	9.32
70	房地产（申银）	45.37	50.34	22.15	17.11	0.93	12.06
71	商业贸易（申银）	31.29	44.27	4.81	8.22	-13.02	7.75
72	公用事业（申银）	72.09	35.01	6.26	7.97	12.14	13.28
73	电力（申银，在公共事业中）	73.46	34.84	5.08	6.41	11.14	13.85
74	非银金融（申银）	42.9	22.34	11.81	36.42	19.01	12.81
75	综合（申银）	51.88	18.06	12.73	12.41	99.91	6.36
76	煤炭（申银，包含煤炭两字的）	54.37	48.86	-2.49	8.49	-33.22	6.54
77	三、按规模划分						
78	100亿元以上	45.86	48.03	6.93	11.78	-1.76	9.8
79	50-100亿元	46.78	37.92	8.22	13.47	0.81	7.63
80	10-50亿元	39.66	29.75	8.7	14.72	16.31	7
81	10亿元以下	26.9	-0.51	-0.67	6.18	66.82	5.01
82	四、按地点划分						
83	沪市	48.32	43.39	6.36	11.48	1.59	9.31
84	深市	44.45	38.84	8.92	16.35	5.72	8.9
85	其中：深圳普通版（000）	45.4	41.26	5.91	14.38	-1.09	9.1
86	中小企业板（002）	42.98	37.76	13.43	17.59	13.62	8.6
87	创业板（300）	37.3	30.7	22.02	30.29	22.93	8.95
	京津冀地区	45.12	51.52	6.1	10.3	-4.67	9.57
88	五、按上市时间						
89	2014年上市	40.28	48.66	9.12	33.7	-13.76	13.26
90	2013年上市	38.17	39.95	1.51	18.8	16.67	20.88
91	2012年上市	43.53	41.87	7.65	21.4	10.19	9.95
92	2011年上市	39.4	34.35	12.06	18.53	4.22	7.87
93	2010年上市	39.33	30.16	17.28	17.21	11.01	8.02
94	2009年以前上市	46.09	45.4	6.58	11.06	-0.82	9.1
	六、按综合分类						
95	100强	40.07	61.88	10.57	10.81	10.14	15.6

附录四　新三板——红利释放的2014年

新三板市场起源自2001年"股权代办转让系统"，最早承接两网公司和退市公司，称为"旧三板"。2006年，中关村科技园区非上市股份公司进入代办转让系统，进行股份报价转让，称为"新三板"。2012年，国务院批准扩大非上市股份公司股份转让试点，首批扩大试点新增上海张江高新技术产业开发区、武汉东湖新技术产业开发区和天津滨海高新区。2013年底，新三板方案突破试点限制，扩容至所有符合新三板条件的企业。2014年在挂牌数量、市场成交、估值、融资能力等方面，新三板市场都有大幅提升。

一、新三板简介

1. 新三板的概念

全国中小企业股份转让系统（National Equities Exchange and Quotations）是经国务院批准设立的全国性场外市场，简称全国股份转让系统（俗称新三板）。

2. 发展新三板的背景

（1）构建多层次资本市场体系

2012年9月，全国中小企业股份转让系统经国务院批准正式注册成立，是继上海证券交易所、深圳证券交易所之后第三家全国性证券交易场所。在场所性质和法律定位上，全国股份转让系统与证券交易所是相同的，都是多层次资本市场体系的重要组成部分。因此，从多层次资本市场的构建而言，新三板的推出旨在扭转中国倒金字塔型的市场结构，在促进股权融资市场的金融稳定的同时，拓展资本市场服务实体经济的深度和广度。

（2）促进中国产业转型升级

2014年12月11日结束的中央经济会议指出：经历了30多年高强度大规模开发建设后，传统产业相对饱和，但基础设施互联互通和一些新技术、新产品、新业态、新商业模式的投资机会大量涌现，对创新投融资方式提出了新要求，必须善于把握投资方向，消除投资障碍，使投资继续对经济发展发挥关键作用。

中小企业为稳定就业和促进创新方面具有无可取代的重要地位，20世纪国内60%的重大创新来自于中小企业。据统计，创新型中小企业虽然仅占中国中小企业总数的3%，但是却贡献了超过50%的创新成果，主要涉及生物医药、新能源、新材料、信息技术等高新技术行业，可见，为了实现

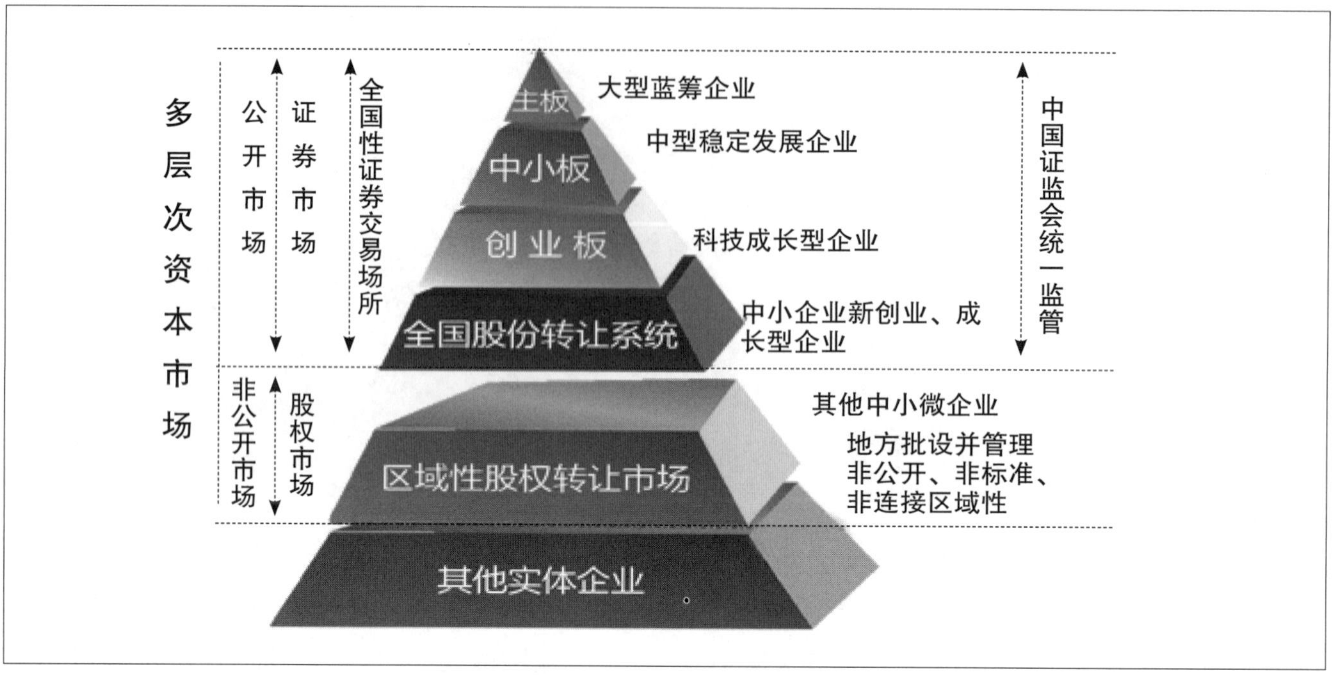

附图 4－1　资本市场分类

创新推动下的经济结构转型和产业升级，应该大力促进中小微企业，尤其是创新型中小微企业的良性发展。中小企业是就业的主要承担者，根据工商总局 2014 年 4 月份发布的《全国小型微型企业发展情况报告》，在我国 7.67 亿的就业人口中，小微企业解决的就业人数已达到 1.5 亿，而且新增就业和再就业人口的 70% 以上集中在中小企业。

而《国务院关于全国中小企业股份转让系统有关问题的决定》规定新三板主要为创新型、创业型、成长型中小微企业发展服务；这将大大改善中小微企业的生存环境，有利的促进中小微企业的创新、创业，成为新兴产业的孵化器，创新成果产业化，进而促进中国实现产业结构调整、经济转型的目的。

（3）缓解中小微企业“融资难、融资贵”

中小企业要做大、做强，首先要解决中小企业融资难、融资贵的问题。而中小企业因为抗风险能力差，可以抵押的实物资产有限，少有银行愿意接受中小企业知识产权质押、应收账款质押、股权质押、订单质押、仓单质押、保单质押。

因此，中小企业想通过金融杠杆做大、做强，想获得更多的融资渠道，就必须走资本市场的道路。而新三板对于中小企业、小微企业的挂牌并无盈利条件的低门槛、不设财务指标的备案制度成为中小企业在这一融资平台上做大、做强的最佳选择，不再局限于银行贷款和政府补助。此外，更多的股权投资基金将会因为有了新三板的制度保障而主动投资，将大大缓解中小企业融资难，生存艰难的现状。

（4）提高公司治理水平

公司治理是实现依法治国的重要内容，更是企业自身生存和发展的需要。

依照新三板规则，企业一旦准备登录新三板，就必须在专业机构的指导下先进行股权改革，明晰公司的股权结构和高层职责。同时，新三板对挂牌公司的信息披露要求比照上市公司进行设置，这将大大提高提高公司透明度，使投资者及时了解企业的生产经营状况和发展前景，增进双方的认同感，与投资者之间建立一种相互信任、利益一致的公共关系；从而促进了企业的规范管理和健康发展，增强了企业的发展后劲。

3. 新三板发展历程回顾

2006 年 1 月，《证券公司代办股份转让系统中关村科技园区非上市股份有限公司股份报价转让试点办法》出台，在北京中关村科技园区建立“新的代办股份转让系统”，“新三板”正式诞生，试点工作开始。

2009 年 7 月 6 日，经中国证券业协会修订后的《证券公司代办股份转让系统中关村科技园区非上市股份有限公司股份报价转让试点办法》正式实施，新的细则主要从以下 5 个方面对之前的试点制度进行了调整：一是试行投资者适当性制度，参与试点的投资者将仅限于机构投资者，包括法人、信托、合作制企业等。二是调整公司挂牌条件。原试点办法要求挂牌企业具有三年连续经营记录，现调整为两年。三是完善转让结算制度，提高股份转让效率。实行电子化报盘，增加定价委托方式。调整股东账户管理制度，今后投资者可通过现有深圳 A 股股票账户参与报价转让，不再需要单独开设非上市股份有限公司股份转让账户。四是完善信息披露制度，今后挂牌公司必须披露半年度报告，财务报告中须包括现金流量表。五是改进股份限售安排。控股股东及其一致行动人继续适用分三批解除限售的规定，对其他股东不再做限制。

2011 年初，新三板规则制度设计初步完成；2011 年 5 月，在前一阶段调研以及征求意见的基础上，监管部门对新三板扩容方案的发展步骤、审核制度、上市标准、市商制度、转板机制、退市标准等六大关键政策进一步达成共识，新三板扩容进入会签程序。

2012 年 8 月，国务院批准扩大非上市股份公司股份转让试点，园区扩展为四个：中关村科技园区、上海张江高新产业开发区、武汉东湖新技术产业开发区和天津滨海高新区。

2013 年 1 月 16 日，全国中小企业股份转让系统正式揭牌。这是我国构建全国统一的场外市场的重要里程碑，自此新三板市场运作平台由证券业协会自律管理的证券公司代办股份转让系统转为国务院批准设立的全国中小企业股份转让系统有限责任公司；挂牌公司的准入和持续监管将纳入证监会非上市公众公司监管范围等。

2013 年 6 月，国务院决定将中小企业股份转让系统试点扩大至全国。2013 年 12 月国务院发布《国务院关于全国中小企业股份转让系统有关问题的决定》，指出全国股份转让系统是经国务院批准，依据证券法设立的全国性证券交易场所，主要为创新型、创业型、成长型中小微企业发展服务。

2013 年 12 月 30 日，全国中小企业股份转让系统公司发布《全国中小企业股份转让系统股票转让细则（试行）》，在交易机制方面，明确新三板挂牌企业股票可以采取做市转让方式、协议转让方式、竞价转让方式之一进行转让。备受瞩目的做市商制度被首度引入中国资本市场，为新三板流动性的注入提供了保障。

4.2014 年出台的相关政策制度

2014 年是新三板迅猛发展的一年，是政策红利释放的一年，集中发布了相关的上市规则、扩大范围等政策制度。

附表 4 – 1　　2014 年新三板相关政策一览表

时间 / 单位	关键词	具体内容
20140321 证监会	新三板可发行优先股	发布《优先股试点管理办法》，指出非上市公众公司可以非公开发行优先股
20140417 股转系统	分层时机不成熟	国务院决定（2013 年 12 月）发布后，全国股份转让系统挂牌企业数量规模增长很快，一些企业、中介利用多种渠道向我司建议进行市场分层。考虑到目前全国股份转让系统还处于市场快速发展和功能培育期，存在挂牌公司指标变化快，市场数据分布不规律、不稳定的情况，因此近期实施市场分层的时机尚未成熟
20140509 国务院	发展多层次股票市场	发布《国务院关于进一步促进资本市场健康发展的若干意见》，加快完善全国中小企业股份转让系统，建立小额、便捷、灵活、多元的投融资机制
20140519 证监会	尚未盈利企业上市	提出研究在创业板建立单独层次，支持尚未盈利的互联网和高新技术企业在新三板挂牌一年后到创业板上市
20140825 股转系统	做市商制度实施	8 月 25 日，全国中小企业股份转让系统做市转让方式正式实施。当日，挂牌股票共成交 8038 万元、1389 万股、2897 笔；其中，采用做市转让方式的股票成交 3892 万元、479 万股、2722 笔，分别占全部挂牌股票的 48%、34%、94%
20141017 证监会	证券法修改、注册制	为推进多层次资本市场建设，我会积极研究在创业板设立专门层次，支持符合一定条件但尚未盈利的互联网和科技创新企业在新三板挂牌一年后到创业板上市。在研究专门层次时，需要统筹考虑、全盘谋划，把创业板专门层次改革与证券法修订、注册制改革、多层次资本市场建设等工作有机衔接起来。目前，我会正在进一步研究和论证相关规则
20141121 证监会	投资者门槛	近段时期以来，许多主办券商、挂牌公司、投资机构及自然人投资者向全国股份转让系统公司提出："500 万元证券类资产"的准入标准过高，建议适当降低投资者适当性管理标准，以适应市场发展的需要。全国股份转让系统公司高度重视市场的意见和建议，将结合市场的功能定位、服务模式及监管体系进行深入研究
20141222 股转系统	分层管理、竞价交易	"预计明年年中前后竞价交易系统上线，市场分层方案明年第三季度征求意见。"12 月 22 日，全国中小企业股份转让系统（俗称新三板）副总经理隋强透露
20141226 证监会	全面扩大	证监会发布证券经营机构参与新三板相关业务有关问题的通知，允许主办券商探索股权支付、期权支付等新型收费模式，支持基金管理公司子公司、期货公司子公司、证券投资咨询机构等开展推荐业务，支持基金管理公司子公司、期货公司子公司、证券投资咨询机构、私募基金管理机构等机构开展做市业务，明确提出券商自营资金、资管产品和公募基金产品可以投资新三板，支持证券期货经营机构利用全国股转系统补充资本。是完善新三板制度建设与资本功能的重要举措，也是前期各项业务试点取得满意成效的标志，做市、推荐等业务将在更广的平台、吸引更多元的机构参与。明确支持券商之外的金融机构为新三板企业提供做市、推荐服务，基金 / 期货公司子公司 / 私募投资机构都获准投资新三板业务，2015 年新三板在新制度基础上有望继续飞跃式发展

数据来源：股转系统，海瀛新锐

5. 新三板 . 创业板 . 主板 / 中小板的上市条件对比

附表 4–2　　新三板、创业板、主板 / 中小板的上市条件对比

项目	新三板	创业板	中小板 / 主板
经营年限	依法设立且存续（存在并持续）满 2 年	依法设立且持续经营 3 年以上的股份有限公司	依法设立且持续经营 3 年以上的股份有限公司
股东人数	≤ 200，直接挂牌；〉200，证监会核准	≥ 200	≥ 200
盈利条件	无	最近 2 年连续盈利，最近 2 年净利润累计不少于一千万元；或者最近一年盈利，最近一年营业收入不少于五千万元	最近 3 个会计年度净利润均为正数且累计超过人民币 3000 万元

续表

项目	新三板	创业板	中小板 / 主板
净资产	无	最近一期末净资产不少于二千万元，且不存在未弥补亏损	最近一期末不存在未弥补亏损
总股本	无	发行后股本总额不少于 3000 万元	发行前股本总额不少于 3000 万元
收入与现金流	无	无	最近 3 个会计年度经营活动产生的现金流量净额累计超过人民币 5000 万元；或者最近 3 个会计年度营业收入累计超过人民币 3 亿元
无形资产	最近一期末无形资产（扣除土地使用权、水面养殖权和采矿权等后）占净资产的比例不高于 70%（公司法规定）	最近一期末无形资产（扣除土地使用权、水面养殖权和采矿权等后）占净资产的比例不高于 70%（公司法规定）	最近一期末无形资产（扣除土地使用权、水面养殖权和采矿权等后）占净资产的比例不高于 20%
业务与持续经营	业务明确，具有持续经营能力	发行人应当主要经营一种业务，最近 2 年内主营业务和董事、高级管理人员均没有发生重大变化，实际控制人没有发生变更	不得有如下情况：发行人的经营模式、产品或服务的品种结构已经或者将发生重大变化
公司治理	公司治理机制健全，合法规范经营	具有完善的公司治理结构	
股权关系	股权明晰，股票发行和转让行为合法合规	股权清晰，控股股东和受控股股东、实际控制人支配的股东所持发行人的股份不存在重大权属纠纷	股权清晰，控股股东和受控股股东、实际控制人支配的股东所持发行人的股份不存在重大权属纠纷
主办券商	推荐并持续督导（终身）	上市后三年一期督导，再融资两年一期	上市后两年一期督导，再融资一年一期

数据来源：股转系统，海瀛新锐

二、发行篇

1. 发行概况

2014 年，新三板新增挂牌公司 1216 家，占全部挂牌公司总数 77%，同比增长 342%；其中，中小微企业占比 95.42%，高新技术企业占比 77%；总股本 658.35 亿股，总市值 4591.42 亿元。

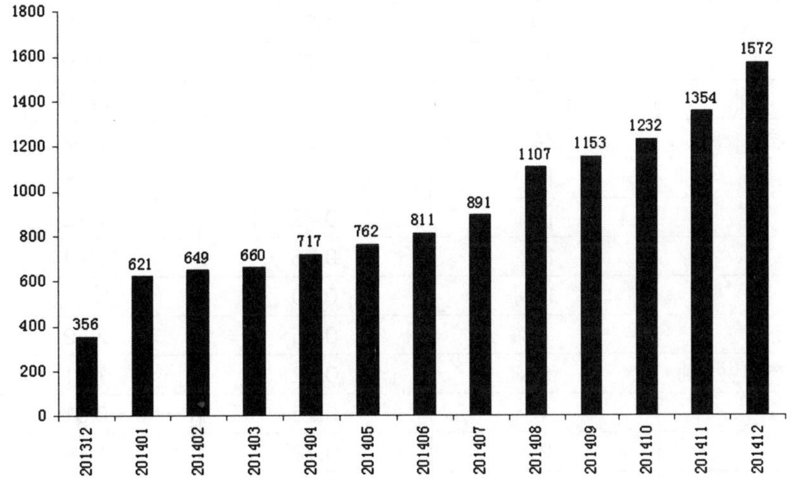

数据来源：股转系统，海瀛新锐

附图 4－2　新三板 2014 年分月度挂牌家数总计

2. 券商推荐挂牌数量简况

前10名券商推荐挂牌公司合计721家，占比46%，其中申银万国推荐挂牌157家，位居首位，齐鲁证券和广发证券分列第二和第三位。

附表4－3　　2014年挂牌前20名券商增幅对比

券商	2013年	2014年	14年新增	14年增幅（%）	券商	2013年	2014年	14年新增	14年增幅（%）
安信	2	48	46	2300.00	中信建投	19	67	48	252.63
招商	3	42	39	1300.00	长江	21	72	51	242.86
宏源	5	43	38	760.00	海通	12	37	25	208.33
方正	4	28	24	600.00	中原	13	39	26	200.00
东吴	7	45	38	542.86	南京	10	30	20	200.00
东北	7	44	37	528.57	西部	13	36	23	176.92
齐鲁	18	90	72	400.00	国信	36	80	44	122.22
中信	6	29	23	383.33	国泰君安	20	44	24	120.00
广发	20	75	55	275.00	申银万国	73	156	83	113.70
光大	12	43	31	258.33	东方	12	25	13	108.33

资料来源：Wind，海赢新锐

3. 挂牌企业行业分布

制造业、信息传输、软件和信息技术服务业、建筑业、科学研究和技术服务业挂牌公司家数占比均在3%以上，四者合计占比86.20%。

附表4－4　　挂牌企业行业分布概况

行业名称（Wind）	挂牌公司家数	家数占比（%）	总股本（亿股）	总股本占比（%）
制造业	883	56.17	339.73	51.60
信息传输、软件和信息技术服务业	360	22.90	84.85	12.89
建筑业	57	3.63	26.85	4.08
科学研究和技术服务业	55	3.50	13.15	2.00
农、林、牧、渔业	38	2.42	23.87	3.62
租赁和商务服务业	30	1.91	11.41	1.73
文化、体育和娱乐业	28	1.78	7.09	1.08
批发和零售业	26	1.65	12.37	1.88
水利、环境和公共设施管理业	24	1.53	9.12	1.39
交通运输、仓储和邮政业	15	0.95	6.55	1.00
采矿业	14	0.89	7.22	1.10
金融业	12	0.76	106.44	16.17
卫生和社会工作	11	0.70	3.21	0.49
居民服务、修理和其他服务业	7	0.45	2.19	0.33
电力、热力、燃气及水生产和供应业	5	0.32	1.91	0.29
教育	4	0.25	0.91	0.14
综合	2	0.13	1.18	0.18
住宿和餐饮业	1	0.06	0.3	0.05
合计	1572	100.00	658.35	100.00

数据来源：Wind

4. 挂牌企业地域分布

新三板挂牌公司数量50家以上的省区有北京、江苏、上海、广东、山东、湖北、浙江和河南，合计占比73.99%。

附表4－5　各省区新三板挂牌公司数量与占比

省区	家数	占比(%)	省区	家数	占比(%)	省区	家数	占比(%)
北京	362	23.03	福建	41	2.61	云南	13	0.83
江苏	171	10.88	湖南	33	2.10	吉林	7	0.45
上海	166	10.56	四川	31	1.97	广西	5	0.32
广东	149	9.48	河北	23	1.46	山西	4	0.25
山东	98	6.23	陕西	22	1.40	海南	3	0.19
湖北	93	5.92	重庆	22	1.40	甘肃	3	0.19
浙江	69	4.39	新疆	17	1.08	内蒙古	3	0.19
河南	55	3.50	黑龙江	14	0.89	青海	1	0.06
安徽	45	2.86	宁夏	14	0.89			
天津	41	2.61	贵州	13	0.83			
辽宁	41	2.61	江西	13	0.83	合计	1572	100.00

数据来源：股转系统，海瀛新锐

5. 营业收入情况

2014年，新三板营收最高的为南菱汽车，营业收入50亿元，第二名银丰棉花44.38亿元，第三名海源达39.85亿元。

附表4－6　2014年营业收入前5名

排名	证券代码	证券简称	营业收入(亿元)	净利润(亿元)
1	830865	南菱汽车	50.02	0.12
2	831029	银丰棉花	44.38	0.39
3	831329	海源达	39.85	0.31
4	830881	圣泉集团	39.5	3.09
5	430002	中科软	30.85	1.48

数据来源：股转系统，海瀛新锐

6.2014年净利润排名

利润最高的当属湘财证券，净利润7.985105亿元，净利润同比增长率达到512.54%。成大生物以4.424961亿元位居第二，九鼎投资以3.63828亿元列第三。

附表4－7　2014年新三板净利润前5名

排名	证券代码	简称	净利润(万元)	净利润同比增长率(%)
1	430399	湘财证券	79851.1	512.5
2	831550	成大生物	44249.6	9.6
3	430719	九鼎投资	36382.8	848.2
4	830881	圣泉集团	30935.1	17.7
5	830838	新产业	25287.2	79.0

数据来源：股转系统，海瀛新锐

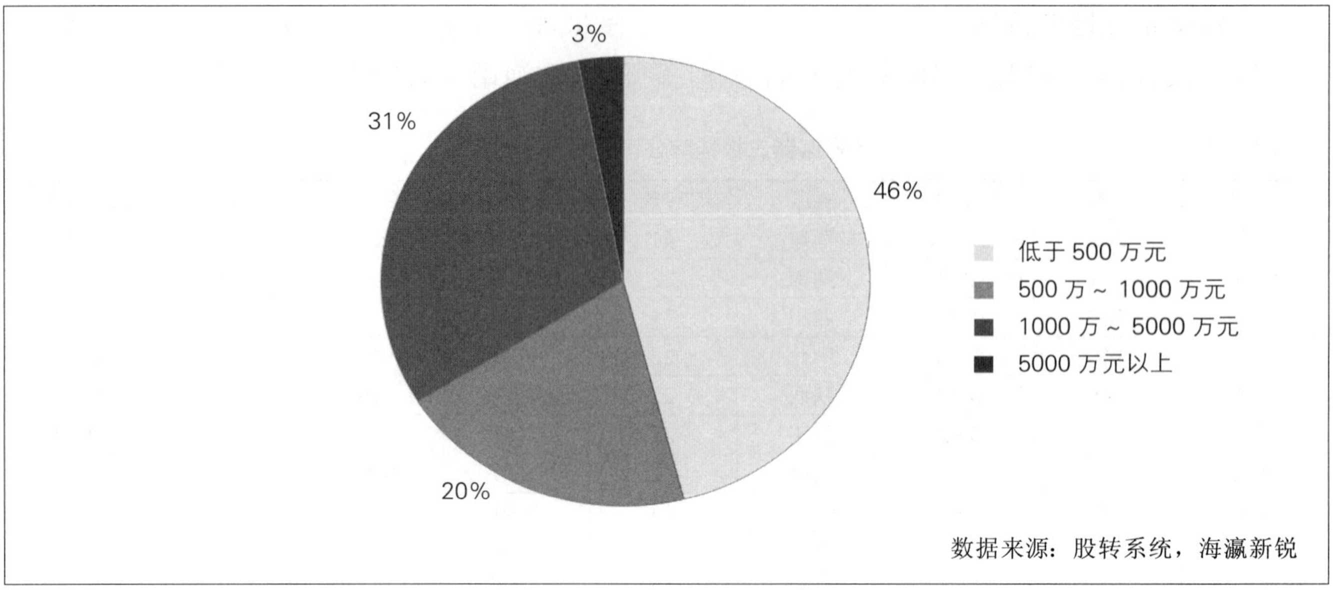

附图4－3 2014年新三板企业净利润区间分布

中搜网络以1.29亿的亏损居冠，也是亏损前十的榜单内唯一一家做市企业。超过1亿亏损的还有现代农装以及九洲光电。

附表4－8 2014年新三板公司亏损前5名

排名	证券代码	简称	净利润（万元）	净利润同比增长率（%）
1	430339	中搜网络	−12925.2	9.07
2	430010	现代农装	−11026.9	−59.89
3	830995	九洲光电	−10339.7	−4855.47
4	830820	大族冠华	−5953.64	−181.26
5	430635	展唐科技	−5827.58	−425.99

数据来源：股转系统，海赢新锐

附表4－9 2014年新三板净利润增长率前5名

排名	证券代码	简称	净利润同比增长率（%）	净利润（万元）
1	831605	奔速电梯	9471.23	845.04
2	830929	幸美股份	5618.76	1696.68
3	831200	巨正源	4213.51	4234.00
4	430421	华之邦	3202.87	1020.90
5	831339	新思路	2886.63	1403.10

数据来源：股转系统，海赢新锐

7.2014年挂牌企业总股本排名

新三板挂牌公司总股本前10名当中，金融行业占6家，其余四家分别为健力股份（材料）、博硕光电（信息技术）、成大生物（医疗保健）和云南路桥（工业）。

挂牌公司总市值前10名当中，金融行业3家，分别是九鼎投资、联讯证券和湘财证券；医疗保健行业3家，分别是新产业

（生物医学工程）、仁会生物和星昊医药；信息技术2家，分别是中科软和凯立德；其余两家分别是锡成矿业（材料）和金达莱（环保）。

附表4-10　2014年新三板总股本前20名

证券代码	证券简称	股份总量（万股）	证券代码	证券简称	股份总量（万股）
430719	九鼎投资	407383.33	830958	鑫庄农贷	33300.00
430399	湘财证券	319725.59	831628	西部超导	33207.20
830899	联讯证券	121428.00	830881	圣泉集团	25748.84
831098	通利农贷	60000.00	430383	红豆杉	25000.00
831199	海博小贷	60000.00	430002	中科软	21200.00
831352	健力股份	58000.00	430065	中海阳	20700.00
831019	博硕光电	36200.00	831379	融信租赁	20000.00
831550	成大生物	36000.00	831618	文广农贷	20000.00
830796	云南路桥	35000.00	830995	九洲光电	16861.00
430558	均信担保	34029.00	430485	南京旭建	16000.00

数据来源：股转系统

8. 股东人数分布

2014年挂牌的公司股东人数相对集中，200人以上公司仅12家，占比0.6%；101～200人的公司51家，占比3.24%。95%以上挂牌公司股东人数在100人以下。

三、交易篇

1. 交易概况

2014年，新三板挂牌公司的成交量22.82亿股，同比放大10.27倍；成交额130.36亿元，同比放大15.02倍。

附表4-11　历年股票成交概况（2006年～2014年）

年度	成交数量（万股）	成交金额（万元）	成交笔数	换手率（%）
2006	1592.63	8340.71	251	–
2007	4420.15	23156.63	521	–
2008	5407.86	29527.82	484	–
2009	10735.76	48342.53	878	–
2010	6951.29	41872.24	644	–
2011	9562.76	56169.56	832	5.57
2012	11455.51	58431.81	638	4.47
2013	20242.52	81396.19	989	4.47
2014	228212.40	1303580.47	92654	19.67

数据来源：股转系统

自2014年8月份做市政策实施开始，市场整体换手率从2013年底的4.47%上升至19.67%；截至2014年底，共有122只挂牌股票采用做市转让方式，日均成交金额2436万元；大部分做市股票形成了连续的价格曲线；成交量和成交额均明显放大，12月成交量和成交额最高，分别为6.04亿股和31.04亿元，换手率达3.25%。

附表 4－12　　2014 年股票成交月度统计

月份	成交数量（万股）	成交金额（万元）	成交笔数	换手率（%）
2014.01	4279.12	23465.72	326	0.93
2014.02	1339.06	5252.83	135	0.15
2014.03	2687.51	12640.22	208	0.35
2014.04	3110.60	14253.03	197	0.40
2014.05	2245.73	98759.89	343	2.30
2014.06	2863.31	56273.48	786	1.22
2014.07	7545.39	54902.67	1420	1.05
2014.08	45378.09	199489.29	9821	3.20
2014.09	37376.18	171539.34	11909	2.48
2014.10	24512.04	145687.81	11212	1.92
2014.11	36431.39	210836.07	23358	2.42
2014.12	60443.98	310480.12	32939	3.25
合计	228212.40	1303580.47	92654	19.67

数据来源：股转系统

2. 做市商概况

做市系统于 2014 年 8 月 25 日正式上线，使大小券商处于同一起跑线上，成为券商三板业务的必争之地。由于券商做市资金来源于自有资金，必将承担做市企业业绩和股价波动的风险，因此做市商会优先选择具有高成长性或有望率先转板转竞价的优质企业来做市。这些做市商有三个服务策略：

一是做增发：由于做市的主要收益来源于库存股浮盈而非买卖价差，以东方、中信为代表的做市商，通过加大做市投入，并以增发拿到较大规模的库存股，从而带动交易的活跃度和做市股价格的提升。

二是转做市：即基于“同一企业必须有两家以上券商做市”的规定，很多挂牌储备较少的中小券商，通过二级市场买入后转做市，实现做市数量的逆袭。

三是服务型策略：即主办券商把做市堪称服务挂牌企业的方式之一，如申银万国和国信，主要做自己主办的企业。

附表 4－13　　截至 2014 年 12 月 31 日券商做市家数排名

行业排名	券商	做市家数	其中：主办家数	库存股获取方式		
				协议转让	定增	转做市
1	齐鲁	23	8	13	6	4
2	天风	20	1	13		7
3	广州	19	1	16	3	
4	世纪	18	0	13	4	1
5	上海	17	6	9	8	
6	国泰君安	17	2	10	4	3
7	中信	17	2	7	6	4
8	申银万国	16	14	13	3	
9	兴业	15	1	12	2	1
10	国信	13	10	13		
11	东方	12	2	6	5	1
12	东吴	10	4	7	2	1

续表

行业排名	券商	做市家数	其中：主办家数	库存股获取方式		
				协议转让	定增	转做市
13	中山	10	2	9	1	
14	东莞	10	1	6	3	1
15	中原	10	0	6	4	
16	东海	9	2	8	1	
17	山西	9	3	8	1	
18	华泰	8	2	5	3	
19	华安	8	1	6	1	1
20	海通	7	2	4	3	
21	国都	7	6	1		
22	华融	7	1	4	3	
23	长江	6	2	4	1	1
24	中信建投	6	2	3	2	1
25	光大	6	2	5	1	

资料来源：Wind，海瀛新锐

附表 4－14 做市数前 20 名券商做市股票平均涨跌幅一览

排名	券商	较库存成本（%）	较做市首日（%）	排名	券商	较库存成本（%）	较做市首日（%）
1	中信建投	214.12	29.69	11	山西	78.97	10.58
2	齐鲁	182.20	6.47	12	长江	77.92	7.09
3	华安	135.47	−1.49	13	海通	72.12	21.22
4	东吴	100.23	19.86	14	国泰君安	70.97	6.53
5	东方	98.22	21.40	15	东莞	68.37	0.00
6	中原	97.42	12.06	16	天风	67.32	0.59
7	中信	91.64	12.87	17	华泰	66.95	3.68
8	广州	85.88	14.85	18	申万	62.93	7.19
9	中山	82.65	2.94	19	上海	60.85	9.39
10	兴业	81.43	16.67	20	国信	60.36	6.99

资料来源：Wind，海瀛新锐

3. 投资者概况

附表 4－15 投资者账户数量（2012 ～ 2014）

年份	2014	2013	2012
机构投资者（户）	4695	1088	937
个人投资者（户）	43980	7436	4313

数据来源：股转系统

4. 做市转让概况

2014 年底，新三板采取做市转让方式的挂牌公司合计 122 家，其中 57 家挂牌公司做市商数量为 2 家，65 家挂牌公司做市商数量为 3 家及以上。其中，伯朗特做市商家数为 8 家，位居首位；峻岭能源做市商家数为 7 家，居其次；公准股份、布雷尔利、哇棒传媒、金天地、万绿生物和中瀛鑫等做市商家数为 6 家；九恒星、中海阳、星和众工、创世生态、嘉达早教、优炫软件、百大能源、凯立德为 5 家。

附表 4－16　每月转为做市方式公司数量（家）

时间	201408	201409	201410	201411	201412
转为做市方式公司数量	43	9	6	17	48

数据来源：股转系统，海瀛新锐

附表 4－17　做市企业地域分布

地区	北京	上海	江苏	山东	广东	其他
数量	38	15	16	9	7	40

数据来源：股转系统，海瀛新锐

5. 涨跌幅排名

协议转让部分和做市转让部分年度涨幅前 10 名挂牌公司 2014 年开盘价均为 1 元，协议转让部分涨幅前 10 名部分挂牌公司年度成交较少，例如新天药业涨幅 38 倍，年度成交仅 3.9 万元，天松医疗涨幅 35 倍，年度成交仅 10.8 万元，大汉三通涨幅 27.37 倍，年度成交仅 75.15 万元。

附表 4－18　2014 年新三板公司涨幅超过 20 倍公司一览

证券代码	证券简称	年涨跌幅	行业	证券代码	证券简称	年涨跌幅	行业
430719	九鼎投资	921	多元金融服务	430176	中教股份	29	综合消费者服务Ⅲ
430148	科能腾达	60	电子设备	430237	大汉三通	27	无线电信业务Ⅲ
430346	哇棒传媒	53	信息技术服务	831413	中创股份	26	互联网软件与服务Ⅲ
430374	英富森	49	信息技术服务	430680	联兴科技	25	金属、非金属与采矿
430174	沃捷传媒	47	专业服务	430351	爱科凯能	25	医疗保健设备与用品
831215	新天药业	38	制药	430598	众合医药	25	制药
830931	仁会生物	38	生物科技Ⅲ	430309	易所试	24	专业服务
430588	天松医疗	35	医疗保健设备与用品	830815	蓝山科技	22	通信设备Ⅲ
430223	亿童文教	32	综合消费者服务Ⅲ	430419	三凯股份	21	化工
430453	恒锐科技	29	电子设备、仪器和元件	430445	仙宜岱	20	纺织品、服装与奢侈品
430701	立德股份	29	金属、非金属与采矿	831213	博汇股份	20	石油、天然气
831158	金鲵生物	29	食品	430261	易维科技	20	信息技术服务

数据来源：股转系统

四、定向发行融资篇

1. 定向发行次数和金额

2014 年，新三板挂牌公司共计实施定向发行 327 次，为 2007～2013 年发行次数总量的 2.92 倍；2014 年，定向发行涉及资金总额 129.99 亿元，为 2007～2013 年募资总额的 3.95 倍。

2. 定向发行行业分布

附表 4－19　定向发行行业分布

行业分类	发行金额（万元）	发行金额占比（%）	发行股数（万股）	发行股数占比 (%)	发行次数
制造业	312584.82	24.05	69698.10	26.37	157
信息传输、软件和信息技术服务业	167266.23	12.87	27053.10	10.24	97
建筑业	14512.00	1.12	4425.33	1.67	14
农、林、牧、渔业	18839.69	1.45	4327.30	1.64	9
科学研究和技术服务业	10600.50	0.82%	3336.88	1.26	8

续表

行业分类	发行金额（万元）	发行金额占比（%）	发行股数（万股）	发行股数占比 (%)	发行次数
文化、体育和娱乐业	17562.00	1.35	3008.29	1.14	7
水利、环境和公共设施管理业	21060.00	1.62	5010.00	1.90	6
卫生和社会工作	6394.40	0.49	1753.00	0.66	5
交通运输、仓储和邮政业	3236.28	0.25	1188.73	0.45	5
批发和零售业	4990.76	0.38	1807.03	0.68	5
采矿业	4804.50	0.37	873.41	0.33	4
租赁和商务服务业	20220.00	1.56	11250.00	4.26	4
金融业	678676.59	52.21	129391.15	48.96	3
综合	16000.00	1.23	415.96	0.16	1
电力、热力、燃气及水生产和供应业	820	0.06	410	0.16	1
教育	2310.00	0.18	350	0.13	1
合计	1299877.76	100.00	264298.28	100.00	327

数据来源：股转系统，海瀛新锐

3. 定向发行地域分布

附表 4 – 20 定向发行地域分布

省区	发行金额（万元）	发行金额占比（%）	发行股数（万股）	发行股数占比（%）	发行次数
北京	796873.26	61.30	96593.40	36.55	90
上海	83714.09	6.44	13372.10	5.06	47
江苏	38782.03	2.98	9828.58	3.72	32
广东	168194.72	12.94	82796.28	31.33	30
湖北	33582.07	2.58	8364.57	3.16	19
山东	32181.00	2.48	9851.90	3.73	17
四川	9785.18	0.75	2202.51	0.83	13
天津	17075.14	1.31	3805.15	1.44	12
安徽	13836.42	1.06	5114.20	1.94	12
浙江	20282.40	1.56	3025.94	1.14	10
河北	15295.53	1.18	4139.74	1.57	7
河南	5150.38	0.40	875.4	0.33	6
辽宁	6785.70	0.52	1261.50	0.48	6
福建	4475.25	0.34	2846.00	1.08	5
贵州	6505.00	0.50	1078.00	0.41	4
湖南	3559.60	0.27	2303.00	0.87	4
宁夏	3410.00	0.26	390	0.15	3
黑龙江	18490.00	1.42	10060.00	3.81	2
新疆	3800.00	0.29	3700.00	1.40	2
云南	3100.00	0.24	1300.00	0.49	2
陕西	250	0.02	100	0.04	1
江西	13000.00	1.00	500	0.19	1
重庆	500	0.04	290	0.11	1
吉林	1250.00	0.10	500	0.19	1
合计	1299877.76	100.00	264298.28	100.00	327

数据来源：股转系统，海瀛新锐

4. 定向发行次数排名

2014年定向发行次数居前的挂牌公司分别为：楼兰股份（5次）、凯立德（4次）、布雷尔利（3次）和扬讯科技（3次），还有28家挂牌公司发行次数为2次，其余发行次数均为1次。

5. 定向发行融资金额排名

定向发行募集榜首为九鼎投资，募资57.87亿元，其中35.37亿元认购方式为资产认购。募集资金在1亿元以上的挂牌公司共计有15家。

附表4－21　　募集资金总额前10名

名次	名称	募集资金（亿）	名次	名称	募集资金（亿）
1	九鼎投资	57.87	2	联讯证券	10
3	现代农装	3.24	4	凯立德	3.08
5	君信担保	1.78	6	中海阳	1.43
7	沃捷传媒	1.33	8	金达莱	1.3
9	银橙传媒	1.25	10	德鑫物联	1.2

数据来源：股转系统，海瀛新锐

6. 定向发行主办券商排名

解决挂牌企业的融资需求，既是主办券商服务企业的最主要方式，也是获取潜在项目资源的主要手段。从融资次数看，2014年申银万国、广发、齐鲁、长江和中信建投排名前5；融资规模方面，西部、申银万国、中信建投、齐鲁排名靠前。

附表4－22　　2014年主办券商融资次数及规模（万元）

行业排名	主办券商	发行次数	发行金额	行业排名	主办券商	发行次数	发行金额
1	申银万国	23	80974	15	安信	6	15172
2	广发	23	19486	15	东方	6	11422
3	齐鲁	22	38342	15	金元	6	9230
4	长江	18	35327	15	国金	6	8929
5	中信建投	15	48784	15	招商	6	6538
6	宏源	14	12462	15	中原	6	4836
7	光大	13	30743	22	国元	5	8461
8	东北	11	8973	22	国泰君安	5	6732
9	国信	10	47929	24	华融	4	30750
10	上海	9	16480	24	平安	4	7853
11	中信	8	11073	24	南京	4	4516
12	西部	7	581934	24	方正	4	2916
12	银河	7	26229	24	海通	4	1839
12	东吴	7	6393	24	华西	4	678
15	首创	6	19630	24	兴业	4	451

资料来源：Wind，海瀛新锐

五、资本运作篇

1. 重大资产重组

2014年，参考《非上市公众公司重大资产重组管理办法》的有关规定，符合重大资产重组的挂牌公司有8家，涉及资金总额13.74亿元，其中新冠亿碳被东江环保子公司东江环保再生能源有限公司收购而摘牌。

附表 4－23　　重大资产重组概况表

序号	证券代码	证券简称	交易金额（万元）	交易类型
1	430075	中讯四方	7980.00	股票发行购买资产
2	430141	久日化学	14800.00	股票发行购买资产
3	430275	新冠亿碳	7104.00	出售资产，已摘牌
4	430437	绿洲生化	8800.00	股票发行购买资产
5	430011	指南针	14000.00	股票发行购买资产
6	430463	汽牛股份	48922.73	股票发行购买资产
7	830851	骏华农牧	4707.00	股票发行购买资产
8	831182	堃琦鑫华	1056.00	现金收购资产
合计	137369.45	—		

数据来源：股转系统，海瀛新锐

2. 被收购

参考《非上市公众公司重大资产重组管理办法》的有关规定，新三板有 8 家公司符合公司收购的判断标准，收购涉及总额合计 2.21 亿元，涉及金额最大的为兆信股份（1.48 亿元），收购市盈率最高的是索享股份（432 倍）。

附表 4－24　　挂牌公司被收购情况

序号	证券代码	证券简称	收购方	交易金额（万元）	公司估值（万元）	收购市盈率（倍）
1	430073	兆信股份	慧聪网（HK2280）控股子公司	14767.50	19430.40	21.99
2	430356	雷腾软件	个人（原第二大股东）	241.8	2418.00	6.97
3	430280	索享股份	个人（股票发行实际控制人变更）	1440.00	2160.00	432
4	831103	怡达化学	继承	非交易过户	–	–
5	430181	道从科技	个人（股票发行实际控制人变更）	520	1020.00	32.9
6	430752	索泰能源	实际控制人控制的另一主体（股票发行第一大股东变更，实际控制人不变）	475	975	8.71
7	430711	泓源光电	个人（股票发行实际控制人变更）	4665.50	10416.00	6.38
8	430382	元亨光电	元亨瑞乾	签订一致行动协议	–	–
交易金额合计（万元）	22109.80	–				

数据来源：股转系统

3. 被收购而终止挂牌

8 家挂牌公司被上市公司、上市公司参股子公司或拟上市公司收购，涉及资金金额 15.01 亿元，收购涉及资金金额最大的为铂亚信息，涉及资金金额 5.25 亿元；收购市盈率最高的为屹通信息，高达 80 倍。

附表 4－25

序号	证券代码	证券简称	收购方	交易金额（万元）	公司估值（万元）	收购市盈率（倍）
1	430531	瑞翼信息	通鼎光电（002491）	11500.00	22577.00	18.9
2	430364	屹通信息	东方国信（300166）	45100.00	45100.00	80
3	430026	金豪制药	沃森生物（300142）参股子公司	–	–	–
4	430679	嘉宝华	拟上市公司	–	–	–

续表

序号	证券代码	证券简称	收购方	交易金额（万元）	公司估值（万元）	收购市盈率（倍）
5	430115	阿姆斯	芭田股份（002170）	14260.00	14260.00	23.7
6	430708	铂亚信息	欧比特（300053）	52500.00	52500.00	17.66
7	430710	激光装备	亚威股份（002559）	10586.58	10586.58	7.54
8	830804	日新传导	宝胜股份（600973）	16200.00	16200.00	11.44
交易金额合计（万元）	150146.58					

数据来源：股转系统

六、新三板与创业板

1. 市值对比——绝对值差异大

2014年至今新，新三板进入了制度改革所带来的爆发式成长阶段，挂牌企业数量和总市值都正经历着新三板成立以来最高速的增长。Wind数据显示，2010年至2014年，创业板总市值增长了2.96倍，达到21836亿元，而同期新三板总市值增长了20.02倍，但总市值仅为2422亿元，为前者的11.1%

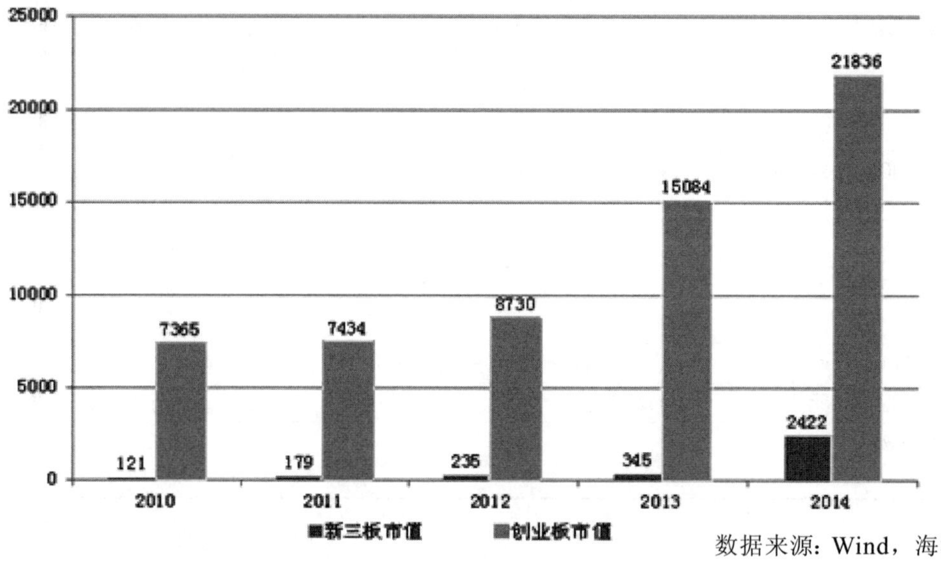

数据来源：Wind，海瀛新锐

附图4－4 新三板、创业板市值对比（亿元）

2. 行业结构对比——非常接近

根据新财富行业分类统计，新三板与创业板中，企业数量占比最高的行业均为计算机及机械行业，这两个行业的比重相加分别占据各自市场的42.24%、31.78%。此外，其他行业的比例也基本相当，体现了我国转型升级的方向，以及市场进一步细分的呼声。

附表 4 – 26　　新三板、创业板行业对比表

	新三板挂牌家数	创业板上市家数	占挂牌总数比例（%）	占上市总数比例（%）
计算机行业	360	63	22.90	15.40
机械行业	304	67	19.34	16.38
基础化工业	130	39	8.27	9.54
电子元器件行业	114	56	7.25	13.69
电力设备行业	65	25	4.13	6.11
建筑和工程	65	3	4.13	0.73
通信及通信设备	64	33	4.07	8.07
医药生物	57	39	3.63	9.54
传播与文化	52	10	3.31	2.44
非金属类建材业	42	12	2.67	2.93
综合类	39	5	2.48	1.22
农林牧渔类行业	37	6	2.35	1.47
有色金属行业	36	3	2.29	0.73
食品饮料行业	31	6	1.97	1.47
电力、煤气及水等公用事业	30	7	1.91	1.71
社会服务业（旅游饭店和休闲）	28	2	1.78	0.49
批发和零售贸易	17	1	1.08	0.24
交运设备行业	14	10	0.89	2.44
石油化工业	13	1	0.83	0.24
银行和金融服务	13	1	0.83	0.24
能源行业	11	5	0.70	1.22
纺织和服饰行业	10	4	0.64	0.98
航空运输行业	9		0.57	0.00
休闲品和奢侈品	9	2	0.57	0.49
造纸印刷行业	9	1	0.57	0.24
公路港口航运行业	4	2	0.25	0.49
家用电器行业	4	5	0.25	1.22
房地产业	3		0.19	0.00
钢铁行业	2	1	0.13	0.24
合计	1572	409	100.00	100.00

据来源：股转系统，海瀛新锐

3. 市场估值对比——估值差异较大

由于新三板与创业板市场存在诸多差异，在估值方面体现的十分明显。新三板做市转让部分市盈率 2014 年 8 月份开始提升明显，12 月已达 27.75 倍，高于协议转让部分 72%，协议转让部分市盈率维持在 13 ～ 18 倍之间。这说明投资者对新三板的投资热情有所提升。

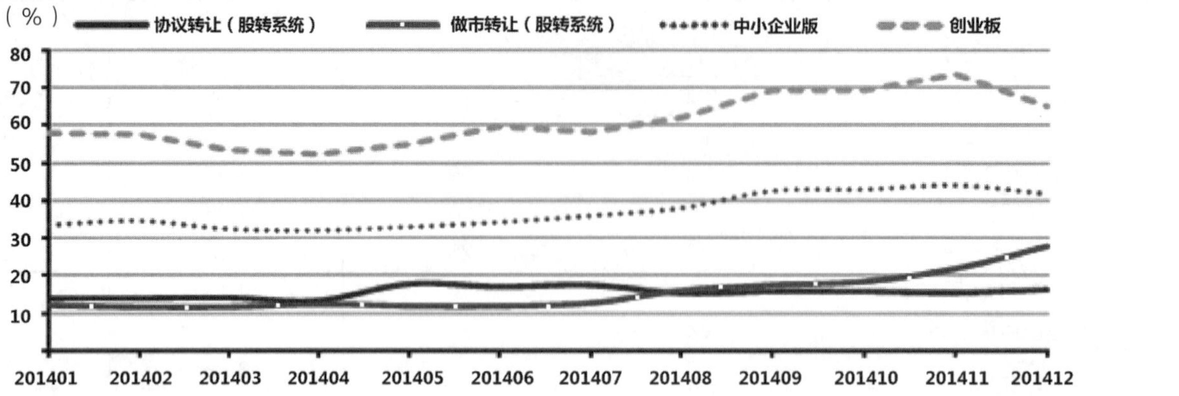

附图 4－5　每月市盈率变化（整体法，以 2014 年财务数据为基础）

4. 市场活跃度对比——新三板市场进入高速发展期

自 2009 年创业板上市以来，其低门槛、高风险、高收益等特质吸引了大量的个人和机构投资者；2014 年创业板成交量、成交金额分别为 4000 亿股、77449 亿元，自 2010 年以来，年均复合增长率分别为 78%、49%，年换手率均维持在 800% 以上。

新三板市场活跃程度则呈现出明显的两阶段特征：2013 年及以前，市场活跃度低、成长缓慢；2014 年，在以做市为代表的各项制度落实与推出之后，新三板市场进入了爆发式增长阶段，2014 年的成交量和成交金额分别是 2013 年的 11 倍和 16 倍，年换手率也提高到了 20%。

附表 4–27　新三板创业板市场活跃度对比表

项目		成交数量（万股）	成交金额（亿元）	换手率（%）
2010	创业板	3990950	15675	1063.38
	新三板	6951	4.2	7.68
2011	创业板	7534541	18720	797.36
	新三板	9563	5.6	5.57
2012	创业板	14645333	23117	899.89
	新三板	11456	5.8	4.47
2013	创业板	29983094	50665	1082.7
	新三板	20243	8.1	4.47
2014	创业板	39995207	77449	886.66
	新三板	228212	130.4	19.67

资料来源：Wind

5. 企业规模对比——新三板 1 亿以下，创业板 1 亿以上

新三板挂牌企业股本普遍集中在 1000 万～5000 万股，1 亿股以下的，共计占 95.3%，表明新三板企业中的绝大多数均为中小企业。而创业板则集中于 1 亿股以上，共计 87.53%。这体现了两个市场的股本规模特征。

附表 4-28　　新三板、创业板股本对比表

总股本（万股）	新三板挂牌家数	创业板上市家数	挂牌占比 (%)	上市占比 (%)
1000（含）以下	344	0	21.88	0.00
1000< ≤ 5000	872	2	55.47	0.49
5000< ≤ 10000	282	49	17.94	11.98
10000< ≤ 20000	58	139	3.69	33.99
20000< ≤ 50000	10	173	0.64	42.30
50000（不含）以上	6	46	0.38	11.25
合计	1572	409	100.00	100.00

资料来源：Wind，海瀛新锐

6. 利润率对比——新三板企业利润率较低

由于经济下行压力，两市场近年来都经历了利润率下降的过程：新三板市场利润率由 2010 年的 12.4% 下降到 2013 年的 7.8%，同期创业板市场利润率由 20.3% 下降到 14.6%；横向对比来看，新三板企业的利润率要低于创业板企业，盈利能力有一定差距，2013 年，新三板企业的利润率为 7.8%，创业板企业为 14.6%，二者相距 6.8 个百分点。

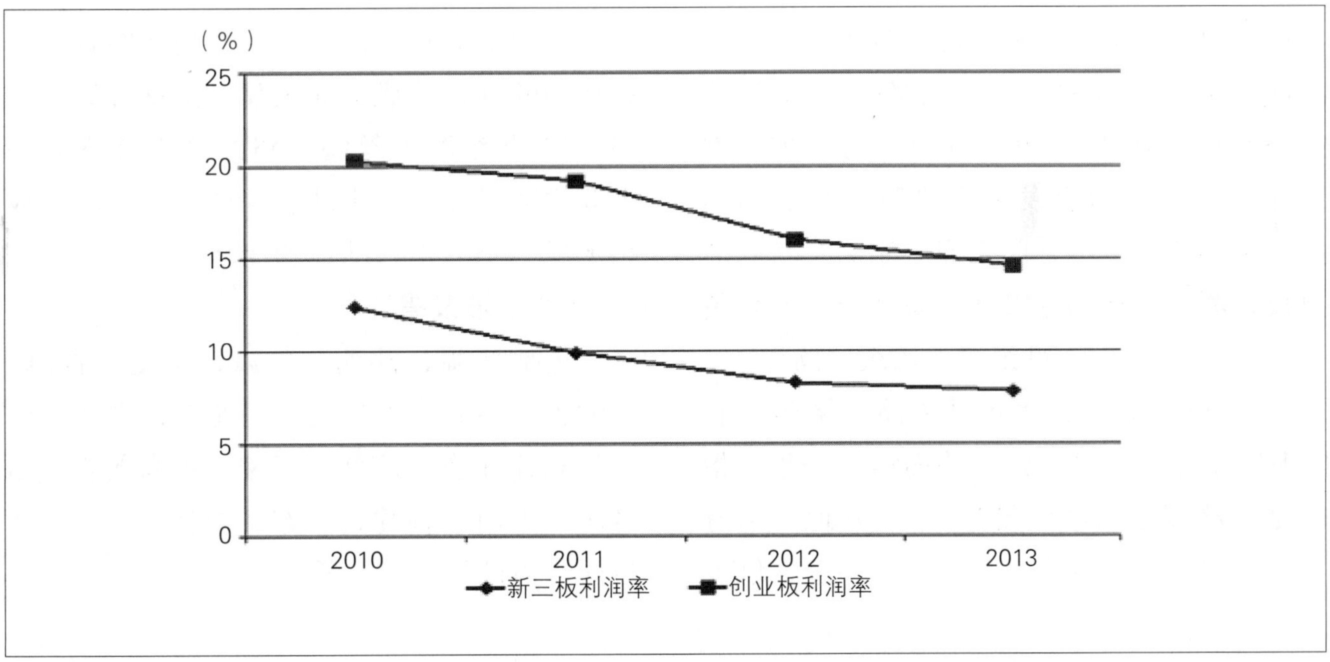

附图 4－6　2010 ~ 2013 年新三板与创业板利润率对比

附录五　区域经济

第一部分“一带一路”

一、概念综述

（一）提出背景

2013 年 9 月 7 日，习近平主席在哈萨克斯坦发表重要演讲，首次提出了加强政策沟通、道路联通、贸易畅通、货币流通、民心相通，共同建设“丝绸之路经济带”的战略倡议；2013 年 10 月 3 日，习近平主席在印度尼西亚国会发表重要演讲时明确提出，中国致力于加强同东盟国家的互联互通建设，愿同东盟国家发展好海洋合作伙伴关系，共同建设“21 世纪海上丝绸之路”。

“一带一路”是“丝绸之路经济带”和“21 世纪海上丝绸之路”的简称。一带，指的是“丝绸之路经济带”，是在陆地。它有三个走向，从中国出发，一是经中亚、俄罗斯到达欧洲；二是经中亚、西亚至波斯湾、地中海；三是中国到东南亚、南亚、印度洋。“一路”，指的是“21 世纪海上丝绸之路”，重点方向是两条，一是从中国沿海港口过南海到印度洋，延伸至欧洲；二是从中国沿海港口过南海到南太平洋。

丝绸之路经济带战略涵盖东南亚经济整合、涵盖东北亚经济整合，并最终融合在一起通向欧洲，形成欧亚大陆经济整合的大趋势。21 世纪海上丝绸之路经济带战略从海上联通欧亚非三个大陆和丝绸之路经济带战略形成一个海上、陆地的闭环。

（二）涉及省区

包括新疆、陕西、甘肃、宁夏、青海、内蒙古等西北的 6 省区，黑龙江、吉林、辽宁等东北 3 省，广西、云南、西藏等西南 3 省区，上海、福建、广东、浙江、海南等 5 省区，内陆地区则是重庆。

（三）丝路新图

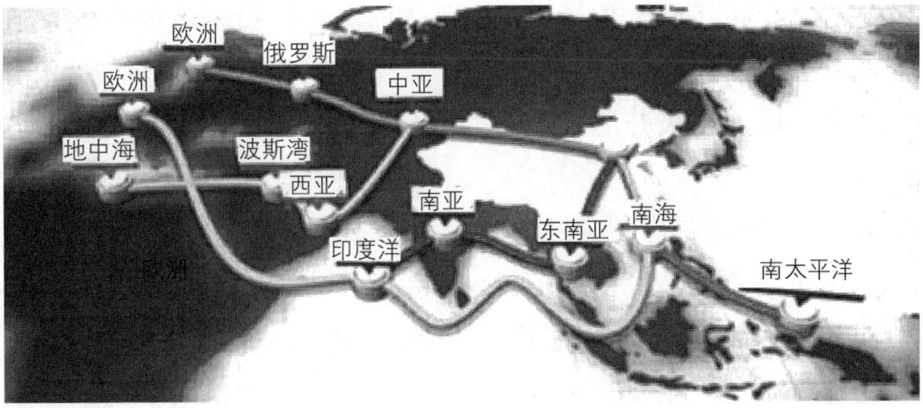

附图 5–1 丝路新图

①北线A：北美洲（美国，加拿大）——北太平洋——日本，韩国——日本海——扎鲁比诺港（海参崴，斯拉夫扬卡等）——珲春——延吉——吉林——长春——蒙古国——俄罗斯——欧洲（北欧，中欧，东欧，西欧，南欧）。

②北线B：北京——俄罗斯——德国——北欧。

③中线:北京——西安——乌鲁木齐——阿富汗——哈萨克斯坦——匈牙利——巴黎

④南线：泉州——福州——广州——海口——北海——河内——吉隆坡——雅加达——科伦坡——加尔各答——内罗毕——雅典——威尼斯。

⑤中心线:连云港——郑州——西安——兰州——新疆——中亚——欧洲。

（四）合作重点

政策沟通。加强政策沟通是“一带一路”建设的重要保障。加强政府间合作，积极构建多层次政府间宏观政策沟通交流机制，深化利益融合，促进政治互信，达成合作新共识。沿线各国可以就经济发展战略和对策进行充分交流对接，共同制定推进区域合作的规划和措施，协商解决合作中的问题，共同为务实合作及大型项目实施提供政策支持。

设施联通。基础设施互联互通是“一带一路”建设的优先领域。在尊重相关国家主权和安全关切的基础上，沿线国家宜加强基础设施建设规划、技术标准体系的对接，共同推进国际骨干通道建设，逐步形成连接亚洲各次区域以及亚欧非之间的基础设施网络。强化基础设施绿色低碳化建设和运营管理，在建设中充分考虑气候变化影响。

抓住交通基础设施的关键通道、关键节点和重点工程，优先打通缺失路段，畅通瓶颈路段，配套完善道路安全防护设施和交通管理设施设备，提升道路通达水平。推进建立统一的全程运输协调机制，促进国际通关、换装、多式联运有机衔接，逐步形成兼容规范的运输规则，实现国际运输便利化。推动口岸基础设施建设，畅通陆水联运通道，推进港口合作建设，增加海上航线和班次，加强海上物流信息化合作。拓展建立民航全面合作的平台和机制，加快提升航空基础设施水平。

加强能源基础设施互联互通合作，共同维护输油、输气管道等运输通道安全，推进跨境电力与输电通道建设，积极开展区域电网升级改造合作。

共同推进跨境光缆等通信干线网络建设，提高国际通信互联互通水平，畅通信息丝绸之路。加快推进双边跨境光缆等建设，规划建设洲际海底光缆项目，完善空中（卫星）信息通道，扩大信息交流与合作。

贸易畅通。投资贸易合作是“一带一路”建设的重点内容。宜着力研究解决投资贸易便利化问题，消除投资和贸易壁垒，构建区域内和各国良好的营商环境，积极同沿线国家和地区共同商建自由贸易区，激发释放合作潜力，做大做好合作“蛋糕”。

沿线国家宜加强信息互换、监管互认、执法互助的海关合作，以及检验检疫、认证认可、标准计量、统计信息等方面的双多边合作，推动世界贸易组织《贸易便利化协定》生效和实施。改善边境口岸通关设施条件，加快边境口岸“单一窗口”建设，降低通关成本，提升通关能力。加强供应链安全与便利化合作，推进跨境监管程序协调，推动检验检疫证书国际互联网核查，开展“经认证的经营者”（AEO）互认。降低非关税壁垒，共同提高技术性贸易措施透明度，提高贸易自由化便利化水平。

拓宽贸易领域，优化贸易结构，挖掘贸易新增长点，促进贸易平衡。创新贸易方式，发展跨境电子商务等新的商业业态。建立健全服务贸易促进体系，巩固和扩大传统贸易，大力发展现代服务贸易。把投资和贸易有机结合起来，以投资带动贸易发展。

加快投资便利化进程，消除投资壁垒。加强双边投资保护协定、避免双重征税协定磋商，保护投资者的合法权益。

拓展相互投资领域，开展农林牧渔业、农机及农产品生产加工等领域深度合作，积极推进海水养殖、远洋渔业、水产品加工、海水淡化、海洋生物制药、海洋工程技术、环保产业和海上旅游等领域合作。加大煤炭、油气、金属矿产等传统能源资源勘探开发合作，积极推动水电、核电、风电、太阳能等清洁、可再生能源合作，推进能源资源就地就近加工转化合作，形成能源资源合作上下游一体化产业链。加强能源资源深加工技术、装备与工程服务合作。

推动新兴产业合作，按照优势互补、互利共赢的原则，促进沿线国家加强在新一代信息技术、生物、新能源、新材料等新兴产业领域的深入合作，推动建立创业投资合作机制。

优化产业链分工布局，推动上下游产业链和关联产业协同发展，鼓励建立研发、生产和营销体系，提升区域产业配套能力和综合竞争力。扩大服务业相互开放，推动区域服务业加快发展。探索投资合作新模式，鼓励合作建设境外经贸合作区、跨境经济合作区等各类产业园区，促进产业集群发展。在投资贸易中突出生态文明理念，加强生态环境、生物多样性和应对气候变化合作，共建绿色丝绸之路。

资金融通。资金融通是“一带一路”建设的重要支撑。深化金融合作，推进亚洲货币稳定体系、投融资体系和信用体系建设。扩大沿线国家双边本币互换、结算的范围和规模。推动亚洲债券市场的开放和发展。共同推进亚洲基础设施投资银行、金砖国家开发银行筹建，有关各方就建立上海合作组织融资机构开展磋商。加快丝路基金组建运营。深化中国－东盟银行联合体、上合组织银行联合体务实合作，以银团贷款、银行授信等方式开展多边金融合作。支持沿线国家政府和信用等级较高的企业以及金融机构在中国境内发行人民币债券。符合条件的中国境内金融机构和企业可以在境外发行人民币债券和外币债券，鼓励在沿线国家使用所筹资金。

加强金融监管合作，推动签署双边监管合作谅解备忘录，逐步在区域内建立高效监管协调机制。完善风险应对和危机处置制度安排，构建区域性金融风险预警系统，形成应对跨境风险和危机处置的交流合作机制。加强征信管理部门、征信机构和评级机构之间的跨境交流与合作。充分发挥丝路基金以及各国主权基金作用，引导商业性股权投资基金和社会资金共同参与“一带一路”重点项目建设。

民心相通。民心相通是“一带一路”建设的社会根基。传承和弘扬丝绸之路友好合作精神，广泛开展文化交流、学术往来、人才交流合作、媒体合作、青年和妇女交往、志愿者服务等，为深化双多边合作奠定坚实的民意基础。

扩大相互间留学生规模，开展合作办学，中国每年向沿线国家提供1万个政府奖学金名额。沿线国家间互办文化年、艺术节、电影节、电视周和图书展等活动，合作开展广播影视剧精品创作及翻译，联合申请世界文化遗产，共同开展世界遗产的联合保护工作。深化沿线国家间人才交流合作。

加强旅游合作，扩大旅游规模，互办旅游推广周、宣传月等活动，联合打造具有丝绸之路特色的国际精品旅游线路和旅游产品，提高沿线各国游客签证便利化水平。推动21世纪海上丝绸之路邮轮旅游合作。积极开展体育交流活动，支持沿线国家申办重大国际体育赛事。

强化与周边国家在传染病疫情信息沟通、防治技术交流、专业人才培养等方面的合作，提高合作处理突发公共卫生事件的能力。为有关国家提供医疗援助和应急医疗救助，在妇幼健康、残疾人康复以及艾滋病、结核、疟疾等主要传染病领域开展务实合作，扩大在传统医药领域的合作。

加强科技合作，共建联合实验室（研究中心）、国际技术转移中心、海上合作中心，促进科技人员交流，合作开展重大科技攻关，共同提升科技创新能力。

整合现有资源，积极开拓和推进与沿线国家在青年就业、创业培训、职业技能开发、社会保障管理服务、公共行政管理等共同关心领域的务实合作。

充分发挥政党、议会交往的桥梁作用，加强沿线国家之间立法机构、主要党派和政治组织的友好往来。开展城市交流合作，欢迎沿线国家重要城市之间互结友好城市，以人文交流为重点，突出务实合作，形成更多鲜活的合作范例。欢迎沿线国家智库之间开展联合研究、合作举办论坛等。

加强沿线国家民间组织的交流合作，重点面向基层民众，广泛开展教育医疗、减贫开发、生物多样性和生态环保等各类公益慈善活动，促进沿线贫困地区生产生活条件改善。加强文化传媒的国际交流合作，积极利用网络平台，运用新媒体工具，塑造和谐友好的文化生态和舆论环境。

根据Wind统计，截至2014年12月

31日，一带一路概念股指数涵盖北方国际、银星能源、包钢股份等61家上市公司，主要涉及建筑与工程、交通基础设施、航空货运与物流等行业，总市值为137555936.70万元，资产总计301375443.27万元，净资产合计70949351.29万元，主营业务收入合190492243.94万元，净利润合计5801330.64万元，综合市盈率23.71，市净率1.94，市销率0.72，详见附表1。

二、当前进展

2014年11月4日上午，中共中央总书记、国家主席、中央军委主席、中央财经领导小组组长习近平主持召开中央财经领导小组第八次会议，研究丝绸之路经济带和21世纪海上丝绸之路规划、发起建立亚洲基础设施投资银行和设立丝路基金。

中国将出资400亿美元成立丝路基金，为"一带一路"沿线国家基础设施、资源开发、产业合作和金融合作等与互联互通有关的项目提供投融资支持。同时发起设立亚洲基础设施投资银行（AsianInfrastructureInvestmentBank，缩写为AIIB，简称亚投行），法定资本1000亿美元，向包括东盟国家在内的本地区发展中国家基础设施建设提供资金支持，截至2015年4月1日，亚投行扩围至50个成员国。

三、未来展望

2015年，"一带一路"战略将从顶层设计和规划走向逐步落实，蓝图将徐徐展开，为实体经济注入新活力，拉动内需，扩大对外投资……

交通大布局即将延伸。2014年12月26日，兰新、贵广和南广三条高铁同时开通运营，丰富了我国的高速铁路网，贯通了"一带一路"思路。2014年12月，国家发改委批复了位于宁夏、甘肃、安徽、新疆、内蒙古等地的公路建设项目。2014年11月，国家发改委批复了大量中西部地区的机场和铁路建设项目。

为"一带一路"走出去服务，交通是首要任务。交通运输部党组书记、部长杨传堂在2015年全国交通运输工作会议上表示，2015年将认真梳理"一带一路"、京津冀协同发展、长江经济带等国家重大战略规划中的重大项目并率先启动。

丝路基金也将尘埃落定。2014年12月底有消息称，丝路基金已经设立。外汇储备将大额出资，投资丝路沿线国家的基础建设和互联互通。国家外汇管理局总经济师、储备管理司司长黄国波透露，丝路基金并非援助性的"马歇尔计划"，股权投资更有真实资产作支撑。丝路基金将善用市场化的运作模式、当地政府和社会的支持及国际多边机构的影响力，将有利于"一带一路"沿线国家实现较好的经济社会效益，同时实现我国外汇储备的保值增值。

与此同时，央行也表态认为，丝路基金将有利于加快中国资本账户开放和人民币国际化进程。目前，中国已与"一带一路"相关国家或组织签署了一系列协定。中国与多国互签的促进和保护投资协定，与印度、孟加拉国等签订的亚太贸易协定等。随着"一带一路"沿线国家的贸易、投资进一步便利化，中国与沿线国家的经济金融合作将更为紧密。

开启产能合作打开了新思路。2014年12月25日至26日，中国国家发展和改革委员会主任徐绍史与哈萨克斯坦投资和发展部部长阿·伊谢克舍夫在北京共同举行中哈产能合作第一次对话。经过磋商，双方签署了《会议纪要》，初步确定了16个早期收获项目和63个前景项目清单，涉及钢铁、水泥、平板玻璃、能源、电力、矿业、化工等领域。双方商定将抓紧工作，继续磋商，敲定项目清单，探讨合作模式，争取在2015年3月哈萨克斯坦总理来访时见证签署中哈产能合作框架协议和一批企业间协议。

附表 1

“一带一路”概念股 2014 年业绩评价表

序号	全部上市公司排名	证券代码	证券简称	综合得分（100 分）	省区	申万行业分类	总市值（万元）	年末资产总额（万元）	年末所有者权益（万元）	营业收入（万元）	净利润（万元）	市盈率（%）	市净率（%）	市销率（%）
1	78	600717	天津港	76.47	天津	交通运输	2868879.50	3365582.36	1838579.70	2552829.88	164784.83	24.98	2.16	1.25
2	219	002700	新疆浩源	71.75	新疆	公用事业	483209.41	94323.77	76325.80	34544.80	10493.18	45.63	6.69	14.95
3	236	000582	北部湾港	71.38	广西	交通运输	1556951.82	859635.10	356685.86	423772.77	60827.74	26.50	4.65	2.66
4	247	000672	上峰水泥	71.01	甘肃省	建筑材料	735512.36	385036.62	177597.43	273664.12	36943.80	20.88	4.41	2.49
5	252	601107	四川成渝	70.76	四川省	交通运输	1657468.52	2879913.87	1236739.78	830035.58	105937.46	17.41	1.43	2.01
6	316	000905	厦门港务	69.20	福建省	交通运输	825705.00	509318.75	281831.30	750233.03	32228.63	87.41	3.46	1.18
7	318	000022	深赤湾 A	69.16	广东省	交通运输	1439112.65	693582.42	487559.96	180476.62	52979.05	34.46	3.54	7.99
8	342	000400	许继电气	68.66	河南省	电气设备	2046904.44	1079219.58	623416.18	835919.36	128926.67	19.14	3.96	2.56
9	348	002051	中工国际	68.54	北京	建筑装饰	2113854.49	1790002.49	580875.04	953287.75	77312.65	24.65	4.03	2.14
10	376	600720	祁连山	67.95	甘肃	建筑材料	851590.44	1083747.42	525700.42	614697.44	55577.61	15.14	1.84	1.34
11	398	601186	中国铁建	67.48	北京	建筑装饰	18827088.33	61700401.50	10289124.00	59196845.20	1157156.50	17.82	2.17	0.31
12	400	601800	中国交建	67.45	北京	建筑装饰	22466707.51	63038788.85	13219653.67	36667323.40	1376237.15	19.31	2.20	0.63
13	461	601669	中国电建	66.25	北京	建筑装饰	8092800.00	28675673.90	4807442.06	16709118.70	527698.80	17.45	2.27	0.52
14	483	000065	北方国际	65.92	北京	建筑装饰	459417.66	491798.38	118115.16	302410.08	22432.27	24.89	4.98	1.19
15	490	600017	日照港	65.76	山东	交通运输	1430179.06	1756384.85	1099127.85	508360.38	72075.45	25.33	1.44	2.81
16	541	002302	西部建设	64.91	新疆	建筑材料	780885.06	1087289.34	402402.92	1021104.05	36552.86	23.92	2.20	0.79
17	543	000415	渤海租赁	64.88	新疆	非银金融	2425472.85	6772068.40	1259810.70	685195.50	117864.40	29.93	2.51	2.64
18	554	600057	象屿股份	64.68	福建省	交通运输	1056975.26	2079278.34	543990.01	4838397.21	35542.03	64.62	2.87	0.24
19	572	600089	特变电工	64.33	新疆	电气设备	4011285.50	5929171.12	2102037.02	3607475.63	181141.85	29.26	2.05	1.10
20	665	600039	四川路桥	62.69	四川省	建筑装饰	1648774.04	5217515.84	830571.35	2697274.35	92495.17	30.12	2.34	0.60
21	666	600279	重庆港九	62.68	重庆	交通运输	578389.42	717886.15	427505.84	189529.59	15470.22	85.16	1.74	3.30
22	671	600033	福建高速	62.62	福建省	交通运输	1045616.40	1869010.64	954496.27	263602.77	79093.82	17.88	1.36	3.90

续表

序号	全部上市公司排名	证券代码	证券简称	综合得分（100分）	省区	申万行业分类	总市值（万元）	年末资产总额（万元）	年末所有者权益（万元）	营业收入（万元）	净利润（万元）	市盈率（%）	市净率（%）	市销率（%）
23	757	600029	南方航空	61.17	广东省	交通运输	5065864.57	18969700.00	4427400.00	10831300.00	241800.00	35.65	1.45	0.48
24	774	600317	营口港	60.93	辽宁省	交通运输	3074666.93	1722295.39	1029062.21	391048.76	56305.92	56.98	3.25	7.90
25	803	600256	广汇能源	60.41	新疆	化工	4365111.04	3763626.43	1258710.27	671726.88	168387.70	52.96	4.03	6.87
26	992	601880	大连港	57.97	辽宁省	交通运输	2040386.00	2784405.09	1497887.72	794245.62	60567.21	44.38	1.50	2.81
27	1014	600449	宁夏建材	57.75	宁夏	建筑材料	593900.85	812991.42	449972.37	389263.97	32985.74	22.88	1.40	1.40
28	1040	600802	福建水泥	57.44	福建省	建筑材料	347123.16	540273.65	212303.78	206183.62	7304.65	−416.60	3.31	1.63
29	1043	601618	中国中冶	57.40	北京	建筑装饰	9650550.00	32597847.90	5802450.80	21578577.20	434135.50	33.66	2.11	0.46
30	1216	000514	渝开发	54.97	重庆	房地产	597389.84	778899.74	338332.50	194700.89	10778.30	49.21	2.17	3.27
31	1229	600545	新疆城建	54.73	新疆	建筑装饰	769720.00	958024.97	217358.21	566500.15	15313.83	96.77	3.74	1.38
32	1239	600569	安阳钢铁	54.54	河南省	钢铁	797096.93	3214656.70	763140.52	2685175.97	3342.26	1464.97	1.10	0.29
33	1328	600106	重庆路桥	53.08	重庆	交通运输	530121.33	630317.96	294438.66	33960.94	24691.94	24.17	1.89	15.19
34	1346	600190	锦州港	52.78	辽宁省	交通运输	1033182.41	1219500.58	595099.04	212699.47	23191.76	93.50	1.80	4.68
35	1375	600967	北方创业	52.29	内蒙古	机械设备	1214494.13	343101.88	244516.80	298364.09	20318.68	63.97	5.19	3.96
36	1408	600528	中铁二局	51.68	四川省	建筑装饰	2196096.00	5898059.15	688109.24	7151263.90	36903.00	113.37	3.60	0.29
37	1419	002596	海南瑞泽	51.45	海南省	建筑材料	239732.80	208796.33	129568.17	112130.85	2264.18	132.38	2.63	2.12
38	1456	000088	盐田港	50.96	广东省	交通运输	1918893.60	682595.41	554118.74	30085.08	47345.93	47.83	3.82	63.07
39	1457	002698	博实股份	50.92	黑龙江省	机械设备	982450.00	204204.26	164263.21	60767.46	18577.40	58.40	6.18	14.90
40	1535	300103	达刚路机	49.72	陕西省	机械设备	357406.99	94796.05	80725.04	33068.36	5041.41	88.20	4.47	7.76
41	1578	601008	连云港	48.99	江苏省	交通运输	770548.26	648539.53	328367.34	152937.11	10253.77	80.05	2.40	4.93
42	1618	000862	银星能源	48.31	宁夏	电气设备	412182.71	952816.07	186363.98	143847.13	2858.33	−291.09	1.38	3.18
43	1640	600415	小商品城	47.90	浙江省	商业贸易	3453719.39	2849840.53	928121.04	384328.22	40646.35	107.34	3.96	8.82
44	1701	000721	西安饮食	46.71	陕西省	休闲服务	314405.23	106434.07	70692.49	54577.61	1211.90	−115.90	4.57	5.68

续表

序号	全部上市公司排名	证券代码	证券简称	综合得分（100分）	省区	申万行业分类	总市值（万元）	年末资产总额（万元）	年末所有者权益（万元）	营业收入（万元）	净利润（万元）	市盈率（%）	市净率（%）	市销率（%）
45	1708	000528	柳工	46.63	广西	机械设备	1415554.61	2080190.16	912605.16	1029340.61	19315.88	178.92	1.54	1.27
46	1729	002457	青龙管业	46.27	宁夏	建筑材料	347386.70	224571.04	174650.93	85579.34	6155.49	60.95	2.00	3.15
47	1735	000877	天山股份	46.22	新疆维	建筑材料	902103.79	2162763.13	808455.66	654357.26	25479.56	383.36	1.31	1.32
48	1740	002307	北新路桥	46.11	新疆	建筑装饰	653187.43	1003839.52	137255.95	580779.56	1081.97	3339.61	4.93	1.22
49	1766	601872	招商轮船	45.55	上海	交通运输	2969459.82	2813804.31	1351956.77	260215.03	22495.59	−191.74	2.90	12.37
50	1791	600706	曲江文旅	45.22	陕西省	休闲服务	283984.31	174214.35	78622.46	108222.76	2675.19	128.01	3.55	2.24
51	1821	600798	宁波海运	44.68	浙江省	交通运输	451268.41	639839.71	239275.19	108958.39	−1286.20	−202.09	2.36	4.42
52	1975	002628	成都路桥	40.46	四川省	建筑装饰	424751.74	629815.50	263252.82	149799.55	13790.05	30.77	1.63	2.12
53	1976	000610	西安旅游	40.43	陕西省	休闲服务	208356.03	57661.52	43685.85	69886.01	−2081.26	−75.19	4.69	3.12
54	2008	600010	包钢股份	39.41	内蒙古	钢铁	6530114.28	10366616.34	1915685.08	2979189.36	20130.87	228.16	3.47	2.10
55	2065	600425	青松建化	37.72	新疆	建筑材料	949986.37	1205898.34	587112.63	273137.70	−11840.19	−49.10	1.87	3.57
56	2138	002266	浙富控股	34.94	浙江省	电气设备	1286167.90	504950.12	305224.61	68601.52	10484.49	−858.18	4.51	17.77
57	2156	600368	五洲交通	34.27	广西	交通运输	456923.24	1395389.42	313998.68	328978.41	2084.55	71.36	1.46	1.37
58	2189	600243	青海华鼎	32.81	青海省	机械设备	179532.30	233903.84	82615.16	112578.80	−405.81	−55.01	2.55	1.65
59	2215	000933	神火股份	31.61	河南省	采掘	1138399.50	5113554.85	1041900.58	2396711.56	−41243.35	−28.05	1.61	0.49
60	2386	600984	*ST 建机	18.49	陕西省	机械设备	192278.58	102601.64	58998.23	28320.44	−12784.35	−14.87	2.88	4.69
61		603169	兰石重装	57.44	甘肃省	机械设备	1038659.79	608476.68	133465.07	144736.14	43280.26	209.36	10.94	6.90
综合表现							137555936.70	301375443.27	70949351.29	190492243.9	5801330.64	23.71	1.94	0.72

第二部分“京津冀一体化”

一、概念综述

京津冀一体化是中国国务院总理李克强在2014年3月5日作政府工作报告时指出，加强环渤海及京津冀地区经济协作。

近期目标是，到2017年，非首都核心功能疏解要取得明显进展，交通一体化、生态环境保护和产业对接协作三个重点领域，要集中力量先行启动并率先突破。中期目标的时限在2020年，届时北京市的常住人口要力争控制在2300万人左右，首都存在的突出问题得到缓解；区域交通网络要基本形成，生态环境质量要有效改善等。远期目标是，到2030年，京津冀区域一体化格局基本形成，京津冀成为具有较强国际竞争力和影响力的重要区域，甚至能够引领、支撑全国经济社会发展。

二级市场上，Wind京津冀一体化指数4月7日以来震荡盘整；今年以来，该指数累计上涨44.33%，在111个Wind概念指数中排名第98位，涨幅靠后。根据Wind统计，截至2014年12月31日，京津冀一体化指数涵盖常山股份、建投能源、首钢股份等27家上市公司，总市值为26340146.79万元，资产总额52279558.88万元，净资产合计15418312.21万元，主营业务收入合计22228961.67万元，净利润合计864473.84万元，综合市盈率30.47，市净率1.71，市销率1.18，详见附表2。

二、当前进展

以京津为例，京、津两市虽处在一个经济区内，但行政地位、经济实力相近，缺乏珠三角区域系统行政同属一省那样的共同利害关系，也缺少长三角区域系统以上海为绝对中心来统领整个区域的内在凝聚力。

另一方面，京津在以往的产业政策上求大求全，均强调“一个不能少”，导致产业结构自成体系、自我封闭，使得产业结构趋同加剧，相互之间争资源、争项目、争投资过度竞争和封闭竞争严重，许多重复投资和重复建设不仅造成不必要损失，还造成整个区域资源使用浪费和经济发展水平相对滞后。

与此同时，区域基础设施建设发展滞后问题已经显现出来。

由京津冀发改委联合所作的《京津冀都市圈区域规划研究报告》指出，如果从京津冀都市圈区域发展一体化要求分析，区域性基础设施网络尚未形成，同区域一体化的目标要求还有较大的距离。

区域性基础设施网络对区域经济一体化进程的约束作用很明显，特别是在一些区域性港口、机场、跨地区高速公路和城际快速通道建设中，缺乏必要的统筹安排。另外，由于该区域一体化进程缓慢，市场机制的作用还不足以对京津冀都市圈的区域格局重组产生根本作用，因此该地区的经济一体化进程应该首先从基础设施建设一体化建设开始。

以港口建设为例，目前存在的突出问题是：京津冀各港口都在加大建设力度，同时又有新的港口出现。而每个港口规划的发展前景，通常都是向着高效益的综合性港口发展，未来港口功能将可能全面重复。这对于腹地共享、服务对象有限的京津冀都市圈港口体系的发展而言，无疑将是巨大的浪费。

在该地区的港口建设中，要通过统一规划，合理布局，形成以天津为枢纽港、其他港口各有分工的港口体系，并通过铁路、高速公路等把主要港口和以京津为核心腹地、以辽东和山东半岛为重要支撑的环渤海地区联系为一个整体，从而改变港口重复建设，低水平竞争，与腹地联系薄弱，后方集疏系统不能合理配套的局面。

此外，科技创新优势在都市圈内产业化和区域经济发展方面的辐射带动作用有限。北京与天津和河北的合作则只占极少的比例，其55%左右的技术合同是面向全国的；交通运输网络的发达程度居全国前列，但京津冀都市圈内部城市之间的通达性却并不理想。

三、未来展望

当前，京津冀各方正在全面贯彻落实京津冀协同发展重大国家战略。其中，农业银行近日制定下发了《中国农业银行关于支持京津冀协同发展的信贷政策》，将京津冀交通一体化、生态环境建设、产业转移与整合升级作为三大支持重点。

在交通方面，位于北京大兴和河北廊坊境内的北京新机场正式开建；京昆高速涞水至北京段建成通车；河北燕郊站至北京站的动车组临客列车开通；京津冀城际铁路投资公司揭牌成立。在生态环保方面，京津冀实行生态环境信息共享、生态过渡带共建，大气污染联防联控取得明显成效；京冀在全国率先启动跨区域碳排放权交易试点建设，承德市作为试点，与北京市启动跨区域碳排放权交易市场建设。在产业对接方面，北京凌云化工整体搬迁河北邯郸；北汽集团在河北黄骅整车项目建成投产；京冀两地共建曹妃甸现代产业实验区；津冀共建邯郸涉县天铁循环经济示范区；动物园地区批发市场、大红门地区批发市场、天意小商品批发市场等批发市场将相继从北京撤出，拟转移至津冀两地……

京津冀已经形成了梯队产业发展模式。北京作为政治经济中心，着力发展文化、旅游、行政管理、商业服务业等；天津作为港口城市，主要发展对外贸易、物资交流、制造业、工业产品加工产业等；河北地区则以农业、重工业和制造业为主。在加快落实新型城镇化规划、大力发展中西部和振兴东北老工业基地，发展“一带一路”的背景下，京津冀一体化的推进将为三地相关产业带来极大提振。

附表 2

“京津冀一体化”概念股 2014 年业绩评价表

序号	全部上市公司排名	证券代码	证券简称	综合得分（100 分）	省区	申万行业分类	总市值（万元）	年末资产总额（万元）	年末所有者权益（万元）	营业收入（万元）	净利润（万元）	市盈率（%）	市净率（%）	市销率（%）
1	2	000600	建投能源	89.65	河北省	公用事业	1818500.77	2526631.72	1096258.09	1089113.55	266011.95	9.66	2.13	1.68
2	48	600340	华夏幸福	79.12	河北省	房地产	5767755.56	11396418.91	1739627.58	2688554.85	380140.61	16.58	6.27	2.29
3	77	601000	唐山港	76.47	河北省	交通运输	1869953.74	1524725.79	782589.82	512662.71	118892.00	17.40	2.83	3.71
4	263	600159	大龙地产	70.43	北京	房地产	385951.50	300350.89	213484.19	121744.83	13369.39	32.58	1.85	4.05
5	593	600480	凌云股份	63.95	河北省	汽车	471314.43	751788.53	293102.00	655358.78	27591.59	38.01	2.36	0.74
6	661	600791	京能置业	62.8	北京	房地产	303882.48	597238.61	202107.21	189232.83	21759.10	41.13	2.14	1.35
7	824	000959	首钢股份	60.2	北京	钢铁	2195096.68	6154632.52	2390491.57	2398525.07	−2856.15	−148.37	1.03	1.06
8	1077	600482	风帆股份	56.83	河北省	汽车	681891.50	434381.14	208881.14	574802.26	13883.99	52.46	3.31	1.16
9	1210	002282	博深工具	55.01	河北省	机械设备	379156.44	101363.07	79799.91	54845.81	3059.44	141.91	4.75	6.57
10	1306	000709	河北钢铁	53.48	河北省	钢铁	4066926.81	17036820.53	4524924.30	9825744.71	71729.10	69.23	0.95	0.39
11	1539	002691	石中装备	49.63	河北省	机械设备	305800.00	92590.05	82388.51	30675.33	3749.69	87.59	3.77	9.97
12	1699	002442	龙星化工	46.72	河北省	化工	386880.00	316095.16	113740.96	243832.19	1500.29	930.25	3.44	1.49
13	1704	600082	海泰发展	46.68	天津	商业贸易	443881.57	343126.03	174573.43	92141.04	4075.07	159.72	2.52	4.44
14	1765	600322	天房发展	45.62	天津	房地产	519679.00	1878021.04	594229.65	318103.74	30750.71	30.88	1.16	2.39
15	1784	600135	乐凯胶片	45.27	河北省	轻工制造	372096.00	118749.03	100593.95	94621.94	3113.17	196.16	3.76	3.92
16	1833	000158	常山股份	44.47	河北省	纺织服装	689387.70	555316.34	247378.08	656851.94	2426.38	−27.54	2.90	1.23
17	2028	002342	巨力索具	38.87	河北省	机械设备	585600.00	404124.06	238185.72	155365.68	3224.33	186.10	2.44	3.76
18	2034	000401	冀东水泥	38.78	河北省	建筑材料	1761212.45	4405427.34	1343711.60	1566473.54	−27748.06	−110.18	1.49	1.09
19	2059	000687	恒天天鹅	37.92	河北省	化工	408978.97	254434.71	161172.84	72256.67	1448.26	−30.98	3.01	5.48
20	2121	600149	廊坊发展	35.8	河北省	房地产	563397.12	30157.78	27377.28	3968.50	591.58	−853.27	20.80	178.64
21	2211	000638	万方发展	31.82	辽宁省	房地产	198634.80	250489.43	33974.66	19315.04	354.39	−615.46	8.86	12.71
22	2228	600230	沧州大化	30.98	河北省	化工	333609.44	470178.19	193705.44	311603.33	−21735.06	−17.13	1.83	1.06
23	2303	600246	万通地产	25.76	北京	房地产	588931.20	1423081.64	381246.27	191157.59	9764.91	−72.22	1.58	1.77
24	2342	600155	宝硕股份	22.27	河北省	化工	568110.26	189445.13	14853.09	40946.73	−15179.02	−39.95	27.61	17.31
25	2348	000856	冀东装备	21.78	河北省	机械设备	174563.00	244351.93	52951.68	155920.36	−8178.83	−19.82	3.55	1.11
26	2389	600722	*ST 金化	18.13	河北省	化工	313627.37	333099.68	82020.65	140782.54	−30058.63	−11.77	4.22	1.83
27	2424	000923	河北宣工	13.17	河北省	机械设备	185328.00	146519.64	44942.58	24360.13	−7206.39	−17.32	3.58	6.14
综合表现							26340146.79	52279558.88	15418312.21	22228961.67	864473.84	30.47	1.71	1.18

第三部分“自由贸易区”

一、概念综述

自由贸易区（FreeTradeZone）是指在贸易和投资等方面比世贸组织有关规定更加优惠的贸易安排；在主权国家或地区的关境以外，划出特定的区域，准许外国商品豁免关税自由进出。实质上是采取自由港政策的关税隔离区。狭义仅指提供区内加工出口所需原料等货物的进口豁免关税的地区，类似出口加工区。广义还包括自由港和转口贸易区。2015 年 3 月 24 日，中共中央政治局审议通过广东、天津、福建自由贸易试验区总体方案、进一步深化上海自由贸易试验区改革开放方案。其中广东自贸区立足面向港澳深度融合，天津自贸区与推动京津冀协同发现相契合，福建自贸区着重进一步深化两岸经济合作。

2013 年上半年，中国商务部、中国上海市人民政府会同中国国务院有关部门拟定《中国（上海）自由贸易试验区总体方案》（草案），上报中国国务院审批。2013 年 7 月 3 日，中国国务院常务会议讨论并原则通过该方案草案。

2013 年 8 月，中国国务院正式批准设立中国（上海）自由贸易试验区。

2013 年 9 月，广东省牵头广东自贸区申报事宜。2014 年 4 月，广东省政府证实正打包申报自由贸易园区。

2013 年 9 月，天津自贸区申报方案初步成形，2014 年初正式上报中国国务院。

2013 年 12 月底，福建省委提出建设福建自贸区。

截至 2014 年 1 月 22 日，中国 12 个地方自贸区获得中国国务院批复，进入到中国多部委联合调研阶段。

2014 年 12 月，中国国务院决定设立中国（广东）自由贸易试验区，广东自贸区涵盖三片区：广州南沙新区片区、深圳前海蛇口片区、珠海横琴新区片，总面积 116.2 平方公里，广东自贸区立足面向港澳深度融合。

2014 年 12 月 28 日，中国全国人民代表大会常务委员会授权中国国务院在中国（广东）自由贸易试验区、中国（天津）自由贸易试验区、中国（福建）自由贸易试验区以及中国（上海）自由贸易试验区扩展区域暂时调整有关法律规定。

根据 Wind 统计，截至 2014 年 12 月 31 日，自由贸易区一体化指数涵盖泰达股份、创业环保、福建高速、福建高速等 55 家上市公司，总市值为 107997386.34 万元，资产总额 118739440.64 万元，净资产合计 45556593.98 万元，主营业务收入合计 75155927.05 万元，净利润合计 4381881.30 万元，综合市盈率 24.65，市净率 2.37，市销率 1.44，详见附表 3。

二、当前进展

中国（上海）自由贸易试验区（China（Shanghai）PilotFreeTradeZone），简称上海自由贸易区或上海自贸区，是中国政府设立在上海的区域性自由贸易园区，也是中国大陆境内第一个自由贸易区，位于浦东境内，属中国自由贸易区范畴。该试验区于 2013 年 8 月 22 日经国务院正式批准设立，于 9 月 29 日上午 10 时正式挂牌。2014 年 12 月，上海自贸区由原先的 28.78 平方公里扩至120.72平方公里。上海自由贸易试验区范围涵盖上海市外高桥保税区、外高桥保税物流园区、洋山保税港区和上海浦东机场综合保税区、金桥出口加工区、张江高科技园区和陆家嘴金融贸易区七个区域。

（一）开放措施

1. 金融服务领域

（1）允许符合条件的外资金融机构设立外资银行，符合条件的民营资本与外资金融机构共同设立中外合资银行。在条件具备时，适时在试验区内试点设立有限牌照银行。

（2）在完善相关管理办法，加强有效监管的前提下，允许试验区内符合条件的中资银行开办离岸业务。

2. 专业健康医疗保险

开放措施试点设立外资专业健康医疗保险机构。

3. 融资租赁

（1）融资租赁公司在试验区内设立的单机、单船子公司不设最低注册资本限制。

（2）允许融资租赁公司兼营与主营业务有关的商业保理业务。

4. 远洋货物运输

开放措施：①放宽中外合资、中外合作国际船舶运输企业的外资股比限制，由国务院交通运输主管部门制定相关管理试行办法。②允许中资公司拥有或控股拥有的非五星旗船，先行先试外贸进出口集装箱在国内沿海港口和上海港之间的沿海捎带业务。

5. 国际船舶管理

开放措施允许设立外商独资国际船舶管理企业。

6. 增值电信

开放措施在保障网络信息安全的前提下，允许外资企业经营特定形式的部分增值电信业务，如涉及突破行政法规，须国务院批准同意。

7. 游戏机．游艺机销售及服务

开放措施允许外资企业从事游戏游艺设备的生产和销售，通过文化主管部门内容审查的游戏游艺设备可面向国内市场销售。

8. 律师服务

开放措施探索密切中国律师事务所与外国（港澳台地区）律师事务所业务合作的方式和机制。

9. 资信调查

开放措施允许设立外商投资资信调查公司。

10. 旅行社

开放措施允许在试验区内注册的符合条件的中外合资旅行社，从事除台湾地区以外的出境旅游业务。

11. 人才中介服务

（1）允许设立中外合资人才中介机构，外方合资者可以拥有不超过70%的股权；允许港澳服务提供者设立独资人才中介机构。

（2）外资人才中介机构最低注册资本金要求由30万美元降低至12.5万美元。

12. 投资管理

开放措施允许设立股份制外资投资性公司。

13. 工程设计

开放措施对试验区内为上海市提供服务的外资工程设计（不包括工程勘察）企业，取消首次申请资质时对投资者的工程设计业绩要求。

14. 建筑服务

开放措施对试验区内的外商独资建筑企业承揽上海市的中外联合建设项目时，不受建设项目的中外方投资比例限制。

15. 演出经纪

开放措施取消外资演出经纪机构的股比限制，允许设立外商独资演出经纪机构，为上海市提供服务。

16. 娱乐场所

开放措施允许设立外商独资的娱乐场所，在试验区内提供服务。

17. 教育培训 . 职业技能培训

（1）允许举办中外合作经营性教育培训机构。

（2）允许举办中外合作经营性职业技能培训机构。

18. 医疗服务

开放措施允许设立外商独资医疗机构。

（二）政策特点

特点一，自贸试验区不限于保税区的一般做法。1990 年以来，我国的保税区主要以特殊政策为特点，主要体现在税收政策的减免以及外汇、监管、投资政策的便利等；2009 年以来，上海综合保税区以功能创新为重点，着力推进经济功能和商业模式创新突破，满足跨国公司国际化运作需求，打造与国际接轨的贸易便利化环境。而此次试验区以制度创新为核心，通过带动投资、金融、贸易、政府管理等一系列制度变革，培育我国面向全球的竞争新优势，构建与各国合作发展的新平台，这早已超越了海关特殊监管区域的功能定位。

特点二，自贸试验区不囿于传统的自由贸易园区。试验区积极借鉴欧美自由贸易园区的经验和做法，在提升对外贸易、航运服务、便利化环境等传统自由贸易园区功能的基础上，进一步增加了服务贸易、金融领域的扩大开放，为自由贸易园区增加了新的内涵和发展空间。

特点三，自贸试验区不同于新加坡等自由港模式。新加坡发展的特色是自由港政策和制度，包括贸易自由、融资汇兑自由、航运自由等，通过开放、高效、低税负形成自由港的国际竞争力。自贸试验区借鉴了国际通行做法，但主要目的还是以开放促改革、以改革促发展，为全国的改革开放积累经验。

特点四，自贸试验区不拘于一般开发区的内容框架。自贸试验区是国家战略，不着重一般的产业培育、招商引资、经济发展，而是强调在投资管理、服务业开放、金融、航运、贸易等多个层面的先行先试和全方位的制度创新。

特点五，自贸试验区不止于自身的建设发展。简大年说，中国上海自由贸易试验区的名称就表明这是一个国家试验区，建设目标是成为我国推动改革和提高开放型经济水平的试验田，寻求能够在全国可复制、可推广的制度性建设，发挥示范带动、服务全国的积极作用。

截至 2014 年 11 月底，上海自贸试验区一年投资企业累计 2.2 万多家、新设企业近 1.4 万家、境外投资办结 160 个项目、中方对外投资额 38 亿美元、进口通关速度快 41.3%、企业盈利水平增 20%、设自由贸易账户 6925 个、存款余额 48.9 亿元人民币。2015 年 3 月 24 日，中共中央政治局审议通过进一步深化上海自由贸易试验区改革开放方案。

2014 年 12 月，国务院决定设立中国（福建）自由贸易试验区，其中包括平潭片区、厦门片区和福州片区。2015 年 2 月 13 日，中国（福建）自由贸易试验区福州海关工作组挂牌成立，工作组成立后将重点突出制度创新和对台特色，推进福建自贸区建设。

中国（天津）自由贸易园区，是中国政府设立在天津市滨海新区的区域性自由贸易园区，属中国自由贸易区范畴。该试验区于2014年12月12日经国务院正式批准设立试验区总面积为260平方公里，主要涵盖3个功能区，滨海新区中心商务区、东疆保税港区，以及天津港保税区（含空港经济区）。这3个功能区均在滨海新区的辖区，总面积约260平方公里，仅为滨海新区总面积的1/10，但已接近上海自贸区的9倍。

三、未来展望

一是监管理念将发生改变，自贸区将实施“一线逐步彻底放开、二线安全高效管住、区内货物自由流动”的创新监管服务模式，经贸和投资管理模式也将随之转变，以促进贸易和投资便利化。

二是贸易的开放度要有与国际接轨的多元贸易模式，扩大服务业开放，尤其是金融创新务业。金融创新业务的发展存在巨大空间，将带动离岸金融业务与拓宽外商金融投资范围的开放与发展。国际外汇资金吸存和贷款将由非额度管理转向备案式管理，由于金融管制的放松，国际贸易结算、跨国公司总部外汇集中运营管理试点将逐步成立。同时，还将对区内外汇资金先实行限额管理下的境内外双向互通，待条件成熟再推进无限额管理的完全互通。在自贸区内设立期货交易所指定或设立商品期货的交割仓库也不是不无可能，这将为境外企业参与商品期货交易提供了可能。

三是税收政策将逐步开放。自贸区有望成为免税自由港。为了使税收政策有国际竞争力，区内预备实施无条件的关税保税政策，对符合产业准入目录的企业减按15%所得税率征收，即征即返或免征区内离岸贸易、离岸服务外仓企业的营业税、消费税和增值税。

四是自由贸易区要求外汇政策率先开放，先行实行人民币资本项目放开，并逐步实现可自由兑换等金融创新；未来企业法人可在试验区内完成人民币自由兑换；试验区也很可能采取分步骤推进人民币可自由兑换的方式，比如先行推动境内资本的境外投资和境外融资；试验区在中国加入泛太平洋伙伴关系协议（TPP）谈判中也将起到至关重要的作用。

附表 3

“自贸区”概念股 2014 年业绩评价表

序号	全部上市公司排名	证券代码	证券简称	综合得分（100 分）	省区	申万行业分类	总市值（万元）	年末资产总额（万元）	年末所有者权益（万元）	营业收入（万元）	净利润（万元）	市盈率（%）	市净率（%	市销率（%）
1	16	600583	海油工程	84.29	天津	采掘	4655686.60	3114777.11	2057176.52	2203137.52	427187.21	11.75	2.46	2.05
2	33	600004	白云机场	80.46	广东省	交通运输	1256950.00	1107389.78	885658.76	552767.86	115685.47	11.33	1.56	2.32
3	51	601808	中海油服	78.83	天津	采掘	9910596.58	8687430.71	4732209.91	3372018.53	752018.26	13.74	2.14	3.05
4	78	600717	天津港	76.47	天津	交通运输	2868879.50	3365582.36	1838579.70	2552829.88	164784.83	24.98	2.16	1.25
5	96	600637	百视通	75.35	上海	传媒	4218832.25	650919.82	465911.39	297781.57	71005.18	57.80	9.97	14.13
6	128	600897	厦门空港	74.12	福建省	交通运输	714446.19	379118.27	297914.03	135250.37	47729.65	16.25	2.57	5.36
7	148	600018	上港集团	73.53	上海	交通运输	14608825.34	9427950.04	6022739.81	2877870.35	784779.33	23.49	2.81	5.14
8	258	600650	锦江投资	70.53	上海	交通运输	896366.42	344765.47	262394.21	218215.99	26758.92	47.78	3.98	4.16
9	260	000965	天保基建	70.52	天津	房地产	879793.22	513294.76	425212.59	157959.75	26516.21	34.11	2.07	5.67
10	269	600153	建发股份	70.28	福建省	交通运输	2886234.14	9352337.38	2217944.30	12092483.10	337449.69	13.43	1.77	0.26
11	315	600639	浦东金桥	69.2	上海	房地产	2209674.77	1241576.97	626629.34	191425.10	51802.71	53.60	4.60	11.01
12	316	000905	厦门港务	69.2	福建省	交通运输	825705.00	509318.75	281831.30	750233.03	32228.63	87.41	3.46	1.18
13	318	000022	深赤湾 A	69.16	广东省	交通运输	1439112.65	693582.42	487559.96	180476.62	52979.05	34.46	3.54	7.99
14	441	600170	上海建工	66.61	上海	建筑装饰	3844802.44	11706580.31	1917016.63	11366168.74	184747.02	27.31	2.20	0.33
15	448	600708	海博股份	66.56	上海	综合	440959.90	555614.78	194251.34	452639.68	21006.03	38.44	2.89	1.16
16	488	002398	建研集团	65.81	福建省	建筑材料	420505.80	243279.17	186765.08	178920.27	22895.99	20.00	2.38	2.25
17	500	600648	外高桥	65.62	上海	房地产	3675125.11	2615655.87	926397.59	776113.43	75063.18	72.62	4.39	5.03
18	554	600057	象屿股份	64.68	福建省	交通运输	1056975.26	2079278.34	543990.01	4838397.21	35542.03	64.62	2.87	0.24
19	671	600033	福建高速	62.62	福建省	交通运输	1045616.40	1869010.64	954496.27	263602.77	79093.82	17.88	1.36	3.90
20	702	601866	中海集运	62.07	上海	交通运输	5771463.75	5354115.09	2487748.21	3623348.22	108467.35	1092.66	2.36	1.59
21	799	603128	华贸物流	60.46	上海	交通运输	582400.00	310690.61	140586.81	796693.10	11919.08	53.50	4.34	0.71
22	870	600284	浦东建设	59.64	上海	建筑装饰	805312.48	1490352.32	644757.29	376531.58	44711.81	27.05	1.74	2.03
23	1000	600755	厦门国贸	57.92	福建省	商业贸易	1880851.12	3444201.44	841537.16	5528789.49	86870.56	29.18	2.56	0.34
24	1023	600428	中远航运	57.68	广东省	交通运输	1352357.11	1789102.01	660556.63	766332.26	19646.73	360.97	2.02	1.86
25	1040	600802	福建水泥	57.44	福建省	建筑材料	347123.16	540273.65	212303.78	206183.62	7304.65	-416.60	3.31	1.63
26	1062	600874	创业环保	57.19	天津	公用事业	1577087.42	1085948.20	433798.00	182807.90	31771.20	54.14	3.83	8.84
27	1121	600663	陆家嘴	56.28	上海	房地产	7003815.00	4562074.66	1524365.18	511689.88	174762.34	48.46	6.38	13.15
28	1231	600626	申达股份	54.69	上海	纺织服装	566063.52	396901.95	244484.61	701807.11	16906.08	46.14	2.60	0.82
29	1241	600895	张江高科	54.53	上海	房地产	2062854.48	1769778.62	747777.72	300221.28	41434.86	73.52	3.02	9.82

续表

序号	全部上市公司排名	证券代码	证券简称	综合得分（100 分）	省区	申万行业分类	总市值（万元）	年末资产总额（万元）	年末所有者权益（万元）	营业收入（万元）	净利润（万元）	市盈率（%）	市净率（%	市销率（%）
30	1301	000523	广州浪奇	53.55	广东省	化工	443382.93	301142.71	107616.02	540882.62	3996.58	107.20	4.18	0.85
31	1310	000507	珠海港	53.42	广东省	交通运输	705849.58	536025.65	264410.97	213903.80	1692.75	−339.71	2.94	3.75
32	1359	000592	平潭发展	52.54	福建省	农林牧渔	1434660.11	214535.58	143006.87	86475.41	7680.47	267.28	12.85	17.20
33	1456	000088	盐田港	50.96	广东省	交通运输	1918893.60	682595.41	554118.74	30085.08	47345.93	47.83	3.82	63.07
34	1468	000652	泰达股份	50.67	天津	综合	1077168.91	2347866.43	345422.40	644371.03	60309.29	87.58	5.24	0.99
35	1488	600751	天津海运	50.39	天津	交通运输	3456010.64	1257219.40	1188665.89	42362.30	7892.68	−725.52	2.92	79.29
36	1515	601919	中国远洋	50.04	天津	交通运输	7355717.54	14882039.40	4295795.78	6437445.62	155082.12	−53.22	3.10	1.16
37	1568	600325	华发股份	49.12	广东省	房地产	1008234.30	6743109.10	1298589.48	710430.20	62876.10	16.64	1.44	1.30
38	1655	000753	漳州发展	47.6	福建省	商业贸易	321413.27	401588.26	167943.26	338836.87	6350.08	253.39	2.26	0.91
39	1704	600082	海泰发展	46.68	天津	商业贸易	443881.57	343126.03	174573.43	92141.04	4075.07	159.72	2.52	4.44
40	1746	600748	上实发展	45.97	上海	房地产	1376964.38	1874771.65	552802.64	380310.21	91865.09	52.79	2.62	7.32
41	1765	600322	天房发展	45.62	天津	房地产	519679.00	1878021.04	594229.65	318103.74	30750.71	30.88	1.16	2.39
42	1766	601872	招商轮船	45.55	上海	交通运输	2969459.82	2813804.31	1351956.77	260215.03	22495.59	−191.74	2.90	12.37
43	1801	600119	长江投资	45.01	上海	交通运输	441426.40	206442.13	98808.91	152712.15	5397.52	166.89	5.82	3.12
44	1819	000695	滨海能源	44.72	天津	公用事业	283460.26	111333.58	31959.18	65762.98	336.67	978.23	9.48	4.18
45	1844	000897	津滨发展	44.23	天津	房地产	1221040.54	690130.69	188160.08	181946.51	19685.55	−193.17	9.18	4.11
46	1971	600679	金山开发	40.56	上海	汽车	412320.53	121227.37	69261.02	60941.24	3900.75	−65.86	6.94	6.35
47	2022	600821	津劝业	38.96	天津	商业贸易	253507.35	191997.13	59859.31	61177.53	1057.22	1201.71	4.25	3.63
48	2044	002134	天津普林	38.58	天津	电子	196925.66	81582.69	57059.90	52030.00	962.62	−86.89	3.44	3.65
49	2169	000659	*ST 中富	33.78	广东省	轻工制造	440995.96	372036.50	112826.63	237080.89	3752.04	−78.43	3.72	1.73
50	2202	000632	三木集团	32.38	福建省	综合	253708.17	592692.46	143361.01	435865.97	299.75	−11.48	2.03	0.56
51	2213	600225	天津松江	31.69	天津	房地产	457899.65	1349922.37	113223.32	254767.42	4426.32	−97.30	7.83	2.14
52	2230	600822	上海物贸	30.93	上海	商业贸易	400746.11	864244.75	120799.66	6962603.30	4545.58	−24.02	4.15	0.05
53	2335	000836	鑫茂科技	22.78	天津	通信	234290.75	228319.15	85977.89	100674.62	−18658.92	−16.44	3.48	1.99
54	2351	002016	世荣兆业	21.54	广东省	房地产	565333.68	452765.34	173571.05	42105.31	695.88	586.84	3.59	7.25
综合表现							107997386.34	118739440.64	45556593.98	75155927.05	4381881.30	24.65	2.37	1.44

附录六　中国上市公司年度税收负担率分析

一、我国税收宏观环境分析

改革开放以来，我国的年均经济增长率达 9.8%，其中“十一五”时期平均高达 11.2%，进入“十二五”后经济增速下行的趋势十分明显，2011 年经济增长率为 9.3%，2012 年、2013 年两年均为 7.7%。2014 年经济增长率进一步降至 7.4%。受经济增速下行的影响，“十二五”以来，税收收入的增幅也呈逐年下滑的趋势，2011 年的税收收入增长率为 22.58%，2012 年下滑至 12.12%，2013 年只有 9.86%，2014 年进一步下降至 8.8%。“十二五”以来经济增速的下行意味着我国经济进入了增速“换挡期”，经济发展方式正在发生深刻变化。2014 年 5 月，习近平总书记在河南考察时首次使用了“新常态”的表述。经济“新常态”客观上决定了税收“新常态”，税收改革势在必行。

近年来，为缓解国际金融危机对我国经济的冲击，促进经济发展，建设税收现代化监管，我国相继出台了一系列结构性减税政策和税收改革措施，从长期看，我国税收将更加公正、稳健和规范。

（一）税收征管法修订

2015 年 1 月国务院印发关于《中华人民共和国税收征收管理法修订草案（征求意见稿）》公开征求意见的通知，税收征管法修订稿主要新增和修改以下四方面内容：①针对个人所得税、房地产税等税制改革的特点，建立对自然人的税收管理体系；②完善纳税人的权利体系，减轻纳税人的负担；③健全税收征管基本程序，规范税收执法行为；④健全争议解决机制，补充争议解决的处理方式。

在内容上具体反映在：

第八条 国家施行统一的纳税人识别号制度。

第九条 国家建立、健全税收诚信体系，褒扬诚信，惩戒失信，促进税法遵从。

第十一条 纳税人、扣缴义务人对税务机关所作出的决定，享有陈述权、申辩权；依法享有申请行政复议、提起行政诉讼、请求国家赔偿等权利。纳税人、扣缴义务人有权控告和检举税务机关、税务人员的违法违纪行为。

另外，需要注意的是征管法增加了申报修改和电子资料法律效力的说明：

第三十九条 纳税人办理纳税申报后发

现需要修正的，可以修正申报。

第四十条 纳税人、扣缴义务人使用征纳双方认可的电子签名报送的各类电子资料，与纸质资料具有同等的法律效力。

中国注册税务师协会副会长李林军指出，“信息获取水平和应用水平不够，尤其是税务局无法获取第三方信息，这是税收征管亟待解决的深层次问题。”修订稿中明确要建立针对自然人的纳税识别号，自然人将适用跟企业一样的税收强制措施，其实质是确认纳税人身份，并将其作为税收征管的抓手。通过纳税人识别号把纳税人所有涉税事项归集在一起，对纳税人不同时间、地点、不同税种的涉税记录对比分析。

（二）简政放权的加减法

2014年2月全国税务系统开展“便民办税春风行动”，陆续推出一系列措施，最大限度方便纳税人、规范税务人，推进税收现代化建设。

便民春风办税行动主要包括六大方面：

①公开行政审批清单；

②提高办税服务效率；

③推行首问责任制；

④减轻纳税人办税负担；

⑤公开纳税人信用状况清单；

⑥公开执法权力清单。

在新的税收形势下，基层税务机关“做减法”与“做加法”是简政放权的有机统一。在税收管理中，“减法”是简政放权的重要组成部分，主要是指下放审批权限、减少审批审核环节、降低准入条件、理顺审批程序、明确岗位责任，提高服务效率。“加法”是简政放权的另一半组成部分，就是对所有取消和下放的税务行政审批项目，均制定后续管理办法和措施，并把后续管理融入发票管理和申报管理等日常税收征管工作中，推行后续监管精细化和税收风险管理常态化。

及时发现可能存在的疑点问题，做到时时监控，及时防范和处理风险。税务机关不断研发后续监控管理信息系统，设置多项后续监管指标预警值，导入税收分析监控系统，对税务登记、税务认定、申报纳税、税收优惠、税收证明等多项涉税业务进行监控预警。

简政放权更多地将税收风险后置，而加强后续监管通常是以税收信息化为依托，实现涉税事项主要工作环节的全面自动化监控，及时发现存在的风险和薄弱环节。纳税人在关注税收简政放权“减法”的同时更要关注后续监管的“加法”，注重纳税的准确、规范、及时，避免简政放权带来的税收风险。

（三）建立现代数据系统，提高监管效率

2015年3月30日，全国税务系统信息化工作会议在北京召开，税务总局党组书记、局长王军出席会议并强调，要准确把握推进税收信息化建设的新形势新要求，坚定不移走科技兴税之路，坚决打赢税收信息化总攻之战，建立起稳固强大的税收信息系统，全面支撑和助推税收现代化建设。

从目前来看，国内外的税收微观数据的获取方式主要包括随机抽取、税收日常管理中积累、基于税务管理信息系统等三种。面对大数据时代的来临，税务领域大数据的应用已成为近些年来的重要话题，大数据为消除税收征管中的信息不对称问题提供了可能。

国家税务总局公告2014年第63号：关于发布《中华人民共和国企业所得税年

度纳税申报表（A类，2014年版）》的公告，中规定适用于查账征收的企业2014年企业所得税汇算清缴申报适用新的41张申报表，申报表中对企业的基本信息、基本财务数据、税收优惠政策等数据采集全面、详细，这是我国税收工作税收数据采集的一大步，是税务机关建立税收现代数据库的重要手段。

税务机关对纳税主体涉税信息的采集，建立税收数据库具有显著的现实意义。税务执法中可将数据联评，通过各数据之间的直接、间接关联性，进行增值税、企业所得税、营业税等多税种评估；同时可将数据整合、分类，以不同行业、相似企业等为分析、比较对象，通过“数据分析比较、实地考察、总结问题、反馈指导”等切实增强税收稽查深度和征管力度。

（四）加强纳税信用体系建设，助力社会信用体系建设

为贯彻落实党的十八届三中全会和国务院《社会信用体系建设规划纲要（2014-2020年）》要求，税务总局一手抓褒扬诚信，一手抓惩戒失信，扎实推进税收信用体系建设。

国家税务总局公告2014年第48号：《纳税信用等级评定管理办法》（试行），2014年10月1日起实行新指标体系，与以往相比更加全面和详实，包括企业的历史信息、税务内部信息（分为经常性指标信息和非经常性指标信息）和外部信息（外部参考信息、外部评价信息）。

新办法适用于已办理税务登记，从事生产、经营并适用查账征收的企业纳税人。评定方式由原来依纳税人申请进行信用评定，改为由国、地税部门每年4月根据纳税人评价总分主动确定上一年度纳税人的纳税信用评价结果。纳税人如对纳税信用评价结果有异议，可书面向作出评价的税务机关申请复评。同时，税务机关对纳税人的纳税信用级别实行动态调整。如，税务检查等发现纳税人以前评价年度需扣减信用评价指标得分或者直接判级的，税务机关将调整其以前年度纳税信用评价结果和记录。

新的纳税信用等级评定更加社会化，奖惩更加实际化，税收违规成本大大增加。2015年4月29日，税务总局通过门户网站同时公布了2014年度全国纳税信用A级纳税人名单和2015年一季度税收违法“黑名单”。A级纳税人可以享受跨区域同等税收待遇、优先办理出口退税、优先取得信用贷款等多项实实在在的便利，而“黑名单”上的失信纳税人将受到21个部门的18项联合惩戒，真正实现“让守信者一路畅通，让失信者寸步难行”。纳税主体纳税信用的重要性日益凸显。

（五）营业税改征增值税

在我国现行税制结构中，增值税和营业税是最为重要的两个流转税税种。但随着市场经济的发展，营业税和增值税并存的税制显现出不合理性。在新形势下，逐步将具有税收中性优点的增值税征税范围扩大至全部的商品和服务，以增值税取代营业税，符合国际惯例，是必然选择。

2011年，经国务院批准，财政部、国家税务总局联合下发营业税改增值税试点方案。从2012年1月1日起，在上海交通运输业和部分现代服务业开展营业税改征增值税试点。2014年1月1日和6月1日，铁路运输、邮政和电信业相继纳入营改增试点。至此，营改增试点范围扩大到“3＋7”

个行业。

截至2014年底，国家税务总局的数据显示，全国营改增试点纳税人共计410万户，全年有超过95%的营改增试点纳税人的税负不同程度下降，全年共减税1918亿元。“铁路运输、邮政业两个行业分别减税8亿元、4亿元，电信业改征增值税后，为下游一般纳税人增加了税款抵扣。”国家税务总局新闻发言人、办公厅主任王陆进表示，2015年力争将营改增范围扩大到最后三个行业建安房地产、金融保险、生活服务业。

二、企业税负影响因素分析

（一）制度因素

1. 税收法律变化

第一方面是税收制度体系的改变带来的税负变化。1994年我国实行了分税制改革，2008年开始实施内外资企业的企业所得税两税合并，2009年开始实施增值税从生产型向消费型全面转型，2012年实施营业税改征增值税试点，从理论预期和政策目标来讲，上述改革措施有利于降低我国企业的税收负担水平，有助于我国经济结构的调整与优化。

第二方面是法定税率的调整。对于法定税负率的变动是否对企业的实际税负产生正向影响，不同的学者持不同意见。如2009年起我国企业所得税的法定税率由33%降至25%，李增福（2010）认为我国法定税率的降低无疑减轻了企业的实际税负；罗党论、杨玉萍（2011）的研究表明，新企业所得税法的实施，确实降低了企业所得税税负，但企业整体的税费负担并没有降低，甚至有所上升。

第三方面是我国税收政策的调控与倾斜，税收是国家参与经济和调控经济的重要手段。通过针对不同地区、不同行业、不同行为或资产的具体税收政策的制定、实施，可以有效调整我国经济结构，引导企业发展方向和经济行为，实现国家长期经济目标。

2. 政治关联

我国是一个处于经济转型的国家，市场制度尚未完善，社会资本等非市场力量有着重要的影响，税收制度作为政府宏观经济管理的工具，不可避免地带有不完善的色彩。国内相关研究发现，虽然在我国市场化进程中不同企业之间的制度、政策差异已经消除，但是非市场力量仍然发挥着作用（陆铭和李爽，2008）。作为非市场力量，企业寻求与政府的关系成为公司治理的一种重要外部机制，对公司业绩有着重要影响（李维安等，2010）。例如，它有助于企业获得贷款便利、税收优惠、政府补助等政策资源（白重恩等，2005；吴文锋等，2009；潘越等，2009）。除此之外，企业税负高低与具体征管过程中政策的执行程度密切相关，我国存在着较大的税收征管空间（高培勇，2006），意味着在实际税收征管中操作弹性很大。综上，政治关联是可能影响企业税负的重要因素之一。

（二）企业特征因素

1. 行业类别

目前我国的税种随地区、行业的不同有较大的差异。就企业所得税而言，比较典型的是西部大开发的优惠政策，西部地区企业可以适用15%的企业所得税税率，与其他地区企业25%的企业所得税税率有较大的差异；就流转税而言，营业税与增值税并行，甚至即使营业税改征增值税后也将面临处于不同行业大类的企业适用不同的税率，不同行业类别的企业有不同的进项税抵扣规律，行业差异明显。

鉴于以上原因，在同样的政策环境和税收制度环境下，行业类别将成为造成企业之间税收负担差异的重要原因之一。

2. 公司规模

关于企业规模与企业实际税收负担的研究显示，企业规模的大小与企业实际税收负担之间具有一定的关联。学者倾向于认为，具有一定规模的企业在内部管理和流程操作中更加规范，且更有进行税收筹划的意愿并更有可能付诸行动，进而对企业的税收负担产生明显的影响。

（三）时间因素

限于国家政策实施的时效性，一般而言，政策变动的效果并不能立刻显现出来，实际税负变化相比政策的发布和实施具有一定的滞后性、递延性，在本次研究的时间范围内，涉及 2012 开始实施的营业税改征增值税活动，应考虑到特定的政策变动期间对上市公司税收负担变化的影响。

三、上市公司年度税负研究指标

（一）一般税负率评价指标

有效税率是企业实际税收负担的一个重要测度，即企业实际缴纳的税收占企业税前收益 / 利润总额的比例。许多学者尝试基于财务报告建立科学的计量企业有效税率的指标，这些指标主要包括两类：平均有效税率和边际有效税率，平均有效税率侧重于对税收负担的测量，边际有效税率侧重于税收对新增投资和劳动供应的刺激的分析。根据研究对象的不同进一步可以分为四类：宏观的平均有效税率、宏观的边际有效税率、微观的平均有效税率以及微观的边际有效税率。前两个概念主要是应用国家国民账户数据和税收统计数据对国家层面的税收负担进行测度，后两个概念则是应用企业的财务数据、税收数据进行企业税收负担的测度。

建立企业税负率评价指标时，除考虑资产负债表和利润表中的相关数据建立指标外，选取现金流量表中的对象建立指标也具有相当的实际意义。现金流量表是基于收付实现制基础编制而成的，它提供了会计期间企业实际支付的各项税费金额，是构建、计量税收负担指标最可靠的信息来源。

（二）本次分析指标介绍

本次上市公司税收负担率综合以上税负评价指标的研究内容，基于税收中性原则，以公开的财务数据为基础，依据企业经营逻辑，特选择上市公司在一个会计年度内实际支付的各项税费为核心，考核税收成本在营业收入、利润总额、年度增加值以及经营活动现金流中所占比重来判断上市公司的税收负担程度。

指标体系涵盖收入、利润、增加值和现金流四大方面，建立了营业收入税收负担率、利润总额税收负担率、年度增加值税收负担率、经营活动现金流出税收负担率四个税收负担衡量指标。

1. 营业收入税收负担率

收入税收负担率反映上市公司支付的各项税费在每一个经营年度内的财务账面收入中所占比例，即企业利润表中每获得 100 元营业收入中需支付的税费金额。

营业收入税收负担率 = 现金流量表中支付的各项税费 ÷ 利润表中的营业收入

×100%

2. 利润总额税收负担率

利润税收负担率反映上市公司支付的各项税费在每一个经营年度内的财务账面利润总额中所占比例，即企业利润表中每获得100元利润总额需支付的税费。

利润税收负担率＝现金流量表中支付的各项税费 ÷ 利润表中的利润总额 ×100%

3. 年度增加值税收负担率

年度增加值税收负担率反映上市公司支付的各项税费在每一年度创造的增加值中所占的比例，即企业每获得100元增加值付出的税收成本。

年度增加值税收负担率＝现金流量表中支付的各项税费 ÷ 年度增加值 ×100%

其中：

年度增加值＝利润＋人工成本＋折旧＋摊销＋税金

利润＝利润表中的归属于母公司的净利润

人工成本＝现金流量表中的支付给职工以及为职工支付的现金

税金：现金流量表中支付的各项税费。

折旧：现金流量表附表中的固定资产折旧、油气资产折耗、生产性生物资产折旧摊销、无形资产摊销。

4. 经营活动现金流出税收负担率

经营活动现金流出税收负担率反映上市公司支付的各项税费在该年度经营活动现金流出总量中所占的比例，即企业在主营业务过程中支付的每100元付现成本中的税收金额。

经营活动现金流出税收负担率＝现金流量表中支付的各项税费 ÷ 年度经营活动现金流出 ×100%

（三）本次研究指标体系的特点介绍

税收是为维持国家机器运转而在经济事项征收的一种额外的成本。在经济学上，税收具有“中性”原则。所谓中性原则首先要求税收尊重效率，以效率为前提，表面来看，绝对数值可能出现出收入越大，税收越多的现象，但是税收与效率之间是呈现匹配关系的。因为税收中性的第二个原则是普适性，如所得税率，2008年新的所得税法实施之后，居民企业不区分规模、不区分行业、不区分性质，法定税率为25%。

指标具有考核的一致性和全面性。一致性体现在考核的核心指标是上市公司在一个会计年度和不同的会计年度中均采用了实际支付的各项税费为基础，该指标为上市公司现金流量表中的现金流出额；全面性体现在考核边界以年度为限，包括年度的流量指标和存量指标。年度的流量指标主要采信了利润表中的营业收入、现金流量中的经营活动产生的现金流量和统计口径下的年度经济增加值；存量指标采信了资产负债表中资产总额、归属于母公司的所有者权益以及股本。

（四）税收负担率各指标间的逻辑关系

从现代公司制企业来看，资本作为企业经营的第一要素，是股东投入的。资本是股份公司的最核心资源，是生产经营的最基础条件。资本的属性是增值，资本要求回报。股东具有投资偏好，同时也有风险偏好，根据金融学原理，资本回报与风险呈现出正相关关系，风险越大，资本要求的回报越高。但是现实是不以资本意志为转移的，投资在同一领域或者同一个行业内的资本具有相似的回报率。

资本在年度经营内得以积累的部分是留存收益，留存收益是企业年度经营成果分配后的结果，是企业能够再生产的投入资源。归属于母公司的所有者权益是股本与各年度留存收益之和（暂且把资本公积作为资本的溢价不予以考虑）。

自有资金与外来资金之和共同构成企业的资金来源，是企业生产的起点，企业开始使用资金，资金于是转化为资产，体现为各种生产要素，物体性的生产要素即产权能够转移的要素构成企业的资产负债表左侧的资产。作为生产中能够创造价值的要素——生产力，即人力资源，不构成企业的资产，其价值表现在运用资产创造效益中的“成本”。生产力驾驭生产要素在年度内形成企业的营业收入，购买生产要素的成本构成利润表中的成本，其中以现金支付的部分构成现金流量中经营活动产生的现金流量。

税收以资产的获取、保有和交易等各个环节征收流转税、所得税、财产税、行为税和特殊目的税，是生产经营的额外支出。

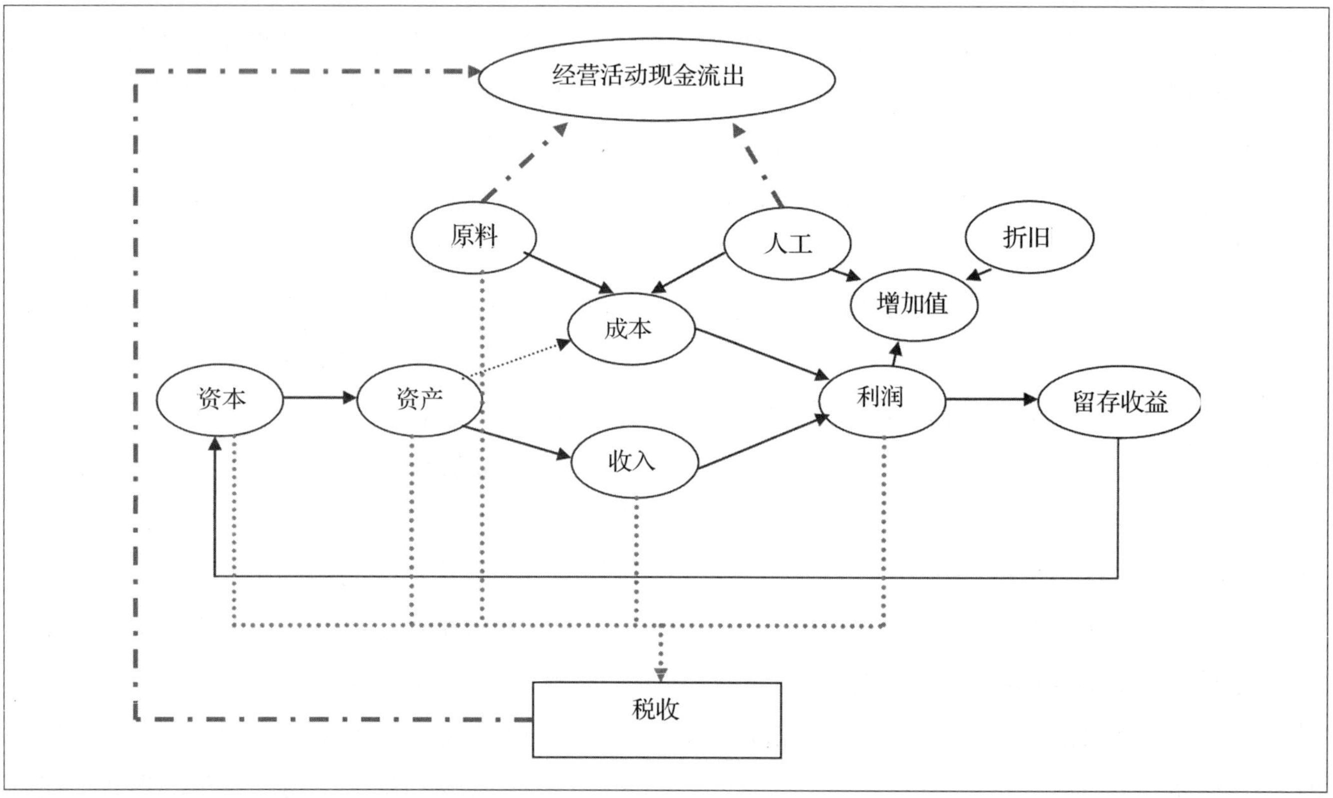

附图6－1　上市公司税收负担率指标体系关系图

构建恰当的衡量指标，是使用数据对企业税收负担水平进行实证分析的基础，由于本文主要采用上市公司和新三板企业的面板数据，因此，所能构建的指标指标受到企业财务报表内容的影响。目前我国上市公司分别在利润表中报告“所得税费用”和“营业税金及附加”，在现金流量表中报告“支付的各项税费”三个与企业税费负担相关的会计科目，根据数据对企业实际税收成本的涵盖程度和本文的分析目的，选取现金流量表中报告的“支付的各项税费”作为企业实际税收支出成本进行税收负担的测算。

四、税负分析

（一）研究范围介绍

本次研究选取A股上市公司和新三板企业为对象，时间区间分别选取2010～2014年度和2012～2014年度。

新三板企业2012～2014年度研究涵盖数量如下：2012年度2288家，2013年度2301家，2014年度2327家。

本次分析仅对上市公司的整体税负和各行业税负水平进行分析比较说明，不考虑上市公司的地域特点和重大重组等经济行为给企业带来的税收成本影响（可再根据实际需要再对某行业、某地区、某一经济行为给企业带来的税收负担影响作进一步研究），对上市公司的行业分类以证监会的分类为准。

2010～2014年A股上市公司历年数量和构成如下：2010年总量2041家，2011年2341家，2012年2461家，2013年2423家，2014年2537家，2010～2014年每年A股上市公司中深市、沪市、中小板和创业板的比重分别如附图6-2所示。

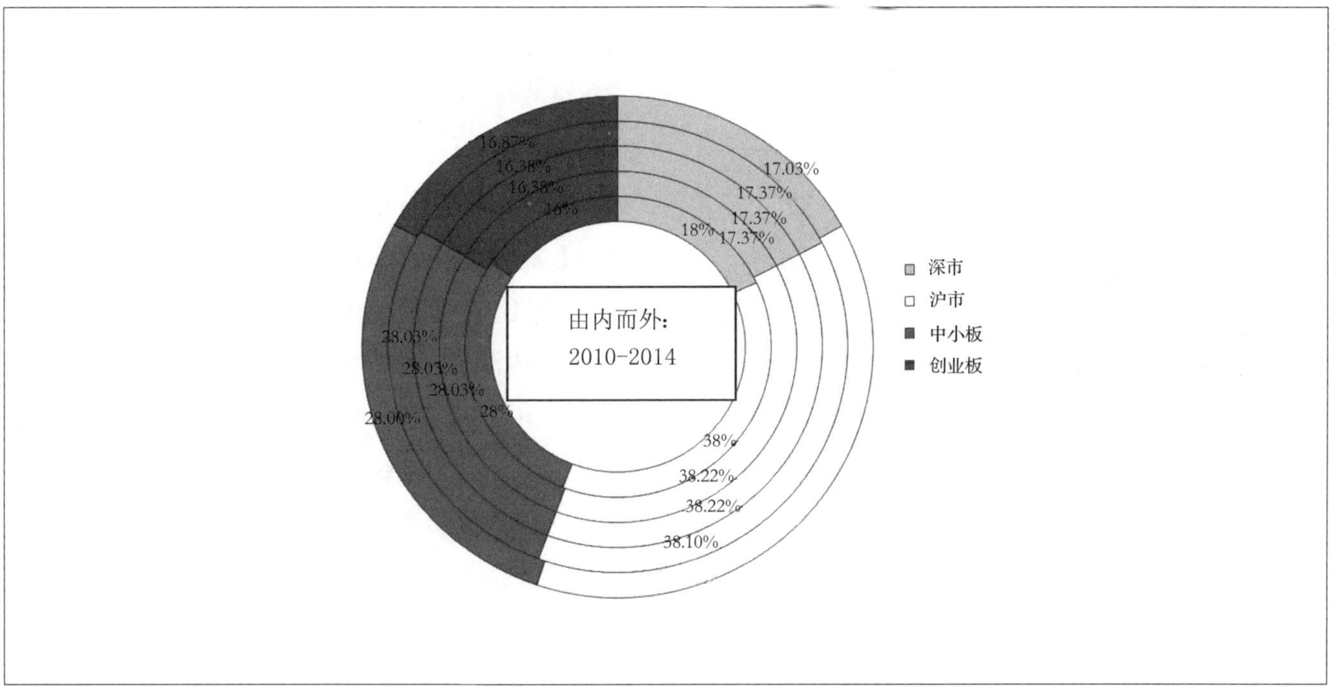

附图6－2　2010～2014年A股上市公司组成比例

（二）研究方法介绍

本次对A股上市公司、新三板企业的税负分析主要利用上市公司2010～2014年度、新三板企业2012～2014年度的面板数据分析，从宏观层面上把握我国上市公司整体税收负担水平和各行业的差异之处，因此本次分析从以下两个方面进行研究：

不分行业或者全行业的整体税收负担分析；

按照2013年度证监会行业分类进行行业税收负担分析。

（三）研究数据来源

税收负担率的分析、计算以A股上市公司、新三板公司年报中披露的合并资产负债表、利润表和现金流量表为基础。

2010～2014年度A股上市公司的审计报告大部分为标准无保留意见，审计报告类型情况统计见附表6-1。

附表6－1　　单位：%

类　型	2010年	2011年	2012年	2013年	2014年
标准无保留意见	96	96	97	97	96
带强调事项段的无保留意见	3	3	2	2	3
保留意见	1	1	0	1	1
无法表示意见	0	0	0	0	0
合　计	100	100	100	100	100

2012～2014年度新三板企业的审计报告大部分为标准无保留意见，审计报告类型情况统计见附表6-2。

附表6－2　　单位：%

类　型	2012年	2013年	2014年
标准无保留意见	99.7	99.5	35.9
带强调事项段的无保留意见	0	0.1	0
空白	0.3	0.2	64.1
无法表示意见	0	0.2	0
合　计	100	100	100

本次研究分析是建立在外部独立审计机构的审计的基础上，财务数量的质量是能够得以保证的。本次分析过程中对于保留意见的审计报告进行了分析，保留事项对于税收成本不构成重大影响，因此不影响本次研究的财务数据安全。

（四）A股上市公司税收负担分析

1. 总体税负分析

2010～2014年，对A股上市公司的收入、利润、年度增加值和经营活动现金流出四个税负率指标取平均值比较，呈现如下结果：利润税负率＞年度增加值税负率＞收入税负率＞经营活动现金流出税负率。

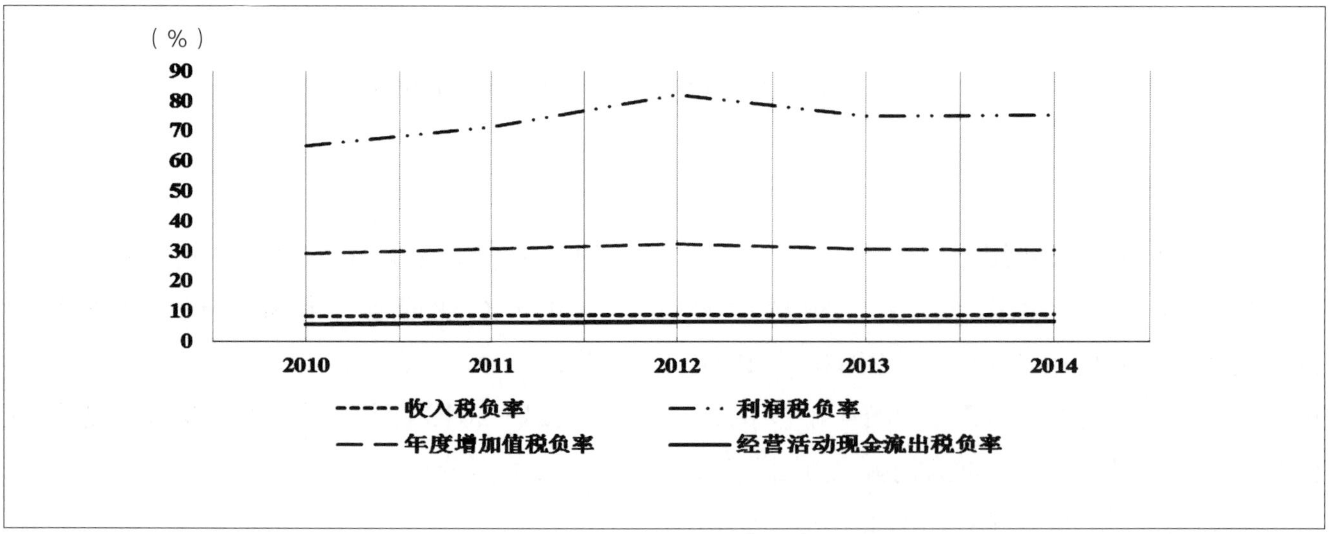

附图6－3　2010年到2014年上市公司税收负担率总览

可观察到：①税负率值中最为接近的指标是收入税负率和经营活动现金流出税负率。②年度增加值税负率最高，即相比收入、利润和经营活动现金流，企业每获得1元的增加值所耗费的成本的中税收占据了50%以上；经营活动现金流出税负率最低，即税收费用在企业经营活动现金流出中所占的比重相对较小，税收支出对企业的日常经营活动现金流的影响较小。③从收入、利润、年度增加值、经营活动现金流出对上市公司税负程度的分析结果具有较高的一致性，即以2012年为转折点，2010～2012三年连续上升，2012～2014年两年连续下降。

2. 我国GDP和税收收入的对比分析

对上市公司税收负担率进行分析，旨在考量我国上市公司的整体税负水平，倡导上市公司的税法遵从度，降低资本市场的涉税风险，实现国家与企业的双赢，促进我国经济进一步繁荣昌盛。

在我国，上市公司是优秀企业的代表，是中国经济发展的脊梁。2014年我国GDP达到63.65万亿元，我国A股上市公司的市值为37.11万亿元，股市的证券化率为58.30%。而2013年我国GDP为59.26万亿元，A股股票市值为23.79万亿元，证券化率仅为40.1%。一年的时间，证券化率提高了18.2个百分点，证券化率的提高速度远远超过经济增长速度。有关资料显示，美国股市市值占GDP的比重为130%，日本、韩国、印度等国约为100%，东盟国家则大约为70%～80%。尽管股市证券化率并非越高越好，但是该指标与经济的发达程度还是表现出较强的相关性，股票总市值占GDP的比例越高的国家，经济发达程度越高。

从2010年到2014年连续五年，分析范围内的上市公司支付的税费与全国税收收入的比值稳定在21%左右。

附表6－3　2010 ~ 2014年上市公司支付的税费与全国税收收入情况

年度	上市公司支付的各项税费（亿元）	上市公司户均支付税费（亿元）	全国税收收入（亿元）	上市公司支付税费在税收收入中占比（%）
2010	15148.63	6.01	73210.79	20.69
2011	19237.53	7.35	89738.39	21.44
2012	22529.54	8.61	100614.28	22.39
2013	23643.57	9.03	110530.70	21.40
2014	25391.09	9.61	103768.00	24.47

2010年上市公司支付的各项税费合计为15148.63亿元，2011年上市公司支付的各项税费合计为19237.53亿元，2012年上市公司支付的各项税费合计为22529.54亿元，2013年上市公司支付的各项税费合计为23643.57亿元，2014年上市公司支付的各项税费合计为25391.09亿元。

本次分析范围内的上市公司支付的各项税费在全国税收收入中的比重如附图6-4所示。

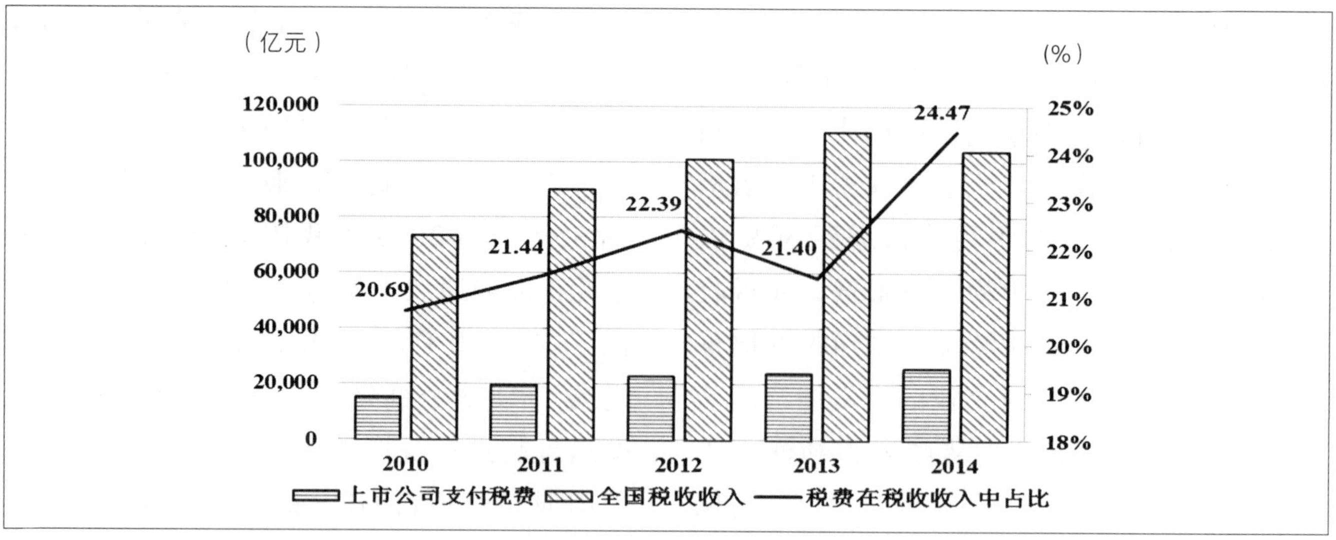

附图 6－4　支付的各项税费与税收收入的比值图

上市公司创造的年度经济增加值与我国 GDP 的比值在 13.26% 左右，年度创造的收入与 GDP 也基本保持在 47% 左右，逐年略有提高，2014 年有相对明显的下降，详见附表 6-4、附图 6-5。

附表 6–4　　2010 ~ 2014 上市公司年度营业收入与年度增加值情况

年度	营业收入（亿元）	年度增加值（亿元）	我国 GDP（亿元）	营业收入在 GDP 中占比（%）	年度增加值在 GDP 中占比（%）
2010	183556.44	51986.87	397983.00	46.12	13.06
2011	227594.92	62703.62	473104.00	48.11	13.25
2012	247990.69	69388.78	519322.00	47.75	13.36
2013	272030.61	76820.84	568845.00	47.82	13.50
2014	288419.27	83488.50	636463.00	45.32	13.12

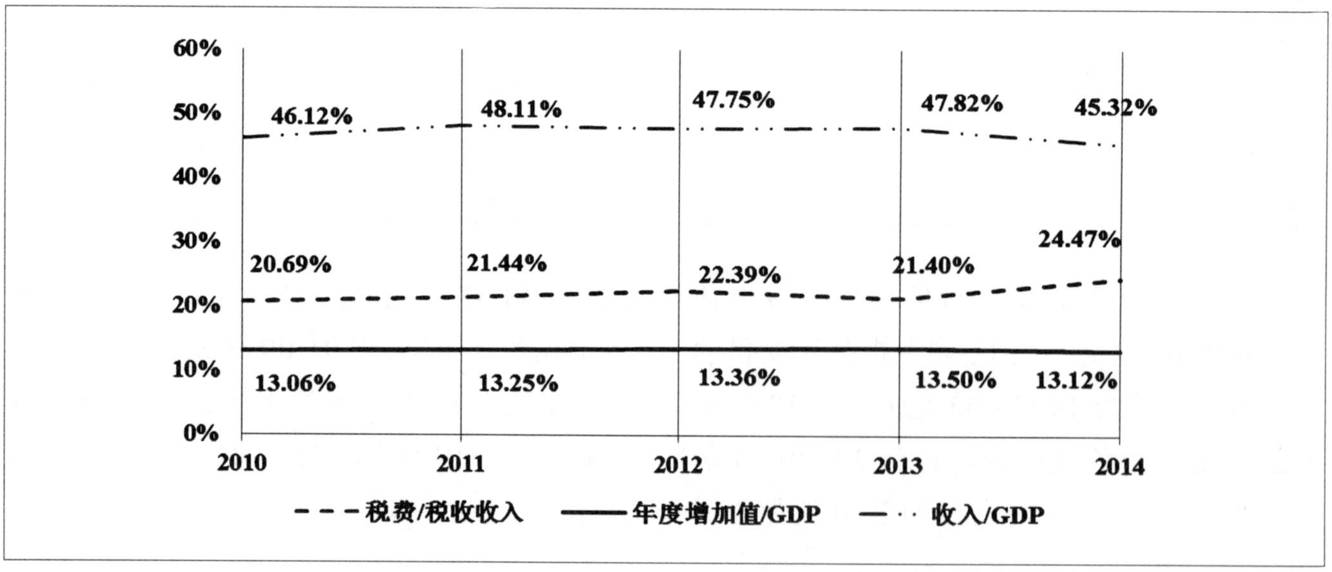

附图 6－5　支付的各项税费与税收收入的比值图

经济增长是税收增长的基础，但影响税收增长的最主要因素是各税种对应税基的增长。由于 GDP 与各税种的税基增长速度不一致，GDP 的增长并非在任何条件下都与税收增长呈正相关关系。具体来讲，以销售额或销售量为税基的税种与 GDP 一般呈明显的正相关关系，如增值税、营业税、消费税、城建税、资源税。当经济处于上升期时，GDP 增长较快，这些税种的税基一般较快增长；当经济处于下行期时，GDP 增速减缓，这些税种的税基的增速一般也会减缓。另外，一些税种与 GDP 有一定的相关关系，但相关度比较小，如企业所得税，其税基是企业的利润，与经济发展的质量密切相关，但其增速与 GDP 增速的关联度很小；还有一些税种与 GDP 没有明显的相关关系，如财产税、行为税等税种，与财产的存量和行为发生的数量等密切相关，与 GDP 没有直接的数量对比关系。

当反映主要税种税基的经济指标（如工业增加值、社会消费品零售总额，交通运输、金融保险、邮电通讯、建筑业、文化体育业、娱乐业、房地产业等的营业收入，烟、酒、汽车、成品油等大宗消费品的销售量（额），企业利润，进出口额，证券交易额等）的增长速度高于 GDP 增长速度时，税收的增长速度就会高于 GDP 的增长速度。反之，税收的增长速度就会低于 GDP 的增长速度。

一般而言，在经济恢复增长或快速增长时期，反映税基的经济指标会快于 GDP 的增长。相应地，税收的增长速度也会高于 GDP 的增长速度。如 1999~2007 年，国家为应对亚洲金融危机而采取的调控措施逐步发挥作用，经济出现恢复性增长且增速逐年加快。这一时期，主要税种税基的增长速度高于 GDP 的增长速度，从而税收增长速度也高于当期的 GDP 增长速度。当经济增长放缓时，反映税基的经济指标的增长速度会低于 GDP 的增长速度，从而使税收的增长速度低于 GDP 的增长速度。在分析范围内支付的各项税费增长率与 GDP 增长率的关系如附图 6-6 所示。

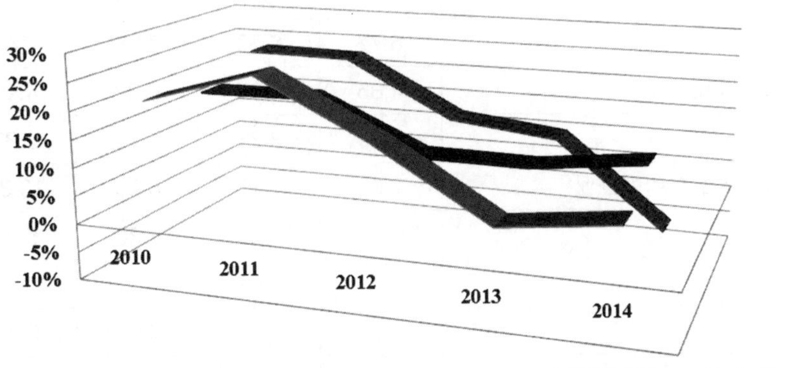

	2010	2011	2012	2013	2014
■支付税费增长率	21.25%	26.99%	17.11%	4.94%	7.39%
■GDP增长率	18.68%	18.88%	9.77%	9.54%	11.89%
■税收收入	23.00%	22.58%	12.12%	9.82%	-6.09%

附图 6–6　税费与 GDP 连续五年增长率比较图

3. 行业税收负担分析

（1）收入税收负担率分析

就全行业而言，2010 年到 2014 年营业收入税收负担率表现出一定的波动，2010 至 2012 年逐年增加达到峰值，2013 年有所下降，2014 年再度上升，2010 ～ 2014 年四年均值为 8.66%，2010 年和 2011 年税收负担率低于 8.66%，2012 年收入税收负担率最大 9.08%。

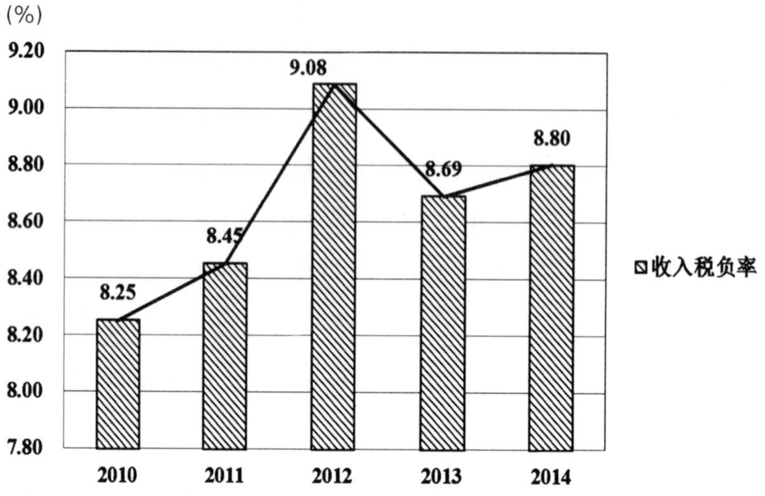

附图 6－7　2010 ～ 2014 年收入税负率图

就具体行业而言，2010 ～ 2014 年度收入税收负担率表现如附表 6-5 所示。

附表 6–5　　2010 ～ 2014 年度收入税收负担率表现　　单位：%

序号	行业	收入税收负担率					均值
		2010	2011	2012	2013	2014	
全行业		8.25	8.45	9.08	8.69	8.80	8.66
1	房地产业	15.37	18.73	17.33	16.41	16.59	16.59
2	住宿和餐饮业	9.41	10.11	10.09	9.68	9.84	9.84
3	综合	6.77	6.73	7.58	7.42	7.22	7.22
4	交通运输、仓储和邮政业	4.85	6.08	5.88	4.95	5.34	5.34
5	批发和零售业	2.96	3.23	3.15	2.83	3.03	3.03
6	电力、热力、燃气及水生产和供应业	7.92	7.17	8.23	10.31	9.04	9.04
7	制造业	5.11	5.28	5.38	5.24	5.33	5.27
8	医药制造业	9.57	9.42	9.71	9.72	9.57	9.60
9	专用设备制造业	5.85	6.21	6.54	6.40	5.85	6.17
10	非金属矿物制品业	9.00	10.41	10.21	9.13	9.00	9.55
11	计算机、通信和其他电子设备制造业	3.56	4.03	4.27	4.11	3.56	3.91
12	酒、饮料和精制茶制造业	25.16	27.61	28.89	29.58	25.16	27.28
13	其他制造业	3.20	2.93	2.88	2.85	3.20	3.01
14	金属制品业	3.15	3.28	3.36	3.46	3.15	3.28

续表

序号	行业	收入税收负担率					均值
		2010	2011	2012	2013	2014	
15	农副食品加工业	2.81	2.20	2.84	2.87	2.81	2.70
16	电气机械和器材制造业	4.81	4.74	5.29	5.47	4.81	5.03
17	石油加工、炼焦和核燃料加工业	8.39	7.45	5.96	8.22	8.39	7.68
18	有色金属冶炼和压延加工业	3.61	3.56	3.48	2.73	3.61	3.40
19	化学原料和化学制品制造业	4.45	4.89	4.54	4.29	4.45	4.52
20	纺织业	4.67	4.82	4.80	4.97	4.67	4.78
21	汽车制造业	6.08	6.53	5.94	5.14	6.08	5.95
22	通用设备制造业	5.34	5.41	6.05	5.73	5.34	5.58
23	化学纤维制造业	2.81	3.43	1.90	1.21	2.81	2.43
24	造纸和纸制品业	5.75	5.30	4.90	5.07	5.75	5.37
25	橡胶和塑料制品业	4.04	3.98	4.47	4.54	4.04	4.21
26	仪器仪表制造业	8.38	8.36	8.65	8.81	8.38	8.52
27	黑色金属冶炼和压延加工业	2.85	2.46	2.33	2.46	2.85	2.59
28	食品制造业	6.32	6.89	7.72	7.03	6.32	6.86
29	铁路、船舶、航空航天和其他运输设备制造业	3.94	3.94	3.99	4.28	3.94	4.02
30	印刷和记录媒介复制业	10.78	11.30	11.60	11.02	10.78	11.10
31	木材加工和木、竹、藤、棕、草制品业	7.06	6.79	7.44	6.52	7.06	6.97
32	纺织服装、服饰业	7.73	9.58	8.92	9.53	7.73	8.70
33	文教、工美、体育和娱乐用品制造业	5.54	7.12	6.70	5.93	5.54	6.16
34	家具制造业	5.46	5.29	5.78	6.67	5.46	5.73
35	废弃资源综合利用业	6.78	5.20	5.70	3.14	6.78	5.52
36	皮革、毛皮、羽毛及其制品和制鞋业	6.36	6.54	8.14	9.79	6.36	7.44
37	租赁和商务服务业	12.61	7.33	6.88	5.67	4.96	7.49
38	建筑业	3.72	4.05	4.22	4.31	4.44	4.15
39	水利、环境和公共设施管理业	10.96	13.19	12.78	13.68	15.48	13.22
40	文化、体育和娱乐业	6.19	6.14	5.43	5.90	5.14	5.76
41	采矿业	14.81	13.85	14.53	13.53	13.45	14.03
42	信息传输、软件和信息技术服务业	4.65	5.22	5.16	5.21	5.44	5.14
43	农、林、牧、渔业	1.22	1.11	1.21	1.31	1.52	1.27
44	科学研究和技术服务业	6.33	6.66	6.37	5.90	6.13	6.28
45	卫生和社会工作	4.82	6.48	5.66	5.42	5.24	5.52
46	教育	5.71	6.01	5.29	4.70	5.67	5.48
47	金融业	11.95	12.67	14.78	14.56	14.88	13.77

可观察到，全行业中税收负担率最高的前三位分别是：房地产行业（16.59%）、金融业（13.77%）以及水利、环境和公共设施管理业（13.22%），最低的是农、林、牧、渔业（1.27%）及批发和零售业（3.03%）。

从附表 6-5 可以看到，在制造业整体收入税收负担率（5.07%）大大低于平均税收负担率的情况下，其细分出来的酒、饮料和精制茶制造业税收负担率高达 27.28%，超过平均值（8.66%）3 倍多，在全行业中位居第一，同在制造业中收入税收负担率最低的是化学纤维制造业（2.43%）。

（2）利润税收负担率分析

利润税收负担率指标的立脚点是从股东回报的角度来看，在股东获取 100 元利润总额的时候，企业为此支付的税收成本。这个成本在 2010 ～ 2012 年度间不断上涨后出现降低，2014 年小幅度上升。

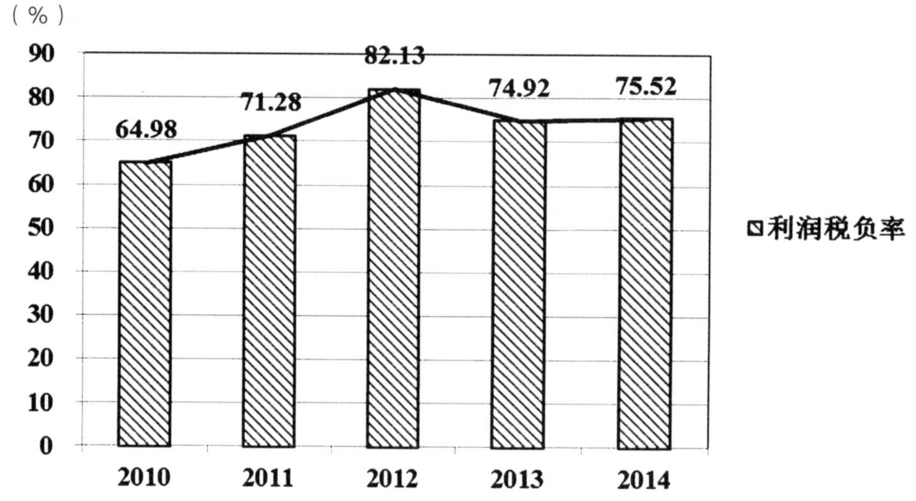

附图 6－8 2010 ～ 2014 年利润税收负担率

不同行业 2010 ～ 2014 年度利润税收负担率表现如附表 6-6 所示。

附表 6－6 2010 ～ 2014 年度利润税收负担率表现 单位：%

序号	行业	利润税收负担率					均值
		2010	2011	2012	2013	2014	
全行业		64.98	71.28	82.13	74.92	75.52	73.77
1	房地产业	70.74	86.43	85.95	88.24	92.55	84.78
2	住宿和餐饮业	62.23	76.85	77.90	162.45	429.39	161.76
3	综合	54.19	51.17	72.26	66.89	68.41	62.59
4	交通运输、仓储和邮政业	27.78	53.57	61.44	51.08	46.15	48.00
5	批发和零售业	78.81	91.96	121.31	106.28	112.50	102.17
6	电力、热力、燃气及水生产和供应业	83.35	100.22	74.34	66.30	65.38	77.92

续表

序号	行业	利润税收负担率					均值
		2010	2011	2012	2013	2014	
7	制造业	67.19	72.75	97.97	86.89	88.92	82.75
8	医药制造业	58.88	60.08	69.46	71.19	58.88	63.70
9	专用设备制造业	46.14	47.31	64.57	84.41	46.14	57.71
10	非金属矿物制品业	55.22	57.89	110.16	77.20	55.22	71.14
11	计算机、通信和其他电子设备制造业	60.75	62.85	98.88	67.86	60.75	70.22
12	酒、饮料和精制茶制造业	94.35	91.28	83.37	93.80	94.35	91.43
13	其他制造业	64.11	45.18	63.79	63.31	64.11	60.10
14	金属制品业	44.21	48.47	68.91	66.74	44.21	54.51
15	农副食品加工业	63.88	53.06	69.42	61.44	63.88	62.33
16	电气机械和器材制造业	59.53	71.42	76.14	76.10	59.53	68.54
17	石油加工、炼焦和核燃料加工业	210.54	312.83	–529.54	614.39	210.54	163.75
18	有色金属冶炼和压延加工业	88.92	78.37	668.45	141.14	88.92	213.16
19	化学原料和化学制品制造业	55.17	63.03	84.91	91.96	55.17	70.05
20	纺织业	52.33	59.83	123.77	69.64	52.33	71.58
21	汽车制造业	68.30	76.27	81.99	69.25	68.30	72.82
22	通用设备制造业	62.71	70.46	89.24	83.49	62.71	73.72
23	化学纤维制造业	33.97	59.26	286.91	171.88	33.97	117.20
24	造纸和纸制品业	99.71	205.80	157.14	157.77	99.71	144.03
25	橡胶和塑料制品业	54.11	46.02	72.43	60.78	54.11	57.49
26	仪器仪表制造业	56.78	61.17	61.82	57.88	56.78	58.88
27	黑色金属冶炼和压延加工业	96.20	173.36	–448.52	392.31	96.20	61.91
28	食品制造业	81.75	95.64	110.98	95.11	81.75	93.05
29	铁路、船舶、航空航天和其他运输设备制造业	61.81	59.83	74.61	74.04	61.81	66.42
30	印刷和记录媒介复制业	52.09	52.62	55.80	52.19	52.09	52.96
31	木材加工和木、竹、藤、棕、草制品业	117.16	168.38	249.54	143.93	117.16	159.23
32	纺织服装、服饰业	50.54	65.86	71.18	87.84	50.54	65.19
33	文教、工美、体育和娱乐用品制造业	43.09	57.04	53.62	53.20	43.09	50.01
34	家具制造业	49.63	46.29	64.08	59.34	49.63	53.79
35	废弃资源综合利用业	39.81	35.89	50.47	60.44	39.81	45.28
36	皮革、毛皮、羽毛及其制品和制鞋业	60.80	48.85	61.38	90.24	60.80	64.41
37	租赁和商务服务业	119.59	105.95	91.88	75.72	75.20	93.67
38	建筑业	109.48	108.75	126.95	110.49	112.03	113.54
39	水利、环境和公共设施管理业	49.76	58.35	60.67	54.13	68.15	58.21
40	文化、体育和娱乐业	40.01	44.17	41.56	39.28	31.35	39.27
41	采矿业	138.64	161.81	208.59	207.07	256.36	194.50
42	信息传输、软件和信息技术服务业	69.09	74.54	74.87	74.06	65.39	71.59
43	农、林、牧、渔业	12.87	14.13	26.02	48.19	80.62	36.37
44	科学研究和技术服务业	50.41	51.11	52.18	48.12	51.22	50.61
45	卫生和社会工作	23.58	33.63	32.21	30.94	29.46	29.96
46	教育	199.27	174.39	–57.05	101.14	92.43	102.03
47	金融业	31.42	32.61	37.98	36.40	38.31	35.34

从附表6-6中可看出，采矿业的利润税收负担率最高达194.50%，卫生和社会工作行业的利润税收负担率最低为29.96%；最高值是最低值的8倍尚多；房地产行业84.78%，比平均值稍高，但从全行业来看其并不属于税收负担率高的行业。

从制造业数据中看出其利润税收负担率最高值为213.16%，是有色金属冶炼和压延加工业；利润税收负担率最低值为45.28%，是木材加工和木、竹、藤、棕、草制品业；无论最高值还是最低值，制造业的利润税收负担率均高于行业水平。

（3）年度增加值税收负担率分析

2010～2014年连续5年分析范围内的上市公司年度增加值的税收负担率从29.14%提高到30.41%，税收负担率稍有提高，指标值年度间有较小差异，2012年度达到峰值，与2011年和2013年差异较大，且与年度增加值在税收收入所占比例的变化的未呈现出一致趋势。年度增加值税负率在2012年达到峰值，而年度增加值在税收收入所占比例在2013年达到峰值。

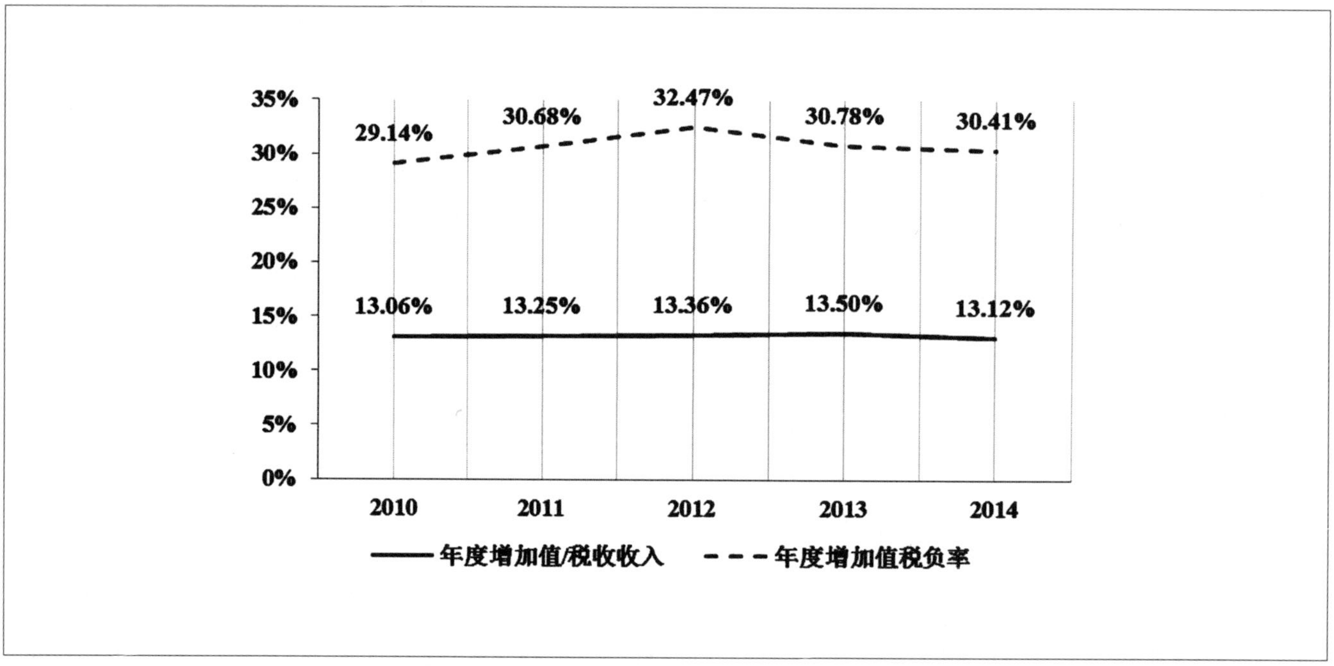

附图6－9 年度增加值与年度增加值税负率五年变化比较图

年度增加值反映企业在经营中创造价值并承担一定社会责任，年度增加值从2010年的51986.87亿元提高到2014年的83488.50亿元，提高了60.60%，税收成本在其中的份额基本能够保持在30.70%的比重，这意味着企业新创造的100元价值中，其中1/3是用来给国家缴纳税收的，该指标与经营活动现金流量的税负率体现的都是税收刚性约束，说明1994年税制改革以来形成的税制体系已经处于稳定状态。同时也会制定新的减税政策提供了最好的数据例证。

在行业分布上，46个行业的年度增加值税收负担率苦乐不均，具体数据见附表6-7。

附表 6 – 7 **2010 ~ 2014 年度 46 个行业年度增加值税收负担率情况** 单位：%

序号	行业	年度增加值税收负担率					均值
		2010	2011	2012	2013	2014	
	全行业	29.14	30.68	32.47	30.78	30.41	30.70
1	房地产业	44.09	48.17	48.40	49.24	48.97	47.77
2	住宿和餐饮业	19.66	22.19	21.42	22.08	22.48	21.57
3	综合	25.17	24.54	28.49	27.82	25.83	26.37
4	交通运输、仓储和邮政业	12.75	17.93	17.70	14.71	13.90	15.40
5	批发和零售业	32.04	34.84	36.16	33.91	33.15	34.02
6	电力、热力、燃气及水生产和供应业	26.04	26.26	26.66	27.84	27.91	26.94
7	制造业	25.65	26.67	27.72	26.15	25.31	26.30
8	医药制造业	27.50	27.57	28.93	28.77	27.50	28.05
9	专用设备制造业	22.67	23.38	24.66	24.72	22.67	23.62
10	非金属矿物制品业	26.13	28.35	31.23	27.57	26.13	27.88
11	计算机、通信和其他电子设备制造业	19.16	18.77	20.13	17.74	19.16	18.99
12	酒、饮料和精制茶制造业	43.38	44.70	43.59	44.79	43.38	43.97
13	其他制造业	29.85	26.30	31.31	31.91	29.85	29.84
14	金属制品业	18.45	20.25	20.92	20.61	18.45	19.73
15	农副食品加工业	23.27	20.12	22.35	21.32	23.27	22.07
16	电气机械和器材制造业	26.35	26.49	26.75	26.97	26.35	26.58
17	石油加工、炼焦和核燃料加工业	44.12	46.91	47.97	50.42	44.12	46.71
18	有色金属冶炼和压延加工业	26.57	28.15	36.09	26.09	26.57	28.69
19	化学原料和化学制品制造业	21.80	24.32	24.27	23.69	21.80	23.18
20	纺织业	18.01	19.67	21.43	19.24	18.01	19.27
21	汽车制造业	32.95	34.18	32.28	28.55	32.95	32.18
22	通用设备制造业	24.36	24.40	26.45	24.71	24.36	24.86
23	化学纤维制造业	17.10	26.12	21.22	14.79	17.10	19.27
24	造纸和纸制品业	26.02	27.47	23.40	24.76	26.02	25.54
25	橡胶和塑料制品业	21.07	19.68	23.41	21.48	21.07	21.34
26	仪器仪表制造业	23.51	23.72	23.66	22.36	23.51	23.35
27	黑色金属冶炼和压延加工业	19.85	19.86	21.09	20.32	19.85	20.19
28	食品制造业	27.84	30.12	31.76	28.18	27.84	29.15
29	铁路、船舶、航空航天和其他运输设备制造业	19.35	19.05	18.88	18.76	19.35	19.08
30	印刷和记录媒介复制业	25.63	25.63	26.09	24.77	25.63	25.55
31	木材加工和木、竹、藤、棕、草制品业	27.60	27.90	31.61	27.29	27.60	28.40
32	纺织服装、服饰业	24.34	28.43	27.70	30.65	24.34	27.09
33	文教、工美、体育和娱乐用品制造业	17.75	21.74	20.90	19.55	17.75	19.54
34	家具制造业	19.01	17.72	20.52	21.68	19.01	19.59

续表

序号	行业	年度增加值税收负担率					均值
		2010	2011	2012	2013	2014	
35	废弃资源综合利用业	17.57	14.29	18.20	17.03	17.57	16.93
36	皮革、毛皮、羽毛及其制品和制鞋业	24.16	23.68	26.55	29.30	24.16	
37	租赁和商务服务业	42.82	41.43	37.17	32.44	31.85	37.14
38	建筑业	29.02	28.98	30.38	30.16	30.29	29.77
39	水利、环境和公共设施管理业	26.38	29.21	30.23	30.12	34.65	30.12
40	文化、体育和娱乐业	17.80	19.50	17.51	18.23	14.88	17.58
41	采矿业	45.60	48.01	50.69	48.80	49.43	48.51
42	信息传输、软件和信息技术服务业	10.11	11.85	12.47	13.16	12.68	12.05
43	农、林、牧、渔业	5.02	5.08	6.29	6.68	7.18	6.05
44	科学研究和技术服务业	18.86	19.86	18.94	17.45	17.99	18.62
45	卫生和社会工作	10.32	13.32	11.76	11.40	11.00	11.56
46	教育	26.97	24.83	33.09	16.84	11.63	22.67
47	金融业	20.94	21.66	24.35	23.64	24.76	23.07

由附表6-7中数据看出，年度增加值税收负担率指标中，采矿业、房地产行业、石油加工、炼焦和核燃料加工业和酒、饮料和精制茶制造业的年度增加值税收负担均在40%以上，农、林、牧、渔业及卫生和社会工作分别以6.05%、11.56%位居最后。

（4）现金流量税负率分析

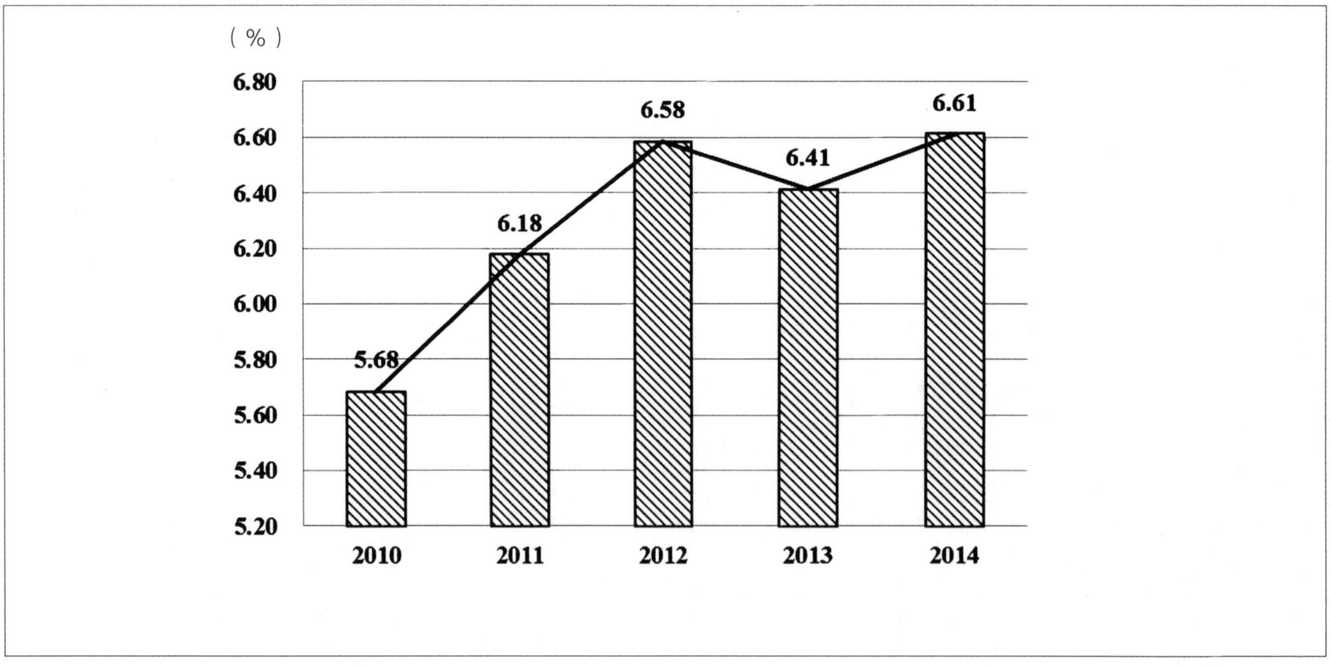

附图 6－10　2010 ~ 2014 年度经营活动现金流出税负率比较图

现金流量税负率反映的是企业经营活动发生的付现成本中税收所占的比重。这个指标与其他指标相比有其独特性，因为只有该指标是从付现角度来衡量，其他指标都是以权责发生制为前提。在现代企业经营中，企业追求的不再是“纸面富贵”，而是“现金为王”。2008 年金融危机中破产的雷曼兄弟不是因为其资产质量恶化，而是因为其流动性发生了问题，在利润为正数的情况下出现了“黑字破产”。经营活动的现金流出代表的是企业在主营业务过程中支付的购买原料、支付员工薪酬等成本，税收也是其中的一个因素。该指标能够说明企业付现成本中税收成本的压力。2010 年到 2014 年该指标变化如附图 6-10 所示。

该指标在各行业比较中也表现出较强的行业特征，2010 至 2014 年度各行业经营活动现金流量税负率计算结果如附表 6-8。

附表 6－8　　2010 ~ 2014 年各行业经营活动现金流出税收负担率情况　　单位：%

序号	行业	经营活动现金流出税收负担率					均值
		2010	2011	2012	2013	2014	
全行业		5.68	6.18	6.58	6.41	6.61	6.29
1	房地产业	8.99	12.43	13.83	11.10	11.75	11.62
2	住宿和餐饮业	10.94	11.93	11.44	10.26	10.66	11.04
3	综合	5.59	5.50	6.63	6.54	6.79	6.21
4	交通运输、仓储和邮政业	5.53	6.44	6.08	–	5.34	5.85
5	批发和零售业	2.60	2.91	2.87	2.56	2.62	2.71
6	电力、热力、燃气及水生产和供应业	8.44	7.34	9.00	12.25	13.70	10.15
7	制造业	5.28	5.43	5.50	5.44	5.48	5.43
8	医药制造业	10.41	10.01	10.22	10.06	10.41	10.22
9	专用设备制造业	6.50	6.34	6.88	6.95	6.50	6.64
10	非金属矿物制品业	9.31	11.13	10.26	9.60	9.31	9.92
11	计算机、通信和其他电子设备制造业	3.53	4.04	4.25	4.15	3.53	3.90
12	酒、饮料和精制茶制造业	26.13	28.14	30.93	30.25	26.13	28.31
13	其他制造业	2.64	2.49	2.49	2.47	2.64	2.55
14	金属制品业	3.08	3.24	3.58	3.79	3.08	3.35
15	农副食品加工业	2.60	2.03	2.71	2.74	2.60	2.54
16	电气机械和器材制造业	5.77	5.85	6.41	6.78	5.77	6.12
17	石油加工、炼焦和核燃料加工业	8.09	7.15	5.53	7.88	8.09	7.35
18	有色金属冶炼和压延加工业	3.31	3.37	3.16	2.53	3.31	3.13
19	化学原料和化学制品制造业	4.58	5.20	4.81	4.61	4.58	4.76
20	纺织业	4.41	4.57	4.69	4.86	4.41	4.59
21	汽车制造业	6.43	6.59	5.79	5.06	6.43	6.06
22	通用设备制造业	5.40	5.52	6.22	6.31	5.40	5.77
23	化学纤维制造业	3.42	3.96	2.01	1.31	3.42	2.82
24	造纸和纸制品业	5.92	5.34	5.36	5.52	5.92	5.61

续表

序号	行业	经营活动现金流出税收负担率					均值
		2010	2011	2012	2013	2014	
25	橡胶和塑料制品业	4.10	4.01	4.70	4.86	4.10	4.36
26	仪器仪表制造业	8.57	8.21	9.11	9.26	8.57	8.75
27	黑色金属冶炼和压延加工业	3.06	2.65	2.49	2.68	3.06	2.79
28	食品制造业	5.85	6.33	7.27	6.60	5.85	6.38
29	铁路、船舶、航空航天和其他运输设备制造业	3.86	3.89	4.12	4.35	3.86	4.02
30	印刷和记录媒介复制业	11.12	11.27	12.52	12.39	11.12	11.68
31	木材加工和木、竹、藤、棕、草制品业	6.04	6.91	7.43	6.77	6.04	6.64
32	纺织服装、服饰业	7.42	8.69	9.19	9.85	7.42	8.51
33	文教、工美、体育和娱乐用品制造业	5.34	6.80	6.51	5.53	5.34	5.90
34	家具制造业	5.00	4.77	5.85	6.47	5.00	5.42
35	废弃资源综合利用业	3.97	5.26	4.97	2.82	3.97	4.20
36	皮革、毛皮、羽毛及其制品和制鞋业	5.98	7.11	7.36	8.76	5.98	7.04
37	租赁和商务服务业	7.05	5.26	5.46	4.54	3.94	5.25
38	建筑业	3.88	4.25	4.23	4.43	4.71	4.30
39	水利、环境和公共设施管理业	8.81	11.93	14.91	15.73	16.48	13.57
40	文化、体育和娱乐业	6.01	5.93	5.47	6.05	5.54	5.80
41	采矿业	14.97	13.42	13.73	12.92	13.04	13.62
42	信息传输、软件和信息技术服务业	6.43	6.96	6.80	6.65	6.92	6.75
43	农、林、牧、渔业	1.09	1.11	1.24	1.29	1.54	1.26
44	科学研究和技术服务业	7.23	7.82	7.89	7.51	8.01	7.69
45	卫生和社会工作	6.17	7.66	6.37	6.55	6.15	6.58
46	教育	5.22	5.35	4.64	4.15	5.61	4.99
47	金融业	2.91	3.56	4.25	4.42	4.95	4.02

在各行业中酒、饮料和精制茶制造业、采矿业经营活动现金流量税负率分别以28.31%、13.62%位列第一和第二；近年来房地产由于房地产价格飙升，导致了很多分析机构和人员认为房地产价格高企的原因是有绝大部分用来缴纳国家税收，在本次税收负担研究中可以看出房地产的现金流量税负率在2012年度达到最高，2013年下降，2014年度有所回升，行业中位于电力、热力、燃气及水生产和供应业和采矿业之后，行业税负率的第五位。

4. 行业税收负担率年度变化分析

根据2013年度证监会行业分类，将全部A股上市公司分为18类汇总对制造业的29类细分，以序号1-47作为对应行业代码进行作图比较分析A股上市公司各行业的税收负担在年度间的变化情况。

附表 6－9　　各行业代码

序号	行业名称	序号	行业名称
1	房地产业	25	橡胶和塑料制品业
2	住宿和餐饮业	26	仪器仪表制造业
3	综合	27	黑色金属冶炼和压延加工业
4	交通运输、仓储和邮政业	28	食品制造业
5	批发和零售业	29	铁路、船舶、航空航天和其他运输设备制造业
6	电力、热力、燃气及水生产和供应业	30	印刷和记录媒介复制业
7	制造业	31	木材加工和木、竹、藤、棕、草制品业
8	医药制造业	32	纺织服装、服饰业
9	专用设备制造业	33	文教、工美、体育和娱乐用品制造业
10	非金属矿物制品业	34	家具制造业
11	计算机、通信和其他电子设备制造业	35	废弃资源综合利用业
12	酒、饮料和精制茶制造业	36	皮革、毛皮、羽毛及其制品和制鞋业
13	其他制造业	37	租赁和商务服务业
14	金属制品业	38	建筑业
15	农副食品加工业	39	水利、环境和公共设施管理业
16	电气机械和器材制造业	40	文化、体育和娱乐业
17	石油加工、炼焦和核燃料加工业	41	采矿业
18	有色金属冶炼和压延加工业	42	信息传输、软件和信息技术服务业
19	化学原料和化学制品制造业	43	农、林、牧、渔业
20	纺织业	44	科学研究和技术服务业
21	汽车制造业	45	卫生和社会工作
22	通用设备制造业	46	教育
23	化学纤维制造业	47	金融业
24	造纸和纸制品业		

(1) 收入税收负担率年度变化比较

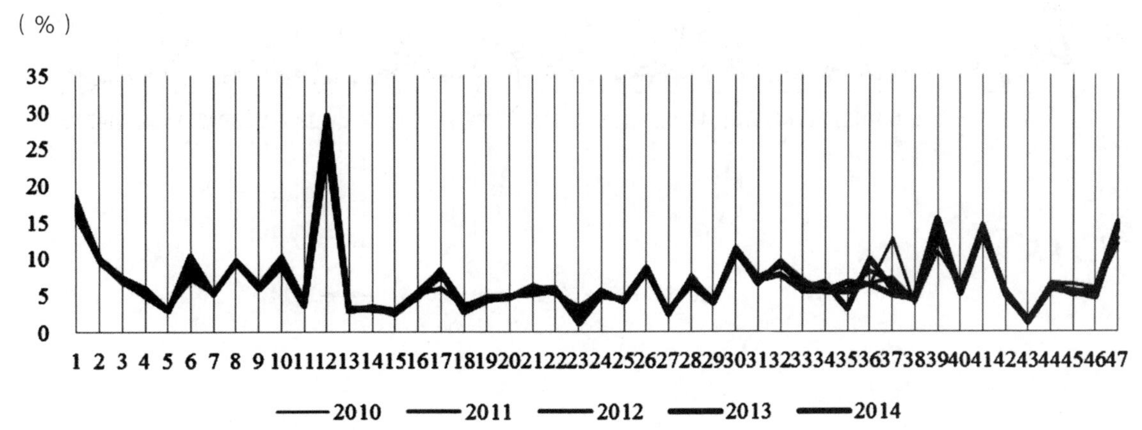

附图 6－11　2010 ~ 2014 年收入税负率五年比较图

A股上市公司实现的营业收入自2010年开始到2014年连续5年增长率分别为-23.99%、-8.96%、-9.69%、6.02%，归属于母公司的净利润连续5年增长率为18.74%左右，支付的各项税费从2010年起连续5年增长率为-22.58%、-12.12%、-9.82%、6.09%，且每年度行业内各行业的变化趋势统一，如附图6-11所示。税费支出与营业收入增长率相当、各年度内行业间税收负担率变化趋势一致，一方面说明我国税制比较稳定，另一方面说明税负对于企业经营构成刚性约束。归属于母公司的净利润增长率高于营业收入增长率大抵得益于三个因素，一是成本费用的降低，二是营业外收支的增大，三是企业存在投资收益。

2010～2014年度A股上市公司的营业收入税收负担率均值为8.66%，行业间收入税负率差异较大，收入税负率最高的是序号12酒、饮料和精制茶制造业，最低的是序号43农、林、牧、渔行业。

企业支付的各项税费中包括流转税和所得税等所有企业涉及的税种，我国税制的主体税种是流转税和所得税，营业收入是流转税和所得税税基的起点。2010年到2014年营业收入税收负担率指标变动比较频繁，这和我国近年来推行的税制改革高度相关，以调整税收结构，减轻企业负担为目的的税制改革在本次税收负担率排行中也得到了充分体现。如2009年推行增值税改革试点，从生产型增值税向消费型增值税转型，2012年开始实施营业税改征增值税改革，2013年8月营改增扩围，改革有一定的滞后期，附图6-12中序号37即租赁和商业服务业的税收负担率2010年和2014年有很大的差异，即是营改增税制改革的体现。

（2）利润税收负担率年度变化比较

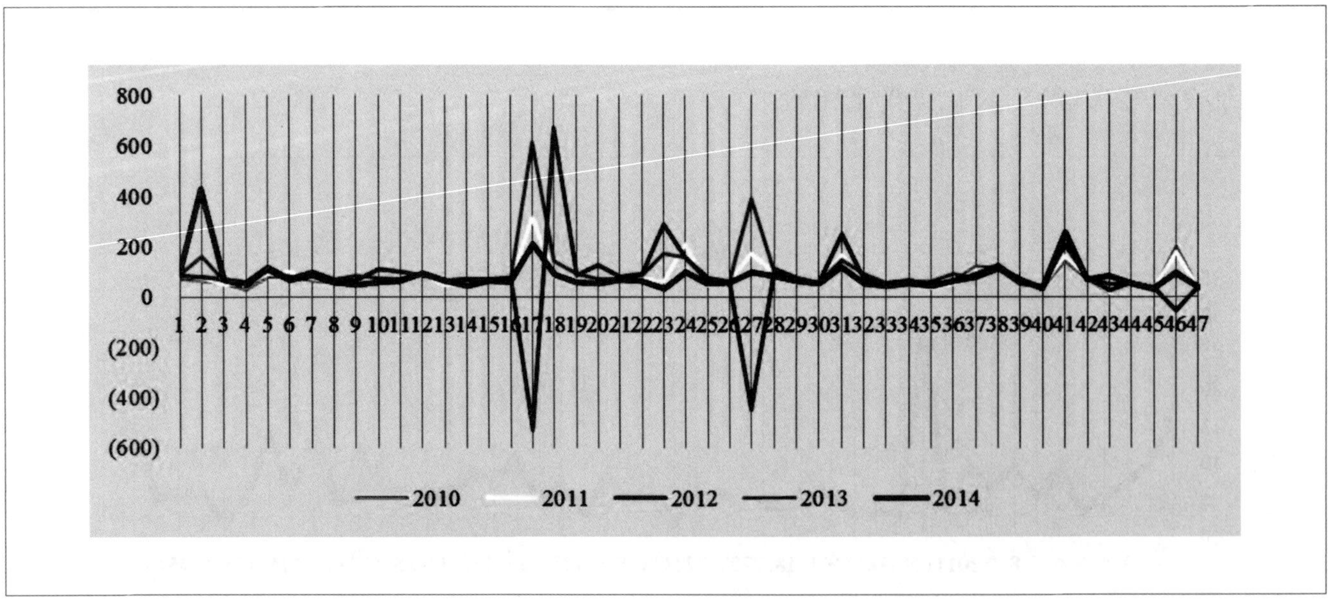

附图6－12　2010～2014年利润税收负担率五年比较图

序号2即住宿和餐饮行业在2014年度利润税收负担率急剧上涨，2012年度序号17即石油加工、炼焦和核燃料加工业，序号27黑色金属冶炼和压延加工业、序号46教育业出现负数。

排除个别年度个别行业的极端数据后，行业间利润税收负担率差异相对较小，利润税收负担率2010～2014连续五年均处于高位的是序号17石油加工、炼焦和核燃料加工业和序号12采矿业，最低的是序号43农、林、牧、渔行业。

（3）年度增加值税收负担率年度变化比较

2010年度至2014年度各行业年度增加值税负率变化如附图6-13所示。

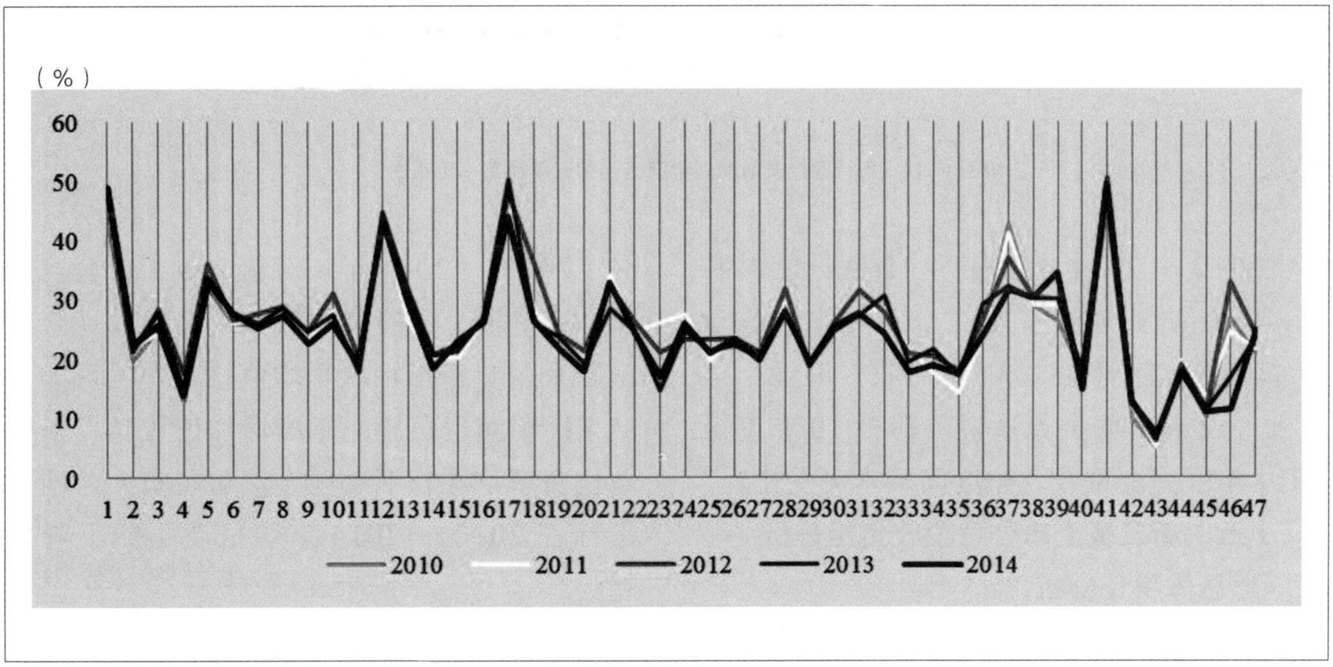

附图6－13 2010～2014年度年度增加值税负率变化比较图

由附图6-13可观察到各年度间行业年度增加值税负率变化一直，序号41采矿业是年度增加值税负率最大的行业，序号43农、林、牧、渔业依然是增加值税收负担率最小的行业。序号37租赁和商务服务业年度增加值在2013年度出现较大幅度降低，序号46教育行业2012～2014年连续三年内在较大范围内持续下降。

连续5年年度增加值税收负担率最高的行业是41号采矿业，其税收负担率均值约52.09%，即每创造100元的财富，有一半是税收。这样的事实恐怕是中国到处蔓延税负高于发达国家流言的原因吧。

（4）经营活动现金流出税收负担率年度变化比较

各行业在年度间的变化不均，2010年度至2014年度序号4交通运输、仓储和邮政业，序号37租赁和商务服务业、序号39水利、环境和公共设施管理业和序号8税收负担率变化较大。

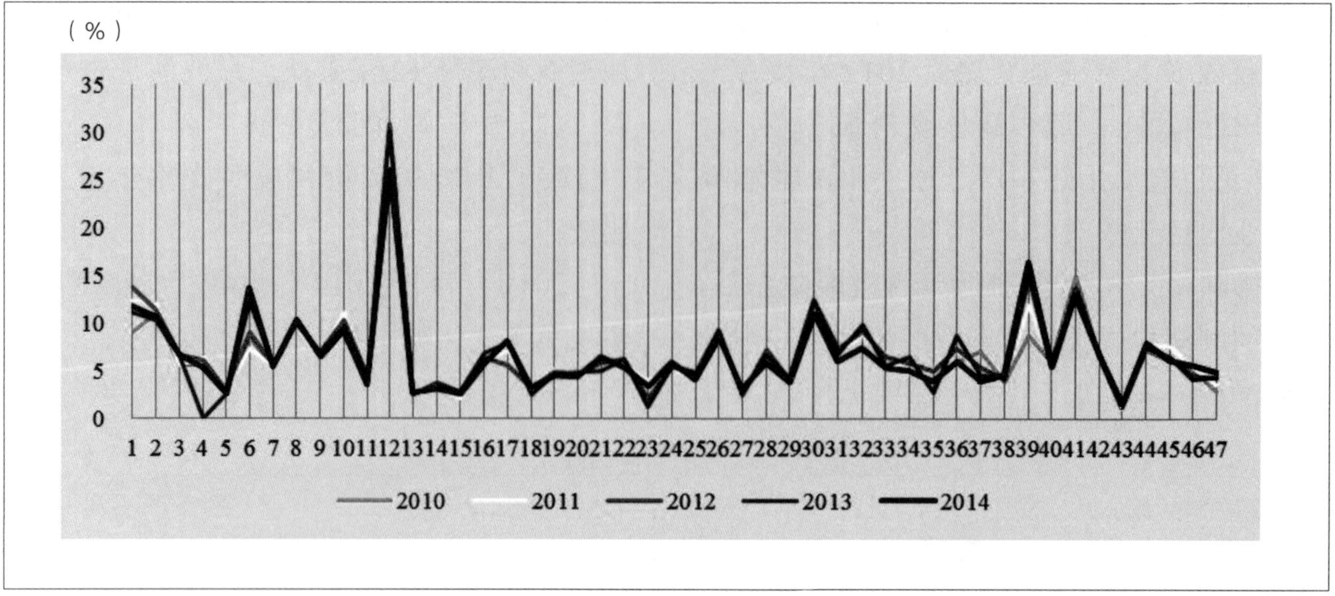

附图 6-14 各行业经营活动现金流出连续五年税负率分布图

2010～2014 年度序号 12 酒、饮料和精制茶制造业连续五年在全行业中税收负担率最高，序号 43 农、林、牧、渔业，该行业经营活动现金流量税负率 2010 年度至 2014 年度完全重合，年度间基本无变化。

（五）新三板上市公司税收负担分析

1. 总体税负分析

2012～2014 年，对新三板上市公司的收入、利润、年度增加值和经营活动现金流出四个税负率指标取平均值比较，呈现如下结果：利润税负率＞年度增加值税负率＞收入税负率＞经营活动现金流出税负率，四个指标在 2012～2014 年均呈现不断下降的趋势。

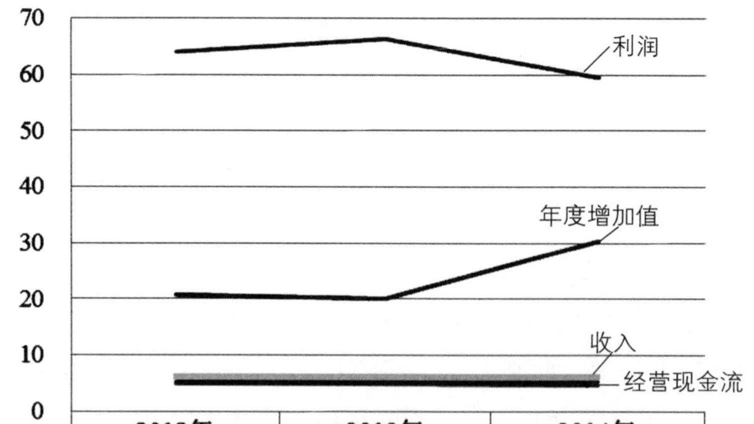

	2012年	2013年	2014年
收入	5.29	5.18	5.17
利润	64.11	66.42	59.60
年度增加值	20.68	20.13	30.41
经营现金流	4.87	4.75	4.70

附图 6－15 2012 年到 2013 年新三板上市公司税收负担率总览（%）

可观察到：①与A股上市公司一样，新三板企业的四个指标税负率指标中最为接近的指标是收入税负率和经营活动现金流出税负率。②利润税负率最高，即相比收入、年度增加值和经营活动现金流，企业每获得1元的利润所耗费的成本的中税收占据了50%以上；③经营活动现金流出税负率最低，即税收费用在企业经营活动现金流出中所占的比重相对较小，税收支出对企业的日常经营活动现金流的影响较小。④新三板从收入、利润、年度增加值、经营活动现金流出对上市公司税负程度的分析结果具有高度的一致性，且均从2012年出现下降的趋势，与A股上市公司同期保持了一致的走向。⑤与A股上市公司相比，新三板企业的税收负担率指标平均值较低，说明普遍来看，新三板企业的税收负担大于A股上市公司。

2. 行业税收负担分析

（1）收入税收负担率分析

就全行业而言，2012年到2014年营业收入税收负担率保持平稳下降趋势，均值为5.21%。全行业中税收负担率最高的前三位分别是：酒、饮料和精制茶制造业（20.19%）、金融业（11.15%）和采矿业（10.35%），最低的是农、林、牧、渔业（1.29%）及农、林、牧、渔业（2.43%），与A股企业上市公司基本保持一致。

2012～2014年度各行业收入税收负担率表现如附表6-10所示。

附表6－10　　2011~2014年度各行业收入税收负担率　　单位：%

序号	行业	收入税收负担率			均值
		2012	2013	2014	
全行业		5.29	5.18	5.17	5.21
1	房地产业	6.30	6.60	7.52	6.81
2	住宿和餐饮业	6.36	7.14	7.34	6.95
3	综合				
4	交通运输、仓储和邮政业	3.00	3.60	3.52	3.37
5	批发和零售业	2.60	2.26	2.12	2.33
6	电力、热力、燃气及水生产和供应业	8.45	7.00	7.66	7.70
7	制造业	5.85	5.61	5.77	5.74
8	医药制造业	8.87	8.89	8.85	8.87
9	专用设备制造业	6.85	6.52	6.47	6.62
10	非金属矿物制品业	6.35	6.19	7.41	6.65
11	计算机、通信和其他电子设备制造业	5.46	4.94	5.25	5.22
12	酒、饮料和精制茶制造业	23.49	18.31	18.77	20.19
13	其他制造业	6.84	6.23	6.23	6.43
14	金属制品业	3.78	3.21	4.14	3.71
15	农副食品加工业	1.91	1.43	1.64	1.66
16	电气机械和器材制造业	5.76	5.84	6.04	5.88
17	石油加工、炼焦和核燃料加工业				
18	有色金属冶炼和压延加工业	3.06	2.95	3.12	3.05
19	化学原料和化学制品制造业				
20	纺织业	6.30	6.13	5.48	5.97
21	汽车制造业	3.64	3.97	5.16	4.26
22	通用设备制造业	6.73	6.59	6.82	6.71

续表

序号	行业	收入税收负担率			均值
		2012	2013	2014	
23	化学纤维制造业	3.02	2.56	2.76	2.78
24	造纸和纸制品业				
25	橡胶和塑料制品业	4.71	4.28	4.69	4.56
26	仪器仪表制造业	8.57	8.97	9.11	8.88
27	黑色金属冶炼和压延加工业	3.47	3.34	2.28	3.03
28	食品制造业	9.33	8.42	9.26	9.00
29	铁路、船舶、航空航天和其他运输设备制造业	7.25	8.32	7.98	7.85
30	印刷和记录媒介复制业	5.74	7.06	5.71	6.17
31	木材加工和木、竹、藤、棕、草制品业				
32	纺织服装、服饰业	9.24	9.77	8.18	9.06
33	文教、工美、体育和娱乐用品制造业	5.79	4.27	3.73	4.60
34	家具制造业	8.34	6.09	4.03	6.16
35	废弃资源综合利用业	2.40	3.49	3.43	3.10
36	皮革、毛皮、羽毛及其制品和制鞋业	10.55	10.45	6.75	9.25
37	租赁和商务服务业	5.07	5.62	6.77	5.82
38	建筑业	4.07	4.64	4.11	4.27
39	水利、环境和公共设施管理业	6.60	5.74	7.48	6.61
40	文化、体育和娱乐业	7.21	4.36	5.60	5.72
41	采矿业	8.93	10.93	11.21	10.35
42	信息传输、软件和信息技术服务业	6.88	6.52	6.44	6.61
43	农、林、牧、渔业	1.42	1.17	1.33	1.31
44	科学研究和技术服务业	6.26	5.60	4.85	5.57
45	卫生和社会工作	4.16	3.54	4.50	4.07
46	教育	7.62	10.22	10.69	9.51
47	金融业	10.19	16.97	6.29	11.15

（2）利润税收负担率分析

不同行业2010～2014年度利润税收负担率表现如下表。从表中可看出，酒、饮料和精制茶制造业的利润税负率均值高达511.27%，住宿和餐饮业的利润税收负担率157.07%居第二位；农、林、牧、渔业的利润税收负担率最低为16.92%，金融业28.71%。

附表6－11　2012~2014年度各行业利润税收负担率　单位：%

序号	行业	利润税收负担率			均值
		2012	2013	2014	
	全行业	64.11	66.42	59.60	63.38
1	房地产业	91.44	66.85	110.67	89.65
2	住宿和餐饮业	111.66	202.49	301.85	205.33
3	综合				
4	交通运输、仓储和邮政业	63.65	63.13	80.18	68.98
5	批发和零售业	129.33	127.98	153.65	136.99
6	电力、热力、燃气及水生产和供应业	62.99	47.89	62.68	57.85

续表

序号	行业	利润税收负担率			均值
		2012	2013	2014	
7	制造业	70.55	71.84	71.11	71.16
8	医药制造业	53.96	53.82	52.60	53.46
9	专用设备制造业	71.60	73.10	71.78	72.16
10	非金属矿物制品业	65.56	77.12	97.11	79.93
11	计算机、通信和其他电子设备制造业	64.99	65.49	72.12	67.53
12	酒、饮料和精制茶制造业	959.88	845.50	−271.57	511.27
13	其他制造业	65.85	71.08	89.72	75.55
14	金属制品业	75.69	65.16	73.31	71.38
15	农副食品加工业	33.28	50.14	29.06	37.50
16	电气机械和器材制造业	83.59	80.95	91.11	85.22
17	石油加工、炼焦和核燃料加工业				
18	有色金属冶炼和压延加工业	43.27	65.39	55.91	54.86
19	化学原料和化学制品制造业				
20	纺织业	101.19	117.07	379.44	199.23
21	汽车制造业	72.97	53.90	55.97	60.95
22	通用设备制造业	91.50	97.27	83.53	90.77
23	化学纤维制造业	53.79	53.79	54.97	54.18
24	造纸和纸制品业				
25	橡胶和塑料制品业	58.31	58.68	67.56	61.52
26	仪器仪表制造业	63.97	66.37	66.62	65.65
27	黑色金属冶炼和压延加工业	−91.46	−232.31	255.13	−22.88
28	食品制造业	75.04	67.88	79.61	74.18
29	铁路、船舶、航空航天和其他运输设备制造业	65.11	81.47	64.99	70.52
30	印刷和记录媒介复制业	116.18	128.79	160.43	135.14
31	木材加工和木、竹、藤、棕、草制品业				
32	纺织服装、服饰业	66.72	84.21	130.55	93.82
33	文教、工美、体育和娱乐用品制造业	49.39	41.87	45.22	45.49
34	家具制造业	−543.32	118.24	61.17	−121.30
35	废弃资源综合利用业	−356.51	132.37	55.53	−56.21
36	皮革、毛皮、羽毛及其制品和制鞋业	63.35	111.97	75.74	83.69
37	租赁和商务服务业	40.76	51.52	43.43	45.24
38	建筑业	68.73	82.61	66.88	72.74
39	水利、环境和公共设施管理业	61.48	45.37	44.07	50.31
40	文化、体育和娱乐业	50.66	38.61	28.45	39.24
41	采矿业	62.20	88.07	102.79	84.35
42	信息传输、软件和信息技术服务业	61.69	63.58	59.60	61.62
43	农、林、牧、渔业	17.48	16.07	17.22	16.92
44	科学研究和技术服务业	56.76	53.46	38.94	49.72
45	卫生和社会工作	−136.37	−43.86	66.83	−37.80
46	教育	128.96	65.25	53.51	82.58
47	金融业	29.69	44.72	11.72	28.71

（3）年度增加值税收负担率分析

2012 年到 2014 年，分析范围内的新三板上市公司年度增加值的税收负担率从 20.68% 下降到 19.08%，税收负担率有明显降低，指标值年度间有较小差异。行业具体数据见附表 6-12。

附表 6－12　　2012~2014 年度各行业年度增加值税收负担率　　单位：%

序号	行业	年度增加值税收负担率			均值
		2012	2013	2014	
全行业		20.68	20.13	19.08	19.96
1	房地产业	12.04	12.30	13.45	12.60
2	住宿和餐饮业	20.93	21.27	22.30	21.50
3	综合				
4	交通运输、仓储和邮政业	17.17	17.91	16.51	17.20
5	批发和零售业	29.66	28.61	27.98	28.75
6	电力、热力、燃气及水生产和供应业	26.34	21.73	24.06	24.04
7	制造业	22.59	21.51	21.27	21.79
8	医药制造业	23.53	22.89	22.45	22.95
9	专用设备制造业	23.74	22.25	21.96	22.65
10	非金属矿物制品业	21.98	22.63	26.53	23.72
11	计算机、通信和其他电子设备制造业	19.42	17.71	18.07	18.40
12	酒、饮料和精制茶制造业	53.63	39.77	49.71	47.70
13	其他制造业	20.78	19.73	19.88	20.13
14	金属制品业	23.92	20.50	22.63	22.35
15	农副食品加工业	13.63	12.40	11.66	12.56
16	电气机械和器材制造业	23.00	22.35	23.04	22.79
17	石油加工、炼焦和核燃料加工业				
18	有色金属冶炼和压延加工业	17.41	17.82	17.05	17.42
19	化学原料和化学制品制造业				
20	纺织业	22.62	22.62	21.86	22.37
21	汽车制造业	14.41	14.44	16.07	14.97
22	通用设备制造业	22.02	21.76	20.75	21.51
23	化学纤维制造业	21.56	20.37	17.75	19.89
24	造纸和纸制品业				
25	橡胶和塑料制品业	21.24	19.79	21.41	20.81
26	仪器仪表制造业	23.51	24.07	23.34	23.64
27	黑色金属冶炼和压延加工业	48.03	28.60	17.07	31.23
28	食品制造业	28.33	26.20	26.16	26.90
29	铁路、船舶、航空航天和其他运输设备制造业	25.12	27.70	24.82	25.88
30	印刷和记录媒介复制业	20.28	21.77	18.00	20.02
31	木材加工和木、竹、藤、棕、草制品业				

续表

序号	行业	年度增加值税收负担率			均值
		2012	2013	2014	
32	纺织服装、服饰业	26.70	27.95	26.68	27.11
33	文教、工美、体育和娱乐用品制造业	17.89	14.07	13.38	15.11
34	家具制造业	28.35	18.15	13.15	19.88
35	废弃资源综合利用业	37.01	27.44	23.02	29.15
36	皮革、毛皮、羽毛及其制品和制鞋业	27.70	31.50	24.40	27.87
37	租赁和商务服务业	14.04	14.89	15.15	14.69
38	建筑业	21.95	23.98	21.12	22.35
39	水利、环境和公共设施管理业	19.81	19.00	19.54	19.45
40	文化、体育和娱乐业	20.62	14.31	14.59	16.51
41	采矿业	22.55	26.91	25.31	24.92
42	信息传输、软件和信息技术服务业	16.77	16.19	15.90	16.29
43	农、林、牧、渔业	8.98	7.37	7.13	7.83
44	科学研究和技术服务业	18.08	16.48	14.60	16.39
45	卫生和社会工作	10.05	11.15	10.33	10.51
46	教育	16.35	18.60	19.46	18.14
47	金融业	15.01	22.48	9.56	15.68

由以上数据看出，年度增加值税收负担率指标中，酒、饮料和精制茶制造业和黑色金属冶炼和压延加工业分别以47.70%和31.23%位居第一和第二；农、林、牧、渔业的年度增加值税收负担率7.83%最小，卫生和社会工作以10.51%次之。

（4）经营活动现金流出税负率分析

2012至2014年度新三板企业按行业分类其经营活动现金流出税负率计算结果如附表6-13所示。

附表6－13　　2012~2014年度各行业经营活动现金流税收负担率　　单位：%

序号	行业	经营活动现金流税收负担率			均值
		2012	2013	2014	
全行业		4.87	4.75	4.70	4.77
1	房地产业	5.76	6.36	7.32	6.48
2	住宿和餐饮业	6.57	6.72	7.69	6.99
3	综合				
4	交通运输、仓储和邮政业	2.67	3.30	3.22	3.06
5	批发和零售业	2.29	2.03	1.86	2.06
6	电力、热力、燃气及水生产和供应业	7.60	5.96	7.14	6.90
7	制造业	5.56	5.50	5.66	5.57
8	医药制造业	9.08	9.26	9.50	9.28
9	专用设备制造业	6.74	6.33	6.15	6.40
10	非金属矿物制品业	5.34	5.97	7.64	6.32

续表

序号	行业	经营活动现金流税收负担率			均值
		2012	2013	2014	
11	计算机、通信和其他电子设备制造业	5.50	4.80	5.08	5.13
12	酒、饮料和精制茶制造业	21.07	10.66	14.34	15.36
13	其他制造业	6.36	5.74	5.12	5.74
14	金属制品业	3.39	3.01	3.97	3.46
15	农副食品加工业	1.67	1.32	1.50	1.50
16	电气机械和器材制造业	5.26	5.65	5.88	5.60
17	石油加工、炼焦和核燃料加工业				
18	有色金属冶炼和压延加工业	3.01	2.87	3.29	3.06
19	化学原料和化学制品制造业				
20	纺织业	5.27	4.95	4.54	4.92
21	汽车制造业	3.77	4.09	5.51	4.46
22	通用设备制造业	6.33	6.31	6.41	6.35
23	化学纤维制造业	2.80	2.50	2.53	2.61
24	造纸和纸制品业				
25	橡胶和塑料制品业	4.04	3.87	4.61	4.17
26	仪器仪表制造业	7.97	8.56	9.07	8.53
27	黑色金属冶炼和压延加工业	6.68	6.10	4.88	5.88
28	食品制造业	8.86	8.15	8.93	8.65
29	铁路、船舶、航空航天和其他运输设备制造业	7.19	7.60	6.59	7.13
30	印刷和记录媒介复制业	4.99	6.03	5.46	5.49
31	木材加工和木、竹、藤、棕、草制品业				
32	纺织服装、服饰业	8.40	8.39	8.13	8.30
33	文教、工美、体育和娱乐用品制造业	4.87	3.77	3.30	3.98
34	家具制造业	6.02	4.85	3.67	4.85
35	废弃资源综合利用业	1.73	2.67	2.56	2.32
36	皮革、毛皮、羽毛及其制品和制鞋业	9.11	8.95	6.84	8.30
37	租赁和商务服务业	3.00	3.47	2.81	3.09
38	建筑业	3.97	3.78	3.72	3.82
39	水利、环境和公共设施管理业	6.44	5.52	7.97	6.64
40	文化、体育和娱乐业	6.62	3.83	5.39	5.28
41	采矿业	10.40	11.87	11.80	11.36
42	信息传输、软件和信息技术服务业	6.21	5.92	5.79	5.98
43	农、林、牧、渔业	1.33	1.04	1.10	1.16
44	科学研究和技术服务业	5.74	4.96	4.98	5.23
45	卫生和社会工作	4.24	3.79	4.94	4.32
46	教育	7.62	9.31	11.26	9.40
47	金融业	4.98	6.86	3.03	4.96

2012～2013新三板上市公司经营活动现金流出税收负担率均值为4.77%，行业间收入税负率差异较大，收入税负率最高的是酒、饮料和精制茶制造业（15.36%），次之的是采矿业（11.36%）；经营活动现金流出税收负担率最低的是农、林、牧、渔行业（1.16%），农副食品加工业次之（1.50%）。

（5）各行业年度变化比较

依照证监会行业分类，去掉2012～2014年度新三板企业不涉及的行业类型，并行业按照顺序编码，如附表6-14所示。

附表6-14 行业分类

序号	行业分类	序号	行业分类
1	房地产业	26	仪器仪表制造业
2	住宿和餐饮业	27	黑色金属冶炼和压延加工业
4	交通运输、仓储和邮政业	28	食品制造业
5	批发和零售业	29	铁路、船舶、航空航天和其他运输设备制造业
6	电力、热力、燃气及水生产和供应业	30	印刷和记录媒介复制业
7	制造业	32	纺织服装、服饰业
8	医药制造业	33	文教、工美、体育和娱乐用品制造业
9	专用设备制造业	34	家具制造业
10	非金属矿物制品业	35	废弃资源综合利用业
11	计算机、通信和其他电子设备制造业	36	皮革、毛皮、羽毛及其制品和制鞋业
12	酒、饮料和精制茶制造业	37	租赁和商务服务业
13	其他制造业	38	建筑业
14	金属制品业	39	水利、环境和公共设施管理业
15	农副食品加工业	40	文化、体育和娱乐业
16	电气机械和器材制造业	41	采矿业
18	有色金属冶炼和压延加工业	42	信息传输、软件和信息技术服务业
20	纺织业	43	农、林、牧、渔业
21	汽车制造业	44	科学研究和技术服务业
22	通用设备制造业	45	卫生和社会工作
23	化学纤维制造业	46	教育
25	橡胶和塑料制品业	47	金融业

依次将收入税收负担率、利润总额税收负担率（对利润为负的企业取绝对值）、年度增加值税收负担率和经营活动现金流出税收负担率作折线图，比较其在2012～2014年的变化趋势，图标依次如附图6-16、6-17、6-18、6-19所示。

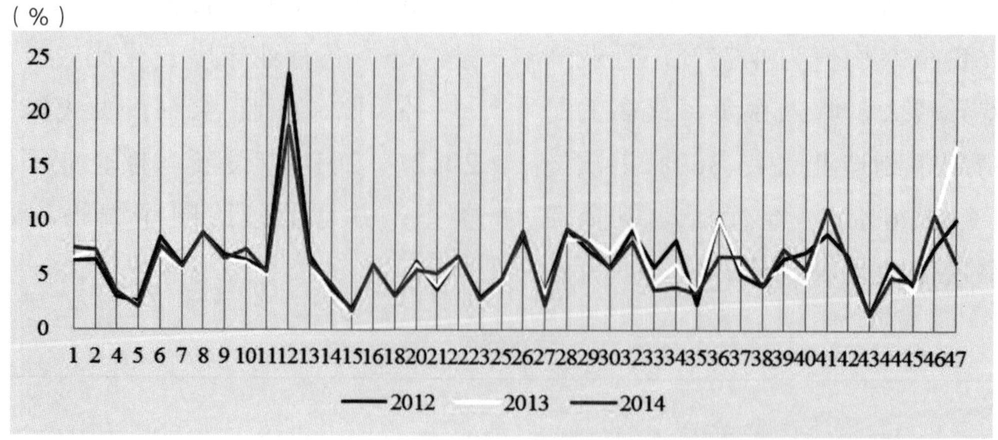

附图 6－16　收入税收负担率年度比较

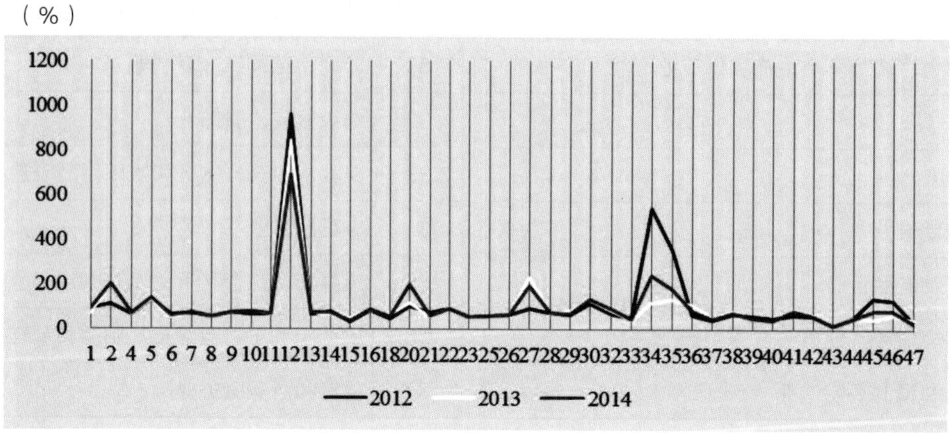

附图 6－17　利润税收负担率年度比较

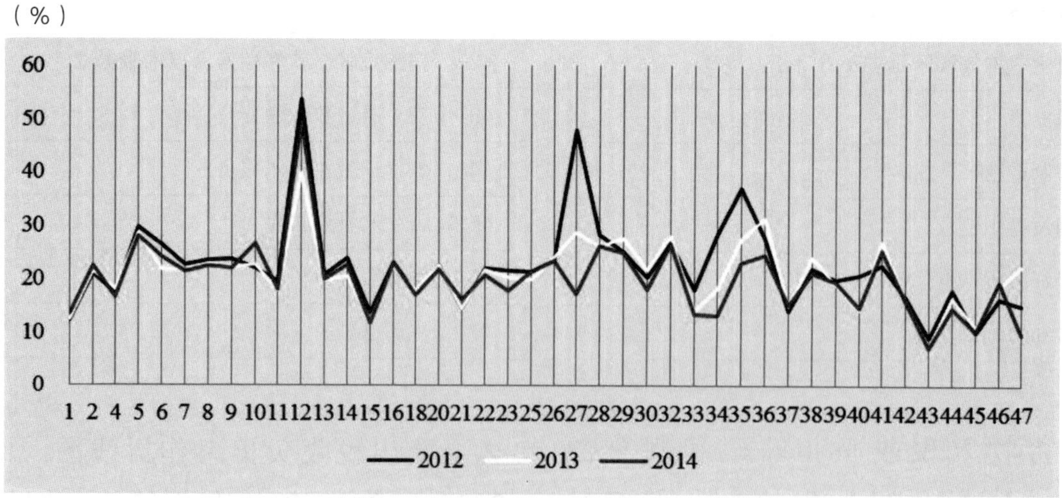

附图 6－18　年度增加值税收负担率年度比较

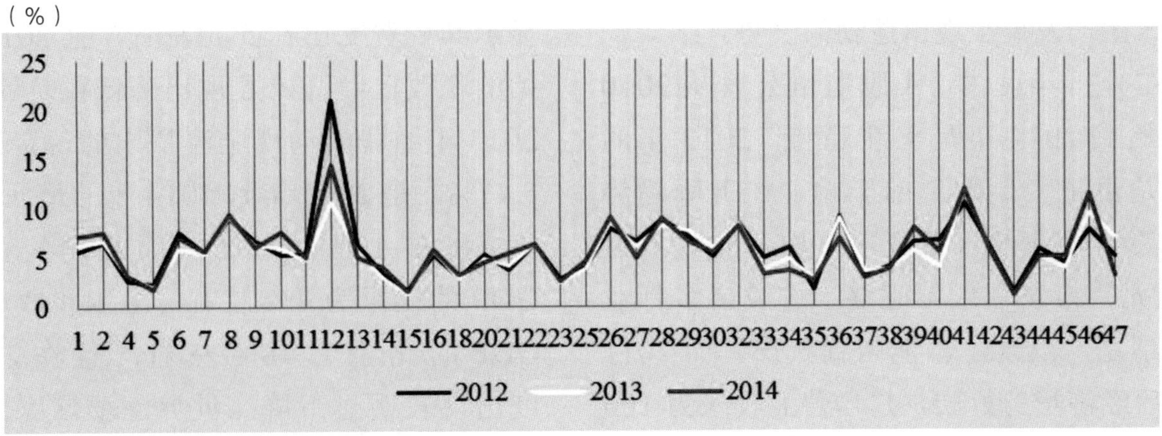

附图 6－19　年度增加值税收负担率年度比较

从四张图中，很明显整体上 2012～2014 年新三板企业的税收负担均呈现下降的趋势，大多数行业年度间的税收负担较为稳定，序号 37 租赁和商业服务业、序号 27 黑色金属冶炼和压延加工业、序号 35 废弃资源综合利用业变化明显，2014 年的税收负担相比 2012 年度有较明显的下降。序号 12 酒、饮料和精制茶制造业的税收负担在行业中均为最高；序号 43 农、林、牧、渔业的税收负担均为最低。

五、结论小结

从分析结果来看，呈现出如下特点：

①体现了中国税制特点，消费税的特殊调节作用一览无余。

在本次分析中，行业的表现一直是酒、饮料和精制茶制造业的税收负担率最高，这个行业是征收了消费税的，而消费税是在增值税后特殊调节的，是直接面对消费者的税种，具有转嫁性和最终消费者承担的特点。另一方面，这个指标也说明了我国在 1994 年颁布消费税条例时确定的特殊调节领域现在已经开始进入了“寻常百姓家”，不再是独属于某一小部分消费群体的消费。我国的消费市场已经成为国际市场的重要构成部分，中国在经济实力上亦成为世界第二个经济体，都为酒、饮料和精制茶制造业的税收负担率高提供了有力的佐证材料。

②上市公司的税收成本是企业经营的刚性约束，上市公司的税法遵从度较高。

税收负担的 4 个指标在 A 股上市公司连续 5 个年度内、新三板公司连续 3 个年度内，变化在可控范围内，指标的离散度较小，年度间基本保持了稳定的趋势，说明我国上市公司的税法遵从度较高，财务信息质量较好。

③ 2012 年营业税改征增值税改革的效果初步显现。

从 4 个指标在连续年度间的表现来看，尽管 A 股上市公司的税收负担率在 2012 年提高，但是指标值在 2013 年均出现了下降，体现了营业税改征增值税降低税负的目标逐步落实。

④上市公司已经基本走出了金融危机的阴影，生产发展呈现出蓬勃的气势。

在分析年度内，A股上市公司从2010年开始到2014年是上涨趋势，2013年的下降是由于税制改革的影响。在下降趋势中主要是营业收入下降，户均营业收入为60亿元，市场需求不旺盛，造成诸多行业开工不足，出现了产能闲置状况。而2011年之后经济形势好转，户均营业收入为100亿元，2012年营业收入比2011年增长了23.48%。

⑤上市公司税负低于发达国家的税负率。

不区分具体行业从整体来看，2010年度至2014年度A股上市公司连续5年的营业收入税收负担率均值为8.66%，说明上市公司的每100元营业收入中税收不到9元；每支出100元，只有6元左右为税费支出，新三板企业2012～2014年度数据显示其税费支出在5元左右，且2013年开始的税改已经开始显现出降低税负的作用，2013年经营活动现金流量中的税费比重为6.47%，是2011年到2014年的最低值。

我国A股上市公司的缴纳的税费占GDP的比重为4%左右，全国税收收入占GDP的比重在18%左右，且在2014年度出现较明显下降。世界主要国家的税收占GDP的比重发达国家的宏观税负大概是34%～35%左右。从这一点来看，我国税负并没有高于发达国家，反而是低于发达国家的税负率。

本次通过公开资料对A股上市公司和新三板企业的税收负担率进行分析比较是目前在全国范围内尚属首次，方法体系尚不成熟，还望社会各界在给予关注的同时，能够不吝赐教，批评指正。

后 记

《2015中国上市公司业绩评价报告》研究与编辑工作是由中国发展出版社与中联控股集团完成。中国发展出版社和中联控股集团组建了由国务院发展研究中心、国务院国资委等机构的专家组成的“中国上市公司业绩评价课题组”。课题组充分借鉴了财政部、国资委颁布的有关企业绩效评价办法，以财政部等五部委颁布的《企业绩效评价操作细则（修订）》为基础，结合中国上市公司的特点，构建了一套包含20多项财务指标的业绩评价体系，评价结果完全基于公开披露的上市公司信息。

2014年我国经济增长速度虽然有所放缓，但仍保持着较高速发展，作为经济的晴雨表的上市公司总体业绩与我国经济一样增速也放缓，但是受益于我国经济改革预期和证券市场创新发展的影响，我国证券市场牛气冲天，上证指数和深证指数分别收于3234和11014，分别上涨52.91%和35.62%。

基于连续十四年对中国上市公司业绩深刻研究，通过对2014年国内外宏观经济背景的分析，2014年上市公司评价业绩报告对上市公司的经营业绩进行综合评价，在此基础上，结合各界专家的意见，最终推选出中国资本市场权威、科学的“中联百强”。课题组还深入煤炭、石油石化、有色等15个重点行业，进行了细致分析，所选行业覆盖了产业规划重点扶持行业和投资者关注的市场特点板块。课题组还对新三板、区域经济，以及上市公司年度税收负担率进行了研究分析，丰富了上市公司评价卷的内容。

本报告共分两部分及附录，其中第一部分第一章由邓艳芳撰写；第二章由邓艳芳、丁青超撰写；第三章由穆东升撰写。第二部分第四章由陶涛、刘春霖撰写；第五章由江喜庆、沈振江撰写；第六章由郝威撰写；第七章由潘明、宋连勇撰写；第八章由金阳撰写；第九章由李莎撰写；第十章由梁涛、武文撰写；第十一章由刘松、李偲撰写；第十二章由胡锡海撰写；第十三章由胡超撰写；第十四章由李业强、郭欣欣撰写；第十五章由王杰、陈小伟撰写；第十六章由韩荣、曾彤辉撰写；第十七章吴晓光撰写；第十八章蒋卫峰、李莎撰写。附录四由陈丹旭撰写。附录五由林瑶、洪方圆撰写。附录六由张世超撰写。穆东升、范树奎、潘明、金阳、陈志红、邓艳芳、周良、刘松、鲁杰钢、韩荣、吴晓光负责审稿与统稿工作。孙庆红、刘志、洪方圆负责本书数据采集、处理和统计分析工作。

课题研究和编纂工作，得到了国务院国资委和国务院发展研究中心的大力支持。国务院国资委副主任孟建民和国务院国资委总会计师沈莹、国务院发展研究中心副主任隆国强等为研究工作提供了诸多指导，在此谨表谢意！

运　　营：国研文化传媒股份有限公司
总 经 理：张诗雨
运营总监：杜　嘉
品　　牌：刘艳伟